中国安全防范行业年鉴

（2021 版）

中国安全防范产品行业协会　编

中国人民公安大学出版社
·北　京·

图书在版编目（CIP）数据

中国安全防范行业年鉴：2021 版 / 中国安全防范产品行业协会编．—北京：中国人民公安大学出版社，2023.6

ISBN 978-7-5653-4687-3

Ⅰ.①中… Ⅱ.①中… Ⅲ.①安全装置—工业企业—中国—2021—年鉴 Ⅳ.①F426.63-54②F426.4-54

中国国家版本馆 CIP 数据核字（2023）第 068314 号

中国安全防范行业年鉴（2021 版）

中国安全防范产品行业协会 编

出版发行：中国人民公安大学出版社
地　　址：北京市西城区木樨地南里
邮政编码：100038
经　　销：新华书店
印　　刷：天津盛辉印刷有限公司

版　　次：2023 年 6 月第 1 版
印　　次：2023 年 6 月第 1 次
印　　张：25.5
开　　本：889 毫米×1194 毫米　1/16
字　　数：772 千字

书　　号：ISBN 978-7-5653-4687-3
定　　价：108.00 元

网　　址：www.cppsup.com.cn　www.porclub.com.cn
电子邮箱：zbs@cppsup.com　zbs@cppsu.edu.cn

营销中心电话：010-83903991
读者服务部电话（门市）：010-83903257
警官读者俱乐部电话（网购、邮购）：010-83901775
公安业务分社电话：010-83905672

广告经营许可证：京西工商广字第 0305 号
网络支持：中国安防行业网（www.21csp.com.cn）

《中国安全防范行业年鉴》
合作协办单位

（排名不分先后）

北京蓝色星际科技股份有限公司

佳都科技集团股份有限公司

厦门立林科技有限公司

四创电子股份有限公司

苏州科达科技股份有限公司

杭州迪普科技股份有限公司

福建省冠林科技有限公司

慧盾信息安全科技（苏州）股份有限公司

熵基科技股份有限公司

杭州联汇科技股份有限公司

南京恩博科技有限公司

华为技术有限公司

杭州海康威视数字技术股份有限公司

厦门狄耐克智能科技股份有限公司

浙江大立科技股份有限公司

深圳市视得安罗格朗电子有限公司

北京市光环电信股份有限公司

广州市保伦电子有限公司

中移建设有限公司

浙江大开信息技术有限公司

北京汉王智远科技有限公司

中国通广电子有限公司

中星微技术股份有限公司

照彰实业（东莞）有限公司

浙江大华技术股份有限公司

北京小鸟科技股份有限公司

同方威视技术股份有限公司

浙江宇视科技有限公司

杭州数尔安防科技股份有限公司

安徽创世科技股份有限公司

序言

Preface

2021年，是“党和国家历史上具有里程碑意义的一年”。这一年，我国隆重庆祝党的百年华诞，如期实现了第一个百年奋斗目标，在中华大地上全面建成了小康社会，历史性地解决了绝对贫困问题，14亿多中国人民在党的坚强领导下，正意气风发向着全面建成社会主义现代化强国的第二个百年奋斗目标迈进。这一年，我国沉着应对百年大变局和世纪大疫情，构建新发展格局迈出新步伐，高质量发展取得新成效，经济社会发展稳中有进，“十四五”开局态势良好，“中国之治”在全球治理中备受瞩目，“中国号”巨轮在时代洪流中劈波斩浪、稳健前行……2021年，面对百年变局和世纪疫情带来的严峻复杂形势，在习近平新时代中国特色社会主义思想的指引下，安防行业贯彻落实总体国家安全观，坚持安全与发展并重的理念，推动安防行业高质量发展。这一年，得益于“雪亮工程”、“智慧城市”、“平安乡村”、“智安小区”、“新基建”等项目的带动以及行业应用领域的逐步扩大，安防行业总体实现平稳增长。在疫情得到控制的前提下，企业积极复工复产，行业生产规模、内销市场、企业盈利、外销市场等主要景气指数都得到一定程度的提升。同时，企业不断加强自主创新，持续深入细分领域，扩展行业应用领域，推动行业生态不断优化和数智化深度转型，助力行业发展新格局形成，为促进我国安防行业迈上更大的台阶打下坚实基础。

2021年，安防行业管理部门及各企事业单位坚决贯彻落实党中央部署，统筹推进疫情防控和安防各项工作稳步开展：公安机关科技信息化部门紧紧围绕公安中心工作和实战需要，着力做好规范安防行业监管、加强安防标准化建设、指导住宅小区智能安防建设等重点工作；安防技

中 国 安 全 防 范 行 业 年 鉴 （2021版）

术服务机构着力强化行业标准化建设，持续完善检测认证工作，提升服务质量；各地安防协会强化自身建设，推动行业团体标准制定、搭建交流平台，促进行业内外合作。

为了更加客观、全面地反映 2021 年我国安防行业发展的整体面貌，《中国安全防范行业年鉴》（以下简称《年鉴》）（2021 版）编辑工作较之往年有所调整。一是在结构上做了优化，打破原有框架体系，将整体框架按照篇、章、节的形式展现，使之更加清晰合理。二是在内容上更加丰富，2021 版在 2020 版的基础上，增加了行业规划、行业统计、地方标准、国际标准以及行业领域等内容，使得内容更加丰富。

《年鉴》（2021 版）的编辑工作一如既往地得到了行业主管部门、技防管理部门、各地安防协会、技术服务机构以及广大安防企业的大力支持，在此《年鉴》（2021 版）出版之际，谨向关心支持《年鉴》编辑工作的各界人士表示衷心的感谢！未来我们将加大投入，加强改革创新，力求精益求精，使《年鉴》真正成为安防行业权威大型工具书。

《中国安全防范行业年鉴》（2021 版）编辑委员会

二〇二二年十一月七日

CONTENTS

目 录

Contents

综述篇

法规政策篇

管理与服务篇

行业发展篇

附录

综述篇

第一章　2021 年中国安防行业发展大事记

第一节　重要讲话节选

2021 年 3 月 15 日，中共中央总书记习近平主持召开中央财经委员会第九次会议。会议指出，要加强开放合作，构建有活力、有创新力的制度环境，强化国际技术交流和研发合作。要坚持“两个毫不动摇”，促进平台经济领域民营企业健康发展。

习近平强调，要健全完善规则制度，加快健全平台经济法律法规，及时弥补规则空白和漏洞，加强数据产权制度建设，强化平台企业数据安全责任。要提升监管能力和水平，优化监管框架，实现事前事中事后全链条监管，充实反垄断监管力量，增强监管权威性，金融活动要全部纳入金融监管。

习近平指出要加强平台各市场主体权益保护，督促平台企业承担商品质量、食品安全保障等责任，维护好用户数据权益及隐私权，明确平台企业劳动保护责任。要加强关键核心技术攻关，支持和引导平台企业加大研发投入，加强基础研究，夯实底层技术根基，扶持中小科技企业创新。要加强网络基础设施建设。

——摘自：习近平在中央财经委员会第九次会议上的讲话（2021 年 3 月 15 日）

2021 年 10 月 18 日下午，中共中央总书记习近平主持了中共中央政治局就推动我国数字经济健康发展进行的第三十四次集体学习。

习近平强调，近年来，互联网、大数据、云计算、人工智能、区块链等技术加速创新，日益融入经济社会发展各领域全过程，数字经济发展速度之快、辐射范围之广、影响程度之深前所未有，正在成为重组全球要素资源、重塑全球经济结构、改变全球竞争格局的关键力量。要站在统筹中华民族伟大复兴战略全局和世界百年未有之大变局的高度，统筹国内国际两个大局、发展安全两件大事，充分发挥海量数据和丰富应用场景优势，促进数字技术与实体经济深度融合，赋能传统产业转型升级，催生新产业新业态新模式，不断做强做优做大我国数字经济。

习近平指出，党的十八大以来，党中央高度重视发展数字经济，实施网络强国战略和国家大数据战略，拓展网络经济空间，支持基于互联网的各类创新，推动互联网、大数据、人工智能和实体经济深度融合，建设数字中国、智慧社会，推进数字产业化和产业数字化，打造具有国际竞争力的数字产业集群，我国数字经济发展较快、成就显著。特别是新冠肺炎疫情暴发以来，数字技术、数字经济在支持抗击新冠肺炎疫情、恢复生产生活方面发挥了重要作用。

习近平强调，要加快新型基础设施建设，加强战略布局，加快建设高速泛在、天地一体、云网融合、智能敏捷、绿色低碳、安全可控的智能化综合性数字信息基础设施，打通经济社会发展的信息“大动脉”。要全面推进产业化、规模化应用，重点突破关键软件，推动软件产业做大做强，提升关键软件技术创新和供给能力。

习近平指出，数字经济事关国家发展大局，要做好我国数字经济发展顶层设计和体制机制建设，加强形势研判，抓住机遇，赢得主动。各级领导干部要提高数字经济思维能力和专业素质，增强发展数字经济本领，强化安全意识，推动数字经济更好服务和融入新发展格局。要提高全民全社会数字素养和技能，夯实我国数字经济发展社会基础。

——摘自：习近平在中共中央政治局就推动我国数字经济健康发展进行的第三十四次集体学习上的讲话（2021 年 10 月 18 日）

2021 年 11 月 18 日，中共中央总书记习近平主持了中共中央政治局会议。习近平指出，新形势下维护国家安全，必须牢固树立总体国家安全观，加快构建新安全格局。必须坚持党的绝对领导，完善集中统一、高效权威的国家安全工作领导体制，实现政治安全、人民安全、国家利益至上相统一；坚持捍卫国家主权和领土完整，维护边疆、边境、周边安定有序；坚持安全发展，推动高质量发展和高水平安全动态平衡；坚持总体战，统筹传统安全和非传统安全；坚持走和平发展道路，促进自身安全和共同安全相协调。

习近平强调，必须坚持把政治安全放在首要位置，统筹做好政治安全、经济安全、社会安全、科技安全、新型领域安全等重点领域、重点地区、重点方向国家安全工作。要坚定维护国家政权安全、制度安全、意识形态安全，严密防范和坚决打击各种渗透颠覆破坏活动。要增强产业韧性和抗冲击能力，筑牢防范系统性金融风险安全底线，确保粮食安全、能源矿产安全、重要基础设施安全，加强海外利益安全保护。要强化科技自立自强作为国家安全和发展的战略支撑作用。要积极维护社会安全稳定，从源头上预防和减少社会矛盾，防范遏制重特大安全生产事故，提高食品药品等关系人民健康产品和服务的安全保障水平。要持续做好新冠肺炎疫情防控，加快提升生物安全、网络安全、数据安全、人工智能安全等领域的治理能力。要全面提升国家安全能力，更加注重协同高效，更加注重法治思维，更加注重科技赋能，更加注重基层基础。要坚持以政治建设为统领，打造坚强的国家安全干部队伍。要加强国家安全意识教育，自觉推进发展和安全深度融合。

——摘自：习近平在中共中央政治局会议上的讲话（2021 年 11 月 18 日）

国务院总理李克强 11 月 17 日主持召开国务院常务会议，审议通过“十四五”推进国家政务信息化规划，加快建设数字政府、提升政务服务水平。

李克强指出，“十四五”时期，要面向更好满足企业需求和群众期盼，抓住推动政务信息共享、提升在线政务服务效率等关键环节，推进数字政府建设。要强化网络安全保障，严格落实分等级保护制度，增强政务信息化基础设施和系统、数据安全保障能力。

李克强强调，要深化数字技术在公共卫生、自然灾害、事故灾难等重大突发事件应急处置中的应用，推动政务数据按政务公开规则依法依规向社会开放，优先推动企业登记和监管、卫生、教育、交通、气象等数据开放。

——摘自：李克强在国务院常务会议上的讲话（2021 年 11 月 17 日）

2021 年 3 月 8 日，全国人大常委会委员长栗战书向十三届全国人大四次会议作《全国人民代表大会常务委员会工作报告》。栗战书指出，加快国家安全立法。当今世界正处于百年未有之大变局，维护国家安全比任何时候都更为紧要。常委会贯彻总体国家安全观，加快重点领域维护国家安全的立法，制定生物安全法、出口管制法，修改档案法，审议海上交通安全法修订草案、数据安全法草案、个人信息保护法草案。这些法律，涵盖了经济安全、资源安全、核安全、生态安全、信息安全、海外利益保护等领域，既是国家应对风险挑战的重要法律，也是人民群众关心关注的重大问题。

栗战书强调，要坚持统筹发展和安全，健全国家安全法治体系，制定粮食安全保障法、数据安全法海上交通安全法、安全生产法等。抓紧研究数字经济、互联网金融、人工智能、大数据、云计算等新技术新应用领域的相关法律制度，以法治促进和保障新业态、新模式健康发展。

——摘自：全国人大常委会委员长栗战书在十三届全国人大四次会议上的讲话（2021 年 3 月 8 日）

2021 年 10 月 4 日，平安中国办第一次主任会议暨省级平安办主任视频会议在京召开，坚持以习近平新时代中国特色社会主义思想为指导，深入贯彻以习近平同志为核心的党中央关于平安中国建设的决策部署，按照平安中国建设协调小组要求，研究平安中国建设考评表彰工作，明确加强平安中国办能力建设和下步工作思路举措，推动更高水平的平安中国建设向纵深发展。中央政法委秘书长、平安中国办主任陈一新出席会议并指出，平安中国办作为平安中国建设协调小组办事机构，要提升“六大能力”，推动平安中国建设再上新台阶。

陈一新指出，提升统筹谋划能力，在加强前瞻性思考和战略性谋划上下功夫。围绕建设更高水平的平安中国总体目标要求，着眼新的风险挑战，开展好调查研究，谋划好总体思路建议，研究好战略对策举措，当好平安中国建设的“参谋部”。

陈一新强调，提升沟通协调能力，在推动形成齐抓共管、联动融合的工作格局上下功夫。充分发挥上传下达、左右贯通的沟通协调作用，协调推动平安中国建设各专项组、各有关部门和各地区实现优势互补、密切配合、步调一致、形成合力。

陈一新指出，提升督查督办能力，在推动平安建设各项任务落实落地上下功夫。加大督查督办力度，突出督办重点，精心开展督查，有效传导压力，压实压紧责任链条，不断开创平安中国建设新局面。

陈一新强调，提升宣传引导能力，在推动形成全社会共建共享平安的良好舆论氛围上下功夫。探索创新宣传引导方式方法，打造全网存在、全时活跃的传播体系，健全平安建设重大热点案事件权威发布机制，有效回应社会关切，推动形成全社会共筑平安、共享平安的良好舆论氛围。

——摘自：陈一新在平安中国办第一次主任会议暨省级平安办主任视频会议上的讲话（2021 年 10 月 4 日）

2021 年 11 月 25 日，中央政法委秘书长陈一新在第四次市域社会治理现代化试点工作交流会上强调，坚持以习近平新时代中国特色社会主义思想为指导，学习贯彻党的十九届六中全会精神，按照市域社会治理现代化试点分类推进的安排，推动智治在市域社会治理现代化中发挥重要支撑作用。

陈一新指出，以系统思维打造好市域社会治理智治的“最强大脑”。织密采集数据的网络，加强数据综合采集，确保采集规范。打造汇聚数据的中心，破除数据壁垒，破解共享难题。建立利用数据的平台，打造市域社会治理智治平台，与各单位联通、向基层延伸。

陈一新强调，以服务思维发挥出市域社会治理智治的最大效能。注重服务中心，用智治提升党委和政府社会治理科学决策能力，推动从依靠经验决策向依靠大数据决策转变。注重服务实战，用智治增强风险预警处置能力。注重服务一线，用智治增强社会治理效能，实现业务协同、办案提速、减负放权。注重服务群众，用智治增进群众获得感。

陈一新指出，以底线思维构筑起市域社会治理智治的“最牢屏障”。树牢安全观念，确保国家数据安全、公共信息安全、个人隐私安全。筑牢技术之墙，加大技术攻关，提升技术反制和应急保障能力。把牢制度红线，严格执行《数据安全法》等法律法规，健全制度体系。守牢廉洁底线，确保智治项目建设成为廉洁工程。

——摘自：陈一新在第四次市域社会治理现代化试点工作交流会上的讲话（2021 年 11 月 25 日）

2021 年 12 月 27 日，国务委员、公安部部长赵克志主持召开了公安部部长办公会议，研究部署加强关键信息基础设施安全保护工作。

赵克志强调，保障关键信息基础设施安全，对于维护国家网络空间主权和国家安全、保障经济社会健康发展、维护公共利益和公民合法权益具有重大意义。要深入贯彻落实习近平总书记关于网络强国的重要思想和关于网络安全工作的重要指示精神，充分认识加强关键信息基础设施安全保护工作的极端重要性，切实把思想和行动统一到党中央决策部署上来，增强责任感紧迫感使命感，以实施《关键信息基础设施安全保护条例》为契机，加强组织领导，周密安排部署，深入落实各项安全保护工作任务，切实保障关键信息基础设施安全。要充分发挥维护网络安全主力军作用，依法履职尽责，会同有关部门加快构建关键信息基础设施安全保护制度体系，健全完善政策体系和各项工作体系，推动关键信息基础设施安全防护、监测预警、侦查打击等工作的落地落实。要有效整合资源力量，健全完善工作机制，切实打好安全保护整体仗、合成仗。要紧盯责任落实，压实相关部门和运营者主体责任，共同筑牢安全保护屏障。要突出总体安全，强化关键信息基础设施全生命周期管理和供应链安全保障，织紧织密织牢安全防线，全面提升关键信息基础设施安全保护能力水平。

——摘自：赵克志在公安部部长办公会议上的讲话（2021 年 12 月 27 日）

2021 年 2 月 23 日，公安部党委书记、分管日常工作的副部长王小洪在《人民日报》上发表署名文章。王小洪强调，安全是发展的前提，发展是安全的保障。当前和今后一个时期，我国发展仍然处于重要战略机遇期，机遇和挑战都有新的发展变化，机遇和挑战之大都前所未有。公安机关必须准确识变、科学应变、主动求变，认真贯彻总体国家安全观，增强忧患意识，强化底线思维，发扬斗争精神，坚持政治安全、人民安全、国家利益至上有机统一，推动平安中国建设提档升级。

王小洪指出，要推进大数据智能化建设，以实战为导向，在数据整合分析、平台体系建设、深化智能应用上下功夫，加快推进重点项目建设，创新智慧公安背景下的打防管控新战法，同步加强数据安全保护，打造大数据智能应用新生态。

——摘自：王小洪在《人民日报》上的文章（2021 年 2 月 23 日）

2021 年 9 月 9 日，全国公安监所规范化管理现场会在重庆召开，公安部党委委员、副部长刘钊出席并讲话。他强调，要深入学习贯彻习近平总书记“七一”重要讲话精神，认真落实赵克志部长在全国公安机关深入学习贯彻习近平总书记重要训词精神电视电话会议上的讲话和公安部党委部署要求，扎实推进公安监所队伍教育整顿，做强智慧监管，整治顽瘴痼疾，着力构建现代监所警务管理运行机制，全面提升公安监所安全规范文明管理水平。

刘钊指出，要聚焦突出问题，从严管党治警，勇于自我革命，坚持标本兼治、破立结合、治建并举、常治长效，切实做好“减假暂”案件排查整治工作，以顽瘴痼疾整治成果检验公安监管队伍教育整顿实效。要以智慧监管建设为引领，助力监管安全、补齐工作短板，规范执法管理、破解积弊沉疴。要强化智慧赋能，准确预测预警预防安全风险，快速处置警情、精准防控疫情，提升监所安全防范水平。要强化流程管控，实行执法流程标准化管理，整改问题短板和薄弱环节，提升监所执法规范化水平。要强化服务理念，落实监管部门“我为群众办实事”便利措施，有效服务打击犯罪和诉讼办案，切实保障和规范律师会见工作，保障被监管人员合法权益，提升公安监所文明管理水平。要强化科学决策，提升监管业务指导水平，全面推动公安监管工作提质增效，加快推进公安监所基础设施建设和智慧监管建设。要强化队伍建设，铸牢忠诚警魂，强化警示教育，加强责任落实，深入开展实战大练兵，关心关爱监管民警，加大先进典型培树表彰力度，提升监管队伍政治业务能力水平。

——摘自：刘钊在全国公安监所规范化管理现场会上的讲话（2021 年 9 月 9 日）

2021 年 10 月 9 日全国社会治安防控体系建设“示范城市”创建活动推进视频会在京召开，公安部党委委员、副部长林锐出席并讲话。他要求，要深入贯彻党中央决策部署，按照赵克志同志和部党委要求，提高政治站位，把握工作重点，聚焦实战应用，全力推进“示范城市”创建活动落地落实。要加强公安检查站、街面警务站、公安派出所等建设，积极探索社区警务和社区政务服务融合共建，不断提升社会治安防控的整体性。

林锐强调，要强化科技支撑赋能，提高对各类风险隐患的预测预警预防能力，不断提升社会治安防控的精准性。要弘扬新时代“枫桥经验”，坚持专门工作与群众工作相结合的优良传统，充分发动群众，紧紧依靠群众，加强公共安全文化培育，畅通群防群治渠道，完善见义勇为机制，不断提升社会治安防控的协同性，积极构建共建共治共享的社会治安治理同心圆。

林锐指出，要牢固树立“预防警务”理念，充分发挥社会治安防控体系优势，深入实施“预防警务”，努力做到及时发现、预防、制止违法犯罪。要切实加强公共安全监管工作，持续深化平安校园、平安医院建设，强化重点单位、重点部位安全防范能力，加强寄递物流等新型业态的安全监管，严防发生重特大案事件和治安灾害事故。要把“示范城市”创建活动作为“一把手”工程来抓，强化组织领导、统筹协调、资源整合和制度建设，确保实现“示范城市”创建活动预期效果。

——摘自：林锐在全国社会治安防控体系建设“示范城市”创建活动推进视频会上的讲话（2021 年 10 月 9 日）

2021 年 12 月 17 日，平安中国建设协调小组社会治安组专题会议召开，公安部党委委员、副部长、社会治安组组长林锐出席并讲话。他强调，要深入贯彻落实党的十九届六中全会、中央经济工作会议和平安中国建设表彰大会精神，紧紧围绕为党的二十大召开创造安全稳定的政治社会环境这一主题主线，提升政治站位，强化工作措施，积极构建社会治安治理新格局，全力助推更高水平的平安中国建设，以优异成绩迎接党的二十大胜利召开。

林锐指出，要紧紧围绕北京冬奥会等重大活动安保工作，组织开展好社会治安防控体系建设“示范城市”创建活动，抓好基层基础工作，推进智能安防社区建设，不断夯实社会治安工作根基，织严织密社会治安防控网络，提升对动态环境下社会治安的掌控力。

林锐强调，要健全机制、强化措施，持续强化平安校园、平安医院、平安铁路建设。要进一步发挥制度优势，更加充分地凝聚共治共享合力。要密切部门协作联动，做到问题联治、工作联动、平安联创。要培育公共安全文化，健全完善见义勇为机制，广泛发动人民群众和社会力量参与群防群治。要加强考核考评，有力推动工作落实。

——摘自：林锐在平安中国建设协调小组社会治安组专题会议上的讲话（2021 年 12 月 17 日）

第二节　重要会议

平安中国办第一次主任会议暨省级平安办主任视频会议（2021 年 10 月 4 日）

2021 年 10 月 4 日，平安中国办第一次主任会议暨省级平安办主任视频会议在京召开。

会议强调，要坚持以习近平新时代中国特色社会主义思想为指导，深入贯彻以习近平同志为核心的党中央关于平安中国建设的决策部署，按照平安中国建设协调小组要求，研究平安中国建设考评表彰工作，明确加强平安中国办能力建设和下步工作思路举措，推动更高水平的平安中国建设向纵深发展。中央政法委秘书长、平安中国办主任陈一新出席会议并指出，平安中国办作为平安中国建设协调小组办事机构，要提升“六大能力”，推动平安中国建设再上新台阶。

——提升统筹谋划能力，在加强前瞻性思考和战略性谋划上下功夫。围绕建设更高水平的平安中国总体目标要求，着眼新的风险挑战，开展好调查研究，谋划好总体思路建议，研究好战略对策举措，当好平安中国建设的“参谋部”。

——提升沟通协调能力，在推动形成齐抓共管、联动融合的工作格局上下功夫。充分发挥上传下达、左右贯通的沟通协调作用，协调推动平安中国建设各专项组、各有关部门和各地区实现优势互补、密切配合、步调一致、形成合力。

——提升督查督办能力，在推动平安建设各项任务落实落地上下功夫。加大督查督办力度，突出督办重点，精心开展督查，有效传导压力，压实压紧责任链条，不断开创平安中国建设新局面。

——提升考评激励能力，在营造争先创优局面上下功夫。完善日常通报，强化年度考评，抓好评选表彰，有效调动各地区各有关部门参与平安建设的能动性和创造性，形成后进赶先进、先进更先进的争先创优局面。

——提升宣传引导能力，在推动形成全社会共建共享平安的良好舆论氛围上下功夫。探索创新宣传引导方式方法，打造全网存在、全时活跃的传播体系，健全平安建设重大热点案（事）件权威发布机制，有效回应社会关切，推动形成全社会共筑平安、共享平安的良好舆论氛围。

——提升政治引领能力，在防范化解政治风险挑战上下功夫。善于从政治上观大势、谋大局、抓大事，把坚决做到“两个维护”作为根本任务，把防范化解政治风险作为根本职责，不断提升政治判断力、政治领悟力和政治执行力，推动平安中国建设行稳致远。

中共中央政治局会议（2021 年 11 月 18 日）

中共中央政治局 2021 年 11 月 18 日召开会议，对《国家安全战略（2021—2025 年）》进行了审议。中共中央总书记习近平主持会议。

会议指出，新形势下维护国家安全，必须牢固树立总体国家安全观，加快构建新安全格局。必须坚持党的绝对领导，完善集中统一、高效权威的国家安全工作领导体制，实现政治安全、人民安全、国家利益至上相统一；坚持捍卫国家主权和领土完整，维护边疆、边境、周边安定有序；坚持安全发展，推动高质量发展和高水平安全动态平衡；坚持总体战，统筹传统安全和非传统安全；坚持走和平发展道路，促进自身安全和共同安全相协调。

会议强调，必须坚持把政治安全放在首要位置，统筹做好政治安全、经济安全、社会安全、科技安全、新型领域安全等重点领域、重点地区、重点方向国家安全工作。要坚定维护国家政权安全、制度安全、意识形态安全，严密防范和坚决打击各种渗透颠覆破坏活动。要增强产业韧性和抗冲击能力，筑牢防范系统性金融风险安全底线，确保粮食安全、能源矿产安全、重要基础设施安全，加强海外利益安全保护。要强化科技自立自强作为国家安全和发展的战略支撑作用。要积极维护社会安全稳定，从源头上预防和减少社会矛盾，防范遏制重特大安全生产事故，提高食品药品等关系人民健康产品和服务的安全保障水平。要持续做好新冠肺炎疫情防控，加快提升生物安全、网络安全、数据安全、人工智能安全等领域的治理能力。

全国社会治安防控体系建设“示范城市”创建活动推进视频会（2021 年 10 月 9 日）

2021 年 10 月 9 日全国社会治安防控体系建设“示范城市”创建活动推进视频会在京召开，公安部党委委员、副部长林锐出席并讲话。

会议强调，要深入贯彻党中央决策部署，按照赵克志同志和部党委要求，提高政治站位，把握工作重点，聚焦实战应用，全力推进“示范城市”创建活动落地落实。要加强公安检查站、街面警务站、公安派出所等建设，积极探索社区警务和社区政务服务融合共建，不断提升社会治安防控的整体性。

会议指出，要强化科技支撑赋能，提高对各类风险隐患的预测预警预防能力，不断提升社会治安防控的精准性。要弘扬新时代“枫桥经验”，坚持专门工作与群众工作相结合的优良传统，充分发动群众，紧紧依靠群众，加强公共安全文化培育，畅通群防群治渠道，完善见义勇为机制，不断提升社会治安防控的协同性，积极构建共建共治共享的社会治安治理同心圆。要牢固树立“预防警务”理念，充分发挥社会治安防控体系优势，深入实施“预防警务”，努力做到及时发现、预防、制止违法犯罪。

会议强调，要切实加强公共安全监管工作，持续深化平安校园、平安医院建设，强化重点单位、重点部位安全防范能力，加强寄递物流等新型业态的安全监管，严防发生重特大案（事）件和治安灾害事故。要把“示范城市”创建活动作为“一把手”工程来抓，强化组织领导、统筹协调、资源整合和制度建设，确保实现“示范城市”创建活动预期效果。

公安部国家安全工作领导小组全体会议（2021年12月25日）

公安部国家安全工作领导小组全体会议12月25日召开，国务委员、公安部部长、部国家安全工作领导小组组长赵克志主持会议并讲话。会议强调，要认真学习贯彻习近平总书记重要指示精神，增强“四个意识”、坚定“四个自信”、做到“两个维护”，牢固树立、全面贯彻总体国家安全观，坚定信心决心，强化底线思维，提升能力水平，统筹推进公安机关维护国家安全各项工作，着力防范化解影响国家安全的重大风险，为党的二十大胜利召开创造安全稳定的政治社会环境。

会议指出，必须坚持党的绝对领导，完善集中统一、高效权威的国家安全工作领导体制，实现政治安全、人民安全、国家利益至上相统一；坚持安全发展，推动高质量发展和高水平安全动态平衡；坚持总体战，统筹传统安全和非传统安全；坚持走和平发展道路，促进自身安全和共同安全相协调。

会议强调，要紧紧围绕牢固树立总体国家安全观，加快构建新安全格局，抓紧抓实公安机关维护国家安全各项重点工作。要严密社会治安打防管控，紧紧围绕严重影响人民群众安全感的突出违法犯罪，深化推进常态化扫黑除恶斗争，深入开展专项打击整治行动，持续保持对电信网络诈骗、跨境赌博和个人极端暴力等犯罪的严打高压态势，全力维护社会公共安全。要坚持以打开路、打防结合，严密落实重点地区、重点部位、重点场所安全防范措施，严密落实公安武警联勤武装巡逻等机制和“1、3、5分钟”快速反应机制，全面强化社会面整体防控，切实提高源头防范和应急处突能力。要加强危爆物品、大型活动、道路交通和铁路、民航、监所等安全管理，积极会同有关部门加强对新技术新业态的安全监管，着力堵塞管理漏洞、消除安全隐患。

会议要求，要坚持问题导向、着眼能力建设，突出强弱项、补短板、固根基，不断提升维护国家安全能力水平。要健全完善工作机制，充分发挥部国家安全领导小组作用，牢固树立“一盘棋”思想，统筹抓好维护国家安全各项工作，着力构建维护国家安全整体工作格局。要加强国家安全法律政策研究，加强人才队伍建设，健全专业人才体系。要扎实推进基层基础工作建设，强化工作督导考核和问效问责，推动公安机关维护国家安全能力提升。

公安部网络安全和信息化领导小组会议（2021年12月25日）

公安部网络安全和信息化领导小组会议12月25日召开，国务委员、公安部部长、部网络安全和信息化领导小组组长赵克志主持会议并讲话。会议强调，要深入贯彻落实习近平总书记关于网络安全和信息化工作的重要指示精神，增强“四个意识”、坚定“四个自信”、做到“两个维护”，加强统一领导，统筹力量资源，深入推进公安网络安全和信息化工作，更好履行党和人民赋予的新时代职责使命。

会议指出，健全部网络安全和信息化领导机构，是加强对公安网络安全和信息化工作统一领导的重要举措，是积极适应形势变化有效应对网络安全风险的迫切需要，是全面提升公安网络安全和信息化工作水平的重要保障。要充分认识健全部网络安全和信息化领导机构的重要意义，统筹公安网络建设发展和安全保障，统筹公安机关内部资源力量，加强统筹规划和协调指导，全面提升公安网络安全和信息化水平，坚决维护网络空间安全。

会议强调，要以落实党委网络安全责任制为抓手，深入推进公安网络安全和信息化工作。要坚持统筹发展和安全，加强统筹协调，统一谋划、统一部署、统一推进、统一实施公安网络安全和信息化工作，切实下好工作“一盘棋”，着力形成整体工作格局。要紧紧围绕公安“十四五”发展规划，认真研究谋划公安网络安全和信息化基础战略，明确基本要求和主要目标、工作任务和保护措施，切实筑牢公安网络和信息安全屏障。要强化科技创新能力建设，深化公安大数据建设应用，积极推广智慧警务新模式，着力助推公安工作质量变革、效率变革、动力变革。要加强《关键信息基础设施安全保护条例》的宣传解读和贯彻落实工作，进一步增强风险意识、强化底线思维，扎实做好关键信息基础设施安全保护工作，为推动经济社会发展、建设网络强国提供有力安全保障。要切实加强对公安网络安全和信息化工作的统一领导，明确工作任务，细化工作方案，统筹推进各项工作。各成员单位要认真履行工作职责，密切协作配合，确保公安网络安全和信息化各项工作措施落到实处。

公安部部长办公会议（2021 年 12 月 27 日）

国务委员、公安部部长赵克志 2021 年 12 月 27 日主持召开公安部部长办公会议，研究部署加强关键信息基础设施安全保护工作。

会议强调，保障关键信息基础设施安全，对于维护国家网络空间主权和国家安全、保障经济社会健康发展、维护公共利益和公民合法权益具有重大意义。要深入贯彻落实习近平总书记关于网络强国的重要思想和关于网络安全工作的重要指示精神，充分认识加强关键信息基础设施安全保护工作的极端重要性，切实把思想和行动统一到党中央决策部署上来，增强责任感紧迫感使命感，以实施《关键信息基础设施安全保护条例》为契机，加强组织领导，周密安排部署，深入落实各项安全保护工作任务，切实保障关键信息基础设施安全。

会议指出，要充分发挥维护网络安全主力军作用，依法履职尽责，会同有关部门加快构建关键信息基础设施安全保护制度体系，健全完善政策体系和各项工作体系，推动关键信息基础设施安全防护、监测预警、侦查打击等工作的落地落实。要有效整合资源力量，健全完善工作机制，切实打好安全保护整体仗、合成仗。要紧盯责任落实，压实相关部门和运营者主体责任，共同筑牢安全保护屏障。要突出总体安全，强化关键信息基础设施全生命周期管理和供应链安全保障，织紧织密织牢安全防线，全面提升关键信息基础设施安全保护能力水平。

第三节　对安防行业具有影响力的大事

一、“平安乡村”建设再入中央一号文件

2021 年 2 月 21 日，中央一号文件《中共中央国务院关于全面推进乡村振兴加快农业农村现代化的意见》（以下简称《意见》）发布。《意见》提出加强乡村公共基础设施建设，发展智慧农业，建立农业农村大数据体系，推动新一代信息技术与农业生产经营深度融合。完善农业气象综合监测网络，提升农业气象灾害防范能力。加强乡村公共服务、社会治理等数字化智能化建设。实施村级综合服务设施提升工程。加强村级客运站点、文化体育、公共照明等服务设施建设。

在加强党对“三农”工作全面领导中，《意见》强调深入推进平安乡村建设。建立健全农村地区扫黑除恶常态化机制。加强县乡村应急管理和消防安全体系建设，做好对自然灾害、公共卫生、安全隐患等重大事件的风险评估、监测预警、应急处置。

2018 年中央一号文件明确指出，建设平安乡村，大力推进农村社会治安防控体系建设，完善县乡村三级综治中心功能和运行机制，推进农村“雪亮工程”建设；2019 年中央一号文件提出持续推进平安乡村建设，整合配优基层一线平安建设力量，加快建设信息化、智能化农村社会治安防控体系，继续推进农村“雪亮工程”建设；2020 年中央一号文件提出深入推进平安乡村建设。加强农村社会治安工作，推行网格化管理和服务。

可以看出，“平安乡村”建设已成为当前维护农村社会稳定促进农村和谐发展的重要举措，尤其是近几年来开展的“雪亮工程”建设，让更多的安防新产品新技术融入乡村平安建设，并逐渐构建起了城乡

统筹、网上网下融合、打防管控一体的乡村治安防控体系，为农村发展提供了有力的安全保障。从 2021 年中央一号文件可以发现，智慧农业发展，乡村公共服务、社会治理等数字化、智能化普及将成为安防产品技术更多参与的领域。

二、“平安中国”入下一个五年发展规划

2021 年 3 月，《中华人民共和国国民经济和社会发展第十四个五年规划和 2035 年远景目标纲要》发布，文中明确统筹发展和安全，建设更高水平的平安中国。

在第五十五章“维护社会稳定和安全”中，明确要正确处理新形势下人民内部矛盾，加强社会治安防控，编织全方位、立体化、智能化社会安全网。健全社会矛盾综合治理机制、推进社会治安防控体系现代化，提高社会治安立体化、法治化、专业化、智能化水平，形成问题联治、工作联动、平安联创的工作机制，健全社会治安防控体系。坚持打防结合、整体防控，强化社会治安重点地区排查整治，健全社会治安协调联动机制。推进公安大数据智能化平台建设。完善执法司法权力运行监督和制约机制，健全执法司法人员权益保障机制。建设国门安全防控体系。深化国际执法安全务实合作。

面对当前瞬息万变的国际局势，《中华人民共和国国民经济和社会发展第十四个五年规划和 2035 年远景目标纲要》从顶层设计高度再次明确了“平安中国”依旧是国家发展的重要屏障。无论是编织社会安全网，还是推进社会治安防控体系现代化，智能化都是重要支撑，更明确要推进公安大数据智能化平台建设。这些都为接下来几年安防行业发展指明了方向。

三、《中国安防行业“十四五”发展规划（2021—2025 年）》发布

2021 年 6 月 10 日，中国安全防范产品行业协会（以下简称“中安协”）第六届理事会第一次常务理事会召开，会上审议通过《中国安防行业“十四五”发展规划（2021—2025 年）》（以下简称《规划》），并正式向全社会发布。

为深入贯彻落实党的十九届五中全会精神及《中华人民共和国国民经济和社会发展第十四个五年规划和 2035 年远景目标纲要》要求，科学谋划和引领安防行业下一个五年发展，在公安部科技信息化局的委托和指导下，中安协年初成立了《规划》编写组，进行情况了解、资料收集、数据分析、座谈访谈、外出调研、编写研制、修改完善，数易其稿，历时 10 个月，形成报批稿，2021 年 5 月 21 日《规划》报批稿获得行业管理部门正式批复。

《规划》总结了“十三五”期间我国安防行业发展总体状况，提出了“十四五”安防行业面临的机遇与挑战，明确了指导思想与发展目标。《规划》指出“十四五”安防行业需坚持创新驱动发展的理念，进一步塑造产业发展优势；通过打造现代产业体系，构筑产业发展新支柱；依托新一代信息技术，进一步拓展市场新领域、繁荣行业新生态。《规划》还提出安防行业需适应改革发展新要求，持续推动行业规范管理；通过加强安防理论研究、实施人才振兴战略，为产业可持续发展提供坚实的基础。

《中国安防行业“十四五”发展规划（2021—2025 年）》是行业发展的重要指导文件，不但阐明了行业管理部门的战略意图，明确了工作方向及重点任务，更为安防行业发展描绘了宏伟蓝图。

四、《数据安全法》《个人信息保护法》等法实施初步构建信息安全立体化法律法规体系

2021 年 6 月 10 日，《中华人民共和国数据安全法》经十三届全国人大常委会第二十九次会议表决通过，并于 9 月 1 日起施行。这是我国第一部有关数据安全的专门法律，本法共七章五十五条，主要内容包括数据安全与发展、数据安全制度、数据安全保护义务、政务数据安全与开放、法律责任等。

与《数据安全法》主要关注数据宏观层面安全不同，2021 年 11 月 1 日正式实施的《个人信息保护法》则更多在个人层面，该法第 26 条规定，在公共场所安装图像采集、个人身份识别设备，应当为维护公共安全所必需。另外，该法首次将人脸归为敏感个人信息，将人脸识别纳入监管范畴，为保护用户权

益，对技术的提供方、使用方提出了一系列规范，这也给企业带来更加明确、严格的法律要求。加上2021年7月份落地的《网络产品安全漏洞管理规定》，以及前几年实施的《网络安全法》一起，共同构筑起我国信息安全领域立体化法律法规体系。

作为当前新型智慧城市基础设施建设的一部分，近两年，安防系统正在经历数字化浪潮的席卷，同时各种信息安全威胁甚嚣尘上，而随着《数据安全法》等法律法规的实施，以及行业内涉及公共视频监控安全要求和标准的相继出台实施，对解决平安城市、雪亮工程等大规模联网环境下所面临的信息、设备和系统安全威胁具有重大意义。

五、最高法出台人脸识别民事案件适用法律规定

2021年7月28日，最高人民法院召开了《最高人民法院关于审理使用人脸识别技术处理个人信息相关民事案件适用法律若干问题的规定》新闻发布会。

最高人民法院审判委员会第1841次全体会议审议通过了《最高人民法院关于审理使用人脸识别技术处理个人信息相关民事案件适用法律若干问题的规定》，在此次发布会上正式对外发布。这部司法解释，是保护人民群众"人脸"安全的重要规范性文件，是人民法院切实实施民法典、服务构建新发展格局、强化个人信息司法保护、促进数字经济健康发展的有力司法举措。

近年来，随着信息技术飞速发展，人脸识别逐步渗透到人们生活的方方面面。大到智慧城市建设，小到手机客户端的登录解锁，都能见到人脸识别的应用。在国境边防、公共交通、城市治安、疫情防控等诸多领域，人脸识别技术发挥着巨大作用。但在为社会生活带来便利的同时，人脸识别技术所带来的个人信息保护问题也日益凸显。一些经营者滥用人脸识别技术侵害自然人合法权益的事件频发，引发社会公众的普遍关注和担忧。社会上种种行为严重损害自然人的人格权益，侵害其人身、财产等合法权益，破坏社会秩序，亟待进行规制。

六、《关键信息基础设施安全保护条例》印发

关键信息基础设施是经济社会运行的神经中枢，是网络安全的重中之重。保障关键信息基础设施的安全，对于维护国家网络安全、网络空间主权和国家安全、保障经济社会健康发展、维护公共利益和公民合法权益都具有十分重大的意义。

党中央、国务院高度重视关键信息基础设施安全保护立法工作，习近平总书记强调，"要抓紧制定立法规划，完善互联网信息内容管理、关键信息基础设施保护等法律法规，依法治理网络空间，维护公民的合法权益"。《中华人民共和国网络安全法》明确国家对关键信息基础设施实行重点保护，关键信息基础设施的具体范围和安全保护办法由国务院制定。

贯彻落实好习近平总书记重要指示和党中央、国务院的决策部署，国家网信办、工业和信息化部、公安部在前期深入调研、充分论证的基础上，起草了《关键信息基础设施安全保护条例（送审稿）》。司法部会同有关部门反复研究修改，先后两次大范围征求了中央有关单位、地方人民政府和有关协会、企事业单位、专家学者的意见，形成了《关键信息基础设施安全保护条例（草案）》。2021年4月27日，《关键信息基础设施安全保护条例》（以下简称《条例》）经国务院第133次常务会议审议通过，7月30日时任总理李克强签署第745号国务院令，公布《条例》，《条例》于9月1日起正式施行。

出台《条例》是贯彻落实习近平总书记关于网络强国重要思想的具体措施，也是近年来国家网络安全和信息化工作成功经验的制度化提升，特别是回应了社会各界对加强关键信息基础设施安全保护的关注和呼吁，将为我国深入开展关键信息基础设施安全保护工作提供有力法治保障。

七、八部门联合发文：全面加强医院安防建设

2021年9月22日，国家卫生健康委等八部门联合印发《关于推进医院安全秩序管理工作的指导意

见》（以下简称《意见》）。《意见》的主要目标是，推动医院安保组织更加健全，医院安全管理制度更加规范，风险预警机制更加高效，应急处置机制更加完善，逐步构建系统、科学、高效、智慧的高水平医院安全防范体系。

《意见》明确，要加强医院技防系统建设。医院应当按照相关国家标准和行业标准，建立完善入侵报警系统、视频监控系统、出入口控制系统和电子巡查系统，并实现系统间互联互通。医院要设置安全监控中心，对本单位技防系统的安全信息进行集中统一管理，实现医院内公共区域、重点区域视频监控全覆盖。医院门卫室、各科室、重点要害部位要安装一键式报警装置，并与医院安全监控中心联网，确保发生突发事件时能及时通知保卫机构和保安员，迅速到达现场先期处置。

《意见》要求，要推进医院智慧安防，要积极应用物联网、5G、大数据等现代科技手段，按照有关国家标准和行业标准，布建智能安防系统。各地要结合立体化、信息化社会治安防控体系等要求，进一步加强医院和公安机关数据共享，实现智能治理深度应用，构建医院及周边全域覆盖的安防合成化体系，最大限度防范预警危险因素。各地公安机关、卫生健康行政部门要精准赋能提升医院安保能力，打造一批智慧安防样板医院，提升安保工作的科技支撑能力。

近年来，随着暴力伤医事件频繁发生，全国各地医院的安防系统升级改造在加速推进，此次《意见》的出台将进一步推进智慧安防系统的落地，除了在安全上为医院提供保障，更将有利于医院在管理上数字化、智能化升级。

八、公安部集中发布100项公共安全行业标准

10月14日，公安部举行新闻发布会，通报切实推动公安工作高质量发展、集中发布100项公共安全行业标准有关情况。公安标准是平安中国、法治中国制度建设的重要内容，是新时代公安法律规范体系的重要组成部分，是公安工作现代化的技术支撑。

此次集中发布的100项公共安全行业标准是标准化工作取得的部分重要成果，主要包括刑事技术类、社会治安防控类、公安交通管理类三大类。

100项公共安全行业标准中属于全国安全防范报警系统标准化技术委员会归口的有4项，包括防爆安全检查设备类标准、实体防护类设备标准以及银行安全防范要求等。

防爆安全检查设备类标准在对爆炸物、毒品、刀具等违禁品进行安全检查，维护社会公共秩序方面将发挥重要作用；钢丝焊接网安全围栏对于提高重点单位周界安全防护能力，促进产业健康发展，提升产品质量具有重要意义；银行安全防范要求对银行的重点场所和部位提出了人防、物防、技防的基本要求，是银行安全防范设施建设、审批验收、日常检查、安全评估的基本依据，将进一步提升银行的安全防范水平。

九、AI安防等领域22家中企新入美国“黑名单”

2021年7月9日，美国商务部工业与安全局（BIS）对《出口管制条例》（EAR）作出了修改，新增34家实体添加到实体名单中，对其进行出口管控，其中包括20余家中国实体，主要为国内人工智能（包括人脸识别等）、安防监控、公共安全系统服务等领域的企业。具体包括格灵深瞳、中电兴发、立昂技术、科葩信息、华安泰、苏州科达、同方锐安、熙菱信息等企业。

实体清单是美国商务部工业与安全局用来限制出口、再出口和转移（国内）受EAR约束的物品给合理认为涉及或构成重大风险的个人（组织、公司）的工具参与违反美国国家安全或外交政策利益的活动。附加许可要求适用于受EAR约束的物品向上市实体的出口、再出口和转让（国内）。

短期来看，美国的遏制打压或对国内企业带来一定影响，但长远来说，我国网络安全、智慧城市的建设和物联网、人工智能等技术的发展步伐并不会由此减慢。相反，只会更加坚定中国自主创新、实现国产替代的决心和意志。

十、“芯片危机”波及安防制造企业安防芯片市场持续扩张

受新冠疫情持续在全球范围蔓延及多重因素的影响，2020 年下半年出现的全球半导体产能危机在 2021 年进一步加剧。我国作为当今世界安防产品的制造中心，伴随着人工智能、大数据等新一代信息技术在安防行业的普及应用，市场需求持续旺盛，进一步加剧国内安防行业在此波“缺芯潮”下的产品供需矛盾。

以安防产品制造企业为例，芯片危机导致行业上游的电子元器件普遍上涨，叠加全球最大的视频监控芯片供应商“海思”受制裁，导致其安防芯片供应出现缺口，进一步推动了国内安防芯片价格上涨，尤其在一些中高端芯片领域更为严重。国内一些大型安防制造企业通过延续原材料高库存策略，或者寻找替代方案保障供应链多元化，致力于摆脱芯片危机的困境；中小安防企业则面临更大危机。

与此同时，在“缺芯潮”危机下，国内安防上游芯片企业格局正在重塑，原本“海思”占据的市场份额释放出来，国内多家芯片企业持续拓展安防领域，更有初创企业加入这一行列，包括富瀚微、瑞芯微、北京君正、国科微等企业 2021 年上半年持续加大安防芯片新品开发。再加上智能家居、车联网等领域芯片产品需求持续增长，前三季度多家芯片企业的营收和净利润实现了大幅增长，涨幅甚至高达三四千倍，表现相当亮眼。

第四节　安防行业大事记

2021 年 1 月 1 日

由福建省公共安全防范行业协会组织编制的团体标准 T/FJAF 003-2021《安全防范工程视频监控系统维护服务规范》、T/FJAF 004-2021《远程视频监测系统技术规范》正式实施。

2021 年 1 月 21 日

经陕西省民政厅社会组织委员会审核决定，向陕西省安全防范产品行业协会颁发了《关于同意成立中共陕西省安全防范产品行业协会支部的批复》。

2021 年 1 月

河北省公安厅制定下发了《关于进一步加强智慧安防小区建设的实施方案》和《河北省智慧安防小区前端设备建设和数据资源接入工作指南》，进一步明确了老旧小区建设和数据汇聚传输标准。

2021 年 1 月

全国安全防范报警系统标准化技术委员会实体防护设备分技术委员会完成国家标准 GB 10409-2019《防盗保险柜（箱）》宣贯书籍的编制工作，并由群众出版社出版发行。

2021 年 2 月 4 日

由公安部科技信息化局提出，全国安全防范报警系统标准化技术委员会归口的行业标准 GA/T 1764-2021《公安视频图像信息应用系统接口协议测试规范》发布，于 2021 年 7 月 1 日起实施。

2021 年 2 月 5 日

由公安部科技信息化局提出，全国安全防范报警系统标准化技术委员会归口的行业标准 GA/T 1765-

2021《公安视频图像信息应用平台软件测试规范》、GA 1766-2021《公安视频图像信息系统验收规范（代替 GA 793.3-2008）》发布，于 2021 年 7 月 1 日起实施。

2021 年 2 月 25 日

安徽省地方标准 DB34/T 3816-2021《公共安全视频图像信息系统动态评价规范》、DB34/T 3817-2021《视频图像信息系统运维机构能力通用要求》、DB34/T 3818-2021《公共安全视频图像信息系统工程监理服务规范》正式实施。

2021 年 2 月

上海市公安局技术防范办公室制发《关于贯彻执行国家标准 GB/T 37845-2019〈居家安防管理系统技术要求〉的通知》，并对检测依据和判定依据提出相关要求。

2021 年 3 月 1 日

由福建省公共安全防范行业协会组织编制的团体标准 T/FJAF 002-2021《公共安全防范企业信用评价规范》正式实施。福建省安防协会依据团体标准 T/FJAF 002-2021《公共安全防范企业信用评价规范》，正式启动企业信用等级评价工作。

2021 年 3 月 18 日

为进一步加强辽宁省公安技防和视频基础体系建设工作，辽宁省公安厅技术防范办公室起草下发了《关于进一步加强视频图像智能化体系建设的通知》（辽公传发〔2021〕128 号），指导做好本地社会化智能安防建设和技防日常监督检查工作。

2021 年 3 月 24 日

由公安部治安管理局提出，全国安全防范报警系统标准化技术委员会归口的行业标准 GA 38-2021《银行安全防范要求（代替 GA 38-2015、GA 745-2017、GA 858-2010，部分代替 GA 1003-2012、GA 1280-2015）》发布，于 2021 年 9 月 1 日起实施。

2021 年 3 月 29 日

北京安全防范行业协会立项并制定的团体标准 T/BAX 0001.1-2021《安防监控中心值机工作与服务要求　第 1 部分：值机工作要求》、T/BAX 0001.2-2021《安防监控中心值机工作与服务要求　第 2 部分：值机服务要求》正式发布，自 2021 年 3 月 30 日起实施。

2021 年 3 月 29 日至 31 日

由湖北省公安厅科技信息处指导，湖北省安全技术防范行业协会主办的“2021 中国（武汉）社会公共安全产品展览会”在武汉国际会展中心成功举行。本届展会参加企业达 350 余家，以“服务立展、规范建展、协作强展、技术创展”为宗旨，为湖北城市平安建设引进推荐了一批技术优秀、高品质的企业和服务商，同时搭建了行业沟通交流的平台。

2021 年 3 月底

内蒙古智慧安防信息一体化平台上线试运行。该平台是内蒙古自治区安防行业的“互联网+”综合服务平台，将全面提升内蒙古安防行业管理水平。

2021年3月

根据人社部和公安部统一部署，中国安全防范产品行业协会启动国家职业分类大典（安防内容）修订工作。

2021年3月

陕西省安全防范产品行业协会编辑出版首期《陕西安防会刊》。

2021年4月9日

国家安全防范报警系统产品质量检验检测中心（北京）滨江实验室顺利举行揭牌仪式，成为中心服务前移至华东地区的重要标志。

2021年4月12日

中国安全防范产品行业协会专家咨询委员会成立大会在北京召开。

2021年4月13日

山东省公安厅印发《山东省公安厅关于加强智慧安防小区建设的指导意见》和技术、安全、管理三个标准规范性文件，重点提出按照高、中、低三种类型，推进智慧安防小区建设前端采集标准统一、数据传输网络统一、数据存储标准统一，重点解决“怎么建、怎么联、怎么管、怎么用”四个方面的问题，探索形成“山东建设模式”。

2021年4月19日至30日

ITU-T SG16召开全体成员视频会议，会议审议通过并批准发布了国际标准《F. TSVSN：Test specification for video surveillance networking》（视频监控联网测试规范），标准号为ITU-T T. 627。会议还审议通过了《H. 626. 5（Rev.）：Architecture for intelligent video surveillance systems（Rev.）》和《H. PIVSS：Protocols for intelligent video surveillance systems》两项国际标准立项提案，批准该两项国际标准正式立项。

2021年4月21日

由广东省公安厅科技信息化总队提出并牵头、广东省安防协会组织制定的地方标准GD/TC95《互联网+停车场建设技术规范》正式实施。

2021年4月25日

由国家反恐怖工作领导小组办公室、公安部治安管理局、公安部反恐怖局、公安部科技信息化局提出，全国安全防范报警系统标准化技术委员会归口的行业标准GA 1800. 1-2021《电力系统治安反恐防范要求　第1部分：电网企业》、GA 1800. 2-2021《电力系统治安反恐防范要求　第2部分：火力发电企业》、GA 1800. 3-2021《电力系统治安反恐防范要求　第3部分：水力发电企业》、GA 1800. 4-2021《电力系统治安反恐防范要求　第4部分：风力发电企业》、GA 1800. 5-2021《电力系统治安反恐防范要求　第5部分：太阳能发电企业》、GA 1800. 6-2021《电力系统治安反恐防范要求　第6部分：核能发电企业》、GA 1551. 6-2021《石油石化系统治安反恐防范要求　第6部分：石油天然气管道企业》发布，于2021年8月1日起实施。

2021年4月28日

安徽省公安厅科技信息化处联合安徽省住房和城乡建设厅、民政厅印发《关于推进全省“智慧安防小区”建设工作的通知》。

2021年4月30日

安徽省安全技术防范行业协会举办“第三届安徽省安全技术防范行业职业技能竞赛”。

2021年5月25日

安徽省十三届人大四次会议第959号建议《关于对公共安全视频图像信息系统管理进行立法的建议》办结。

2021年5月28日

全国安全防范报警系统标准化技术委员会提出并归口的行业标准GA/T 1779-2021《被动式太赫兹成像人体安全检查设备通用技术要求》发布，于2021年10月1日起实施。

2021年5月31日

辽宁省安防协会正式发布团体标准T/LNPSA 0002-2021《老旧小区安全防范系统通用技术要求》，于2021年6月30日起正式实施。

2021年6月7日

由公安部科技信息化局提出，全国安全防范报警系统标准化技术委员会归口的行业标准GA/T 1297-2021《安防线缆》发布，于2021年12月1日起实施。

2021年6月7日

由公安部科技信息化局提出，全国安全防范报警系统标准化技术委员会归口的行业标准GA 1781-2021《公共安全社会视频资源安全联网设备技术要求》发布，于2021年10月1日起实施。

2021年6月10日

中国安全防范产品行业协会庆祝中国共产党成立100周年活动在北京隆重举行。

2021年6月10日

在公安部科技信息化局的委托和指导下，由中国安全防范产品行业协会组织行业力量编制的《中国安防行业“十四五”发展规划（2021—2025年）》正式发布。

2021年6月28日

由全国安全防范报警系统标准化技术委员会提出并归口的行业标准GA/T 1782-2021《入侵和紧急报警系统接警中心机》、GA/T 1783-2021《公安视频图像信息数据库测试规范》发布，于2021年10月1日起实施。

2021年6月29日

“人民安防”庆祝建党100周年文艺汇演视频在中国安全防范产品行业协会、北京安全防范行业协会官网，人民安防、北京安全防范行业协会抖音平台上线。

2021年6月至7月

由国家安全防范报警系统产品质量检验检测中心（上海）主导，分别召开了2次国际电工委员会报警与电子安防系统技术委员会（IEC/TC79）WG13 Building intercom system 工作组会议，包括中国、德国、法国、意大利、西班牙、瑞士等 9 个国家的 23 位委员出席会议。会议成功立项并启动国际标准 IEC 62820-1-1、IEC 62820-1-2 修订工作；以中国标准为基础，形成 2 项投票新工作提案（IEC 62820-1-3、IEC 62820-1-4），将提交 IEC TC79 秘书处国际。

2021 年 7 月 15 日

上海市公安局技术防范办公室印发《关于印发〈紧急报警装置管理使用规范〉的通知》［沪公技防〔2021〕2 号］。

2021 年 7 月 20 日

由公安部科技信息化局提出，全国安全防范报警系统标准化技术委员会归口的行业标准 GA/T 1788.2-2021《公安视频图像信息系统安全技术要求　第 2 部分：前端设备》发布，于 2021 年 12 月 1 日起实施。

2021 年 7 月 26 日

江苏省公安厅科技处印发《关于开展沿江、沿海技防专项建设深入推进全省智能泛在感知体系深度集成联动应用的指导意见》。

2021 年 7 月至 11 月

浙江省公安厅科技信息化局组织开展 2021 年度浙江省安全技术防范行业工程师职务任职资格评审工作，经评审委员会 11 月 7 日评审通过，报请浙江省人力社保厅评审结果备案，共计 33 人获得安防工程师职务任职资格，43 人获得安防高级工程师职务任职资格。

2021 年 8 月 6 日

由深圳市安全防范行业协会牵头制定的两项团体标准 T/SZAF 001-2021《多用途轻型水下作业机器人》、T/SZAF 002-2021《多用途轻型水中助推器》发布实施。

2021 年 8 月 10 日

由公安部科技信息化局提出，全国安全防范报警系统标准化技术委员会归口的行业标准 GA/T 1788.1-2021《公安视频图像信息系统安全技术要求　第 1 部分：通用要求》、GA/T 1788.3-2021《公安视频图像信息系统安全技术要求　第 3 部分：安全交互》、GA/T 1788.4-2021《公安视频图像信息系统安全技术要求　第 4 部分：安全管理平台》发布，于 2021 年 12 月 1 日起实施。

2021 年 8 月 23 日

山东省公安厅下发《关于公布智慧安防小区（技防村）建设示范点的通知》，选取 90 个智慧安防小区和 30 个技防村示范点，为全省智慧安防小区（技防村）建设提供可复制、可推广的经验和模式，引领建设工作再加速。

2021 年 8 月 31 日

经辽宁省社会公共安全产品行业协会审核向辽宁省工程系列高级专业技术资格评审委员会推荐符合条件的人员中，经过评审有 221 名专业技术人员获得了通过，成为辽宁省第一批安防工程师。

2021 年 8 月

北京市公安局指挥部视频警务和安技防通信保障处会同北京市委政法委，编发《2021 年全市“雪亮工程”重点工作和任务分工》（京图信管字〔2021〕4 号），强调了各级政府部门的建设、整合、管理和应用责任，明确了具体的建设任务和阶段目标。

2021 年 9 月 9 日

国家安全防范报警系统产品质量检验检测中心（北京）获得公安部网络安全保卫局《关于工业控制类网络安全审计产品开展检测的批复》（公网安〔2021〕3187 号）文件，开展相关类别计算机信息系统安全专用产品销售许可检测工作。

2021 年 9 月 14 日

国家安全防范报警系统产品质量监督检验中心（上海）依据国家市场监督管理总局下发的《市场监管总局关于进一步加强国家质检中心管理的意见》（国市监检测发〔2021〕16 号）和《市场监管总局办公厅关于国家产品质量检验检测中心及其所在法人单位资质认定等有关事项的通知》（市监检测发〔2021〕55 号）的相关规定，更名为“国家安全防范报警系统产品质量检验检测中心（上海）”。

2021 年 9 月 16 日

由北京市总工会、北京市人力资源和社会保障局联合主办，北京安全防范行业协会和北京市职工技术协会共同承办的 2021 年北京市职工职业技能大赛暨第二届安全防范设备值机员职业技能竞赛开幕式在北京保利大厦酒店隆重召开。

2021 年 9 月 17 日

由全国安全防范报警系统标准化技术委员会提出并归口的行业标准 GA/T 841-2021《基于离子迁移谱技术的痕量毒品/炸药探测仪通用技术要求》发布，于 2021 年 12 月 1 日起实施。

2021 年 9 月 27 日

由全国安全防范报警系统标准化技术委员会实体防护设备分技术委员会归口的行业标准 GA/T 1797-2021《钢丝焊接网安全围栏》发布并实施。

2021 年 9 月 28 日至 30 日

由深圳市智慧安防行业协会开展的 2021 年度深圳首次安全防范系统安装维护员职业技能等级评价工作顺利完成。

2021 年 9 月

根据《市场监管总局办公厅关于国家产品质量检验检测中心及其所在法人单位资质认定等有关事项的通知》（市监检测发〔2021〕55 号）要求，国家安全防范报警系统产品质量监督检验中心（北京）名称调整为国家安全防范报警系统产品质量检验检测中心（北京）。

2021 年 10 月 3 日

安徽省地方标准 DB34/T 3962-2021《“明厨亮灶”视频厨房建设规范》、DB34/T 3963-2021《公共安全视频图像信息系统社会视频资源接入技术规范》正式实施。

2021 年 10 月 29 日

由深圳市智能交通行业协会牵头、深圳市安全防范行业协会参与制定的，超过 57 家单位和 112 位专家共同编制的团体标准 T/SZITS 002-2021《低速无人车城市商业运营安全管理规范》系列正式发布。

2021 年 10 月至 11 月

由广东省人力资源和社会保障厅、广东省总工会共同主办，广东省公安厅指导，广东省公共安全技术防范协会和新南方职业培训学院共同承办的广东省第二届职业技能大赛——“平安城市—智慧守护”智能安防职业技能竞赛成功举办。

2021 年 11 月 15 日

中国安全技术防范认证中心编制的《CSP-S01-001：2021 社会公共安全服务认证实施规则　报警运营服务》正式发布。

2021 年 11 月 17 日

江苏省公安厅科技处获得全国公安视频图像智能化应用比武竞赛一等奖。

2021 年 11 月 30 日

由公安部治安管理局提出，全国安全防范报警系统标准化技术委员会归口的行业标准 GA 1798-2021《营业性射击场设置与安全防范要求》发布，于 2022 年 6 月 1 日起实施。

2021 年 11 月

安徽省公安厅科技信息化处修改完善《安徽省公安厅科技信息化项目合作企业管理机制》。

2021 年 12 月 5 日

江苏省公安厅科技处印发《2021 年度江苏省智慧技防建设应用典型汇编》。

2021 年 12 月 8 日

安徽省地方标准 DB34/T 579-2021《住宅区智能化系统工程设计、验收标准》、DB34/T 1470-2021《金融建筑智能化系统技术标准》、DB34/T 1923-2021《医疗建筑智能化系统技术标准》正式实施。

2021 年 12 月 13 日

上海市公安局技术防范办公室印发《本市安全防范涉及人脸识别应用产品及相关数据传输技术要求（试行）》（沪公技防〔2021〕5 号），并指导相关安防产品检测、使用单位和安防工程施工单位认真贯彻落实。

2021 年 12 月 17 日

江苏省公安厅科技处印发《江苏省智慧版技防城建设标准》。

2021 年 12 月 21 日

福建省厦门市地方标准 DB3502/T 071-2021《公共安全视频图像项目建设方案编制指南》、DB3502/T 072.1-2021《公共安全视频图像系统运维技术规范　第 1 部分：总体要求》、DB3502/T 072.2-2021《公共安全视频图像系统运维技术规范　第 2 部分：接口》、DB3502/T 072.3-2021《公共安全视频图像系统运维技术规范　第 3 部分：数据元》、DB3502/T 073-2021《公共安全视频图像系统运维服务规范》、DB3502/T 074-2021《公共安全视频图像系统运维服务评价规范》正式发布。

2021 年 12 月 24 日

中国安全防范产品行业协会发布团体标准 T/CSPIA 005-2021《公共安全视频图像分析多算法应用技术要求》、T/CSPIA 006-2021《用于人脸识别的安防摄像机图像质量评测方法》、T/CSPIA 007-2021《头戴式安防视频采集显示设备通用技术要求》，标准自发布之日起实施。

2021 年 12 月 31 日

由公安部提出，全国安全防范报警系统标准化技术委员会归口的国家标准 GB/T 21741-2021《住宅小区安全防范系统通用技术要求》发布并施行。

2021 年 12 月 31 日

由全国安全防范报警系统标准化技术委员会归口，公安部第三研究所、公安部第一研究所等单位参与的国家标准 GB/T 41086-2021《基于拉曼光谱技术的危险化学品安全检查设备通用技术要求》发布，于 2022 年 7 月 1 日起实施。

2021 年

中国安全技术防范认证中心本年编制并发布了 CSP-V01-003：2020《安全技术防范产品自愿性认证实施规则　防盗锁产品》，启动了防盗锁产品认证规则变更证书转换工作。

2021 年

浙江省安全技术防范行业协会全年共发布了 4 项团体标准：T/ZJAF 4-2021《安全防范产品分类》、T/ZJAF 7-2021《联动互锁控制系统通用技术要求》、T/ZJAF 8-2021《电动自行车智能监测记录系统技术要求》、T/ZJAF 9-2021《电子防范产品绿色包装技术规范》。

第二章 2021 年中国安防行业发展综述

第一节 中国安防行业发展现状

2021 年是“十四五”开局之年，是中国共产党成立 100 周年，也是我国现代化建设进程中具有特殊重要性的一年。面对新冠疫情反复，全球不稳定不确定因素增多，以习近平同志为核心的党中央团结带领全党全国各族人民，勠力同心、艰苦奋斗，如期完成全面建成小康社会、实现第一个百年奋斗目标，开启了全面建设社会主义现代化国家、向第二个百年奋斗目标进军新征程。2021 年中国经济保持持续稳定复苏态势，构建新发展格局迈出新步伐，高质量发展取得新成效，全年国内生产总值比上年增长 8.1%，经济运行保持在合理区间，“十四五”实现良好开局，显现新气象、新图景。这一年，我国创新动能有效增强，尤其是数字经济持续保持强劲发展韧性。电子信息制造、软件和信息技术服务业等多个数字经济核心产业增长迅猛，数字产业引领发展势能充分彰显。消费端结构优化升级，信息化普及与智能化应用表现非常显著。

作为国民经济的一分子，安防行业发展深受国家大政方针、经济形势影响。2021 年伴随着中国经济持续发展，安防行业呈现稳步回升态势。特别是在数字经济与实体经济深度融合、国家制造业升级改造、新一代信息技术创新等诸多因素影响下，安防技术持续向更多细分领域扎根，以“智安小区”“数字乡村”为代表的市场应用进一步拓展，市场空间持续扩维，“泛智能”“泛安防”不断深入，在推动更多行业走向智能化、数字化的同时，安防行业市场容量也在持续扩张。截至 2021 年年底，我国安防企业达 3 万余家，从业人员约 179 万人，行业总产值近 8350 亿元。

同时需要看到 2021 年安防行业虽然保持企稳回升的态势，但受业内竞争加剧、外部形势严峻、基础原材料上涨、芯片供应受阻、价格上涨等因素影响，企业经营成本压力不断加大，部分企业经营困难，技术创新面临新的挑战。

一、党和国家明确提出更高水平平安中国建设目标

2021 年 3 月 5 日，第十三届全国人民代表大会第四次会议通过了《中华人民共和国国民经济和社会发展第十四个五年规划和 2035 年远景目标纲要》（以下简称《纲要》）。《纲要》进一步明确统筹发展和安全关系，对建设更高水平的平安中国作出重要部署，提出要加强社会治安防控，编织全方位、立体化、智能化社会安全网，提高社会治安立体化、法治化、专业化、智能化水平，健全社会治安防控体系，推进公安大数据智能化平台建设。《纲要》从顶层设计高度明确了“平安中国”是实现人民安居乐业、社会安定有序、国家长治久安的坚实保障。

（一）新型“智慧城市”建设发展方向逐渐明晰

《纲要》提出要分级分类推进新型智慧城市建设，将物联网感知设施、通信系统等纳入公共基础设施统一规划建设，推进市政公用设施、建筑等物联网应用和智能化改造。

在 4 月份国家发展改革委印发的《2021 年新型城镇化和城乡融合发展重点任务》中，提出建设“城市数据大脑”等数字化智慧化管理平台，推动数据整合共享，提升城市运行管理和应急处置能力。全面

推行城市运行“一网通管”，拓展丰富智慧城市应用场景。在 8 月份《关于推广第三批国家新型城镇化综合试点等地区经验的通知》中提出着力建设宜居、人性、创新、智慧、绿色、人文城市，不断推进城市治理体系和治理能力现代化。

2021 年，全国 31 个省区市均出台纲要规划文件，提出启动、推进新型智慧城市建设，以数字化助推城市治理模式创新，全面提高运行效率与宜居度。当前智慧城市的发展方向逐渐明晰，智慧城市建设将在工业化、信息化、数字化的推动下迈向新的台阶。

（二）“平安乡村”建设为推进乡村振兴提供保障

作为“平安中国”的重要组成部分，2021“平安乡村”建设被再次纳入《中共中央 国务院关于全面推进乡村振兴加快农业农村现代化的意见》，即 2021 年“中央一号文件”，明确要求乡村移动物联网与城市同步规划建设，发展智慧农业，建立农业农村大数据体系，推动新一代信息技术与农业生产经营深度融合。“中央一号文件”同时指出，开展乡村治理试点示范创建工作。建立健全农村地区扫黑除恶常态化机制，加强县乡村应急管理和消防安全体系建设，做好对自然灾害、公共卫生、安全隐患等重大事件的风险评估、监测预警、应急处置。

平安乡村建设已成为当前维护农村社会稳定促进农村和谐发展的重要举措，是新形势下加强社会治安工作和实现“乡村振兴”战略的重大举措，为农村发展提供了有力的安全保障。

（三）基层智慧治理能力建设为平安中国夯实根基

习近平总书记指出：“党的工作最坚实的力量支撑在基层，经济社会发展和民生最突出的矛盾和问题也在基层，必须把抓基层打基础作为长远之计和固本之策，丝毫不能放松。”基层治理是实现国家治理体系和治理能力现代化的基石，是提升社会治理有效性的基础。

2021 年 7 月，中共中央、国务院印发《关于加强基层治理体系和治理能力现代化建设的意见》，提出要加强基层智慧治理能力建设。市、县级政府要将乡镇（街道）、村（社区）纳入信息化建设规划，统筹推进智慧城市、智慧社区基础设施、系统平台和应用终端建设，强化系统集成、数据融合和网络安全保障。要健全基层智慧治理标准体系，推广智能感知等技术。加快全国一体化政务服务平台建设，推动各地政务服务平台向乡镇（街道）延伸，建设开发智慧社区信息系统和简便应用软件，提高基层治理数字化智能化水平。

2021 年广东省创新社会治理，着力加强顶层设计和系统谋划，审议通过了《广东省平安建设条例》，该条例把“科技支撑”作为平安广东建设的重要内容，通过制定平安广东智能化建设的总体规划，推动公共安全视频资源联网应用，提升平安广东建设智能化、信息化水平。

二、行业化融合持续加深更多行业安防走向智能化、数字化

随着智慧城市的发展方向逐渐明晰，2021 年国家各部委及相关部门，结合各自领域工作，持续推动“智慧医院”“智慧交通”“智安小区”“智慧养老”“数字家庭”等相关项目落地，不断提升新型“智慧城市”建设精细化、智能化水平。

（一）智慧安防落地平安医院数字化、智能化管理升级

针对医疗纠纷事件多发等安全问题，2021 年年初，公安部、国家卫生健康委员会联合召开会议就加强医院安防建设作出具体部署，提出结合社会治安防控体系建设要求，加快推进医院“智慧内保”建设，切实提升医院的预警防范处置能力。2021 年 9 月，国家卫生健康委员会等八部门联合印发了《关于推进医院安全秩序管理工作的指导意见》，提出要全面提升医院安防系统能力水平，加强医院技防系统建设，建立完善医院入侵报警系统、视频监控系统、出入口控制系统和电子巡查系统，并实现系统间互联互通。同时提出要积极应用物联网、5G、大数据等现代科技手段，布建医院智能安防系统。

近年来，公安部与国家卫生健康委员会密切协作联动，将“平安医院”建设作为平安中国建设的重要组成部分，通过深化联合整治等工作机制，有力推动了医院“三防”建设。截至 2021 年年初全国已有

85%的二级以上医院设立警务室，1 万余家医院安装一键报警装置，涉医刑事案件实现八年连降。

（二）“交通强国”战略全面实施智慧交通受关注

随着《交通强国建设纲要》颁布，2021 年是“交通强国”战略全面实施的一年，2021 年 2 月，中共中央、国务院发布《国家综合立体交通网规划纲要》，提出到 2035 年基本建成便捷顺畅、经济高效、绿色集约、智能先进、安全可靠的现代化高质量国家综合立体交通网。

2021 年 5 月，国务院办公厅转发国家发展和改革委员会等四部门《关于推动城市停车设施发展的意见》，提出到 2025 年，全国大中小城市基本建成配建停车设施为主、路外公共停车设施为辅、路内停车为补充的城市停车系统；8 月，交通运输部与科技部联合印发了《关于科技创新驱动加快建设交通强国的意见》，推动交通运输发展向更加注重科技创新驱动转变；9 月，交通运输部印发了《交通运输领域新型基础设施建设行动方案（2021—2025 年）》，提出智慧公路建设行动、智慧航道建设行动、智慧港口建设行动等七个主要任务。

另外，2021 年江苏、山西、海南、广东等省纷纷结合自身状况发布智慧交通建设行动计划或者规划，全力推进智慧交通落地。从公路智能管理、交通信号联动到智能铁路、智慧民航、智慧港口，再到数字航道、智慧停车场，智慧交通建设正持续推进交通基础设施数字化、网联化，提升交通运输智慧发展水平。

（三）“智安小区”成智慧社区构建、老旧小区改造重要抓手

随着新型“智慧城市”建设不断推进，“智安小区”建设作为基层社会治理和治安防控工作的重要项目载体，2021 年成为各地推进智慧社区构建、落实老旧小区改造工程的重要抓手。

2021 年 4 月，住房和城乡建设部联合多个部委发布了《关于加快发展数字家庭提高居住品质的指导意见》，提出强化智能产品在社区配套设施中的设置，对新建社区配套设施建设，明确要求设置入侵报警、视频监控等基本智能产品要求，提升社区安防水平。2021 年 7 月，国务院办公厅发布的《关于全面推进城镇老旧小区改造工作的指导意见》明确了城镇老旧小区改造方向，即构建共享共治社区治理体系，在改造中加强智能安防建设要求，鼓励综合运用物防、技防、人防等措施满足安全需要。

作为全国数字化转型典型省份，浙江省把“智安小区”建设作为政府数字化转型工作要点，并在 2021 年印发《关于加快推进全省“智安小区”建设的指导意见》，在全省大力推进智慧安防小区建设。

（四）老龄化不断加深助力智慧养老开启新模式

随着我国老龄化程度的加深，人们对养老保障的需求不断提升。2021 年 10 月，工业和信息化部等三部委联合印发了《智慧健康养老产业发展行动计划（2021—2025 年）》就智慧养老问题作出方向性的指导，提出重点发展具有趋势分析、智能预警等功能的健康管理类产品。大力发展具有行为监护、安全看护等功能的养老监护类产品；依托烟雾传感器、门磁传感器、红外传感器、智能床垫等智慧健康养老产品打造家庭养老床位；运用摄像头、毫米波雷达、红外传感器等智能产品赋能老年人能力评估，提供智慧化老年人能力评估服务。11 月，中共中央、国务院出台《关于加强新时代老龄工作的意见》，明确鼓励用新兴技术助推“智慧养老”，让老年人参与社会活动更加安全方便，鼓励推广新技术、新方式，实施“智慧助老”行动。

得益于政策不断激励以及新兴技术加速更迭，2021 年智慧养老市场迎来快速增长，其中以家居养老为重点方向的具备健康监测、一键呼救、语音通话、运动检测等功能的智能监控、紧急按钮等最为普遍，颇受市场欢迎。

三、加强数据安全构筑信息安全领域立体化法规体系

2021 年“3・15 国际消费者权益日”晚会曝光了以人脸识别技术为代表的新型信息技术被滥用问题，并在社会上激起大众的热议。伴随着人工智能和大数据技术渗入社会各个领域，围绕“换脸”“信息安全”“视频安全”等关键词，不断挑战着人们的心理底线，并引来全社会层面的焦虑与担忧。

2021 年多部涉及数据安全、信息保护的法律法规颁布实施。6 月 10 日，《数据安全法》经表决通过，

这是我国第一部有关数据安全的专门法律，内容涉及数据安全与发展、数据安全制度、数据安全保护义务等；7 月，《网络产品安全漏洞管理规定》落地，网络产品提供者发现其网络产品存在安全缺陷、漏洞等风险时，应当立即采取补救措施；9 月，《关键信息基础设施安全保护条例》实施，提出安全保护措施应当与关键信息基础设施同步规划、同步建设、同步使用；11 月 1 日正式颁布实施的《个人信息保护法》明确规定，在公共场所安装图像采集、个人身份识别设备，应当为维护公共安全所必需。该法首次将人脸归为敏感个人信息，将人脸识别纳入监管范畴，为保护用户权益，对技术的提供方、使用方提出了一系列规范。

近两年，各行业正在经历数字化浪潮的席卷，与之伴随的是各种信息安全威胁甚嚣尘上，《数据安全法》等法律法规的实施，以及行业内涉及公共视频监控安全要求和标准的相继出台实施，对解决平安城市、雪亮工程等大规模联网环境下所面临的信息、设备和系统安全威胁具有重大意义。

四、行业管理不断加强，服务逐步优化

安防行业作为防范应对各类风险和挑战、维护国家安全及社会稳定的安全保障性行业，其快速发展与持续壮大离不开行业管理部门的监管指导与技术服务机构及社会团体组织的服务支撑。2021 年行业管理部门、技术服务机构及社会团体组织坚持以行业高质量发展为切入点，通过加强监管、积极引导、优化服务等多种形式工作机制，不断完善行业管理。

（一）持续加强行业监管与业务指导

2021 年，全国公安机关科技信息化部门围绕公安中心工作和实战需要，持续加强社会创新治理、加强行业指导与监管。公安部科技信息化局积极指导各地推动住宅小区智能安防建设，这一年山东省智慧安防小区覆盖率达 94%，甘肃省实现全省 14 个市州、86 个县区智慧安防小区建设全覆盖；2021 年全国公安机关科技信息化部门继续简政放权、放管结合、优化服务，为群众生活及办事增便利；河北省、上海市、江苏省、广西壮族自治区、贵州省、宁夏回族自治区等公安科技信息化部门利用技术优势，全力做好疫情防控工作；2021 年全国各公安机关科技信息化部门积极指导各地行业协会服务国家整体战略、服务公安工作、服务行业发展；这一年公安部科技信息化局还进一步加强安防标准化建设，北京市、上海市、安徽省、广东省等公安技防管理部门深入开展安防地方标准的制修订工作，不断健全完善安防标准体系；河北省、内蒙古自治区、辽宁省、江苏省、湖北省、湖南省、广西壮族自治区等地的公安机关科技信息化部门出台地方政策及规范性文件指导安防行业有序发展。

（二）扎实开展行业标准化建设

2021 年全国安全防范报警系统标准化技术委员会在编的国家标准和行业标准共 70 余项。其中已完成并经批准发布的标准共 26 项（国家标准 3 项、行业标准 23 项）；完成标准报批稿 25 项（国家标准 13 项、行业标准 12 项）；安防标委会积极开展公共安全视频图像信息联网共享应用国家标准等重要领域标准的制修订工作；积极开拓国际标准化工作，组织我国专家牵头制定 5 项国际标准，其中经批准发布的有 1 项；会同安防协会、检测机构等单位开展"安防标准解读网络公开课"的视频录制工作，2021 年已完成三批重要安防标准的解读视频录制，涉及共 33 项国家标准和行业标准；通过与中国安防协会合作，积极推动和开展团体标准化工作，共制定 8 项团体标准。

（三）有序推进行业认证认可工作

2021 年安防认证机构积极创建认证评价业务新平台，实现认证拓展工作新发展。积极开展"报警运营服务"认证工作，推进邮政行业安全检查设备自愿性认证工作，建立具备国际先进水平的汽车行驶记录仪用防护存储器检测平台并开展相关认证业务，完成人证核验产品、单警执法视音频记录系统等新型热门产品的实施规则编制工作。中国安全技术防范认证中心保持强制性产品认证（CCC 认证）有效证书 253 张，获证境内外企业 87 家；保持自愿性产品认证（GA 认证、CSP 认证）有效证书 845 张，获证境内外企业 335 家。公安部第三研究所认证中心持有有效的强制性产品认证证书 474 张，境内外 CCC 获证企

业共计92家。

（四）大力推进行业检测检验工作

2021年检测机构立足公安业务，加强技术服务支撑。加强能力建设，挖掘技术潜能，推进科技创新，开拓服务市场，提升服务质量。2021年北京检测中心出具检测报告5万余份，涉及企业数量7000余家，截至2021年经资质认定和实验室认可的检验检测能力有1000余项，计量校准能力50余项；上海检测中心在2021年1月实验室、检验机构和资质认定的复评审中获批的能力范围扩大到1160项，检验检测能力不断迈上新台阶。

（五）推进行业规范自律工作

2021年中国安全防范产品行业协会及各地方行业协会在主管部门及业务指导部门的领导下，不断夯实党建工作基础，强化自身建设，凝聚发展正能量，发挥示范引领作用；发挥行业力量参与安防标准化工作，通过多种形式组织开展标准宣贯工作，树立行业标杆；充分挖掘行业专家智力资源，发挥专家智库功能，强化协会服务行业职能；通过组织展会、论坛等活动，积极搭建交流平台，促进行业各方合作；加强行业媒体宣传，服务会员，广泛推广新产品、新技术。

五、行业保持平稳较快发展

（一）行业规模稳定增长

作为“十四五”开局之年，随着国家各个领域“十四五规划”落地，经济形势开始向好，特别是随着5G、人工智能、大数据等新一代信息技术不断落地应用，各行业数字化转型加快，2021年我国安防行业发展整体保持企稳回升的态势。

在新技术赋能下，安防行业产业链的深度和广度不断延伸，同时随着数字化、智能化不断深入，行业落地应用领域持续扩围，延伸到人们生产生活的方方面面，形成覆盖范围更广泛、终端应用多元化的泛安防产业格局，并逐步拓展出“智建、智联、智用、智防、智服”应用主线。2021年，我国安防行业整体规模保持稳定增长，安防企业达3万余家，从业人员约179万人，行业总产值近8350亿元。

（二）技术创新不断增强

随着数字化转型向行业深入，安防行业向着高技术、高集成的方向发展，行业技术创新能力不断增强并成为行业发展的主要驱动力。

2021年安防行业加速完善自身技术体系及方法论，通过产业深度融合、技术持续迭代，推动行业向数智化转型，为行业发展带来新活力与更深价值，其中人工智能、云技术、网络安全、AIoT等受到行业普遍关注。

随着人工智能与实体经济的深度融合，安防行业作为AI技术落地应用较为领先的领域，涵盖车辆、行人、人脸、行为、动作、物品、事件等多类目标的识别与应用。率先受益于AI技术的成熟发展，传统安防产业在产品、技术与应用等多个维度实现了更深层次的进化与变革。

人工智能走入千行百业，也预示着行业面临的安全问题越来越复杂。AI面临着算法是否可靠、数据是否安全以及应用是否可控等困境。同时，深度学习算法也存在不透明、不可解释等系统局限性，再加上训练数据受污染、恶意样本受攻击等，AI应用面临新考验。面对这些困难，基于AI的安全防火墙、基于隐私保护的计算平台等不断融入行业。除了算法体系上的技术创新，目前在生物特征识别应用领域，基于小样本无监督学习、非接触指掌纹采集以及隐私和安全计算等技术，围绕多模态识别技术让身份认证更精准、更高效，实现AI+可信安全。

2021年在融合理念推动下，作为人工智能与物联网融合概念，AIoT展示了人工智能技术在云、边、端不断融合下的赋能能力。特别是安防行业，智能摄像机与AIoT设备相互连接或组合，让视频的应用不再局限于安全防范，多功能、多领域的视频应用方案不断落地。尤其是随着边缘计算的发展，AIoT更多的智能化应用在智慧零售、智慧园区、智能停车场等细分领域颇受欢迎。

随着 AI 与 5G 等连接技术成熟，再加上新冠疫情蔓延对人们生活带来的广泛而深远的影响，基于家庭与社区应用的数字化转型升级加速，更多以安全防范为目的 AIoT 产品走入家庭，相应的爆款产品不断涌现。

（三）应用市场不断拓展

随着新型智慧城市建设不断落地，安防产品作为物联感知设备已经成为城市基础设施建设的一部分，并随着新技术融入不断解锁新的应用场景，落地更多应用市场。2021 年，基于多维感知技术安防产品及方案成为行业拓展新市场空间的重要抓手，在智安小区、智慧养老、数字家庭、智慧商店等行业数字化变革领域，安防产品技术持续融入，极大满足了碎片化的市场需求。

受新冠疫情影响，2021 年“宅经济”迎来巨大发展，家庭、社区等细分市场智能化转型需求旺盛，这为安防行业内楼宇对讲、视频监控、出入口控制等产品技术提供了更大的市场空间。同时，在 AI 加持下的多维感知技术使得安防概念不断实现泛化，通过更广泛地感知、认知，看得懂、主动响应等在实现安全防范的基础上，进化到“碎片化”场景下的管理环节，再到决策环节。“泛安防”逐步下沉至城市、社区的毛细血管，融入生活场景的方方面面。

（四）企业格局不断重塑

2021 年海康威视、大华股份等传统安防企业迎来了数智时代下的新纪元，多家安防企业选择整装升级再出发，持续演绎传统安防企业迭代、融合、深耕赋能的主旋律。

2021 年人工智能企业掀起上市热潮。商汤科技正式在港交所挂牌上市，成为“AI 四小龙”首家登陆资本市场的企业，并一举创下全球估值最高的人工智能创业公司纪录，另外，云从科技、旷视科技、云天励飞、格灵深瞳则均实现了科创板上市首发获通过。

2021 年全球半导体产能危机进一步加剧，并延伸到安防行业。在海思受到制裁的情况下，国内安防上游芯片企业格局不断重塑，国内多家芯片企业持续拓展安防市场，包括富瀚微、瑞芯微、北京君正、国科微等企业 2021 年持续加大安防芯片新品开发，抢占国际乱局市场空白，也昭示着国内安防芯片市场格局迎来重大变革。

随着网络安全、数据安全受到不断重视，安防领域视频安全市场不断崛起，网络安全头部企业启明星辰、深信服、奇安信等纷纷开始关注安防视频安全市场，同时慧盾安全、迪普科技也在推进安防视频安全新技术新产品的研发。

六、结语

2021 年安防行业在不确定中寻找稳定性，在经历新冠疫情反复、国际形势复杂、原材料涨价等诸多不利因素下，行业借助数字经济发展，不断在市场激流和旋涡中适应新形势发展，依靠技术创新与应用落地，实现 2021 年行业的企稳回升。随着更高水平“平安中国”建设迎来新部署，社会治理体系现代化深入推进，安防技术产品的作用将得到进一步增强，同时在新一代信息技术的融合赋能下，安防行业将迎来更加广阔的发展前景。

第二节　中国安防行业 2021 年度统计报告

目　录

经报请公安部科技信息化局同意，中国安全防范产品行业协会组织了 2021 年度安防行业统计工作。本次统计共采集 4000 多家行业企业数据，遍及我国除山西、内蒙古、西藏、港澳台地区外的 28 个省、直辖市、自治区。经审核，从中选取 3632 家企业有效数据作为样本，纳入本次统计范围。

第一部分：2021 年安防行业发展状况

2021 年，安防行业受新冠疫情、中美贸易摩擦及电子行业“缺芯潮”等因素影响，在经历年初断崖式下滑后，逐渐呈稳步回升态势。至 2021 年年底，我国安防企业达 3 万余家，从业人员约 179 万人，行业总产值近 8350 亿元。

参与 2021 年行业统计的 3632 家安防企业，基本情况如下：共有从业人员 716593 人，平均每家企业 197 人；资产总额为 15005 亿元，平均每家企业 4. 1 亿元；营业收入总额为 5867 亿元，平均每家企业 1. 6 亿元，同比增长 13. 8%；利润总额为 596. 8 亿元，平均每家企业 1640 万元，利润率为 10. 2%；共有研发人员 17. 9 万人，平均每家企业 49 人；研发总投入 181. 7 亿元，平均每家企业投入 500 万元。

表 1　2021 年安防行业统计概况

地区	企业数量（家）	资产总额（亿元）	主营业务收入（亿元）	营业收入同比增长（%）	利润总额（亿元）	利润率同比增长（%）	研发费用（亿元）	研发人员（万人）	从业人员（万人）
东北	379	346	185	4. 1	11. 3	−0. 1	4. 5	0. 3	2. 2
东部	1819	12279	4669	16. 5	531. 1	0. 3	141. 1	14. 8	55. 1
西部	823	1081	464	1. 7	18. 4	0. 5	14. 9	1. 2	7. 6
中部	611	1299	550	7. 4	36. 0	−1. 3	21. 2	1. 6	6. 7
合计	3632	15005	5867	13. 8	596. 8	0. 3	181. 7	17. 9	71. 7

第二部分：2021 年安防企业概况

一、存续时间与企业类型

纳入本次统计范围的3632家安防企业，成立10年以上的有3290家，占比90.58%；成立7~10年的有164家，占比4.52%；成立3~7年的有160家，占比4.41%；成立3年以下的有18家，占比0.50%。

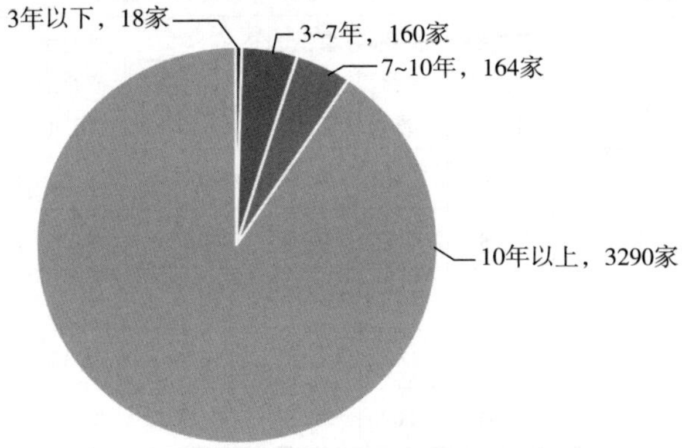

图1　2021年安防企业存续状况

3632家安防企业中，民营企业有3149家，占比86.70%；国有企业有296家，占比8.15%；集体企业有9家，占比0.25%；中外合资企业有14家，占比0.38%；外商独资企业有10家，占比0.28%；其他类型企业有154家，占比4.24%。

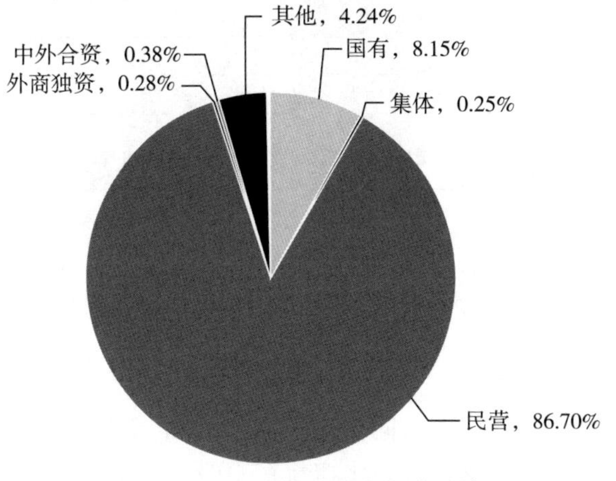

图2　2021年安防企业参与类型情况

二、经营状况

（一）区域营收区间分布

纳入本次统计范围的3632家安防企业，营业收入低于0.1亿元的企业数量为1265家，营业收入在0.1亿元（含）到1亿元的企业数量为1609家，营业收入大于1亿元（含）的企业数量为758家。

东部地区营业收入低于0.1亿元的企业数量为461家，营业收入在0.1亿元（含）到1亿元的企业数量为835家，营业收入大于1亿元（含）的企业数量为523家。

中部地区营业收入低于0.1亿元的企业数量为237家，营业收入在0.1亿元（含）到1亿元的企业数量为276家，营业收入大于1亿元（含）的企业数量为98家。

东北地区营业收入低于0.1亿元的企业数量为183家，营业收入在0.1亿元（含）到1亿元的企业数量为154家，营业收入大于1亿元（含）的企业数量为42家。

西部地区营业收入低于0.1亿元的企业数量为384家，营业收入在0.1亿元（含）到1亿元的企业数量为344家，营业收入大于1亿元（含）的企业数量为95家。

表2　2021年安防企业区域营收区间分布

地区	企业数量（家）	营业收入（亿元）	0.1亿元以下				0.1亿元（含）到1亿元				1亿元（含）以上			
			企业数量（家）	营业收入（亿元）	营业收入占比（%）	平均每家企业（亿元）	企业数量（家）	营业收入（亿元）	营业收入占比（%）	平均每家企业（亿元）	企业数量（家）	营业收入（亿元）	营业收入占比（%）	平均每家企业（亿元）
东北	379	184.5	183	6.6	3.6	0.04	154	47.3	25.7	0.31	42	130.6	70.8	3.1
东部	1819	4668.9	461	19.2	0.4	0.04	835	316.3	6.8	0.38	523	4333.3	92.8	8.3
西部	823	463.9	384	16.1	3.5	0.04	344	104.7	22.6	0.30	95	343.1	74.0	3.6
中部	611	549.9	237	8.7	1.6	0.04	276	91.2	16.6	0.33	98	450.0	81.8	4.6
合计	3632	5867.2	1265	50.6	0.9	0.04	1609	559.6	9.5	0.35	758	5257.0	89.6	6.9

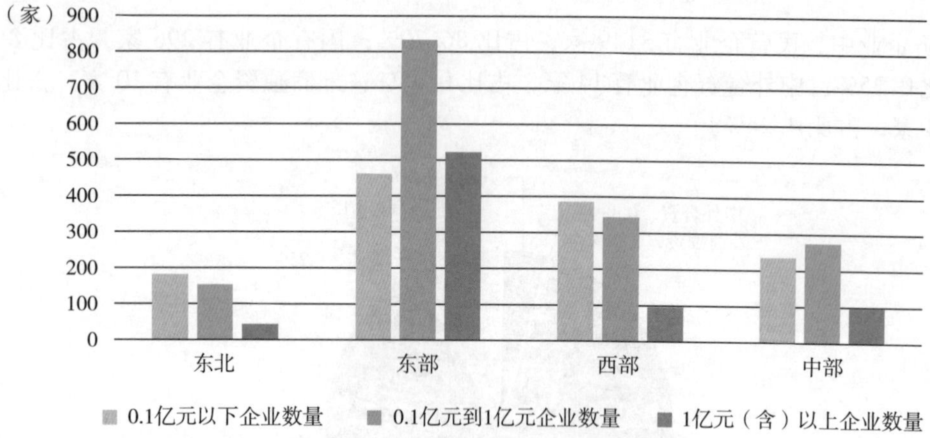

图3　2021年安防企业区域营收区间分布情况

（二）区域营收同比增长区间分布

3632家安防企业中，759家企业营业收入同比增长高于50%（含），623家企业营业收入同比增长在20%（含）至50%之间，399家企业营业收入同比增长在10%（含）至20%之间，577家企业营业收入同比增长在0（含）至10%之间，303家企业营业收入同比增长在-10%（含）至0之间，961家企业营业收入同比增长低于-10%。

东部地区373家企业营业收入同比增长高于50%（含），332家企业营业收入同比增长在20%（含）至50%之间，210家企业营业收入同比增长在10%（含）至20%之间，308家企业营业收入同比增长在0（含）至10%之间，161家企业营业收入同比增长在-10%（含）至0之间，432家企业营业收入同比增长低于-10%。

中部地区123家企业营业收入同比增长高于50%（含），112家企业营业收入同比增长在20%（含）至50%之间，80家企业营业收入同比增长在10%（含）至20%之间，98家企业营业收入同比增长在0

（含）至 10%之间，55 家企业营业收入同比增长在−10%（含）至 0 之间，139 家企业营业收入同比增长低于−10%。

东北地区 80 家企业营业收入同比增长高于 50%（含），45 家企业营业收入同比增长在 20%（含）至 50%之间，39 家企业营业收入同比增长在 10%（含）至 20%之间，64 家企业营业收入同比增长在 0（含）至 10%之间，27 家企业营业收入同比增长在−10%（含）至 0 之间，121 家企业营业收入同比增长低于−10%。

西部地区 183 家企业营业收入同比增长高于 50%（含），134 家企业营业收入同比增长在 20%（含）至 50%之间，70 家企业营业收入同比增长在 10%（含）至 20%之间，107 家企业营业收入同比增长在 0（含）至 10%之间，60 家企业营业收入同比增长在−10%（含）至 0 之间，269 家企业营业收入同比增长低于−10%。

表 3　2021 年安防企业区域营收同比增长区间分布

地区	企业数量（家）	主营业收入（亿元）	−10%以下		−10%（含）~0		0（含）~10%		10%(含)~20%		20%(含)~50%		50%（含）以上	
			数量（家）	占比	数量（家）	占比	数量（家）	占比	数量（家）	占比	数量（家）	占比	数量（家）	占比
东北	379	184.5	121	31.9%	27	7.1%	64	16.9%	39	10.3%	45	11.9%	80	21.1%
东部	1819	4668.9	432	23.7%	161	8.9%	308	16.9%	210	11.5%	332	18.3%	373	20.5%
西部	823	463.9	269	32.7%	60	7.3%	107	13.0%	70	8.5%	134	16.3%	183	22.2%
中部	611	549.9	139	22.7%	55	9.0%	98	16.0%	80	13.1%	112	18.3%	123	20.1%
合计	3632	5867.2	961	26.5%	303	8.3%	577	15.9%	399	11.0%	623	17.2%	759	20.9%

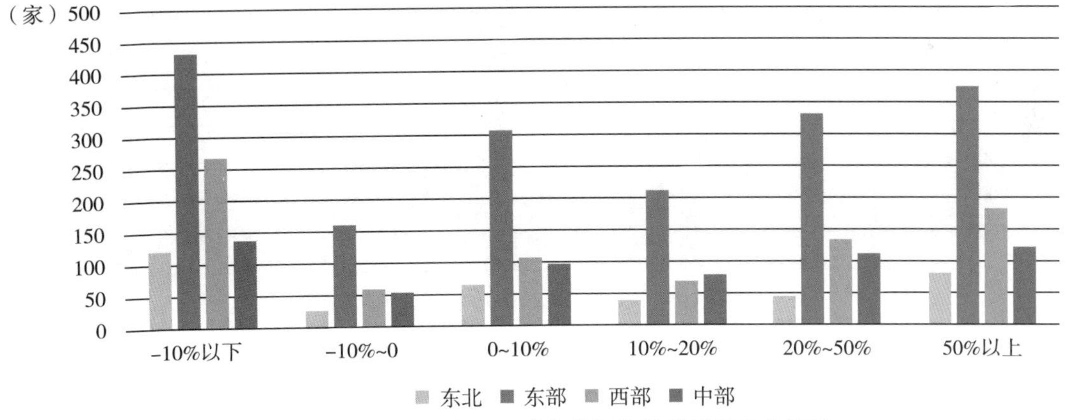

图 4　2021 年安防企业区域营收同比增长区间分布情况

三、盈利状况

（一）区域利润区间分布

纳入本次统计范围的 3632 家安防企业，189 家企业利润同比增长高于 20%（含），135 家企业利润同比增长在 10%（含）至 20%之间，1579 家企业利润同比增长在 0（含）至 10%之间，1387 家企业利润同比增长在−10%（含）至 0 之间，342 家企业利润同比增长低于−10%。

东部地区 84 家企业利润同比增长高于 20%（含）以上，70 家企业利润同比增长在 10%（含）至 20%之间，785 家企业利润同比增长在 0（含）至 10%之间，708 家企业利润同比增长在−10%（含）至 0 之间，172 家企业利润同比增长低于−10%。

中部地区23家企业利润同比增长高于20%（含），20家企业利润同比增长在10%（含）至20%之间，295家企业利润同比增长在0（含）至10%之间，238家企业利润同比增长在-10%（含）至0之间，35家企业利润同比增长低于-10%。

东北地区26家企业利润同比增长高于20%（含），13家企业利润同比增长在10%（含）至20%之间，178家企业利润同比增长在0（含）至10%之间，126家企业利润同比增长在-10%（含）至0之间，36家企业利润同比增长低于-10%。

西部地区56家企业利润同比增长高于20%（含），32家企业利润同比增长在10%（含）至20%之间，321家企业利润同比增长在0（含）至10%之间，315家企业利润同比增长在-10%（含）至0之间，99家企业利润同比增长低于-10%。

表4　2021年安防企业区域利润区间分布

地区	企业数量	利润额（亿元）	-10%以下		-10%（含）~0		0（含）~10%		10%（含）~20%		20%（含）以上	
			数量	占比	数量	占比	数量	占比	数量	占比	数量	占比
东北	379	11.3	36	9.5%	126	33.2%	178	47.0%	13	3.4%	26	6.9%
东部	1819	531.1	172	9.5%	708	38.9%	785	43.2%	70	3.8%	84	4.6%
西部	823	18.4	99	12.0%	315	38.3%	321	39.0%	32	3.9%	56	6.8%
中部	611	36.0	35	5.7%	238	39.0%	295	48.3%	20	3.3%	23	3.8%
合计	3632	596.8	342	9.4%	1387	38.2%	1579	43.5%	135	3.7%	189	5.2%

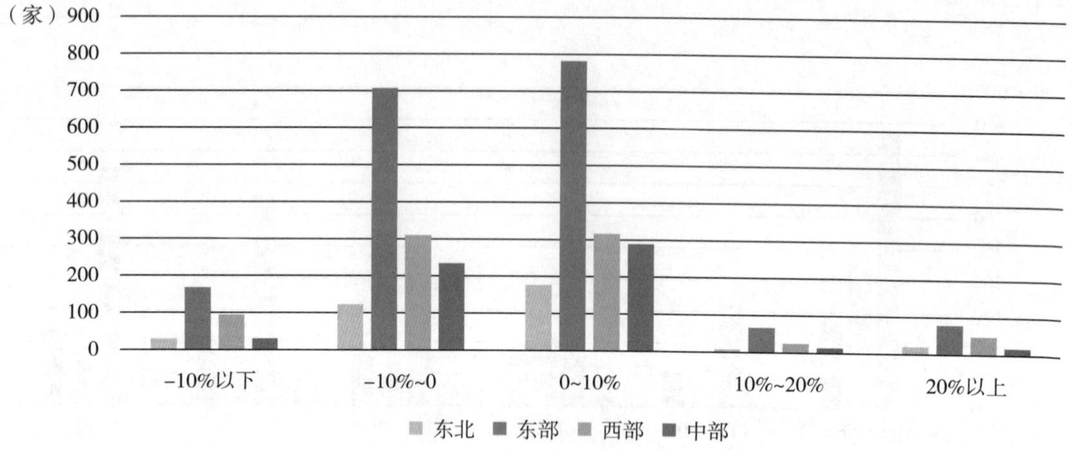

图5　2021年安防企业区域利润区间分布情况

（二）利润率区间分布

3632家安防安防企业中，105家企业利润率高于50%（含），887家企业利润率在10%（含）至50%之间，618家企业利润率在5%（含）至10%之间，1476家企业利润率在0（含）至5%之间，263家企业利润率在-10%（含）至0之间，247家企业利润率低于-10%。

东部地区44家企业利润率高于50%（含），435家企业利润率在10%（含）至50%之间，364家企业利润率在5%（含）至10%之间，778家企业利润率在0（含）至5%之间，90家企业利润率在-10%（含）至0之间，126家企业利润率低于-10%。

中部地区21家企业利润率高于50%（含），187家企业利润率在10%（含）至50%之间，119家企业利润率在5%（含）至10%之间，230家企业利润率在0（含）至5%之间，32家企业利润率在-10%（含）至0之间，22家企业利润率低于-10%。

东北地区15家企业利润率高于50%（含），96家企业利润率在10%（含）至50%之间，88家企业利润率在5%（含）至10%之间，141家企业利润率在0（含）至5%之间，20家企业利润率在-10%（含）至0之间，19家企业利润率低于-10%。

西部地区25家企业利润率高于50%（含），169家企业利润率在10%（含）至50%之间，128家企业利润率在5%（含）至10%之间，327家企业利润率在0（含）至5%之间，94家企业利润率在-10%（含）至0之间，80家企业利润率低于-10%。

表5　2021年安防企业区域利润率区间分布

地区	企业数量（家）	利润率	-10%以下		-10%（含）~0		0（含）~5%		5%（含）~10%		10%（含）~50%		50%（含）以上	
			数量（家）	占比	数量（家）	占比	数量（家）	占比	数量（家）	占比	数量（家）	占比	数量（家）	占比
东北	379	6.1%	19	0.5%	20	0.6%	141	3.9%	88	2.4%	96	2.6%	15	0.4%
东部	1819	11.4%	126	3.5%	90	2.5%	778	21.4%	346	9.5%	435	12.0%	44	1.2%
西部	823	4.0%	80	2.2%	94	2.6%	327	9.0%	128	3.5%	169	4.7%	25	0.7%
中部	611	6.5%	22	0.6%	32	0.9%	230	6.3%	119	3.3%	187	5.1%	21	0.6%
合计	3632	10.2%	247	6.8%	236	6.5%	1476	40.6%	681	18.8%	887	24.4%	105	2.9%

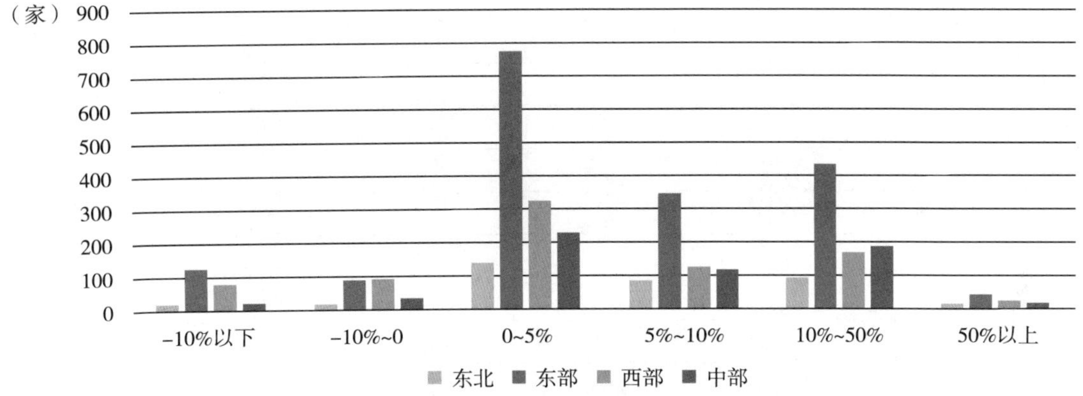

图6　2021年安防企业区域利润率区间分布情况

四、研发及人力资源状况

（一）研发投入状况

纳入本次统计范围的3632家安防企业，2021年研发投入（R&D）为181.7亿元，平均每家企业为500万元，比上年增长16.7%。研发投入占销售收入的比重为3.1%，其中，有503家企业比重超过了10%（含），有738家企业比重在5%（含）至10%之间，2391家企业比重在0（含）至5%之间。

东部地区2021年研发投入（R&D）为141.1亿元，平均每家企业为800万元，比上年增长17.6%。2021年平均研发投入占销售收入的比重为3.0%，其中，有311家企业比重超过了10%（含），有410家企业比重在5%（含）至10%之间，有1098家企业比重在0（含）至5%之间。

中部地区2021年研发投入（R&D）为21.2亿元，平均每家企业为300万元，比上年增长14.0%。2021年平均研发投入占销售收入的比重为3.9%，其中，有71家企业比重超过了10%（含），有161家企业比重在5%（含）至10%之间，有379家企业比重在0（含）至5%之间。

东北地区2021年研发投入（R&D）为4.5亿元，平均每家企业为700万元，比上年增长0%。2021

年平均研发投入占销售收入的比重为 2.4%，其中，有 28 家企业比重超过了 10%（含），有 40 家企业比重在 5%（含）至 10%之间，有 311 家企业比重在 0（含）至 5%之间。

西部地区 2021 年研发投入（R&D）为 14.9 亿元，平均每家企业为 200 万元，比上年增长 17.3%。2021 年平均研发投入占销售收入的比重为 3.2%，其中，有 93 家企业比重超过了 10%（含），有 127 家企业比重在 5%（含）至 10%之间，有 603 家企业比重在 0（含）至 5%之间。

表 6　2021 年安防企业区域研发状况

地区	研发费用（亿元）		研发投入占比（%）		研发投入占比区间分布（2020）				研发投入占比区间分布（2021）			
	2020	2021	2020	2021	0（含）~5%	5%（含）~10%	10%（含）以上	小计	0（含）~5%	5%（含）~10%	10%（含）以上	小计
东北	4.5	4.5	2.5%	2.4%	313	35	31	379	311	40	28	379
东部	120.0	141.1	3.0%	3.0%	1110	412	297	1819	1098	410	311	1819
西部	12.7	14.9	2.8%	3.2%	616	130	77	823	603	127	93	823
中部	18.6	21.2	3.6%	3.9%	415	131	65	611	379	161	71	611
合计	155.8	181.7	3.0%	3.1%	2454	708	470	3632	2391	738	503	3632

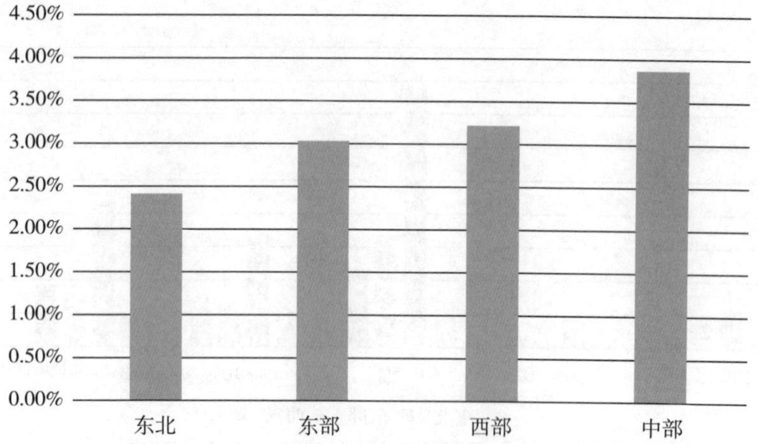

图 7　2021 年安防企业区域研发投入占比情况

（二）人力资源状况

纳入本次统计范围的 3632 家安防企业，有从业人员 71.7 万人，平均每家企业约 197 人。其中，研发人员 178731 人，占比 24.9%；硕士以上学历 58503 人，占比 8.2%；高级职称 37516 人，占比 5.2%。

东部地区有从业人员 55.1 万人，平均每家企业约 303 人。其中，研发人员 147564 人，占比 26.8%；硕士以上学历 48199 人，占比 8.7%；高级职称 27850 人，占比 5.1%。

中部地区有从业人员 6.7 万人，平均每家企业约 110 人。其中，研发人员 16411 人，占比 24.5%；硕士以上学历 5195 人，占比 7.7%；高级职称 4411 人，占比 6.6%。

东北地区有从业人员 2.2 万人，平均每家企业约 58 人。其中，研发人员 3245 人，占比 14.5%；硕士以上学历 906 人，占比 4.0%；高级职称 1866 人，占比 8.3%。

西部地区有从业人员 7.6 万人，平均每家企业约 92 人。其中，研发人员 11511 人，占比 15.2%；硕士以上学历 4203 人，占比 5.5%；高级职称 3389 人，占比 4.5%。

表 7　2021 年安防企业区域人力资源情况

地区	从业人员（万人）	研发人员		硕士以上学历		高级职称	
		数量（人）	占比	数量（人）	占比	数量（人）	占比
东北	2.2	3245	14.5%	906	4.0%	1866	8.3%
东部	55.1	147564	26.8%	48199	8.7%	27850	5.1%
西部	7.6	11511	15.2%	4203	5.5%	3389	4.5%
中部	6.7	16411	24.5%	5195	7.7%	4411	6.6%
合计	71.7	178731	24.9%	58503	8.2%	37516	5.2%

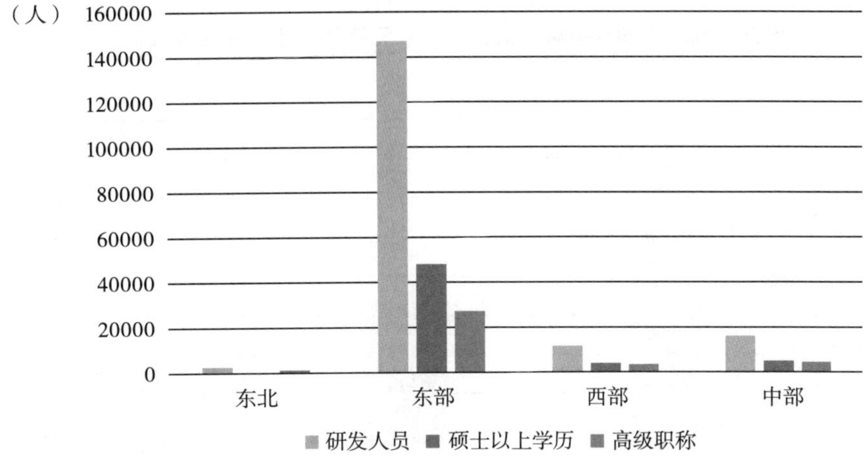

图 8　2021 年安防企业区域人力资源情况

五、多企业类型发展状况

安防企业在企业类型、专业领域和行业应用等方面普遍存在多种业务并行发展的情况。据不完全统计，从业安防企业 3 万余家，纳入本次统计范围的 3632 家安防企业，约占总量的 12.1%。其中，从事算法软件、芯片研发及元器件类企业 53 家；从事产品制造类企业 127 家；从事系统集成类企业 3187 家；从事运营服务类企业 265 家。

（一）算法软件、芯片研发及元器件类企业业务状况

纳入本次统计范围的 3632 家安防企业中，从事算法软件、芯片研发、元器件类的企业有 53 家，算法软件类企业营业收入同比增长 25.04%；芯片研发类企业营业收入同比增长 27.12%；元器件类企业营业收入同比增长 28.07%。算法软件类企业利润同比增长 17.77%；芯片研发类企业利润同比增长 18.68%；元器件类企业利润同比增长 20.73%。

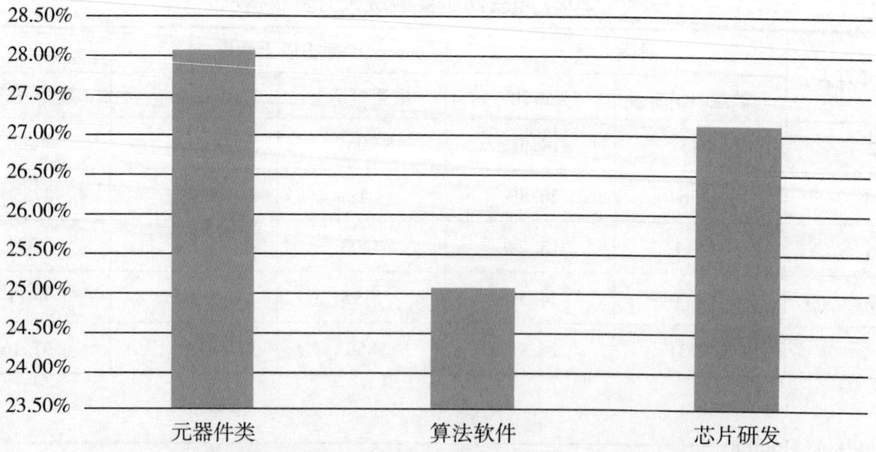

图 9　2021 年算法软件、芯片研发及元器件类企业营业收入情况

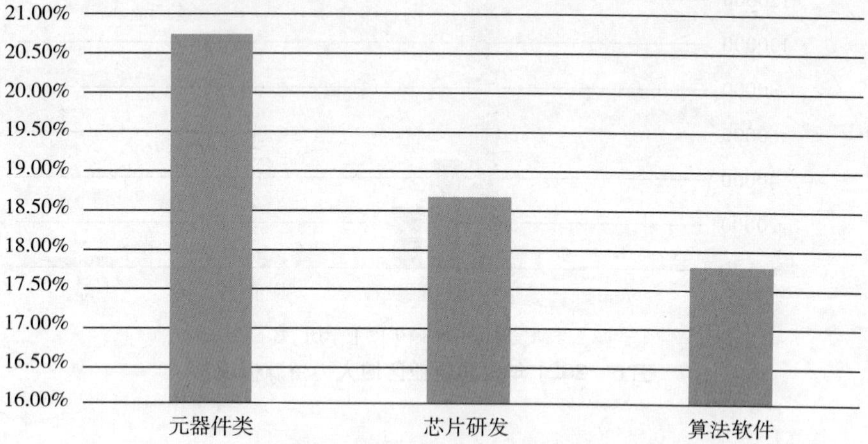

图 10　2021 年算法软件、芯片研发及元器件类企业利润状况

（二）产品制造类企业业务状况

纳入本次统计范围的 3632 家安防企业，从事产品制造类企业有 127 家，其中，视频监控领域营业收入同比增长 27. 61%；实体防护领域营业收入同比增长 27. 75%；出入口控制领域营业收入同比增长 24. 73%；入侵报警领域营业收入同比增长 26. 47%；人体生物特征识别领域营业收入同比增长 25. 05%；安检防爆领域营业收入同比增长 25. 12%；防伪产品领域营业收入同比增长-2. 37%。

视频监控领域利润同比增长 18. 26%；实体防护领域利润同比增长 16. 07%；出入口控制领域利润同比增长 16. 23%；入侵报警领域利润同比增长 17. 33%；人体生物特征识别领域利润同比增长 16. 06%；安检防爆领域利润同比增长 16. 76%；防伪产品领域利润同比增长-68. 78%。

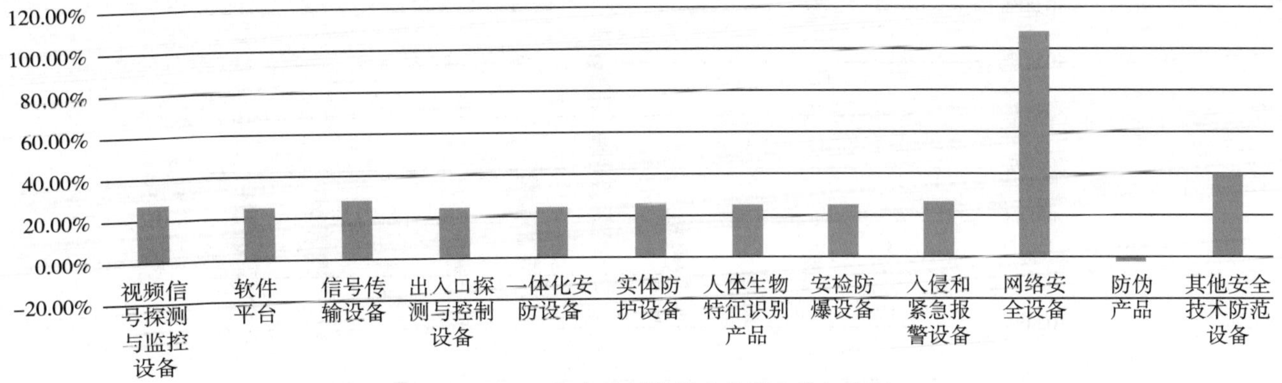

图 11　2021 年产品制造类企业营业收入情况

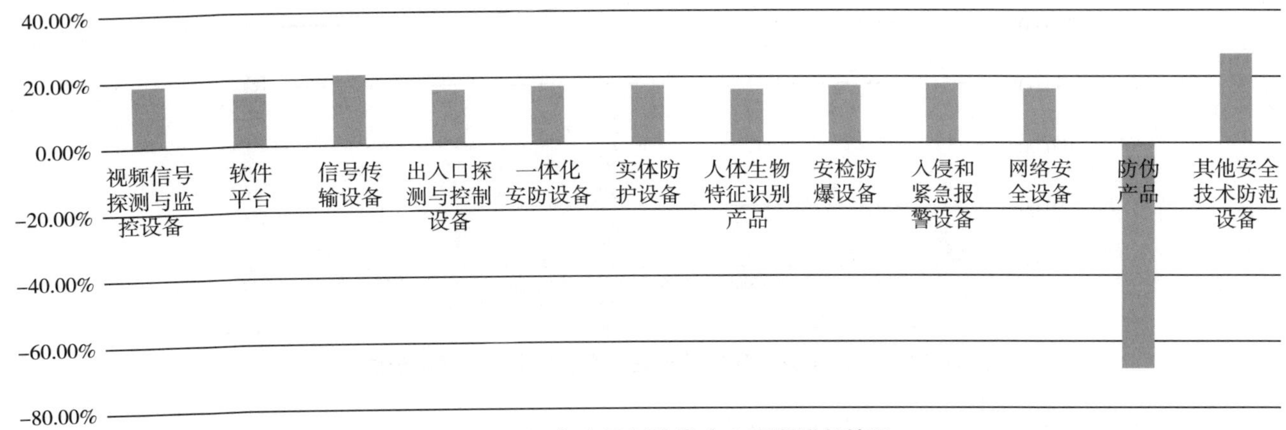

图 12　2021 年产品制造类企业利润增长情况

（三）系统集成类企业业务状况

纳入本次统计范围的 3632 家安防企业，从事系统集成类企业有 3187 家，系统集成企业的市场多集中于政府应用、行业应用及民用安防三个部分。在政府应用市场，主要包括公安、雪亮工程、政务民生、平安城市、智慧交管、智慧司法、检察院、纪委监委、法院、数字国防、海关等细分市场，在行业应用市场主要包括应急、建筑、能源、社区、教育、金融、医疗、文博、旅游、制造、农业、林业、物流等细分市场，在民用安防市场主要包括交通运输、信息通信、零售连锁、文化体育、生态自然、餐饮住宿、娱乐休闲、其他等细分市场。

1. 政府应用市场

营业收入同比增长情况。公安类细分市场同比增长 14. 11%；雪亮工程类细分市场同比增长 6. 68%；政务民生类细分市场同比增长 4. 18%；平安城市类细分市场同比增长-8. 18%；交管类细分市场同比增长 10. 89%；司法类细分市场同比增长 46. 23%；检察院类细分市场同比增长 18. 62%；纪委监委类细分市场同比增长 5. 43%；法院类细分市场同比增长 4. 14%；数字国防类细分市场同比增长 16. 77%；海关类细分市场同比增长 16. 47%

利润同比增长情况。公安类细分市场同比增长 43. 35%；雪亮工程类细分市场同比增长 1. 10%；政务民生细分市场同比增长-9. 10%；平安城市类细分市场同比增长-20. 28%；交管类细分市场同比增长 5. 03%；司法类细分市场同比增长 136. 63%；检察院类细分市场同比增长 23. 10%；纪委监委类细分市场同比增长 61. 87%；法院类细分市场同比增长-16. 33%；数字国防类细分市场同比增长 18. 60%；海关类细分市场同比增长 163. 19%。

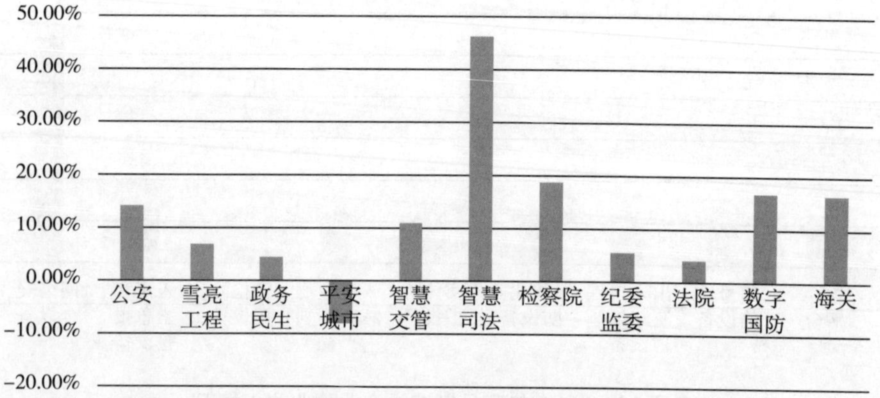

图 13　2021 年系统集成类企业政府应用市场营业收入情况

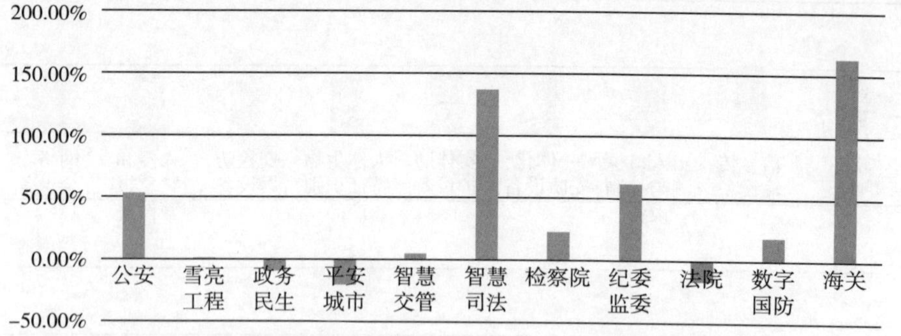

图 14　2021 年系统集成类企业政府应用市场利润增长情况

2. 行业应用市场

营业收入同比增长情况。应急类细分市场同比增长 9. 01%；建筑类细分市场同比增长 16. 31%；能源类细分市场同比增长 19. 83%；社区类细分市场同比增长 16. 33%；教育类细分市场同比增长 15. 11%；金融类细分市场同比增长 27. 39%；医疗类细分市场同比增长 12. 85%；文博类细分市场同比增长-30. 01%；旅游类细分市场同比增长 43. 35%；制造类细分市场同比增长-1. 60%；农业类细分市场同比增长 75. 31%；林业类细分市场同比增长 106. 88%；物流类细分市场同比增长-17. 75%。

利润同比增长情况。应急类细分市场同比增长-66. 27%；建筑类细分市场同比增长 23. 13%；能源类细分市场同比增长 36. 53%；社区类细分市场同比增长 47. 22%；教育类细分市场同比增长-8. 90%；金融类细分市场同比增长 67. 25%；医疗类细分市场同比增长-37. 93%；文博类细分市场同比增长-108. 54%；旅游类细分市场同比增长-70. 03%；制造类细分市场同比增长-24. 16%；农业类细分市场同比增长 79. 61%；林业类细分市场同比增长 87. 66%；物流类细分市场同比增长 62. 67%。

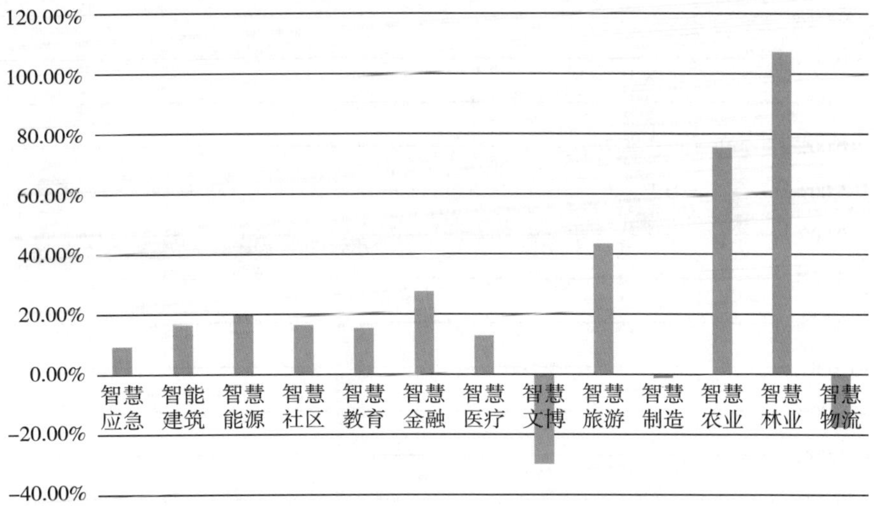

图 15　2021 年系统集成类企业行业应用市场营业收入情况

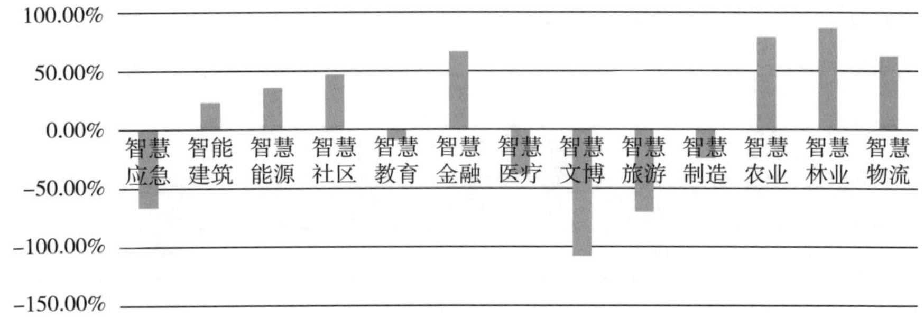

图 16　2021 年系统集成类企业行业应用市场利润增长情况

3. 民用安防市场

营业收入同比增长情况。交通运输类细分市场同比增长 10. 86%；信息通信类细分市场同比增长 18. 23%；零售连锁类细分市场同比增长-6. 69%；文化体育类细分市场同比增长 6. 73%；自然生态类细分市场同比增长-24. 26%；餐饮住宿类细分市场同比增长-6. 33%；娱乐休闲类细分市场同比增长-11. 24%；其他类细分市场同比休闲 8. 22%。

利润同比增长情况。交通运输类细分市场同比增长 86. 96%；信息通信类细分市场同比增长-0. 24%；零售连锁类细分市场同比增长 58. 39%；文化体育类细分市场同比增长-37. 23%；生态自然类细分市场同比增长-53. 95%；餐饮食宿类细分市场同比增长-20. 07%；娱乐休闲类细分市场同比增长-304. 48%；其他类细分市场同比增长-35. 67%。

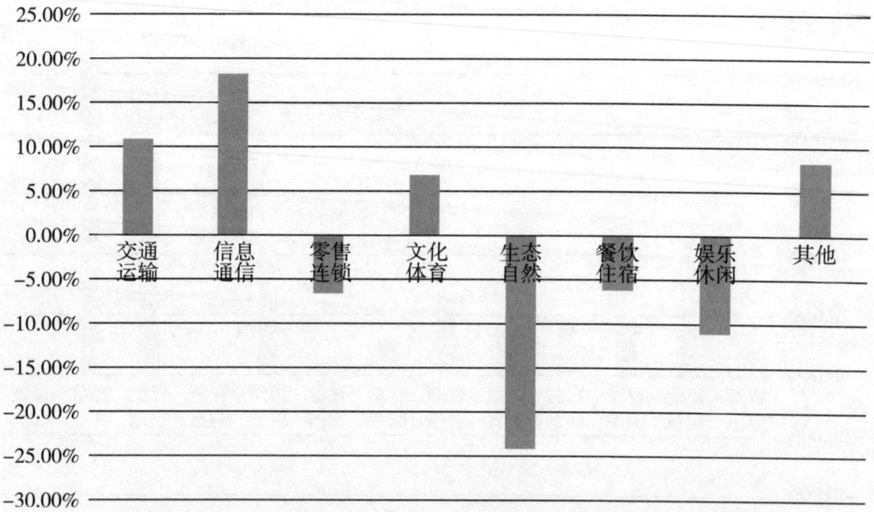

图17 2021年系统集成类企业民用安防市场营业收入情况

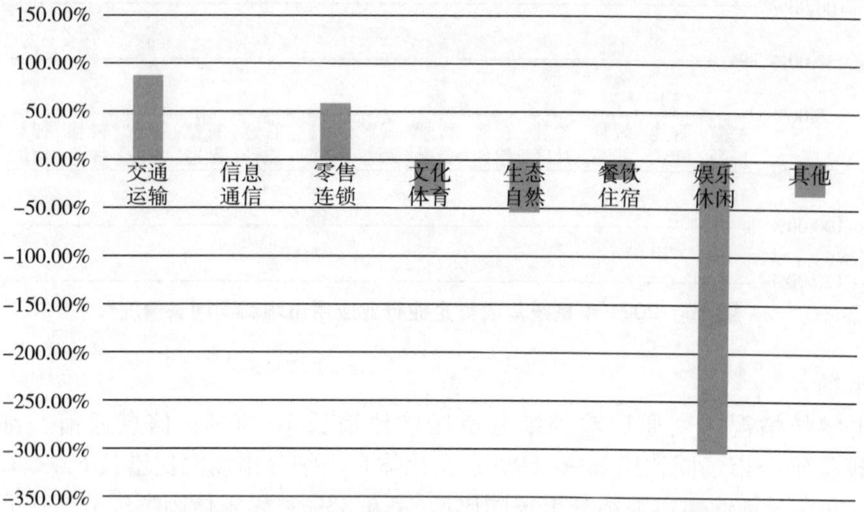

图18 2021年系统集成类企业民用安防市场利润增长情况

（四）运营服务类企业业务状况

纳入本次统计范围的3632家安防企业，从事运营服务类企业有265家，运营服务企业的市场多集中于政府应用、行业应用及民用安防三个部分。在政府应用市场，主要包括公安、雪亮工程、政务民生、平安城市、智慧交管、智慧司法、检察院、纪委监委、法院、数字国防、海关等细分市场；在行业应用市场主要包括应急、建筑、能源、社区、教育、金融、医疗、文博、旅游、制造、农业、林业、物流等细分市场；在民用安防市场主要包括交通运输、信息通信、零售连锁、文化体育、生态自然、餐饮住宿、娱乐休闲、其他等细分市场。

1. 政府应用市场

营业收入同比增长情况。公安类细分市场同比增长6.37%；雪亮工程类细分市场同比增长7.70%；政务民生类细分市场同比增长18.15%；平安城市类细分市场同比增长13.79%；交管类细分市场同比增长16.70%；司法类细分市场同比增长-0.29%；检察院类细分市场同比增长-22.12%；纪委监委类细分市场同比增长-11.22%；法院类细分市场同比增长-22.76%；数字国防类细分市场同比增长-16.00%；海关类细分市场同比增长42.72%。

利润同比增长情况。公安类细分市场同比增长265.99%；雪亮工程类细分市场同比增长-60.53%；

政务民生类细分市场同比增长 66. 87%；平安城市类细分市场同比增长 39. 67%；交管类细分市场同比增长-165. 31%；司法类细分市场同比增长 63. 30%；检察院类细分市场同比增长-7. 78%；纪委监委类细分市场同比增长-5. 26%；法院类细分市场同比增长-10. 55%；数字国防类细分市场同比增长-337. 72%；海关类细分市场同比增长 4. 00%。

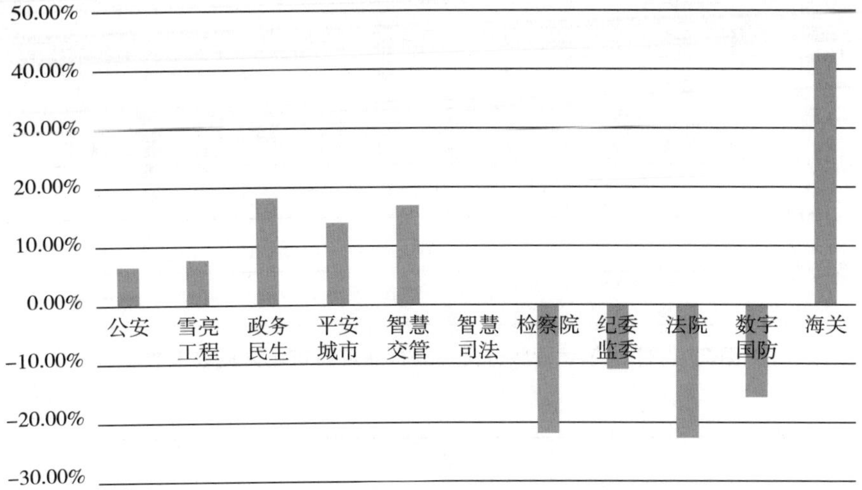

图 19　2021 年运营服务类企业政府应用市场营业收入情况

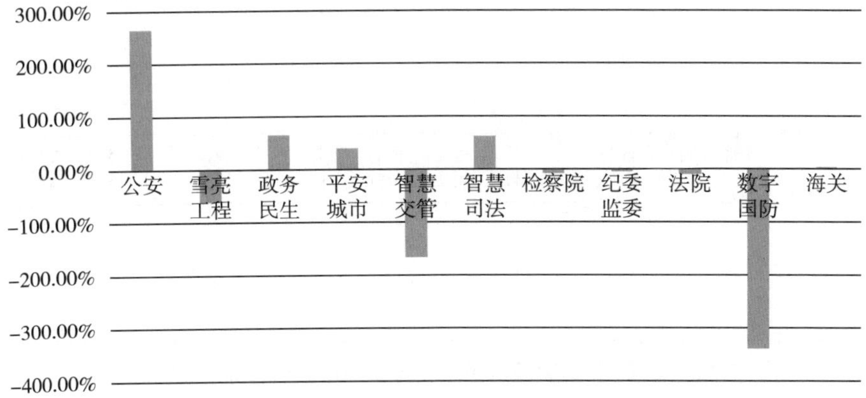

图 20　2021 年运营服务类企业政府应用市场利润增长情况

2. 行业应用市场

营业收入同比增长情况。应急类细分市场同比增长 18. 01%；建筑类细分市场同比增长 29. 59%；能源类细分市场同比增长-3. 94%；社区类细分市场同比增长 15. 45%；教育类细分市场同比增长 1. 28%；金融类细分市场同比增长 4. 34%；医疗类细分市场同比增长 21. 14%；文博类细分市场同比增长-1. 02%；旅游类细分市场同比增长-6. 16%；制造类细分市场同比增长-17. 47%；农业类细分市场同比增长-27. 08%；林业类细分市场同比增长 4. 60%；物流类细分市场同比增长 42. 82%。

利润同比增长情况。应急类细分市场同比增长-90. 73%；建筑类细分市场同比增长-54. 98%；能源类细分市场同比增长 31. 37%；社区类细分市场同比增长-127. 91%；教育类细分市场同比增长 100. 65%；金融类细分市场同比增长 63. 78%；医疗类细分市场同比增长 45. 20%；文博类细分市场同比增长 571. 16%；旅游类细分市场同比增长 30. 38%；制造类细分市场同比增长-459. 33%；农业类细分市场同比增长 10. 80%；林业类细分市场同比增长 62. 30%；物流类细分市场同比增长-9. 59%。

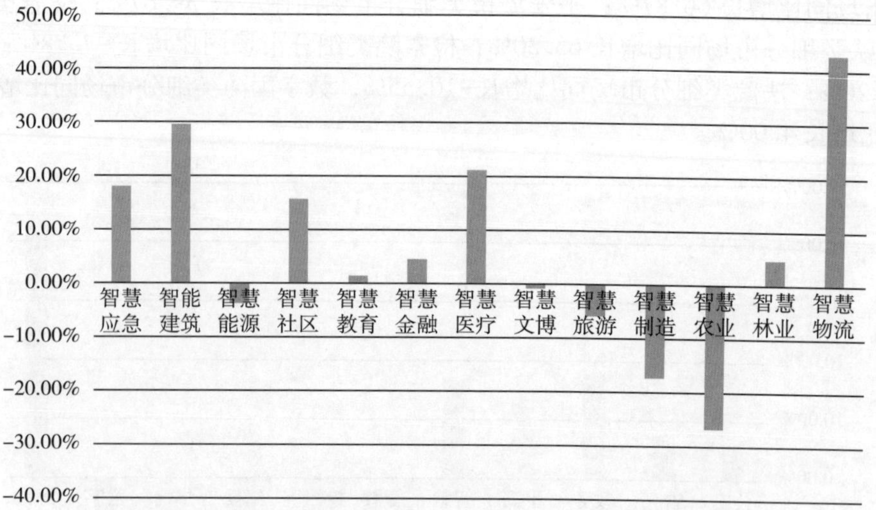

图21　2021年运营服务类企业行业应用市场营业收入情况

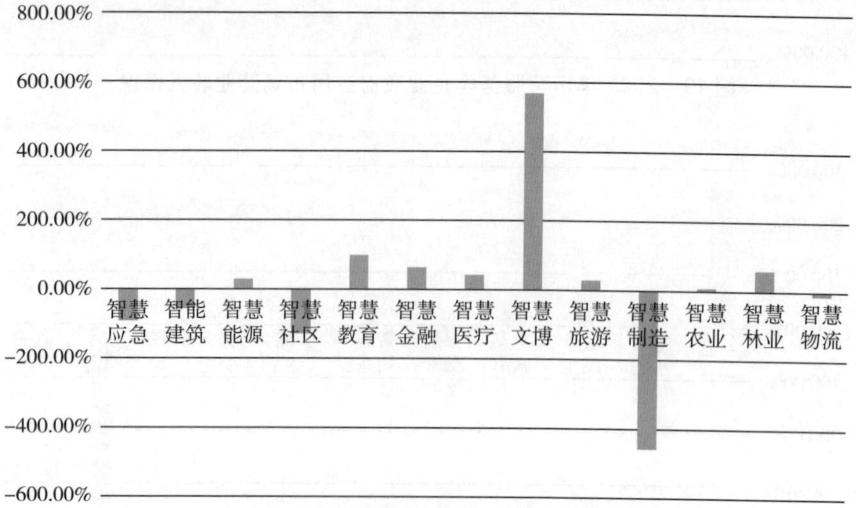

图22　2021年运营服务类企业行业应用市场利润增长情况

3. 民用安防市场

营业收入同比增长情况。交通运输类细分市场同比增长-1.68%；信息通信类细分市场同比增长13.95%；零售连锁类细分市场同比增长5.70%；文化体育类细分市场同比增长-11.60%；自然生态类细分市场同比增长-7.49%；餐饮住宿类细分市场同比增长-14.86%；娱乐休闲类细分市场同比增长-23.13%；其他类细分市场同比增长-46.91%。

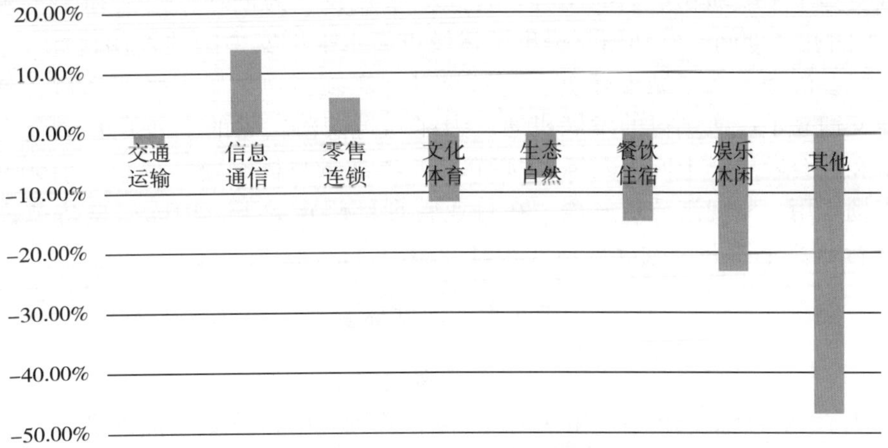

图 23　2021 年运营服务类企业民用安防市场营收情况

利润同比增长情况。交通运输类细分市场同比增长 26.29%；信息通信类细分市场同比增长 61.40%；零售连锁类细分市场同比增长 109.43%；文化体育类细分市场同比增长 57.48%；生态自然类细分市场同比增长 8.55%；餐饮食宿类细分市场同比增长-1.97%；娱乐休闲类细分市场同比增长 1.93%；其他类细分市场同比增长-82.96%。

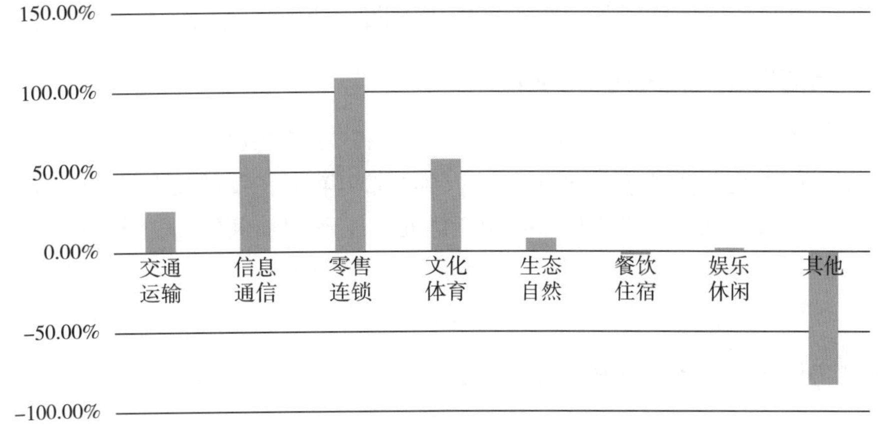

图 24　2021 年运营服务类企业民用安防市场利率情况

第三节　中国安防行业“十四五”发展规划及编制说明

中国安防行业“十四五”发展规划

（2021—2025 年）

安防行业是利用视频监控、出入口控制、实体防护、违禁品安检、入侵报警等技术手段以及新一代信息技术，防范应对各类风险和挑战，构建立体化社会治安防控体系、维护国家安全及社会稳定重要的安全保障性行业。近年来，人工智能、大数据、物联网、生物特征识别等新一代信息技术与安防行业快速融合应用，有效支撑了平安城市、雪亮工程、智慧城市建设，为创新社会治理、实现“中国之治”作出了重大贡献。“十四五”期间，党和国家提出了建设更高水平平安中国的宏伟目标，各级政府将深入推进新型平安城市、社会治理、智慧城市等重大项目建设，实施城市大脑、平安乡村、智慧社区等重大工程，我国安防行业又迎来了一次难得的发展机遇。为深入贯彻落实党的十九届五中全会精神及《中华人民共和国国民经济和社会发展第十四个五年规划和 2035 年远景目标纲要》要求，引领我国安防行业加快技术创新、深化市场应用、实现高质量发展，在行业管理部门指导下，中国安全防范产品行业协会组织编制了《中国安防行业“十四五”发展规划（2021—2025 年）》。

第一章　发展环境

第一节　背景与现状

“十三五”以来，面对错综复杂的国内外发展环境，我国安防行业着力推进供给侧结构改革，转变发展方式，加强创新驱动，突破传统应用范畴，提升服务品质，涌现出了许多新技术、新产品、新模式、新业态，在维护国家安全和社会稳定、构建立体化社会治安防控体系、建设平安中国、创新社会治理等方面作出了积极贡献。“十三五”期间，在党中央、国务院大力推动下，在各级政府和主管部门主导的平安城市、雪亮工程、智慧城市等重大工程带动下，我国安防行业保持了中高速增长的势头，产业规模迈上了新台阶，技术进步超过预期，市场应用深度推进，一批骨干企业快速崛起，行业融合转型加速，并有效应对了严峻复杂的国内外环境和新冠肺炎疫情带来的冲击影响，比较圆满地完成了《中国安防行业“十三五”发展规划》中的各项主要任务，为未来中国安防行业实现高质量发展打下了坚实基础。

一、产业保持中高速发展，规模实力明显增强

“十三五”期间，我国安防行业视频监控、出入口控制、实体防护、违禁品安检、入侵报警、服务运营等各个领域获得了全面发展。据中安协初步统计：到 2020 年年底我国安防企业达到 3 万余家，从业人员 170 多万人；2020 年安防行业总产值约达到 7950 亿元，实现增加值约为 2650 亿元，“十三五”期间年均增长率达到了 10%以上。在行业总产值中，视频监控约占 55%，出入口控制约占 15%，实体防护约占 18%，入侵报警约占 5%，违禁品安检约占 4%，其他约为 3%。

二、科技创新能力增强，推动了产业链质量提升

“十三五”以来，我国安防行业极大增强了科技创新投入和研发力量，形成了从上游算法、元器件、芯片研发，到中游产品设计制造，再到下游系统集成、运维服务等完整的产业体系。同时，产业链重心开始往中高端转移，头部企业纷纷布局高端人工智能算法、芯片设计及核心技术领域，根据不同场景需求加强智能视觉与物联网应用技术、立体化感知与风险预警技术的研发，在 5G 通信、人工智能感知、机器学习、物联网、云计算与边缘计算、多功能智能化装备等关键技术，以及高通量安检技术、机器人、无人机等方面都有了质的突破，安防行业已成为了人工智能与实体经济深度融合最成功的应用领域之一。目前我国安防行业在前端感知与边缘计算、智能分析预警等方面已处于世界领先水平，大量新技术的应用使产业链质量获得了较大提升。

三、各类应用广泛推进，拓展了国内外市场空间

“十三五”期间，安防市场需求带动行业创新，技术进步推动产生新的需求。安防技术快速进步不仅有效支撑了“平安城市”“雪亮工程”建设，拓展深化了安防新场景应用，而且加速融入了智慧城市，赋能千行百业，推动产生了不少市场应用新模式、新业态，成为了城市高效管理、服务社会民生的重要技术支撑。行业融合步伐加快，智慧交通、智慧医疗、智慧金融、智慧教育等行业安防应用快速发展，智慧社区、智能家居等民用安防消费有了可喜的增长。国际市场也有较大拓展，一些领军企业逐步实现了

从产品走出去向整体解决方案走出去的转型，树立了自主品牌形象。

四、骨干企业快速崛起，构建了新的产业格局

“十三五”期间，受益于国家持续推动和新技术的快速发展，行业骨干企业抓住战略机遇，加快数字化、智能化转型，市场占有率、品牌知名度、综合实力快速提升，一些企业视频安防设备销售额已居全球前列，在出入口控制、违禁品安检、实体防护等领域也形成了一批颇具影响力的龙头企业。与此同时，随着技术融合、系统融合的快速发展，许多实力强大的信息通信、互联网、人工智能企业以及网络服务商加入安防行业，这些企业以优秀的算法、架构、算力等融合安防场景应用，促进了行业智能化深度转型，同时也影响塑造了新的产业格局。

五、政策保障力度空前，行业管理改革深入推进

党的十八大以来，规划建设全天候视频联网监控系统被列为中央深化社会体制改革的重要任务，陆续出台了一系列法律、政策、规划进行专门部署，提出新的要求和标准。《中华人民共和国反恐怖主义法》对主要道路、交通枢纽、城市公共区域的重点部位，以及防范恐怖袭击的重点目标安装使用公共安全视频图像信息系统等技防设施作出明确规定。《中华人民共和国国民经济和社会发展第十三个五年规划纲要》《“十三五”平安中国建设规划》以及中办、国办印发的《关于加强社会治安防控体系建设的意见》，都对公共安全视频监控建设联网应用、技防建设提出了具体要求。原中央综治办、国家发改委、公安部等9部门印发的《关于加强公共安全视频监控建设联网应用工作的若干意见》提出了“全域覆盖、全网共享、全时可用、全程可控”的发展目标和各地区各部门的建设任务。这一系列对视频监控建设联网应用工作的重要决策部署，涵盖了长期发展目标、阶段重点任务、具体建设内容等各个方面，不仅将这项工作放到了平安中国建设的总体布局和战略高度上加以部署推进，而且从中央到部、省、市、县层层落实建设任务和保障措施。

此外，围绕城市安全、城市交通、校园安全、智安医院、智安社区等热点领域建设，许多地方政府也陆续出台了一系列政策性法规与规范性指导文件。

行业主管部门按照国家改革总体要求，不断深化“放、管、服”管理制度改革，逐步健全了行业法规、标准、检测、认证等管理体系和管理机制，指导加强行业自律管理，促进了市场秩序向着良好规范的方向发展。“十三五”期间，主管部门及全国安全防范报警系统标准化技术委员会大力推进行业标准化建设，组织国家及部级实验室、科研院所、业界企业等相关单位制修订了GB/T 28181《公共安全视频监控联网系统信息传输、交换、控制技术要求》、GB/T 25724《公共安全视频监控数字视音频编解码技术要求》、GB 35114《公共安全视频监控联网信息安全技术要求》、GB 37300《公共安全重点区域视频图像信息采集规范》等100余项国家标准和行业标准，安防协会团体标准从无到有快速发展。安防工程检测、产品认证等合格评定工作积极有序推进，安防工程企业设计施工维护能力评价工作全面展开，基本形成了行业监管和自律性管理体系，为促进安防行业健康发展发挥了积极作用。

第二节　机遇与挑战

一、发展机遇

当今世界正经历百年未有之大变局，新一轮科技革命和产业变革深入发展，当前和今后一个时期我国经济社会发展仍然处于重要战略机遇期。党的十九大确立了到2035年基本实现社会主义现代化的远景目标，十九届五中全会又明确提出：“十四五”时期是我国全面建成小康社会、实现第一个百年奋斗目标之后，乘势而上开启全面建设社会主义现代化国家新征程、向第二个百年奋斗目标进军的第一个五年，“十四五”期间要“坚持创新在我国现代化建设全局中的核心地位，坚定不移建设制造强国、质量强国、网络强国、数字中国，推进产业基础高级化、产业链现代化，提高经济质量效益和核心竞争力，提升产

业链供应链现代化水平”。

在这样的大背景下，未来五年既是安防行业实现数字化转型的关键时期，也是产业链质量再获提升的重大机遇期。首先，为满足人民群众对安全的需求和期盼，党和政府着力推动更高水平平安中国建设，加强和创新社会治理，将进一步带动新一轮系统产品升级换代和深化应用，拉动安防需求。其次，随着我国经济社会发展和智慧城市建设步伐的加快，新基建工程项目等内生需求旺盛，数字化转型、智能化提升、融合化创新将步入快车道，与此紧密相关的智慧政务、智慧交通、智慧医疗、智慧制造、智慧能源、智慧环保、智慧社区、智安小区等将成为新的市场热点。最后，由我国倡议并带动实施的“一带一路”建设已进入高质量发展阶段，将带动安防国际合作和贸易实现新的增长。经过几十年发展，我国已形成了完善的安防产业链体系，发展成为了世界安防产品制造中心和最大的安防产品应用市场，伴随着新技术革命的浪潮，未来我国安防产业将向着“中国创造”高水平发展阶段迈进，与此同时产业生态正在深刻变革，“创新链、产业链、服务链”快速调整优化，新兴服务模式蓬勃发展，正处于难得的技术创新和产业升级的重要“窗口期”。

二、面临挑战

近年来国际环境日趋复杂，社会治安不稳定不确定性明显增加，新冠肺炎疫情后期影响广泛深远，安防行业面临着许多新矛盾、新挑战。一是我国仍处在公共安全事件易发、频发、多发阶段，公共安全问题复杂性加剧，网络犯罪、新型犯罪增多，突发事件防控与处置难度加大，加上防灾减灾救灾等非传统安全风险叠加，对安防产品性能、功能要求越来越高。二是经济全球化遭遇逆袭，国际单边主义、贸易保护主义抬头，全球产业分工出现了本地化、区域化和分散化的趋势，我国安防核心芯片、器件的设计及制造、基础操作系统、软件工具等方面对外依存度较高，产业链与供应链安全问题凸显。三是安防产业正处于转型发展时期，制造业大而不强，集成施工企业小而分散，安防服务业相对滞后，一些缺少核心竞争力的中小企业生存日趋艰难。四是随着大数据、云计算、物联网、人工智能、5G 等新技术的快速发展，亟待完善相关基础设施建设，加快数智融合、行业融合模式创新和市场应用能力的提升。五是网络信息安全问题依然严峻，个人信息隐私保护成为了社会舆论关注的热点。面对这些问题和困难，我们要增强风险意识，树立底线思维，坚持创新驱动，扩大开放合作，在前行中抓住机遇，应对挑战，化解风险，寻求新的突破。

第二章　指导思想与发展目标

第一节　指导思想

以习近平新时代中国特色社会主义思想为指导，深入贯彻党的十九大和十九届二中、三中、四中、五中全会精神，坚定不移贯彻“创新、协调、绿色、开放、共享”新发展理念和国家总体安全观，以推动高质量发展为主题，准确把握新发展阶段，认真贯彻新发展理念，立足国内大循环，形成国内国际双循环相互促进的新发展格局。要坚持创新驱动，瞄准世界安防科技前沿，加大科研投入，加强科技攻关，壮大经济发展新引擎；坚持市场导向，加快培育完整内需体系，提升供给体系适配性，形成需求牵引供给、供给创造需求的更高水平动态平衡；坚持开放合作，深度融合相关行业技术与需求，加强国际交流与合作，积极拓展国内外市场；坚持统筹协调，加强前瞻性思考、全局性谋划、战略性布局、整体性推进，实现发展质量、结构、规模、速度、效益、安全相统一；坚持绿色发展，在节能、减排、污染物治理等方面达到国家标准要求，在原材料生产、产品制造、系统运行各环节加大节能技术攻关，有效降低能耗；坚持安全可控，立足核心技术自主研发，注重防范化解重大风险挑战，筑牢产业链与供应链根基。促进我国安防行业实现产业升级、结构优化、应用拓展，综合实力迈上更大的台阶，为推进社会治安防控体系现代化，为建设更高水平平安中国作出更大的贡献。

第二节　发展目标

以实现高质量发展为总目标，全面推进安防行业进入智能时代。在核心技术、产业升级、理论研究等方面实现质的突破；在结构优化、应用拓展、行业管理等方面做出新的成效。

一、强化战略科技力量，加快构建现代产业体系

提升科技创新能力，全行业研发投入年增长率达到10%以上，骨干企业科技创新投入占销售收入的比值（R&D）达到8%以上。调整产业结构，大力发展现代安防服务业，到2025年服务业收入所占比重达到13%。夯实实体经济根基，壮大骨干企业群体，推动产业数字化转型，建成网络健全高效、数据智能融合、产业生态繁荣、平台创新活跃、应用智慧丰富、学科设置完备、安全基础稳固的创新型安防产业体系。

二、突破一批核心技术，保障产业链供应链安全

加强关键核心技术攻关，加大原始性基础性创新，实现智能感知、智能认知等关键技术的新突破，集中科研力量在预测预警技术、新一代人工智能、大数据挖掘应用、移动互联网、“物联网+”、网络安全等关键领域部署研究一批重大核心技术，尽快补齐产业短板。

三、做大做强做优安防企业，创立中国安防品牌

加快推进制造强国、质量强国建设，推动安防制造业高端化、智能化、绿色化、品牌化发展；调整优化产业结构，加快现代安防服务业发展，树立安防服务品牌；做大做强安防系统集成工程企业，实现产业转型，提高产业集中度。

四、推动智能化广泛应用，全面拓展市场空间

继续推动平安城市、雪亮工程等项目的后续建设，以新基建为契机，以“智建、智联、智用、智防、智服”为主线，有效提升智能化应用水平，全面服务国家、行业、民用安防项目需求，为新型智慧城市、数字孪生城市、无人驾驶、车城网等提供技术支撑。“十四五”期间安防市场年均增长率达到7%左右，2025年全行业市场总额达到1万亿元以上。

五、实施“走出去”战略，增强国际竞争力

积极参与构建国际经济大循环，发挥安防产品定制、解决方案应用领域细分等有利条件，逐步扩大在国际合作与竞争中的优势，提升在全球产业分工和价值链中的地位和影响力。加强国际贸易法律法规、反垄断诉讼相关问题的研究，积极推动产品走出去、标准走出去、服务走出去，实现从“跟随、并跑到领跑”的转变。培育一批具有国际影响力的领军企业，提升中国安防品牌知名度、美誉度，促进一批安防企业进入全球安防行业100强。

六、加强质量监督保障体系建设，进一步规范市场秩序

着力加强行业标准化工作，形成系列配套的国家标准、行业标准、地方标准、团体标准。创新发展理念，推动新的认证模式及产品，提升安防检测能力和水平，保障安防产品及项目品质。加强行业诚信建设及自律管理，促进行业形成规范有序、公平竞争、健康发展的市场环境。

七、加强安防理论研究，构建现代安防理论体系

加强现代安防的基本概念、基本架构、核心功能、技术体系、应用模式研究，探究数字化转型为安防应用带来的理论与实践变革，以数字经济理论诠释现代安防产业，重新构建安全防范理论、知识体系，形成完备的专业学科，更好地服务支撑社会治安防控体系建设及社会治理能力提升。

第三章　坚持创新驱动发展　塑造产业发展优势

第一节　强化自主创新　攻克一批核心技术

加强关键数字技术科技攻关，突破图像传感器、中控设备等关键零部件技术，补齐短板；在操作系统、基础软件工具、GPU 制造、高清光学技术等方面获得重大突破，争取早日形成完备的高端芯片设计、制造、测试、应用产业链；研发人工智能开源开放的训练平台、训练框架及神经网络芯片；面向公共安全实战需要，以视频图像技术为核心，研究行为识别、3D 融合识别、语音识别等技术，实现空间感知与视频感知结合，打造多维数据融合、多项学科交叉、应用场景有序的安全防范技术体系；针对安防实际需求，围绕国家重点部署的脑科学、区块链、量子信息、虚拟现实等基础性研究和前沿技术，跟踪开发相关的技术产品。

专栏 1　安防行业核心技术

01　研发安防专用关键芯片，提升芯片国产化率

AI 处理器芯片。加快国产 GPU 处理器及云端训练芯片研发，提升使用率。

视频编解码芯片。研制低时延、高质量、高安全性的智能视频编解码芯片，满足融合智能安全高效的视频编解码应用需求。

高性能网络芯片。研制高速大容量 PHY 芯片，满足高性能网络交换需求。

图像信号处理（ISP）芯片。研制高画质、低延时、配置能力强、扩展兼容性高的 ISP 芯片，满足机器视觉及人工智能视觉处理器芯片融合发展的需求。

安防专用系统芯片。研制高性能 DVR SoC、IPC SoC 芯片，满足专用需求。

高速存储控制器芯片。研制高性能硬盘存储阵列控制芯片，实现国产化。

02　视频图像分析与处理技术研究

（1）生物特征识别安防应用技术

人脸识别。研究基于传统和深度学习的人脸活体检测技术，提高识别精度。

人员再识别（ReID）。研究基于视频图像的人员再识别（ReID）基础理论、测评方法，研究超大规模人脸/人体数据动态组织检索技术。

三维多模态融合识别。研究基于色彩与深度信息的三维多模态融合识别技术，有效提取目标人物身高、体型、步态等特征。

声纹识别。研究跨信道语音声纹识别技术，优化短时语音声纹识别算法，提升声纹识别系统防攻击能力。

其他生物特征识别。研究更高水平的指纹、虹膜、掌纹、指静脉等生物特征识别技术，结合场景开展综合应用，提升身份识别的精确度与实用性。

（2）行为识别技术

异常行为识别。研究基于复杂场景的人体异常行为识别技术，提高人体异常行为识别的实时性、准确率和实用性，适应满足全天候识别应用需求。

步态识别。研究行人步态特征识别技术，提高行人特征识别能力和精度。

人体行为语义分析。研究视频图像中人体行为语义分析技术，结合人体行为、语音、表情、文字等特征，开展云边端协同的一体化智能分析和应用。

（3）图像处理技术

图像质量增强。研究基于深度学习的图像质量增强技术，优化图像去抖动、去噪、去模糊等相关算法，有效提升图像的清晰度和可用性。

图像重建。研究图像三维成像技术，提高图像重建方法的泛化能力和分辨率，实现三维全场景解析。

（4）机器视觉技术与设备

视频结构化分析及描述。研究可精确、高效提取视频图像中人车物等对象的视频结构化分析技术，推进视频图像采集设备标准化联网及数据共享应用。

软件定义摄像机。研制可加载多种识别算法，实现多类型、多目标识别的软件定义摄像机，更好地满足多场景智能视频监控的需求。

03　违禁品安检技术

静态 CT。研发能量更高、性能更稳、适用不同场景的分布式光源技术产品，实现与智能识别、自动报警等技术的融合发展。

核生化探测。加强生物毒素及微生物、化学毒剂、核与辐射的快速融合检测与防护系统的研究，全面提升海关、检验检疫等部门的反恐防范能力。

续表

专栏1　安防行业核心技术
质谱分析。根据食品安全、消费品安全、爆炸物毒品检测等应用需求，研发高灵敏度、高分辨率、低噪音、高稳定性的“关检合一”的质谱分析仪。 宇宙射线成像。加强缪子谱学相关研究，提升漂移管、气体电子倍增器和闪烁体材料等缪子探测器核心器件的性能；开展宇宙射线成像技术与现有X射线成像、中子检测与成像等技术的融合应用研究。 高纯锗技术。攻克高纯锗单晶的生产工艺难关，提升高纯锗谱仪在测量精度、测量速度、数据分析处理能力方面的整体性能。 人/物探测与信息采集。基于毫米波、亚毫米波的安全无接触式人/物探测与采集技术，研究针对相关危险品成像图片的智能识别和特征信号的融合应用。 **04　其他核心技术** 高清光学。研发大靶面、大光圈、大视场角、大景深、低畸变、红外共焦镜头、一体机和快速变焦镜头及新型光学材料，满足多元化的视频场景应用。 毫米波雷达空间感知与视频感知多维空间探测。突破60GHz频段远距离多维探测技术，研制60GHz毫米波雷达空间与视频结合的多维全息空间感知系统。 三维数字模型重建。研究建筑物三维数字模型高效快速重建技术，实现数字虚拟模型与视频实景的自然融合及重要目标的实时3D展示。 安防机器人。研制警用、应急救援、消防机器人，用于安保巡逻、侦查安检、排爆销毁、破障处置、应急救援、检疫消杀、灭火、排烟、侦查等场景。 无人机及反制。研究基于5G通信的无人机集群、自动无人机机场、低空城市网络安全防护技术，研究无人机交叉定位、音视频算法防御等技术；研制无人低空防御系统，实现高水平的无人机反制。 虚拟现实/增强现实（VR/AR）。研究近眼显示、交互感知、渲染处理等技术，在沉浸感、交互性和移动性等方面提升安防用户体验。 实体防护。开发高安全、高质量、智能化的物理防盗、物理周界、智能锁具等实体防护产品，利用物联网与集成技术扩大实体防护与电子防范技术的综合应用。

第二节　推进数字产业化发展　加速新技术融合应用

建立以企业为主体、市场为导向、政产学研用深度融合的技术创新体系，充分发挥已有国家级、省部级重点实验室的引领作用，倡导企业、科研院所强强联合建立新的产业创新联盟，共创服务应用模式；紧跟智慧城市大脑系统化建设，以智算中心、公共数据集、开源框架、开放算法训练平台为主要载体，持续基础设施建设，强化算力、数据、算法等平台支撑，融合设备、信息、服务、业务等多方面数据资源，打造数智产业体系，推进安防数字产业化发展及在各行各业的融合应用。

专栏2　数智融合与安防应用技术
01　基于人工智能技术，推进安防智能化深度应用 利用ReID算法、时空引擎模型、图分析模型、算法和计算弹性调度等技术，基于场景特性对视频图像进行标签化，结合业务需求模型生成数据集，发掘人、地、物、组织、案件、事件、信息等要素之间的关系并进行智能数据推理及决策，提升安防行业视频目标检测跟踪与识别精度。 **02　加强云边端全场景资源协同，推动人工智能的普惠应用** 建立云计算、云平台、云服务等行业技术标准体系，促进云化资源分层解耦、异构兼容的安全服务云生态的形成。加强基础资源能力的建设和共享，面向各行各业提供定制化业务，保障应用能力。 **03　加强视频图像数据治理，提升获取高价值信息的能力** 加强视频图像数据治理技术研究，实现对视频图像信息系统相关数据的接入、处理、组织、服务以及数据资产管理、数据质量管理、数据安全管理和数据开发管理等措施的质量管控与保障；研究并制定数据治理相关技术规范，显著提升从海量视频图像信息中获取高价值信息的能力和效率。 **04　加快5G等移动通信技术的落地，推动在安防行业的广泛应用** 加快推动5G应用，为智慧城市、物联网、车联网、无人机网络建设等提供技术支持；为超高清摄像、智能化模块搭载、实时云端存储等功能提供支持。开发基于Wi-Fi6新技术的安防产品，实现更低功耗、更短延时、更大容量和更为安全的产业化应用。

第三节　建立整体安全防御体系　全面提升安防网络安全能力

坚持“管理与技术并重，预防与保护并举”的原则，针对视频监控联网应用的安全风险，从“感知前端、网络、平台、数据、应用、基础设施、管理”等多个维度设计和部署安全防护措施，打造“威胁可预警、行为可检测、攻击可防御、事件可处置”的整体安防防御体系，实现对安防设备应用的安全可管可控，全面提升安防系统的网络安全能力。

专栏 3　安防系统与信息网络安全技术

01　前端安全

研制具备物理安全、身份鉴别、访问控制、入侵防范、数据安全、证书和密钥管理、日志安全管理的前端感知设备，研制并推广符合强制性国家标准 GB 35114《公共安全视频监控联网信息安全技术要求》的视频图像采集前端，从感知源头全面提高安防系统的安全防护能力。

02　网络安全

研究并构建包括网络准入、网络访问控制、协议控制、网络入侵防范、链路安全能力的安防系统基础网络，实现网络横向边界安全和网络纵向防护安全。

03　环境安全

研究并构建具有用户终端、主机、云平台等高安全能力的系统运行环境。

04　数据安全

研究系统数据签名和加密、数据访问控制、数据隐私计算、数据备份恢复、数据审计等技术，实现安防系统数据安全防护。

05　应用安全

研究包括应用访问控制、应用内容保护、应用攻击防护、应用脆弱性防护、应用日志审计等技术与产品，加强安防系统应用安全防护。

06　安全基础设施建设

研究并建设以国家商用密码为基础，具备身份管理、认证管理、权限管理、密码管理、审计管理、通用防护等能力的安全基础设施，为各类安防系统提供基础安全服务。

07　安全体系和法规制度研究

研究覆盖前端设备安全、网络安全、运行环境安全、数据安全、应用安全、安全基础设施的立体化纵深防御体系，实现安全高效协同的体系化安全防护能力；研究安防相关法律法规制度，制定/完善相关技术标准，促进系统安全防护能力的全面提升。

第四章　打造现代产业体系　构筑产业新支柱

第一节　深化供给侧结构改革　夯实实体经济根基

一、保持制造业稳定发展，增强核心竞争力

巩固扩大安防制造业规模优势，保持制造业在产业中的比重和中坚地位，实现视频监控、出入口控制、违禁品安检、实体防护、入侵报警、防伪技术等领域全面发展；遵照《中国制造 2025》计划，加快推进生产工艺与制造设备升级，在智能制造、精益生产、智能管理等方面逐步接近世界先进水平。

二、大力发展安防服务业，调整优化产业结构

安全服务是安防行业发展的本质要求和新型特征，要加强对“购买安全服务”理念的宣传，改变“重建设、轻服务”意识，逐步树立以安防服务应用为牵引的产业新格局，提高各类服务业所占比重，调整优化产业结构。大力促进以“综合安全运营运维服务”为主要方向的现代安防服务业发展，支持鼓励一些实力较强的运营服务公司参与智慧城市建设与各行业深度融合发展，建设安防大数据服务管理平台，结合多元化智慧应用拓展运营业务范围，打造一批可复制、可推广的数据产业化经典服务模式。加强对安全运营、托管、运维、报警等服务企业的扶持，探索与保险行业的有效结合，大力促进风险评估、安全咨询、系统认证、施工监理等新型中介服务发展。

三、促进工程集成企业转型升级，提高产业集中度

打破地域垄断与区域壁垒，营造良好发展环境，促进集成企业向规模集约化、需求定制化、服务便捷化方向发展，提高产业集中度。建立互联网互助共享平台，整合集成施工、技术支持与运营服务资源，解决安防中小工程商普遍存在的技术、资金、服务等难题，提高工程建设质量，实现转型升级。

第二节　壮大骨干企业群体　树立国际知名品牌

一、采取多种产业鼓励政策，壮大骨干企业群体

通过开放合作和利益共享，打造安防产业各关键环节的生态主导企业，培育一批高质量、高竞争力的骨干企业群体，形成上中下游协调创新、大中小企业融通发展的新格局。在产业链上游，以补齐产业链短板为核心任务，举行业之力联合攻关基础共性关键技术，提升相关产业领域创新能力。在产业链中游，以壮大现代企业集团规模、提升产品品质为核心任务，鼓励企业以联合、并购等方式进行重组，头部企业要加强智慧工厂建设。在产业链下游，以推动产业转型升级为主要任务，着力培育一批拥有自主核心技术的集成企业、服务企业成为行业的龙头，形成全国知名品牌，或登陆资本市场，逐步形成安防集成、服务业上市版块。

二、研究制定国际化发展战略，提升国际竞争力

引导企业加大国际市场开拓力度，加快融入全球价值链，催生一批国际知名品牌，提升我国安防产品的国际影响力和主导力。加强国际标准化工作，组建国际标准化专家团队，积极牵头和参与 IEC、ISO、ITU 等国际标准化机构的标准制修订工作，积极开辟新领域，推动中国标准走出去，提升安防领域国际标准的话语权。帮助企业规范海外贸易行为，提升合规经营管理水平。

第五章　拓展市场新领域　繁荣行业新生态

第一节　智融多行业应用　拓展市场空间

紧随万物互联化、数据智能化、应用智慧化、数字孪生化的趋势，深化各领域安防应用，融合千行百业，拓展市场新空间。服务更高水平平安中国建设，提升科学化、精细化、智能化、民生化建设与服务水平；服务数字化社会治理，建设大整合、高共享、深应用的社会治理信息平台，为政府实现智能化决策、监管、服务提供技术支撑；服务智慧城市建设，构建城市大脑、智慧物联、智慧孪生，解锁更多行业和应用场景；着力培育智安小区、智能家居等安防消费市场，普惠人工智能应用，提升百姓安全感、幸福感。

专栏 4　融合行业应用重点拓展领域

01　平安建设

建设更加科学合理的物联感知体系，推动各领域治理要素融合，加强各类视频图像资源大整合、高共享、智能化应用。

02　智慧社区

推进智慧安防社区建设，加大推进新一代信息技术和 5G 互联网+社区的融合应用。

03　智慧司法

建设智能感知体系和智慧司法警务综合管理平台，服务监狱智能化管理、司法信息化智能化建设。

04　智慧交通

深化交通枢纽、路网、客货运载车辆安防技术应用和智能升级，完善智慧交通建设解决方案；基于智慧视觉构建新一代智慧交通管理系统。

05　智慧应急

研发各类风险监测预警平台，建设应急指挥视频调度系统，实时动态监测应急处置救援现场。

续表

专栏 4　融合行业应用重点拓展领域
06　智慧环保 针对水、气、扬尘、危固废等污染源监测需求，开发数据实时采集、预警产品，研发生态环境在线监测视频信息智能化应用平台。 **07　智慧金融** 完善营业厅、金库、自助银行、押运等智慧金融安防整体解决方案，建立以视频为中心的应急指挥中枢，研发预警处置系统，推广多模式认证技术应用。 **08　智慧医疗** 深化设计平安医院系统解决方案，部署安检设备、自动测温及预警设备。建立智能感知、监管、应急处置和高效监管平台及保障体系，服务医院安全管理专业化、智能化、精细化、标准化需求。 **09　智慧校园** 利用视频数据结构化、智能算法前置、多维数据管控等方式，建立起信息化、智能化、自动预警的综合性平安校园系统。 **10　智慧文旅** 开发适用于景区不同场景的前端智能设备，建设景区监测大数据平台并及时发布景区相关动态信息，实现超人流预警、危险预防等安全管控。 **11　智慧制造** 打造以主动感知、智能分析、提前预防和高效追溯的全方位防控体系，及时发现和有效处置质量风险，实现安全场景智能+工业互联网平台的协同延伸。 **12　智慧能源** 依据设备安全、作业安全、环境安全及生产工艺等各方面的应用场景，完善安全管控智能化一体解决方案，建设安全生产可视化智能管控平台。 **13　智慧物流** 开发物流行业专用安防产品，建设智慧物联综合管理平台，实现各流通环节和场景的安全管理。 **14　平安乡村** 研发适用于乡村的安防产品和解决方案，逐步构建网上网下融合、打防管控一体的乡村治安防控及公共服务体系，加强对乡村自然灾害及公共安全的风险评估、监测预警和应急处置。 **15　数字家庭** 研发健康管理、居家养老、智能家居等产品，逐步建立完善家庭与小区一体的安防服务管理平台。

第二节　培育新模式新业态　繁荣安防新生态

把握新基建机遇，进一步厚植安防数字经济发展根基。抓住算力、数据、普惠人工智能等数字经济关键生产要素，推动智能物联、“互联网+”融合发展，将科技优势转化为新模式、新业态成长优势。

一是加快大数据基础设施建设，实现视频监控高清化、传统安防设施数据化，提升“算力、算法、算量”基础支撑。二是推进边缘计算升级，加快技术架构从“云+端”集中模式向“云+边+端”分布式模式演变。三是加强共性支撑软件研发，打造高可用、高性能操作系统，加快各类共享应用软件开源平台建设。四是加快软件定义、物信融合、城市底座、数字孪生、智慧中台等新技术模式推广，大力促进传统企业数字化转型、数据化治理、产业平台化发展。五是结合新场景应用，培育形成高效协同、智能融合的大数据安保、安防机器人、智能视频报警、车联网、智慧停车、远程教育、远程医疗等安防数字经济发展新生态。

第六章　适应改革发展新要求　推动行业规范管理

第一节　创新管理方式　促进行业有序健康发展

一、规范行业监管，完善标准体系

积极推动公共安全视频图像应用管理立法及相关管理制度建设，规范对视频图像设备安装和信息采集、使用、管理的监管，加强对采集数据和公民隐私信息的安全保护，实现安防行业维护国家和社会安

全、保护公民权利的核心价值。

紧密围绕公安业务和社会公共安全需求，重点推进视频监控建设联网应用和重要行业领域的国家标准、行业标准制修订工作。一是开展智能化应用标准研究。组织力量开展智慧社区安全防范、视频图像信息智能分析与深度挖掘应用、智能入侵报警、智能安检、人体生物特征识别应用等相关标准研究。二是加强团体标准制修订工作。围绕产业转型和消费升级需求，制定一批满足市场需求的团体标准，不断提高标准的先进性、适用性和代表性。三是完善形成合理配套的安全防范标准体系。在做好国家标准、行业标准制修订工作的同时，将地方标准、团体标准纳入标准体系进行规划，建立协调共享机制，促进安防标准化工作全面科学发展。

二、创新认证模式，提高服务质量和认证水平

一是大力推动自愿性认证。聚焦行业热点，研究自愿性认证目录，创新开展公共安全视频监控产品自愿性认证服务。二是不断完善认证体系。积极开展安检产品与服务认证制度研究并获得认证资格，进一步完善认证管理服务体系架构。三是开展认证质量关键技术研究。围绕行业需求，力争在公共安全视频图像信息系统验收评估、自主可控评测认证技术等方面实现新突破，提升认证效能。四是强化提升认证质量。对智能门锁、实体防护等产品进行市场细分，针对生物特征识别、视频监控系统安全、人工智能应用、治安管理等领域开展认证评价关键技术、评价模式、技术规范和实施规则等研究。五是推进安全认证工作。大力推进安全评价及安全认证技术研究，开展“公共安全视频图像信息系统”安全风险评价技术规范和评测规则研究，推动智能联网产品的网络安全认证。

三、加强技术创新与合作交流，提升安防检测能力水平

一是超前布局新一代检测关键技术研究。聚焦安防行业创新应用，重点推进与新基建、物联网、信息安全相关的人工智能、大数据、云计算、边缘计算、智能芯片、生物特征识别评测，以及与智能化融合应用相关的安防无人设备等新型检测技术及方法研究，力争在新技术、新系统安全、环境和可靠性检测关键技术研究上取得重大突破，显著提升检测核心技术能力。二是注重发挥技术联盟作用。充分发挥好公共安全视频智能应用、工程检测等技术联盟的作用，助力提升行业检测技术能力和水平。三是大力拓展与国际检测机构的交流合作。继续支持和推进行业检测机构与国外主流实验室的合作关系，开展国际检测互认与合作，提升我国安防检测的国际化水平。

第二节　适应改革要求　充分发挥社团职能作用

一、明确职能定位，积极有所作为

坚持中国特色社会团体发展之路，明确“服务、协调、自律、维权”等职能定位，服务国家总体安全大局、服务公安业务、服务行业企业。一是充分发挥政府与企业间桥梁纽带作用。准确掌握、宣传贯彻党和国家的方针政策以及与行业发展、公安业务密切相关的法律法规、行业政策、技术标准等，及时反映企业诉求及愿望，建立交流与互通渠道。二是积极配合立法工作。针对安防行业立法滞后和立法空白问题，积极配合政府通过多种形式广泛征求意见，组织专家开展专题调研，为行业管理部门推进立法工作提供依据。三是维护行业企业权益。研究国际贸易中的市场和管理规则，指导和帮助企业积极应对出口管制和技术封锁，协调行业利益关系，维护会员企业合法权益和行业整体利益。

二、加强自身建设，建立管理运作新机制

依据行业协会自身特性和我国社会治理体系的要求，实现在市场条件下自治管理、自我服务和自律发展；加强党组织建设，加强党对协会的全面领导，为协会持续健康发展提供组织保障；脱钩完成以后，按照“脱钩不脱管”“脱钩不脱服务”的工作要求，主动接受行业管理部门领导、指导，建立相关管理制

度、管理机制等。

三、搭好交流服务平台，优化服务内容

提升协会服务能力，提高博览会及相关论坛活动的质量；整合各种数据资源，逐步建设安防行业大数据服务平台、知识产权交易平台以及与第三方网购商城合作的安防贸易平台，畅通产业链、创新链、贸易链等环节；建设好专家智库，发挥专家智力优势，为行业发展建言献策；整合媒体资源，发挥传统权威媒体科技引领作用，建设快速、高效、多形式、高品质的新媒体宣传平台，提高协会影响力。

四、强化自律管理，规范市场秩序

一是健全管理制度。按照国家“建立高效规范、公平竞争的国内统一市场”总体要求，健全各项自律性管理制度，组织制定与完善安防行规、公约，营造“分工有序、适度竞争、合作共赢”的竞合氛围，避免形成恶性竞争。二是着力培育行业优秀文化。倡导形成“诚信、合作、创新、奉献”健康向上的安防行业文化，讲好安防故事和优秀企业文化精神，弘扬正能量，鼓励企业积极履行社会责任，真诚回报社会。三是做好安防工程企业设计施工维护能力评价工作。研究能评工作发展目标和发展规划，按照国家的有关要求规范管理，完善能评实施工作细则，形成全国统一的安防评价体系，为企业开拓全国市场提供便利。四是努力探索构建安防行业信用管理体系。以培养企业树立“诚信为本”经营理念和商业道德为目标，鼓励行业协会对会员单位开展诚信评价工作，研究形成行业性的企业征信系统、信用评价方法及企业信用报告制度，并适时推动全国性的评价工作。

第七章　加强安防理论研究　实施人才振兴战略

第一节　创新安防理论研究　建立安防知识新体系

安全技术防范是以安防理论为先导、以人力防范为基础、以技术防范和实体防范为手段所建立的安防服务保障体系。随着经济社会的发展及安防新需求、新技术的快速演进，亟须创新现代安防理论体系，构建新的安全防范知识体系和专业学科，用现代安防理论统一思想、明确方向、指导实践，正确引领我国安防行业持久健康发展。

一、研究安全防范基础理论，建立专业学科

以总体国家安全观为指导，梳理安全防范发展的历史脉络，对比研究中外安全防范的理论框架，研究安全防范基本概念、范畴、内涵、边界、外延以及建立安全防范学科专业的基础条件等。组织编写安全防范导论、安全防范基础理论、安全防范技术等方面的行业核心教材。研究安全防范应对的安全问题、应用行业领域特点，研究安全防范与犯罪学尤其是与犯罪预防的关系，研究安全防范与安全科学、公安学、公安技术的关系，确立安全防范专业学科的科学地位。

二、研究安防工程应用评估体系，形成安防工程专业新工科

研究面向用户需求的安全防范风险评估、面向系统应用的系统效能评估、面向升级改造的脆弱性评估等评估准则和评价方法。开展情报预警研判模型研究和应急处置预案体系研究，形成风险—防范—效能—控制主动型的安防体系。研究安防工程教育新理念、分类发展新体系、人才培养新模式，形成安防工程专业新工科。

三、研究安防产业发展理论，正确引导行业组织与实践

研究产业发展理论、发展方式、产业布局、要素配置、结构优化等重大理论问题，研究安防技术体系、市场应用创新发展问题，研究供给侧改革、产业链提升、供应链安全等突出问题及解决路径，研究国际化发展的挑战及对策，研究产业组织、管理方法等理论与实践问题，形成安防经济学。

第二节　拓展渠道创建机制　吸纳培养各类人才

研究人才供给需求，完善安防行业人才生态体系建设，制定人才引进行动方案，建立分层分级的人才培养渠道。高端引进、梯次培养、整体推进，造就一大批创新型、应用型、技能型、复合型人才。

一、建立健全新机制，培养选用高端人才

聚焦补齐产业短板，加强关键领域基础研究、新技术研发等方面人才培养；开展“安防技能提升行动”，实行“揭榜挂帅”等人才激励制度，选拔善于创新的优秀人才；鼓励企业建立海外引智计划，吸引留学人才和高精尖紧缺人才回国发展。

二、加强教育培训，培养各类专业人才

一是加强学历教育。调整增加安全防范技术和智能安防运营管理两个高职专科专业，新增数字安防技术与应用本科专业。二是推广职业教育。在教育部“学历证书+若干职业技能等级证书”制度试点中，推进“安全防范系统建设与运维”证书培训评价工作；充实完善安全防范工程技术人员和安全防范系统安装维护人员两个国家职业的标准和教材，打造高质量讲师队伍，创建云上课堂，推动安防校企合作、工学结合、课证融通的教育教学模式，开展各种专项教育。

三、建立健全人才科学评价体系，激发人才创新创业活力

推动我国安防行业专业技术职称改革工作，建立健全从业人员职业能力分级评价体系。设立“中国安防行业科学技术奖”，鼓励表彰一批创新能力强、科技贡献突出的优秀团队和个人，激发行业人才创新创业活力。

凝聚安防行业智慧与力量，高质量完成“十四五”发展规划

“十四五”时期，是我国由全面建设小康社会向基本实现社会主义现代化迈进的关键时期，是“两个一百年”奋斗目标的历史交汇期，也是全面开启社会主义现代化强国建设新征程的重要机遇期。为深入贯彻落实党的十九届五中全会精神及《中华人民共和国国民经济和社会发展第十四个五年规划和 2035 年远景目标纲要》（以下简称《纲要》）要求，科学谋划和引领安防行业下一个五年发展，中国安全防范产品行业协会（以下简称“中安协”）在公安部科技信息化局的委托和指导下，组织行业力量编制了《中国安防行业“十四五”发展规划（2021—2025 年）》（以下简称《规划》）。

《规划》是行业发展的重要指导文件，中安协自“十一五”以后就开始了五年规划的编制，对于引领行业发展发挥了重要作用。规划工作是一项系统工程，需要贯彻国家政策、凝聚行业智慧、集中行业力量、尊重经济发展规律。中安协高度重视“十四五”规划编制工作，2020 年成立了规划领导小组和核心编写小组，密切联系行业实际，稳步推进各项编制工作。规划编制组通过情况了解、资料收集、数据分析、座谈访谈、外出调研、编写研制、修改完善等阶段，数易其稿，历时 10 个月，形成报批稿，2021 年 5 月 21 日《规划》报批稿获得行业管理部门正式批复。

一、安防行业“十四五”发展规划编制过程

编制好行业“十四五”发展规划，是引导行业向高质量发展的要求，是中安协工作的重中之重，规划编制工作经历了四个主要阶段：

一是启动部署和调研阶段。2020 年 7 月，中安协召开规划工作启动会，成立了以第五届理事长为组

长的“十四五”规划领导小组和由秘书长为组长、企业参与的编写工作组。制定了“十四五”规划调研及编制计划，向行业主要企业、地方协会、科研院所等单位动员部署规划编制工作。2020年8月至11月，中安协通过线上线下调研、视频会议等方式收集近40份规划意见，形成规划初步框架。

二是规划编制阶段。2020年11月27日，中安协第六次会员代表大会召开并选举产生新一届理事会，中安协脱钩换届后，在以第六届理事长为组长的规划领导小组的组织指导下，规划编制工作加快推进。2020年12月24日，中安协在厦门组织召开了全国安防行业协会会长、秘书长座谈会，就“十四五”规划工作进展情况进行了交流讨论，听取各地协会对规划初步框架的意见并修改完善。2021年1月13日，中安协召开规划讨论会并成立了“十四五”规划核心编写工作组，核心编写组由中安协专家委专家、公安部一所、三所、行业龙头企业等专家组成，会议听取和讨论了规划基础框架，明确了规划的体系架构，部署安排了规划各部分的编写任务和时间总线。2021年1月至3月，“十四五”规划核心编写工作组通过电话、邮件、视频会议等方式多次和企业会员、专家等研究讨论，形成“十四五”规划初稿V1.0。2021年3月19日至20日，中安协在北京召开规划编制工作闭门会议，就规划文本框架、重点内容、重大问题等听取意见和完善修改，统稿形成“十四五”规划讨论稿V1.1。

三是修改完善阶段。规划讨论稿完成后，中安协组织各相关部门、行业协会、企业及科研院校等相关单位专家召开相关会议，对规划讨论稿进行研讨论证，在行业内广泛征求意见，主要会议有：2021年3月31日，中安协在杭州市召开座谈会，听取浙江、福建、安徽及杭州协会和“长三角”部分安防企业对规划讨论稿V1.1的意见，并修改完善形成规划讨论稿V1.2。2021年4月9日，中安协在苏州市召开规划讨论会，听取《中国安防》杂志编委及多家企业专家对规划讨论稿V1.2的意见，整理更新规划内容形成规划审议稿V1.3。2021年4月12日，中安协专家咨询委员会成立大会在北京召开，会上听取了专家委员对规划审议稿V1.3的意见，各位专家从行业发展高度，就规划内容提出了很有见地和价值的意见和建议，根据意见完善修改形成规划审议稿V1.4。

四送审报批和发布阶段。中安协在规划论证完善阶段反复论证并充分吸收各方面意见的基础上，完善形成报批稿并于5月10日提交行业管理部门公安部科信局审核。5月21日公安部科信局作出了同意印发《规划》的批复。《规划》将在2021年6月10日中安协第六届第一次常务理事会上全文发布并进行全面解读。

《规划》编制工作汇集了全行业的智慧和力量，得到了管理部门领导的关心重视和有力指导；得到了标委会、检测、认证、科研院校、全国各地安防协会、多位业内老专家和众多安防企业的积极配合和大力帮助。值得一提的是，“十四五”规划开展以来，受新冠肺炎疫情的影响，中安协及各规划编制单位迅速投入到防疫及推动企业复工复产的工作当中，前期规划编制工作受到了一些影响，原定的研讨会及调研计划被打乱，但各单位并没有因此暂停规划编制工作，而是努力克服困难，积极通过网络视频会议、微信、邮件等多种途径，全力推进规划编制各项工作。可以说，规划编制的过程是一个多方共同参与、科学民主讨论、凝聚行业共识的过程，是集体智慧的结晶。

二、安防行业“十四五”发展规划特点

“十四五”时期是开启全面建设社会主义现代化国家新征程的第一个五年，我国发展仍然处于重要战略机遇期，但机遇和挑战都有新的发展变化。大变局、复杂环境、新发展格局是当前研究所有问题的大背景。“十四五”安防行业发展也将面临新的形势、机遇和挑战，因此在《规划》内容和形式上体现了新的变化与特点：

1. 紧扣高质量发展主题，定位提升

高质量发展是“十四五”乃至更长时期我国经济社会发展的主题，关系我国社会主义现代化建设全局。“高质量发展”既是未来一段时间安防发展的阶段特征，也是必然要求，理所当然地成为此次规划的主题，《规划》不仅在指导思想中明确提出，在发展目标、任务措施部分更是一以贯之。同时《规划》把

行业发展放在时代大背景下思考，深入研究百年未有之大变局的形势特点，清醒面对各种风险和挑战；把行业发展放在国家发展大战略、双循环发展新格局和实现“两个一百年”目标中来定位，紧扣《中共中央关于制定国民经济和社会发展第十四个五年规划和2035年远景目标的建议》《中华人民共和国国民经济和社会发展第十四个五年规划和2035年远景目标纲要》，突出技术创新，有针对性地提出战略任务和发展目标。并注重与国家、部委发展规划、产业政策相衔接，充分体现规划的针对性、导向性、可操作性。

2. 适应产业发展需求，新增内容

“十三五”以来，安防行业边界拓展，行业内涵和外延不断延伸，新时代呼唤新的中国安防，并赋予它新的社会意义、核心目标，使其拥有更深刻、更丰富的定位和内涵。在这样的形势下，为适应行业的技术、应用、数字化转型发展重大变化和需求，《规划》增加了安防行业新模式新业态、安防理论研究、网络信息安全、打造安全可靠的产业链体系等方面的内容，并力求提出可量化的指标。这些是在以往规划中没有涉及的，这些内容版块的增加，将更好地指导未来安防数字化转型发展，构建安防新发展格局。

3. 创新规划形式，优化体量

“十四五”规划按照章、节、点的结构设置，为了使规划更符合国家及行业规划编写的一般要求，更加清晰描述安防“十四五”时期的重点任务，规划内容第一次创新性从基础技术、技术应用、信息安全、市场推进等方面新添4个专栏。专栏是《规划》最重要的特色之一，聚焦的是各领域的短板或突破口，概括性地提出了未来的重点发展方向，让行业对五年要做的事一目了然。而《规划》表述形式上采取正文加专栏的形式，使正文的表述更加简洁。

三、安防行业“十四五”发展规划重点内容

安防行业《规划》内容由引言、发展环境、指导思想与发展目标、发展任务与措施建议四部分共7章15节组成，全文约1.3万字。

（一）发展环境

第一章从行业总体背景与现状、行业发展面临的机遇与挑战两大方面对“十三五”期间安防行业的总体运行情况进行了总结，并分析“十四五”行业发展形势。“十三五”时期是我国经济发展进入新常态的第一个五年。《规划》总结，五年来我国安防行业保持了中高速增长的势头，产业规模迈上了新的台阶，科技创新能力增强，市场应用深度推进，一批骨干企业快速崛起，行业融合转型加速。中安协统计数据显示：2020年安防行业总产值达到7950亿元，实现增加值为2650亿元，“十三五”期间年均增长率达到了10%以上。

进入新发展阶段，国内外环境的深刻变化带来一系列新机遇和新挑战。本章节深入分析了国内外新形势、产业发展新机遇和挑战。在发展机遇上，《规划》提出，“十四五”时期既是安防行业实现数字化转型的关键时期，也是产业链质量再获提升的重大机遇期。一是党和政府将推动更高水平平安中国建设、加强和创新社会治理、新基建工程项目等内生需要旺盛；二是未来我国安防产业将向着“中国创造”高质量发展阶段迈进，“创新链、产业链、服务链”快速调整优化，新兴服务模式蓬勃发展，正处于难得的技术赶超和产业升级的重要“窗口期”。

与此同时，行业发展也面临新的形势和挑战。《规划》分析，未来五年安防行业发展面临的挑战主要有三个方面：一是我国安防产品性能、功能的发展与日益提高的国内安全防范需求不相适应的矛盾问题；二是世界经济逆全球化发展，安防成为了中美贸易战的重灾区，到2020年共有十几家安防企业被列入“实体清单”，被剥夺了相关企业在美国的贸易机会，也导致了产业链与供应链的安全问题；三是安防产业正处于转型发展时期，还存在各种核心技术瓶颈、产业结构不合理、网络信息安全等问题。

面对新时期的新变化，我们需要辩证认识和把握国内外大势和安防发展机遇挑战，通过“十四五”规划的编制和实施，推进行业更深层次的改革、更高水平的开放，努力实现更高质量、更有效率、更加

公平、更可持续、更为安全的发展。

（二）指导思想与发展目标

1. 指导思想

安防行业《规划》以习近平新时代中国特色社会主义思想为指导，深入贯彻党的十九大和十九届二中、三中、四中、五中全会精神，坚定不移贯彻“创新、协调、绿色、开放、共享”新发展理念和国家总体安全观，以推动高质量发展为主题，准确把握新发展阶段，认真贯彻新发展理念，立足国内大循环，形成国内国际双循环相互促进的新发展格局。

按照这一指导思想指导规划编制工作，是科学制定实施“十四五”规划，引领行业高质量发展的科学指引和重要保证，保证了行业发展的正确方向。

2. 发展目标

《规划》提出，“十四五”期间我国安防行业将以实现高质量发展为总目标，全面推进安防行业进入智能时代。一是在核心技术、产业升级、理论研究等方面实现质的突破；二是在结构优化、应用拓展、行业管理等方面做出新的成效。预测数据目标为：“十四五”期间安防市场年均增长率达到7%左右，2025年全行业市场总额达到1万亿元以上；全行业科技研发投入年增长率达到10%以上，骨干企业科技创新投入占销售收入的比值（R&D）达到8%以上；调整产业结构，大力发展现代安防服务业，到2025年服务业收入所占比重达到13%。

这些数据的预测依据主要有：在市场年增长率方面，近年来中国安防行业市场年增长率一直高于国家GDP年增长率，《规划》预测“十四五”期间安防市场年均增长率应能达到7%～8%的水平。实际上“十四五”期间年增长率如果能达到5%以上，2025年全行业市场规模就能达到10000亿元。

在科技投入方面，我国“十四五”规划提出“全社会研发经验投入年增长率7%以上”。我国安防行业十分重视研发投入，据《中国安防》杂志开展十几年的行业景气调查资料显示，绝大多数季度都处于较强景气区间。中安协于2020年5月至8月在全国范围内组织开展“智慧城市”建设推荐优秀创新技术及解决方案活动，评选出113家行业优秀企业117个解决方案。据此次活动数据统计，2018年、2019年企业科技研发费用总额增长率都在40%以上，2018年、2019年这些企业科技创新投入占总收入额的比值（R&D）分别达到12%和15%以上。因此，安防“十四五”规划提出，我国全行业研发投入年增长率达到10%以上，骨干企业科技创新投入占销售收入的比值（R&D）达到8%以上。

关于调整产业结构方面，当前安防产业正处于转型发展时期，安防服务业相对滞后，结合我国服务业的实际情况，安防“十四五”规划提出到2025年服务业收入所占比重达到13%的目标。据测算，目前我国防服务业市场规模在700多亿元，占全行业的9%。到2025年服务业收入所占比重要达到13%，年增长率要保持在15%左右。

（三）规划发展措施与建议

《规划》针对我国安防行业发展现状及问题，明确提出了“十四五”时期全行业应重点实施的五项战略任务，包括了五章，主要从驱动创新发展、打造现代化产业体系、拓展市场空间、推动行业规范管理和加强安防理论研究5个方面提出了具体任务和措施。

1. 坚持创新驱动发展　塑造产业发展优势

“十四五”时期，是新一轮科技革命和产业变革同我国推动高质量发展的历史交汇期，也是我国创新驱动发展战略实施的关键时期。国家《纲要》把坚持创新驱动发展全面塑造发展新优势排名在第二篇，仅次于总体指导思想、发展目标，放在规划所有领域的第一位。中国安防行业规划也将“创新驱动，塑造发展优势”作为第三章，排在措施与建议的首位，“全面提升自主创新能力”仍是未来五年行业发展的第一要务。

《规划》第三章主要从三个方向提出发展任务：一是技术研发；二是技术应用；三是网络信息安全。第一节技术研发设计了专栏，涵盖了视频监控、出入口控制、违禁品安检、入侵报警、实体防护等各个领域。突出了核心技术研发，力求在“十四五”期间补产业短板。

第二节关于推进数字产业化发展方面，国家《纲要》提出加快数字化发展，建设数字中国，提出推进社会治安防控体系现代化。经过统计，“智能”出现了35次，“数字化”在全文出现了25次，多次提到大数据、云计算、5G。为推进人工智能、云计算、大数据、5G等前沿技术在安防行业的广泛应用，中国安防行业“十四五”规划设置“数字融合与安防应用技术”专栏，从四个方面提出了具体措施：推进人工智能技术在安防深度应用；加强云边端全场景资源协同，推动人工智能广泛应用；加强视频图像数据治理，提升获取高价值信息能力；加快推动5G等移动通信技术的落地应用。

第三节关于网络安全方面，兼顾发展与安全是国家社会经济发展的总体战略。国家“十四五”规划纲要首次设立“安全发展”专篇。在我国安防领域，随着数字化、互联网的发展，网络信息安全形势不容乐观，安防信息泄露事件时有发生。为实现对安防设备应用的安全可管可控，全面提升安防系统的网络安全能力，《规划》专门设立了“安防系统与信息网络安全技术”专栏，从前端安全、网络安全、环境安全、数据安全、应用安全、安全基础设施建设、安全体系和法规制度研究几个方面提出了规划目标要求。

2. 打造现代产业体系 构建产业新支柱

《规划》第四章内容从供给侧改革、壮大骨干企业群体两个方面提出了发展措施。第一节中关于保持制造业稳定发展方面，国家“十四五”规划纲要提出“深入实施制造强国战略”，并首次提出了“保持制造业比重基本稳定”。我国安防行业虽然情况有些区别，但制造业一直是我们行业的优势和中坚力量。因此《规划》提出要“巩固扩大安防制造业规模优势，保持制造业在产业中的比重和地位，实现视频监控、出入口控制、违禁品安检、实体防护、入侵报警、防伪技术等领域全面发展”。

关于大力发展安防服务业，调整优化产业结构部分，参照了部分发达国家的发展经验。在国外发达国家，安防服务业发展比较早，占安防行业的比重在50%以上，形成了像美国ADT、日本SECOM（西科姆）等大型安防综合型服务企业全球知名品牌。而我国安防运维和服务市场比较弱小，据统计在2020年总规模仅达到了700亿元左右，占全行业总收入的比重不到9%，仍有很大的提升空间。《规划》提出到2025年我国安防服务业所占比重要达到13%，年增长速度要达到15%左右。这要求我们要改变“重建设、轻服务”传统观念，大力拓展报警运营服务的范围，促进以“综合安全运营运维服务”为主要方向的现代安防服务业发展，打造一批可复制、可推广的数据产业化经典服务模式。

关于解决安防中小工程商普遍存在的难题。目前我国安防集成施工企业有2万多家，小而分散，基本没有形成全国性的知名品牌。“十四五”期间，将着重从以下几个方面进行推动：一是要着力培育一批拥有自主核心技术的集成企业、服务企业成为行业的龙头，形成全国知名品牌，支持或登陆资本市场，逐步形成安防集成、服务业上市版块；二是鼓励企业转型成为安防服务业，调整产业结构；三是打破市场壁垒，形成全国统一市场；四是推动平台服务形式，整合行业资源，帮助企业渡过难关。

3. 拓展市场新领域 繁荣行业新生态

《规划》第五章从拓展市场空间、培育新模式新业态两方面提出了措施任务。在拓展市场空间方面，紧随万物互联化、数据智能化、应用智慧化、数字孪生化的趋势，《规划》选取了15个拓展领域设置“融合行业应用重点拓展领域”专栏，提出深化各领域安防应用，融合千行百业，拓展市场新空间。

在培育新模式新业态方面，近年来在新技术的带动下，我国安防行业产生了许多新模式、新生态。《规划》中提出了加快软件定义、物信融合、城市底座、数字孪生、智慧中台等新技术模式，提出了大数据安保、安防机器人、智能视频报警、车联网、智慧停车、远程教育、远程医疗等安防数字经济发展新生态。其实安防行业发展的新模式、新生态还不止这些，未来随着新技术研发和市场应用的深入开展，行业生态将会更加繁荣。

4. 适应改革发展新要求 推动行业规范管理

《规划》第六章节部分涉及行业管理的各个方面，包括法律法规、标准化工作、安防认证、检测等方面的工作并提出各部分的发展措施建议，为行业健康发展、实现高质量发展目标提供保障。

对于行业协会的发展，根据中央推进行业协会商会与行政机关脱钩改革的部署安排，目前中安协和多数地方安防协会已经完成了与同级公安机关的脱钩工作。《规划》从职能定位、自身建设、做好服务、自律管理等方面对协会脱钩发展提出了要求。

5. 加强安防理论研究 实施人才振兴战略

《规划》第七章从创新安防理论研究、吸纳培养人才两个方面提出了具体措施建议。我国安防理论研究相对薄弱，基本理论仍限于人防、物防、技防，围绕探测、延迟、反应几要素展开。随着安防行业数字化转型及新技术的快速发展和应用，传统安防正加快向现代安防转变，技术架构、知识体系、基本要素都在发生深刻的变化，因此要研究数字化转型为安防应用带来的理论与实践变革，以数字经济理论诠释现代安防产业，重新构建安全防范理论、知识体系，确立安全防范专业学科，研究安防工程应用评估体系，形成安防工程专业新工科。在人才培养方面《规划》从创建新机制、加强教育培训、人才评价体系三个方面提出了人才培养的任务目标。

结语

安防行业"十四五"规划的编制与实施，是一项事关安防产业长远发展的战略任务，对于引领安防高质量发展具有重大而又深远的影响和意义。

编制出台行业《规划》，将进一步凝聚行业发展共识，提振行业发展信心，引导行业实现产业升级、结构调整、应用拓展，使我国安防产业的科技实力、综合实力迈上更大的台阶。我们坚信，在行业"十四五"规划的指引下，行业在实现高质量发展新征程上，一定能够不断取得新的更大、更辉煌的成就。

"十四五"规划发布后，中安协将通过杂志、网站、通信、微信公众号等多种形式，以及召开行业专题会议、交流座谈、演讲宣贯等多种方式，面向行业企业和地方协会，广泛宣传"十四五"规划，安防企业要深入学习《规划》内容，领会掌握要义，结合企业业务实际，谋划企业"十四五"发展，为全方位推进行业高质量发展作出新贡献。

法规政策篇

第三章　2021 年发布的法律、法规及规范性文件

第一节　国家法律、法规及规范性文件

国家法律、法规指导和引领着行业发展。本节收录了 7 部 2021 年新颁布的安防行业相关法律、法规及规范性文件，具体目录如下：

中华人民共和国数据安全法

（2021 年 6 月 10 日第十三届全国人民代表大会常务委员会第二十九次会议通过）

目　录

第一章　总则

第一条　为了规范数据处理活动，保障数据安全，促进数据开发利用，保护个人、组织的合法权益，维护国家主权、安全和发展利益，制定本法。

第二条　在中华人民共和国境内开展数据处理活动及其安全监管，适用本法。

在中华人民共和国境外开展数据处理活动，损害中华人民共和国国家安全、公共利益或者公民、组

织合法权益的，依法追究法律责任。

第三条 本法所称数据，是指任何以电子或者其他方式对信息的记录。

数据处理，包括数据的收集、存储、使用、加工、传输、提供、公开等。

数据安全，是指通过采取必要措施，确保数据处于有效保护和合法利用的状态，以及具备保障持续安全状态的能力。

第四条 维护数据安全，应当坚持总体国家安全观，建立健全数据安全治理体系，提高数据安全保障能力。

第五条 中央国家安全领导机构负责国家数据安全工作的决策和议事协调，研究制定、指导实施国家数据安全战略和有关重大方针政策，统筹协调国家数据安全的重大事项和重要工作，建立国家数据安全工作协调机制。

第六条 各地区、各部门对本地区、本部门工作中收集和产生的数据及数据安全负责。

工业、电信、交通、金融、自然资源、卫生健康、教育、科技等主管部门承担本行业、本领域数据安全监管职责。

公安机关、国家安全机关等依照本法和有关法律、行政法规的规定，在各自职责范围内承担数据安全监管职责。

国家网信部门依照本法和有关法律、行政法规的规定，负责统筹协调网络数据安全和相关监管工作。

第七条 国家保护个人、组织与数据有关的权益，鼓励数据依法合理有效利用，保障数据依法有序自由流动，促进以数据为关键要素的数字经济发展。

第八条 开展数据处理活动，应当遵守法律、法规，尊重社会公德和伦理，遵守商业道德和职业道德，诚实守信，履行数据安全保护义务，承担社会责任，不得危害国家安全、公共利益，不得损害个人、组织的合法权益。

第九条 国家支持开展数据安全知识宣传普及，提高全社会的数据安全保护意识和水平，推动有关部门、行业组织、科研机构、企业、个人等共同参与数据安全保护工作，形成全社会共同维护数据安全和促进发展的良好环境。

第十条 相关行业组织按照章程，依法制定数据安全行为规范和团体标准，加强行业自律，指导会员加强数据安全保护，提高数据安全保护水平，促进行业健康发展。

第十一条 国家积极开展数据安全治理、数据开发利用等领域的国际交流与合作，参与数据安全相关国际规则和标准的制定，促进数据跨境安全、自由流动。

第十二条 任何个人、组织都有权对违反本法规定的行为向有关主管部门投诉、举报。收到投诉、举报的部门应当及时依法处理。

有关主管部门应当对投诉、举报人的相关信息予以保密，保护投诉、举报人的合法权益。

第二章　数据安全与发展

第十三条 国家统筹发展和安全，坚持以数据开发利用和产业发展促进数据安全，以数据安全保障数据开发利用和产业发展。

第十四条 国家实施大数据战略，推进数据基础设施建设，鼓励和支持数据在各行业、各领域的创新应用。

省级以上人民政府应当将数字经济发展纳入本级国民经济和社会发展规划，并根据需要制定数字经济发展规划。

第十五条 国家支持开发利用数据提升公共服务的智能化水平。提供智能化公共服务，应当充分考虑老年人、残疾人的需求，避免对老年人、残疾人的日常生活造成障碍。

第十六条 国家支持数据开发利用和数据安全技术研究，鼓励数据开发利用和数据安全等领域的技术推广和商业创新，培育、发展数据开发利用和数据安全产品、产业体系。

第十七条　国家推进数据开发利用技术和数据安全标准体系建设。国务院标准化行政主管部门和国务院有关部门根据各自的职责，组织制定并适时修订有关数据开发利用技术、产品和数据安全相关标准。国家支持企业、社会团体和教育、科研机构等参与标准制定。

第十八条　国家促进数据安全检测评估、认证等服务的发展，支持数据安全检测评估、认证等专业机构依法开展服务活动。

国家支持有关部门、行业组织、企业、教育和科研机构、有关专业机构等在数据安全风险评估、防范、处置等方面开展协作。

第十九条　国家建立健全数据交易管理制度，规范数据交易行为，培育数据交易市场。

第二十条　国家支持教育、科研机构和企业等开展数据开发利用技术和数据安全相关教育和培训，采取多种方式培养数据开发利用技术和数据安全专业人才，促进人才交流。

第三章　数据安全制度

第二十一条　国家建立数据分类分级保护制度，根据数据在经济社会发展中的重要程度，以及一旦遭到篡改、破坏、泄露或者非法获取、非法利用，对国家安全、公共利益或者个人、组织合法权益造成的危害程度，对数据实行分类分级保护。国家数据安全工作协调机制统筹协调有关部门制定重要数据目录，加强对重要数据的保护。

关系国家安全、国民经济命脉、重要民生、重大公共利益等数据属于国家核心数据，实行更加严格的管理制度。

各地区、各部门应当按照数据分类分级保护制度，确定本地区、本部门以及相关行业、领域的重要数据具体目录，对列入目录的数据进行重点保护。

第二十二条　国家建立集中统一、高效权威的数据安全风险评估、报告、信息共享、监测预警机制。国家数据安全工作协调机制统筹协调有关部门加强数据安全风险信息的获取、分析、研判、预警工作。

第二十三条　国家建立数据安全应急处置机制。发生数据安全事件，有关主管部门应当依法启动应急预案，采取相应的应急处置措施，防止危害扩大，消除安全隐患，并及时向社会发布与公众有关的警示信息。

第二十四条　国家建立数据安全审查制度，对影响或者可能影响国家安全的数据处理活动进行国家安全审查。

依法作出的安全审查决定为最终决定。

第二十五条　国家对与维护国家安全和利益、履行国际义务相关的属于管制物项的数据依法实施出口管制。

第二十六条　任何国家或者地区在与数据和数据开发利用技术等有关的投资、贸易等方面对中华人民共和国采取歧视性的禁止、限制或者其他类似措施的，中华人民共和国可以根据实际情况对该国家或者地区对等采取措施。

第四章　数据安全保护义务

第二十七条　开展数据处理活动应当依照法律、法规的规定，建立健全全流程数据安全管理制度，组织开展数据安全教育培训，采取相应的技术措施和其他必要措施，保障数据安全。利用互联网等信息网络开展数据处理活动，应当在网络安全等级保护制度的基础上，履行上述数据安全保护义务。

重要数据的处理者应当明确数据安全负责人和管理机构，落实数据安全保护责任。

第二十八条　开展数据处理活动以及研究开发数据新技术，应当有利于促进经济社会发展，增进人民福祉，符合社会公德和伦理。

第二十九条 开展数据处理活动应当加强风险监测，发现数据安全缺陷、漏洞等风险时，应当立即采取补救措施；发生数据安全事件时，应当立即采取处置措施，按照规定及时告知用户并向有关主管部门报告。

第三十条 重要数据的处理者应当按照规定对其数据处理活动定期开展风险评估，并向有关主管部门报送风险评估报告。

风险评估报告应当包括处理的重要数据的种类、数量，开展数据处理活动的情况，面临的数据安全风险及其应对措施等。

第三十一条 关键信息基础设施的运营者在中华人民共和国境内运营中收集和产生的重要数据的出境安全管理，适用《中华人民共和国网络安全法》的规定；其他数据处理者在中华人民共和国境内运营中收集和产生的重要数据的出境安全管理办法，由国家网信部门会同国务院有关部门制定。

第三十二条 任何组织、个人收集数据，应当采取合法、正当的方式，不得窃取或者以其他非法方式获取数据。

法律、行政法规对收集、使用数据的目的、范围有规定的，应当在法律、行政法规规定的目的和范围内收集、使用数据。

第三十三条 从事数据交易中介服务的机构提供服务，应当要求数据提供方说明数据来源，审核交易双方的身份，并留存审核、交易记录。

第三十四条 法律、行政法规规定提供数据处理相关服务应当取得行政许可的，服务提供者应当依法取得许可。

第三十五条 公安机关、国家安全机关因依法维护国家安全或者侦查犯罪的需要调取数据，应当按照国家有关规定，经过严格的批准手续，依法进行，有关组织、个人应当予以配合。

第三十六条 中华人民共和国主管机关根据有关法律和中华人民共和国缔结或者参加的国际条约、协定，或者按照平等互惠原则，处理外国司法或者执法机构关于提供数据的请求。非经中华人民共和国主管机关批准，境内的组织、个人不得向外国司法或者执法机构提供存储于中华人民共和国境内的数据。

第五章　政务数据安全与开放

第三十七条 国家大力推进电子政务建设，提高政务数据的科学性、准确性、时效性，提升运用数据服务经济社会发展的能力。

第三十八条 国家机关为履行法定职责的需要收集、使用数据，应当在其履行法定职责的范围内依照法律、行政法规规定的条件和程序进行；对在履行职责中知悉的个人隐私、个人信息、商业秘密、保密商务信息等数据应当依法予以保密，不得泄露或者非法向他人提供。

第三十九条 国家机关应当依照法律、行政法规的规定，建立健全数据安全管理制度，落实数据安全保护责任，保障政务数据安全。

第四十条 国家机关委托他人建设、维护电子政务系统，存储、加工政务数据，应当经过严格的批准程序，并应当监督受托方履行相应的数据安全保护义务。受托方应当依照法律、法规的规定和合同约定履行数据安全保护义务，不得擅自留存、使用、泄露或者向他人提供政务数据。

第四十一条 国家机关应当遵循公正、公平、便民的原则，按照规定及时、准确地公开政务数据。依法不予公开的除外。

第四十二条 国家制定政务数据开放目录，构建统一规范、互联互通、安全可控的政务数据开放平台，推动政务数据开放利用。

第四十三条 法律、法规授权的具有管理公共事务职能的组织为履行法定职责开展数据处理活动，适用本章规定。

第六章　法律责任

第四十四条　有关主管部门在履行数据安全监管职责中，发现数据处理活动存在较大安全风险的，可以按照规定的权限和程序对有关组织、个人进行约谈，并要求有关组织、个人采取措施进行整改，消除隐患。

第四十五条　开展数据处理活动的组织、个人不履行本法第二十七条、第二十九条、第三十条规定的数据安全保护义务的，由有关主管部门责令改正，给予警告，可以并处五万元以上五十万元以下罚款，对直接负责的主管人员和其他直接责任人员可以处一万元以上十万元以下罚款；拒不改正或者造成大量数据泄露等严重后果的，处五十万元以上二百万元以下罚款，并可以责令暂停相关业务、停业整顿、吊销相关业务许可证或者吊销营业执照，对直接负责的主管人员和其他直接责任人员处五万元以上二十万元以下罚款。

违反国家核心数据管理制度，危害国家主权、安全和发展利益的，由有关主管部门处二百万元以上一千万元以下罚款，并根据情况责令暂停相关业务、停业整顿、吊销相关业务许可证或者吊销营业执照；构成犯罪的，依法追究刑事责任。

第四十六条　违反本法第三十一条规定，向境外提供重要数据的，由有关主管部门责令改正，给予警告，可以并处十万元以上一百万元以下罚款，对直接负责的主管人员和其他直接责任人员可以处一万元以上十万元以下罚款；情节严重的，处一百万元以上一千万元以下罚款，并可以责令暂停相关业务、停业整顿、吊销相关业务许可证或者吊销营业执照，对直接负责的主管人员和其他直接责任人员处十万元以上一百万元以下罚款。

第四十七条　从事数据交易中介服务的机构未履行本法第三十三条规定的义务的，由有关主管部门责令改正，没收违法所得，处违法所得一倍以上十倍以下罚款，没有违法所得或者违法所得不足十万元的，处十万元以上一百万元以下罚款，并可以责令暂停相关业务、停业整顿、吊销相关业务许可证或者吊销营业执照；对直接负责的主管人员和其他直接责任人员处一万元以上十万元以下罚款。

第四十八条　违反本法第三十五条规定，拒不配合数据调取的，由有关主管部门责令改正，给予警告，并处五万元以上五十万元以下罚款，对直接负责的主管人员和其他直接责任人员处一万元以上十万元以下罚款。

违反本法第三十六条规定，未经主管机关批准向外国司法或者执法机构提供数据的，由有关主管部门给予警告，可以并处十万元以上一百万元以下罚款，对直接负责的主管人员和其他直接责任人员可以处一万元以上十万元以下罚款；造成严重后果的，处一百万元以上五百万元以下罚款，并可以责令暂停相关业务、停业整顿、吊销相关业务许可证或者吊销营业执照，对直接负责的主管人员和其他直接责任人员处五万元以上五十万元以下罚款。

第四十九条　国家机关不履行本法规定的数据安全保护义务的，对直接负责的主管人员和其他直接责任人员依法给予处分。

第五十条　履行数据安全监管职责的国家工作人员玩忽职守、滥用职权、徇私舞弊的，依法给予处分。

第五十一条　窃取或者以其他非法方式获取数据，开展数据处理活动排除、限制竞争，或者损害个人、组织合法权益的，依照有关法律、行政法规的规定处罚。

第五十二条　违反本法规定，给他人造成损害的，依法承担民事责任。

违反本法规定，构成违反治安管理行为的，依法给予治安管理处罚；构成犯罪的，依法追究刑事责任。

第七章　附则

第五十三条　开展涉及国家秘密的数据处理活动，适用《中华人民共和国保守国家秘密法》等法律、行政法规的规定。

在统计、档案工作中开展数据处理活动，开展涉及个人信息的数据处理活动，还应当遵守有关法律、行政法规的规定。

第五十四条 军事数据安全保护的办法，由中央军事委员会依据本法另行制定。

第五十五条 本法自 2021 年 9 月 1 日起施行。

中华人民共和国个人信息保护法

（2021 年 8 月 20 日第十三届全国人民代表大会常务委员会第三十次会议通过）

目 录

第一章 总则

第一条 为了保护个人信息权益，规范个人信息处理活动，促进个人信息合理利用，根据宪法，制定本法。

第二条 自然人的个人信息受法律保护，任何组织、个人不得侵害自然人的个人信息权益。

第三条 在中华人民共和国境内处理自然人个人信息的活动，适用本法。

在中华人民共和国境外处理中华人民共和国境内自然人个人信息的活动，有下列情形之一的，也适用本法：

（一）以向境内自然人提供产品或者服务为目的；

（二）分析、评估境内自然人的行为；

（三）法律、行政法规规定的其他情形。

第四条 个人信息是以电子或者其他方式记录的与已识别或者可识别的自然人有关的各种信息，不包括匿名化处理后的信息。

个人信息的处理包括个人信息的收集、存储、使用、加工、传输、提供、公开、删除等。

第五条 处理个人信息应当遵循合法、正当、必要和诚信原则，不得通过误导、欺诈、胁迫等方式处理个人信息。

第六条 处理个人信息应当具有明确、合理的目的，并应当与处理目的直接相关，采取对个人权益影响最小的方式。

收集个人信息，应当限于实现处理目的的最小范围，不得过度收集个人信息。

第七条　处理个人信息应当遵循公开、透明原则，公开个人信息处理规则，明示处理的目的、方式和范围。

第八条　处理个人信息应当保证个人信息的质量，避免因个人信息不准确、不完整对个人权益造成不利影响。

第九条　个人信息处理者应当对其个人信息处理活动负责，并采取必要措施保障所处理的个人信息的安全。

第十条　任何组织、个人不得非法收集、使用、加工、传输他人个人信息，不得非法买卖、提供或者公开他人个人信息；不得从事危害国家安全、公共利益的个人信息处理活动。

第十一条　国家建立健全个人信息保护制度，预防和惩治侵害个人信息权益的行为，加强个人信息保护宣传教育，推动形成政府、企业、相关社会组织、公众共同参与个人信息保护的良好环境。

第十二条　国家积极参与个人信息保护国际规则的制定，促进个人信息保护方面的国际交流与合作，推动与其他国家、地区、国际组织之间的个人信息保护规则、标准等互认。

第二章　个人信息处理规则

第一节　一般规定

第十三条　符合下列情形之一的，个人信息处理者方可处理个人信息：

（一）取得个人的同意；

（二）为订立、履行个人作为一方当事人的合同所必需，或者按照依法制定的劳动规章制度和依法签订的集体合同实施人力资源管理所必需；

（三）为履行法定职责或者法定义务所必需；

（四）为应对突发公共卫生事件，或者紧急情况下为保护自然人的生命健康和财产安全所必需；

（五）为公共利益实施新闻报道、舆论监督等行为，在合理的范围内处理个人信息；

（六）依照本法规定在合理的范围内处理个人自行公开或者其他已经合法公开的个人信息；

（七）法律、行政法规规定的其他情形。

依照本法其他有关规定，处理个人信息应当取得个人同意，但是有前款第二项至第七项规定情形的，不需取得个人同意。

第十四条　基于个人同意处理个人信息的，该同意应当由个人在充分知情的前提下自愿、明确作出。法律、行政法规规定处理个人信息应当取得个人单独同意或者书面同意的，从其规定。

个人信息的处理目的、处理方式和处理的个人信息种类发生变更的，应当重新取得个人同意。

第十五条　基于个人同意处理个人信息的，个人有权撤回其同意。个人信息处理者应当提供便捷的撤回同意的方式。

个人撤回同意，不影响撤回前基于个人同意已进行的个人信息处理活动的效力。

第十六条　个人信息处理者不得以个人不同意处理其个人信息或者撤回同意为由，拒绝提供产品或者服务；处理个人信息属于提供产品或者服务所必需的除外。

第十七条　个人信息处理者在处理个人信息前，应当以显著方式、清晰易懂的语言真实、准确、完整地向个人告知下列事项：

（一）个人信息处理者的名称或者姓名和联系方式；

（二）个人信息的处理目的、处理方式，处理的个人信息种类、保存期限；

（三）个人行使本法规定权利的方式和程序；

（四）法律、行政法规规定应当告知的其他事项。

前款规定事项发生变更的，应当将变更部分告知个人。

个人信息处理者通过制定个人信息处理规则的方式告知第一款规定事项的，处理规则应当公开，并且便于查阅和保存。

第十八条 个人信息处理者处理个人信息，有法律、行政法规规定应当保密或者不需要告知的情形的，可以不向个人告知前条第一款规定的事项。

紧急情况下为保护自然人的生命健康和财产安全无法及时向个人告知的，个人信息处理者应当在紧急情况消除后及时告知。

第十九条 除法律、行政法规另有规定外，个人信息的保存期限应当为实现处理目的所必要的最短时间。

第二十条 两个以上的个人信息处理者共同决定个人信息的处理目的和处理方式的，应当约定各自的权利和义务。但是，该约定不影响个人向其中任何一个个人信息处理者要求行使本法规定的权利。

个人信息处理者共同处理个人信息，侵害个人信息权益造成损害的，应当依法承担连带责任。

第二十一条 个人信息处理者委托处理个人信息的，应当与受托人约定委托处理的目的、期限、处理方式、个人信息的种类、保护措施以及双方的权利和义务等，并对受托人的个人信息处理活动进行监督。

受托人应当按照约定处理个人信息，不得超出约定的处理目的、处理方式等处理个人信息；委托合同不生效、无效、被撤销或者终止的，受托人应当将个人信息返还个人信息处理者或者予以删除，不得保留。

未经个人信息处理者同意，受托人不得转委托他人处理个人信息。

第二十二条 个人信息处理者因合并、分立、解散、被宣告破产等原因需要转移个人信息的，应当向个人告知接收方的名称或者姓名和联系方式。接收方应当继续履行个人信息处理者的义务。接收方变更原先的处理目的、处理方式的，应当依照本法规定重新取得个人同意。

第二十三条 个人信息处理者向其他个人信息处理者提供其处理的个人信息的，应当向个人告知接收方的名称或者姓名、联系方式、处理目的、处理方式和个人信息的种类，并取得个人的单独同意。接收方应当在上述处理目的、处理方式和个人信息的种类等范围内处理个人信息。接收方变更原先的处理目的、处理方式的，应当依照本法规定重新取得个人同意。

第二十四条 个人信息处理者利用个人信息进行自动化决策，应当保证决策的透明度和结果公平、公正，不得对个人在交易价格等交易条件上实行不合理的差别待遇。

通过自动化决策方式向个人进行信息推送、商业营销，应当同时提供不针对其个人特征的选项，或者向个人提供便捷的拒绝方式。

通过自动化决策方式作出对个人权益有重大影响的决定，个人有权要求个人信息处理者予以说明，并有权拒绝个人信息处理者仅通过自动化决策的方式作出决定。

第二十五条 个人信息处理者不得公开其处理的个人信息，取得个人单独同意的除外。

第二十六条 在公共场所安装图像采集、个人身份识别设备，应当为维护公共安全所必需，遵守国家有关规定，并设置显著的提示标识。所收集的个人图像、身份识别信息只能用于维护公共安全的目的，不得用于其他目的；取得个人单独同意的除外。

第二十七条 个人信息处理者可以在合理的范围内处理个人自行公开或者其他已经合法公开的个人信息；个人明确拒绝的除外。个人信息处理者处理已公开的个人信息，对个人权益有重大影响的，应当依照本法规定取得个人同意。

第二节　敏感个人信息的处理规则

第二十八条 敏感个人信息是一旦泄露或者非法使用，容易导致自然人的人格尊严受到侵害或者人身、财产安全受到危害的个人信息，包括生物识别、宗教信仰、特定身份、医疗健康、金融账户、行踪轨迹等信息，以及不满十四周岁未成年人的个人信息。

只有在具有特定的目的和充分的必要性，并采取严格保护措施的情形下，个人信息处理者方可处理敏感个人信息。

第二十九条　处理敏感个人信息应当取得个人的单独同意；法律、行政法规规定处理敏感个人信息应当取得书面同意的，从其规定。

第三十条　个人信息处理者处理敏感个人信息的，除本法第十七条第一款规定的事项外，还应当向个人告知处理敏感个人信息的必要性以及对个人权益的影响；依照本法规定可以不向个人告知的除外。

第三十一条　个人信息处理者处理不满十四周岁未成年人个人信息的，应当取得未成年人的父母或者其他监护人的同意。

个人信息处理者处理不满十四周岁未成年人个人信息的，应当制定专门的个人信息处理规则。

第三十二条　法律、行政法规对处理敏感个人信息规定应当取得相关行政许可或者作出其他限制的，从其规定。

第三节　国家机关处理个人信息的特别规定

第三十三条　国家机关处理个人信息的活动，适用本法；本节有特别规定的，适用本节规定。

第三十四条　国家机关为履行法定职责处理个人信息，应当依照法律、行政法规规定的权限、程序进行，不得超出履行法定职责所必需的范围和限度。

第三十五条　国家机关为履行法定职责处理个人信息，应当依照本法规定履行告知义务；有本法第十八条第一款规定的情形，或者告知将妨碍国家机关履行法定职责的除外。

第三十六条　国家机关处理的个人信息应当在中华人民共和国境内存储；确需向境外提供的，应当进行安全评估。安全评估可以要求有关部门提供支持与协助。

第三十七条　法律、法规授权的具有管理公共事务职能的组织为履行法定职责处理个人信息，适用本法关于国家机关处理个人信息的规定。

第三章　个人信息跨境提供的规则

第三十八条　个人信息处理者因业务等需要，确需向中华人民共和国境外提供个人信息的，应当具备下列条件之一：

（一）依照本法第四十条的规定通过国家网信部门组织的安全评估；

（二）按照国家网信部门的规定经专业机构进行个人信息保护认证；

（三）按照国家网信部门制定的标准合同与境外接收方订立合同，约定双方的权利和义务；

（四）法律、行政法规或者国家网信部门规定的其他条件。

中华人民共和国缔结或者参加的国际条约、协定对向中华人民共和国境外提供个人信息的条件等有规定的，可以按照其规定执行。

个人信息处理者应当采取必要措施，保障境外接收方处理个人信息的活动达到本法规定的个人信息保护标准。

第三十九条　个人信息处理者向中华人民共和国境外提供个人信息的，应当向个人告知境外接收方的名称或者姓名、联系方式、处理目的、处理方式、个人信息的种类以及个人向境外接收方行使本法规定权利的方式和程序等事项，并取得个人的单独同意。

第四十条　关键信息基础设施运营者和处理个人信息达到国家网信部门规定数量的个人信息处理者，应当将在中华人民共和国境内收集和产生的个人信息存储在境内。确需向境外提供的，应当通过国家网信部门组织的安全评估；法律、行政法规和国家网信部门规定可以不进行安全评估的，从其规定。

第四十一条　中华人民共和国主管机关根据有关法律和中华人民共和国缔结或者参加的国际条约、协定，或者按照平等互惠原则，处理外国司法或者执法机构关于提供存储于境内个人信息的请求。非经中华人民共和国主管机关批准，个人信息处理者不得向外国司法或者执法机构提供存储于中华人民共和国境内的个人信息。

第四十二条　境外的组织、个人从事侵害中华人民共和国公民的个人信息权益，或者危害中华人民共和国国家安全、公共利益的个人信息处理活动的，国家网信部门可以将其列入限制或者禁止个人信息提供清单，予以公告，并采取限制或者禁止向其提供个人信息等措施。

第四十三条　任何国家或者地区在个人信息保护方面对中华人民共和国采取歧视性的禁止、限制或者其他类似措施的，中华人民共和国可以根据实际情况对该国家或者地区对等采取措施。

第四章　个人在个人信息处理活动中的权利

第四十四条　个人对其个人信息的处理享有知情权、决定权，有权限制或者拒绝他人对其个人信息进行处理；法律、行政法规另有规定的除外。

第四十五条　个人有权向个人信息处理者查阅、复制其个人信息；有本法第十八条第一款、第三十五条规定情形的除外。

个人请求查阅、复制其个人信息的，个人信息处理者应当及时提供。

个人请求将个人信息转移至其指定的个人信息处理者，符合国家网信部门规定条件的，个人信息处理者应当提供转移的途径。

第四十六条　个人发现其个人信息不准确或者不完整的，有权请求个人信息处理者更正、补充。

个人请求更正、补充其个人信息的，个人信息处理者应当对其个人信息予以核实，并及时更正、补充。

第四十七条　有下列情形之一的，个人信息处理者应当主动删除个人信息；个人信息处理者未删除的，个人有权请求删除：

（一）处理目的已实现、无法实现或者为实现处理目的不再必要；

（二）个人信息处理者停止提供产品或者服务，或者保存期限已届满；

（三）个人撤回同意；

（四）个人信息处理者违反法律、行政法规或者违反约定处理个人信息；

（五）法律、行政法规规定的其他情形。

法律、行政法规规定的保存期限未届满，或者删除个人信息从技术上难以实现的，个人信息处理者应当停止除存储和采取必要的安全保护措施之外的处理。

第四十八条　个人有权要求个人信息处理者对其个人信息处理规则进行解释说明。

第四十九条　自然人死亡的，其近亲属为了自身的合法、正当利益，可以对死者的相关个人信息行使本章规定的查阅、复制、更正、删除等权利；死者生前另有安排的除外。

第五十条　个人信息处理者应当建立便捷的个人行使权利的申请受理和处理机制。拒绝个人行使权利的请求的，应当说明理由。

个人信息处理者拒绝个人行使权利的请求的，个人可以依法向人民法院提起诉讼。

第五章　个人信息处理者的义务

第五十一条　个人信息处理者应当根据个人信息的处理目的、处理方式、个人信息的种类以及对个人权益的影响、可能存在的安全风险等，采取下列措施确保个人信息处理活动符合法律、行政法规的规定，并防止未经授权的访问以及个人信息泄露、篡改、丢失：

（一）制定内部管理制度和操作规程；

（二）对个人信息实行分类管理；

（三）采取相应的加密、去标识化等安全技术措施；

（四）合理确定个人信息处理的操作权限，并定期对从业人员进行安全教育和培训；

（五）制定并组织实施个人信息安全事件应急预案；

（六）法律、行政法规规定的其他措施。

第五十二条　处理个人信息达到国家网信部门规定数量的个人信息处理者应当指定个人信息保护负责人，负责对个人信息处理活动以及采取的保护措施等进行监督。

个人信息处理者应当公开个人信息保护负责人的联系方式，并将个人信息保护负责人的姓名、联系方式等报送履行个人信息保护职责的部门。

第五十三条　本法第三条第二款规定的中华人民共和国境外的个人信息处理者，应当在中华人民共和国境内设立专门机构或者指定代表，负责处理个人信息保护相关事务，并将有关机构的名称或者代表的姓名、联系方式等报送履行个人信息保护职责的部门。

第五十四条　个人信息处理者应当定期对其处理个人信息遵守法律、行政法规的情况进行合规审计。

第五十五条　有下列情形之一的，个人信息处理者应当事前进行个人信息保护影响评估，并对处理情况进行记录：

（一）处理敏感个人信息；

（二）利用个人信息进行自动化决策；

（三）委托处理个人信息、向其他个人信息处理者提供个人信息、公开个人信息；

（四）向境外提供个人信息；

（五）其他对个人权益有重大影响的个人信息处理活动。

第五十六条　个人信息保护影响评估应当包括下列内容：

（一）个人信息的处理目的、处理方式等是否合法、正当、必要；

（二）对个人权益的影响及安全风险；

（三）所采取的保护措施是否合法、有效并与风险程度相适应。

个人信息保护影响评估报告和处理情况记录应当至少保存三年。

第五十七条　发生或者可能发生个人信息泄露、篡改、丢失的，个人信息处理者应当立即采取补救措施，并通知履行个人信息保护职责的部门和个人。通知应当包括下列事项：

（一）发生或者可能发生个人信息泄露、篡改、丢失的信息种类、原因和可能造成的危害；

（二）个人信息处理者采取的补救措施和个人可以采取的减轻危害的措施；

（三）个人信息处理者的联系方式。

个人信息处理者采取措施能够有效避免信息泄露、篡改、丢失造成危害的，个人信息处理者可以不通知个人；履行个人信息保护职责的部门认为可能造成危害的，有权要求个人信息处理者通知个人。

第五十八条　提供重要互联网平台服务、用户数量巨大、业务类型复杂的个人信息处理者，应当履行下列义务：

（一）按照国家规定建立健全个人信息保护合规制度体系，成立主要由外部成员组成的独立机构对个人信息保护情况进行监督；

（二）遵循公开、公平、公正的原则，制定平台规则，明确平台内产品或者服务提供者处理个人信息的规范和保护个人信息的义务；

（三）对严重违反法律、行政法规处理个人信息的平台内的产品或者服务提供者，停止提供服务；

（四）定期发布个人信息保护社会责任报告，接受社会监督。

第五十九条　接受委托处理个人信息的受托人，应当依照本法和有关法律、行政法规的规定，采取必要措施保障所处理的个人信息的安全，并协助个人信息处理者履行本法规定的义务。

第六章　履行个人信息保护职责的部门

第六十条　国家网信部门负责统筹协调个人信息保护工作和相关监督管理工作。国务院有关部门依照本法和有关法律、行政法规的规定，在各自职责范围内负责个人信息保护和监督管理工作。

县级以上地方人民政府有关部门的个人信息保护和监督管理职责，按照国家有关规定确定。

前两款规定的部门统称为履行个人信息保护职责的部门。

第六十一条　履行个人信息保护职责的部门履行下列个人信息保护职责：

（一）开展个人信息保护宣传教育，指导、监督个人信息处理者开展个人信息保护工作；

（二）接受、处理与个人信息保护有关的投诉、举报；

（三）组织对应用程序等个人信息保护情况进行测评，并公布测评结果；

（四）调查、处理违法个人信息处理活动；

（五）法律、行政法规规定的其他职责。

第六十二条　国家网信部门统筹协调有关部门依据本法推进下列个人信息保护工作：

（一）制定个人信息保护具体规则、标准；

（二）针对小型个人信息处理者、处理敏感个人信息以及人脸识别、人工智能等新技术、新应用，制定专门的个人信息保护规则、标准；

（三）支持研究开发和推广应用安全、方便的电子身份认证技术，推进网络身份认证公共服务建设；

（四）推进个人信息保护社会化服务体系建设，支持有关机构开展个人信息保护评估、认证服务；

（五）完善个人信息保护投诉、举报工作机制。

第六十三条　履行个人信息保护职责的部门履行个人信息保护职责，可以采取下列措施：

（一）询问有关当事人，调查与个人信息处理活动有关的情况；

（二）查阅、复制当事人与个人信息处理活动有关的合同、记录、账簿以及其他有关资料；

（三）实施现场检查，对涉嫌违法的个人信息处理活动进行调查；

（四）检查与个人信息处理活动有关的设备、物品；对有证据证明是用于违法个人信息处理活动的设备、物品，向本部门主要负责人书面报告并经批准，可以查封或者扣押。

履行个人信息保护职责的部门依法履行职责，当事人应当予以协助、配合，不得拒绝、阻挠。

第六十四条　履行个人信息保护职责的部门在履行职责中，发现个人信息处理活动存在较大风险或者发生个人信息安全事件的，可以按照规定的权限和程序对该个人信息处理者的法定代表人或者主要负责人进行约谈，或者要求个人信息处理者委托专业机构对其个人信息处理活动进行合规审计。个人信息处理者应当按照要求采取措施，进行整改，消除隐患。

履行个人信息保护职责的部门在履行职责中，发现违法处理个人信息涉嫌犯罪的，应当及时移送公安机关依法处理。

第六十五条　任何组织、个人有权对违法个人信息处理活动向履行个人信息保护职责的部门进行投诉、举报。收到投诉、举报的部门应当依法及时处理，并将处理结果告知投诉、举报人。

履行个人信息保护职责的部门应当公布接受投诉、举报的联系方式。

第七章　法律责任

第六十六条　违反本法规定处理个人信息，或者处理个人信息未履行本法规定的个人信息保护义务的，由履行个人信息保护职责的部门责令改正，给予警告，没收违法所得，对违法处理个人信息的应用程序，责令暂停或者终止提供服务；拒不改正的，并处一百万元以下罚款；对直接负责的主管人员和其他直接责任人员处一万元以上十万元以下罚款。

有前款规定的违法行为，情节严重的，由省级以上履行个人信息保护职责的部门责令改正，没收违法所得，并处五千万元以下或者上一年度营业额百分之五以下罚款，并可以责令暂停相关业务或者停业整顿、通报有关主管部门吊销相关业务许可或者吊销营业执照；对直接负责的主管人员和其他直接责任人员处十万元以上一百万元以下罚款，并可以决定禁止其在一定期限内担任相关企业的董事、监事、高级管理人员和个人信息保护负责人。

第六十七条　有本法规定的违法行为的，依照有关法律、行政法规的规定记入信用档案，并予以公示。

第六十八条　国家机关不履行本法规定的个人信息保护义务的，由其上级机关或者履行个人信息保护职责的部门责令改正；对直接负责的主管人员和其他直接责任人员依法给予处分。

履行个人信息保护职责的部门的工作人员玩忽职守、滥用职权、徇私舞弊，尚不构成犯罪的，依法给予处分。

第六十九条　处理个人信息侵害个人信息权益造成损害，个人信息处理者不能证明自己没有过错的，应当承担损害赔偿等侵权责任。

前款规定的损害赔偿责任按照个人因此受到的损失或者个人信息处理者因此获得的利益确定；个人因此受到的损失和个人信息处理者因此获得的利益难以确定的，根据实际情况确定赔偿数额。

第七十条　个人信息处理者违反本法规定处理个人信息，侵害众多个人的权益的，人民检察院、法律规定的消费者组织和由国家网信部门确定的组织可以依法向人民法院提起诉讼。

第七十一条　违反本法规定，构成违反治安管理行为的，依法给予治安管理处罚；构成犯罪的，依法追究刑事责任。

第八章　附则

第七十二条　自然人因个人或者家庭事务处理个人信息的，不适用本法。

法律对各级人民政府及其有关部门组织实施的统计、档案管理活动中的个人信息处理有规定的，适用其规定。

第七十三条　本法下列用语的含义：

（一）个人信息处理者，是指在个人信息处理活动中自主决定处理目的、处理方式的组织、个人。

（二）自动化决策，是指通过计算机程序自动分析、评估个人的行为习惯、兴趣爱好或者经济、健康、信用状况等，并进行决策的活动。

（三）去标识化，是指个人信息经过处理，使其在不借助额外信息的情况下无法识别特定自然人的过程。

（四）匿名化，是指个人信息经过处理无法识别特定自然人且不能复原的过程。

第七十四条　本法自 2021 年 11 月 1 日起施行。

中华人民共和国安全生产法

（2021 年修订）

中华人民共和国主席令

第八十八号

《全国人民代表大会常务委员会关于修改〈中华人民共和国安全生产法〉的决定》已由中华人民共和国第十三届全国人民代表大会常务委员会第二十九次会议于 2021 年 6 月 10 日通过，现予公布，自 2021 年 9 月 1 日起施行。

中华人民共和国主席　习近平

2021 年 6 月 10 日

中华人民共和国安全生产法

目　录

第一章　总则

第一条　为了加强安全生产工作，防止和减少生产安全事故，保障人民群众生命和财产安全，促进经济社会持续健康发展，制定本法。

第二条　在中华人民共和国领域内从事生产经营活动的单位（以下统称生产经营单位）的安全生产，适用本法；有关法律、行政法规对消防安全和道路交通安全、铁路交通安全、水上交通安全、民用航空安全以及核与辐射安全、特种设备安全另有规定的，适用其规定。

第三条　安全生产工作坚持中国共产党的领导。

安全生产工作应当以人为本，坚持人民至上、生命至上，把保护人民生命安全摆在首位，树牢安全发展理念，坚持安全第一、预防为主、综合治理的方针，从源头上防范化解重大安全风险。

安全生产工作实行管行业必须管安全、管业务必须管安全、管生产经营必须管安全，强化和落实生产经营单位主体责任与政府监管责任，建立生产经营单位负责、职工参与、政府监管、行业自律和社会监督的机制。

第四条　生产经营单位必须遵守本法和其他有关安全生产的法律、法规，加强安全生产管理，建立健全全员安全生产责任制和安全生产规章制度，加大对安全生产资金、物资、技术、人员的投入保障力度，改善安全生产条件，加强安全生产标准化、信息化建设，构建安全风险分级管控和隐患排查治理双重预防机制，健全风险防范化解机制，提高安全生产水平，确保安全生产。

平台经济等新兴行业、领域的生产经营单位应当根据本行业、领域的特点，建立健全并落实全员安全生产责任制，加强从业人员安全生产教育和培训，履行本法和其他法律、法规规定的有关安全生产义务。

第五条　生产经营单位的主要负责人是本单位安全生产第一责任人，对本单位的安全生产工作全面负责。其他负责人对职责范围内的安全生产工作负责。

第六条　生产经营单位的从业人员有依法获得安全生产保障的权利，并应当依法履行安全生产方面的义务。

第七条　工会依法对安全生产工作进行监督。

生产经营单位的工会依法组织职工参加本单位安全生产工作的民主管理和民主监督，维护职工在安全生产方面的合法权益。生产经营单位制定或者修改有关安全生产的规章制度，应当听取工会的意见。

第八条　国务院和县级以上地方各级人民政府应当根据国民经济和社会发展规划制定安全生产规划，并组织实施。安全生产规划应当与国土空间规划等相关规划相衔接。

各级人民政府应当加强安全生产基础设施建设和安全生产监管能力建设，所需经费列入本级预算。

县级以上地方各级人民政府应当组织有关部门建立完善安全风险评估与论证机制，按照安全风险管控要求，进行产业规划和空间布局，并对位置相邻、行业相近、业态相似的生产经营单位实施重大安全风险联防联控。

第九条　国务院和县级以上地方各级人民政府应当加强对安全生产工作的领导，建立健全安全生产工作协调机制，支持、督促各有关部门依法履行安全生产监督管理职责，及时协调、解决安全生产监督管理中存在的重大问题。

乡镇人民政府和街道办事处，以及开发区、工业园区、港区、风景区等应当明确负责安全生产监督管理的有关工作机构及其职责，加强安全生产监管力量建设，按照职责对本行政区域或者管理区域内生产经营单位安全生产状况进行监督检查，协助人民政府有关部门或者按照授权依法履行安全生产监督管理职责。

第十条　国务院应急管理部门依照本法，对全国安全生产工作实施综合监督管理；县级以上地方各级人民政府应急管理部门依照本法，对本行政区域内安全生产工作实施综合监督管理。

国务院交通运输、住房和城乡建设、水利、民航等有关部门依照本法和其他有关法律、行政法规的规定，在各自的职责范围内对有关行业、领域的安全生产工作实施监督管理；县级以上地方各级人民政府有关部门依照本法和其他有关法律、法规的规定，在各自的职责范围内对有关行业、领域的安全生产工作实施监督管理。对新兴行业、领域的安全生产监督管理职责不明确的，由县级以上地方各级人民政府按照业务相近的原则确定监督管理部门。

应急管理部门和对有关行业、领域的安全生产工作实施监督管理的部门，统称负有安全生产监督管理职责的部门。负有安全生产监督管理职责的部门应当相互配合、齐抓共管、信息共享、资源共用，依法加强安全生产监督管理工作。

第十一条　国务院有关部门应当按照保障安全生产的要求，依法及时制定有关的国家标准或者行业标准，并根据科技进步和经济发展适时修订。

生产经营单位必须执行依法制定的保障安全生产的国家标准或者行业标准。

第十二条　国务院有关部门按照职责分工负责安全生产强制性国家标准的项目提出、组织起草、征求意见、技术审查。国务院应急管理部门统筹提出安全生产强制性国家标准的立项计划。国务院标准化行政主管部门负责安全生产强制性国家标准的立项、编号、对外通报和授权批准发布工作。国务院标准化行政主管部门、有关部门依据法定职责对安全生产强制性国家标准的实施进行监督检查。

第十三条　各级人民政府及其有关部门应当采取多种形式，加强对有关安全生产的法律、法规和安全生产知识的宣传，增强全社会的安全生产意识。

第十四条　有关协会组织依照法律、行政法规和章程，为生产经营单位提供安全生产方面的信息、培训等服务，发挥自律作用，促进生产经营单位加强安全生产管理。

第十五条　依法设立的为安全生产提供技术、管理服务的机构，依照法律、行政法规和执业准则，接受生产经营单位的委托为其安全生产工作提供技术、管理服务。

生产经营单位委托前款规定的机构提供安全生产技术、管理服务的，保证安全生产的责任仍由本单位负责。

第十六条　国家实行生产安全事故责任追究制度，依照本法和有关法律、法规的规定，追究生产安全事故责任单位和责任人员的法律责任。

第十七条　县级以上各级人民政府应当组织负有安全生产监督管理职责的部门依法编制安全生产权力和责任清单，公开并接受社会监督。

第十八条 国家鼓励和支持安全生产科学技术研究和安全生产先进技术的推广应用，提高安全生产水平。

第十九条 国家对在改善安全生产条件、防止生产安全事故、参加抢险救护等方面取得显著成绩的单位和个人，给予奖励。

第二章 生产经营单位的安全生产保障

第二十条 生产经营单位应当具备本法和有关法律、行政法规和国家标准或者行业标准规定的安全生产条件；不具备安全生产条件的，不得从事生产经营活动。

第二十一条 生产经营单位的主要负责人对本单位安全生产工作负有下列职责：

（一）建立健全并落实本单位全员安全生产责任制，加强安全生产标准化建设；

（二）组织制定并实施本单位安全生产规章制度和操作规程；

（三）组织制定并实施本单位安全生产教育和培训计划；

（四）保证本单位安全生产投入的有效实施；

（五）组织建立并落实安全风险分级管控和隐患排查治理双重预防工作机制，督促、检查本单位的安全生产工作，及时消除生产安全事故隐患；

（六）组织制定并实施本单位的生产安全事故应急救援预案；

（七）及时、如实报告生产安全事故。

第二十二条 生产经营单位的全员安全生产责任制应当明确各岗位的责任人员、责任范围和考核标准等内容。

生产经营单位应当建立相应的机制，加强对全员安全生产责任制落实情况的监督考核，保证全员安全生产责任制的落实。

第二十三条 生产经营单位应当具备的安全生产条件所必需的资金投入，由生产经营单位的决策机构、主要负责人或者个人经营的投资人予以保证，并对由于安全生产所必需的资金投入不足导致的后果承担责任。

有关生产经营单位应当按照规定提取和使用安全生产费用，专门用于改善安全生产条件。安全生产费用在成本中据实列支。安全生产费用提取、使用和监督管理的具体办法由国务院财政部门会同国务院应急管理部门征求国务院有关部门意见后制定。

第二十四条 矿山、金属冶炼、建筑施工、运输单位和危险物品的生产、经营、储存、装卸单位，应当设置安全生产管理机构或者配备专职安全生产管理人员。

前款规定以外的其他生产经营单位，从业人员超过一百人的，应当设置安全生产管理机构或者配备专职安全生产管理人员；从业人员在一百人以下的，应当配备专职或者兼职的安全生产管理人员。

第二十五条 生产经营单位的安全生产管理机构以及安全生产管理人员履行下列职责：

（一）组织或者参与拟订本单位安全生产规章制度、操作规程和生产安全事故应急救援预案；

（二）组织或者参与本单位安全生产教育和培训，如实记录安全生产教育和培训情况；

（三）组织开展危险源辨识和评估，督促落实本单位重大危险源的安全管理措施；

（四）组织或者参与本单位应急救援演练；

（五）检查本单位的安全生产状况，及时排查生产安全事故隐患，提出改进安全生产管理的建议；

（六）制止和纠正违章指挥、强令冒险作业、违反操作规程的行为；

（七）督促落实本单位安全生产整改措施。

生产经营单位可以设置专职安全生产分管负责人，协助本单位主要负责人履行安全生产管理职责。

第二十六条 生产经营单位的安全生产管理机构以及安全生产管理人员应当恪尽职守，依法履行职责。

生产经营单位作出涉及安全生产的经营决策，应当听取安全生产管理机构以及安全生产管理人员的意见。

生产经营单位不得因安全生产管理人员依法履行职责而降低其工资、福利等待遇或者解除与其订立的劳动合同。

危险物品的生产、储存单位以及矿山、金属冶炼单位的安全生产管理人员的任免，应当告知主管的负有安全生产监督管理职责的部门。

第二十七条 生产经营单位的主要负责人和安全生产管理人员必须具备与本单位所从事的生产经营活动相应的安全生产知识和管理能力。

危险物品的生产、经营、储存、装卸单位以及矿山、金属冶炼、建筑施工、运输单位的主要负责人和安全生产管理人员，应当由主管的负有安全生产监督管理职责的部门对其安全生产知识和管理能力考核合格。考核不得收费。

危险物品的生产、储存、装卸单位以及矿山、金属冶炼单位应当有注册安全工程师从事安全生产管理工作。鼓励其他生产经营单位聘用注册安全工程师从事安全生产管理工作。注册安全工程师按专业分类管理，具体办法由国务院人力资源和社会保障部门、国务院应急管理部门会同国务院有关部门制定。

第二十八条 生产经营单位应当对从业人员进行安全生产教育和培训，保证从业人员具备必要的安全生产知识，熟悉有关的安全生产规章制度和安全操作规程，掌握本岗位的安全操作技能，了解事故应急处理措施，知悉自身在安全生产方面的权利和义务。未经安全生产教育和培训合格的从业人员，不得上岗作业。

生产经营单位使用被派遣劳动者的，应当将被派遣劳动者纳入本单位从业人员统一管理，对被派遣劳动者进行岗位安全操作规程和安全操作技能的教育和培训。劳务派遣单位应当对被派遣劳动者进行必要的安全生产教育和培训。

生产经营单位接收中等职业学校、高等学校学生实习的，应当对实习学生进行相应的安全生产教育和培训，提供必要的劳动防护用品。学校应当协助生产经营单位对实习学生进行安全生产教育和培训。

生产经营单位应当建立安全生产教育和培训档案，如实记录安全生产教育和培训的时间、内容、参加人员以及考核结果等情况。

第二十九条 生产经营单位采用新工艺、新技术、新材料或者使用新设备，必须了解、掌握其安全技术特性，采取有效的安全防护措施，并对从业人员进行专门的安全生产教育和培训。

第三十条 生产经营单位的特种作业人员必须按照国家有关规定经专门的安全作业培训，取得相应资格，方可上岗作业。

特种作业人员的范围由国务院应急管理部门会同国务院有关部门确定。

第三十一条 生产经营单位新建、改建、扩建工程项目（以下统称建设项目）的安全设施，必须与主体工程同时设计、同时施工、同时投入生产和使用。安全设施投资应当纳入建设项目概算。

第三十二条 矿山、金属冶炼建设项目和用于生产、储存、装卸危险物品的建设项目，应当按照国家有关规定进行安全评价。

第三十三条 建设项目安全设施的设计人、设计单位应当对安全设施设计负责。矿山、金属冶炼建设项目和用于生产、储存、装卸危险物品的建设项目的安全设施设计应当按照国家有关规定报经有关部门审查，审查部门及其负责审查的人员对审查结果负责。

第三十四条 矿山、金属冶炼建设项目和用于生产、储存、装卸危险物品的建设项目的施工单位必须按照批准的安全设施设计施工，并对安全设施的工程质量负责。

矿山、金属冶炼建设项目和用于生产、储存、装卸危险物品的建设项目竣工投入生产或者使用前，应当由建设单位负责组织对安全设施进行验收；验收合格后，方可投入生产和使用。负有安全生产监督管理职责的部门应当加强对建设单位验收活动和验收结果的监督核查。

第三十五条　生产经营单位应当在有较大危险因素的生产经营场所和有关设施、设备上，设置明显的安全警示标志。

第三十六条　安全设备的设计、制造、安装、使用、检测、维修、改造和报废，应当符合国家标准或者行业标准。

生产经营单位必须对安全设备进行经常性维护、保养，并定期检测，保证正常运转。维护、保养、检测应当作好记录，并由有关人员签字。

生产经营单位不得关闭、破坏直接关系生产安全的监控、报警、防护、救生设备、设施，或者篡改、隐瞒、销毁其相关数据、信息。

餐饮等行业的生产经营单位使用燃气的，应当安装可燃气体报警装置，并保障其正常使用。

第三十七条　生产经营单位使用的危险物品的容器、运输工具，以及涉及人身安全、危险性较大的海洋石油开采特种设备和矿山井下特种设备，必须按照国家有关规定，由专业生产单位生产，并经具有专业资质的检测、检验机构检测、检验合格，取得安全使用证或者安全标志，方可投入使用。检测、检验机构对检测、检验结果负责。

第三十八条　国家对严重危及生产安全的工艺、设备实行淘汰制度，具体目录由国务院应急管理部门会同国务院有关部门制定并公布。法律、行政法规对目录的制定另有规定的，适用其规定。

省、自治区、直辖市人民政府可以根据本地区实际情况制定并公布具体目录，对前款规定以外的危及生产安全的工艺、设备予以淘汰。

生产经营单位不得使用应当淘汰的危及生产安全的工艺、设备。

第三十九条　生产、经营、运输、储存、使用危险物品或者处置废弃危险物品的，由有关主管部门依照有关法律、法规的规定和国家标准或者行业标准审批并实施监督管理。

生产经营单位生产、经营、运输、储存、使用危险物品或者处置废弃危险物品，必须执行有关法律、法规和国家标准或者行业标准，建立专门的安全管理制度，采取可靠的安全措施，接受有关主管部门依法实施的监督管理。

第四十条　生产经营单位对重大危险源应当登记建档，进行定期检测、评估、监控，并制定应急预案，告知从业人员和相关人员在紧急情况下应当采取的应急措施。

生产经营单位应当按照国家有关规定将本单位重大危险源及有关安全措施、应急措施报有关地方人民政府应急管理部门和有关部门备案。有关地方人民政府应急管理部门和有关部门应当通过相关信息系统实现信息共享。

第四十一条　生产经营单位应当建立安全风险分级管控制度，按照安全风险分级采取相应的管控措施。

生产经营单位应当建立健全并落实生产安全事故隐患排查治理制度，采取技术、管理措施，及时发现并消除事故隐患。事故隐患排查治理情况应当如实记录，并通过职工大会或者职工代表大会、信息公示栏等方式向从业人员通报。其中，重大事故隐患排查治理情况应当及时向负有安全生产监督管理职责的部门和职工大会或者职工代表大会报告。

县级以上地方各级人民政府负有安全生产监督管理职责的部门应当将重大事故隐患纳入相关信息系统，建立健全重大事故隐患治理督办制度，督促生产经营单位消除重大事故隐患。

第四十二条　生产、经营、储存、使用危险物品的车间、商店、仓库不得与员工宿舍在同一座建筑物内，并应当与员工宿舍保持安全距离。

生产经营场所和员工宿舍应当设有符合紧急疏散要求、标志明显、保持畅通的出口、疏散通道。禁止占用、锁闭、封堵生产经营场所或者员工宿舍的出口、疏散通道。

第四十三条　生产经营单位进行爆破、吊装、动火、临时用电以及国务院应急管理部门会同国务院有关部门规定的其他危险作业，应当安排专门人员进行现场安全管理，确保操作规程的遵守和安全措施的落实。

第四十四条　生产经营单位应当教育和督促从业人员严格执行本单位的安全生产规章制度和安全操作规程；并向从业人员如实告知作业场所和工作岗位存在的危险因素、防范措施以及事故应急措施。

生产经营单位应当关注从业人员的身体、心理状况和行为习惯，加强对从业人员的心理疏导、精神慰藉，严格落实岗位安全生产责任，防范从业人员行为异常导致事故发生。

第四十五条　生产经营单位必须为从业人员提供符合国家标准或者行业标准的劳动防护用品，并监督、教育从业人员按照使用规则佩戴、使用。

第四十六条　生产经营单位的安全生产管理人员应当根据本单位的生产经营特点，对安全生产状况进行经常性检查；对检查中发现的安全问题，应当立即处理；不能处理的，应当及时报告本单位有关负责人，有关负责人应当及时处理。检查及处理情况应当如实记录在案。

生产经营单位的安全生产管理人员在检查中发现重大事故隐患，依照前款规定向本单位有关负责人报告，有关负责人不及时处理的，安全生产管理人员可以向主管的负有安全生产监督管理职责的部门报告，接到报告的部门应当依法及时处理。

第四十七条　生产经营单位应当安排用于配备劳动防护用品、进行安全生产培训的经费。

第四十八条　两个以上生产经营单位在同一作业区域内进行生产经营活动，可能危及对方生产安全的，应当签订安全生产管理协议，明确各自的安全生产管理职责和应当采取的安全措施，并指定专职安全生产管理人员进行安全检查与协调。

第四十九条　生产经营单位不得将生产经营项目、场所、设备发包或者出租给不具备安全生产条件或者相应资质的单位或者个人。

生产经营项目、场所发包或者出租给其他单位的，生产经营单位应当与承包单位、承租单位签订专门的安全生产管理协议，或者在承包合同、租赁合同中约定各自的安全生产管理职责；生产经营单位对承包单位、承租单位的安全生产工作统一协调、管理，定期进行安全检查，发现安全问题的，应当及时督促整改。

矿山、金属冶炼建设项目和用于生产、储存、装卸危险物品的建设项目的施工单位应当加强对施工项目的安全管理，不得倒卖、出租、出借、挂靠或者以其他形式非法转让施工资质，不得将其承包的全部建设工程转包给第三人或者将其承包的全部建设工程支解以后以分包的名义分别转包给第三人，不得将工程分包给不具备相应资质条件的单位。

第五十条　生产经营单位发生生产安全事故时，单位的主要负责人应当立即组织抢救，并不得在事故调查处理期间擅离职守。

第五十一条　生产经营单位必须依法参加工伤保险，为从业人员缴纳保险费。

国家鼓励生产经营单位投保安全生产责任保险；属于国家规定的高危行业、领域的生产经营单位，应当投保安全生产责任保险。具体范围和实施办法由国务院应急管理部门会同国务院财政部门、国务院保险监督管理机构和相关行业主管部门制定。

第三章　从业人员的安全生产权利义务

第五十二条　生产经营单位与从业人员订立的劳动合同，应当载明有关保障从业人员劳动安全、防止职业危害的事项，以及依法为从业人员办理工伤保险的事项。

生产经营单位不得以任何形式与从业人员订立协议，免除或者减轻其对从业人员因生产安全事故伤亡依法应承担的责任。

第五十三条　生产经营单位的从业人员有权了解其作业场所和工作岗位存在的危险因素、防范措施及事故应急措施，有权对本单位的安全生产工作提出建议。

第五十四条　从业人员有权对本单位安全生产工作中存在的问题提出批评、检举、控告；有权拒绝违章指挥和强令冒险作业。

生产经营单位不得因从业人员对本单位安全生产工作提出批评、检举、控告或者拒绝违章指挥、强令冒险作业而降低其工资、福利等待遇或者解除与其订立的劳动合同。

第五十五条 从业人员发现直接危及人身安全的紧急情况时，有权停止作业或者在采取可能的应急措施后撤离作业场所。

生产经营单位不得因从业人员在前款紧急情况下停止作业或者采取紧急撤离措施而降低其工资、福利等待遇或者解除与其订立的劳动合同。

第五十六条 生产经营单位发生生产安全事故后，应当及时采取措施救治有关人员。

因生产安全事故受到损害的从业人员，除依法享有工伤保险外，依照有关民事法律尚有获得赔偿的权利的，有权提出赔偿要求。

第五十七条 从业人员在作业过程中，应当严格落实岗位安全责任，遵守本单位的安全生产规章制度和操作规程，服从管理，正确佩戴和使用劳动防护用品。

第五十八条 从业人员应当接受安全生产教育和培训，掌握本职工作所需的安全生产知识，提高安全生产技能，增强事故预防和应急处理能力。

第五十九条 从业人员发现事故隐患或者其他不安全因素，应当立即向现场安全生产管理人员或者本单位负责人报告；接到报告的人员应当及时予以处理。

第六十条 工会有权对建设项目的安全设施与主体工程同时设计、同时施工、同时投入生产和使用进行监督，提出意见。

工会对生产经营单位违反安全生产法律、法规，侵犯从业人员合法权益的行为，有权要求纠正；发现生产经营单位违章指挥、强令冒险作业或者发现事故隐患时，有权提出解决的建议，生产经营单位应当及时研究答复；发现危及从业人员生命安全的情况时，有权向生产经营单位建议组织从业人员撤离危险场所，生产经营单位必须立即作出处理。

工会有权依法参加事故调查，向有关部门提出处理意见，并要求追究有关人员的责任。

第六十一条 生产经营单位使用被派遣劳动者的，被派遣劳动者享有本法规定的从业人员的权利，并应当履行本法规定的从业人员的义务。

第四章 安全生产的监督管理

第六十二条 县级以上地方各级人民政府应当根据本行政区域内的安全生产状况，组织有关部门按照职责分工，对本行政区域内容易发生重大生产安全事故的生产经营单位进行严格检查。

应急管理部门应当按照分类分级监督管理的要求，制定安全生产年度监督检查计划，并按照年度监督检查计划进行监督检查，发现事故隐患，应当及时处理。

第六十三条 负有安全生产监督管理职责的部门依照有关法律、法规的规定，对涉及安全生产的事项需要审查批准（包括批准、核准、许可、注册、认证、颁发证照等，下同）或者验收的，必须严格依照有关法律、法规和国家标准或者行业标准规定的安全生产条件和程序进行审查；不符合有关法律、法规和国家标准或者行业标准规定的安全生产条件的，不得批准或者验收通过。对未依法取得批准或者验收合格的单位擅自从事有关活动的，负责行政审批的部门发现或者接到举报后应当立即予以取缔，并依法予以处理。对已经依法取得批准的单位，负责行政审批的部门发现其不再具备安全生产条件的，应当撤销原批准。

第六十四条 负有安全生产监督管理职责的部门对涉及安全生产的事项进行审查、验收，不得收取费用；不得要求接受审查、验收的单位购买其指定品牌或者指定生产、销售单位的安全设备、器材或者其他产品。

第六十五条 应急管理部门和其他负有安全生产监督管理职责的部门依法开展安全生产行政执法工

作，对生产经营单位执行有关安全生产的法律、法规和国家标准或者行业标准的情况进行监督检查，行使以下职权：

（一）进入生产经营单位进行检查，调阅有关资料，向有关单位和人员了解情况；

（二）对检查中发现的安全生产违法行为，当场予以纠正或者要求限期改正；对依法应当给予行政处罚的行为，依照本法和其他有关法律、行政法规的规定作出行政处罚决定；

（三）对检查中发现的事故隐患，应当责令立即排除；重大事故隐患排除前或者排除过程中无法保证安全的，应当责令从危险区域内撤出作业人员，责令暂时停产停业或者停止使用相关设施、设备；重大事故隐患排除后，经审查同意，方可恢复生产经营和使用；

（四）对有根据认为不符合保障安全生产的国家标准或者行业标准的设施、设备、器材以及违法生产、储存、使用、经营、运输的危险物品予以查封或者扣押，对违法生产、储存、使用、经营危险物品的作业场所予以查封，并依法作出处理决定。

监督检查不得影响被检查单位的正常生产经营活动。

第六十六条　生产经营单位对负有安全生产监督管理职责的部门的监督检查人员（以下统称安全生产监督检查人员）依法履行监督检查职责，应当予以配合，不得拒绝、阻挠。

第六十七条　安全生产监督检查人员应当忠于职守，坚持原则，秉公执法。

安全生产监督检查人员执行监督检查任务时，必须出示有效的行政执法证件；对涉及被检查单位的技术秘密和业务秘密，应当为其保密。

第六十八条　安全生产监督检查人员应当将检查的时间、地点、内容、发现的问题及其处理情况，作出书面记录，并由检查人员和被检查单位的负责人签字；被检查单位的负责人拒绝签字的，检查人员应当将情况记录在案，并向负有安全生产监督管理职责的部门报告。

第六十九条　负有安全生产监督管理职责的部门在监督检查中，应当互相配合，实行联合检查；确需分别进行检查的，应当互通情况，发现存在的安全问题应当由其他有关部门进行处理的，应当及时移送其他有关部门并形成记录备查，接受移送的部门应当及时进行处理。

第七十条　负有安全生产监督管理职责的部门依法对存在重大事故隐患的生产经营单位作出停产停业、停止施工、停止使用相关设施或者设备的决定，生产经营单位应当依法执行，及时消除事故隐患。生产经营单位拒不执行，有发生生产安全事故的现实危险的，在保证安全的前提下，经本部门主要负责人批准，负有安全生产监督管理职责的部门可以采取通知有关单位停止供电、停止供应民用爆炸物品等措施，强制生产经营单位履行决定。通知应当采用书面形式，有关单位应当予以配合。

负有安全生产监督管理职责的部门依照前款规定采取停止供电措施，除有危及生产安全的紧急情形外，应当提前二十四小时通知生产经营单位。生产经营单位依法履行行政决定、采取相应措施消除事故隐患的，负有安全生产监督管理职责的部门应当及时解除前款规定的措施。

第七十一条　监察机关依照监察法的规定，对负有安全生产监督管理职责的部门及其工作人员履行安全生产监督管理职责实施监察。

第七十二条　承担安全评价、认证、检测、检验职责的机构应当具备国家规定的资质条件，并对其作出的安全评价、认证、检测、检验结果的合法性、真实性负责。资质条件由国务院应急管理部门会同国务院有关部门制定。

承担安全评价、认证、检测、检验职责的机构应当建立并实施服务公开和报告公开制度，不得租借资质、挂靠、出具虚假报告。

第七十三条　负有安全生产监督管理职责的部门应当建立举报制度，公开举报电话、信箱或者电子邮件地址等网络举报平台，受理有关安全生产的举报；受理的举报事项经调查核实后，应当形成书面材料；需要落实整改措施的，报经有关负责人签字并督促落实。对不属于本部门职责，需要由其他有关部门进行调查处理的，转交其他有关部门处理。

涉及人员死亡的举报事项，应当由县级以上人民政府组织核查处理。

第七十四条 任何单位或者个人对事故隐患或者安全生产违法行为，均有权向负有安全生产监督管理职责的部门报告或者举报。

因安全生产违法行为造成重大事故隐患或者导致重大事故，致使国家利益或者社会公共利益受到侵害的，人民检察院可以根据民事诉讼法、行政诉讼法的相关规定提起公益诉讼。

第七十五条 居民委员会、村民委员会发现其所在区域内的生产经营单位存在事故隐患或者安全生产违法行为时，应当向当地人民政府或者有关部门报告。

第七十六条 县级以上各级人民政府及其有关部门对报告重大事故隐患或者举报安全生产违法行为的有功人员，给予奖励。具体奖励办法由国务院应急管理部门会同国务院财政部门制定。

第七十七条 新闻、出版、广播、电影、电视等单位有进行安全生产公益宣传教育的义务，有对违反安全生产法律、法规的行为进行舆论监督的权利。

第七十八条 负有安全生产监督管理职责的部门应当建立安全生产违法行为信息库，如实记录生产经营单位及其有关从业人员的安全生产违法行为信息；对违法行为情节严重的生产经营单位及其有关从业人员，应当及时向社会公告，并通报行业主管部门、投资主管部门、自然资源主管部门、生态环境主管部门、证券监督管理机构以及有关金融机构。有关部门和机构应当对存在失信行为的生产经营单位及其有关从业人员采取加大执法检查频次、暂停项目审批、上调有关保险费率、行业或者职业禁入等联合惩戒措施，并向社会公示。

负有安全生产监督管理职责的部门应当加强对生产经营单位行政处罚信息的及时归集、共享、应用和公开，对生产经营单位作出处罚决定后七个工作日内在监督管理部门公示系统予以公开曝光，强化对违法失信生产经营单位及其有关从业人员的社会监督，提高全社会安全生产诚信水平。

第五章 生产安全事故的应急救援与调查处理

第七十九条 国家加强生产安全事故应急能力建设，在重点行业、领域建立应急救援基地和应急救援队伍，并由国家安全生产应急救援机构统一协调指挥；鼓励生产经营单位和其他社会力量建立应急救援队伍，配备相应的应急救援装备和物资，提高应急救援的专业化水平。

国务院应急管理部门牵头建立全国统一的生产安全事故应急救援信息系统，国务院交通运输、住房和城乡建设、水利、民航等有关部门和县级以上地方人民政府建立健全相关行业、领域、地区的生产安全事故应急救援信息系统，实现互联互通、信息共享，通过推行网上安全信息采集、安全监管和监测预警，提升监管的精准化、智能化水平。

第八十条 县级以上地方各级人民政府应当组织有关部门制定本行政区域内生产安全事故应急救援预案，建立应急救援体系。

乡镇人民政府和街道办事处，以及开发区、工业园区、港区、风景区等应当制定相应的生产安全事故应急救援预案，协助人民政府有关部门或者按照授权依法履行生产安全事故应急救援工作职责。

第八十一条 生产经营单位应当制定本单位生产安全事故应急救援预案，与所在地县级以上地方人民政府组织制定的生产安全事故应急救援预案相衔接，并定期组织演练。

第八十二条 危险物品的生产、经营、储存单位以及矿山、金属冶炼、城市轨道交通运营、建筑施工单位应当建立应急救援组织；生产经营规模较小的，可以不建立应急救援组织，但应当指定兼职的应急救援人员。

危险物品的生产、经营、储存、运输单位以及矿山、金属冶炼、城市轨道交通运营、建筑施工单位应当配备必要的应急救援器材、设备和物资，并进行经常性维护、保养，保证正常运转。

第八十三条 生产经营单位发生生产安全事故后，事故现场有关人员应当立即报告本单位负责人。单位负责人接到事故报告后，应当迅速采取有效措施，组织抢救，防止事故扩大，减少人员伤亡和财产损失，并按照国家有关规定立即如实报告当地负有安全生产监督管理职责的部门，不得隐瞒不报、谎报或者迟报，不得故意破坏事故现场、毁灭有关证据。

第八十四条　负有安全生产监督管理职责的部门接到事故报告后，应当立即按照国家有关规定上报事故情况。负有安全生产监督管理职责的部门和有关地方人民政府对事故情况不得隐瞒不报、谎报或者迟报。

第八十五条　有关地方人民政府和负有安全生产监督管理职责的部门的负责人接到生产安全事故报告后，应当按照生产安全事故应急救援预案的要求立即赶到事故现场，组织事故抢救。

参与事故抢救的部门和单位应当服从统一指挥，加强协同联动，采取有效的应急救援措施，并根据事故救援的需要采取警戒、疏散等措施，防止事故扩大和次生灾害的发生，减少人员伤亡和财产损失。

事故抢救过程中应当采取必要措施，避免或者减少对环境造成的危害。

任何单位和个人都应当支持、配合事故抢救，并提供一切便利条件。

第八十六条　事故调查处理应当按照科学严谨、依法依规、实事求是、注重实效的原则，及时、准确地查清事故原因，查明事故性质和责任，评估应急处置工作，总结事故教训，提出整改措施，并对事故责任单位和人员提出处理建议。事故调查报告应当依法及时向社会公布。事故调查和处理的具体办法由国务院制定。

事故发生单位应当及时全面落实整改措施，负有安全生产监督管理职责的部门应当加强监督检查。

负责事故调查处理的国务院有关部门和地方人民政府应当在批复事故调查报告后一年内，组织有关部门对事故整改和防范措施落实情况进行评估，并及时向社会公开评估结果；对不履行职责导致事故整改和防范措施没有落实的有关单位和人员，应当按照有关规定追究责任。

第八十七条　生产经营单位发生生产安全事故，经调查确定为责任事故的，除了应当查明事故单位的责任并依法予以追究外，还应当查明对安全生产的有关事项负有审查批准和监督职责的行政部门的责任，对有失职、渎职行为的，依照本法第九十条的规定追究法律责任。

第八十八条　任何单位和个人不得阻挠和干涉对事故的依法调查处理。

第八十九条　县级以上地方各级人民政府应急管理部门应当定期统计分析本行政区域内发生生产安全事故的情况，并定期向社会公布。

第六章　法律责任

第九十条　负有安全生产监督管理职责的部门的工作人员，有下列行为之一的，给予降级或者撤职的处分；构成犯罪的，依照刑法有关规定追究刑事责任：

（一）对不符合法定安全生产条件的涉及安全生产的事项予以批准或者验收通过的；

（二）发现未依法取得批准、验收的单位擅自从事有关活动或者接到举报后不予取缔或者不依法予以处理的；

（三）对已经依法取得批准的单位不履行监督管理职责，发现其不再具备安全生产条件而不撤销原批准或者发现安全生产违法行为不予查处的；

（四）在监督检查中发现重大事故隐患，不依法及时处理的。

负有安全生产监督管理职责的部门的工作人员有前款规定以外的滥用职权、玩忽职守、徇私舞弊行为的，依法给予处分；构成犯罪的，依照刑法有关规定追究刑事责任。

第九十一条　负有安全生产监督管理职责的部门，要求被审查、验收的单位购买其指定的安全设备、器材或者其他产品的，在对安全生产事项的审查、验收中收取费用的，由其上级机关或者监察机关责令改正，责令退还收取的费用；情节严重的，对直接负责的主管人员和其他直接责任人员依法给予处分。

第九十二条　承担安全评价、认证、检测、检验职责的机构出具失实报告的，责令停业整顿，并处三万元以上十万元以下的罚款；给他人造成损害的，依法承担赔偿责任。

承担安全评价、认证、检测、检验职责的机构租借资质、挂靠、出具虚假报告的，没收违法所得；违法所得在十万元以上的，并处违法所得二倍以上五倍以下的罚款，没有违法所得或者违法所得不足十万元的，单处或者并处十万元以上二十万元以下的罚款；对其直接负责的主管人员和其他直接责任人员处五万元以上十万元以下的罚款；给他人造成损害的，与生产经营单位承担连带赔偿责任；构成犯罪的，依照刑法有关规定追究刑事责任。

对有前款违法行为的机构及其直接责任人员，吊销其相应资质和资格，五年内不得从事安全评价、认证、检测、检验等工作；情节严重的，实行终身行业和职业禁入。

第九十三条 生产经营单位的决策机构、主要负责人或者个人经营的投资人不依照本法规定保证安全生产所必需的资金投入，致使生产经营单位不具备安全生产条件的，责令限期改正，提供必需的资金；逾期未改正的，责令生产经营单位停产停业整顿。

有前款违法行为，导致发生生产安全事故的，对生产经营单位的主要负责人给予撤职处分，对个人经营的投资人处二万元以上二十万元以下的罚款；构成犯罪的，依照刑法有关规定追究刑事责任。

第九十四条 生产经营单位的主要负责人未履行本法规定的安全生产管理职责的，责令限期改正，处二万元以上五万元以下的罚款；逾期未改正的，处五万元以上十万元以下的罚款，责令生产经营单位停产停业整顿。

生产经营单位的主要负责人有前款违法行为，导致发生生产安全事故的，给予撤职处分；构成犯罪的，依照刑法有关规定追究刑事责任。

生产经营单位的主要负责人依照前款规定受刑事处罚或者撤职处分的，自刑罚执行完毕或者受处分之日起，五年内不得担任任何生产经营单位的主要负责人；对重大、特别重大生产安全事故负有责任的，终身不得担任本行业生产经营单位的主要负责人。

第九十五条 生产经营单位的主要负责人未履行本法规定的安全生产管理职责，导致发生生产安全事故的，由应急管理部门依照下列规定处以罚款：

（一）发生一般事故的，处上一年年收入百分之四十的罚款；

（二）发生较大事故的，处上一年年收入百分之六十的罚款；

（三）发生重大事故的，处上一年年收入百分之八十的罚款；

（四）发生特别重大事故的，处上一年年收入百分之一百的罚款。

第九十六条 生产经营单位的其他负责人和安全生产管理人员未履行本法规定的安全生产管理职责的，责令限期改正，处一万元以上三万元以下的罚款；导致发生生产安全事故的，暂停或者吊销其与安全生产有关的资格，并处上一年年收入百分之二十以上百分之五十以下的罚款；构成犯罪的，依照刑法有关规定追究刑事责任。

第九十七条 生产经营单位有下列行为之一的，责令限期改正，处十万元以下的罚款；逾期未改正的，责令停产停业整顿，并处十万元以上二十万元以下的罚款，对其直接负责的主管人员和其他直接责任人员处二万元以上五万元以下的罚款：

（一）未按照规定设置安全生产管理机构或者配备安全生产管理人员、注册安全工程师的；

（二）危险物品的生产、经营、储存、装卸单位以及矿山、金属冶炼、建筑施工、运输单位的主要负责人和安全生产管理人员未按照规定经考核合格的；

（三）未按照规定对从业人员、被派遣劳动者、实习学生进行安全生产教育和培训，或者未按照规定如实告知有关的安全生产事项的；

（四）未如实记录安全生产教育和培训情况的；

（五）未将事故隐患排查治理情况如实记录或者未向从业人员通报的；

（六）未按照规定制定生产安全事故应急救援预案或者未定期组织演练的；

（七）特种作业人员未按照规定经专门的安全作业培训并取得相应资格，上岗作业的。

第九十八条　生产经营单位有下列行为之一的，责令停止建设或者停产停业整顿，限期改正，并处十万元以上五十万元以下的罚款，对其直接负责的主管人员和其他直接责任人员处二万元以上五万元以下的罚款；逾期未改正的，处五十万元以上一百万元以下的罚款，对其直接负责的主管人员和其他直接责任人员处五万元以上十万元以下的罚款；构成犯罪的，依照刑法有关规定追究刑事责任：

（一）未按照规定对矿山、金属冶炼建设项目或者用于生产、储存、装卸危险物品的建设项目进行安全评价的；

（二）矿山、金属冶炼建设项目或者用于生产、储存、装卸危险物品的建设项目没有安全设施设计或者安全设施设计未按照规定报经有关部门审查同意的；

（三）矿山、金属冶炼建设项目或者用于生产、储存、装卸危险物品的建设项目的施工单位未按照批准的安全设施设计施工的；

（四）矿山、金属冶炼建设项目或者用于生产、储存、装卸危险物品的建设项目竣工投入生产或者使用前，安全设施未经验收合格的。

第九十九条　生产经营单位有下列行为之一的，责令限期改正，处五万元以下的罚款；逾期未改正的，处五万元以上二十万元以下的罚款，对其直接负责的主管人员和其他直接责任人员处一万元以上二万元以下的罚款；情节严重的，责令停产停业整顿；构成犯罪的，依照刑法有关规定追究刑事责任：

（一）未在有较大危险因素的生产经营场所和有关设施、设备上设置明显的安全警示标志的；

（二）安全设备的安装、使用、检测、改造和报废不符合国家标准或者行业标准的；

（三）未对安全设备进行经常性维护、保养和定期检测的；

（四）关闭、破坏直接关系生产安全的监控、报警、防护、救生设备、设施，或者篡改、隐瞒、销毁其相关数据、信息的；

（五）未为从业人员提供符合国家标准或者行业标准的劳动防护用品的；

（六）危险物品的容器、运输工具，以及涉及人身安全、危险性较大的海洋石油开采特种设备和矿山井下特种设备未经具有专业资质的机构检测、检验合格，取得安全使用证或者安全标志，投入使用的；

（七）使用应当淘汰的危及生产安全的工艺、设备的；

（八）餐饮等行业的生产经营单位使用燃气未安装可燃气体报警装置的。

第一百条　未经依法批准，擅自生产、经营、运输、储存、使用危险物品或者处置废弃危险物品的，依照有关危险物品安全管理的法律、行政法规的规定予以处罚；构成犯罪的，依照刑法有关规定追究刑事责任。

第一百零一条　生产经营单位有下列行为之一的，责令限期改正，处十万元以下的罚款；逾期未改正的，责令停产停业整顿，并处十万元以上二十万元以下的罚款，对其直接负责的主管人员和其他直接责任人员处二万元以上五万元以下的罚款；构成犯罪的，依照刑法有关规定追究刑事责任：

（一）生产、经营、运输、储存、使用危险物品或者处置废弃危险物品，未建立专门安全管理制度、未采取可靠的安全措施的；

（二）对重大危险源未登记建档，未进行定期检测、评估、监控，未制定应急预案，或者未告知应急措施的；

（三）进行爆破、吊装、动火、临时用电以及国务院应急管理部门会同国务院有关部门规定的其他危险作业，未安排专门人员进行现场安全管理的；

（四）未建立安全风险分级管控制度或者未按照安全风险分级采取相应管控措施的；

（五）未建立事故隐患排查治理制度，或者重大事故隐患排查治理情况未按照规定报告的。

第一百零二条　生产经营单位未采取措施消除事故隐患的，责令立即消除或者限期消除，处五万元以下的罚款；生产经营单位拒不执行的，责令停产停业整顿，对其直接负责的主管人员和其他直接责任人员处五万元以上十万元以下的罚款；构成犯罪的，依照刑法有关规定追究刑事责任。

第一百零三条 生产经营单位将生产经营项目、场所、设备发包或者出租给不具备安全生产条件或者相应资质的单位或者个人的，责令限期改正，没收违法所得；违法所得十万元以上的，并处违法所得二倍以上五倍以下的罚款；没有违法所得或者违法所得不足十万元的，单处或者并处十万元以上二十万元以下的罚款；对其直接负责的主管人员和其他直接责任人员处一万元以上二万元以下的罚款；导致发生生产安全事故给他人造成损害的，与承包方、承租方承担连带赔偿责任。

生产经营单位未与承包单位、承租单位签订专门的安全生产管理协议或者未在承包合同、租赁合同中明确各自的安全生产管理职责，或者未对承包单位、承租单位的安全生产统一协调、管理的，责令限期改正，处五万元以下的罚款，对其直接负责的主管人员和其他直接责任人员处一万元以下的罚款；逾期未改正的，责令停产停业整顿。

矿山、金属冶炼建设项目和用于生产、储存、装卸危险物品的建设项目的施工单位未按照规定对施工项目进行安全管理的，责令限期改正，处十万元以下的罚款，对其直接负责的主管人员和其他直接责任人员处二万元以下的罚款；逾期未改正的，责令停产停业整顿。以上施工单位倒卖、出租、出借、挂靠或者以其他形式非法转让施工资质的，责令停产停业整顿，吊销资质证书，没收违法所得；违法所得十万元以上的，并处违法所得二倍以上五倍以下的罚款，没有违法所得或者违法所得不足十万元的，单处或者并处十万元以上二十万元以下的罚款；对其直接负责的主管人员和其他直接责任人员处五万元以上十万元以下的罚款；构成犯罪的，依照刑法有关规定追究刑事责任。

第一百零四条 两个以上生产经营单位在同一作业区域内进行可能危及对方安全生产的生产经营活动，未签订安全生产管理协议或者未指定专职安全生产管理人员进行安全检查与协调的，责令限期改正，处五万元以下的罚款，对其直接负责的主管人员和其他直接责任人员处一万元以下的罚款；逾期未改正的，责令停产停业。

第一百零五条 生产经营单位有下列行为之一的，责令限期改正，处五万元以下的罚款，对其直接负责的主管人员和其他直接责任人员处一万元以下的罚款；逾期未改正的，责令停产停业整顿；构成犯罪的，依照刑法有关规定追究刑事责任：

（一）生产、经营、储存、使用危险物品的车间、商店、仓库与员工宿舍在同一座建筑内，或者与员工宿舍的距离不符合安全要求的；

（二）生产经营场所和员工宿舍未设有符合紧急疏散需要、标志明显、保持畅通的出口、疏散通道，或者占用、锁闭、封堵生产经营场所或者员工宿舍出口、疏散通道的。

第一百零六条 生产经营单位与从业人员订立协议，免除或者减轻其对从业人员因生产安全事故伤亡依法应承担的责任的，该协议无效；对生产经营单位的主要负责人、个人经营的投资人处二万元以上十万元以下的罚款。

第一百零七条 生产经营单位的从业人员不落实岗位安全责任，不服从管理，违反安全生产规章制度或者操作规程的，由生产经营单位给予批评教育，依照有关规章制度给予处分；构成犯罪的，依照刑法有关规定追究刑事责任。

第一百零八条 违反本法规定，生产经营单位拒绝、阻碍负有安全生产监督管理职责的部门依法实施监督检查的，责令改正；拒不改正的，处二万元以上二十万元以下的罚款；对其直接负责的主管人员和其他直接责任人员处一万元以上二万元以下的罚款；构成犯罪的，依照刑法有关规定追究刑事责任。

第一百零九条 高危行业、领域的生产经营单位未按照国家规定投保安全生产责任保险的，责令限期改正，处五万元以上十万元以下的罚款；逾期未改正的，处十万元以上二十万元以下的罚款。

第一百一十条 生产经营单位的主要负责人在本单位发生生产安全事故时，不立即组织抢救或者在事故调查处理期间擅离职守或者逃匿的，给予降级、撤职的处分，并由应急管理部门处上一年年收入百分之六十至百分之一百的罚款；对逃匿的处十五日以下拘留；构成犯罪的，依照刑法有关规定追究刑事责任。

生产经营单位的主要负责人对生产安全事故隐瞒不报、谎报或者迟报的，依照前款规定处罚。

第一百一十一条　有关地方人民政府、负有安全生产监督管理职责的部门，对生产安全事故隐瞒不报、谎报或者迟报的，对直接负责的主管人员和其他直接责任人员依法给予处分；构成犯罪的，依照刑法有关规定追究刑事责任。

第一百一十二条　生产经营单位违反本法规定，被责令改正且受到罚款处罚，拒不改正的，负有安全生产监督管理职责的部门可以自作出责令改正之日的次日起，按照原处罚数额按日连续处罚。

第一百一十三条　生产经营单位存在下列情形之一的，负有安全生产监督管理职责的部门应当提请地方人民政府予以关闭，有关部门应当依法吊销其有关证照。生产经营单位主要负责人五年内不得担任任何生产经营单位的主要负责人；情节严重的，终身不得担任本行业生产经营单位的主要负责人：

（一）存在重大事故隐患，一百八十日内三次或者一年内四次受到本法规定的行政处罚的；

（二）经停产停业整顿，仍不具备法律、行政法规和国家标准或者行业标准规定的安全生产条件的；

（三）不具备法律、行政法规和国家标准或者行业标准规定的安全生产条件，导致发生重大、特别重大生产安全事故的；

（四）拒不执行负有安全生产监督管理职责的部门作出的停产停业整顿决定的。

第一百一十四条　发生生产安全事故，对负有责任的生产经营单位除要求其依法承担相应的赔偿等责任外，由应急管理部门依照下列规定处以罚款：

（一）发生一般事故的，处三十万元以上一百万元以下的罚款；

（二）发生较大事故的，处一百万元以上二百万元以下的罚款；

（三）发生重大事故的，处二百万元以上一千万元以下的罚款；

（四）发生特别重大事故的，处一千万元以上二千万元以下的罚款。

发生生产安全事故，情节特别严重、影响特别恶劣的，应急管理部门可以按照前款罚款数额的二倍以上五倍以下对负有责任的生产经营单位处以罚款。

第一百一十五条　本法规定的行政处罚，由应急管理部门和其他负有安全生产监督管理职责的部门按照职责分工决定；其中，根据本法第九十五条、第一百一十条、第一百一十四条的规定应当给予民航、铁路、电力行业的生产经营单位及其主要负责人行政处罚的，也可以由主管的负有安全生产监督管理职责的部门进行处罚。予以关闭的行政处罚，由负有安全生产监督管理职责的部门报请县级以上人民政府按照国务院规定的权限决定；给予拘留的行政处罚，由公安机关依照治安管理处罚的规定决定。

第一百一十六条　生产经营单位发生生产安全事故造成人员伤亡、他人财产损失的，应当依法承担赔偿责任；拒不承担或者其负责人逃匿的，由人民法院依法强制执行。

生产安全事故的责任人未依法承担赔偿责任，经人民法院依法采取执行措施后，仍不能对受害人给予足额赔偿的，应当继续履行赔偿义务；受害人发现责任人有其他财产的，可以随时请求人民法院执行。

第七章　附则

第一百一十七条　本法下列用语的含义：

危险物品，是指易燃易爆物品、危险化学品、放射性物品等能够危及人身安全和财产安全的物品。

重大危险源，是指长期地或者临时地生产、搬运、使用或者储存危险物品，且危险物品的数量等于或者超过临界量的单元（包括场所和设施）。

第一百一十八条　本法规定的生产安全一般事故、较大事故、重大事故、特别重大事故的划分标准由国务院规定。

国务院应急管理部门和其他负有安全生产监督管理职责的部门应当根据各自的职责分工，制定相关行业、领域重大危险源的辨识标准和重大事故隐患的判定标准。

第一百一十九条　本法自 2002 年 11 月 1 日起施行。

关键信息基础设施安全保护条例

（中华人民共和国国务院令第745号）

《关键信息基础设施安全保护条例》已经2021年4月27日国务院第133次常务会议通过，现予公布，自2021年9月1日起施行。

总理　李克强
2021年7月30日

关键信息基础设施安全保护条例

第一章　总则

第一条　为了保障关键信息基础设施安全，维护网络安全，根据《中华人民共和国网络安全法》，制定本条例。

第二条　本条例所称关键信息基础设施，是指公共通信和信息服务、能源、交通、水利、金融、公共服务、电子政务、国防科技工业等重要行业和领域的，以及其他一旦遭到破坏、丧失功能或者数据泄露，可能严重危害国家安全、国计民生、公共利益的重要网络设施、信息系统等。

第三条　在国家网信部门统筹协调下，国务院公安部门负责指导监督关键信息基础设施安全保护工作。国务院电信主管部门和其他有关部门依照本条例和有关法律、行政法规的规定，在各自职责范围内负责关键信息基础设施安全保护和监督管理工作。

省级人民政府有关部门依据各自职责对关键信息基础设施实施安全保护和监督管理。

第四条　关键信息基础设施安全保护坚持综合协调、分工负责、依法保护，强化和落实关键信息基础设施运营者（以下简称运营者）主体责任，充分发挥政府及社会各方面的作用，共同保护关键信息基础设施安全。

第五条　国家对关键信息基础设施实行重点保护，采取措施，监测、防御、处置来源于中华人民共和国境内外的网络安全风险和威胁，保护关键信息基础设施免受攻击、侵入、干扰和破坏，依法惩治危害关键信息基础设施安全的违法犯罪活动。

任何个人和组织不得实施非法侵入、干扰、破坏关键信息基础设施的活动，不得危害关键信息基础设施安全。

第六条　运营者依照本条例和有关法律、行政法规的规定以及国家标准的强制性要求，在网络安全等级保护的基础上，采取技术保护措施和其他必要措施，应对网络安全事件，防范网络攻击和违法犯罪活动，保障关键信息基础设施安全稳定运行，维护数据的完整性、保密性和可用性。

第七条　对在关键信息基础设施安全保护工作中取得显著成绩或者作出突出贡献的单位和个人，按照国家有关规定给予表彰。

第二章　关键信息基础设施认定

第八条　本条例第二条涉及的重要行业和领域的主管部门、监督管理部门是负责关键信息基础设施安全保护工作的部门（以下简称保护工作部门）。

第九条　保护工作部门结合本行业、本领域实际，制定关键信息基础设施认定规则，并报国务院公安部门备案。

制定认定规则应当主要考虑下列因素：

（一）网络设施、信息系统等对于本行业、本领域关键核心业务的重要程度；

（二）网络设施、信息系统等一旦遭到破坏、丧失功能或者数据泄露可能带来的危害程度；

（三）对其他行业和领域的关联性影响。

第十条　保护工作部门根据认定规则负责组织认定本行业、本领域的关键信息基础设施，及时将认定结果通知运营者，并通报国务院公安部门。

第十一条　关键信息基础设施发生较大变化，可能影响其认定结果的，运营者应当及时将相关情况报告保护工作部门。保护工作部门自收到报告之日起 3 个月内完成重新认定，将认定结果通知运营者，并通报国务院公安部门。

第三章　运营者责任义务

第十二条　安全保护措施应当与关键信息基础设施同步规划、同步建设、同步使用。

第十三条　运营者应当建立健全网络安全保护制度和责任制，保障人力、财力、物力投入。运营者的主要负责人对关键信息基础设施安全保护负总责，领导关键信息基础设施安全保护和重大网络安全事件处置工作，组织研究解决重大网络安全问题。

第十四条　运营者应当设置专门安全管理机构，并对专门安全管理机构负责人和关键岗位人员进行安全背景审查。审查时，公安机关、国家安全机关应当予以协助。

第十五条　专门安全管理机构具体负责本单位的关键信息基础设施安全保护工作，履行下列职责：

（一）建立健全网络安全管理、评价考核制度，拟订关键信息基础设施安全保护计划；

（二）组织推动网络安全防护能力建设，开展网络安全监测、检测和风险评估；

（三）按照国家及行业网络安全事件应急预案，制定本单位应急预案，定期开展应急演练，处置网络安全事件；

（四）认定网络安全关键岗位，组织开展网络安全工作考核，提出奖励和惩处建议；

（五）组织网络安全教育、培训；

（六）履行个人信息和数据安全保护责任，建立健全个人信息和数据安全保护制度；

（七）对关键信息基础设施设计、建设、运行、维护等服务实施安全管理；

（八）按照规定报告网络安全事件和重要事项。

第十六条　运营者应当保障专门安全管理机构的运行经费、配备相应的人员，开展与网络安全和信息化有关的决策应当有专门安全管理机构人员参与。

第十七条　运营者应当自行或者委托网络安全服务机构对关键信息基础设施每年至少进行一次网络安全检测和风险评估，对发现的安全问题及时整改，并按照保护工作部门要求报送情况。

第十八条　关键信息基础设施发生重大网络安全事件或者发现重大网络安全威胁时，运营者应当按照有关规定向保护工作部门、公安机关报告。

发生关键信息基础设施整体中断运行或者主要功能故障、国家基础信息以及其他重要数据泄露、较大规模个人信息泄露、造成较大经济损失、违法信息较大范围传播等特别重大网络安全事件或者发现特别重大网络安全威胁时，保护工作部门应当在收到报告后，及时向国家网信部门、国务院公安部门报告。

第十九条　运营者应当优先采购安全可信的网络产品和服务；采购网络产品和服务可能影响国家安全的，应当按照国家网络安全规定通过安全审查。

第二十条　运营者采购网络产品和服务，应当按照国家有关规定与网络产品和服务提供者签订安全保密协议，明确提供者的技术支持和安全保密义务与责任，并对义务与责任履行情况进行监督。

第二十一条 运营者发生合并、分立、解散等情况，应当及时报告保护工作部门，并按照保护工作部门的要求对关键信息基础设施进行处置，确保安全。

第四章 保障和促进

第二十二条 保护工作部门应当制定本行业、本领域关键信息基础设施安全规划，明确保护目标、基本要求、工作任务、具体措施。

第二十三条 国家网信部门统筹协调有关部门建立网络安全信息共享机制，及时汇总、研判、共享、发布网络安全威胁、漏洞、事件等信息，促进有关部门、保护工作部门、运营者以及网络安全服务机构等之间的网络安全信息共享。

第二十四条 保护工作部门应当建立健全本行业、本领域的关键信息基础设施网络安全监测预警制度，及时掌握本行业、本领域关键信息基础设施运行状况、安全态势，预警通报网络安全威胁和隐患，指导做好安全防范工作。

第二十五条 保护工作部门应当按照国家网络安全事件应急预案的要求，建立健全本行业、本领域的网络安全事件应急预案，定期组织应急演练；指导运营者做好网络安全事件应对处置，并根据需要组织提供技术支持与协助。

第二十六条 保护工作部门应当定期组织开展本行业、本领域关键信息基础设施网络安全检查检测，指导监督运营者及时整改安全隐患、完善安全措施。

第二十七条 国家网信部门统筹协调国务院公安部门、保护工作部门对关键信息基础设施进行网络安全检查检测，提出改进措施。

有关部门在开展关键信息基础设施网络安全检查时，应当加强协同配合、信息沟通，避免不必要的检查和交叉重复检查。检查工作不得收取费用，不得要求被检查单位购买指定品牌或者指定生产、销售单位的产品和服务。

第二十八条 运营者对保护工作部门开展的关键信息基础设施网络安全检查检测工作，以及公安、国家安全、保密行政管理、密码管理等有关部门依法开展的关键信息基础设施网络安全检查工作应当予以配合。

第二十九条 在关键信息基础设施安全保护工作中，国家网信部门和国务院电信主管部门、国务院公安部门等应当根据保护工作部门的需要，及时提供技术支持和协助。

第三十条 网信部门、公安机关、保护工作部门等有关部门，网络安全服务机构及其工作人员对于在关键信息基础设施安全保护工作中获取的信息，只能用于维护网络安全，并严格按照有关法律、行政法规的要求确保信息安全，不得泄露、出售或者非法向他人提供。

第三十一条 未经国家网信部门、国务院公安部门批准或者保护工作部门、运营者授权，任何个人和组织不得对关键信息基础设施实施漏洞探测、渗透性测试等可能影响或者危害关键信息基础设施安全的活动。对基础电信网络实施漏洞探测、渗透性测试等活动，应当事先向国务院电信主管部门报告。

第三十二条 国家采取措施，优先保障能源、电信等关键信息基础设施安全运行。

能源、电信行业应当采取措施，为其他行业和领域的关键信息基础设施安全运行提供重点保障。

第三十三条 公安机关、国家安全机关依据各自职责依法加强关键信息基础设施安全保卫，防范打击针对和利用关键信息基础设施实施的违法犯罪活动。

第三十四条 国家制定和完善关键信息基础设施安全标准，指导、规范关键信息基础设施安全保护工作。

第三十五条 国家采取措施，鼓励网络安全专门人才从事关键信息基础设施安全保护工作；将运营者安全管理人员、安全技术人员培训纳入国家继续教育体系。

第三十六条 国家支持关键信息基础设施安全防护技术创新和产业发展，组织力量实施关键信息基础设施安全技术攻关。

第三十七条 国家加强网络安全服务机构建设和管理，制定管理要求并加强监督指导，不断提升服务机构能力水平，充分发挥其在关键信息基础设施安全保护中的作用。

第三十八条 国家加强网络安全军民融合，军地协同保护关键信息基础设施安全。

第五章 法律责任

第三十九条 运营者有下列情形之一的，由有关主管部门依据职责责令改正，给予警告；拒不改正或者导致危害网络安全等后果的，处10万元以上100万元以下罚款，对直接负责的主管人员处1万元以上10万元以下罚款：

（一）在关键信息基础设施发生较大变化，可能影响其认定结果时未及时将相关情况报告保护工作部门的；

（二）安全保护措施未与关键信息基础设施同步规划、同步建设、同步使用的；

（三）未建立健全网络安全保护制度和责任制的；

（四）未设置专门安全管理机构的；

（五）未对专门安全管理机构负责人和关键岗位人员进行安全背景审查的；

（六）开展与网络安全和信息化有关的决策没有专门安全管理机构人员参与的；

（七）专门安全管理机构未履行本条例第十五条规定的职责的；

（八）未对关键信息基础设施每年至少进行一次网络安全检测和风险评估，未对发现的安全问题及时整改，或者未按照保护工作部门要求报送情况的；

（九）采购网络产品和服务，未按照国家有关规定与网络产品和服务提供者签订安全保密协议的；

（十）发生合并、分立、解散等情况，未及时报告保护工作部门，或者未按照保护工作部门的要求对关键信息基础设施进行处置的。

第四十条 运营者在关键信息基础设施发生重大网络安全事件或者发现重大网络安全威胁时，未按照有关规定向保护工作部门、公安机关报告的，由保护工作部门、公安机关依据职责责令改正，给予警告；拒不改正或者导致危害网络安全等后果的，处10万元以上100万元以下罚款，对直接负责的主管人员处1万元以上10万元以下罚款。

第四十一条 运营者采购可能影响国家安全的网络产品和服务，未按照国家网络安全规定进行安全审查的，由国家网信部门等有关主管部门依据职责责令改正，处采购金额1倍以上10倍以下罚款，对直接负责的主管人员和其他直接责任人员处1万元以上10万元以下罚款。

第四十二条 运营者对保护工作部门开展的关键信息基础设施网络安全检查检测工作，以及公安、国家安全、保密行政管理、密码管理等有关部门依法开展的关键信息基础设施网络安全检查工作不予配合的，由有关主管部门责令改正；拒不改正的，处5万元以上50万元以下罚款，对直接负责的主管人员和其他直接责任人员处1万元以上10万元以下罚款；情节严重的，依法追究相应法律责任。

第四十三条 实施非法侵入、干扰、破坏关键信息基础设施，危害其安全的活动尚不构成犯罪的，依照《中华人民共和国网络安全法》有关规定，由公安机关没收违法所得，处5日以下拘留，可以并处5万元以上50万元以下罚款；情节较重的，处5日以上15日以下拘留，可以并处10万元以上100万元以下罚款。

单位有前款行为的，由公安机关没收违法所得，处10万元以上100万元以下罚款，并对直接负责的主管人员和其他直接责任人员依照前款规定处罚。

违反本条例第五条第二款和第三十一条规定，受到治安管理处罚的人员，5年内不得从事网络安全管理和网络运营关键岗位的工作；受到刑事处罚的人员，终身不得从事网络安全管理和网络运营关键岗位的工作。

第四十四条 网信部门、公安机关、保护工作部门和其他有关部门及其工作人员未履行关键信息基础设施安全保护和监督管理职责或者玩忽职守、滥用职权、徇私舞弊的，依法对直接负责的主管人员和其他直接责任人员给予处分。

第四十五条 公安机关、保护工作部门和其他有关部门在开展关键信息基础设施网络安全检查工作中收取费用，或者要求被检查单位购买指定品牌或者指定生产、销售单位的产品和服务的，由其上级机关责令改正，退还收取的费用；情节严重的，依法对直接负责的主管人员和其他直接责任人员给予处分。

第四十六条 网信部门、公安机关、保护工作部门等有关部门、网络安全服务机构及其工作人员将在关键信息基础设施安全保护工作中获取的信息用于其他用途，或者泄露、出售、非法向他人提供的，依法对直接负责的主管人员和其他直接责任人员给予处分。

第四十七条 关键信息基础设施发生重大和特别重大网络安全事件，经调查确定为责任事故的，除应当查明运营者责任并依法予以追究外，还应查明相关网络安全服务机构及有关部门的责任，对有失职、渎职及其他违法行为的，依法追究责任。

第四十八条 电子政务关键信息基础设施的运营者不履行本条例规定的网络安全保护义务的，依照《中华人民共和国网络安全法》有关规定予以处理。

第四十九条 违反本条例规定，给他人造成损害的，依法承担民事责任。

违反本条例规定，构成违反治安管理行为的，依法给予治安管理处罚；构成犯罪的，依法追究刑事责任。

第六章 附则

第五十条 存储、处理涉及国家秘密信息的关键信息基础设施的安全保护，还应当遵守保密法律、行政法规的规定。

关键信息基础设施中的密码使用和管理，还应当遵守相关法律、行政法规的规定。

第五十一条 本条例自 2021 年 9 月 1 日起施行。

中共中央
国务院关于加强基层治理体系和治理能力现代化建设的意见

（2021 年 4 月 28 日）

基层治理是国家治理的基石，统筹推进乡镇（街道）和城乡社区治理，是实现国家治理体系和治理能力现代化的基础工程。为深入贯彻党的十九大和十九届二中、三中、四中、五中全会精神，夯实国家治理根基，现就加强基层治理体系和治理能力现代化建设提出如下意见。

一、总体要求

（一）指导思想。以习近平新时代中国特色社会主义思想为指导，坚持和加强党的全面领导，坚持以人民为中心，以增进人民福祉为出发点和落脚点，以加强基层党组织建设、增强基层党组织政治功能和组织力为关键，以加强基层政权建设和健全基层群众自治制度为重点，以改革创新和制度建设、能力建设为抓手，建立健全基层治理体制机制，推动政府治理同社会调节、居民自治良性互动，提高基层治理社会化、法治化、智能化、专业化水平。

（二）工作原则。坚持党对基层治理的全面领导，把党的领导贯穿基层治理全过程、各方面。坚持全周期管理理念，强化系统治理、依法治理、综合治理、源头治理。坚持因地制宜，分类指导、分层推进、分步实施，向基层放权赋能，减轻基层负担。坚持共建共治共享，建设人人有责、人人尽责、人人享有的基层治理共同体。

（三）主要目标。力争用 5 年左右时间，建立起党组织统一领导、政府依法履责、各类组织积极协同、群众广泛参与，自治、法治、德治相结合的基层治理体系，健全常态化管理和应急管理动态衔接的基层治理机制，构建网格化管理、精细化服务、信息化支撑、开放共享的基层管理服务平台；党建引领基层治理机制全面完善，基层政权坚强有力，基层群众自治充满活力，基层公共服务精准高效，党的执政基础更加坚实，基层治理体系和治理能力现代化水平明显提高。在此基础上力争再用 10 年时间，基本实现基层治理体系和治理能力现代化，中国特色基层治理制度优势充分展现。

二、完善党全面领导基层治理制度

（一）加强党的基层组织建设，健全基层治理党的领导体制。把抓基层、打基础作为长远之计和固本之举，把基层党组织建设成为领导基层治理的坚强战斗堡垒，使党建引领基层治理的作用得到强化和巩固。加强乡镇（街道）、村（社区）党组织对基层各类组织和各项工作的统一领导，以提升组织力为重点，健全在基层治理中坚持和加强党的领导的有关制度，涉及基层治理重要事项、重大问题都要由党组织研究讨论后按程序决定。积极推行村（社区）党组织书记通过法定程序担任村（居）民委员会主任、村（社区）“两委”班子成员交叉任职。注重把党组织推荐的优秀人选通过一定程序明确为各类组织负责人，确保依法把党的领导和党的建设有关要求写入各类组织章程。创新党组织设置和活动方式，不断扩大党的组织覆盖和工作覆盖，持续整顿软弱涣散基层党组织。推动全面从严治党向基层延伸，加强日常监督，持续整治群众身边的不正之风和腐败问题。

（二）构建党委领导、党政统筹、简约高效的乡镇（街道）管理体制。深化基层机构改革，统筹党政机构设置、职能配置和编制资源，设置综合性内设机构。除党中央明确要求实行派驻体制的机构外，县直部门设在乡镇（街道）的机构原则上实行属地管理。继续实行派驻体制的，要纳入乡镇（街道）统一指挥协调。

（三）完善党建引领的社会参与制度。坚持党建带群建，更好履行组织、宣传、凝聚、服务群众职责。统筹基层党组织和群团组织资源配置，支持群团组织承担公共服务职能。培育扶持基层公益性、服务性、互助性社会组织。支持党组织健全、管理规范的社会组织优先承接政府转移职能和服务项目。搭建区域化党建平台，推行机关企事业单位与乡镇（街道）、村（社区）党组织联建共建，组织党员、干部下沉参与基层治理、有效服务群众。

三、加强基层政权治理能力建设

（一）增强乡镇（街道）行政执行能力。加强乡镇（街道）党（工）委对基层政权建设的领导。依法赋予乡镇（街道）综合管理权、统筹协调权和应急处置权，强化其对涉及本区域重大决策、重大规划、重大项目的参与权和建议权。根据本地实际情况，依法赋予乡镇（街道）行政执法权，整合现有执法力量和资源。推行乡镇（街道）行政执法公示制度，实行“双随机、一公开”监管模式。优化乡镇（街道）行政区划设置，确保管理服务有效覆盖常住人口。

（二）增强乡镇（街道）为民服务能力。市、县级政府要规范乡镇（街道）政务服务、公共服务、公共安全等事项，将直接面向群众、乡镇（街道）能够承接的服务事项依法下放。乡镇要围绕全面推进乡村振兴、巩固拓展脱贫攻坚成果等任务，做好农业产业发展、人居环境建设及留守儿童、留守妇女、留守老人关爱服务等工作。街道要做好市政市容管理、物业管理、流动人口服务管理、社会组织培育引导等工作。加强基层医疗卫生机构和乡村卫生健康人才队伍建设。优化乡镇（街道）政务服务流程，全面推进一窗式受理、一站式办理，加快推行市域通办，逐步推行跨区域办理。

（三）增强乡镇（街道）议事协商能力。完善基层民主协商制度，县级党委和政府围绕涉及群众切身利益的事项确定乡镇（街道）协商重点，由乡镇（街道）党（工）委主导开展议事协商，完善座谈会、听证会等协商方式，注重发挥人大代表、政协委员作用。探索建立社会公众列席乡镇（街道）有关会议制度。

（四）增强乡镇（街道）应急管理能力。强化乡镇（街道）属地责任和相应职权，构建多方参与的社会动员响应体系。健全基层应急管理组织体系，细化乡镇（街道）应急预案，做好风险研判、预警、应对等工作。建立统一指挥的应急管理队伍，加强应急物资储备保障。每年组织开展综合应急演练。市、县级政府要指导乡镇（街道）做好应急准备工作，强化应急状态下对乡镇（街道）人、财、物支持。

（五）增强乡镇（街道）平安建设能力。坚持和发展新时代“枫桥经验”，加强乡镇（街道）综治中心规范化建设，发挥其整合社会治理资源、创新社会治理方式的平台作用。完善基层社会治安防控体系，健全防范涉黑涉恶长效机制。健全乡镇（街道）矛盾纠纷一站式、多元化解决机制和心理疏导服务机制。

四、健全基层群众自治制度

（一）加强村（居）民委员会规范化建设。坚持党组织领导基层群众性自治组织的制度，建立基层群众性自治组织法人备案制度，加强集体资产管理。规范撤销村民委员会改设社区居民委员会的条件和程序，合理确定村（社区）规模，不盲目求大。发挥村（居）民委员会下设的人民调解、治安保卫、公共卫生等委员会作用，村民委员会应设妇女和儿童工作等委员会，社区居民委员会可增设环境和物业管理等委员会，并做好相关工作。完善村（居）民委员会成员履职承诺和述职制度。

（二）健全村（居）民自治机制。强化党组织领导把关作用，规范村（居）民委员会换届选举，全面落实村（社区）“两委”班子成员资格联审机制，坚决防止政治上的两面人，受过刑事处罚、存在“村霸”和涉黑涉恶及涉及宗族恶势力等问题人员，非法宗教与邪教的组织者、实施者、参与者等进入村（社区）“两委”班子。在基层公共事务和公益事业中广泛实行群众自我管理、自我服务、自我教育、自我监督，拓宽群众反映意见和建议的渠道。聚焦群众关心的民生实事和重要事项，定期开展民主协商。完善党务、村（居）务、财务公开制度，及时公开权力事项，接受群众监督。强化基层纪检监察组织与村（居）务监督委员会的沟通协作、有效衔接，形成监督合力。

（三）增强村（社区）组织动员能力。健全村（社区）“两委”班子成员联系群众机制，经常性开展入户走访。加强群防群治、联防联治机制建设，完善应急预案。在应急状态下，由村（社区）“两委”统筹调配本区域各类资源和力量，组织开展应急工作。改进网格化管理服务，依托村（社区）统一划分综合网格，明确网格管理服务事项。

（四）优化村（社区）服务格局。市、县级政府要规范村（社区）公共服务和代办政务服务事项，由基层党组织主导整合资源为群众提供服务。推进城乡社区综合服务设施建设，依托其开展就业、养老、医疗、托幼等服务，加强对困难群体和特殊人群关爱照护，做好传染病、慢性病防控等工作。加强综合服务、兜底服务能力建设。完善支持社区服务业发展政策，采取项目示范等方式，实施政府购买社区服务，鼓励社区服务机构与市场主体、社会力量合作。开展“新时代新社区新生活”服务质量提升活动，推进社区服务标准化。

五、推进基层法治和德治建设

（一）推进基层治理法治建设。提升基层党员、干部法治素养，引导群众积极参与、依法支持和配合基层治理。完善基层公共法律服务体系，加强和规范村（居）法律顾问工作。乡镇（街道）指导村（社区）依法制定村规民约、居民公约，健全备案和履行机制，确保符合法律法规和公序良俗。

（二）加强思想道德建设。培育践行社会主义核心价值观，推动习近平新时代中国特色社会主义思想进社区、进农村、进家庭。健全村（社区）道德评议机制，开展道德模范评选表彰活动，注重发挥家庭家教家风在基层治理中的重要作用。组织开展科学常识、卫生防疫知识、应急知识普及和诚信宣传教育，深入开展爱国卫生运动，遏制各类陈规陋习，抵制封建迷信活动。

（三）发展公益慈善事业。完善社会力量参与基层治理激励政策，创新社区与社会组织、社会工作者、社区志愿者、社会慈善资源的联动机制，支持建立乡镇（街道）购买社会工作服务机制和设立社区基金会等协作载体，吸纳社会力量参加基层应急救援。完善基层志愿服务制度，大力开展邻里互助服务和互动交流活动，更好满足群众需求。

六、加强基层智慧治理能力建设

（一）做好规划建设。市、县级政府要将乡镇（街道）、村（社区）纳入信息化建设规划，统筹推进智慧城市、智慧社区基础设施、系统平台和应用终端建设，强化系统集成、数据融合和网络安全保障。健全基层智慧治理标准体系，推广智能感知等技术。

（二）整合数据资源。实施“互联网+基层治理”行动，完善乡镇（街道）、村（社区）地理信息等基础数据，共建全国基层治理数据库，推动基层治理数据资源共享，根据需要向基层开放使用。完善乡镇（街道）与部门政务信息系统数据资源共享交换机制。推进村（社区）数据资源建设，实行村（社区）数据综合采集，实现一次采集、多方利用。

（三）拓展应用场景。加快全国一体化政务服务平台建设，推动各地政务服务平台向乡镇（街道）延伸，建设开发智慧社区信息系统和简便应用软件，提高基层治理数字化智能化水平，提升政策宣传、民情沟通、便民服务效能，让数据多跑路、群众少跑腿。充分考虑老年人习惯，推行适老化和无障碍信息服务，保留必要的线下办事服务渠道。

七、加强组织保障

（一）压实各级党委和政府责任。各级党委和政府要加强对基层治理的组织领导，完善议事协调机制，强化统筹协调，定期研究基层治理工作，整体谋划城乡社区建设、治理和服务，及时帮助基层解决困难和问题。加强对基层治理工作成效的评估，评估结果作为市、县级党政领导班子和领导干部考核，以及党委书记抓基层党建述职评议考核的重要内容。市、县级党委和政府要发挥一线指挥部作用，乡镇（街道）要提高抓落实能力。组织、政法、民政等部门要及时向党委和政府提出政策建议。

（二）改进基层考核评价。市、县级党委和政府要规范乡镇（街道）、村（社区）权责事项，并为权责事项以外委托工作提供相应支持。未经党委和政府统一部署，各职能部门不得将自身权责事项派交乡镇（街道）、村（社区）承担。完善考核评价体系和激励办法，加强对乡镇（街道）、村（社区）的综合考核，严格控制考核总量和频次。统筹规范面向基层的督查检查，清理规范工作台账、报表以及“一票否决”、签订责任状、出具证明事项、创建示范等项目，切实减轻基层负担。做好容错纠错工作，保护基层干部干事创业的积极性。

（三）保障基层治理投入。完善乡镇（街道）经费保障机制，进一步深化乡镇（街道）国库集中支付制度改革。编制城乡社区服务体系建设规划，将综合服务设施建设纳入国土空间规划，优化以党群服务中心为基本阵地的城乡社区综合服务设施布局。各省（自治区、直辖市）要明确乡镇（街道）、村（社区）的办公、服务、活动、应急等功能面积标准，按照有关规定采取盘活现有资源或新建等方式，支持建设完善基层阵地。

（四）加强基层治理队伍建设。充实基层治理骨干力量，加强基层党务工作者队伍建设。各级党委要专门制定培养规划，探索建立基层干部分级培训制度，建好用好城乡基层干部培训基地和在线培训平台，加强对基层治理人才的培养使用。推进编制资源向乡镇（街道）倾斜，鼓励从上往下跨层级调剂使用行政和事业编制。严格执行乡镇（街道）干部任期调整、最低服务年限等规定，落实乡镇机关事业单位工作人员乡镇工作补贴政策。建立健全村（社区）党组织书记后备人才库，实行村（社区）党组织书记县级党委组织部门备案管理。研究制定加强城乡社区工作者队伍建设政策措施，市、县级政府要综合考虑服务居民数量等因素制定社区工作者配备标准；健全社区工作者职业体系，建立岗位薪酬制度并完善动态调整机制，落实社会保险待遇，探索将专职网格员纳入社区工作者管理。加强城乡社区服务人才队伍建设，引导高校毕业生等从事社区工作。

（五）推进基层治理创新。加快基层治理研究基地和智库建设，加强中国特色社会主义基层治理理论研究。以市（地、州、盟）为单位开展基层治理示范工作，加强基层治理平台建设，鼓励基层治理改革创新。认真总结新冠肺炎疫情防控经验，补齐补足社区防控短板，切实巩固社区防控阵地。完善基层治理法律法规，适时修订《中华人民共和国城市居民委员会组织法》《中华人民共和国村民委员会组织法》，研究制定社区服务条例。

（六）营造基层治理良好氛围。选树表彰基层治理先进典型，推动创建全国和谐社区。做好基层治理调查统计工作，建立基层治理群众满意度调查制度。组织开展基层治理专题宣传。

工业和信息化部关于加强车联网网络安全和数据安全工作的通知

（工信部网安〔2021〕134 号）

各省、自治区、直辖市及新疆生产建设兵团工业和信息化主管部门，各省、自治区、直辖市通信管理局，中国电信集团有限公司、中国移动通信集团有限公司、中国联合网络通信集团有限公司，有关智能网联汽车生产企业、车联网服务平台运营企业，有关标准化技术组织：

车联网是新一代网络通信技术与汽车、电子、道路交通运输等领域深度融合的新兴产业形态。智能网联汽车是搭载先进的车载传感器、控制器、执行器等装置，并融合现代通信与网络技术，实现车与车、路、人、云端等智能信息交换、共享，具备复杂环境感知、智能决策、协同控制等功能，可实现“安全、高效、舒适、节能”行驶的新一代汽车。在产业快速发展的同时，车联网安全风险日益凸显，车联网安全保障体系亟须健全完善。为推进实施《新能源汽车产业发展规划（2021—2035 年）》，加强车联网网络安全和数据安全管理工作，现将有关事项通知如下：

一、网络安全和数据安全基本要求

（一）落实安全主体责任。各相关企业要建立网络安全和数据安全管理制度，明确负责人和管理机构，落实网络安全和数据安全保护责任。强化企业内部监督管理，加大资源保障力度，及时发现并解决安全隐患。加强网络安全和数据安全宣传、教育和培训。

（二）全面加强安全保护。各相关企业要采取管理和技术措施，按照车联网网络安全和数据安全相关标准要求，加强汽车、网络、平台、数据等安全保护，监测、防范、及时处置网络安全风险和威胁，确保数据处于有效保护和合法利用状态，保障车联网安全稳定运行。

二、加强智能网联汽车安全防护

（三）保障车辆网络安全。智能网联汽车生产企业要加强整车网络安全架构设计。加强车内系统通信安全保障，强化安全认证、分域隔离、访问控制等措施，防范伪装、重放、注入、拒绝服务等攻击。加强车载信息交互系统、汽车网关、电子控制单元等关键设备和部件安全防护和安全检测。加强诊断接口（OBD）、通用串行总线（USB）端口、充电端口等的访问和权限管理。

（四）落实安全漏洞管理责任。智能网联汽车生产企业要落实《网络产品安全漏洞管理规定》有关要求，明确本企业漏洞发现、验证、分析、修补、报告等工作程序。发现或获知汽车产品存在漏洞后，应立即采取补救措施，并向工业和信息化部网络安全威胁和漏洞信息共享平台报送漏洞信息。对需要用户采取软件、固件升级等措施修补漏洞的，应当及时将漏洞风险及修补方式告知可能受影响的用户，并提供必要技术支持。

三、加强车联网网络安全防护

（五）加强车联网网络设施和网络系统安全防护能力。各相关企业要严格落实网络安全分级防护要求，加强网络设施和网络系统资产管理，合理划分网络安全域，加强访问控制管理，做好网络边界安全防护，采取防范木马病毒和网络攻击、网络侵入等危害车联网安全行为的技术措施。自行或者委托检测机构定期开展网络安全符合性评测和风险评估，及时消除风险隐患。

（六）保障车联网通信安全。各相关企业要建立车联网身份认证和安全信任机制，强化车载通信设备、路侧通信设备、服务平台等安全通信能力，采取身份认证、加密传输等必要的技术措施，防范通信信息伪造、数据篡改、重放攻击等安全风险，保障车与车、车与路、车与云、车与设备等场景通信安全。鼓励相关企业、机构接入工业和信息化部车联网安全信任根管理平台，协同推动跨车型、跨设施、跨企业互联互认互通。

（七）开展车联网安全监测预警。国家加强车联网网络安全监测平台建设，开展网络安全威胁、事件的监测预警通报和安全保障服务。各相关企业要建立网络安全监测预警机制和技术手段，对智能网联汽车、车联网服务平台及联网系统开展网络安全相关监测，及时发现网络安全事件或异常行为，并按照规定留存相关的网络日志不少于6个月。

（八）做好车联网安全应急处置。智能网联汽车生产企业、车联网服务平台运营企业要建立网络安全应急响应机制，制定网络安全事件应急预案，定期开展应急演练，及时处置安全威胁、网络攻击、网络侵入等网络安全风险。在发生危害网络安全的事件时，立即启动应急预案，采取相应的补救措施，并按照《公共互联网网络安全突发事件应急预案》等规定向有关主管部门报告。

（九）做好车联网网络安全防护定级备案。智能网联汽车生产企业、车联网服务平台运营企业要按照车联网网络安全防护相关标准，对所属网络设施和系统开展网络安全防护定级工作，并向所在省（区、市）通信管理局备案。对新建网络设施和系统，应当在规划设计阶段确定网络安全防护等级。各省（区、市）通信管理局会同工业和信息化主管部门做好定级备案审核工作。

四、加强车联网服务平台安全防护

（十）加强平台网络安全管理。车联网服务平台运营企业要采取必要的安全技术措施，加强智能网联汽车、路侧设备等平台接入安全，主机、数据存储系统等平台设施安全，以及资源管理、服务访问接口等平台应用安全防护能力，防范网络侵入、数据窃取、远程控制等安全风险。涉及在线数据处理与交易处理、信息服务业务等电信业务的，应依法取得电信业务经营许可。认定为关键信息基础设施的，要落实《关键信息基础设施安全保护条例》有关规定，并按照国家有关标准使用商用密码进行保护，自行或者委托商用密码检测机构开展商用密码应用安全性评估。

（十一）加强在线升级服务（OTA）安全和漏洞检测评估。智能网联汽车生产企业要建立在线升级服务软件包安全验证机制，采用安全可信的软件。开展在线升级软件包网络安全检测，及时发现产品安全漏洞。加强在线升级服务安全校验能力，采取身份认证、加密传输等技术措施，保障传输环境和执行环境的网络安全。加强在线升级服务全过程的网络安全监测和应急响应，定期评估网络安全状况，防范软件被伪造、篡改、损毁、泄露和病毒感染等网络安全风险。

（十二）强化应用程序安全管理。智能网联汽车生产企业、车联网服务平台运营企业要建立车联网应用程序开发、上线、使用、升级等安全管理制度，提升应用程序身份鉴别、通信安全、数据保护等安全能力。加强车联网应用程序安全检测，及时处置安全风险，防范恶意应用程序攻击和传播。

五、加强数据安全保护

（十三）加强数据分类分级管理。按照“谁主管、谁负责，谁运营、谁负责”的原则，智能网联汽车生产企业、车联网服务平台运营企业要建立数据管理台账，实施数据分类分级管理，加强个人信息与重要数据保护。定期开展数据安全风险评估，强化隐患排查整改，并向所在省（区、市）通信管理局、工业和信息化主管部门报备。所在省（区、市）通信管理局、工业和信息化主管部门要对企业履行数据安全保护义务进行监督检查。

（十四）提升数据安全技术保障能力。智能网联汽车生产企业、车联网服务平台运营企业要采取合法、正当方式收集数据，针对数据全生命周期采取有效技术保护措施，防范数据泄露、毁损、丢失、篡改、误用、滥用等风险。各相关企业要强化数据安全监测预警和应急处置能力建设，提升异常流动分析、违规跨境传输监测、安全事件追踪溯源等水平；及时处置数据安全事件，向所在省（区、市）通信管理局、工业和信息化主管部门报告较大及以上数据安全事件，并配合开展相关监督检查，提供必要技术支持。

（十五）规范数据开发利用和共享使用。智能网联汽车生产企业、车联网服务平台运营企业要合理开发利用数据资源，防范在使用自动化决策技术处理数据时，侵犯用户隐私权和知情权。明确数据共享和开发利用的安全管理和责任要求，对数据合作方数据安全保护能力进行审核评估，对数据共享使用情况进行监督管理。

（十六）强化数据出境安全管理。智能网联汽车生产企业、车联网服务平台运营企业需向境外提供在中华人民共和国境内收集和产生的重要数据的，应当依法依规进行数据出境安全评估并向所在省（区、市）通信管理局、工业和信息化主管部门报备。各省（区、市）通信管理局会同工业和信息化主管部门做好数据出境备案、安全评估等工作。

六、健全安全标准体系

（十七）加快车联网安全标准建设。加快编制车联网网络安全和数据安全标准体系建设指南。全国通信标准化技术委员会、全国汽车标准化技术委员会等要加快组织制定车联网防护定级、服务平台防护、汽车漏洞分类分级、通信交互认证、数据分类分级、事件应急响应等标准规范及相关检测评估、认证标准。鼓励各相关企业、社会团体制定高于国家标准或行业标准相关技术要求的企业标准、团体标准。

特此通知。

工业和信息化部
2021年9月15日

关于推进医院安全秩序管理工作的指导意见

（国卫医发〔2021〕28号）

各省、自治区、直辖市卫生健康委、党委政法委、网信办、高级人民法院、人民检察院、公安厅（局）、司法厅（局）、中医药局，新疆生产建设兵团卫生健康委、党委政法委、党委网信办、高级人民法院分院、人民检察院、公安局、司法局：

为认真贯彻落实习近平总书记重要指示批示精神，进一步维护正常医疗秩序，保护医务人员人身安全，为医患双方营造良好诊疗环境，现就推进医院安全秩序管理工作提出以下指导意见。

一、指导思想和工作目标

（一）指导思想。坚持以习近平新时代中国特色社会主义思想为指导，全面贯彻党的十九大和十九届二中、三中、四中、五中全会精神，牢固树立以人民为中心的发展思想，充分发挥平安中国建设协调机制的统筹作用，将医院安全秩序管理工作与社会治安防控体系建设相结合，与推进市域社会治理现代化、基层社会治理创新等相结合，以医院安全防控体系建设为载体，提升医院安全秩序管理法治化、专业化、智能化水平，为人民群众看病就医、医务人员治病救人以及新冠肺炎疫情防控工作营造安全稳定的环境，为推动医院高质量发展和健康中国、平安中国建设提供坚实有力保障，不断增强人民群众的获得感、幸福感、安全感。

（二）工作原则和目标。按照预防与处置相结合，传统方法与现代科技相结合，安防系统建设与社会综合治理相结合，安检与便民相结合，平急贯通、警医联动的原则，协同配合、系统推进，分类施策、突出重点，推动医院安保组织更加健全，医院安全管理制度更加规范，风险预警机制更加高效，应急处置机制更加完善，逐步构建系统、科学、高效、智慧的高水平医院安全防范体系。

二、主要措施

（一）全面提升安防系统能力水平。

1. 加强医院安全秩序管理组织机构和制度建设。医院主要负责人是本院安全秩序管理的第一责任人。要健全安全秩序管理工作领导机制，加强专职保卫机构（保卫处、科）力量，提高专业化水平，明确工作职责，各职能部门和科室要明确安全秩序管理工作负责人，形成主要领导负总责、分管领导具体抓、专职保卫机构组织实施、相关职能部门密切配合的工作格局。制定落实风险排查、安全防控、守护巡查、应急处置、教育培训、定期检查等安全保卫工作制度。医院领导班子要定期听取安全秩序管理工作情况汇报，研究推进措施，将医院安全秩序管理工作与医疗服务工作同谋划、同部署、同推进、同考核。

2. 加强医院保卫队伍建设。医院要根据人流量、地域面积、建筑布局以及所在地社会治安形势等实际情况，配齐配强专职保卫人员，聘用足够的保安员，鼓励医院自行招聘保安员。完善医院专职保卫人员招录、职级晋升、职业培训等职业保障制度，进一步激发工作积极性。医院保安员数量应当遵循“就高不就低”原则，按照不低于在岗医务人员总数的 3%或者 20 张病床 1 名保安或日均门诊量 3‰的标准配备，有条件的医院可以在此基础上增加保安员数量。要综合考虑保安员年龄、培训经历、服务质量等因素，经培训合格后持证上岗。对没有条件配备专职保安的医院，探索通过一定地域范围内统一建设并派驻安保力量、设置公安机关巡逻点、建立群防群治守望岗等多种方式，加强安保守卫。保安员在秩序维护、突发事件处置、日常巡逻等方面责任要明确到岗位、到个人。医院应当结合特定场景，在属地公安机关指导下，对专职保卫人员和保安员加强相关法律知识和保卫业务、技能培训，规范保安员考核评价，提高职业能力和水平。

3. 加强医院物防设施建设。医院要为在岗保卫人员和保安员配备必要的通讯设备和防护器械。医院供水、供电、供气、供热、供氧、“毒、麻、精、放”药（物）品、易燃易爆物品存放库房等重点要害部位应当按照相关规定或者标准安装安全防护设施。医院周界要设置围墙或栅栏等实体防护设施，出入口、挂号处等人员密集处要设置隔离疏导设施。

4. 加强医院技防系统建设。医院应当按照相关国家标准和行业标准，建立完善入侵报警系统、视频监控系统、出入口控制系统和电子巡查系统，并实现系统间互联互通。医院要设置安全监控中心，对本单位技防系统的安全信息进行集中统一管理，实现医院内公共区域、重点区域视频监控全覆盖。医院门卫室、各科室、重点要害部位要安装一键式报警装置，并与医院安全监控中心联网，确保发生突发事件时能及时通知保卫机构和保安员，迅速现场先期处置。

5. 推进医院智慧安防。医院要积极应用物联网、5G、大数据等现代科技手段，按照有关国家标准和行业标准，布建智能安防系统。各地要结合立体化、信息化社会治安防控体系等要求，进一步加强医院和公安机关数据共享，实现智能治理深度应用，构建医院及周边全域覆盖的安防合成化体系，最大限度防范预警危险因素。各地公安机关、卫生健康行政部门（含中医药主管部门，下同）要精准赋能提升医院安保能力，打造一批智慧安防样板医院，提升安保工作的科技支撑能力。

（二）加强源头治理。

1. 严密细致排查矛盾风险。党委政法委、卫生健康、公安、司法行政等部门应当加强协作配合，建立信息沟通机制，指导医院定期开展安全风险排查，尤其关注重点时段、重点人群、重点区域，及时梳理安全防范的薄弱环节，查找短板漏洞，剖析问题原因，形成风险和问题清单，立行立改，逐一化解、纠正。

2. 多元化解医疗纠纷。坚持和发展新时代“枫桥经验”，畅通医疗纠纷多元化解渠道。医院要提高医疗质量和服务水平，加强医患沟通，进一步规范投诉处理流程，力争把医疗纠纷化解在萌芽状态和初始阶段。对未解决的医疗纠纷，适宜通过人民调解解决的，应当引导到当地医疗纠纷人民调解组织解决。对于易引发矛盾激化，甚至引起治安案件、刑事案件的纠纷，医院应当及时向当地公安机关、卫生健康行政部门通报，依托平安医院建设协调机制，按照属地管理原则，推动患者居住地的基层组织协助做好沟通、教育工作，有效化解纠纷。

3. 加大疏导稳控力度。对于有暴力倾向、扬言伤医等人员，属地综治中心、公安机关、卫生健康行政部门等有关部门要会同其所在单位、社区、家庭开展帮扶救助、心理疏导、法治宣传，落实稳控措施，严防发生个人极端案事件。对有肇事肇祸风险的严重精神障碍患者，要落实救治、救助措施，或者依法收治入院，严防造成现实危害。对在医院及其周边滋事、扰乱秩序的，属地公安机关要迅速出警处置，严防发生恶性案件。

（三）有效预警防范。

1. 强化医院警务室建设。公安机关应当在三级医院和有条件的二级医院设立警务室，配备必要警力；尚不具备条件的二级医院根据实际情况在周边设立治安岗亭（巡逻必到点）。医院应当为警务室提供必要的工作条件。各省级公安机关应当会同同级卫生健康行政部门根据医院实际需求及公安勤务模式，探索医院警务室（站）建设标准，指导强化医院警务室（站）正规化、专业化、智能化建设，进一步明确工作职责。警务室（站）民警应当组织指导医院开展安全检查、巡逻防控、突发事件处置等工作。

2. 有序开展安检工作。医院应当建立安全检查制度，按照安检工作实际需求，配备通过式金属探测门、微剂量X射线安全检查设备、手持式金属探测器等相应安检设备。日均门诊量5000人次以上或者床位1000张以上的大型医院应当在主要出入口实施安检，防止人员携带刀具、爆炸物品、危险物品进入医院。医院开展安检工作，应当兼顾患者就医体验，要为急危重症患者设置安检绿色通道，以安全、合法、便民为导向，不影响正常医疗秩序。各省级卫生健康行政部门、公安部门应当就开展医院安检工作共同发布通告，根据本地实际情况，制定并公布医院禁止限制携带物名录。

3. 建立完善高风险就诊人员信息共享、预警机制。各地卫生健康行政部门、公安机关要建立医院安全保卫信息平台，共享高风险就诊人员信息、涉医110警情和涉医案件违法犯罪行为人等数据信息，实现智能精准预警，最大限度防范预警危险因素。医院要落实实名制预约诊疗，建立高风险人员预警提醒机制，遇有扬言实施暴力、多次到医院无理缠闹、醉酒吸毒、有肇事肇祸风险的严重精神障碍患者等高风险就诊人员，及时提醒医务人员，并应安排安保人员陪诊，必要时报告公安机关，对当事人进行法制宣教、警示行为后果。

（四）切实强化应急处置工作。

1. 制定专门应急预案并常态开展应急演练。医院要在属地公安机关指导下制定完善突发事件应急预案，组建应急安保队伍并加强培训，强化日常应急处突准备，提高涉医突发事件现场处置能力。定期组织应急演习，针对演练中暴露出的问题隐患，对应急预案及时进行调整优化和修订完善，力争做到事态早控制、事件快处置、矛盾不升级。

2. 强化警医联动处置机制。各地要深化警医合作，建立有效的信息沟通机制，做好对各类涉医安全信息的收集掌握、分析研判，及时发现倾向性、苗头性线索。卫生健康行政部门要积极会同公安机关进一步完善本地涉医突发事件处理流程，特别是明确现场处置、医疗救治、舆情应对、维护稳定等方面工作要求。公安机关对发生在医院的 110 警情和刑事、治安案件要第一时间出警、受理，依法快速处置。

3. 严厉打击涉医违法犯罪。公安机关应当建立涉医案件盯办机制，接到医院报警求助后，第一时间出警、控制案件现场，依法迅速受案、立案侦查。人民检察院应当对重大涉医案件指定专人负责，加快审查逮捕和审查起诉进度。人民法院应当加快审理进度，在全面查明案件事实的基础上正确适用法律、准确定罪量刑，对犯罪动机卑劣、情节恶劣、手段残忍、主观恶性深、人身危险性大，或者所犯罪行严重危害公共安全、社会影响恶劣的被告人，予以从严惩处。重大案件上级机关要挂牌督办，各地对典型案例要做好总结、通报，发挥法律震慑作用。

4. 做好舆情引导。卫生健康、公安等相关部门要进一步健全涉医案事件新闻宣传、舆论引导与联动处置一体化机制。要严格落实重大涉医案件“三同步”工作要求，在开展案件侦办工作的同时，及时发布权威信息，回应社会关切。要做好受害人家属和医务人员安抚工作，确保家属和医务人员情绪稳定，协调宣传、网信等部门加强舆论引导和网络舆情监测，严防因有害信息传播和媒体炒作诱发效仿。

（五）加强医院安全秩序宣传教育。

1. 提高医务人员安全意识和防范能力。医院要将提高医务人员安全意识和自我防护能力作为加强预警防范的重要内容。医院应当在公安机关指导下，针对医务人员不同岗位，开展有针对性的安全防范教育和技能培训，提高医务人员安全防范意识和应对突发事件能力。

2. 争取社会理解支持。加大正面宣传力度，充分利用传统媒体和新媒体平台，创新宣传形式，增强医警民互动，提高社会对医院安全秩序管理工作重要性的认识，取得群众理解和社会支持，特别是对医院开展安检工作的理解和支持。

3. 加强法治宣传教育。在医院主要出入口、诊室张贴严厉打击涉医违法犯罪、构建和谐医患关系的海报和标语提示。继续做好《医疗纠纷预防和处理条例》宣传贯彻工作，加强法治案例警示，引导群众在法治轨道内解决争端、维护权益。同时，加大对医疗卫生事业和医务人员正面宣传，弘扬崇高职业精神，提高群众健康素养，培育理性就医行为，形成健康舆论环境。

三、工作要求

（一）强化组织领导。各地要进一步提高政治站位，把加强医院安全秩序管理作为一项重要政治任务，作为维护国家长治久安的重要民生工程来抓。卫生健康行政部门要将医院安全秩序管理相关工作要求及问题及时向党委、政府汇报，通过推动制定完善地方性法规、政府规章等方式，加强对医院安保工作的规范指引，在法治轨道上提升医院安保工作水平。

（二）加强协作配合。各地要切实把加强医院安全秩序管理工作作为建设更高水平平安中国的重要任务来抓，依托平安医院建设工作小组，完善多部门联动协调工作机制，特别是在打击涉医违法犯罪、警医联动建设、涉医矛盾纠纷排查化解等领域，要加强部门间的沟通交流、密切合作。要坚持上下联动、系统推动、内外互动，探索创新工作思路和方法，及时总结推广各地的好经验，并以制度的形式固化下来，形成长效机制。

（三）分类分步实施。各地要结合实际情况，区分不同医院规模、类型和级别，分类推进医院安防工作，细化医院安全防范系统建设实施细则和标准。各地卫生健康行政部门要会同有关部门分类指导、精准施策，在政策、财政保障上统筹考虑、合理分配、有所倾斜。各地要建立医院安全秩序管理工作台账，制订完善目标任务表，完成一家，销号一家。

（四）加强监督考评。各地要按照“属地管理、分级负责”的原则，依法强化监督指导责任，用好督办、通报、约谈等督促工作形式，充分发挥平安医院考评指挥棒作用。对于因工作不到位造成严重后果或者恶劣社会影响的，要严肃追究相关人员责任；对政策措施落实到位，取得突出成绩的要予以表扬激励。各地卫生健康行政部门、公安部门要加强对医院安全防范措施落实情况的检查，对安全隐患较多，案事件频发的地方和单位，公安机关依法依规处罚并督促整改。中央政法委、国家卫生健康委、公安部、国家中医药局等部门将适时对发生过重大涉医案事件的地方组织开展“回头看”，推动各地进一步强化责任落实，提升医院安保能力和水平。

国家卫生健康委
中央政法委
中央网信办
最高人民法院
最高人民检察院
公安部
司法部
国家中医药局
2021 年 9 月 22 日

第二节 地方法规、规章及规范性文件

本节收录了 5 部 2021 年新颁布的安防行业相关的地方法规、规章及规范性文件，目录如下：

上海市数据条例（节选）

（2021 年 11 月 25 日上海市第十五届人民代表大会常务委员会第三十七次会议通过）

第一章 总则

第一条 为了保护自然人、法人和非法人组织与数据有关的权益，规范数据处理活动，促进数据依法有序自由流动，保障数据安全，加快数据要素市场培育，推动数字经济更好服务和融入新发展格局，根据《中华人民共和国数据安全法》《中华人民共和国个人信息保护法》等法律、行政法规，结合本市实际，制定本条例。

第二条 本条例中下列用语的含义：

（一）数据，是指任何以电子或者其他方式对信息的记录。

（二）数据处理，包括数据的收集、存储、使用、加工、传输、提供、公开等。

（三）数据安全，是指通过采取必要措施，确保数据处于有效保护和合法利用的状态，以及具备保障持续安全状态的能力。

（四）公共数据，是指本市国家机关、事业单位，经依法授权具有管理公共事务职能的组织，以及供水、供电、供气、公共交通等提供公共服务的组织（以下统称公共管理和服务机构），在履行公共管理和服务职责过程中收集和产生的数据。

第三条　本市坚持促进发展和监管规范并举，统筹推进数据权益保护、数据流通利用、数据安全管理，完善支持数字经济发展的体制机制，充分发挥数据在实现治理体系和治理能力现代化、推动经济社会发展中的作用。

第四条　市人民政府应当将数据开发利用和产业发展、数字经济发展纳入国民经济和社会发展规划，建立健全数据治理和流通利用体系，促进公共数据社会化开发利用，协调解决数据开发利用、产业发展和数据安全工作中的重大问题，推动数字经济发展和城市数字化转型。

区人民政府应当按照全市总体要求和部署，做好本行政区域数据发展和管理相关工作，创新推广数字化转型应用场景。

乡镇人民政府、街道办事处应当在基层治理中，推进数据的有效应用，提升治理效能。

第五条　市政府办公厅负责统筹规划、综合协调全市数据发展和管理工作，促进数据综合治理和流通利用，推进、指导、监督全市公共数据工作。

市发展改革部门负责统筹本市新型基础设施规划建设和数字经济发展，推进本市数字化重大体制机制改革、综合政策制定以及区域联动等工作。

市经济信息化部门负责协调推进本市公共数据开放、社会经济各领域数据开发应用和产业发展，统筹推进信息基础设施规划、建设和发展，推动产业数字化、数字产业化等工作。

市网信部门负责统筹协调本市个人信息保护、网络数据安全和相关监管工作。

市公安、国家安全机关在各自职责范围内承担数据安全监管职责。

市财政、人力资源社会保障、市场监管、统计、物价等部门在各自职责范围内履行相关职责。

市大数据中心具体承担本市公共数据的集中统一管理，推动数据的融合应用。

第六条　本市实行数据工作与业务工作协同管理，管区域必须管数字化转型、管行业必须管数字化转型，加强运用数字化手段，提升治理能力和治理水平。

本市鼓励各区、各部门、各企业事业单位建立首席数据官制度。首席数据官由本区域、本部门、本单位相关负责人担任。

第七条　市人民政府设立由高校、科研机构、企业、相关部门的专家组成的数据专家委员会。数据专家委员会开展数据权益保护、数据流通利用、数据安全管理等方面的研究、评估，为本市数据发展和管理工作提供专业意见。

第八条　本市加强数字基础设施规划和布局，提升电子政务云、电子政务外网等的服务能力，建设新一代通信网络、数据中心、人工智能平台等重大基础设施，建立完善网络、存储、计算、安全等数字基础设施体系。

第九条　市、区有关部门应当将数据领域高层次、高学历、高技能以及紧缺人才纳入人才支持政策体系；完善专业技术职称体系，创新数据人才评价与激励机制，健全数据人才服务和保障机制。

本市加强数据领域相关知识和技术的宣传、教育、培训，提升公众数字素养和数字技能，将数字化能力培养纳入公共管理和服务机构教育培训体系。

第十条　市标准化行政主管部门应当会同市政府办公厅、市有关部门加强数据标准体系的统筹建设和管理。

市数据标准化技术组织应当推动建立和完善本市数据基础性、通用性地方标准。

第十一条　本市支持数据相关行业协会和组织发展。行业协会和组织应当依法制定并推动实施相关团体标准和行业规范，反映会员合理诉求和建议，加强行业自律，提供信息、技术、培训等服务，引导会员依法开展数据处理活动，配合有关部门开展行业监管，促进行业健康发展。

第二章 数据权益保障

第一节 一般规定

第十二条 本市依法保护自然人对其个人信息享有的人格权益。

本市依法保护自然人、法人和非法人组织在使用、加工等数据处理活动中形成的法定或者约定的财产权益，以及在数字经济发展中有关数据创新活动取得的合法财产权益。

第十三条 自然人、法人和非法人组织可以通过合法、正当的方式收集数据。收集已公开的数据，不得违反法律、行政法规的规定或者侵犯他人的合法权益。法律、行政法规对数据收集的目的和范围有规定的，应当在法律、行政法规规定的目的和范围内收集。

第十四条 自然人、法人和非法人组织对其合法取得的数据，可以依法使用、加工。法律、行政法规另有规定或者当事人另有约定的除外。

第十五条 自然人、法人和非法人组织可以依法开展数据交易活动。法律、行政法规另有规定的除外。

第十六条 市、区人民政府及其有关部门可以依法要求相关自然人、法人和非法人组织提供突发事件处置工作所必需的数据。

要求自然人、法人和非法人组织提供数据的，应当在其履行法定职责的范围内依照法定的条件和程序进行，并明确数据使用的目的、范围、方式、期限。收集的数据不得用于与突发事件处置工作无关的事项。对在履行职责中知悉的个人隐私、个人信息、商业秘密、保密商务信息等应当依法予以保密，不得泄露或者非法向他人提供。

第十七条 自然人、法人和非法人组织开展数据处理活动、行使相关数据权益，应当遵守法律、法规，尊重社会公德和伦理，遵守商业道德，诚实守信，不得危害国家安全和公共利益，不得损害他人的合法权益。

第二节 个人信息特别保护

第十八条 除法律、行政法规另有规定外，处理个人信息的，应当取得个人同意。个人信息的处理目的、处理方式和处理的个人信息种类发生变更的，应当重新取得个人同意。

处理个人自行公开或者其他已经合法公开的个人信息，应当依法在合理的范围内进行；个人明确拒绝的除外。处理已公开的个人信息，对个人权益有重大影响的，应当依法取得个人同意。

第十九条 基于个人同意处理个人信息的，应当保证个人在充分知情的前提下自愿、明确作出同意，不得通过误导、欺诈、胁迫等违背其真实意愿的方式取得同意。法律、行政法规规定处理个人信息应当取得个人单独同意或者书面同意的，从其规定。

处理者在提供产品或者服务时，不得以个人不同意处理其个人信息或者撤回同意为由，拒绝提供产品或者服务；处理个人信息属于提供产品或者服务所必需的除外。

第二十条 处理个人信息前，应当向个人告知下列事项：

（一）处理者的名称或者姓名和联系方式；

（二）处理个人信息的目的、方式；

（三）处理的个人信息种类、保存期限；

（四）个人依法享有的权利以及行使权利的方式和程序；

（五）法律、行政法规规定应当告知的其他事项。

处理者应当以显著方式、清晰易懂的语言真实、准确、完整地告知前款事项。

第二十一条 个人发现其个人信息不准确或者不完整的，有权请求处理者更正、补充。

有下列情形之一的，处理者应当主动删除个人信息；处理者未删除的，个人有权请求删除：

（一）处理目的已实现、无法实现或者为实现处理目的不再必要；

（二）处理者停止提供产品或者服务，或者保存期限已届满；

（三）个人撤回同意；

（四）处理者违反法律、行政法规或者违反约定处理个人信息；

（五）法律、行政法规规定的其他情形。

对属于本条第一款、第二款情形的，处理者应当分别予以更正、补充、删除。法律、行政法规另有规定的，从其规定。

第二十二条　处理自然人生物识别信息的，应当具有特定的目的和充分的必要性，并采取严格的保护措施。处理生物识别信息应当取得个人的单独同意；法律、行政法规另有规定的，从其规定。

第二十三条　在本市商场、超市、公园、景区、公共文化体育场馆、宾馆等公共场所，以及居住小区、商务楼宇等区域，安装图像采集、个人身份识别设备，应当为维护公共安全所必需，遵守国家有关规定，并设置显著标识。

所收集的个人图像、身份识别信息，只能用于维护公共安全的目的，不得用于其他目的；取得个人单独同意的除外。

本条第一款规定的公共场所或者区域，不得以图像采集、个人身份识别技术作为出入该场所或者区域的唯一验证方式。

第二十四条　利用个人信息进行自动化决策，应当遵循合法、正当、必要、诚信的原则，保证决策的透明度和结果的公平、公正，不得对个人在交易价格等交易条件上实行不合理的差别待遇。

通过自动化决策方式向个人进行信息推送、商业营销的，应当同时提供不针对其个人特征的选项，或者向个人提供便捷的拒绝方式。

通过自动化决策方式作出对个人权益有重大影响的决定，个人有权要求处理者予以说明，并有权拒绝处理者仅通过自动化决策的方式作出决定。

第八章　数据安全

第七十八条　本市实行数据安全责任制，数据处理者是数据安全责任主体。

数据同时存在多个处理者的，各数据处理者承担相应的安全责任。

数据处理者发生变更的，由新的数据处理者承担数据安全保护责任。

第七十九条　开展数据处理活动，应当履行以下义务，保障数据安全：

（一）依照法律、法规的规定，建立健全全流程数据安全管理制度和技术保护机制；

（二）组织开展数据安全教育培训；

（三）采取相应的技术措施和其他的必要措施，确保数据安全，防止数据篡改、泄露、毁损、丢失或者非法获取、非法利用；

（四）加强风险监测，发现数据安全缺陷、漏洞等风险时，应当立即采取补救措施；

（五）发生数据安全事件时，应当立即采取处置措施，按照规定及时告知用户并向有关主管部门报告；

（六）利用互联网等信息网络开展数据处理活动，应当在网络安全等级保护制度的基础上，履行上述数据安全保护义务；

（七）法律、法规规定的其他数据安全保护义务。

第八十条　本市按照国家要求，建立健全数据分类分级保护制度，推动本地区数据安全治理工作。

本市建立重要数据目录管理机制，对列入目录的数据进行重点保护。重要数据的具体目录由市政府办公厅会同市网信等部门编制，并按照规定报送国家有关部门。

第八十一条　重要数据处理者应当明确数据安全责任人和管理机构，按照规定定期对其数据处理活动开展风险评估，并依法向有关主管部门报送风险评估报告。

处理重要数据应当按照法律、行政法规及国家有关规定执行。

第八十二条　市级责任部门应当制定本系统、行业公共数据安全管理制度，并根据国家和本市数据分类分级相关要求对公共数据进行分级，在数据收集、使用和人员管理等业务环节承担安全责任。

属于市大数据中心实施信息化工作范围的，市大数据中心应当对公共数据的传输、存储、加工等技术环节承担安全责任，并按照数据等级采取安全防护措施。

第八十三条 本市按照国家统一部署，建立健全集中统一的数据安全风险评估、报告、信息共享、监测预警机制，加强本地区数据安全风险信息的获取、分析、研判、预警工作。

第八十四条 本市按照国家统一部署，建立健全数据安全应急处置机制。发生数据安全事件，市网信部门应当会同市公安机关依照相关应急预案，采取应急处置措施，防止危害扩大，消除安全隐患，并及时向社会发布与公众有关的警示信息。

第八十五条 本市支持数据安全检测评估、认证等专业机构依法开展服务活动。

本市支持有关部门、行业组织、企业、教育和科研机构、有关专业机构等在数据安全风险评估、防范、处置等方面开展协作。

第十章 附则

第九十条 除本条例第二条第四项规定的公共管理和服务机构外，运行经费由本市各级财政保障的单位、中央国家机关派驻本市的相关管理单位以及通信、民航、铁路等单位在依法履行公共管理和服务职责过程中收集和产生的各类数据，参照公共数据的有关规定执行。法律、行政法规另有规定的，从其规定。

第九十一条 本条例自2022年1月1日起施行。

广东省平安建设条例

（2021年12月1日广东省第十三届人民代表大会常务委员会第三十七次会议通过）

第一章 总则

第一条 为了提高社会治理现代化水平，营造共建共治共享的社会治理格局，推进平安广东建设，根据有关法律、行政法规，结合本省实际，制定本条例。

第二条 本条例适用于本省行政区域内平安建设及其监督管理活动。

第三条 平安建设坚持中国共产党的领导，坚持以人民为中心，坚持统筹发展和安全，坚持共建共治共享，坚持系统治理、依法治理、综合治理、源头治理和专项治理相结合。

第四条 平安建设的主要任务是：

（一）维护国家政治安全；

（二）防范化解社会风险和矛盾纠纷；

（三）依法打击各类违法犯罪行为；

（四）建立健全社会治安防控体系；

（五）加强安全生产和应急管理工作；

（六）健全实有人口服务管理机制；

（七）完善基层社会治理机制；

（八）国家和省规定的其他平安建设任务。

第五条 平安建设组织协调机构在同级党委领导下负责统一部署、组织协调、指导监督辖区内的平安建设工作。

平安建设组织协调机构应当根据平安建设工作需要，确定本辖区内相关单位作为平安建设的成员单位，并实行动态调整。各成员单位应当依照法定职责，按照平安建设权责清单开展工作，落实平安建设工作责任制和领导责任制。

第六条　县级以上人民政府应当将平安建设纳入国民经济和社会发展规划与年度计划，履行平安建设相关职责，并将平安建设工作经费列入本级财政预算。

乡镇人民政府、街道办事处具体负责本行政区域内平安建设工作，组织开展群防群治、基层平安创建等工作。

第七条　社会治安综合治理中心应当整合社会治理资源，创新社会治理方式，健全调度、分办、协同工作机制，协调推动违法犯罪排查防控、矛盾纠纷排查化解、社会安全隐患排查处置等工作，组织做好平安建设宣传活动，加强对辖区内各地区、各部门社会治安综合治理工作的督导检查。

各级人民政府和平安建设组织协调机构应当加强社会治安综合治理中心标准化、实体化建设，配备必要的办公场所和人员。

第二章　基础建设

第八条　各级人民政府应当完善立体化、信息化社会治安防控体系，加强社会面治安防控网、重点行业治安防控网、乡镇（街道）和村（社区）治安防控网、机关和企业事业单位内部安全防控网以及信息网络防控网建设，健全社会治安防控运行机制。

第九条　省平安建设组织协调机构应当制定平安广东智能化建设的总体规划，建立健全平安建设信息共享机制，推动公共安全视频资源联网应用，提升平安建设智能化、信息化水平。

第十条　各级人民政府应当建立健全基层网格化服务管理机制，按照属地管理、标准统一、动态调整的原则科学划分网格，规范网格工作事项清单管理，加强网格员队伍建设，发挥网格化管理在基层平安建设工作中的基础性作用。

第十一条　司法行政部门应当完善公共法律服务体系，加强公共法律服务平台建设，健全村（社区）法律顾问制度，鼓励法学专家、律师、公证员、人民调解员等法律工作者，以及高等学校法学专业学生，发挥专业优势开展法治宣传、提供公共法律服务。

第十二条　卫生健康部门应当会同公安、司法行政、教育、民政等部门建立健全社会心理服务体系和危机干预机制，完善社会心理服务人才培养机制，建设基层社会心理服务平台，加强心理健康知识宣传、指导、咨询服务等工作，推动社会心理服务和教育进学校、进社区、进单位、进家庭。

第十三条　平安建设组织协调机构及成员单位应当开展平安文化建设，推进社会主义核心价值观教育、法治文化教育、安全教育和公民道德建设，提高公民的平安文化素养。

第三章　社会风险防控

第十四条　各级人民政府及相关部门应当建立健全重大决策社会风险评估机制，将社会风险评估作为重大决策的前置程序，预防和减少因决策不当引发的社会矛盾。

各级人民政府及相关部门应当依法行政、严格执法，加强安全生产监管、防灾减灾、应急管理等工作，优化公共服务，完善社会保障和社会救助制度，预防、减少社会风险。

各有关部门应当畅通和规范群众诉求表达、利益协调、权益救济渠道，引导公众依法合理表达利益诉求。

第十五条　各级人民政府及相关部门应当建立健全社会风险隐患排查与预警制度，定期排查各类社会风险隐患，加强风险研判，对可能影响社会稳定的风险，按照规定通报和发布预警信息。

第十六条　平安建设组织协调机构应当定期组织成员单位对可能存在的社会风险进行研判，划分风险等级，并建立健全应对机制。

第十七条　各级人民政府及相关部门应当加强社会风险隐患治理，建立健全处置机制，及时消除社会风险隐患。社会风险引发突发事件的，应当按照有关规定及时组织应急响应。

第十八条 各级人民政府及相关部门应当建立健全本地区、本系统社会风险防控协同制度，明确各类社会风险防控协同的职责分工，完善社会风险防控协同的信息共享与协调机制，加强社会风险防控协同的培训、演练，及时优化社会风险防控措施。

第十九条 各级人民政府及相关部门应当实行社会风险防控责任制，建立社会风险防控责任清单，明确各地区、各部门、各单位社会风险防控的责任，及时有效防范和处置各类社会风险。

第二十条 企业事业单位、社会组织应当依法建立健全社会风险隐患排查机制，开展社会风险评估，及时消除社会风险隐患，并向相关主管部门报告。主管部门应当加强对相关企业事业单位、社会组织的监督指导。

第四章　重点防治

第二十一条 学校、幼儿园、医院、公园、大型商业中心、机场、车站、港口码头、铁路沿线、出入境口岸、城中村等区域的管理单位或者运营单位应当按照有关法律法规和技术标准配备安防人员和设施设备，制定突发事件应急预案，定期组织应急演练，防范暴力恐怖活动，提高防控能力。

第二十二条 司法行政、卫生健康、民政、公安等有关主管部门应当加强对社区矫正对象、刑满释放人员、吸毒人员、社区戒毒和社区康复人员、严重精神障碍患者、流浪乞讨人员等的服务与管理。

第二十三条 各级人民政府、监察委员会、人民法院、人民检察院应当加强常态化扫黑除恶工作，完善常态化源头预防和打击整治机制，依法打击涉黑涉恶违法犯罪行为。

相关部门在市场监管、交通运输、工程建设、医疗卫生等领域进行行政执法时，发现涉黑涉恶案件线索的，应当及时移交公安机关；对行业监管存在的问题，应当及时开展整治。

第二十四条 大型群众性活动的主办者、承办者依法负责承办活动的安全，大型群众性活动的场所管理者依法负责活动场所及设施的安全。

公安机关依法开展对大型群众性活动的安全管理工作。对经安全许可的大型群众性活动，公安机关根据安全需要组织相应警力，维持活动现场周边的治安、交通秩序，预防和处置突发治安事件，查处违法犯罪活动。

其他有关部门按照各自职责，负责大型群众性活动的安全工作。

第二十五条 公安、网信、通信管理等部门应当按照职责加强网络安全管理和防护工作，建立健全网络安全综合防控体系，开展网络安全宣传教育，加强公民个人信息保护，加强对网络运营者的监督管理，预防和打击网络违法犯罪行为。

网络运营者应当履行网络安全主体责任，落实网络安全等级保护制度要求，制定网络安全应急预案，保障网络数据安全和用户信息安全，防范网络安全风险。

负责关键信息基础设施安全保护工作的部门和关键信息基础设施运营者，在落实网络安全等级保护制度的基础上，应当突出保护重点，落实重点防护措施，维护关键信息基础设施安全。

第二十六条 县级以上人民政府应当建立健全打击治理电信网络诈骗协调工作机制，统筹打击治理电信网络诈骗工作。

公安机关应当会同金融监管、通信管理部门建立健全快速查询、冻结、止付的联动机制，完善预警劝阻和诈骗电话拦截封堵等机制，依法打击利用电信、网络等方式实施的诈骗及其他违法犯罪行为，电信企业、金融机构、互联网企业应当予以配合。

电信企业、金融机构、互联网企业应当加强电信网络诈骗风险监测和反诈骗宣传教育，发现涉嫌电信网络诈骗的，应当及时向客户作出风险提示，按照规定采取阻断措施并向公安机关报告。

第二十七条 县级以上人民政府应当建立健全防范和处置非法集资工作机制，统筹防范和处置非法集资工作。

处置非法集资的牵头部门、行业主管部门和监管部门发现本行业、本领域可能存在非法集资风险的，应当依法对相关单位和个人进行警示约谈，责令整改。相关单位和个人应当在限期内完成整改并反馈有关情况。

金融机构、非银行支付机构应当建立健全内部管理制度，严格执行大额交易和可疑交易报告制度，加强对社会公众防范非法集资的宣传教育。

第二十八条 卫生健康部门、医疗机构应当健全医疗纠纷预防和处置制度，及时查处医疗事故，加强宣传疏导，引导医患双方依法解决医疗纠纷。

公安机关依法维护医疗机构治安秩序，查处、打击侵害患者和医务人员合法权益以及扰乱医疗秩序等违法犯罪行为。

第二十九条 沿海县级以上人民政府应当坚持陆海统筹，牵头建立健全近岸海域管控协调机制，加强与有关部门、机构的协作配合，共同维护近岸海域安全和国家海洋权益。

第三十条 平安建设组织协调机构应当建立健全重点治理和挂牌整治机制，对平安建设重点地区、重点行业、重点领域实施重点治理，对平安建设突出问题实施挂牌整治。

第五章 社会矛盾纠纷化解

第三十一条 平安建设组织协调机构应当推动建立健全社会矛盾纠纷多元化解机制，完善多元化解社会矛盾纠纷综合协调工作平台建设，拓宽第三方参与社会矛盾纠纷化解的制度化渠道，发挥和解、调解、仲裁、公证、行政裁决、行政复议、诉讼等作用，促进社会矛盾纠纷及时有效化解。

第三十二条 县级以上平安建设组织协调机构应当组织协调人民法院、司法行政部门、仲裁机构等单位，依法建立健全诉讼与非诉讼的分流与衔接机制，鼓励当事人选择非诉讼程序解决矛盾纠纷，并在程序安排、效力确认、生效法律文书执行等方面加强机制对接。

第三十三条 教育、住房城乡建设、卫生健康、交通运输、市场监管、金融监管、人力资源社会保障、农业农村等部门应当根据实际需要，指导有关行业、专业领域设立相应的行业性、专业性调解组织，对特定行业、专业领域的矛盾纠纷进行调解。

第三十四条 人民法院对家事纠纷、相邻关系、小额债务、消费纠纷、交通事故、医疗纠纷、物业管理、劳动争议等适宜调解的纠纷，可以在征求当事人意愿的基础上，引导当事人在登记立案前由特邀调解组织或者特邀调解员先行调解。

人民法院对于经审查符合立案条件且适宜调解的案件，经征得当事人同意，可以在立案后依法委托给特邀调解组织、特邀调解员进行调解。

第三十五条 司法行政部门应当支持和保障公证机构依法履行职责，综合运用公证证明、保全证据、现场监督、赋予强制执行效力等制度，在家事、商事等领域开展公证活动或者调解服务，发挥公证在矛盾纠纷多元化解和诉源治理中的作用。

第六章 社会参与

第三十六条 国家机关、人民团体、企业事业单位和其他社会组织应当建立健全内部平安建设机制，完善防范内部安全风险责任制度，落实各项安全措施，及时掌握本单位职工心理健康情况，对本单位职工开展社会安全责任教育。

第三十七条 村民委员会、居民委员会应当依法协助乡镇人民政府、街道办事处开展平安建设工作，将平安建设内容纳入村规民约、居民公约。

第三十八条 行业协会、商会等社会组织应当发挥行业自律作用，指导和支持会员参与平安建设，协助主管部门做好本行业平安建设相关工作。

第三十九条 物业服务企业、大型商业中心、大型市场应当协助有关部门、乡镇人民政府、街道办事处、村民委员会、居民委员会开展平安建设工作。

第四十条 公民应当遵守法律和社会公德，增强自我防护意识，提高安全防范能力，教育未成年子女遵纪守法，促进家庭和邻里关系和谐。

第四十一条 县级以上人民政府及相关部门应当支持群防群治队伍建设，结合本地区实际对群防群治组织进行业务指导、培训。

第四十二条 县级平安建设组织协调机构应当建立健全基层平安创建机制，组织开展基层平安创建活动，动员社会力量参与基层平安建设工作。

第四十三条 各级人民政府应当完善政府购买服务等相关扶持政策，支持社会工作服务机构及其他社会组织发挥专业服务功能，依法有序承接平安建设有关工作；健全社会志愿服务体系，完善志愿者权益保障与激励机制，引导、支持社会组织、企业事业单位和公民参与平安建设工作。

第四十四条 报刊、广播、电视、网络等各类媒体应当开展平安建设公益宣传，对平安建设工作进行舆论监督。

第七章　监督与责任

第四十五条 省平安建设组织协调机构应当建立健全平安建设考核评价机制，制定考核评价标准和指标体系，强化考核评价结果运用，推动落实平安建设工作责任制和领导责任制。

县级以上平安建设组织协调机构在实施平安建设考核评价时，可以委托第三方机构开展群众安全感和平安工作满意度调查。

第四十六条 对在平安建设工作中成绩显著的单位、组织和个人，应当按照国家和省的规定给予表彰、奖励。

对未达到平安建设目标要求的，按照国家和省的规定追究相关单位、组织和个人的责任。

第四十七条 平安建设组织协调机构应当完善督导检查机制，发现相关单位履行职责不力的，应当对相关单位主要负责人进行约谈。

第四十八条 县级以上人民代表大会常务委员会应当加强对平安建设工作的监督。

监察委员会、人民法院、人民检察院在履行职责中发现平安建设突出问题的，应当依法提出监察建议、司法建议、检察建议。

第四十九条 平安建设组织协调机构、人民政府及相关部门未依法履行平安建设工作职责，由上一级平安建设组织协调机构责令限期整改；逾期不整改或者未按期完成整改目标的，有权机关应当依法予以处理。

国家机关工作人员在平安建设及相关监督管理工作中滥用职权、玩忽职守、徇私舞弊的，依法给予处分；构成犯罪的，依法追究刑事责任。

第五十条 人民团体、企业事业单位和其他社会组织违反本条例规定，未依法履行平安建设义务的，有关主管部门应当责令限期整改，并可以予以通报批评；法律、法规另有规定的，从其规定。

第八章　附则

第五十一条 本条例自2022年1月1日起施行。2017年6月2日广东省第十二届人民代表大会常务委员会第三十三次会议通过的《广东省人民代表大会常务委员会关于深化平安广东建设的决定》同时废止。

广东省数字经济促进条例

（2021年7月30日广东省第十三届人民代表大会常务委员会第三十三次会议通过）

广东省第十三届人民代表大会常务委员会公告

（第85号）

《广东省数字经济促进条例》已由广东省第十三届人民代表大会常务委员会第三十三次会议于2021年7月30日通过，现予公布，自2021年9月1日起施行。

广东省人民代表大会常务委员会

2021年7月30日

广东省数字经济促进条例

第一章　总则

第一条　为了促进数字经济发展，推进数字产业化和产业数字化，推动数字技术与实体经济深度融合，打造具有国际竞争力的数字产业集群，全面建设数字经济强省，根据有关法律、行政法规，结合本省实际，制定本条例。

第二条　本条例适用于本省行政区域内促进数字经济发展，以及为数字经济提供支撑保障等相关活动。

本条例所称数字经济，是指以数据资源为关键生产要素，以现代信息网络作为重要载体，以信息通信技术的有效使用作为效率提升和经济结构优化的重要推动力的一系列经济活动。

第三条　数字经济发展应当遵循创新引领、数据驱动、融合赋能、包容审慎、安全发展的原则。

第四条　数字经济发展以数字产业化和产业数字化为核心。数字产业化主要促进数字产品制造业、数字产品服务业、数字技术应用业、数字要素驱动业的发展；产业数字化主要促进工业数字化、农业数字化、服务业数字化等数字化效率提升业的发展。

第五条　县级以上人民政府应当将数字经济发展纳入国民经济和社会发展规划，并根据需要制定本级数字经济发展规划。

省人民政府应当加强对全省数字经济发展的统筹部署，营造数字经济发展良好环境。地级以上市、县级人民政府应当及时掌握数字经济发展动态，协调解决重大问题，按照上级人民政府统筹部署组织实施。

第六条　省人民政府发展改革主管部门负责拟制促进数字化发展战略、规划和重大政策，推进数字化发展重大工程和项目实施；工业和信息化主管部门负责促进数字经济发展工作，拟制促进数字经济发展的战略、规划和政策措施并组织实施；统计主管部门负责建立数字经济统计监测机制，开展数字经济统计调查和监测分析，依法向社会公布。

地级以上市、县级人民政府工业和信息化主管部门或者本级人民政府确定的主管部门，负责推进数字经济发展具体工作。

县级以上人民政府其他有关部门按照职责分工，做好数字经济发展工作。

第七条 省人民政府及有关部门应当加强与“一带一路”沿线国家和地区在数字基础设施、数字商贸、数字金融、智慧物流等领域的交流合作，扩大数字经济领域开放。加强粤港澳大湾区数字经济规则衔接、机制对接，推进网络互联互通、数字基础设施共建共享、数字产业协同发展。

县级以上人民政府及有关部门应当按照本省关于珠三角核心区、沿海经济带、北部生态发展区的区域发展格局，加强数字经济区域优势互补、差异化协调发展。

鼓励社会力量参与数字经济发展，加强国内外交流合作。

第八条 引导企业等市场主体在促进数字经济发展政策支持下，进行数字化转型。支持和鼓励各类市场主体参与数字经济领域投资建设。

支持行业协会、科研机构、高等学校以及其他组织为促进数字经济发展提供创业孵化、投资融资、技术支持、法律服务、产权交易等服务。

第二章 数字产业化

第九条 县级以上人民政府应当促进计算机通信和其他电子设备制造业、电信广播电视和卫星传输服务、互联网和相关服务、软件和信息技术服务业等发展，培育人工智能、大数据、区块链、云计算、网络安全等新兴数字产业，谋划布局未来产业。

第十条 省人民政府及发展改革、科技、工业和信息化等有关部门应当统筹规划集成电路产业发展，提升基金、平台、高等学校、园区支撑水平，从制造、设计、封测、材料、装备、零部件、工具、应用等方面构建产业支柱，支持优质项目投资建设，打造集成电路产业创新发展高地。

第十一条 省人民政府及科技、工业和信息化等有关部门应当统筹规划软件产业发展，培育具有自主知识产权的软件产业，推进软件产品迭代、平台搭建、产业化应用、适配测试和开源开放，拓展用户市场，构建安全可控、共建共享的软件产业生态。

第十二条 省人民政府及工业和信息化、通信管理等有关部门应当统筹规划新一代移动通信产业发展和应用创新，加强材料、制造工艺等领域前沿布局，构建集材料、芯片、基站、设备、终端、应用于一体的新一代移动通信产业链。

第十三条 县级以上人民政府及发展改革、商务、市场监督管理等有关部门应当培育互联网平台企业，支持利用互联网平台推进资源集成共享和优化配置。依法依规明确平台企业定位和监管规则，促进平台经济和共享经济规范有序创新健康发展。

互联网平台经营者应当建立健全平台管理规则和制度，依法依约履行产品和服务质量保障、网络安全保障、数据安全保障、消费者权益保护、个人信息保护等方面的义务。

第十四条 县级以上人民政府及发展改革、科技、工业和信息化、商务、市场监督管理等有关部门应当引导支持数字经济领域的龙头企业、高新技术企业，以及科技型中小企业和专业化、精细化、特色化、新颖化中小企业发展。

县级以上人民政府及地方金融监督管理等有关部门应当培育数字经济领域企业上市资源，支持有条件的企业依法到证券交易机构上市。

第十五条 县级以上人民政府及发展改革、科技、工业和信息化等有关部门应当结合本地实际，引导支持数字产业基地和园区建设，重点培育下列数字产业集群：

（一）新一代电子信息；

（二）软件与信息服务；

（三）超高清视频显示；

（四）半导体与集成电路；

（五）智能机器人；

（六）区块链与量子信息；

（七）数字创意；

（八）其他重要数字产业集群。

第十六条　引导互联网企业、行业龙头企业、基础电信企业开放数据资源和平台计算能力等，支持企业、科研机构、高等学校等创建数字经济领域众创空间、科技企业孵化器、科技企业加速器、大学科技园等创新创业载体，构建协同共生的数字经济产业创新生态。

第三章　工业数字化

第十七条　县级以上人民政府应当推进工业实施全方位、全角度、全链条的改造，提升全要素生产率，加快工业生产模式和企业形态变革，促进工业数字化、网络化、智能化转型。

第十八条　县级以上人民政府及工业和信息化、通信管理等有关部门应当推动跨行业、跨领域以及特色型、专业型工业互联网平台建设，支持企业改造提升工业互联网内外网络，建立完善工业互联网标识解析体系，健全工业互联网安全保障体系。

第十九条　省人民政府及科技、工业和信息化、通信管理等有关部门应当通过推动工业互联网平台、网络、标识解析、安全等关键技术突破，增强工业芯片、工业软件、工业操作系统等供给能力，实现工业制造技术和工艺数字化、软件化。

第二十条　县级以上人民政府及工业和信息化等有关部门应当推动工业数字化产业生态建设，培育工业数字化转型服务商，以提供数字化平台、系统解决方案以及数字产品和服务。

第二十一条　县级以上人民政府及工业和信息化等有关部门应当推动发展智能制造，加强工业互联网创新应用，支持工业企业实施数字化改造，推进工业设备和业务系统上云上平台，建设智能工厂、智能车间，培育推广智能化生产、网络化协同、个性化定制、服务化延伸、数字化管理等新业态新模式。

第二十二条　县级以上人民政府及工业和信息化、国有资产监督管理等有关部门应当推动大型工业企业开展集成应用创新，推进关键业务环节数字化，带动供应链企业数字化转型。推动中小型工业企业运用低成本、快部署、易运维的工业互联网解决方案，普及应用工业互联网。

第二十三条　县级以上人民政府及工业和信息化等有关部门应当结合本地实际，推进产业集群数字化改造，推动产业集群利用工业互联网进行全要素、全产业链、全价值链的连接，通过信息、技术、产能、订单共享，实现跨地域、跨行业资源的精准配置与高效对接。

支持产业集群骨干企业、工业数字化转型服务商等组建产业联合体，开发推广行业通用的技术集成解决方案，促进集群企业协同发展。

第四章　农业数字化

第二十四条　县级以上人民政府应当加快种植业、种业、林业、畜牧业、渔业、农产品加工业等数字化转型，推动发展智慧农业，促进乡村振兴。

第二十五条　县级以上人民政府及农业农村等有关部门应当推动遥感监测、地理信息等信息通信技术在农田建设、农机作业、农产品质量安全追溯等的应用，支持建设智慧农业云平台和农业大数据平台，探索智慧农业技术集成应用解决方案，提升农业生产精细化、智能化水平。

第二十六条　县级以上人民政府及农业农村、商务等有关部门应当支持新型农业规模经营主体、加工流通企业与电子商务企业融合，推动农产品加工、包装、冷链、仓储、配送等物流设施数字化建设，培育电子商务农产品品牌，促进农业农村电子商务发展。

第二十七条　县级以上人民政府及农业农村、通信管理等有关部门应当提升乡村信息网络水平，推动乡村信息服务供给和基础设施数字化转型。

第二十八条 县级以上人民政府及农业农村、文化和旅游等有关部门应当推动互联网与特色农业融合发展，培育推广创意农业、认养农业、观光农业以及游憩休闲、健康养生、创意民宿等数字乡村新业态新模式。

第五章 服务业数字化

第二十九条 县级以上人民政府应当重点推动智能交通、智慧物流、数字金融、数字商贸、智慧教育、智慧医疗、智慧文旅等数字应用场景建设，创新服务内容和模式，提升服务质量和效率。

第三十条 县级以上人民政府交通运输主管部门应当推动发展智能交通，加速交通基础设施网、运输服务网、能源网与信息网络融合发展，构建泛在先进的交通信息基础设施。构建综合交通大数据中心体系。培育推广智能网联汽车、自动驾驶船舶、自动化码头，以及定制公交、智能公交、智能停车等新业态新模式。

第三十一条 县级以上人民政府及发展改革、交通运输、邮政管理等有关部门应当推动发展智慧物流，推进货物、运输工具、场站等物流要素数字化，支持物流园区、大型仓储设施、货运车辆等普及应用数字化技术和智能终端设备，提升物流智能化水平。

第三十二条 县级以上人民政府地方金融监督管理部门应当推动发展数字金融，优化移动支付应用，推进数字金融与产业链、供应链融合。

按照国家规定探索数字人民币的应用和国际合作。

第三十三条 县级以上人民政府及商务等有关部门应当推动发展数字商贸，引导支持服务贸易和数字贸易的集聚区、平台及其促进体系发展。促进跨境电子商务综合试验区、数字服务出口基地建设，培育推广云服务、数字内容、数字服务、跨境电子商务等新业态新模式，支持数字化商贸平台建设，发展社交电子商务、直播电子商务等，完善发展机制、监管模式，建设与国际接轨的高水平服务贸易和数字贸易开放体系，提升数字商贸水平。

第三十四条 县级以上人民政府教育主管部门应当推动发展智慧教育，推进教育数据和数字教学资源互通共享，支持建设智慧校园、智慧课堂、互联网教育资源服务大平台，培育推广并规范管理互动教学、个性定制等在线教育新业态新模式。

第三十五条 县级以上人民政府卫生健康主管部门应当推动发展智慧医疗，推进人工智能、大数据、区块链和云计算在医学影像辅助诊断、临床辅助决策、智能化医学设备、公共卫生事件防控等领域的应用，加快开展网上预约、咨询、挂号、分诊、问诊、结算以及药品配送、检查检验报告推送等网络医疗服务，建设互联网医院，拓展医疗卫生机构服务空间和内容。

县级以上人民政府民政、卫生健康主管部门应当推动发展智慧健康养老产业，推动个人、家庭、社区、机构与健康养老资源有效对接和优化配置，促进健康养老服务智慧化升级，以满足个人和家庭多层次、多样化健康养老服务需求。

第三十六条 县级以上人民政府及网信、文化和旅游、广电、版权等有关部门应当推动发展互联网文体娱乐业等，支持建设公共文化云平台和智慧图书馆、博物馆等数字文化场馆，培育推广游戏、动漫、电竞、网络直播、融媒体等新业态新模式，发展网络视听、数字出版、数字娱乐、线上演播等产业，鼓励拓展优秀传统文化产品和影视剧、游戏等数字文化产品的海外市场。

县级以上人民政府及文化和旅游等有关部门应当推动发展智慧旅游，加强线上旅游宣传，推广在线预约预订服务，创新道路信息、气象预警等旅游公共服务模式，引导旅游景区开发数字化体验产品并普及景区电子地图、线路推荐、语音导览等智慧化服务。

第六章 数据资源开发利用保护

第三十七条 鼓励对数据资源实行全生命周期管理，挖掘数据资源要素潜力，发挥数据的关键资源作用和创新引擎作用，提升数据要素质量，培育数据要素市场，促进数据资源开发利用保护。

第三十八条　国家机关以及法律、法规授权的具有管理公共事务职能的组织在依法履行职责、提供服务过程中产生或者获取的公共数据，应当按照国家和省的有关规定进行分类分级，实行目录制管理。

县级以上人民政府政务服务数据管理部门统筹推进公共数据资源共享开放和开发利用，规范公共数据产品服务。国家机关以及法律、法规授权的具有管理公共事务职能的组织应当建立公共数据开放范围的动态调整机制，创新公共数据资源开发利用模式和运营机制，满足市场主体合理需求。

第三十九条　县级以上人民政府及政务服务数据管理等有关部门应当促进各类数据深度融合，鼓励依法依规利用数据资源开展科学研究、数据加工等活动，引导各类主体通过省统一的开放平台开放数据资源。支持构建工业、农业、服务业等领域数据资源开发利用场景。

第四十条　自然人、法人和非法人组织对依法获取的数据资源开发利用的成果，所产生的财产权益受法律保护，并可以依法交易。法律另有规定或者当事人另有约定的除外。

探索数据交易模式，培育数据要素市场，规范数据交易行为，促进数据高效流通。有条件的地区可以依法设立数据交易场所，鼓励和引导数据供需方在数据交易场所进行交易。

第四十一条　数据的收集、存储、使用、加工、传输、提供、公开等处理活动，应当遵守法律、法规，履行数据安全保护义务，尊重社会公德和伦理，遵守商业道德和职业道德，诚实守信，承担社会责任。

开展数据处理活动，不得危害国家安全、公共利益，不得损害个人、组织的合法权益。

个人信息受法律保护。个人信息的收集、存储、使用、加工、传输、提供、公开等处理活动，应当遵循合法、正当、必要原则，不得过度处理，并符合法律、法规规定的条件。

第四十二条　县级以上人民政府及网信、发展改革、工业和信息化、农业农村、商务、市场监督管理、政务服务数据管理等有关部门应当推广数据管理相关国家标准和行业标准，规范数据管理，提升数据质量。

探索推动产业数据的收集、存储、使用、加工、传输和共享，加强产业数据分类分级管理，支持企业提升数据汇聚、分析、应用能力，以及构建数据驱动的生产方式和企业管理模式。

第七章　数字技术创新

第四十三条　省人民政府及有关部门应当围绕数据的产生、传输、存储、计算与应用环节，推动数字技术创新，加强数字技术基础研究、应用基础研究和技术成果转化，完善产业技术创新体系和共性基础技术供给体系。

第四十四条　省人民政府及科技等有关部门应当围绕数字经济实施省重点领域研发计划重大专项，构建国家重大科技项目承接机制，推动获取重大原创科技成果和自主知识产权。

第四十五条　省人民政府及科技等有关部门应当探索建立数字经济关键核心技术攻关新型体制机制，重点在集成电路、基础软件、工业软件等基础领域，新一代移动通信、人工智能、区块链、数字孪生、量子科技、类脑计算等前沿技术领域，加快推进基础理论、基础算法、装备材料等关键核心技术攻关和突破。

第四十六条　省人民政府应当统筹规划、科学布局，推进数字经济领域省实验室建设，打造数字技术大型综合研究基地和原始创新策源地。

第四十七条　省人民政府及发展改革、科技、工业和信息化、市场监督管理等有关部门应当推动数字经济领域的科技创新平台、公共技术服务平台和重大科技基础设施建设，构建以企业为主体、市场为导向的技术创新体系。

第四十八条　县级以上人民政府及教育、科技等有关部门应当推进数字经济产学研合作，支持科研机构、高等学校等与企业共建技术创新联盟、科技创新基地、博士工作站、博士后科研工作站等创新平台，加强科研力量优化配置和资源共享，促进关键共性技术研发、系统集成和工程化应用。

支持数字技术开源平台、开源社区和开放技术网络建设，鼓励企业开放软件源代码、硬件设计和应用服务。

第四十九条 县级以上人民政府市场监督管理部门，以及其他行政主管部门应当加强数字经济标准化工作，依法对数字经济标准的实施进行监督。

支持社会团体、企业及其他组织开展数字经济国际国内标准交流合作，参与制定数字经济国际规则、国际国内标准，自主制定数字经济团体标准和企业标准。

第五十条 县级以上人民政府及教育、科技、工业和信息化、财政等有关部门应当支持科研机构、高等学校和企业完善数字技术转移机制；探索实施政府采购首台（套）装备、首批次产品、首版次软件等政策，支持创新产品和服务的应用推广；鼓励将财政资金支持形成的科技成果许可给中小企业使用，提升成果转化与产业化水平。

第八章　数字基础设施建设

第五十一条 县级以上人民政府应当完善数字基础设施体系，重点统筹通信网络基础设施、新技术基础设施、存储和计算基础设施等建设，推进传统基础设施的数字化改造，布局卫星互联网等未来网络设施。

第五十二条 数字基础设施的建设和布局应当纳入国土空间规划，市政、交通、电力、公共安全等相关基础设施规划应当结合数字经济发展需要，与数字基础设施相关规划相互协调和衔接。

第五十三条 县级以上人民政府及通信管理等有关部门应当支持新一代固定宽带网络和移动通信网络建设，推进核心网、承载网、接入网及基站、管线等信息通信网络建设。

工程建设、设计等相关单位应当按照有关建设设计标准和规范，预留信息通信网络设施所需的空间、电力等资源，并与主体工程同时设计、同时施工、同时验收。

推动通信设施与铁路、城市轨道、道路、桥梁、隧道、电力、地下综合管廊、机场、港口、枢纽站场、智慧杆塔等基础设施以及相关配套设施共商共建共享共维。

第五十四条 县级以上人民政府及有关部门应当推进物联网建设，积极部署低成本、低功耗、高精度、高可靠的智能化传感器，推进基础设施、城市治理、物流仓储、生产制造、生活服务、应急管理、生态保护等领域感知系统的建设应用、互联互通和数据共享。

县级以上人民政府及有关部门可以根据实际情况推进车联网建设，扩大车联网覆盖范围，提高路侧单元与道路基础设施、智能管控设施的融合接入能力，推进道路基础设施、交通标志标识的数字化改造和建设。

第五十五条 省人民政府及发展改革、科技、工业和信息化等有关部门应当统筹推进人工智能、区块链、云计算等新技术基础设施建设，支持建设底层技术平台、算法平台、开源平台等基础平台，建立领先的通用技术能力支撑体系。

第五十六条 省人民政府及发展改革、科技、工业和信息化、通信管理等有关部门应当统筹推进数据中心、智能计算中心、超级计算中心、边缘计算节点等存储和计算基础设施建设，支持优化升级改造，提升计算能力，构建高效协同的数据处理体系。

第五十七条 县级以上人民政府应当结合本地实际，推动能源、交通、城市、物流、医疗、教育、文化、自然资源、农业农村、水利、生态环境、应急等领域的传统基础设施数字化、智能化改造。

第五十八条 省人民政府自然资源主管部门应当统筹建设本省卫星导航定位基准服务系统和配套基础设施，提供卫星导航定位基准信息公共服务。

鼓励符合法定条件的组织参与卫星互联网基础设施建设，构建通信、导航、遥感空间基础设施体系。

第九章　保障措施

第五十九条　县级以上人民政府应当坚持数字经济、数字政府、数字社会一体建设，营造良好数字生态。在政务服务、财政、税收、金融、人才、知识产权，以及土地供应、电力接引、设施保护、政府采购等方面完善政策措施，为促进数字经济发展提供保障。

第六十条　省人民政府及政务服务数据管理部门应当推进数字政府改革建设，完善管运分离、政企合作的管理体制，创新建设运营模式，优化一网通办政务服务，推动一网统管省域治理，强化一网协同政府运行，提高政府数字化服务数字经济发展效能。

省人民政府及政务服务数据管理部门应当统筹规划全省政务网络基础设施建设，打造全省统一的政务基础网络、政务云平台和政务大数据中心，推进一体化网上政务服务平台以及移动政务平台的建设和应用。

第六十一条　省人民政府及有关部门统筹使用省级专项资金，有条件的地级以上市、县级人民政府在本级财政预算中安排资金，重点用于数字经济关键核心技术攻关、重大创新平台、公共技术平台和产业载体建设、应用示范和产业化发展、企业培育等领域。

县级以上人民政府应当依法落实数字经济的税收优惠政策。完善投融资服务体系，拓宽数字经济市场主体融资渠道。发挥省级政策性基金作用，重点支持数字经济领域重大项目建设和高成长、初创型数字经济企业发展。

第六十二条　县级以上人民政府及教育、人力资源社会保障等有关部门应当鼓励企事业单位、社会组织等培养创新型、应用型、技能型、融合型人才，支持高等学校、中等职业学校与企业开展合作办学，培养数字经济专业人才。

县级以上人民政府及人力资源社会保障主管部门应当将数字经济领域引进的高层次、高技能以及紧缺人才纳入政府人才支持政策范围，按照规定享受入户、住房、子女教育等优惠待遇。探索建立适应数字经济新业态发展需要的人才评价机制。

第六十三条　县级以上人民政府及市场监督管理、版权等有关部门应当加强数字经济领域知识产权保护，培育知识产权交易市场，探索建立知识产权保护规则和快速维权体系，依法打击知识产权侵权行为。

第六十四条　县级以上人民政府及市场监督管理部门应当依法查处滥用市场支配地位、实施垄断协议以及从事不正当竞争等违法行为，保障各类市场主体的合法权益，营造公平竞争市场环境。

县级以上人民政府及人力资源社会保障等有关部门应当加强劳动用工服务指导，清理对灵活就业的不合理限制，鼓励依托数字经济创造更多灵活就业机会，完善平台经济、共享经济等新业态从业人员在工作时间、报酬支付、保险保障等方面政策规定。

第六十五条　县级以上人民政府及网信、应急管理、政务服务数据管理、通信管理等有关部门，企业、平台等处理数据的主体应当落实数字经济发展过程中的安全保障责任，健全安全管理制度，加强重要领域数据资源、重要网络、信息系统和硬件设备安全保障，健全关键信息基础设施保障体系，建立安全风险评估、监测预警和应急处置机制，采取必要安全措施，保护数据、网络、设施等方面的安全。

第六十六条　县级以上人民政府应当建立数字经济创新创业容错免责机制，对新技术、新产业、新业态、新模式等实行包容审慎监管。

第六十七条　县级以上人民政府及有关部门应当加强数字经济宣传、教育、培训，加强数字技能教育和培训，普及提升全社会数字素养。

支持举办数字经济领域的国际国内会展、赛事等活动，搭建数字经济展示交易、交流合作平台，畅通供需对接渠道，提高市场开拓能力。

第六十八条　县级以上人民政府及有关部门应当推进信息无障碍建设，坚持创新智能化服务与改进传统服务并行。鼓励针对老年人、残疾人等运用智能技术困难的群体的出行、就医、消费、文娱、办事等，提供适用的智能化产品和服务，帮助其共享数字生活。

第六十九条 县级以上人民政府有关部门应当按照职责分工，制定执行本条例的工作计划，并定期向本级人民政府报告执行情况。

第七十条 县级以上人民政府应当定期对本级数字经济发展情况进行评估，并对下一级人民政府数字经济发展情况开展监督检查。

数字经济发展情况评估可以委托第三方机构开展，并向社会公布。

第七十一条 各级人民政府及有关部门在数字经济促进工作中不依法履行职责的，依照法律、法规追究责任，对直接负责的主管人员和其他直接责任人员依法给予处分。

违反有关网络安全、数据安全、个人信息保护等法律、法规的，由有关主管部门依法予以处罚；构成犯罪的，依法追究刑事责任。

第十章 附则

第七十二条 本条例自 2021 年 9 月 1 日起施行。

广西壮族自治区关于印发《关于推动城市停车设施发展的实施意见》的通知

（桂发改交通〔2021〕747 号）

各市、县人民政府，自治区人民政府各组成部门、各直属机构：

《关于推动城市停车设施发展的实施意见》已经自治区人民政府同意，现印发给你们，请认真贯彻实施。

广西壮族自治区发展和改革委员会　广西壮族自治区住房和城乡建设厅
广西壮族自治区公安厅　广西壮族自治区自然资源厅
2021 年 8 月 31 日

关于推动城市停车设施发展的实施意见

为贯彻落实《国务院办公厅转发国家发展改革委等部门关于推动城市停车设施发展意见的通知》（国办函〔2021〕46 号）精神，加快补齐城市停车供给短板，改善交通环境，推动高质量发展，现提出以下实施意见。

一、总体要求

（一）指导思想。以习近平新时代中国特色社会主义思想为指导，全面贯彻党的十九大和十九届二中、三中、四中、五中全会精神，深入贯彻习近平总书记对广西工作的系列重要指示精神，以满足合理停车需求为导向，着力加强规划引导，提高空间利用效率，促进土地节约集约利用，以市场化、法治化方式推动城市停车设施发展，提升城市停车综合管理水平，逐步解决城市停车供需矛盾。

（二）主要目标。到 2025 年，基本建成与道路容量相协调、规模适宜、结构合理的城市停车系统。投资多元化、设施智能化、停车规范化、治理法制化、收费市场化局面基本形成，老旧小区、医院、学校、交通枢纽等重点区域停车需求基本得到满足，出行停车难问题得到有效缓解。到 2035 年，布局合理、供给充足、智能高效、便捷可及的城市停车系统全面建成，为现代城市发展提供有力支撑。

二、推进停车设施规划建设

（三）做好停车专项规划编制。各城市人民政府抓紧开展停车普查，合理测算停车需求。依据国土空间规划和城市综合交通体系规划，未制定停车专项规划的城市2022年6月底前完成停车专项规划编制，已制定停车专项规划的城市，根据实际情况开展修编工作。经依法批准的停车专项规划有关要求应及时纳入控制性详细规划，作为城市规划建设和管理的依据。建立停车专项规划评估反馈和跟踪监督机制，确保规划有效实施。（各城市人民政府负责，自治区自然资源厅、住房城乡建设厅、交通运输厅按职责分工加强指导支持）

（四）有效保障基本停车需求。各城市人民政府结合实际情况，实行分类分区定位，坚持停车设施差别化供给。通过挖潜及改造停车设施，提高停车资源利用效率，优化小区周边道路交通组织，在保障道路通行的前提下，科学划定允许居民在夜间停车的路段、时段，合理利用道路资源缓解城市小区居民夜间停车需求。结合老旧小区、老旧厂区、老旧街区、老旧楼宇等改造，积极扩建新建停车设施。新增停车泊位以配建停车设施为主，路外公共停车设施为辅，路内停车为补充。倡导探索开展停车“社区自治”，社区可在居民委员会监督下成立停车自治组织。“社区自治”区域和停车泊位情况由所在地政府牵头研究确定。加大公交场站配建力度，保障公交车辆停放，到2022年底基本消除公交车夜间占道停车。（各城市人民政府负责，自治区公安厅、自然资源厅、住房城乡建设厅、交通运输厅、应急厅按职责分工加强指导支持）

（五）合理满足出行停车需求。合理确定学校、医院、办公楼、商业区（商圈）、旅游景区等重点区域停车设施规模，公共交通发达区域应合理控制停车设施建设规模。在保障道路交通有序畅通的前提下，统筹路内停车泊位总量，合理划定路内停车泊位。（各城市人民政府负责，自治区发展改革委、公安厅、自然资源厅、住房城乡建设厅、交通运输厅按职责分工加强指导支持）

（六）加强停车换乘衔接。加强换乘停车设施建设，促进出行停车与公共交通有效衔接。南宁、柳州、桂林等城市在城市轨道交通规划建设时应充分考虑在城市轨道交通外围站点建设“停车+换乘”（P+R）停车设施。新建公共交通枢纽要预留充足的公共停车设施用地，采用集约化模式建设停车设施。逐步形成以公共交通为主的城市出行结构。（各城市人民政府负责，自治区发展改革委、自然资源厅、住房城乡建设厅、交通运输厅按职责分工加强指导支持）

三、加快停车设施提质增效

（七）提升装备技术水平。推动我区停车装备制造企业自主创新，加快发展我区停车设施设备产业。大力推广电子不停车快捷收费系统在停车设施应用。推动停车充电一体化发展，按一定比例配建新能源小汽车、公交车等充电设施。（各城市人民政府牵头负责，自治区发展改革委、科技厅、工业和信息化厅、住房城乡建设厅、交通运输厅、能源局按职责分工负责）

（八）优化停车信息管理。依托壮美广西·政务云、自治区数据共享交换平台、公共数据开放平台，推动建设公益性停车信息管理平台，向社会开放共享停车基础数据。支持有条件的地区推进停车信息管理平台与城市信息模型（CIM）基础平台深度融合。引导互联网平台企业依法依规为公众提供停车信息引导等服务。（各城市人民政府负责，自治区发展改革委、工业和信息化厅、科技厅、住房城乡建设厅、大数据发展局按职责分工加强指导支持）

（九）推广智能化停车服务。加大高新技术应用，依托“城市停车信息管理平台”，开发可实现信息查询、车位预约、电子支付等服务功能集成的移动终端，推动停车资源共享和供需快速匹配。鼓励停车服务企业依托信用信息提供收费优惠、车位预约、通行后付费等便利服务。（各城市人民政府负责，自治区发展改革委、工业和信息化厅、科技厅、住房城乡建设厅、交通运输厅、大数据发展局按职责分工加

强指导支持）

（十）鼓励停车资源共享。各城市人民政府制定本市停车资源共享利用的指导意见，机关、事业单位、国有企业在加强安全管理，保障办公正常需求的前提下，率先落实向社会开放停车设施责任。（各城市人民政府负责，自治区发展改革委、机关事务管理局、公安厅、住房城乡建设厅、国资委按职责分工加强指导支持）

四、强化资金保障

（十一）加大政府投资力度。各城市人民政府合理统筹资金支持停车设施建设。充分利用地方政府专项债券资金支持具有一定收益的停车设施项目建设。地方政府可根据当地实际情况，探索成立政府引导基金支持停车产业发展。（各城市人民政府负责，自治区发展改革委、财政厅按职责分工加强指导支持）

（十二）鼓励社会资本参与。充分吸引社会资本参与投资运营停车设施。中心城区、交通枢纽等停车需求大、收益好的区域，社会资本以市场化投资为主开发运营。对停车需求较小区域的停车设施，可通过合理确定收费标准、政府适当让渡项目收益权等方式，吸引社会资本参与。对单独新建公共停车场在不改变用地性质、不减少车位的前提下允许一定比例的附属商业面积。在不减少车位的前提下，可允许停车设施配建一定比例的洗车点、便利店等便民设施。（各城市人民政府负责，自治区发展改革委、财政厅、住房城乡建设厅按职责分工加强指导支持）

（十三）创新金融支持方式。对有规划、有目标、有进度、有政策、有治理措施的城市，加大金融支持力度。在完善偿债措施等前提下，支持企业以市场化方式发行用于城市停车设施建设的专项债券。鼓励商业银行等金融机构在风险可控、商业可持续的前提下，探索提供基于停车设施产权和使用权的抵押融资、融资租赁等金融服务；鼓励通过资产证券化等方式，盘活存量资产。多措并举构建多元化、可持续的城市停车设施融资体系。（各城市人民政府牵头负责，自治区发展改革委、住房城乡建设厅、自然资源厅、地方金融监管局，人民银行南宁中心支行、广西银保监局、广西证监局按职责分工负责）

五、完善停车设施用地政策

（十四）加强用地保障。各地安排新增建设用地计划和国有建设用地供应计划时，应充分考虑城市停车设施建设项目的用地需求，优先保障城市停车设施项目用地计划指标。充分利用城市边角空闲土地增建停车设施。中心城区功能搬迁、更新改造等腾出土地应规划预留停车设施建设用地，并在有条件的周边区域增建公共停车设施。推动党政机关、事业单位结合实际利用自有土地增建停车设施，地方政府可通过奖补等措施引导企业单位及其他土地使用权人利用自有土地增建停车设施。（各城市人民政府负责，自治区自然资源厅、机关事务管理局加强指导支持）

（十五）优化停车设施供地方式。各城市人民政府结合具体实际，2021 年底前出台土地分层开发实施细则，落实土地要素市场化配置政策，支持各地采用长期租赁、先租后让、租让结合、弹性年期出让等方式供应停车设施用地。符合《划拨用地目录》的停车设施用地，采取划拨方式供地，不符合的，应依法实行有偿使用。（各城市人民政府负责，自治区自然资源厅加强指导支持）

（十六）充分利用地上地下空间。在城市中心区、商业区等积极推动停车楼、地下停车场、机械式立体停车库等集约化的停车设施建设。在符合规划、消防安全要求前提下，充分挖掘城市道路、体育场、展览会馆、广场、公园绿地以及公交场站、垃圾站等公共设施地下空间潜力，布局建设停车设施，建设多功能综合体。（各城市人民政府负责，自治区自然资源厅、住房城乡建设厅按职责分工加强指导支持）

六、营造良好市场环境

（十七）放宽市场准入条件。优化营商环境，培育公平开放的停车市场环境，鼓励各类市场主体全面参与设施建设、装备研发、产品供应、设施维保、运营管理和信息系统建设。各城市人民政府 2021 年底前出台细化停车设施设备分类及审批管理办法，简化投资建设、经营手续办理程序，提高审批效率，对小型停车设施项目和利用自有土地建设的停车设施项目实行备案制，进一步明确停车设施备案条件要求，确保新建、改建或扩建停车设施及时备案。（各城市人民政府负责，自治区发展改革委、自然资源厅、住房城乡建设厅按职责分工加强指导支持）

（十八）加强建设运营监管。加强停车设施建设工程质量和验收管理，做好各类机械式停车设施设备养护维护和监测，确保安全运行。依托现有平台公司，通过合资、合作、参股等模式引入社会优质专业公司，培育规模化、规范化、专业化停车服务企业，提升管理效率和服务水平。加强行业诚信体系建设，充分发挥行业协会作用，加强从业人员培训，提高服务质量。加强对停车设施及服务企业的监督管理，严厉打击无证无照经营、违法施划和随意挪用占用停车泊位、私自圈地收费和划片就地收费等违法违规经营行为，保障停车设施使用者和停车设施经营者的合法权益。（各城市人民政府负责，自治区发展改革委、住房城乡建设厅、公安厅、交通运输厅、市场监管局按职责分工加强指导支持）

（十九）完善停车收费政策。各城市人民政府要抓紧梳理影响形成市场决定价格机制的难点堵点，修订完善本市停车收费管理规定，对新能源汽车停车收费、分时段收费等方面有针对性完善收费政策，制定差异化收费标准，进一步发挥市场配置资源的作用，逐步缩小政府定价范围。政府定价主要限定在具有公益性特征和自然垄断经营特征的停车设施。停车收费标准应向社会公开，相关职能部门加强对停车收费的监管力度，落实停车收费政策。（各城市人民政府负责，自治区发展改革委、市场监管局、交通运输厅按职责分工加强指导支持）

（二十）完善标准规范体系。各城市人民政府 2022 年底前完成制定或修编居住建筑和不同类型公共建筑的停车设施、公交场站配建地方标准。根据不同项目使用性质和停车需求，合理确定配建指标，并根据城市交通发展变化适时评估调整，及时向社会公布。（各城市人民政府牵头负责，自治区住房城乡建设厅、交通运输厅按职责分工负责）

七、完善停车管理法治保障

（二十一）健全停车管理法规体系。全区要在 2021 年底前清理完毕地方立法权限范围内不符合停车设施建设管理要求的规章制度。2021 年底前完成编制或修订城市地方性停车设施建设管理法规，为依法治理城市停车问题提供法治保障。2021 年底前各地根据城市管理的相关要求，出台符合当地实际的停车设施不动产登记细则。（各城市人民政府、自治区自然资源厅牵头负责，自治区公安厅、司法厅、住房城乡建设厅、交通运输厅按职责分工负责）

（二十二）依法规范停车秩序。建立健全执法联动机制，强化综合执法，实现停车执法全覆盖，维护良好停车秩序。严格按照规定标准设置消防车通道、消防车登高操作场地，并实行标识化管理，采取联合执法等手段严格依法查处堵塞消防车通道、疏散通道及占用消防车登高操作场地等停车行为，确保生命通道畅通。（各城市人民政府负责，自治区公安厅、住房城乡建设厅、交通运输厅、应急厅，广西消防救援总队按职责分工加强指导支持）

八、加强组织领导

（二十三）强化组织实施。各城市人民政府要落实主体责任，建立健全工作机制，建立停车设施建设联席会议制度，统筹协调推动城市停车设施发展。抓紧制定本市实施方案，建立停车设施建设项目库，制定年度工作计划。自治区发展改革委、住房城乡建设厅、公安厅、自然资源厅、交通运输厅、大数据发展局、应急厅等有关部门，要指导和协调督促各地市完善相关政策、落实各项任务，确保目标如期实现。重大问题及时向自治区人民政府报告。

（二十四）做好宣传引导。各城市人民政府和自治区人民政府有关部门要加强城市停车相关法律法规政策解读，引导公众建立积极参与、共建共享、有偿使用等观念，及时向社会公布停车普查结果、停车设施配建标准及建设规划。积极树典型，推广好经验、好做法，曝光负面案例，形成比学赶超的良好氛围。

南京市社会治理促进条例

（2020年12月30日南京市第十六届人民代表大会常务委员会第二十六次会议通过
2021年1月15日江苏省第十三届人民代表大会常务委员会第二十次会议批准）

目 录

第一章　总则

第一条　为了加强和创新社会治理工作，完善社会治理体系，加快推进市域社会治理现代化，实现社会平安和谐，根据有关法律、法规，结合本市实际，制定本条例。

第二条　本市行政区域内政治安全维护、矛盾纠纷化解、社会治安防控、公共安全保障、基层社会治理及其监督管理活动，适用本条例。

第三条　坚持以人民为中心的发展思想，按照系统治理、依法治理、综合治理、源头治理的原则，完善制度体系，提高治理效能，保障人民安居乐业、社会安定有序。

第四条　坚持和完善党委领导、政府负责、民主协商、社会协同、公众参与、法治保障、科技支撑的社会治理体系，提高社会治理社会化、法治化、智能化、专业化水平。

第五条　加强社会建设，将社会治理纳入国民经济和社会发展规划，建立规划发展、社会共建、财政保障、考核评价等工作机制。

第六条　成立由市委、市政府主要负责人为组长的社会治理领导小组，统筹规划平安建设、法治建设与经济社会同步发展，定期研究社会矛盾和安全隐患大排查大整治工作，及时处置影响社会稳定的重要事项和突发事件。

各级人民政府、江北新区管理机构负责辖区内社会治理工作。

监察委员会、人民法院、人民检察院按照各自职责，做好社会治理相关工作。

第七条　社会治理工作应当尊重人民群众的主体地位，保障公众知情权、参与权、表达权、监督权。

建立多方议事协商机制，注重发挥社会公众、企业事业单位、社会组织等作用，形成多层次、全域化、常态化民主协商工作格局。

第八条　建设人人有责、人人尽责、人人享有的社会治理共同体，引导社会公众、企业事业单位、社会组织依法有序参与，实现政府治理和社会调节、居民自治良性互动，建设充满活力、和谐有序的社会。

对社会治理工作成绩突出的组织和个人，政府及其有关部门应当依照相关规定予以表彰奖励。

第九条　加强与长三角区域和南京都市圈社会治理工作的合作交流，推动市域社会治理平台互联互通、生态环境共保联治、公共服务便利共享，对跨市域重大灾害事故和传染病疫情联防联控，促进区域社会治理一体化建设。

第二章　政治安全维护

第十条　加强总体国家安全观教育，坚持中国共产党的领导，维护中国特色社会主义制度，保障人民当家作主的各项权利。

第十一条　加强爱国主义、集体主义和社会主义教育，培育和弘扬社会主义核心价值观。任何组织和个人不得歪曲、丑化、亵渎、否定英雄烈士事迹和精神，不得歪曲、否认南京大屠杀史实，不得侮辱、诽谤南京大屠杀死难者、幸存者，不得编造、传播有损国家和民族尊严、伤害人民感情的言论或者信息。

第十二条　加强网络安全管理，维护国家网络空间主权、安全和发展利益。任何组织和个人不得利用网络从事危害国家安全、扰乱社会秩序、侵害他人合法权益等活动，不得制造、散布、传播政治谣言。

加强网络舆情监管和舆论危机预防应对工作，提高网络安全防护能力，及时监管、精准研判、有效引导网络舆情，培育文明理性的网络环境。

网信、通信、公安、文化等主管部门依照法律、行政法规的规定，在各自职责范围内负责网络安全保护和监督管理的相关工作。

第十三条　依法保障公民宗教信仰自由，维护宗教和睦与社会和谐。任何组织和个人不得利用宗教进行危害国家安全、破坏民族团结、扰乱社会秩序、损害公民身体健康、妨碍国家教育制度等违法犯罪活动，不得宣扬、支持、资助宗教极端主义，不得利用宗教进行其他损害国家利益、社会公共利益和公民合法权益等违法犯罪活动。

第十四条　加强国家安全人民防线建设，做好国家安全风险研判、防控协同、防范化解工作，推动基层人民防线工作融入网格化服务管理。

第三章　矛盾纠纷化解

第十五条　坚持和发展新时代“枫桥经验”，按照预防为主、调解优先的原则，促进人民调解、行政调解、司法调解有机衔接，形成矛盾纠纷多元化解的大调解工作格局。

市、区人民政府和江北新区管理机构建立矛盾纠纷多元化解联席会议制度，加强对跨区域、跨部门、跨行业的矛盾纠纷联合调处，防止矛盾纠纷上行外溢。

完善风险研判机制、决策风险评估机制、风险防控协同机制、风险防控责任机制，从源头上预防矛盾纠纷。

第十六条　完善矛盾纠纷化解工作体系，建立各类调解组织、调解员数据库，构建相互沟通、资源共享、安全可靠的矛盾纠纷化解信息系统，实现线上、线下联动化解矛盾纠纷。

市、区和江北新区司法行政主管部门应当设立非诉讼服务中心，建立矛盾纠纷分流处置机制，引导当事人从和解、调解、仲裁、行政裁决、行政复议、诉讼等途径中优先选择简便、快捷、低成本以及有利于修复关系的方式，实现矛盾纠纷实质性化解。

第十七条　人民调解委员会应当依法开展调解工作。建立人民调解事项负面清单制度，具体列明不属于人民调解委员会调解的事项。负面清单事项由司法行政主管部门制定，并向社会公布。

第十八条　加强矛盾纠纷易发多发领域行业性、专业性人民调解委员会建设，坚持多方参与、联合调解的工作原则，优化完善医患纠纷、劳动人事争议纠纷、交通事故损害赔偿纠纷、消费纠纷、物业服务纠纷、家事纠纷等人民调解工作机制。

第十九条 加强民商事仲裁机构建设，普及仲裁知识，引导各类市场主体优先选择仲裁方式解决民商事纠纷。

第二十条 行政机关或者法律法规授权的具有行政管理职能的组织，对与履行行政管理职责有关的民事纠纷或者行政争议，可以根据当事人的申请，依法进行行政调解。相关部门可以根据需要成立行政调解委员会，并配置行政调解室、接待室。

建立行政调解事项清单制度，具体列明行政调解事项、办理层级、实施主体和救济途径。行政调解事项清单由司法行政主管部门会同政府有关职能部门制定，并向社会公布。

第二十一条 人民法院应当依法做好诉讼与非诉讼矛盾纠纷化解衔接工作。对当事人起诉到人民法院适宜调解的案件，可以引导当事人选择适宜的非诉讼途径，也可以委派人民调解委员会、特邀调解组织或者特邀调解员等进行调解。达成调解协议的，可以依法向人民法院申请司法确认。调解不成的，人民法院应当依法受理。

第二十二条 鼓励和支持基层人民调解委员会邀请离退休老党员、老教师、老政法工作者，以及农村优秀基层干部、乡村教师、退伍军人、文化能人、返乡创业人士等担任人民调解员。

鼓励和支持群众威信高、调解经验丰富的人民调解员成立个人调解工作室。

第二十三条 市、区人民政府和江北新区管理机构可以通过购买服务，支持社会组织和社会工作者为贫困、空巢、失独等特殊家庭，失能、失智、高龄独居老人，家事案件当事人、未成年人犯罪案件被告人和被害人等，提供心理辅导、危机干预、情绪疏解、悲伤抚慰、家庭关系调适等心理援助服务，防范和降低社会风险。

第二十四条 畅通和规范群众诉求表达、利益协调、权益保障渠道，采用媒体、通讯、网络等多种方式，引导群众依法依规合理表达利益诉求，解决矛盾纠纷，维护合法权益。

国家机关应当建立健全信访工作制度，完善信访工作机制，及时回应信访诉求，依法保护人民群众合法权益。

建立人大代表、政协委员联系基层单位、基层组织制度，听取群众意见，反映群众诉求。

第四章 社会治安防控

第二十五条 社会治安防控工作应当坚持预防为主、打防并举、专群结合、群防群治的原则，形成城乡统筹布局、网上网下融合、人技物防结合、打防管控一体的大防控工作格局。

第二十六条 市人民政府应当建立平安指数公开发布制度，对其中治安风险隐患和重大刑事犯罪进行预警提示，引导基层组织和社会公众开展治安防范工作。

第二十七条 市、区人民政府和江北新区管理机构应当按照国家有关规定，建设公共安全视频监控联网应用系统，并纳入公共基础设施进行统一管理。

第二十八条 公安机关应当加强公安检查站、警务查报站、警务工作站建设，实行重点场所和公共复杂场所屯警街面、动中备勤、武装执勤，落实重点场所安全防范措施和民航、铁路、轨道交通等安全检查制度，构建紧密衔接的地下、地面、空中立体防控体系。

第二十九条 市、区人民政府和江北新区管理机构应当加强治安防控基层基础建设，做好流动人口和出租房屋服务管理、禁毒和社区戒毒（康复）、社区矫正和安置帮教、易肇事肇祸精神障碍患者服务管理、未成年人权益保护和犯罪预防等工作。

第三十条 公安机关、人民检察院、人民法院应当依据法律、行政法规和国家有关规定，依法惩处黑恶势力犯罪、严重暴力犯罪和侵财型犯罪等，有效治理通讯网络诈骗、金融诈骗、非法集资、传销、危害食品药品安全等违法犯罪活动。

第三十一条 公安、通信等行政主管部门应当建立网络社会综合防控体系，加强网络空间治理，开展网络违法信息巡查和相关警示教育，预防和惩治涉及互联网的违法犯罪行为，净化网络环境。

互联网运营企业应当履行网络安全主体责任，落实网络安全等级保护制度要求，制定应急预案，防范网络安全风险。

第三十二条 按照常态化运行和战时化响应的要求，建立市、区、镇（街道办事处）、社区四级平安志愿服务组织。鼓励支持社会力量参与群防群治工作，扶持动员社会组织、企业事业单位等参与平安建设。

第五章 公共安全保障

第三十三条 公共安全保障应当坚持安全发展、预防为主、平战结合、公众参与的原则，形成源头治理、动态监控、应急处置相结合的公共安全工作格局。

第三十四条 市、区人民政府和江北新区管理机构应当建立突发事件应急管理委员会，根据工作需要，设立防汛抗旱、减灾防灾、安全生产、地震、消防、重大传染病疫情等专项应急指挥部，负责组织协调、指挥调度相关类别突发事件应对工作。

建立突发事件应急指挥调度系统，开展远程监控、线上跟踪、网络布建、智能处置等综合治理工作。突发事件应急指挥调度系统应当与110、119、120、122等城市公共服务平台建立联动机制，协同做好突发事件应急处置工作。

第三十五条 建立市域重大危险源辨识、申报、监管制度，对易引发自然灾害、事故灾难、公共卫生事件、食品药品安全事件的危险源、危险区域进行调查、登记、风险评估，按照法律、行政法规和国家有关规定向社会公布。

镇人民政府（街道办事处）应当对易引发突发事件的风险隐患组织排查，发现异常情况采取必要处置措施，并按照法律、行政法规和国家有关规定以及相关应急预案的要求，履行报告职责。

第三十六条 任何组织和个人有维护公共安全的社会责任，有权对危害公共安全的行为进行举报。

建立安全生产风险隐患举报制度，对企业事业单位从业人员举报本单位内部严重违法违规行为或者重大风险隐患，经调查属实的，给予物质奖励，并对举报人依法予以保护。具体办法由市应急管理行政主管部门制定，并向社会公布。

第三十七条 大型灯会庙会、体育赛事、文娱演出等群众聚集性活动以及人员密集的旅游景区应当开展安全风险评估，建立大客流监测预警和应急管控处置方案，实行联防联控。

公共场所、住宅小区的主要出入口、电梯口、疏散门、安全出口、避难层（间）等，应当设置安全疏散指示图、指示标识，保持消防救援、生命救治安全通道的畅通。

第三十八条 建立突发事件风险沟通机制，畅通政府有关部门、专业机构、新闻媒体、公众之间信息传递和交流渠道，全面、准确、及时向社会发布突发事件信息，组织动员全社会参与突发事件的预防处置工作。

重大突发事件应急处置应当按照法律、行政法规和国家有关规定，通过政务大数据中心，向供水、供电、供气、通信、民航、铁路、水运、公路客运、轨道交通、公共交通等经营管理单位和各类互联网企业、社会数据所有方，归集使用自然人、法人及相关设施的数据，为紧急救援提供实时数据。

第三十九条 构建预防和应对突发事件的公共空间和集疏运体系，开展防灾减灾、冗余设施和空间的复合利用，完善体育场馆、会展场馆、公园绿地和对外交通干线及设施等应急使用功能建设，提高应急处置能力。

第四十条 建立多层次公共安全风险分担机制，加强巨灾风险转移，分散各类风险。鼓励社会公众参与商业保险和参加互助保险。鼓励保险理赔机构开展产品和服务创新，加强理赔分析，及时提出风险预警，协助出险单位针对风险隐患完善整改措施，为预防和处置公共安全事件提供保险服务。

第四十一条 市应急管理行政主管部门应当组织编制救灾物资储备规划、品种目录和标准，会同相关行政主管部门确定年度购置计划，并按照法律、行政法规、国家和省有关规定下达动用指令。

发展和改革、农业农村、商务、卫生健康等行政主管部门按照各自职责，负责储备重要物资和基本生活物资。应急管理行政主管部门负责储备本部门处置突发事件所需的应急物资和装备。

加强应急物资储备库等公共安全设施建设，扩大应急物资产能储备、技术储备、合同储备规模。

第四十二条 建立以消防、医疗救治、社会心理危机干预等为主体的综合性应急救援队伍。专项应急指挥部可以根据实际需要，组建专业应急救援队伍。

鼓励发展多元化社会应急救援服务，建立应急救援志愿者队伍。鼓励和支持村（居）民委员会以及易受突发事件危害的单位组建基层应急救援队伍。

市、区人民政府和江北新区管理机构应当加强专业应急救援队伍与非专业应急救援队伍合作，联合培训、联合演练。政府相关部门应当加强对应急救援队伍的指导。

第四十三条 任何组织和个人不得编造、传播有关突发事件或者应急处置工作的虚假信息。新闻媒体应当按照相关规定对突发事件进行及时、客观、真实的报道，开展突发事件预防与应急、自救互救知识的公益宣传。

第六章 基层社会治理

第四十四条 加强基层社会治理体系建设，为基层赋权赋能、减负增效，推动社会治理和服务重心向基层下移。

完善“大数据+网格化+铁脚板”治理机制，推动信息、资源和力量联动融合，促进基层社会治理精细化、规范化、现代化建设。

第四十五条 镇人民政府（街道办事处）组织落实本辖区内社会治理工作，依法履行下列职责：

（一）推进社区发展建设，完善社区服务功能，指导村（居）民委员会工作，支持和促进村（居）民依法自治；

（二）统筹辖区资源，组织动员辖区单位和各类社会组织参与基层治理工作；

（三）维护社会和谐稳定，组织实施辖区平安建设工作，预防、排查、化解矛盾纠纷；

（四）做好国家安全人民防线建设、国防教育和兵役等工作；

（五）组织实施辖区环境保护、街巷治理、物业管理监督、应急管理等工作；

（六）组织实施辖区与村（居）民生活密切相关的公共服务工作，落实卫生健康、养老助残、社会救助、住房保障、就业创业、文化教育、体育事业和法律服务等领域的相关法律法规和政策；

（七）法律、法规、规章及省、市、区人民政府作出的决定、命令规定的其他职责。

第四十六条 镇人民政府（街道办事处）应当加强对规模较小、组织较为松散的社区服务类、文化体育类村（居）民活动团体的服务和管理，促进村（居）民情感共同体建设。

鼓励和支持社会组织在社区开展服务，支持党组织健全、公益性质明确、管理规范的社会组织参与社区公益服务，优先承接社区公共服务项目。

第四十七条 村（居）民委员会应当实行村（居）务公开和民主管理，通过引导村（居）民开展民主协商、共同参与社区公共事务，促进村（居）民自治。

建立社区工作事项准入清单制度，行政机关不得擅自将行政事务指派给村（居）民委员会。社区工作事项准入清单由市民政行政主管部门会同政府有关职能部门制定，及时向社会公布，并建立动态调整机制。

加强社会工作者队伍建设，将社会工作专业人才纳入人才发展规划，实行分类管理，建立职业发展和职业保障机制。

第四十八条 市、区人民政府和江北新区管理机构应当将物业管理纳入社区治理体系，促进物业服务企业融入社区治理。

建立物业服务企业参与社区治理清单制度，列明参与事项，明确具体责任。物业服务企业参与社区治理清单由市房产行政主管部门会同政府有关职能部门制定，并向社会公布。

政府有关部门应当通过购买服务、提供补贴津贴等方式，支持物业服务企业参与特殊状态下的社会服务和社区治理工作。

第四十九条　建立在社区党组织领导下，由村（居）民委员会、业主委员会或者物业管理委员会、村（居）民代表组成的议事协商机制，搭建社区民主协商平台，对住宅小区内的公共事务、公益事业等事项进行民主协商，形成社区治理合力，增强村（居）民社区归属感。

村（居）民委员会应当指导、监督业主委员会或者物业管理委员会、物业服务企业参与社区治理活动。业主委员会或者物业管理委员会、物业服务企业应当协助、配合做好社区建设工作。

第五十条　镇人民政府（街道办事处）应当按照国家和省有关规定，科学划分综合网格和专属网格，合理配置网格员，实行网格化服务管理。

按照国家和省有关规定，编制网格服务管理事项清单，以网格为基本单元，开展党的建设、社会保障、综合治理、国家安全、应急管理、社会救助、民生服务、矛盾纠纷化解等工作。

建立市、区、镇（街道办事处）、社区四级社会治理综合指挥系统，推进网格多元共治信息化平台建设，统一网格数据采集系统，开展在线政务服务、在线监管、网格事项在线流转处置，及时回应、解决村（居）民诉求。

第五十一条　专职网格员是社区工作者的组成部分，在村（居）民委员会的安排下，做好网格日常走访巡查、村（居）民意见收集、协助排查处置网格内民间纠纷、排查上报网格内社会治安问题和公共安全隐患等工作。

镇人民政府（街道办事处）应当统筹协调处理网格员收集的事件信息，按照法律规定实施相对集中行政处罚权以及相关行政强制措施。对于不属于镇人民政府（街道办事处）职责范围的事项，应当统筹协调区级有关职能部门开展专项执法或者联合执法。

第五十二条　加强社区服务建设，建立网格联动服务机制，开展集生活家政、医疗健康、养老托幼、自助服务终端等于一体的社区、网格便民服务。

政府有关部门应当及时办结并反馈网格服务管理事项，根据网格化服务管理需要，通过派驻人员、交换数据等方式，共同做好网格化服务管理工作。对委托网格承担的工作任务，应当向网格员提供业务指导和服务支持。

按照就近原则，实行法官、检察官、人民警察、律师进网格，开展法律服务、矛盾化解、法治宣传、民意收集等工作。

第七章　促进措施

第五十三条　市、区人民政府和江北新区管理机构应当加强对社会组织的培育、扶持、服务、监管，重点发展参与基层群众自治、平安建设、公共服务和为特定群体服务等专业型社区社会组织。

第五十四条　培育和弘扬奉献、友爱、互助、进步的志愿精神，鼓励和支持志愿服务组织、志愿者在纠纷化解、治安防控、紧急救援、心理援助、社区服务等方面开展志愿服务。有关单位应当为志愿服务活动提供必要的场所和其他便利条件。

第五十五条　人民团体应当发挥联系人民群众的桥梁纽带作用，助推社会治理工作。工会应当推动建设企业集体协商机制，建立和谐劳动关系。共青团应当引导青年通过公益活动，参与乡村振兴、生态环境保护、社会治理创新等。妇联应当加强家庭家教家风建设，弘扬男女平等、崇德向善、孝老爱亲等良好社会风尚。

第五十六条　完善社会规范建设，行业协会商会应当加强行业自律和行业信用管理，制定行业自律规范、职业道德准则、会员章程、职工守则等；村（居）民委员会应当依法完善居民公约、乡规民约、市民公约、业主公约等行为准则，促进自治、法治、德治相结合。

行业主管部门、镇人民政府（街道办事处）应当加强对社会规范制定和实施情况的监督。

各类市场主体应当履约践诺，诚实守信，自觉遵守行业信用规范，主动参与社会治理，履行社会责任。

第五十七条 完善公共法律服务体系，推动法治社会建设，发挥律师、公证、鉴定、法律援助等专业优势，开展法治宣传，提供法律服务，形成尊法学法守法用法的社会氛围。

第五十八条 完善社会心理服务体系，建立社会心理疏导、危机干预机制，开展社会心态监测、心理健康指导、心理咨询服务等活动，加强心理健康知识宣传，推动社会心理服务和教育进学校、进社区、进单位，培育自尊自信、理性平和、积极向上的社会心态。

第五十九条 加强智慧城市建设，统筹规划建设政务云，强化政务数据共享交换，为政治安全维护、矛盾纠纷化解、社会治安防控、公共安全保障等治理活动提供大数据、云计算、人工智能等技术支撑。

推进交通、警务、消防、城市管理、市场监管、安全生产、生态环保等领域的智慧化建设，赋能社会治理，提升数字化水平。

政府有关部门应当按照法律、行政法规、国家和省有关规定，将网格化服务管理有关的业务信息、数据资料接入社区治理一体化平台，为网格化服务管理提供数据支撑。

第六十条 市、区人民政府和江北新区管理机构应当加强网格学院建设，提升网格员社会工作职业技能和业务水平。未经过社会工作岗前培训的，不得担任专职网格员。

加强市域社会治理现代化研究院建设，开展理论研究、人才培养等工作，促进研究成果转化运用，为推进市域社会治理现代化提供智力支持。

第八章 监督管理

第六十一条 按照属地管理、谁主管谁负责的原则，加强对社会治理工作的监督管理。

根据国家和省有关规定，建立市域社会治理考核评价指标体系。考核评价结果与业绩评定、职务晋升、奖励惩戒等挂钩，作为对政府及其负责人、领导班子和领导干部综合考核的内容，并纳入高质量发展综合考核。

第六十二条 加强对社会治理工作的督促检查，对未履行社会治理相关职责或者社会治理工作不力、群众反映强烈的，本级人民政府或者上级人民政府有关部门应当对主要负责人进行约谈；对平安建设、公共安全保障落实不到位或者存在重大安全风险隐患的，本级人民政府或者上级人民政府有关部门应当对其挂牌督办。

被约谈或者挂牌督办的政府、部门应当立即采取措施，进行整改。约谈、挂牌督办、整改情况应当纳入工作评议、考核记录。

第六十三条 加强对社会治理工作的法律监督，市、区人民代表大会常务委员会通过听取和审议专项工作报告、组织执法检查、规范性文件备案审查等方式，规范社会治理行为，推进社会治理法治化。

监察委员会、人民法院、人民检察院依法行使职权时，对存在社会治理隐患的单位，应当及时提出监察建议、司法建议、检察建议，并督促其整改。

有关单位及其工作人员应当自觉接受人民政协的民主监督，听取民主党派、工商联、无党派人士和各人民团体的意见；主动接受新闻媒体的舆论监督和公众的社会监督。

第六十四条 社会治理工作中数据共享开放应当维护国家安全和社会公共安全，保守国家秘密、商业秘密、个人隐私，保护数据权益人的合法权益。任何组织和个人不得利用数据共享开放从事违法犯罪活动。

第六十五条 在社会治理工作中玩忽职守、滥用职权、徇私舞弊、弄虚作假，造成不良后果或者影响的，由监察委员会或者其他有权单位依法对有关人员给予政务处分、处分；构成犯罪的，依法追究刑事责任。

第九章 附则

第六十六条 本条例自 2021 年 3 月 10 日起施行。

第四章　2021 年颁布的安防相关政策规划文件

第一节　国家政策规划文件

本节收录了 5 部 2021 年印发的行业相关国家政策规划文件节选内容，具体目录如下：

《数字交通“十四五”发展规划》（节选）

为贯彻党的十九届五中全会精神，落实《中华人民共和国国民经济和社会发展第十四个五年规划和 2035 年远景目标纲要》要求，按照《交通强国建设纲要》《国家综合立体交通网规划纲要》相关战略部署，制定本规划。

一、现状与形势

（略）

二、总体思路

（一）指导思想。（略）

（二）基本原则。（略）

（三）发展目标。

到 2025 年，“交通设施数字感知，信息网络广泛覆盖，运输服务便捷智能，行业治理在线协同，技术应用创新活跃，网络安全保障有力”的数字交通体系深入推进，“一脑、五网、两体系”的发展格局基本建成，交通新基建取得重要进展，行业数字化、网络化、智能化水平显著提升，有力支撑交通运输行业高质量发展和交通强国建设。

具体目标：

——交通设施数字感知。交通新基建迈出新步伐，重要节点交通感知网络覆盖率大幅提升，国家综合立体交通网主骨架的基础设施全要素、全周期数字化全面推进。

——信息网络广泛覆盖。形成天地一体、公专结合、云网融合、安全高效的交通运输综合信息通信网络，北斗系统在行业深度应用。

——运输服务便捷智能。各种运输方式一体衔接的全程电子化出行服务体系基本形成，二级及以上道路客运站及定制客运线路电子客票覆盖率达到 99%。初步构建全链条智慧物流服务体系，危险货物道路运输电子运单使用率超过 90%，集装箱运输电子运单使用率大幅提升。

——行业治理在线协同。综合交通运输“数据大脑”初步形成，精准动态监测预警水平显著提升，行业协同监管系统实现全国联网，政务服务“一网通办”更加便捷高效。

——技术应用创新活跃。综合交通大数据中心体系基本构建，成规模、成体系的行业大数据基本形成，数据开放成效显著。车路协同、智能航运等新技术、新模式取得新突破。

——网络安全保障有力。等级保护合规率大幅提升，行业网络信任体系初步建立，关键信息基础设施和关键数据资源保障水平有效提升，安全防护和维护政治安全能力显著增强，主动防护、纵深防御的行业网络安全综合防范体系基本建立。

三、主要任务

（一）打造综合交通运输“数据大脑”。

完善部、省两级综合交通运输信息平台架构，推进综合交通大数据中心体系建设，加强数据资源的整合共享、综合开发和智能应用，打造综合交通运输“数据大脑”。

建强综合交通运输信息平台。坚持“一个平台”视角，深入推进国家综合交通运输信息平台建设，统筹集约建设平台基础架构、数据资源和网络安全体系，推动各业务应用系统共建共用、智能协同和迭代完善，切实增强综合交通运行动态掌控和突发事件应急指挥能力。鼓励和支持各地交通运输主管部门统筹开展综合交通运输信息平台建设，并与国家综合交通运输信息平台实现互联互通，构建全国一体化协同综合交通运输信息平台。

构建综合交通大数据中心体系，有效支撑综合交通运输信息平台功能实现。推动交通运输数据资源在部、省两级有效汇聚整合，推动形成质量高、覆盖广、体系全的交通运输核心数据库。构建以国家综合交通大数据中心为枢纽，覆盖和连接各省级综合交通大数据中心的架构体系。加强交通运输大数据治理，实现全生命周期的数据质量管控。进一步完善交通运输信息资源共享机制和交换渠道，实现相关数据资源共享共用。研究制定交通运输公共数据开放和有效流动的制度规范，推动条件成熟的公共数据资源依法依规开放和政企共同开发利用。

专栏 1　综合交通运输信息平台工程
优化国家综合交通运输信息平台技术架构，增强国家综合交通大数据中心统筹服务功能，打造一体化服务和监管门户。深化综合交通运输调度和应急指挥系统建设，完善智能协同应用，满足“看得见、听得着、能指挥”需求，实现“能推演、能联动”等功能，提升重大突发事件的应急处置能力和安全保障能力。深化部级各项业务应用功能，完善公路管理、水路管理、运输服务等专业统筹应用，整合完善港航、海事、救捞、长航、珠航等信息系统，加强与铁路、民航、邮政等行业信息系统互联互通和信息共享。健全平台基础支撑和网络安全防护体系，加强关键信息基础设施保护和商用密码技术应用。按照业务联动、数据共享等要求，加强省级综合交通运输信息平台和综合交通大数据中心一体化建设，与国家平台实现互联互通。

（二）构建交通新型融合基础设施网络。

加快推进交通新基建，推动新技术与交通基础设施融合发展，赋能传统交通基础设施，推动交通基础设施数字转型、智能升级，提升基础设施安全保障能力和运行效率。

智能铁路。推动高速铁路智能化升级改造，推进下一代列控系统、智能行车调度指挥系统应用。

智慧公路。完善公路感知网络，推进公路基础设施全要素全周期数字化，发展车路协同和自动驾驶，推动重点路段开展恶劣天气行车诱导，缓解交通拥堵、提升运行效率。深化高速公路电子不停车收费系统（ETC）应用，建设监测、调度、管控、应急、服务一体的智慧路网平台。推动公路建设施工及养护智能化。推进公路智慧服务区建设。

智慧航道。完善航道测量设施和监测感知网络，推动电子航道图普及应用，加强对三级以上重点航道和四级以上航道重点通航建筑物的运行状况实时监测，推动梯级枢纽船闸联合智能调度系统建设，提升航道安全畅通保障水平和通航枢纽通过效率。

智慧民航。建设智慧机场、智慧空管，加快管控、服务模式变革，实现智慧运行、智慧服务和智慧管理。

智慧邮政。建设完善自动化分拣设施、无人仓储、无人车和无人机配送、智能快件箱、智能信包箱、智慧冷链基础设施等。建设完善大数据中心等信息基础设施。推广普及智能安检系统、智能视频监控系统、智能语音申投诉处理系统、通用寄递地址编码。鼓励具备条件的地区进行整体试点，打造邮政业数字经济示范区。

专栏2　交通新型基础设施网络工程
干线公路智能运行网。完善公路网运行监测管理与服务功能。深化ETC系统应用，在重要运输通道布局感知设施设备，实现视频、气象、事件检测等信息联网汇聚，提升应对特殊天气、突发事件能力。不断优化公路治超监控设施网络和干线公路交通情况调查网络。 高等级航道智能运行网。全面推进水网地区高等级航道网数字航道建设，完善航道测量、水位监测、船舶导助航等设施设备，推动形成全国内河高等级航道网电子航道“一张图”。推进北斗系统在航道维护中应用。加强梯级枢纽船闸联合智能调度系统建设。

（三）部署北斗、5G等信息基础设施应用网络。（略）

（四）建设一体衔接的数字出行网络。（略）

（五）建设多式联运的智慧物流网络。（略）

（六）升级现代化行业管理信息网络。

鼓励各级交通运输主管部门根据国家综合交通运输信息平台总体要求，统筹推动交通运输政务管理和服务联网一体化运行，推进交通运输数字政府部门建设，提升行业治理现代化水平。

深入推进政务服务“一网通办”。在全国一体化在线政务服务平台体系下，深化完善部省交通运输政务服务平台，推动更多政务服务事项实现网上办、掌上办、一次办。加强各类政务信息系统互联互通，加快电子印章、电子证照在政务服务领域的推广应用，逐步推进在线办公、智慧政务，提升政务办公效率。

全面推动交通运输“互联网+监管”。推进交通运输统计决策、工程管理、综合执法、安全生产监管、运行监测与应急处置、新业态监管等业务智能化，提升非现场监管、信用监管、联合监管等新型信息化监管能力。加强全国重要交通基础设施结构健康与安全风险监测。

推动水上交通安全协同监管。推动水上交通安全监管、航海保障、救助打捞、航道维护、应急指挥等业务应用在线协同。推动“陆海空天”一体化的水上交通运输安全保障体系建设，提升航运效率、搜救成功率和水上安全监管、应急救援能力。

专栏6　全国重要交通基础设施结构健康与安全风险监测网络工程
对全国长大公路桥梁、隧道、重要港口码头、重要通航建筑物等基础设施的结构、性能、运行状态，实施动态监测、自动采集与分析评估。推进重要基础设施风险信息共享、协同管控和分级分类管理，提高工程质量安全风险防控智慧化水平。开展基础设施长期性能观测，加强基础设施运行状态、运行规律和服役性能分析。

（七）培育数字交通创新发展体系。（略）

（八）构建网络安全综合防范体系。

围绕全链条、全要素、全周期，构建事前防范、监测预警、应急处置三位一体的网络安全防护体系。

提升基础安全防护水平。严格落实等级保护制度，加强信息系统安全建设管理、网络安全检测评估。加强行业网络安全政策标准研究，完善信息通报制度，建立风险报告、情报共享、研判处置机制。

加强重要数据和个人信息保护。建立健全行业数据安全保护制度，加强数据分级分类管理，加强数据容灾备份体系建设。强化公民个人信息保护，严控信息收集种类和规模。积极应对新技术新应用伴生风险，明确风险应对措施，提高风险防控能力。

推动安全可信服务和产品应用。完善行业网络身份认证和设备安全接入认证体系，加强商用密码技术应用、接入检测、监督检查等。强化网络安全产品供应链管理。推进重要信息系统密码技术应用，完善行业密码服务基础设施。

交通运输部

2021 年 10 月 25 日

《“十四五”文物保护和科技创新规划》（节选）

为贯彻习近平总书记关于文物工作的重要指示批示精神，加强“十四五”时期文物保护和科技创新工作，根据《中华人民共和国文物保护法》、《中华人民共和国国民经济和社会发展第十四个五年规划和2035 年远景目标纲要》和党中央、国务院决策部署，制定本规划。

一、发展环境

（略）

二、总体要求

（一）指导思想。（略）

（二）基本原则。（略）

（三）主要目标。

到 2025 年，文物安全形势明显好转，文物保护水平全面提升，文物科技创新能力实现跃升，文物机构队伍力量增强、结构优化，文物领域社会参与活力不断焕发，文物治理体系和治理能力现代化初步实现。中国特色、中国风格、中国气派的考古学建设持续推进，文物蕴含的中华文化基因得到更好挖掘阐释。革命文物保护管理运用体系基本健全，重要作用得到更好发挥。布局合理、结构优化、特色鲜明、体制完善、功能完备的博物馆体系初步形成，博物馆发展质量显著提升。社会文物管理服务更加优化，文物市场健康有序发展。文物工作在坚定文化自信、扩大中华文化影响力、铸牢中华民族共同体意识方面的重要作用愈加彰显，文物保护成果更好惠及人民群众。形成资源管理全覆盖、法律法规更完备的文物保护利用体系，走出一条符合国情的文物保护利用之路。

专栏 1 “十四五”时期文物事业发展主要指标

类型	指标	2020 年	2025 年	属性
资源管理	全国重点文物保护单位数最（处）	5058	新增一批	预期性
	省级文物保护单位数量（处）	21000	23500	预期性
	馆藏文物数量（万件/套）	5813.9	6000	预期性
文物安全	全国重点文物保护单位“四有”工作①完成率（%）	85	100	约束性
	省级文物保护单位“四有”工作完成率（%）	80	100	约束性
	全国重点文物保护单位、省级文物保护单位“两线”②纳入各级国土空间规划完成率（%）	—	100	预期性
	将文物安全纳入本级政府考核评价体系的省（自治区、直辖市）政府数量（个）	25	31	预期性
科技创新	文物科技研发投入年均增长率（%）	—	>10	预期性
	文物科研人员数量（人）	33000	41200	预期性

续表

专栏1 "十四五"时期文物事业发展主要指标				
科技创新	文物领域专利授权数量（项）	3900	5900	预期性
	国家重点实验室数量（家）	—	1	预期性
	国家文物局重点科研基地数量（家）	33	40-45	预期性
	文物行业标准数量（项）	110	210	预期性
改革创新	国家文物保护利用示范区数量（处）	6	30	预期性
博物馆、纪念馆	全国备案博物馆数量（家）	5788	6500	预期性
	年举办陈列展览数量（个）	29000	30000	预期性
	年观众人数（亿人次）	12.27③	14	预期性
人才队伍	文物机构数量（个）	11300	12200	预期性
	文物机构从业人员数量（万人）	17.57	19.5	预期性
	考古从业人员数量（人）	6000	10000	预期性
	文物保护勘察设计、施工人员数量（人）	20000	27000	预期性

注：①"四有"工作是指划定必要的保护范围、作出标志说明、建立记录档案、设置专门机构或专人管理。
②"两线"是指保护范围和建设控制地带。
③12.27亿人次为2019年数据，2020年受新冠肺炎疫情影响，年观众人数为5.4亿人次。

展望2035年，我国将建成与文化强国建设目标相适应的文物保护管理工作体系，科技创新、人才队伍建设有力支撑文物保护研究利用，考古成果实证我国一万年的文化史、五千多年的文明史，博物馆强国建设成效显著，红色基因得到有效传承，根植于深厚历史文化遗产的中华文化影响力大幅提升，民族文化自信显著增强。

三、强化文物资源管理和文物安全工作

坚持以确保文物资源安全为核心，统筹做好各级各类文物资源管理工作，增强防护能力，加强执法督察，严厉打击和防范文物犯罪，守牢文物安全底线。

（一）健全文物资源管理体制。（略）

（二）建设国家文物资源大数据库。（略）

（三）健全文物安全长效机制。

将文物安全工作全面纳入地方各级政府考核评价体系，探索推行"文物长制"，建立健全文物安全责任体系，完善部门协作共商机制，加强信息共享，实施文物安全直接责任人公告公示制度。健全文物安全制度标准体系，提高安全防护设施建设和管理维护水平。建立重点文博单位安全风险评估和预警机制，实施风险等级管理，有效防范火灾、人员拥挤踩踏等事故发生。加强文博单位治安防范，持续开展打击文物犯罪专项行动，完善打击和防范文物犯罪联合长效机制。开展文物火灾隐患排查整治行动和地震、地质灾害、洪涝等方面的自然灾害综合风险排查，实施抗震加固、地质灾害防控等工程，建立健全文物灾害综合风险监测和评估制度，明确文物消防、防洪安全责任，加强消防设施、消防水源、消防车通道、防洪除涝设施和应急处置力量建设，强化火灾、洪涝风险辨识与管控，推广科学适用的技防物防措施，提升应急管理水平，增强防控能力。

（四）强化文物行政执法督察。（略）

（五）提高文物安全与执法督察科技水平。

实施文物平安工程，加大古遗址、古墓葬、石窟寺石刻等防盗窃盗掘预警技术研发应用和相关装备配置力度。加强博物馆和文物建筑等火灾防控、洪涝监测预警、地震和地质灾害防控信息技术应用和应

急管理体系建设。加强卫星遥感、无人机、大数据等科技手段在文物安全监测和执法督察中的应用。

专栏2　文物资源管理与安全督察
1. 中华文化资源普查工程（文物专项）：组织开展石窟寺、三峡库区、黄河、长江等文物资源专项调查。健全国家一级文物藏品档案。实施国家古籍保护及数字化工程。分批公布革命文物名录。加强国家文物局数据中心建设。
2. 不可移动文物资源规划体系建设：在国土空间规划总体框架下，构建“国家—省—市县”三级文物资源保护利用规划体系，编制实施全国、省级和若干文物大市大县文物资源保护利用专项规划，编制全国重点文物保护单位、省级文物保护单位保护规划，有效衔接国土空间规划，将自然环境、传统格局、历史风貌等空间管控要求纳入同级国土空间规划，并依据详细规划监督实施。
3. 馆藏一级文物数字化保护利用：充分利用现有馆藏一级文物数字化资源，制定馆藏一级文物高清数据标准，推动开展数据采集工作，实现查询、检索、分析等功能，并向公众开放使用。建立2~3个灾备中心。
4. 博物馆征藏体系建设：开展党史、新中国史、改革开放史、社会主义发展史以及军史系列文物征集，加强经济社会发展变迁物证征藏，开展科技、现当代艺术、传统工艺、生态保护、工业农业生产等专题收藏，探索反映世界多元文化的收藏方向。拓展入藏渠道，鼓励民间捐赠。
5. 文物平安工程：建设并改造提升文物保护单位、文物收藏单位安全防护设施，在安全风险研判、预警防控、应急管理、火灾风险防控等环节加快科技应用，实现全国重点文物保护单位现代化安全防护设施全覆盖，加大省级、市县级文物保护单位现代化安全防护设施建设力度。建设文物安全监管平台，支持文物资源密集地区集中设置安全防护综合控制中心，积极推动文物资源监管纳入公共安全视频监控建设联网应用工作。利用卫星遥感、无人机开展重点区域的文物执法监测。重点支持在新疆、西藏、内蒙古、青海、甘肃等地区和重点海域增加田野文物、水下文物巡查、看护、监测装备配置。

四、全面加强文物科技创新

坚持科技创新引领，遵循文物保护和考古特点规律，加大要素投入力度，优化资源配置，加强多学科协同，构建产学研用深度融合的文物科技创新体系，推进行业标准体系建设，提升文物科技创新能力和文物领域科技应用水平，带动解决重点难点和瓶颈问题，支撑引领文物事业高质量发展。

（一）深化基础研究。（略）

（二）推动关键共性技术攻关。

面向文物防、保、研、管、用等五大需求领域，在国家重点研发计划中部署“文物保护利用科技创新”等研发任务，突破一批关键材料、工艺、装备和集成技术。大力发展文物灾害风险防控、火灾防范与应急处置专用技术体系；重点突破石窟寺、土遗址和木结构建筑等文物病害探测、原位诊断、防治和保护工程质量评价关键技术，优化系统解决方案；加快攻克饱水象牙、贝叶经、粉化甲骨、简牍等抢救性保护技术难题；持续推动考古探测、残留物检测、工艺鉴别、产地溯源等技术升级，增强考古发现提取与综合分析能力；研究文物资源保护规划关键技术，推进文物资源管理智能化；研究构建文物知识图谱，开展文物展示传播技术创新应用示范。

（三）加快专有装备研制升级。

坚持供给提升与需求牵引相结合，大幅提升文物安全防护、监测预警、巡查监管、预防性保护、修缮修复、展示利用等装备性能质量，力争在文物勘察探测、分析检测等高端专有装备方面取得突破。扶持量小急需关键装备研发，规范需求量大、充分竞争性装备的市场环境，完善质量认证机制。深化“制造商+用户”“产品+服务”创新发展模式，培育一批创新企业和文物专有装备产学研用联合体。

（四）整合优化科技资源配置。

培育国家级科技创新基地，在国家重点实验室体系中布局科技考古和保护等方向，推动建设文物保护材料、专有装备等领域国家技术创新中心。扩大国家文物局重点科研基地规模，完善研究方向布局。依托国家文化遗产科技创新中心、国家文物局考古研究中心南海基地等，建设综合性科学研究实验平台。加快文物保护科学数据库系统建设。

（五）推进科技成果应用示范。

遴选一批文物保护修复、安全防护、灾害风险防控和考古等领域的科技创新成果应用示范及后评价项目，促进技术应用专业化集成化标准化。在石窟寺保护、土遗址保护、文物建筑保护、壁画保护、考古发掘等重点领域，推动建设科技成果转化试验（示范）平台，为研发成果后续试验、开发和应用提供真实环境、场地和对象。试点产学研用联合的文物保护研究型工程示范项目，探索定向研发、定向转化、定向服务的订单式研发和成果转化机制。加强文物领域高质量知识产权创造，强化知识产权保护与运用，依法保护文物领域科技创新成果。

（六）加强标准化建设。

建立健全文物领域多层次标准体系，加快推进考古、文物保护工程、文物数字化、预防性保护、火灾防控、洪涝灾害防御等重点领域标准制修订和应用。实施10~15个标准化试点示范项目，推动有代表性的博物馆、对外开放的文物保护单位加入社会管理和公共服务综合标准化试点。完善标准实施、评估和复审机制，建设文物保护标准全周期管理网上平台。加强全国文物保护标准化技术委员会建设，成立壁画、书画、陶瓷、纺织品、金属、文物数字化、火灾防控等分领域标准化工作组。推动国际标准化组织成立文物保护领域技术委员会。

专栏3　文物科技创新
1. 国家重点研发计划“文物保护利用科技创新”研发任务：部署中华文明起源与早期发展综合研究、石窟寺全周期保护理论与技术、大遗址整体保护关键技术与示范、文物建筑结构稳定性评估理论与应用、馆藏濒危和脆弱出土文物稳定化处理关键技术、文物资源智能防护集成平台与综合示范、文物知识与价值展示传承技术示范等系列重点任务。 2. 国家文化遗产科技创新中心建设：依托中国文化遗产研究院完成北京怀柔相关基础设施建设。分布式建设文物建筑火灾防控、文物建筑结构与减震、文物保护材料服役评价、文物场景化展示与智能技术等综合性实验平台，提升考古测年和冶金、陶瓷、纺织品、竹木器、考古残留物等分析检测服务能力。 3. 文物科技资源共享服务平台建设：推动实施国家文物基础科技资源调查项目，依托吉林大学、中国社会科学院考古研究所、北京大学、国家文物局考古研究中心等高校和科研机构，建设人骨、动物、植物、冶金、陶瓷、纺织品、书画、漆木器等文物科研标本库以及石窟寺、土遗址、木结构建筑和重要可移动文物保护科学数据中心。 4. 文物科技成果转化专项：依托文物保护工程，实施30个科技成果应用示范项目，推动建设石窟寺、土遗址、文物建筑、壁画、考古发掘等领域技术应用试验场，开展一批新材料、新工艺、新技术和新装备的后续试验、开发与应用观测，分批发布文物保护利用专有装备示范清单。 5. “互联网+中华文明”工程：实施30~40个“互联网+中华文明”示范项目。突破并推广应用文物领域病害诊断识别、知识挖掘、时空融合展示等关键技术。面向博物馆、大遗址、文化线路等推出智能化文物知识挖掘和展示解决方案。

五、提升考古工作能力和科技考古水平

（略）

六、强化文物古迹保护

坚持系统整体保护，健全文物保护机制，完善文物保护工程管理制度体系，发挥重点项目示范效应，提升文物保护水平。

（一）强化重要文物系统性保护。

实施重要木结构文物建筑保护修缮工程。加强长城、大运河、丝绸之路以及中东铁路等线性文化遗产重要点段保护修缮。实施全国重点文物保护单位、省级文物保护单位密集区域保护提升工程，整体保护文物本体和改善周边环境。实施黄河文物系统保护，加强长江文物和文化遗产保护，推进首都功能核心区、三峡库区文物保护利用。加强石窟寺保护管理，健全国家和区域两级石窟寺保护研究协调机制。

（二）统筹城乡文物保护。

保护和延续以文物资源为载体的城市文脉，将文物保护与老城保护、城市更新相结合，强化本体保护和风貌管控。加强历史文化名城名镇名村、历史文化街区、风景名胜区中的文物保护利用，完善相关

审批、保护管理、检查通报、考核整改、濒危撤销机制。加大对全国重点文物保护单位、省级文物保护单位集中成片的传统村落保护力度，推动文物保护利用与公共文化设施建设、人居环境改善协调发展。持续改善低级别文物保存状况。

（三）加强文物保护工程监督管理。

完善对存在重大险情、重大隐患的文物保护单位开展抢救性保护的机制。实施研究性文物保护项目，发布技术规程，支持文物建筑修缮传统材料生产、营造技艺传承。完善文物保护工程勘察设计、施工、监理等管理制度。重点在石窟寺、彩塑壁画等领域探索实施文物保护工程设计施工一体化。建设国家级文物保护工程中心和文物保护工程全流程管理网上平台，培育文物保护工程质量监督机构。

（四）加强世界遗产保护管理。

重点推进云南普洱景迈山古茶林文化景观、北京中轴线、西夏陵、江南水乡古镇、海上丝绸之路、二里头遗址、景德镇御窑遗址申遗工作，培育三星堆遗址、万里茶道、钓鱼城遗址等预备项目。强化丝绸之路文化遗产保护与国际合作机制。完善世界遗产监测与巡查监管衔接制度，建设5~10处世界文化遗产地监测预警平台。加大世界遗产研究展示宣传力度。

（五）提高预防性保护能力。

编制不可移动文物预防性保护导则，按文物保护单位、保存文物特别丰富的市县、省域三个层级开展常态化、标准化预防性保护，基本实现全国重点文物保护单位从抢救性保护到预防性保护的转变。培育预防性保护工作机构，支持有能力的科研机构参与预防性保护。

专栏5　重大文物保护工程
1. 石窟寺保护利用：实施全国石窟寺保护利用“十四五”专项规划，开展莫高窟、云冈石窟、龙门石窟、麦积山石窟、大足石刻、克孜尔石窟、柏孜克里克石窟等重要石窟寺保护示范，开展川渝、河西走廊、陇东陇南、陕北、新疆、西藏等中小石窟寺抢救性保护、安全防护设施建设，加强价值研究和展示传播，整合川渝、河西走廊石窟寺资源建设国家文化遗产线路和国家遗址公园。 2. 文物建筑保护研究示范项目：遴选五台山佛光寺、蓟县独乐寺、宁波保国寺、正定隆兴寺、应县木塔、北京故宫、武当山古建筑群、曲阜孔庙、承德避暑山庄及周围寺庙等100处代表中华文明不同发展阶段和不同区域特点的文物建筑，整体保护建筑本体及周边环境，完善文化服务和配套设施，研究传承营造理念方法，阐释展示历史文化价值，弘扬中华优秀传统文化。 3. 黄河文物系统保护：对濒危文物实施抢救性保护，高水平保护石峁、陶寺、二里头、双槐树、大汶口等重要遗址，加大对城邑、陵寝等大遗址的整体保护以及对文物建筑、古灌区、古渡口、古栈道的保护力度，支持西安、洛阳、郑州、开封、济南等城市加强文物保护。 4. 长江文物和文化遗产保护：编制实施长江文物和文化遗产保护规划，重点加强三峡库区文物保护利用，实施一批重点文物保护修缮、周边环境整治、展示利用项目，建设长江文物保护利用展示设施。

七、加强革命文物保护管理运用

坚持保护第一，充分发挥革命文物在党史学习教育、革命传统教育、爱国主义教育等方面的重要作用，用好红色资源、赓续红色血脉、弘扬革命文化、汲取奋进力量。

（一）加大革命文物保护力度。

系统开展革命文物和相关史料调查征集。加强科学保护、系统保护，进一步完善革命文物定期排查、日常养护管理和安全防范制度，实施一批革命旧址维修保护项目、馆藏革命文物保护修复项目和革命文物研究性保护项目。加强整体保护，推进革命文物保护利用片区整体规划、连片保护、统筹展示，发挥示范引领作用。持续改善各级各类不可移动革命文物保存状况。

国务院办公厅

2021年10月28日

《“十四五”大数据产业发展规划》（节选）

数据是新时代重要的生产要素，是国家基础性战略资源。大数据是数据的集合，以容量大、类型多、速度快、精度准、价值高为主要特征，是推动经济转型发展的新动力，是提升政府治理能力的新途径，是重塑国家竞争优势的新机遇。大数据产业是以数据生成、采集、存储、加工、分析、服务为主的战略性新兴产业，是激活数据要素潜能的关键支撑，是加快经济社会发展质量变革、效率变革、动力变革的重要引擎。

“十四五”时期是我国工业经济向数字经济迈进的关键时期，对大数据产业发展提出了新的要求，产业将步入集成创新、快速发展、深度应用、结构优化的新阶段。为推动我国大数据产业高质量发展，按照《中华人民共和国国民经济和社会发展第十四个五年规划和2035年远景目标纲要》总体部署，编制本规划。

一、发展成效

（略）

二、面临形势

（略）

三、总体要求

（一）指导思想（略）

（二）基本原则（略）

（三）发展目标

产业保持高速增长。到2025年，大数据产业测算规模突破3万亿元，年均复合增长率保持在25%左右，创新力强、附加值高、自主可控的现代化大数据产业体系基本形成。

价值体系初步形成。数据要素价值评估体系初步建立，要素价格市场决定，数据流动自主有序，资源配置高效公平，培育一批较成熟的交易平台，市场机制基本形成。

产业基础持续夯实。关键核心技术取得突破，标准引领作用显着增强，形成一批优质大数据开源项目，存储、计算、传输等基础设施达到国际先进水平。

产业链稳定高效。数据采集、标注、存储、传输、管理、应用、安全等全生命周期产业体系统筹发展，与创新链、价值链深度融合，新模式新业态不断涌现，形成一批技术领先、应用广泛的大数据产品和服务。

产业生态良性发展。社会对大数据认知水平不断提升，企业数据管理能力显著增强，发展环境持续优化，形成具有国际影响力的数字产业集群，国际交流合作全面深化。

四、主要任务

（一）加快培育数据要素市场

建立数据要素价值体系。按照数据性质完善产权性质，建立数据资源产权、交易流通、跨境传输和安全等基础制度和标准规范，健全数据产权交易和行业自律机制。制定数据要素价值评估框架和评估指南，包括价值核算的基本准则、方法和评估流程等。在互联网、金融、通信、能源等数据管理基础好的领域，开展数据要素价值评估试点，总结经验，开展示范。

健全数据要素市场规则。推动建立市场定价、政府监管的数据要素市场机制，发展数据资产评估、登记结算、交易撮合、争议仲裁等市场运营体系。培育大数据交易市场，鼓励各类所有制企业参与要素交易平台建设，探索多种形式的数据交易模式。强化市场监管，健全风险防范处置机制。建立数据要素应急配置机制，提高应急管理、疫情防控、资源调配等紧急状态下的数据要素高效协同配置能力。

提升数据要素配置作用。加快数据要素化，开展要素市场化配置改革试点示范，发挥数据要素在联接创新、激活资金、培育人才等的倍增作用，培育数据驱动的产融合作、协同创新等新模式。推动要素数据化，引导各类主体提升数据驱动的生产要素配置能力，促进劳动力、资金、技术等要素在行业间、产业间、区域间的合理配置，提升全要素生产率。

（二）发挥大数据特性优势

加快数据“大体量”汇聚。支持企业通过升级信息系统、部署物联感知设备等方式，推动研发、生产、经营、服务等全环节数据的采集。开展国家数据资源调查，绘制国家数据资源图谱。建立多级联动的国家工业基础大数据库和原材料、装备、消费品、电子信息等行业数据库，推动工业数据全面汇聚。

强化数据“多样性”处理。提升数值、文本、图形图像、音频视频等多类型数据的多样化处理能力。促进多维度异构数据关联，创新数据融合模式，提升多模态数据的综合处理水平，通过数据的完整性提升认知的全面性。建设行业数据资源目录，推动跨层级、跨地域、跨系统、跨部门、跨业务数据融合和开发利用。

推动数据“时效性”流动。建立数据资源目录和数据资源动态更新机制，适应数据动态更新的需要。率先在工业等领域建设安全可信的数据共享空间，形成供需精准对接、及时响应的数据共享机制，提升高效共享数据的能力。发展云边端协同的大数据存算模式，支撑大数据高效传输与分发，提升数据流动效率。

加强数据“高质量”治理。围绕数据全生命周期，通过质量监控、诊断评估、清洗修复、数据维护等方式，提高数据质量，确保数据可用、好用。完善数据管理能力评估体系，实施数据安全管理认证制度，推动《数据管理能力成熟度评估模型》（以下简称 DCMM）、数据安全管理等国家标准贯标，持续提升企事业单位数据管理水平。强化数据分类分级管理，推动数据资源规划，打造分类科学、分级准确、管理有序的数据治理体系，促进数据真实可信。

专栏 1　数据治理能力提升行

提升企业数据管理能力。引导企业开展 DCMM 国家标准贯标，面向制造、能源、金融等重点领域征集数据管理优秀案例，做好宣传推广。鼓励有条件的地方出台政策措施，在资金补贴、人员培训、贯标试点等方面加大资金支持。

构建行业数据治理体系。鼓励开展数据治理相关技术、理论、工具及标准研究，构建涵盖规划、实施、评价、改进的数据治理体系，增强企业数据治理意识。培育数据治理咨询和解决方案服务能力，提升行业数据治理水平。

促进数据“高价值”转化。强化大数据在政府治理、社会管理等方面的应用，提升态势研判、科学决策、精准管理水平，降低外部环境不确定性，提升各类主体风险应对能力。强化大数据在制造业各环节应用，持续优化设计、制造、管理、服务全过程，推广数字样机、柔性制造、商业智能、预测性维护等新模式，推动生产方式变革。强化大数据在信息消费、金融科技等领域应用，推广精准画像、智能推介等新模式，推动商业模式创新。

（三）夯实产业发展基础

完善基础设施。全面部署新一代通信网络基础设施，加大 5G 网络和千兆光网建设力度。结合行业数字化转型和城市智能化发展，加快工业互联网、车联网、智能管网、智能电网等布局，促进全域数据高效采集和传输。加快构建全国一体化大数据中心体系，推进国家工业互联网大数据中心建设，强化算力统筹智能调度，建设若干国家枢纽节点和大数据中心集群。建设高性能计算集群，合理部署超级计算中心。

加强技术创新。重点提升数据生成、采集、存储、加工、分析、安全与隐私保护等通用技术水平。

补齐关键技术短板，重点强化自主基础软硬件的底层支撑能力，推动自主开源框架、组件和工具的研发，发展大数据开源社区，培育开源生态，全面提升技术攻关和市场培育能力。促进前沿领域技术融合，推动大数据与人工智能、区块链、边缘计算等新一代信息技术集成创新。

强化标准引领。协同推进国家标准、行业标准和团体标准，加快技术研发、产品服务、数据治理、交易流通、行业应用等关键标准的制修订。建立大数据领域国家级标准验证检验检测点，选择重点行业、领域、地区开展标准试验验证和试点示范，健全大数据标准符合性评测体系，加快标准应用推广。加强国内外大数据标准化组织间的交流合作，鼓励企业、高校、科研院所、行业组织等积极参与大数据国际标准制定。

专栏 2　重点标准研制及应用推广行动

加快重点标准研制。围绕大数据产业发展需求，加快数据开放接口与互操作、数据资源规划、数据治理、数据资产评估、数据服务、数字化转型、数据安全等基础通用标准以及工业大数据等重点应用领域相关国家标准、行业标准研制。

加强标准符合性评测体系建设。加大对大数据系统、数据管理、数据开放共享等重点国家标准的推广宣贯。推动培育涵盖数据产品评测、数据资源规划、数据治理实施、数据资产评估、数据服务能力等的标准符合性评测体系。

加速国际标准化进程。鼓励国内专家积极参与 ISO、IEC、ITU 等国际标准化组织工作，加快推进国际标准提案。加强国际标准适用性分析，鼓励开展优秀国际标准采标。支持相关单位参与国际标准化工作并承担相关职务，承办国际标准化活动，提升国际贡献率。

（四）构建稳定高效产业链

打造高端产品链。梳理数据生成、采集、存储、加工、分析、服务、安全等关键环节大数据产品，建立大数据产品图谱。在数据生成采集环节，着重提升产品的异构数据源兼容性、大规模数据集采集与加工效率。在数据存储加工环节，着重推动高性能存算系统和边缘计算系统研发，打造专用超融合硬件解决方案。在数据分析服务环节，着重推动多模数据管理、大数据分析与治理等系统的研发和应用。

创新优质服务链。围绕数据清洗、数据标注、数据分析、数据可视化等需求，加快大数据服务向专业化、工程化、平台化发展。创新大数据服务模式和业态，发展智能服务、价值网络协作、开发运营一体化等新型服务模式。鼓励企业开放搜索、电商、社交等数据，发展第三方大数据服务产业。围绕诊断咨询、架构设计、系统集成、运行维护等综合服务需求，培育优质大数据服务供应商。

优化工业价值链。以制造业数字化转型为引领，面向研发设计、生产制造、经营管理、销售服务等全流程，培育专业化、场景化大数据解决方案。构建多层次工业互联网平台体系，丰富平台数据库、算法库和知识库，培育发展一批面向细分场景的工业 APP。推动工业大数据深度应用，培育数据驱动的平台化设计、网络化协同、个性化定制、智能化生产、服务化延伸、数字化管理等新模式，规范发展零工经济、共享制造、工业电子商务、供应链金融等新业态。

专栏 3　工业大数据价值提升行动

原材料行业大数据。支持钢铁、石油、管网、危险化学品、有色、建材等原材料企业综合运用设备物联、生产经营和外部环境等数据，建立分析模型，提升资源勘探、开采、加工、储存、运输等全流程智能化、精准化水平，实现工艺优化、节能减排和安全生产。

装备制造行业大数据。支持装备制造企业打通研发、采购、制造、管理、售后等全价值链数据流，发展数据驱动的产品研发、仿真优化、智能生产、预测性维护、精准管理、远程运维等新模式新业态，提升产品质量，降低生产成本，加快服务化创新升级。

消费品行业大数据。支持消费品企业打通线上线下全域数据，开发个性化推荐算法，实现产品定制化生产、渠道精细化运营，促进供需精准对接。支持企业建立覆盖全流程的质量追溯数据库，加快与国家产品质量监督平台对接，实现产品质量可追溯可管理。

电子信息行业大数据。支持电子信息制造企业加快大数据在产品销售预测与需求管理、产品生产计划与排程、供应链分析与优化、产品质量管理与分析等全流程场景中的应用，加速产品迭代创新，优化生产流程，提升产品质量，保证产业链供应链的稳定性。

延伸行业价值链。加快建设行业大数据平台，提升数据开发利用水平，推动行业数据资产化、产品化，实现数据的再创造和价值提升。打造服务政府、服务社会、服务企业的成熟应用场景，以数据创新带动管理创新和模式创新，促进金融科技、智慧医疗等蓬勃发展。持续开展大数据产业发展试点示范，推动大数据与各行业各领域融合应用，加大对优秀应用解决方案的推广力度。

专栏4　行业大数据开发利用行动

通信大数据。加快5G网络规模化部署，推广升级千兆光纤网络。扩容骨干网互联节点，新设一批国际通信出入口。在多震地区提高公共通信设施抗震能力，强化山区“超级基站”建设，规划布局储备移动基站，提高通信公网抗毁能力。对内强化数据开发利用和安全治理能力，提升企业经营管理效率，对外赋能行业应用，支撑市场监管。

金融大数据。通过大数据精算、统计和模型构建，助力完善现代金融监管体系，补齐监管制度短板，在审慎监管前提下有序推进金融创新。优化风险识别、授信评估等模型，提升基于数据驱动的风险管理能力。

医疗大数据。完善电子健康档案和病例、电子处方等数据库，加快医疗卫生机构数据共享。推广远程医疗，推进医学影像辅助判读、临床辅助诊断等应用。提升对医疗机构和医疗行为的监管能力，助推医疗、医保、医药联动改革。

应急管理大数据。构建安全生产监测感知网络，加大自然灾害数据汇聚共享，加强灾害现场数据获取能力。建设完善灾害风险普查、监测预警等应急管理大数据库，发挥大数据在监测预警、监管执法、辅助决策、救援实战和社会动员等方面作用，推广数据监管、数据防灾、数据核灾等智能化应用模式，实现大数据与应急管理业务的深度融合，不断提升应急管理现代化水平。

农业及水利大数据。发挥大数据在农业生产、经济运行、资源环境监测、农产品产销等方面作用，推广大田作物精准播种、精准施肥施药、精准收获，推动设施园艺、畜禽水产养殖智能化应用。推动构建智慧水利体系，以流域为单元提升水情测报和智能调度能力。

公安大数据。加强身份核验等数据的合规应用。推进公安大数据智能化平台建设，统筹新一代公安信息化基础设施，强化警务数据资源治理服务，加强对跨行业、跨区域公共安全数据的关联分析，不断提升安全风险预测预警、违法犯罪精准打击、治安防控精密智能、惠民服务便捷高效的公共安全治理能力。

交通大数据。加强对运载工具和交通基础设施相关数据的采集和分析，为自动驾驶和车路协同技术发展及应用提供支撑。开展出行规划、交通流量监测分析等应用创新，推广公路智能管理、交通信号联动、公交优先通行控制。通过对交通物流等数据的共享与应用，推动铁路、公路、水利、航空等多方式联运发展。

电力大数据。基于大数据分析挖掘算法、优化策略和可视化展现等技术，强化大数据在发电、输变电、配电、用电各环节的深度应用。通过大数据助力电厂智能化升级，开展用电信息广泛采集、能效在线分析，实现源网荷储互动、多能协同互补、用能需求智能调控。

信用大数据。加强信用信息归集、共享、公开和应用。运用人工智能、自主学习等技术，构建信用大数据模型，提升信用风险智能识别、研判、分析和处理能力。健全以信用为基础的新型监管机制，以信用风险为导向，优化监管资源配置。深化信用信息在融资、授信、商务合作、公共服务等领域的应用，加强信用风险防范，持续优化民生环境。

就业大数据。运用网络招聘、移动通信、社会保险等大数据，监测劳动力市场变化趋势，及时掌握企业用工和劳动者就业、失业状况变化，更好分析研判就业形势，作出科学决策。

社保大数据。加快推进社保经办数字化转型，通过科学建模和分析手段，开展社保数据挖掘和应用工作，为参保单位和个人搭建数字全景图，支撑个性服务和精准监管。建设社保大数据管理体系，加快推进社保数据共享。健全风险防控分类管理，加强业务运行监测，构建制度化、常态化数据稽核机制。

城市安全大数据。建设城市安全风险监测预警系统，实现城市建设、交通、市政、高危行业领域等城市运行数据的有效汇聚，利用云计算和人工智能等先进技术，对城市安全风险进行监控监测和预警，提升城市安全管理水平。

（五）打造繁荣有序产业生态

培育壮大企业主体。发挥龙头企业研制主体、协同主体、使用主体和示范主体作用，持续提升自主创新、产品竞争和知识产权布局能力，利用资本市场做强做优。鼓励中小企业“专精特新”发展，不断提升创新能力和专业化水平。引导龙头企业为中小企业提供数据、算法、算力等资源，推动大中小企业融通发展和产业链上下游协同创新。支持有条件的垂直行业企业开展大数据业务剥离重组，提升专业化、规模化和市场化服务能力，加快企业发展。

专栏5　企业主体发展能级跃升行动

激发中小企业创新活力。实施中小企业数字化赋能专项行动，推动中小企业通过数字化网络化智能化赋能提高发展质量。通过举办对接会、创业赛事等多种形式活动，促进大数据技术、人才、资本等要素供需对接。

加强重点企业跟踪服务。围绕数据资源、基础硬件、通用软件、行业应用、安全保障等大数据产业链相关环节，梳理大数据重点企业目录清单，建立“亲清”联系机制，透明沟通渠道，让企业诉求更顺畅。

优化大数据公共服务。建设大数据协同研发平台，促进政产学研用联合攻关。建设大数据应用创新推广中心等载体，促进技术成果产业化。加强公共数据训练集建设，打造大数据测试认证平台、体验中心、实训基地等，提升评测咨询、供需对接、创业孵化、人才培训等服务水平。构建大数据产业运行监测体系，强化运行分析、趋势研判、科学决策等公共管理能力。

推动产业集群化发展。推动大数据领域国家新型工业化产业示范基地高水平建设，引导各地区大数据产业特色化差异化发展，持续提升产业集群辐射带动能力。鼓励有条件的地方依托国家级新区、经济特区、自贸区等，围绕数据要素市场机制、国际交流合作等开展先行先试。发挥协会联盟桥梁纽带作用，支持举办产业论坛、行业大赛等活动，营造良好的产业发展氛围。

（六）筑牢数据安全保障防线

完善数据安全保障体系。强化大数据安全顶层设计，落实网络安全和数据安全相关法律法规和政策标准。鼓励行业、地方和企业推进数据分类分级管理、数据安全共享使用，开展数据安全能力成熟度评估、数据安全管理认证等。加强数据安全保障能力建设，引导建设数据安全态势感知平台，提升对敏感数据泄露、违法跨境数据流动等安全隐患的监测、分析与处置能力。

推动数据安全产业发展。支持重点行业开展数据安全技术手段建设，提升数据安全防护水平和应急处置能力。加强数据安全产品研发应用，推动大数据技术在数字基础设施安全防护中的应用。加强隐私计算、数据脱敏、密码等数据安全技术与产品的研发应用，提升数据安全产品供给能力，做大做强数据安全产业。

专栏 6　数据安全铸盾行动
加强数据安全管理能力。推动建立数据安全管理制度，制定相关配套管理办法和标准规范，组织开展数据分类分级管理，制定重要数据保护目录，对重要数据进行备案管理、定期评估与重点保护。 **加强数据跨境安全管理。**开展数据跨境传输安全管理试点，支持有条件的地区创新数据跨境流动管理机制，建立数据跨境传输备案审查、风险评估和安全审计等工作机制。鼓励有关试点地区参与数字规则国际合作，加大对跨境数据的保护力度。 **建设数据安全监测系统。**基于大数据平台、互联网数据中心等重要网络节点、建设涵盖行业、地方、企业的全国性数据安全监测平台，形成敏感数据监测发现、数据异常流动分析、数据安全事件追踪溯源等能力。

工业和信息化部
2021 年 11 月 15 日

《“十四五”智能制造发展规划》（节选）

智能制造是制造强国建设的主攻方向，其发展程度直接关乎我国制造业质量水平。发展智能制造对于巩固实体经济根基、建成现代产业体系、实现新型工业化具有重要作用。为贯彻落实《中华人民共和国国民经济和社会发展第十四个五年规划和 2035 年远景目标纲要》，加快推动智能制造发展，编制本规划。

一、现状与形势

（略）

二、总体思路

（一）指导思想（略）

（二）基本原则（略）

（三）发展路径和目标

“十四五”及未来相当长一段时期，推进智能制造，要立足制造本质，紧扣智能特征，以工艺、装备为核心，以数据为基础，依托制造单元、车间、工厂、供应链等载体，构建虚实融合、知识驱动、动态优化、安全高效、绿色低碳的智能制造系统，推动制造业实现数字化转型、网络化协同、智能化变革。到 2025 年，规模以上制造业企业大部分实现数字化网络化，重点行业骨干企业初步应用智能化；到 2035 年，规模以上制造业企业全面普及数字化网络化，重点行业骨干企业基本实现智能化。

2025 年的主要目标是：

——转型升级成效显著。70%的规模以上制造业企业基本实现数字化网络化，建成 500 个以上引领行业发展的智能制造示范工厂。制造业企业生产效率、产品良品率、能源资源利用率等显著提升，智能制造能力成熟度水平明显提升。

——供给能力明显增强。智能制造装备和工业软件技术水平和市场竞争力显著提升，市场满足率分别超过 70%和 50%。培育 150 家以上专业水平高、服务能力强的智能制造系统解决方案供应商。

——基础支撑更加坚实。建设一批智能制造创新载体和公共服务平台。构建适应智能制造发展的标准体系和网络基础设施，完成 200 项以上国家、行业标准的制修订，建成 120 个以上具有行业和区域影响力的工业互联网平台。

三、重点任务

（一）加快系统创新，增强融合发展新动能。

强化科技支撑引领作用，推动跨学科、跨领域融合创新，打好关键核心和系统集成技术攻坚战，构建完善创新网络，持续提升创新效能。

加强关键核心技术攻关。聚焦设计、生产、管理、服务等制造全过程，突破设计仿真、混合建模、协同优化等基础技术，开发应用增材制造、超精密加工等先进工艺技术，攻克智能感知、人机协作、供应链协同等共性技术，研发人工智能、5G、大数据、边缘计算等在工业领域的适用性技术。

加速系统集成技术开发。面向装备、单元、车间、工厂等制造载体，构建制造装备、生产过程相关数据字典和信息模型，开发生产过程通用数据集成和跨平台、跨领域业务互联技术。面向产业链供应链，开发跨企业多源信息交互和全链条协同优化技术。面向制造全过程，突破智能制造系统规划设计、建模仿真、分析优化等技术。

推进新型创新网络建设。围绕关键工艺、工业母机、数字孪生、工业智能等重点领域，支持行业龙头企业联合高校、科研院所和上下游企业建设一批制造业创新载体。鼓励研发机构创新发展机制，加强数据共享和平台共建，开展协同创新。推动产业化促进组织建设，加快创新成果转移转化。建设一批试验验证平台，加速智能制造装备和系统推广应用。

专栏 1　智能制造技术攻关行动

01　关键核心技术

突破产品优化设计与全流程仿真、基于机理和数据驱动的混合建模、多目标协同优化等基础技术；增材制造、超精密加工、近净成形、分子级物性表征等先进工艺技术；工业现场多维智能感知、基于人机协作的生产过程优化、装备与生产过程数字孪生、质量在线精密检测、生产过程精益管控、装备故障诊断与预测性维护、复杂环境动态生产计划与调度、生产全流程智能决策、供应链协同优化等共性技术；5G、人工智能、大数据、边缘计算等新技术在典型行业质量检测、过程控制、工艺优化、计划调度、设备运维、管理决策等方面的适用性技术。

02　系统集成技术

开发基于信息模型和标准接口的可复用数据集成技术；制造装备、产品设计软件、管控软件、业务管理软件等之间的业务互联技术；面向产业链供应链协同的包含订单、质量、生产实绩等内容的企业信息交互技术；公有云、混合云和边云协同的灵活云化部署技术；涵盖设计、生产、管理、服务等制造全过程的复杂系统建模技术；基于模型的价值流分析和优化技术。

（二）深化推广应用，开拓转型升级新路径。

聚焦企业、行业、区域转型升级需要，围绕车间、工厂、供应链构建智能制造系统，开展多场景、全链条、多层次应用示范，培育推广智能制造新模式。

建设智能制造示范工厂。加快新一代信息技术与制造全过程、全要素深度融合，推进制造技术突破和工艺创新，推行精益管理和业务流程再造，实现泛在感知、数据贯通、集成互联、人机协作和分析优化，建设智能场景、智能车间和智能工厂。引导龙头企业建设协同平台，带动上下游企业同步实施智能制造，打造智慧供应链。鼓励各地方、行业开展多场景、多层级应用示范，培育推广智能化设计、网络协同制造、大规模定制、共享制造、智能运维服务等新模式。

专栏2　智能制造示范工厂建设行动

01　智能场景

推动数字孪生、人工智能、5G、大数据、区块链、虚拟现实（VR）/增强现实（AR）/混合现实（MR）等新技术在制造环节的深度应用，探索形成一批“数字孪生+”“人工智能+”“虚拟/增强/混合现实（XR）+”等智能场景。

02　智能车间

覆盖加工、检测、物流等环节，开展工艺改进和革新，推动设备联网和生产环节数字化连接，强化标准作业、可视管控、精准配送、最优库存，打造一批智能车间，实现生产数据贯通化、制造柔性化和管理智能化。

03　智能工厂

支持基础条件好的企业，围绕设计、生产、管理、服务等制造全过程开展智能化升级，优化组织结构和业务流程，强化精益生产，打造一批智能工厂，推动跨业务活动的数据共享和深度挖掘，实现对核心业务的精准预测、管理优化和自主决策。

04　智慧供应链

面向汽车、工程机械、轨道交通装备、航空航天装备、船舶与海洋工程装备、电力装备、医疗装备、家用电器、集成电路等行业，支持智能制造应用水平高、核心竞争优势突出、资源配置能力强的龙头企业建设供应链协同平台，打造数据互联互通、信息可信交互、生产深度协同、资源柔性配置的供应链。

推进中小企业数字化转型。加快实施中小企业数字化促进工程，针对中小企业典型应用场景，推广一批符合中小企业需求的数字化产品和服务。支持专精特新“小巨人”企业发挥示范引领作用，开展装备联网、关键工序数控化、业务系统云化等改造，推动中小企业工艺流程优化、技术装备升级。依托数字化服务商，提供数字化咨询诊断、智能化改造、上云用云等服务。

拓展智能制造行业应用。针对装备制造、电子信息、原材料、消费品等领域细分行业特点和痛点，制定智能制造实施路线图，分步骤、分阶段推进。支持有条件有基础的企业加大技术改造投入，持续推动工艺革新、装备升级、管理优化和生产过程智能化。建设行业转型促进机构，加快数据、标准和解决方案深化应用。组织开展经验交流、供需对接活动，总结推广智能制造新技术、新装备和新模式。

专栏3　行业智能化改造升级行动

01　装备制造领域

满足提高产品可靠性和高端化发展等需要，开发面向特定场景的智能成套生产线以及新技术与工艺结合的模块化生产单元；建设基于精益生产、柔性生产的智能车间和工厂；大力发展数字化设计、远程运维服务、个性化定制等模式。

02　电子信息领域

满足提高生产效率和产品良率、缩短研制周期等需要，建立复杂电磁环境下的企业通信网络和主动安全防护系统，实现企业内数据可靠传输；推进电子产品专用智能制造装备与自动化装配线的集成应用；开发智能检测设备与产品一体化测试平台；建设智能物流配送系统，优化生产经营决策系统。

03　原材料领域

满足安全生产、降耗减碳、提质降本等需要，实施大集团统一管理下的多基地协同制造；探索人工智能技术应用，实现工艺流程优化、工序动态协同、资源高效配置和智慧决策支持；针对民爆、矿山、危化品等危险性较大企业推广少人无人作业，实施安全一体化监控；实施大型制造设备健康监测和远程运维，保证流程安全运行；打造全生命周期数据共享平台，实现全产业链优化。

04　消费品领域

提高产品质量和安全性，满足多样化、高品质需求，大力推广面向工序的专用制造装备和专用机器人；支持供应链协同和用户交互平台建设，发展大规模定制；促进全产业链解决方案服务平台建设。

促进区域智能制造发展。鼓励地方创新完善政策体系，探索各具特色的区域智能制造发展路径。推动跨地区开展智能制造关键技术创新、供需对接、人才培养等合作。鼓励地方、行业组织、龙头企业等联合推广先进技术、装备、标准和解决方案，加快智能制造进园区，提升产业集群智能化水平。支持产业特色鲜明、转型需求迫切、基础条件好的地区建设智能制造先行区，打造智能制造技术创新策源地、示范应用集聚区、关键装备和解决方案输出地。

（三）加强自主供给，壮大产业体系新优势。

依托强大国内市场，加快发展装备、软件和系统解决方案，培育发展智能制造新兴产业，加速提升供给体系适配性，引领带动产业体系优化升级。

大力发展智能制造装备。针对感知、控制、决策、执行等环节的短板弱项，加强用产学研联合创新，突破一批“卡脖子”基础零部件和装置。推动先进工艺、信息技术与制造装备深度融合，通过智能车间/工厂建设，带动通用、专用智能制造装备加速研制和迭代升级。推动数字孪生、人工智能等新技术创新应用，研制一批国际先进的新型智能制造装备。

专栏4　智能制造装备创新发展行动

01　基础零部件和装置

研发微纳位移传感器、柔性触觉传感器、高分辨率视觉传感器、成分在线检测仪器、先进控制器、高精度伺服驱动系统、高性能高可靠减速器、可穿戴人机交互设备、工业现场定位设备、智能数控系统等。

02　通用智能制造装备

研发智能立/卧式五轴加工中心、车铣复合加工中心、高精度数控磨床等工作母机；智能焊接机器人、智能移动机器人、半导体（洁净）机器人等工业机器人；激光/电子束高效选区熔化装备、激光选区烧结成形装备等增材制造装备；超快激光等先进激光加工装备；高端分布式控制系统、可编程逻辑控制器、监视控制和数据采集系统等工业控制装备；数字化非接触精密测量、在线无损检测、激光跟踪测量等智能检测装备和仪器；智能多层多向穿梭车、智能大型立体仓库等智能物流装备。

03　专用智能制造装备

研发汽车发动机、变速箱等高效加工与近净成形成套装备，航空航天大型复合材料智能铺放、成形、加工和检测成套装备，航空航天智能装配装备，船舶板材激光焊接成套装备，高精度智能化热/冷连轧成套装备，百万吨以上智能化乙烯成套装备，新型干法水泥全流程智能化生产线，食品高黏度流体灌装智能成套装备，连续式针织物/纯涤纶织物印染成套装备，满足GMP要求的无菌原料药智能成套装备，极大规模集成电路制造成套装备，新型平板显示制造成套装备等。

04　新型智能制造装备

研发融合数字孪生、大数据、人工智能、边缘计算、虚拟现实/增强现实（VR/AR）、5G、北斗、卫星互联网等新技术的智能工控系统、智能工作母机、协作机器人、自适应机器人等新型装备。

（四）夯实基础支撑，构筑智能制造新保障。

瞄准智能制造发展趋势，健全完善计量、标准、信息基础设施、安全保障等发展基础，着力构建完备可靠、先进适用、安全自主的支撑体系。

深入推进标准化工作。持续优化标准顶层设计，统筹推进国家智能制造标准体系和行业应用标准体系建设。加快基础共性和关键技术标准制修订，加强现有标准的优化与协同，在智能装备、智能工厂等方面推动形成国家标准、行业标准、团体标准、企业标准相互协调、互为补充的标准群。加快标准的贯彻执行，支持企业依托标准开展智能车间/工厂建设。积极参与国际标准化工作，推动技术成熟度高的国家标准与国际标准同步发展。

专栏5　智能制造标准领航行动

01　标准体系建设

定期修订《国家智能制造标准体系建设指南》，建设纺织、石化、建材、汽车、航空、船舶、电力装备、轨道交通装备、家电、食品、钢铁、有色金属、新能源等细分领域的行业应用标准体系。

续表

专栏5　智能制造标准领航行动
02　标准研制 加大标准试验验证力度，推动数字孪生、数据字典、人机协作、智慧供应链、系统可靠性、信息安全与功能安全一体化等基础共性和关键技术标准制修订，满足技术演进和产业发展需求，加快开展行业应用标准研制。 03　标准推广应用 围绕智能车间/工厂建设、新模式应用、供应链协同、新技术应用等方面，开展智能制造标准应用试点，形成国家标准、行业标准、团体标准协调配套的标准群，推进试点成果在中小企业和同行业企业的应用。 04　标准国际合作 继续加强中德智能制造/工业4.0标准合作，拓展中日、中英等合作，积极参与国际标准化活动，持续提升中国方案在国际标准中的贡献度，深化双边、多边标准化交流机制，形成一批标准化成果。

完善信息基础设施。加快工业互联网、物联网、5G、千兆光网等新型网络基础设施规模化部署，鼓励企业开展内外网升级改造，提升现场感知和数据传输能力。加强工业数据中心、智能计算中心等算力基础设施建设，支撑人工智能等新技术应用。支持大型集团企业、工业园区，围绕内部资源整合、产品全生命周期管理、产业链供应链协同、中小企业服务、工业数据处理分析，建立各具特色的工业互联网平台，实现全要素、全产业链数据的有效集成和管理。

加强安全保障。加强智能制造安全风险研判，同步推进网络安全、数据安全和功能安全，推动密码技术深入应用。实施企业网络安全分类分级管理，督促企业落实网络安全主体责任。完善国家、地方、企业多级工控信息安全监测预警网络，加快建设工业互联网安全技术监测服务体系。探索建立数据跨境传输备案与监管机制。建立符合政策标准要求的技术防护体系和安全管理制度。培育安全服务机构，加大网络安全技术产品推广应用，提升诊断、咨询、设计、实施等服务能力。

强化人才培养。定期编制智能制造人才需求预测报告和紧缺人才需求目录，研究制定智能制造领域职业标准。依托高技能人才培训基地等机构，开展大规模职业培训。加强应届毕业生、在职人员、转岗人员数字化技能培训，推进产教融合型企业建设，促进智能制造企业与职业院校深度合作，探索中国特色学徒制。深化新工科建设，在智能制造领域建设一批现代产业学院和特色化示范性软件学院，优化学科专业和课程体系设置，加快高端人才培养。弘扬企业家精神和工匠精神，鼓励开展智能制造创新创业大赛、技能竞赛。

工业和信息化部、国家发展和改革委员会、教育部、科技部、财政部、人力资源和社会保障部、国家市场监督管理总局、国务院国有资产监督管理委员会

2021年12月21日

《“十四五”国家信息化规划》（节选）

本规划依据《中华人民共和国国民经济和社会发展第十四个五年规划和2035年远景目标纲要》《国家信息化发展战略纲要》等制定，是“十四五”国家规划体系的重要组成部分，是指导“十四五”期间各地区、各部门信息化工作的行动指南。

一、现状与形势

（一）发展现状（略）

（二）发展形势（略）

二、总体部署

（一）指导思想（略）

（二）基本原则（略）

（三）发展目标

到 2025 年，数字中国建设取得决定性进展，信息化发展水平大幅跃升，数字基础设施全面夯实，数字技术创新能力显著增强，数据要素价值充分发挥，数字经济高质量发展，数字治理效能整体提升。

数字基础设施体系更加完备。5G 网络普及应用，明确第六代移动通信（6G）技术愿景需求。北斗系统、卫星通信网络商业应用不断拓展。IPv6 与 5G、工业互联网、车联网等领域融合创新发展，电网、铁路、公路、水运、民航、水利、物流等基础设施智能化水平不断提升。数据中心形成布局合理、绿色集约的一体化格局。以 5G、物联网、云计算、工业互联网等为代表的数字基础设施能力达到国际先进水平。

数字技术创新体系基本形成。关键核心技术创新能力显著提升，集成电路、基础软件、装备材料、核心元器件等短板取得重大突破。网信企业技术创新能力大幅提升，产学研用协同创新的生态体系基本形成，自由灵活创新市场机制有效建立，国家级共性基础技术平台初步建成，开源社区生态建设取得重要进展。信息化法律法规和标准规范体系基本形成，人才培育引进和激励保障机制更加健全。

数字经济发展质量效益达到世界领先水平。数字产业化、产业数字化繁荣发展，数字技术和实体经济深度融合，形成一批具有国际竞争力的数字产业集群。产业基础高级化、产业链现代化水平明显提高，产业链供应链稳定性、安全性和竞争力显著增强。数字经济新业态新模式健康发展，数字营商环境不断优化，数字产品和服务市场更加强大。

数字社会建设稳步推进。党建引领、服务导向、资源整合、信息支撑、法治保障的数字社会治理格局基本形成。社会治安和公共安全体系日趋完善，风险早期识别和预报预警能力显著提升，突发公共事件应急能力显著增强。信息化推进基层治理水平明显提高。新型智慧城市分级分类有序推进，数字乡村建设稳步开展，城乡信息化协调发展水平显著提升。

数字政府建设水平全面提升。与新时代党治国理政相适应的党政机关信息化建设和管理体系基本形成。全国范围内政务服务事项基本做到标准统一、整体联动、业务协同，线上线下相融合的政务服务模式全面推广，全国一体化政务服务能力显著提升。权威高效的政务数据共享协调机制不断健全，公共数据资源开放标准和激励机制更加完善，数据资源利用水平显著提升。事中事后监管效能不断增强，公正监管不断完善。

数字民生保障能力显著增强。无障碍信息化设施持续建设优化，公共服务体系更加便捷惠民，信息化对基本民生保障、基本社会服务的支撑作用有效发挥，教育、医疗、就业、社保、民政、文化等领域数字公共服务均等化水平明显提高，多样化、便捷化的数字民生服务供给能力显著增强，城乡区域间服务水平差距明显缩小，全民数字素养与技能稳步提升。

数字化发展环境日臻完善。规范有序的数字化发展治理能力明显提升，数字生态不断优化，新技术新产品新业态新模式的创新活力充分激发，网络空间治理能力和安全保障能力显著增强。

三、主攻方向

“十四五”时期信息化发展，要立足新发展阶段、贯彻新发展理念、构建新发展格局、推动高质量发展，突出重点，集中资源，着力在深化创新驱动、优化要素资源配置、支撑共建共治共享、促进健康和谐共生、防范化解风险等方面取得突破，推动实现更高质量、更有效率、更加公平、更可持续、更为安全发展。

深化创新驱动，引领更高质量发展。深化基础研究，构建信息技术产业生态体系，强化企业创新主体地位，推动高校、院所、企业等开展高效合作，建立线上线下开放式、协同化、网络化平台，形成基于创新链共享、供应链协同、数据链联动、产业链协作的融通发展模式，推进产业基础高级化、产业链现代化，提升产业链供应链现代化水平。坚持对内开放和对外开放相结合，充分发挥数字经济在生产、分配、流通、消费等不同环节中的重要作用，畅通国民经济内循环，形成需求牵引供给、供给创造需求的更高水平动态均衡。大力推动数字技术与实体经济深度融合，持续优化数字营商环境，促进市场主体活力迸发。

优化要素资源配置，推动更有效率发展。持续深化“放管服”改革，推动有效市场和有为政府更好结合。建立健全运用互联网、大数据、人工智能等技术手段进行行政管理的制度规则，打破部门和行业数据壁垒，提升要素资源配置效率、公共产品供给效率、政府组织运行效率。稳步推进数据要素化，加快推动数据要素流通，繁荣数据应用生态，增强数据服务于实体经济的效能，构建以数据为关键要素的数字经济。有序推动数据跨境流动，加快数字贸易发展，打造更加开放、透明、包容的全球数字贸易发展新生态。

支撑共建共治共享，促进更加公平发展。加快弥合数字鸿沟，补齐农村地区信息基础设施短板，提升信息弱势群体数字技能。统筹城乡区域发展，深化区域信息化一体化发展。补齐民生保障和社会服务弱项，健全覆盖全民、统筹城乡、公平统一、可持续的多层次社会保障体系，强化应急管理、公共卫生和疾控体系建设，促进体系化、数字化、集约化、精准化发展。充分考虑老年人和特殊群体需求，倡导数字产品人性化设计，增强数字经济包容性。加强和创新信息化在基层社会治理中的应用，真正让人民群众成为社会治理的最广参与者、最大受益者、最终评判者。

促进健康和谐共生，实现更可持续发展。深入推进绿色智慧生态文明建设，推动数字化绿色化协同发展。持续推广智能绿色制造、绿色高效能源、信息载体绿色化，发展智慧物流，倡导低碳出行，推动形成节约适度、绿色低碳、文明健康的生产方式、生活方式和消费模式，形成全社会共同参与的良好风尚。强化生态环境数字化治理，加强长江禁捕执法监管和水生生物多样性保护，完善污染防治区域联动机制和陆海统筹的生态环境治理体系。以人民健康为目标，催生数字健康新技术、塑造数字健康新业态、培育数字健康新生态、创造数字健康新价值、重塑医药卫生管理和服务模式，不断增进人民群众的健康福祉。

防范化解风险，确保更为安全发展。全面加强网络安全保障体系和能力建设，深化关口前移、防患于未然的安全理念，压实网络安全责任，加强网络安全信息统筹机制建设，形成多方共建的网络安全防线。开发网络安全技术及相关产品，提升网络安全自主防御能力。完善相关法律法规和技术标准，规范各类数据资源采集、管理和使用，避免重要敏感信息泄露。强化新技术应用安全风险动态评估，逐步探索建立人工智能、区块链等新技术的治理原则和标准，确保新技术始终朝着有利于社会的方向发展。

四、重大任务和重点工程

（一）建设泛在智联的数字基础设施体系

推动高质量发展和增进人民福祉，需要加快推进数字基础设施建设，适度超前部署下一代智能设施体系，深化公共设施数字化、智能化转型升级，全方位推动基础设施能力提升。

建设物联数通的新型感知基础设施。加快公共安全、交通、城管、民生、生态环保、农业、水利、能源等领域公共基础设施的数字化、智能化升级。推动将行业物联网纳入公共基础设施建设规划，加快制定跨部门、跨厂商、跨行业的统一平台规范。统筹建设物联、数联、智联三位一体的新型城域物联专网，加快5G和物联网的协同部署，提升感知设施的资源共享和综合利用水平。开展长三角新一代信息基础设施互联互通先行示范。

（二）建立高效利用的数据要素资源体系

坚持扩大内需战略基点，充分发挥数据作为新生产要素的关键作用，以数据资源开发利用、共享流通、全生命周期治理和安全保障为重点，建立完善数据要素资源体系，激发数据要素价值，提升数据要素赋能作用，以创新驱动、高质量供给引领和创造新需求，形成强大国内市场，推动构建新发展格局。

加强数据治理。强化国家数据治理协同，健全数据资源治理制度体系。深化数据资源调查，推进数据标准规范体系建设，制定数据采集、存储、加工、流通、交易、衍生产品等标准规范，提高数据质量和规范性。建立完善数据管理国家标准体系和数据治理能力评估体系。规范计量数据使用，开展国家计量数据建设和应用试点。聚焦数据管理、共享开放、数据应用、授权许可、安全和隐私保护、风险管控等方面，探索多主体协同治理机制。

提升数据资源开发利用水平。建立健全国家公共数据资源体系，构建统一的国家公共数据开放平台和开发利用端口，推动人口、交通、通信等公共数据资源安全有序开放。鼓励企业开放搜索、电商、社交等数据，发展第三方大数据服务产业。提高异构数据互操作能力，培育发展一批面向不同场景的数据应用产品，持续提升数据开发利用能力。加快各行业各领域数据全过程应用。支持构建农业、工业、商业、教育、医疗、安防、自然资源、水利、城市管理、公共资源交易、审判执行等领域规范化数据开发利用的场景，提升数据资源价值。健全适应数据要素特点、推动数字经济有序发展的税收征收管理制度，鼓励专业化大数据服务企业发展。优化统计生产方式，促进政府统计与大数据深度融合。

强化数据安全保障。加强数据收集、汇聚、存储、流通、应用等全生命周期的安全管理，建立健全相关技术保障措施。建立数据分类分级管理制度和个人信息保护认证制度，强化数据安全风险评估、监测预警、检测认证和应急处置，加强对重要数据、企业商业秘密和个人信息的保护，规范对未成年人个人信息的使用。强化平台企业数据安全保护责任。加强数据交易安全管理与监督保障，强化执法能力建设，严厉打击窃取或者以其他非法方式获取、非法出售或者非法向他人提供数据行为。建立健全数据出境安全管理制度，开展数据出境安全评估试点。

（三）构建释放数字生产力的创新发展体系

坚持创新在国家信息化发展中的核心地位，把关键核心技术自立自强作为数字中国的战略支撑，面向世界科技前沿、面向经济主战场、面向国家重大需求、面向人民生命健康，深入实施创新驱动发展战略，构建以技术创新和制度创新双轮驱动、充分释放数字生产力的创新发展体系。

强化关键信息技术创新。完善信息领域关键核心技术创新顶层设计，实行“揭榜挂帅”等制度，深化创新链与产业链、资金链、人才链、政策链相互融合支撑，提高创新链整体效能。统筹通信技术、先进计算、安全技术等领域的产业布局。强化市场化和产业化引导，加强重点领域核心技术短板重点突破和集中攻关。

布局战略性前沿性技术。瞄准可能引发信息化领域范式变革的重要方向，前瞻布局战略性、前沿性、原创性、颠覆性技术。加强人工智能、量子信息、集成电路、空天信息、类脑计算、神经芯片、DNA 存储、脑机接口、数字孪生、新型非易失性存储、硅基光电子、非硅基半导体等关键前沿领域的战略研究布局和技术融通创新。

构建开放灵活的制度体系与创新环境。完善科技协同创新制度，引导建立企业为主体、市场为导向、产学研用深度融合的协同创新体系。建立健全权利义务对等的知识产权转化收益分配机制。推进产融合作试点，探索直接投资、间接融资平衡发展的金融政策。深入推进落实重大技术装备首台（套）政策，探索技术创新推广应用市场化保险机制。聚焦关键信息基础设施安全、网络安全、数据安全等领域，加快完善法律法规和标准规范体系建设。加大对人工智能、区块链等新技术新领域立法研究。加强信息化、数字化、智能化理论体系研究与构建。健全数字经济统计监测体系，加强数字经济安全风险预警，支撑提升宏观经济治理能力。

（四）培育先进安全的数字产业体系

把数字产业化作为推动经济高质量发展的重要驱动力量，加快培育信息技术产业生态，推动数字技术成果转化应用，推动数字产业能级跃升，支持网信企业发展壮大，打造具有国际竞争力的数字产业集群。

打造高水平产业生态。推动科研创新、产业发展、市场应用、标准制定、认证认可、检验检测、人才培养、资本运作各方面协调发展。加快研发适应国内经济社会需要的核心技术产品，搭建适配认证平台并加快软硬件适配工作。推动政务、电信、金融、医疗、能源、建筑、制造等行业融入国内核心技术生态，鼓励引导更多行业参与核心技术生态建设。加速推进国内开源开放社区建设，营造参与者平等获取发展收益的运营机制，引导国内开源创新力量向国际开源社区有序输出创新成果。加强科研数据、工业数据资源积累。积极建设生态创新基地，完善科研成果转化机制，培育商业化科研成果转化组织。

推动数字产业能级跃升。培育壮大人工智能、大数据、区块链、云计算、网络安全等新兴数字产业，提升通信设备、核心电子元器件、关键软件等产业水平。瞄准产业基础高级化，加快基础材料、关键芯片、高端元器件、新型显示器件等关键核心信息技术成果转化，推动产业迈向全球价值链中高端。开展软件价值提升行动，持续打造软件名城、名园、名企、名品，引导软件产业加快集聚发展。加快基于网络信息技术的创新应用，培育发展新产品、新工艺、新服务。

推动网信企业发展壮大。利用创业板、科创板等注册制改革，畅通多元化融资渠道。引导更多网信企业专注细分领域，加大科技投入，提升创新能力。发挥网信企业产业链供应链带动能力，以信息流促进上下游、产供销协同联动和大中小企业融通发展。

（五）构建产业数字化转型发展体系（略）

（六）构筑共建共治共享的数字社会治理体系

运用现代信息技术为“中国之治”引入新范式、创造新工具、构建新模式，完善共建共治共享的社会治理制度，提升基于数据的国家治理效能，提升社会治理特别是基层治理的现代化水平。

建设立体化智能化社会治安防控体系。深化公共安全视频图像建设联网，加快图像识别、物联网、大数据、人工智能等信息技术在圈层查控、单元防控、要素管控等治安防控领域中的深度融合应用，加强国门和边境地区防控，提升社会治安防控的整体性、协同性、精准性。

专栏12　智慧公安建设提升工程
1. 强化集约化基础支撑体系。开展社会公共安全大数据建设，统筹新一代公安信息化基础设施，升级完善共性应用支撑平台，深化数据共享和业务协同，完善公安大数据中心。 2. 构建一体化指挥通信体系。推进指挥通信自主化、高清化、加密化升级，加强卫星技术集成应用，强化警用无线局域网（PWL）推广应用，深化数字集群通信（PDT）网络建设，建成全国公安指挥通信“一张网”。 3. 完善精准化犯罪打击体系。推进区域信息共享与警务协作，加强预测、预警、打击违法犯罪的智能应用，提高遏制电信网络诈骗等新型犯罪的能力，提升国家反恐怖、禁毒等信息化水平。 4. 升级立体化治安防控体系。加强社会安全智能感知网络建设，升级公共安全视频图像智能应用，完善边境地区技防体系，构建网络主动整体安全框架。 5. 健全便捷化惠民服务体系。完善国家人口基础信息库，提升公安政务服务水平，加快行政管理、公共服务信息系统有效对接，实现公安政务服务“一网通办”。

打造一体化智慧化公共安全体系。建设城市感知决策中枢，提升公共卫生、疾病防控、食品药品安全、生产安全、城市安全、自然灾害、快递物流等重点领域的风险防控能力。加强城市管网、公共空间、道路交通、轨道交通、消防、水利设施、大型口岸、重大活动保障等领域的运行态势感知和智能分析，提升公共安全风险识别和预报预警能力，支撑城市公共安全防控体系关口前移、精细管理和综合决策。建设社会治理大数据与模拟推演科学研究平台，开展人工智能条件下的社会治理实验。

专栏13　人工智能社会治理实验工程
1. 开展医学人工智能社会治理实验。探索人工智能在智能临床辅助诊疗、医用机器人应用、智能公共卫生服务、人工智能辅助药物研发、医疗设备智能管理等方向的应用效果，研究人工智能对医疗服务提供者和患者的影响、人工智能对疾病防控领域隐私和伦理的冲击、人工智能条件下疾病协同防控体系及相关法规政策。 2. 开展城市管理社会实验。研究探索人工智能对城市行政效率、城市运行管理、城市道路交通、提升居民满意度的影响。 3. 开展养老社会实验。探索人工智能应用与老年人幸福感、养老服务水平的相关性，研究人工智能应用对未来养老模式和服务内容、养老照护工作的影响，探索研究养老领域人工智能相关标准和政策。 4. 开展环境治理社会实验。探索人工智能条件下环境治理系统的运行模式和环境治理监管的协同模式，研究人工智能条件下环境治理对个人隐私保护、数据安全的影响。 5. 开展教育社会实验。研究人工智能对教育模式和教育对象的影响，探索人工智能融入教育对社会的影响。 6. 开展风险防范社会实验。探索研究人工智能与卫星遥感、视频监控、物联网、应急广播等相结合，在生产安全、城乡安全、自然灾害等领域风险早期识别、精准预报预警、减少人民群众生命财产损失。 7. 建设社会治理大数据与模拟推演科学研究平台。建设具备社会系统全要素数据汇聚、高精度超大规模模拟仿真、实时感知与推演、虚实结合大数据交互分析等功能的软硬件一体化科学研究平台，为国家和社会治理提供数据汇聚、模拟仿真、感知推演、交互分析支撑。

打造平战结合的应急信息化体系。以信息化推动应急管理现代化，全面提升多部门协同的监测预警能力、监管执法能力、辅助指挥决策能力、救援实战能力和社会动员能力，提升国际物流供应链服务保障能力。健全多部门协同的灾害事故信息报送、预警发布、信息共享和应急处理机制，加强安全生产事中、事后监管，强化应急管理装备技术和平台支撑，增强应急管理全面感知、快速处置、精准监管和物资保障能力，有效提升防灾、减灾、抗灾、救灾水平，遏制重特大事故发生。以信息化支撑构建统一的国家储备体系，强化粮食和战略应急物资数据资源整合和共享，提升国家储备应对突发事件的能力。推动信息技术更好支撑疾病预防控制体系和重大疫情防控救治体系建设，强化政府、企业、医疗卫生机构数据共享和协同应用，提高应对突发公共卫生事件的能力。

专栏14　应急管理现代化能力提升工程
1. 提升风险监测预警能力。构建自然灾害和安全生产风险综合监测预警体系，汇聚自然灾害、安全生产、城市乡村监控监测资源，建设“天目网”应急卫星星座体系，提升多灾种和灾害链综合监测、风险早期识别和预报预警能力。建设防汛抗旱决策支持系统，推动防汛抗旱模型研究应用，提高防汛抗旱应急管理现代化能力。健全应急管理数据资源目录，探索建立城乡安全运行体征指标体系。 2. 提高突发事件响应和处置能力。基于公众通信网建设空、天、地、海一体化应急通信网络，强化通信方式跨网融合。依托广播电视和新媒体基础设施，建设国家应急广播体系。加快建设国家应急协同指挥平台、国家应急资源管理平台，实现应急救援行动“一张图”指挥调度。推进智慧消防救援、智慧矿山安全、智慧防震减灾、数字粮储、智慧海上救捞建设。提升应急救援装备信息化管理能力，实现救援装备的轨迹上图、状态可感。

创新基层社会治理。深化大数据、人工智能等信息技术在基层政权建设、城乡社区治理和服务中的应用，提升基层党建服务管理水平，健全党组织领导的自治、法治、德治相结合的城乡基层治理体系。加快打造智慧社区，充分整合民政、卫健、住建、应急、综治、执法等部门系统基层入口，构建网格化管理、精细化服务、信息化支撑、开放共享的基层治理平台。畅通社会组织、社会工作者、志愿者在线参与基层社会治理和服务的渠道，大力拓展社会资源线上参与公益慈善途径，促进政府治理同社会调节、居民自治良性互动。

推进新型智慧城市高质量发展。因地制宜推进智慧城市群一体化发展，围绕公共交通、快递物流、就诊就学、城市运行管理、生态环保、证照管理、市场监管、公共安全、应急管理等重点领域，推动一批智慧应用区域协同联动，促进区域信息化协调发展。推动粤港澳大湾区信息共享。稳步推进城市数据资源体系和数据大脑建设，打造互联、开放、赋能的智慧中枢，完善城市信息模型平台和运行管理服务平台，探索建设数字孪生城市。实施智能化市政基础设施建设和改造，有效提升城市运转和经济运行状态的泛在感知和智能决策能力。推行城市“一张图”数字化管理和“一网统管”模式。丰富数字生活体验，加快发展数字家庭。推进新型智慧城市与数字乡村统筹规划、同步实施，探索城乡联动、资源共享、精细高效的智慧治理新模式。

（七）打造协同高效的数字政府服务体系（略）

（八）构建普惠便捷的数字民生保障体系（略）

（九）拓展互利共赢的数字领域国际合作体系（略）

（十）建立健全规范有序的数字化发展治理体系

坚持促进发展和监管规范两手抓、两手都要硬，在发展中规范、在规范中发展，建立全方位、多层次、立体化监管体系，把监管和治理贯穿创新、生产、经营、投资全过程。厘清政府和市场关系，推动有效市场和有为政府更好结合，激发各类市场主体活力，促进数字中国持续健康有序发展。

强化平台治理体系。完善互联网平台监管法律法规体系，明确互联网平台对其发布内容等应承担的责任。压实平台主体合规责任，增强平台治理规则透明度，加强对平台不正当竞争、不正当价格行为的监管。完善违法内容举报与处理披露机制，引导平台企业及时主动公开违法违规内容自查处置情况，及时预警排查重大风险隐患。不断加强和改进反垄断、反不正当竞争监管，防止资本无序扩张，维护平台经济领域公平有序竞争，保障平台内经营者和消费者等各方主体合法权益。鼓励平台企业将更多资源用于创新技术应用，提升产品质量服务，优化平台运行规则和平台营商环境，促进行业健康发展。

建设技术规则治理体系。建立和完善数字技术应用审查机制和监管法律体系，开展技术算法规制、标准制定、安全评估审查、伦理论证等工作，明确人工智能、区块链等关键应用法律主体及相关责任。建立和完善数字经济反垄断监管规则，强化执法机构数字化取证能力。发挥国家科技伦理委员会统筹规范和指导协调作用，加快构建科技伦理治理体系，加强技术伦理研究储备，规范各类科学研究活动。加强跨学科分析研判，研究制定数字技术伦理规范导则与指南。加强行业自律引导，加大社会公众数字技术安全风险教育宣传，提升社会各界技术风险防范和责任意识。

完善网络空间治理体系。加强网络立法统筹。完善网络实名法律制度，推进社会公众数字身份管理体系建设，加大数字身份管理体系标准化整合衔接。探索公众网络行为与社会信用体系衔接机制，强化线上线下协同治理。完善网络综合执法协调机制，加强对未成年人网络保护工作的监督检查，严厉打击网络违法犯罪。鼓励社会主体依法参与网络内容共治共管，畅通社会监督、受理、处置、反馈、激励闭环流程，激活社会共治积极性。大力弘扬社会主义核心价值观，拓展多元化网络宣传平台和渠道，加强正能量信息宣传，营造风清气正的网络空间。以《全球数据安全倡议》为基础，深度参与网络空间国际规则和技术标准制定，推动建立公正、合理、透明的治理体系和规则体系，携手构建网络空间命运共同体。

全面加强网络安全保障体系和能力建设。加强网络安全核心技术联合攻关，开展高级威胁防护、态势感知、监测预警等关键技术研究，建立安全可控的网络安全软硬件防护体系。实施国家基础网络安全保障能力提升工程，加强关键信息基础设施安全防护体系建设，增强网络安全平台支撑能力，强化5G、工业互联网、大数据中心、车联网等安全保障。完善网络安全监测、通报预警、应急响应与处置机制，提升网络安全态势感知、事件分析以及快速恢复能力。

五、优先行动

遵循信息化发展规律，坚持整体推进与重点突破相结合，坚持补短板与锻长板相结合，坚持循序渐进，区分轻重缓急，优先推动基础能力、战略前沿、民生保障、基层治理等领域信息化专项行动，加快在核心技术、数字经济、数字社会等领域取得新的重大突破，推动数字民生保障取得更为明显的实质性进展，让人民群众在信息化发展中有更多获得感幸福感安全感。

（一）全民数字素养与技能提升行动

行动目标：到2023年，全民数字技能教育教学资源体系初步形成，信息弱势群体数字素养与技能明显提升；到2025年，全民数字技能教育培训广泛普及，让人民群众共享信息化发展成果。

（二）企业数字能力提升行动

行动目标：到2023年，大中型企业数字能力发展体系初步建成，融合发展新模式新业态蓬勃涌现；到2025年，企业数字能力全面提升，大型企业整体步入集成融合、生态创新阶段，中小企业质量效益显著增强。

（三）前沿数字技术突破行动

行动目标：到2023年，人工智能、区块链、量子信息等前沿数字技术研发取得明显进展，在若干行业落地一批融合应用示范；到2025年，前沿数字技术创新生态体系日益完备，行业级融合应用示范标杆不断涌现，产业规模快速提升。

推动人工智能规模创新应用。完善人工智能基础理论体系，开展人工智能与神经科学、认知科学、心理学、社会科学等基础学科前沿交叉研究。建设发展人工智能开源社区，构建人工智能公共数据集。推动人工智能开源框架发展，打造开源软硬件基础平台，构建基于开源开放技术的软件、硬件、数据协同的生态链。围绕国家战略和产业需求，加快人工智能关键技术转化应用。开展人工智能伦理规范研究，探索建立保障人工智能健康发展的法律法规和伦理道德框架。

推进区块链技术应用和产业生态健康有序发展。着力推进密码学、共识机制、智能合约等核心技术研究，支持建设安全可控、可持续发展的底层技术平台和区块链开源社区。构建区块链标准规范体系，加强区块链技术测试和评估，制定关键基础领域区块链行业应用标准规范。开展区块链创新应用试点，聚焦金融科技、供应链服务、政务服务、商业科技等领域开展应用示范。建立适应区块链技术机制的安全保障与配套支撑体系。

布局探索量子信息技术研究。加强共性关键技术和基础器件研发。超前布局量子通信、量子计算、量子传感技术研究，推动量子计算应用探索与产业生态体系建设。探索构建量子信息网络技术与标准体系。

（四）数字贸易开放合作行动

行动目标：到2023年，数字贸易服务能力显著增强，数字贸易统计体系基本形成；到2025年，数字贸易服务体系基本形成，国际竞争力位于前列，数字贸易发展支撑能力显著提升。

（五）基层智慧治理能力提升行动

行动目标：到2023年，基层智慧治理规划、政策和标准规范更加完善，数据资源整合取得明显成效，支撑基层社会治理水平大幅提升；到2025年，精细化服务感知、精准化风险识别、网络化行动协作的基层智慧治理体系基本建成，有力支撑基层治理体系和治理能力现代化。

完善基层智慧治理整体规划。统筹推进智慧城市、智慧社区建设，强化基础设施、系统平台、应用终端、服务资源、数据融合、安全监管等整体规划设计和集成。制定基层智慧治理标准体系，推动信息识别技术、高分卫星遥感影像、三维地图、视频图像以及智能感知等技术在基层治理的应用。

推动基层数据资源整合共享。完善地方与部门数据共享交换机制，依托国家数据共享交换体系，压实省级政府数据共享应用主体责任，加强省、市、县、乡镇（街道）四级共享交换机制建设，推动基层政府与垂直部门的数据共享融合，促进部门数据根据需要向基层开放使用。完善地理信息等基础数据，高质量建设楼宇、房屋、人员、企业、设施等基础对象电子档案库，提升数据完整性、规范性和准确性。加强基层数据关联比对分析和精准化运用，提升基层疫情防控、社区安防等方面风险预警和管理决策水平。

提升智能化应用能力。推动数字政府服务能力向基层延伸，推进基层服务流程优化再造。依托“互联网+”、自助终端等整合集成政府机构、社会组织及第三方提供的服务，实现基层证明电子化和规范化。

建设开发智慧社区信息系统和简便应用软件，整合接入公安、城市管理、卫生健康、交通、应急等部门业务系统和网格员、视频图像、移动终端等信息资源，实现辖区“一张网”全时感知、“一张图”全面监控，全面提升基层治理的感知、干预、调配等综合能力。

促进群众参与治理。积极运用互联网创新基层党组织和群团组织活动方式、机制和载体。提升城乡基层党建信息化水平，完善基层党组织领导的群众自治制度。充分运用信息化手段，拓展群众参与基层治理渠道，推动基层组织建设和信息发布、政策咨询、民情收集、民主协商、公共服务、邻里互助等事务网上运行。打造“互联网+群防群治”体系，提升监管部门对公众举报线索的网络核查和快速处置能力。

（六）绿色智慧生态文明建设行动

行动目标：到2023年，自然资源、生态环境、国家公园、水利和能源动态监测网络和监管体系建设进一步完善；到2025年，自然资源监管、生态环境保护、国家公园建设、水资源保护和能源利用等数字化、网络化、智能化水平大幅提升，有力支撑美丽中国建设。

加强自然资源和国土空间的实时感知、智慧规划和智能监管。优化完善自然资源、国土空间和自然地理格局等基础信息，推动涵盖自然资源开发利用和资产管理、国土空间规划实施、耕地保护、生态修复、海洋资源监管、气象灾害、地质灾害与海洋灾害监测等的动态感知技术能力提升，按照“统一底图、统一标准、统一规划、统一平台”的要求，推进自然资源三维立体“一张图”和国土空间基础信息平台建设。强化综合监管、分析预测、宏观决策的智能化应用，提供自然资源和国土空间数据共享与服务。

打造智慧高效的生态环境数字化治理体系。提升生态环境智慧监测监管水平，完善生态环境综合管理信息化平台，支撑精准治污、科学治污、依法治污。推动区域生态环境信息化协同治理，与公益诉讼共享有关资源，提升风险防范和一体化保护能力。支持京津冀、长三角区域打造大气环境协同治理信息化示范区，支持长江经济带、黄河流域、成渝双城经济圈打造水生态环境系统治理信息化示范区，支持粤港澳大湾区打造绿色生态城市示范区。加强应对气候变化信息化能力建设，推进气候资源开发利用，促进绿色低碳发展。完善“一带一路”生态环保大数据服务平台，推动生态环境标准规范、数据资源、监测网络、云服务资源国际合作共建。提升林草生态网络感知能力，完善生态系统保护成效数字化监测评估体系。加强长江禁捕执法监管能力建设，提升水生生物智能监测评估和保护管理水平。

推进智慧水利建设。推进新一代信息技术与水利业务融合，完善大江大河监测体系，加强水利大数据应用，加速推进水文、水资源等重要水利数据有序共享。以流域为单元提升水情测报和智能调度能力。加强国家水利综合监管，持续推进国家节水信息化管理能力提升。

建设智慧能源系统。推动能源与信息领域深度融合，提升电网、油气、煤炭基础设施信息化和智能化水平，推动构建源网荷储互动、多能协同互补、用能需求智能调控的能源系统。实施国家能源管理与监管信息化工程，制定统一的能源监管标准规范和监管数据指标体系。

（七）数字乡村发展行动

行动目标：到2023年，数字乡村发展行动的政策体系、标准规范更加完善，国家数字乡村试点示范效应明显，城乡信息化发展水平差距进一步缩小；到2025年，数字乡村建设取得重要进展，乡村4G深化普及、5G创新应用，城乡信息化发展水平差距显著缩小，初步建成一批兼具创业孵化、技术创新、技能培训等功能于一体的农村创业园区（基地），培育形成一批叫得响、质量优、特色显的农村电商产品品牌，完善乡村物流配送网点设施。乡村网络文化繁荣发展，乡村数字治理体系日趋完善。

完善升级乡村基础设施。推动城乡信息化融合发展，加快建设农村新一代信息基础设施，深化农村光纤宽带、移动宽带覆盖，推动有线电视网络IP化、智能化改造升级。加快推动水利、公路、电力等基础设施数字化、智能化转型。推进乡村智慧物流发展。加快推进农田建设数字化改造，加强全国农田综合监测监管。提升乡村气象灾害监测能力。

发展农村数字经济。加快发展智慧农业，推动新一代信息技术和先进适用智能农机装备广泛应用于农业生产经营各环节各领域。加强国家农业农村大数据发展应用，建设国家农业农村大数据平台，建立农业农村大数据“一张图”。完善农业基础数据资源体系，持续推进重要农产品全产业链大数据建设。深入实施“互联网+”农产品出村进城和“数商兴农”工程。推动“互联网+特色农业”“互联网+乡村旅游”深入发展，培育都市农业、观光农业、创意农业等新业态，扩大农村信息消费。

推进乡村智慧治理。深化智慧党建，推动提升农村基层党组织引领、动员、组织、服务社会能力。探索数字乡村治理新模式，以数据驱动、信息共享、数据挖掘等方式破解乡村治理面临的复杂问题。加强信息技术在乡村群防群治、联防联治中的应用，提升应急管理、防灾减灾和疫情防控水平。推进智慧公共法律服务，促进法治乡村建设。提高村级综合服务信息化水平，大力推动乡村建设和规划管理信息化。提升全国农村房屋管理信息化水平。

提升信息惠农服务水平。构建线上线下相结合的乡村信息服务体系，丰富市场、科技、金融、就业培训等涉农信息服务内容。推进乡村教育信息化建设，帮助乡村学校开足开好开齐国家课程。加快“互联网+医疗健康”发展，优化农村医药卫生管理和服务模式。推进乡村优秀文化资源数字化，加强乡村网络文化引导。

提升脱贫地区可持续发展能力。推动网络扶贫行动与数字乡村战略无缝衔接。健全防止返贫动态监测和帮扶机制，健全防止返贫大数据监测平台，加强相关部门数据共享和对接，充分利用先进技术手段提升监测准确性。支持脱贫地区纳入国家数字乡村试点。加快提升农民数字技能，大力培育新农民队伍。

（八）数字普惠金融服务行动

行动目标：到2023年，金融业数字化转型成效明显，金融服务模式更加完善，产品供给更加丰富、业务触达范围更加广阔；到2025年，先进可靠、富有弹性的基础设施服务体系基本形成，金融业初步实现数字化、智能化，金融普惠性和服务实体经济能力显著增强，形成与金融科技相适应的监管体系，为新发展格局提供全方位金融支持。

（九）公共卫生应急数字化建设行动

行动目标：到2023年，公共卫生应急数字化体系更加完善，信息化支撑疫情常态化防控能力大幅提升；到2025年，公共卫生应急数字化体系功能进一步提升，信息化对提升突发公共卫生事件应急响应能力发挥显著作用。

强化公共卫生监测预警能力。提升传染病疫情和突发公共卫生事件监测能力，提高评估监测敏感性和准确性。建立智慧化预警多点触发机制，健全多渠道监测预警机制，提高实时分析、集中研判能力。支持公共卫生机构和医疗机构数据共享，实现相关信息快速报送，做到早发现、早报告、早处置。

提高突发公共卫生事件应急响应能力。加强集中统一高效的公共卫生应急指挥能力建设，完善突发公共卫生事件应急响应机制。积极运用大数据、人工智能、物联网、云计算等数字技术，在疫情监测分析、病毒溯源、防控救治、资源调配等方面更好发挥支撑作用。健全统一的国家储备和应急物资保障系统，优化应急物资产能保障和区域布局，提升储备效能。

（十）智慧养老服务拓展行动

行动目标：到2023年，全国养老数据管理水平不断提升，适老化智能产品和服务不断丰富，有效支撑全国养老服务、管理等各类需求；到2025年，老年人运用智能技术困难问题得到解决，养老服务体系数字化、智能化水平显著提升，智慧养老市场得到长足发展，产业生态更加健康完整，为老年人提供有获得感、幸福感和安全感的老年生活。

建设全国养老数据资源体系。统筹养老服务领域政务和社会数据资源，依托国家人口基础信息库等，汇聚老年人健康档案、老年人社会保障、养老服务机构组织及服务价格、养老从业人员等基本数据集。制定养老数据资源规范化运营标准，形成公众需求牵引、政府监督管理、社会资本参与的养老数据资源体系。

培育规范智慧养老服务。加快推动互联网、大数据、人工智能等信息技术在养老服务领域深度应用，助力构建居家社区机构相协调、医养康养相结合的养老服务体系。支持适老化智能终端产品的研发、升级和应用推广，积极开发智能辅具、智能家居、健康监测和养老照护等智能化终端产品。推动信息服务适老化改造优化，加强适老化数字服务供给。优化各级政务服务平台功能，方便老年人网上办事。支持社区、机构开展老龄群体数字技能培训，保留必要的线下办事服务渠道。建立健全智慧养老服务综合监管体系，促进智慧养老市场健康发展。

工业和信息化部、国家发展和改革委员会、教育部、科技部、财政部、人力资源和社会保障部、国家市场监督管理总局、国务院国有资产监督管理委员会

2021 年 12 月 27 日

第二节　地方政策规划性文件

本节收录了 18 部 2021 年印发的行业相关地方政策规划性文件，具体目录如下：

序号	规划名称	印发机构	印发时间
1	北京市“十四五”时期高精尖产业发展规划	北京市人民政府	2021 年 8 月 11 日
2	河北省数字经济发展规划（2020—2025 年）	河北省人民政府	2020 年 4 月 19 日
3	山西省“十四五”政府治理能力现代化规划	山西省人民政府	2021 年 9 月 16 日
4	上海市全面推进城市数字化转型“十四五”规划	上海市人民政府办公厅	2021 年 10 月 24 日
5	上海市人工智能产业发展“十四五”规划	上海市经济和信息化委员会	2021 年 12 月 27 日
6	浙江省数字政府建设“十四五”规划	浙江省人民政府	2021 年 6 月 4 日
7	江苏省“十四五”智慧交通发展规划	江苏省交通运输厅	2021 年 9 月 8 日
8	河南省推进新型基础设施建设行动计划（2021—2023 年）	河南省人民政府办公厅	2021 年 4 月 7 日
9	河南省数字政府建设总体规划（2020—2022 年）实施方案	河南省人民政府办公厅	2021 年 9 月 28 日
10	湖北省新型基础设施建设“十四五”规划	湖北省人民政府	2021 年 9 月 4 日
11	湖北省数字经济发展“十四五”规划	湖北省人民政府	2021 年 10 月 17 日
12	湖南省“十四五”信息化发展规划	湖南省委网络安全和信息化委员会办公室、湖南省发展和改革委员会	2021 年 9 月 6 日
13	广东省数字政府改革建设“十四五”规划	广东省人民政府	2021 年 6 月 30 日
14	广东省科技创新“十四五”规划	广东省人民政府	2021 年 9 月 22 日
15	广东省数字交通“十四五”发展规划	广东省交通运输厅	2021 年 11 月 2 日
16	海南省“十四五”综合交通运输规划	海南省人民政府办公厅	2021 年 5 月 20 日
17	四川省“十四五”新型基础设施建设规划	四川省人民政府	2021 年 9 月 8 日
18	云南省智慧交通行动计划（2021—2022 年）	云南省交通运输厅	2021 年 6 月 17 日

因篇幅所限，内容详情请查阅《中国安全防范行业年鉴》2021 版网络版。网络版网址：http：//www.21csp.com.cn/njcd/2021/。

管理与服务篇

第五章　技防管理

第一节　全国公安机关科技信息化部门 2021 年安全技术防范管理工作概述

2021 年，全国公安机关科技信息化部门认真贯彻落实党中央、国务院和公安部党委有关部署要求，紧紧围绕公安中心工作和实战需要，着力做好规范安防行业监管、加强安防标准化建设、指导住宅小区智能安防建设等重点工作，进一步促进和引导安防行业力量，发挥服务公安工作、引领技术发展等方面的专业优势。

一、积极推动住宅小区智能安防建设

小区是人民群众生活居住的主要场所，是城市管理的基础单元，也是破解社会治理难题的关键。2021 年，各公安机关科技信息化部门积极推进智能安防住宅小区建设，不仅方便了群众出行，而且保障了小区居民的生命和财产安全，让群众住得舒心、住得安心。

公安部科技信息化局推动住宅小区智能安防建设。一是紧抓国务院部署推动城镇老旧小区改造的政策机遇，继续指导各地公安科信部门积极争取老旧小区改造政策支持，因地制宜提出智能安防建设内容及技术要求，配合住建部门推动智能安防建设，并在项目具体推进中做好技术指导和把关；二是积极推动国家标准修订，强化技术指导。组织完成《住宅小区安全防范系统通用技术要求》（GB/T 21741-2008）修订，于 2021 年 12 月 31 日正式批准颁布施行国家标准《住宅小区安全防范系统通用技术要求》（GB/T 21741-2021）。该标准的颁布施行，对进一步规范指导各地智能安防小区建设，提升小区智能安防水平，保护公民个人隐私具有积极意义。

河北省公安厅安全技术防范管理部门按照省委省政府印发的《河北省推进智慧安防小区建设实施方案》要求，推动将智慧安防小区建设列入 2021 年河北省 20 项民生工程，纳入省委重点工作大督查强力推进。制定下发了《关于进一步加强智慧安防小区建设的实施方案》和《河北省智慧安防小区前端设备建设和数据资源接入工作指南》，进一步明确了老旧小区建设和数据汇聚传输标准。

江苏公安科信部门大力推进新一代雪亮技防工程建设，建成智慧技防小区比例同比增加 22%；建成智慧技防校园比例同比增加 24%；全省“全面覆盖、智能感知、云上共享、精细应用”的整体格局基本形成。

安徽省公安厅科信部门、治安部门推动公安厅会同住建厅、民政厅印发《关于推进全省“智慧安防小区”建设工作的通知》。

山东公安科信部门全力推进全省智慧安防小区建设工作，智慧安防小区覆盖率达 94%。同时，运用大数据挖掘、人工智能等技术，加强小区感知数据与时空数据、传统数据的融合，促进智慧安防小区智能化应用，将“数字警务”向小区延伸，做强社会治安综合治理最小单元。

广西公安科信部门通过加强社会治安防控体系的信息化、机制、支点建设，重点推进公安检查站、平安校园、平安医院、智慧安防小区、平安村屯五大工程建设，切实加强符合本地治安特点的“视频+”

运用及建设，为社会治安防控提供数据支撑。

甘肃省公安厅党委高度重视智慧安防小区建设，全省公安科信部门积极作为，推动实现全省 14 个市州、86 个县区智慧安防小区建设全覆盖。

宁夏回族自治区公安厅安全技术防范管理部门在“智慧社区”建设中，统筹规划公安联动平台建设，用好保安队伍，在允许范围内共享数据，实现治安管控平台建设等“智慧社区”建设内容与现有的联网报警、一键报警等平台功能对接、数据整合，不断提升预警预防能力和保安人员应急处置能力。在石嘴山市和中卫市试点开展“运营商免费安装监控、公安机关应用防范”建设模式，为 27 个乡镇安装视频监控设备，推动视频监控城乡一体化发展，全面提高住宅小区治安防控体系建设智能化水平。

二、加大技防管理“放、管、服”工作力度

2021 年，各公安机关科技信息化部门继续简政放权、放管结合、优化服务，为群众生活及办事增便利。

公安部科技信息化局认真贯彻国务院“放、管、服”改革精神，指导中国安全防范安防认证中心、公安部第三研究所和国家安全防范报警系统产品质量监督检验中心（北京、上海）规范开展安全技术防范产品的公共安全行业自愿性认证及检测工作，探索开展机构自愿性认证工作，修订完善《公共安全视频监控产品认证实施规则》。

北京市公安局科信部门发挥业务监管优势，深入开展政务服务专项工作。一是深化落实行政检查单制度。为增强行政检查的规范化、透明度，针对《公共安全视频监控系统日常检查单》《住宅区及住宅安全防范设施日常检查单》制定检查标准，作为判定检查结果合格与否的客观标准和依据。二是对“北京市政务服务管理系统”有关事项进行补充完善。三是提升公共安全图像系统备案率。通过公共安全图像信息系统备案登记全程网办的逐步推进，再辅以清整管控工作督导落实，全市备案率大幅攀升。

山西省公安厅安全技术防范管理部门进一步转变职能，优化服务，强化安全技术防范行业服务、监督、管理工作。一是继续实行技防业务全部审批流程网上办理；二是要求各市技防办通知到所有到期未换证企业，企业提交申报材料后及时按规定条件审核；三是按照近年来国务院、省委省政府进一步取消和下放行政审批事项的有关要求，以及进一步深化放、管、服改革，优化营商环境的工作部署，继续提出对《山西省安全技术防范条例》中的有关内容进行修订；四是按照省厅相关部门要求，梳理涉及行政审批事项的权责清单、审批流程和“互联网+监管”中涉及支队的事项，及时在平台中修改和补充涉及技防管理的信息，进一步明确权责事项及要求；五是按照市场主体信用信息公示的有关要求，全部在山西省市场主体信用信息公示网上对相关企业认领并填写行政许可信息及资质证书信息。

辽宁省公安厅技术防范管理部门组织全省技防管理部门按照省厅统一部署安排，对政务服务事项进行规范化梳理、流程再造工作，每月组织各地就技防备案事项开展政务公开。

上海市公安局技术防范管理部门在办理核发、变更《上海市公共安全防范工程设计施工单位核准证书》时，通过减免审批表下载上传步骤（直接网上页面填写变更信息）、减少材料（如企业有电子证照，可无须上传实现零材料）等措施，实现安防从业“3 分钟填报、零材料提交”，并将对材料进行审核办结时限由 20 个工作日调整为工作日 24 小时内办结，有效提升公安政务服务水平，实现从“能办”向“好办”“快办”持续转变。2021 年共审核资质信息变更 96 家，审核资质升级 65 家。

广东省公安厅安全技术防范管理部门按照“放、管、服”改革精神，不断推进“减证便民”“优化服务”举措。一是减免“安全技术防范系统设计、施工、维修资格证核发”所需的“工商营业执照”等 9 项审批材料；减免“安全技术防范系统设计方案核准及其竣工验收”申请所需的“已核准的《广东省安全技术防范系统申报表》复印件”；减免企业申请“出省推荐函”所需“《资格证》复印件”和“出省推荐函申请书”2 项材料；减免“全技术防范系统设计、施工、维修资格证核发变更”所需“工商营业执照复印件”；将审批时限缩减至 5 个工作日，办理时限逐年递减；二是对技防行政审批事项双公示数据推

送共享功能进行升级改造，并按时向“双公示”系统推送数据；三是完成国家政务服务能力第三方调查评估各项考核工作。

宁夏回族自治区公安厅安全技术防范管理部门优化服务措施，增加了法定节假日以外公共安全技术防范登记备案办理时间的预约服务。

三、坚决贯彻落实各项部署，全力做好疫情防控工作

2021 年疫情防控形势仍然严峻复杂，公安机关科技信息化部门利用技术优势，全力做好疫情防控工作。

河北省公安厅安全技术防范管理部门积极开展中高风险区域、隔离点的视频监控图像建设、接入工作，全省各级公安机关利用“天网工程”“雪亮工程”优势，连续 24 小时不间断奋战，在最短时间内基本完成了所有隔离点和中高风险区域的视频监控建设联网任务，向各级疫情防控指挥部提供图像保障，在防疫指挥、视频巡查、重点防控、流调溯源等工作中发挥了重要作用。

上海市公安局安全技术防范管理部门根据疫情防控需要，会同市卫健委、市药监局、市禁毒办等单位大力推动发热门诊和线下零售药店智能感知系统建设。目前全上海市 122 家发热门诊、3422 家线下零售药店智能感知系统建设已全部完成智能感知设备建设，实现了对疑似新冠病例的第一时间发现、核查、甄别、处置，助力精准防疫。2021 年，上海市公安局技术防范办公室共检查涉疫单位 2668 余家（次），督促单位增加物技防设施 588 处，整改各类安全隐患 62 处。

江苏省公安厅科信部门助力安保维稳和疫情防控。疫情防控期间，依托新一代雪亮技防工程，南京市局为居家隔离人员住所安装智能门磁设备 66517 套，在各隔离点、封控区、核酸采样检测点新建视频监控千余路。研发预警模型，对南京市居家隔离、健康监测人员开展监测，将研判信息推送至社区网格员，为精准开展疫情防控工作提供科技支撑。

广西壮族自治区公安厅科信部门充分发挥专业优势，牵头做好自治区疫情防控数据分析专班工作，坚持 24 小时值班，针对不同阶段疫情的特点和防控工作需要，不断优化算法模型，提升数据的准确性和时效性，支撑基层联防联控组开展精准防控工作。

贵州省公安厅安全技术防范管理部门将视频图像数据资源应用于新冠疫情常态化防控工作，将医院、殡仪馆、学校、车站、码头、隔离点酒店等疫情防控重点区域内部及周边视频监控资源推送至省厅相关平台，支撑全省疫情防控工作。

宁夏回族自治区公安厅科信部门在疫情防控工作中，利用公共安全视频监控为涉疫人员车辆查找、隔离对象服务管理、风险隐患排查阻断等工作提供了有力支撑。

四、积极指导行业协会规范化建设

2021 年，各公安机关科技信息化部门指导各地行业协会在服务于国家整体战略、服务公安工作、服务行业发展等方面发挥了积极作用。

公安部科技信息化局认真落实“脱钩不脱管”“脱钩不脱服务”要求，进一步加强行业管理部门和脱钩行业协会的沟通联系，强化行业管理部门的业务和政策指导，引导和促进新时代安防行业高质量发展。公安部科技信息化局和中国安全防范产品行业协会建立安防行业高质量发展联席会议机制，每季度召开联席会议，研究安防行业支撑服务维护公共安全、创新社会治理的重大战略、引领安防行业高质量发展的重大举措。

北京市公安局科信部门积极指导北京安全防范行业协会的工作和业务。一是推动安防协会建立完善专家协作支持机制。指导专家委员会不断加强专家库建设和管理，实现了专家队伍结构年轻化、知识化、专业化，业务覆盖广的目标。根据业务发展需要，已经征集了四批专家共计 241 人，在综合分析专家库结构基础上，完善及补充其他相关行业专家数量，不断充实专家队伍。二是指导北京安全防范行业协会开

展安防企业能力评价工作。2021 年上半年，北京安全防范行业协会能力评价中心共接打咨询服务热线两千余次，通过中国安全防范产品行业协会网上申报系统，受理 303 份能力评价、年审、复评资料，完成评审任务 328 份（含 59 份上年度结转），为企业颁发、换发能力评价证书 152 次，受理企业提交各项办理变更业务共 66 次。

辽宁省公安厅安全技术防范管理部门主要领导两次带队赴行业协会指导调研，协调解决行业协会面临的业务困惑和难题，支持行业协会在省人社厅和工信厅的主导下，积极组织推进安防工程专业职称的设立工作。

黑龙江省公安厅科信部门加强对安防协会的业务指导。2021 年共有 600 余家企业在黑龙江省安防协会申请企业能力评价，为企业开展安防工程设计、施工、维护提供有力保障，同时也为社会及第三方提供了企业施工能力参考。

上海市公安局安全技术防范管理部门指导上海安全防范报警协会引导上海市安全技术防范行业自我管理，服务行业健康发展，促进行业诚信自律，并协助协会组建上海市安全技术防范专家库，开展中高级职称评审，提供企业技术人员能力测试服务。同时，指导协会印发《上海安全防范报警协会专家管理委员会工作规则》和《上海安全防范报警协会专家违规行为惩戒办法》，切实提高技防专家责任感和约束力，推动上海技防专家能力水平实现整体跃升。

浙江省公安厅科信部门在好事做好、好事办精的原则下，积极作为、稳步落实，指导省安防协会圆满实施浙江省首次安防专业工程师、高级工程师职称评审工作。

安徽省公安厅科信部门积极指导安徽省安全技术防范行业协会，一是建立推动安徽省安防行业高质量发展联席会议机制；二是编制安徽公安技防 2020 年度工作年鉴提供中国安全防范产品行业协会；三是举办第三届安徽省安全技术防范行业职业技能竞赛；四是配合中国安全防范产品行业协会开展安防职业培训调研；五是编报安徽省安全技术防范行业协会与省公安厅脱钩工作总结和回头看报告。

重庆市公安局科信部门指导重庆市公共安全技术防范协会坚持正确的办会方向，践行办会宗旨，努力转型升级，进一步提高协会的工作水平和服务能力。通过半年的努力，全新打造并实施资质在线评审系统，实行线上办理，减轻了会员负担。指导重庆市公共安全技术防范协会举办四次大型技术交流与培训活动。坚持以请进来和走出去相结合的方式进行行业间交流，积极参加全国性安防行业媒体主办、各省市安协支持的行业评优推优活动。

广东省公安厅安全技术防范管理部门指导省协会于 2021 年 11 月 16 日召开标委会会议，正式成立第二届广东省安全防范报警系统标准化技术委员会，主要负责全省安全防范报警系统标准化相关技术工作。

广西壮族自治区公安厅安全技术防范管理部门履行监管责任，加强对广西安全技术防范行业协会联系和业务指导。一是指导协会党组织建设，加强党员党史学习教育，牢记初心使命；二是指导协会完善制度建设，顺利完成社会组织年检；三是加强协会业务能力建设，提升服务企业意识，做好《中国安防行业“十四五”发展规划（2021—2025）》宣贯工作，推动广西安防行业健康发展；四是监督指导协会完成安防企业能力评价工作，确保能力评价各环节严格遵守相关规范和要求，评审客观公正；五是积极促进协会与外省安防行业协会和优质企业的交流。

青海省公安厅安全技术防范管理部门指导青海省公共安全技术防范协会完成了安防资质的申办、年审、变更、注销及升级备案工作。

五、推动发挥行业力量参与安防标准化工作

2021 年，公安机关科技信息化部门标准化工作取得新成效，为安防相关法律法规的具体实施提供了有力的技术保障。

公安部科技信息化局进一步加强安防标准化建设。一是进一步强化安全技术防范标准审查，指导全国安全防范报警系统标准化技术委员会（以下简称“安防标委会”）推进安防领域重点标准制修订工作，

2021年全年经批准发布国家标准3项、公共安全行业标准23项，完成报批的国家标准12项、公共安全行业标准13项，并会同安防协会、检测机构等单位加强重要标准的宣贯培训，推动重要标准的贯彻实施，为视频联网应用、重点单位安全防范建设、住宅小区智能安防建设等工作提供了有力的技术指引；二是继续指导安防标委会积极参与国际标准化工作，在IEC/TC79牵头提出立项2项楼寓对讲系统国际标准，推荐专家担任ISO/TC332（金融机构和商业组织安全防范设备技术委员会）主席顾问组专家，牵头制定ITU 3项国际标准，进一步增强了我国制定安防领域国际标准的话语权；三是创新标准宣贯形式，结合公安队伍教育整顿活动，组织开设“安防标准解读网络公开课”，录制发布入侵和紧急报警、视频监控、出入口控制、防爆安全检查、实体防护等3批33项安防国家标准、行业标准解读视频，对推动安防标准的贯彻实施和应用推广发挥了积极作用；四是组织视频图像信息智能分析与共享应用技术国家工程实验室等企事业单位，开展《公共安全视频监控联网信息安全技术要求》（GB 35114）落地实施的前期论证、技术方案起草等工作，为增强视频监控网络安全防护能力提供了有力的技术支撑。

北京市公安局科信部门组织开展地方标准《安全防范系统运行检验规范》修订调研工作，了解不同使用主体的安全防范现状，收集建设方、管理方及施工方等各方的需求、意见和建议，为标准编制积累第一手资料。目前，在调研结果基础上，对标准框架、结构等进行调整确认，并形成了标准草案。

上海市公安局安全技术防范管理部门深入开展安防地方标准的制修订工作，不断健全完善上海安防标准体系。一是通过多次讨论、调研、征求意见，完成了《金融机构》《通信单位》《化工企业》3个系列地方标准的制修订工作，稳步推进对《港口、码头》《渡轮、游览船》《寄递单位》《公交车站和公交专用停车场》《游乐场所》5个系列地方标准和《人体测温出入口控制系统技术要求》标准的制修订工作，组织开展文本修改、讨论、征求意见等，进一步健全上海安防标准体系；二是紧密结合上海社会治安形势和安防行业发展趋势，制定出台《紧急报警装置管理使用规范》，进一步规范了上海市报警设备等产品的日常使用养护、定期测试故障排查要求。

浙江省公安厅科信部门筹建“浙江省安全技术防范标准化技术委员会”，以浙江省公安厅的名义正式向浙江省市场监督管理局申报。“浙江省安全技术防范标准化技术委员会”将在省协会秘书处设立执行机构，除负责浙江省地方标准制修订工作外，还将参与本专业领域国家标准、行业标准和团体标准（包括“浙江制造”标准）的预研、起草，提出立项和修订建议。

安徽省公安厅科信部门组织制定的地方标准《住宅区智能化系统工程设计、验收标准》《公共安全视频图像信息系统社会视频资源接入技术规范》《视频图像信息系统运维机构能力通用要求》等颁布实施。

广东省公安厅科信部门指导广东省安全防范报警系统标准化技术委员会（简称“GD/TC95”）制定并发布地方标准《普通高等学校安全技术防范要求》《中小学校和幼儿园安全技术防范要求》。指导GD/TC95制定并发布团体标准《安全技术防范系统智能设备箱通用技术要求》《智能家居网关安全技术要求》，完成《医院安全防范工程技术规范》立项工作，推动《基于5G蜂窝网络的公安视频通信技术规范》《公安机关人脸视频图像库部署规范》《审讯声纹识别系统通用技术规范》《掌纹图像数据交换格式规范》等团体标准的制修订工作。

六、制定出台地方政策及规范性文件指导行业发展

2021年，各地公安机关科技信息化部门制定出台地方政策及规范性文件指导安防行业有序发展。

河北省公安厅科信部门2021年1月出台《公安视频传输网边界安全交互系统建设指南（试行）》《公安视频传输网边界安全交互系统建设指南（试行）安全监测与管理区功能标准》《公共安全视频监控安全审计系统建设指南（试行）》《公安视频传输网安全防护管理系统建设指南（试行）》等一系列标准，为省、市、县各级视频安全防护系统建设提供了技术遵循。

内蒙古自治区公安厅与教育厅联合下发《全区中小学幼儿园校园公共安全技术防范设施检查建设使用情况进行摸底调查和执法检查的通知》，开展了为期一年的校园公共安全技术防范设施检查。公安厅科

信部门下发《关于下放易制爆危险化学品、剧毒化学品、放射源存放场所技术防范系统验收事项的通知》，组织全区各级公安机关对全区易制爆危险化学品、剧毒化学品、放射源存放场所技术防范系统进行全面验收；内蒙古自治区公安厅对2014年11月1日起实施的《内蒙古自治区公共安全视频监控图像信息系统管理办法》提出修正建议。

辽宁省公安厅安全技术防范管理部门组织开展对《辽宁省公安机关实施〈辽宁省公共安全技术防范条例〉行政处罚裁量权细化标准（送审稿）》进行征求意见、审核、定稿、报批工作，进一步夯实社会视频资源监管的法理基础。

江苏省公安厅科信部门制定下发了《智慧版技防城建设标准》，全面开启智慧版技防城建设应用工作。

湖北省公安厅科信部门组织高校专家、技术骨干，编制《湖北省关于加强公共安全视频监控规范管理促进共享应用的指导意见（征求意见稿）》；指导内保总队制定《全省智慧平安医院建设实施方案》和《湖北省中小学幼儿园安全技术防范系统要求与管理规范（试行）》等规范性文件。组织开展了《湖北省公共安全技术防范管理规定》修订工作，于2021年5月17日正式施行。

湖南省公安厅科信部门推动以公安厅名义，会同住建厅等部门共同出台《关于加强城市道路“多杆合一”建设管理工作的意见》，进一步集约共享城市资源，加强城市道路“多杆合一”建设管理，切实规范“杆、电、网、管、箱”设置。

广西壮族自治区公安厅制定出台《广西智能安防小区建设指导性技术方案》《广西社会视频图像数据安全联网技术指导方案》等标准规范，指导全区公安机关通过安全方式开展社会治安防控体系建设。

第二节　全国公安机关技防管理部门名录

机构名称	地址	联系电话
公安部科技信息化局安全技术防范与视频应用管理处	北京市东城区东长安街14号	010-66266548
北京市公安局指挥部视频警务和安技防通信保障处	北京市东城区前门东大街9号	010-85222166
天津市公安局图像侦查和技防监管总队	天津市西青区新科道2号	022-27205281
河北省公安厅安全技术防范管理办公室	石家庄市桥西区槐安西路276号	0311-66991868
山西省公安厅治安管理总队安全技术防范支队	山西省太原市桃园南路59号	0351-7388528
内蒙古自治区公安厅公共安全技术防范管理办公室	内蒙古呼和浩特市海拉尔大街15号	0471-6550392
辽宁省公安厅技术防范办公室	辽宁省沈阳市岐山中路2号	024-86992121
吉林省公安厅图像侦查总队	吉林省长春市新发路806号	0431-93418345
黑龙江省公安厅科技信息化总队	黑龙江省哈尔滨市南岗区中山路145号	0451-82696966
上海市公安局技术防范办公室	上海市静安区太阳山路38号	021-22023461
江苏省公安厅科技处	江苏省南京市扬州路1号	025-83525952
浙江省公安厅科技信息化局	浙江省杭州市上城区民生路66号	0571-87286656
安徽省公安厅科技信息化处（信息中心）	安徽省合肥市庐阳区安庆路270号	0551-62801347
福建省公安厅科技通信处	福建省福州市鼓楼区华林路12号	0591-87094507

续表

机构名称	地址	联系电话
江西省公安厅安全技术防范管理办公室	江西省南昌市赣江南大道 1366 号	0791-87288333
山东省公安厅信息通信处	山东省济南市经二路 185 号	0531-85123230
河南省公安厅科技处	河南省郑州市金水区金水路 9 号	0371-65991155
湖北省公安厅安全技术防范管理办公室	湖北省武汉市武昌区雄楚大道 181 号	027-67128301
湖南省公安厅科信总队	湖南省长沙市芙蓉区八一路 110 号	0731-84597723
广东省公安厅安全技术防范管理办公室	广东省广州市越秀区北较场横路 5 号 10 楼 1008 房	020-83922515
广西壮族自治区公安厅安全技术防范管理办公室	广西南宁市佛子岭路 1 号	0771-2892302
海南省公安厅安全技术防范管理办公室	海南省海口市龙华区滨涯路 9 号	0898-68836218
重庆市公安局科技信息化处	重庆市渝北区黄龙路 555 号	023-63962200
贵州省公安厅安全技术防范管理办公室	贵州省贵阳市宝山北路 82 号	0851-85904884
云南省公安厅安全技术防范办公室	云南省昆明市西山区广福路 656 号	0871-63052792
西藏自治区公安科技信息化总队	西藏自治区拉萨市城关区林廓东路 26 号	0891-6311272
陕西省公安厅安全技术防范管理办公室	陕西省西安市凤城二路 19 号	029-86165983
甘肃省公安厅安全技术防范管理办公室	甘肃省兰州市城关区庆阳路 98 号	0931-5156343
青海省公安厅科技信息化总队安全技术防范办公室	青海省城东区八一中路 50 号	0971-8293519
宁夏回族自治区公安厅安全技术防范管理办公室	宁夏回族自治区银川市北京中路 86 号	0951-6136291
新疆维吾尔自治区公安厅科技信息化总队	乌鲁木齐市沙依巴克区钱塘江路 284 号	0991-5586330
新疆生产建设兵团公安局科技信息化总队	乌鲁木齐市光明路 106 号	0991-5988547

第六章 标准化与技术监督

第一节 行业标准

全国安全防范报警系统标准化技术委员会

全国安全防范报警系统标准化技术委员会（以下简称“全国安防标委会”，代号为 SAC/TC100）成立于 1987 年，归口工作范围为安全防范报警系统和产品，涉及入侵和紧急报警、视频监控、出入口控制、防爆安检、安防工程、实体防护和人体生物特征识别应用等多个专业技术领域。

SAC/TC100 的主要工作任务是向国家标准化管理委员会和公安部科技信息化局提出安全防范报警系统技术领域标准化工作的方针、政策和技术措施的建议；按照国家标准化工作的方针、政策，制定安全防范报警系统技术领域的标准体系和标准制修订规划、计划草案；按照国家和行业下达的标准制、修订年度计划组织制定和审查国家标准草案和行业标准草案；对经批准、发布的国家标准、行业标准，组织宣贯、培训和定期复审；为企业标准化工作提供咨询和服务；对口国际电工委员会/报警与电子安防系统技术委员会（IEC/TC79）的工作，参加 IEC/TC79 国际标准草案的制定、审查和投票表决。

SAC/TC100 的常设工作机构为秘书处，办公地点设在公安部第一研究所。

根据工作需要，经国家标准化管理委员会批准，SAC/TC100 于 2000 年成立了实体防护设备分技术委员会（SAC/TC100/SC1），办公地点设在公安部第三研究所。2007 年成立了人体生物特征识别应用分技术委员会（SAC/TC100/SC2），办公地点设在公安部第一研究所。

截至 2021 年 12 月，SAC/TC100 完成的现行标准共 254 项，其中国家标准 69 项，行业标准 185 项。按专业技术领域划分，基础通用标准 5 项；入侵和紧急报警 39 项；视频监控 55 项；出入口控制 19 项；防爆安全检查 23 项；安全防范系统工程 62 项；实体防护设备 19 项；人体生物特征识别应用 32 项。同时 SAC/TC100 积极参加 IEC/TC79 国际标准化工作，牵头制定多项国际标准，派出 20 余名技术专家累计参与 10 多项国际标准起草工作。

2021 年全国安防标委会工作重点内容如下：

一、标准制修订总体情况

2021 年，SCA/TC100 在编的国家标准和行业标准共 70 余项。其中，已完成并经批准发布的标准共 26 项，其中国家标准 3 项，行业标准 23 项；完成标准报批稿 25 项，其中国家标准 13 项，行业标准 12 项。

2021 年，SAC/TC100 完成并经批准发布的 26 项标准，见下表：

序号	标准编号	名称
1	GB/T 21741-2021	住宅小区安全防范系统通用技术要求
2	GB/T 31070.3-2021	楼寓对讲系统　第3部分：特定应用技术要求
3	GB/T 41086-2021	基于拉曼光谱技术的危险化学品安全检查设备通用技术要求
4	GA 38-2021	银行安全防范要求（代替GA 38-2015、GA 745-2017、GA 858-2010，部分代替GA 1003-2012、GA 1280-2015）
5	GA/T 841-2021	基于离子迁移谱技术的痕量毒品/炸药探测仪通用技术要求
6	GA/T 1297-2021	安防线缆
7	GA/T 1764-2021	公安视频图像信息应用系统接口协议测试规范
8	GA/T 1765-2021	公安视频图像信息应用平台软件测试规范
9	GA 1766-2021	公安视频图像信息系统验收规范（代替GA 793.3-2008）
10	GA/T 1779-2021	被动式太赫兹成像人体安全检查设备通用技术要求
11	GA 1781-2021	公共安全社会视频资源安全联网设备技术要求
12	GA/T 1782-2021	入侵和紧急报警系统接警中心机
13	GA/T 1783-2021	公安视频图像信息数据库测试规范
14	GA/T 1788.1-2021	公安视频图像信息系统安全技术要求　第1部分：通用要求
15	GA/T 1788.2-2021	公安视频图像信息系统安全技术要求　第2部分：前端设备
16	GA/T 1788.3-2021	公安视频图像信息系统安全技术要求　第3部分：安全交互
17	GA/T 1788.4-2021	公安视频图像信息系统安全技术要求　第4部分：安全管理平台
18	GA/T 1797-2021	钢丝焊接网安全围栏
19	GA 1798-2021	营业性射击场设置与安全防范要求
20	GA 1800.1-2021	电力系统治安反恐防范要求　第1部分：电网企业
21	GA 1800.2-2021	电力系统治安反恐防范要求　第2部分：火力发电企业
22	GA 1800.3-2021	电力系统治安反恐防范要求　第3部分：水力发电企业
23	GA 1800.4-2021	电力系统治安反恐防范要求　第4部分：风力发电企业
24	GA 1800.5-2021	电力系统治安反恐防范要求　第5部分：太阳能发电企业
25	GA 1800.6-2021	电力系统治安反恐防范要求　第6部分：核能发电企业
26	GA 1551.6-2021	石油石化系统治安反恐防范要求　第6部分：石油天然气管道企业

SAC/TC100完成25项标准报批稿，见下表：

序号	标准编号	名称
1	GB 10409	防盗安全门通用技术条件（修订）
2	GB 16796	安全防范报警设备　安全要求和试验方法（修订）
3	GB/T 28181-2016	公共安全视频监控联网系统信息传输交换控制技术要求（修订）

续表

序号	标准编号	名称
4	GB/T 29315-2022	中小学幼儿园安全防范要求（修订）
5	GB 55209-2022	安全防范工程通用规范
6	GB/T	公共安全视频图像信息联网共享应用总体要求
7	GB/T 41482-2022	毫米波全息成像人体安全检查设备
8	GB/T 41483-2022	基于介电常数技术的液态危险化学品安全检查仪通用技术要求
9	GB/T	公共安全　人体生物特征识别应用　术语
10	GB/T	公共安全　虹膜识别应用　采集设备
11	GB/T	公共安全　虹膜识别应用　图像技术要求
12	GB/T	公共安全　虹膜识别应用　算法评测方法
13	GB/T	公共安全　人脸识别应用　防假体攻击测试方法
14	GA/T	网络预约出租汽车安全防范要求
15	GA/T	城市公共汽电车和道路客运暴恐袭击风险评估导则
16	GA	实体防护产品防弹性能技术要求及测试方法
17	GA/T	防爆安全门
18	GA/T	安全防范　人脸识别应用　算法性能评测方法
19	GA/T	安全防范　指纹识别应用　识别设备通用技术要求
20	GA/T	安全防范　虹膜识别应用　采集设备通用技术要求
21	GA/T	安全防范　掌静脉识别应用　图像技术要求
22	GA/T	安全防范　手部静脉识别应用　图像数据交换格式
23	GA/T	安全防范　掌静脉识别应用　算法评测方法
24	GA/T	安全防范　声纹识别应用　程序接口
25	GA/T	安全防范　声纹识别应用　网络语音样本技术要求

二、积极开展重要领域标准项目研究及制定

（一）积极推进公共安全视频图像信息联网共享应用国家标准编制

为保障公共安全视频监控建设联网应用工作的顺利开展，SAC/TC100 组织编制并不断完善了《公共安全视频图像信息联网共享应用标准体系》。2021 年，SAC/TC100 积极推进 24 项相关国家标准的制修订工作，截止到目前，有 6 项标准经国家标准委批准发布。在充分征求相关部委意见的基础上，3 项核心技术标准已完成报批稿，具体标准为：

序号	标准编号	名称
1	GB/T 28181-2016	公共安全视频监控联网系统信息传输交换控制技术要求（修订）
2	GB/T	公共安全视频图像信息联网共享应用总体要求
3	GB/T	公共安全视频图像数据项

另外 8 项核心技术标准已形成送审稿，计划在 2022 年上半年完成标准审查和报批工作。具体标准如下：

序号	标准编号	名称
1	GB/T	公共安全视频图像信息综合应用系统技术要求
2	GB/T	公共安全视频图像信息综合应用服务接口技术要求
3	GB/T	公共安全视频图像分析系统　第 1 部分：通用技术要求
4	GB/T	公共安全视频图像分析系统　第 2 部分：视频图像内容分析及描述技术要求
5	GB/T	公共安全视频图像分析系统　第 3 部分：视频图像增强技术要求
6	GB/T	公共安全视频图像分析系统　第 4 部分：视频图像检索技术要求
7	GB/T	公共安全视频监控联网信息安全测试规范
8	GB/T	公共安全视频图像信息联网应用运维管理平台技术要求

（二）积极推进公共安全视频监控应用云平台项目行业标准编制

为保障全国公安机关视频图像信息联网与应用工作的顺利开展，2021 年，SAC/TC100 积极推进公安部公共安全视频监控应用云平台项目 20 项行业标准的制修订工作。截止到目前，经公安部批准发布的标准共 10 项，1 项管理标准经研究转为下发管理文件，剩余 9 项标准均已完成送审稿，计划在 2022 年上半年完成标准审查和报批工作。具体标准如下：

序号	标准编号	名称
1	GA/T	国家标准 GB 35114-2017 符合性测试规范
2	GA/T	公安视频图像智能化建设应用总体技术要求
3	GA/T	公安视频监控视频存储技术要求
4	GA/T	公安视频图像分析系统　第 4 部分：视频图像检索技术要求
5	GA/T	公安视频图像分析系统　第 5 部分：检验规范
6	GA/T	公安视频图像信息联网应用运维管理平台技术要求
7	GA/T	公安视频图像信息联网应用运维管理平台软件测试规范
8	GA/T	公安视频图像信息联网应用运维管理规范
9	GA/T	公安数据元（视频图像）

（三）全面完成国家重点反恐专项课题的研究任务，继续推进反恐怖防范标准的制定工作

1. 2021 年，SAC/TC100 全面完成了承担国家重点反恐专项课题的研究工作，完成国内、国外调研报告各 1 份；翻译美国、英国反恐标准 1 套（10 项），共印刷 2000 册，部分已赠送有关单位和部门；完成课题研究报告 5 项；制定公共安全行业标准 2 项，其中经公安部批准发布 1 项，完成报批稿 1 项；研发风险评估辅助决策系统 1 套，并成功在云南省怒江自治州公安局完成示范应用。该课题经项目单位组织的绩效评价验收会评为优秀（92 分），顺利通过课题验收。

2. 为进一步加强社会治安防控和反恐怖工作，SAC/TC100 会同部治安管理局、反恐怖局、科技信息化局以及相关行业部门制定完成并经公安部批准发布公共安全行业标准 GA 1800-2021《电力系统治安反恐防范要求（第 1—6 部分）》和 GA 1551. 6-2021《石油石化系统治安反恐防范要求　第 6 部分：石油

天然气管道企业》等7项标准；启动了下列25项反恐怖防范标准的制定工作：

序号	标准编号	名称
1	GA	核设施单位反恐怖防范要求
2	GA	城市供水系统反恐怖防范要求
3	GA	城镇燃气系统反恐怖防范要求
4	GA	水利系统反恐怖防范要求
5	GA	生物安全领域反恐怖防范要求　第1部分：高等级病原微生物实验室
6	GA	生物安全领域反恐怖防范要求　第2部分：病原微生物菌（毒）种保藏中心
7	GA	生物安全领域反恐怖防范要求　第3部分：高生物安全风险疫苗生产单位
8	GA	卫生健康系统反恐怖防范要求　第4部分：医院
9	GA	危险化学品库反恐怖防范要求
10	GA	危险化学品生产厂反恐怖防范要求
11	GA	国防军工单位反恐怖防范要求
12	GA	核技术利用单位反恐怖防范要求
13	GA	国家战略储备库反恐怖防范要求　第1部分：石油储备库
14	GA	国家战略储备库反恐怖防范要求　第2部分：通用物资库
15	GA	国家战略储备库反恐怖防范要求　第3部分：成品油库
16	GA	国家战略储备库反恐怖防范要求　第4部分：火炸药库
17	GA	国家战略储备库反恐怖防范要求　第5部分：火炸药库
18	GA	传媒设施反恐怖防范要求　第1部分：媒体机构
19	GA	传媒设施反恐怖防范要求　第2部分：广播电视传输覆盖网设施
20	GA	城市中心广场反恐怖防范要求
21	GA	铁路系统反恐怖防范要求　第1部分：客运车站
22	GA	铁路系统反恐怖防范要求　第2部分：旅客列车
23	GA	铁路系统反恐怖防范要求　第3部分：运营线路
24	GA	铁路系统反恐怖防范要求　第4部分：重点场所
25	GA	铁路系统反恐怖防范要求　第5部分：危险货物运输

（四）积极开展文物安全防范标准编制工作

为贯彻习近平总书记关于文物安全工作的重要指示精神，落实公安部、国家文物局打击防范文物犯罪工作部署和《公安机关打击文物犯罪专项行动工作方案》，2021年5月28日，公安部科信局、治安局，国家文物局督察司和全国安防标委会（SAC/TC100）成立了文物安全防范标准编制工作专班，统筹组织制定相关文物安全防范标准。特别是针对当前文物违法犯罪活动严重，盗窃石窟寺石刻、盗掘古文化遗址古墓葬等案件高发频发的情况，决定尽快制定出台《石窟寺和石刻安全防范要求》《古墓葬和古文化遗址安全防范要求》和《文物系统博物馆安全防范要求》3项公共安全行业标准。

根据标准编制工作的相关要求，SAC/TC100积极推进3项行业标准的编制工作。截止到目前，《文物系统博物馆安全防范要求》已完成征求意见稿并向全国公安科信、治安管理以及文物系统相关部门征求意见，即将完成标准送审稿；《石窟寺和石刻安全防范要求》和《古墓葬和古文化遗址安全防范要求》两项标准已完成标准草案并多次修改，即将完成标准征求意见稿。

（五）全面完成《安全防范工程通用规范》的编制任务

2021 年，SAC/TC100 组织安防行业和智能建筑行业的近 20 名专家，编制完成了公安部在住房和城乡建设部立项的唯一 1 项全文强制性国家标准《安全防范工程通用规范》，标准报批材料经公安部科技信息化局审核后，已经报住房和城乡建设部标准定额司和科技司。

三、国际标准化工作不断取得新突破，制定国际标准的话语权进一步增强

2021 年，SAC/TC100 在国际电工委员会（IEC）、国际标准化组织（ISO）、国际电信联盟（ITU）三大国际标准化机构积极开拓国际标准化工作，组织我国专家牵头制定 5 项国际标准，其中经批准发布的有 1 项；参加国际标准化视频会议 7 次；完成各类投票 8 次，投票率 100%。

（一）积极推动 IEC/TC79 国际标准的制修订工作

1. 2021 年，SAC/TC100 根据我国楼寓对讲专业技术领域新技术发展应用的实际情况，组织我国专家在认真研究 IEC 62820《楼寓对讲系统》系列标准的基础上，牵头提出并经 IEC/TC79 立项了下列 2 项国际标准：

序号	标准编号	名称
1	IEC 62820-1-1	楼寓对讲系统　第 1—1 部分：系统要求—通用要求（修订）
2	IEC 62820-1-2	楼寓对讲系统　第 1—2 部分：系统要求—数字楼寓对讲系统（IP）（修订）

我国专家已完成并向 IEC/TC79 上报两项国际标准的征求意见稿，目前正在 IEC/TC79 各成员国流通征求意见。

2. 2021 年 6 月 28—30 日及 7 月 28 日，IEC/TC79/WG13 楼寓对讲系统工作组两次召开全体会议，SAC/TC100 副主任委员陈朝武研究员等 10 余名中国专家参加会议。

3. 2021 年，SAC/TC100 完成了 IEC/TC79 发起的全部 5 次网络投票。

（二）积极参与 ISO/TC332 国际标准化工作

2020 年，国际标准化组织（ISO）新成立了 TC332“金融机构和商业组织安全防范设备技术委员会”。受国家标准委的委托，SAC/TC100 承担 ISO/TC332 的国际标准化对口工作。

2021 年，经 SAC/TC100 与部科技信息化局和国家标准委沟通协调，推荐 SAC/TC100/SC1 秘书长李剑担任 ISO/TC332 主席顾问组的专家。4 月 20 日，李剑秘书长和我国 5 名实体防护专家参加了 ISO/TC332 主席顾问组第一次会议。会议对 ISO/TC332 的业务范围、战略业务计划（SBP）和未来发展方向等议题进行了研讨。另外，SAC/TC100 还完成了 ISO/TC332 发起的全部 3 次网络投票。

（三）积极作为，牵头制定 ITU 国际标准

1. 牵头制定 3 项国际标准，经批准发布 1 项。

2021 年，SAC/TC100 派出专家积极参加 ITU 国际标准的制修订工作。由我国专家牵头制定并经 ITU 批准发布 1 项国际标准 ITU-T T. 627：《F. TSVSN：Test specification for video surveillance networking（视频监控联网测试规范）》，该国际标准是在我国国家标准 GB/T 39272-2020《公共安全视频监控联网技术测试规范》的基础上编制而成。

另外，我国专家还牵头制定 2 项国际标准《H. 626. 5（Rev.）：Architecture for intelligent video surveillance systems（Rev.）》和《H. PIVSS：Protocols for intelligent video surveillance systems》。该 2 项国际标准是在我国公共安全行业标准 GA/T 1400《公安视频图像应用系统（第 1—4 部分）》的基础上编制而成。

以上 3 项 ITU 国际标准的制定，是我国安防标准走向国际的新的重要成果。

2. 2021 年，我国 8 名技术专家参加了 ITU-T SG16 全会、报告人会议等共 4 次线上会议。

四、继续加大网上标准培训力度，推动安防标准的贯彻实施

按照部科技信息化局关于开展“安防标准解读网络公开课”活动的指示精神，SAC/TC100 会同公安部安全与警用电子产品质量检测中心和中国安全防范产品行业协会开展了“安防标准解读网络公开课”的视频录制工作。

2021 年已完成三批重要安防标准的解读视频录制并报部科信局审核，涉及入侵和紧急报警系统、视频监控系统、出入口控制系统、防爆安全检查系统、实体防护系统等共 33 项国家标准和行业标准。这些标准解读视频已经通过公安信息网、检测中心和行业协会的网络媒体提供给全国公安民警、广大安防企业和社会大众点播学习。

“安防标准解读网络公开课”活动的持续开展，对推动安防标准的深入贯彻实施和应用推广具有重要意义。

五、与行业协会合作，积极推动团体标准的制定

2021 年，SAC/TC100 与中国安全防范产品行业协会合作，积极推动和开展团体标准化工作，共制定 8 项团体标准，其中 3 项完成报批稿，预计年内发布实施。这些团体标准的制定，将成为安全防范国家标准和行业标准的重要补充。

地　　址：北京市海淀区首都体育馆南路 1 号公安部第一研究所新科研楼 19 层 1916B
联 系 人：施巨岭　王　新
电　　话：010-68773938　68773908

全国安全防范报警系统标准化技术委员会实体防护设备分技术委员会

全国安全防范报警系统标准化技术委员会实体防护设备分技术委员会（以下简称“实体防护分会”，代号为 SAC/TC100/SC1）是经国家标准化管理委员会批准成立的全国性专业标准化技术工作组织，是我国安全防范技术领域中实体防护设备技术专业内从事全国性标准化工作的技术工作组织，负责本专业技术领域的标准化技术归口工作和本专业国家标准、行业标准的制、修订工作。

SAC/TC100/SC1 的主要工作任务是：遵循国家有关方针、政策，向 SAC/TC100 提出实体防护专业标准化工作的方针、政策和技术措施的建议；按照国家制、修订标准的原则，以及采用国际标准和国外先进标准的方针，提出本专业制、修订国家标准和行业标准的规划及年度计划；根据国家标准化管理委员会和公安部科技信息化局批准的计划，在 SAC/TC100 领导下组织本专业国家标准和行业标准的制、修订工作和相关的科研工作；组织本专业国家标准和行业标准送审稿的审查工作，对标准中的技术内容负责，提出审定结论意见，提出强制性标准和推荐性标准的建议。定期复审已发布的本专业国家标准和行业标准，提出修订、补充、废止或继续执行的意见；受国家标准化管理委员会、公安部科技信息化局的委托，在 SAC/TC100 的领导下负责组织本专业国家标准和行业标准的宣讲、解释工作，对本专业已颁布标准的实施情况进行调查和分析，作出书面报告。向国家标准化管理委员会、公安部科技信息化局和 SAC/TC100 提出本专业标准化成果奖励项目和标准化先进个人、先进集体进行奖励的建议；在 SAC/TC100 的领导下组织参加有关国际标准化活动，做好与相关标准化国际组织的技术交流工作；受国家标准化管理委员会和公安部科技信息化局委托，根据 SAC/TC100 的安排，在产品质量监督检验、认证等工作中承担本专业标准化范围内产品质量标准水平评价工作及本专业引进项目的标准化审查工作，并向项目主管部门提出标准化水平分析报告。

2014 年 8 月，经国家标准化管理委员会和公安部科技信息化局批准，SAC/TC100/SC1 第三届委员会正式成立。目前，SAC/TC100/SC1 共有委员 41 名、顾问 2 名，秘书处设在公安部第三研究所。

2021 年 SAC/TC100/SC1 重点工作如下：

一、扎实完成标准制修订工作

2021 年，实体防护分会组织召开 14 次标准评审或讨论会，完成 2 个国家和行业标准的发布，包括国家标准 GA/T 1797-2021《钢丝焊接网安全围栏》、行业标准《钢丝焊接网安全围栏》；完成 3 个国家标准的报批，包括国家标准防盗安全门通用技术条件（报批稿）、国家标准外文版防盗保险柜（箱）（报批稿）、国家标准外文版金库门通用技术要求（报批稿）；完成 2 个国家和行业标准的草案，包括国家标准安全防范透明防护材料通用技术要求（草案稿）、行业标准实体防护产品抗破坏性能通用评价方法（草案稿）。

二、积极开展标准宣贯与培训

为使相关单位准确、科学地理解 GB 10409-2019《防盗保险柜（箱）》国家标准的具体内容和检测方法，实体防护分会在前期工作基础上完成国家标准 GB 10409-2019 宣贯书籍的编制，并由群众出版社出版发行。为更好执行国家标准 GB 10409-2019《防盗保险柜（箱）》和 GB 37481-2019《金库门通用技术要求》中有关电子锁具防技术开启技术要求，实体防护分会发布《电子锁具防技术开启试验方法补充说明》，对国家标准 GB 10409-2019 和 GB 37481-2019 中有关电子锁具防技术开启技术要求作出补充说明。

三、积极参加国际标准化活动

4 月 20 日，中国代表团 11 名成员准时通过 Zoom 会议参加 ISO/TC 332 主席顾问组第一次会议，中国、法国、德国、印度的专家继续就 TC332 业务范围进行讨论。会议上，SAC/TC100/SC1 秘书长李剑代表中国对 TC332 的业务范围以及 TC332 工作方法等提出了意见，得到了 ISO/TMB 技术管理局以及其他国家专家的认可。6 月 8 日，经请示公安部科技信息化局，SAC/TC100/SC1 代表中国完成在 ISO 网站上进行 ISO/TC332 业务范围应该覆盖和排除的内容投票。

地　　址：上海市徐汇区岳阳路 76 号
联 系 人：李　剑
电　　话：021-64336810 转 1735

全国安全防范报警系统标准化技术委员会人体生物特征识别应用分技术委员会

全国安全防范报警系统标准化技术委员会人体生物特征识别应用分技术委员会（以下简称“生物特征分会”，代号为 SAC/TC100/SC2）是经国家标准化管理委员会批准成立的全国性专业化技术组织，成立于 2007 年 9 月 11 日，常设工作机构秘书处办公地点设在公安部第一研究所。

SAC/TC100/SC2 以维护社会公共安全为目的，研究、制修订以人体生物特征识别应用为主要内容的公共安全应用基础标准、产品标准、系统标准和测试检验标准等，引进、吸收、应用、推广国内外生物特征识别技术领域的最新科技成果，建立公共安全领域生物特征识别应用的标准体系。

SAC/TC100/SC2 的主要工作任务是结合国家法定证件、身份证卡、社会治安管控、大型活动管控、出入境管理、网络实名监管、视频监控和门禁出入口控制等需求，开展基于指纹、人脸、静脉、虹膜、声纹等人体生物特征识别的产品标准、系统标准、测试检验标准和管理标准，以形成全面、科学、先进、实用且与工程密切相关的公共安全领域人体生物特征识别应用的标准体系。

目前，SAC/TC100/SC2 标委会现有委员 41 人，顾问 4 人，已发布和审结国家和行业标准共 53 项。

2021 年主要工作有：

一、完成了国家和行业标准技术审查 10 余项，包括：国家标准《公共安全　生物特征识别　术语》、国家标准《公共安全　人脸识别应用　防假体呈现攻击测试方法》、国家标准《公共安全　虹膜识别应用　图像技术要求》、国家标准《公共安全　虹膜识别应用　算法评测方法》、国家标准《公共安全　虹膜识别应用采集设备》、行业标准《安全防范　人脸识别应用　图像质量评价方法》、行业标准《安全防范　人脸识别应用　人证核验设备》、行业标准《安全防范　人脸识别应用　出入口控制设备》等。

2021 年国家颁布实施了《中华人民共和国数据安全法》和《中华人民共和国个人信息保护法》，SAC/TC100/SC2 秘书处及时组织对已发布标准进行审查，并开展了关于公共安全和安全防范领域个人信息保护标准化工作方面的研究。

二、为了及时了解技术发展趋势，也为了更好地服务公安业务和行业需要，SAC/TC100/SC2 秘书处保持与中国安防行业协会的紧密合作，已连续多年，每年举办一次技术论坛，结合生物特征标准审查会，在吉林、青海、福建等地的交流活动，拉近了沿海发达城市与西部相对落后地区的距离，2021 年在江苏宿迁举办了学术论坛，都取得了非常好的效果。

地　　址：北京市海淀区首都体育馆南路 1 号
联 系 人：邢更力　刘延珍
电　　话：010-68773872　68773871

全国警用装备标准化技术委员会

全国警用装备标准化技术委员会（以下简称“警标委”，代号为 SAC/TC561）是经国家标准化管理委员会（以下简称“国标委”）批准成立的全国警用装备专业标准化技术工作组织，主要负责警用装备领域国家标准和行业标准的制修订工作，负责武器警械、警用车辆、警用防护装备、警服和警用装具专业技术领域的警用装备标准化归口工作和本专业国家标准、行业标准的制修订工作。

按国家标准化相关管理规定，警标委受国标委领导，由公安部负责日常管理和业务指导，常设工作机构警标委秘书处设在公安部第一研究所。

警标委的主要工作任务是：遵循国家有关标准化工作的方针、政策，开展警用装备技术领域的标准化工作，制定本专业标准体系和标准制修订计划，按照本专业标准制修订年度计划组织制定国家及行业标准；组织对所制定的标准进行宣贯实施和定期复审、修订，为全国警用装备主管部门进行规范化管理提供技术支撑。

警标委组成结构涵盖了国内警用装备管理部门、使用部门、研发单位、检测机构、业内专家、生产销售单位等。其中管理使用部门、科研院所及检测机构占 57%，专业生产警用装备的企业单位占 43%。

2021 年，警标委在全力做好新冠疫情防控工作的同时，坚持围绕公安装备业务工作需要，服务大局，较好地完成了标准制修订和上级下达的各项任务。

一、积极推进标准制修订工作

（一）2021 年由警标委归口及组织制定的 12 项公共安全行业技术标准经部技术监督委员会批准发布，

包括 GA/T 1763-2021《警用穿墙雷达探测仪》、GA 309-2021《警鞋　男单皮鞋》、GA 310-2021《警鞋　女单皮鞋》、GA 570-2021《警鞋　男皮凉鞋》、GA 571-2021《警鞋　女皮凉鞋》、GA 311-2021《警鞋　男棉皮鞋》、GA 312-2021《警鞋　女棉皮鞋》、GA 313-2021《警鞋　男毛皮鞋》、GA 314-2021《警鞋　女毛皮鞋》、GA 420-2021《警用防暴服》、GA/T 1778-2021《警用训练手枪标识弹防护装具》、GA/T 1776-2021《警用机器人系统通用技术要求》。

（二）完成审查并已上报部装备财务局与科技信息化局审批的包括《警服　内穿衬衣》《警服　长袖制式衬衣》《警服　夏执勤短袖衬衣》《警服材料　精梳涤棉、涤棉麻平纹布》《警服材料　精梳棉涤、涤棉莱赛尔斜纹布》《警用防暴臂盾》《警用肩灯》等 9 项行业标准。

（三）完成《人民警察警徽》《警车车徽》《特种警用装备术语》《防弹材料及产品 V50 试验方法》《国家移民管理标志》《国家移民管理队伍队旗》《金属手铐通用技术要求》《警服服饰　不锈钢包铝纽扣》8 项国家标准、行业标准的送稿审，拟提交审查。

（四）完成《2022 冬奥会警用防寒服装系列技术标准》（10 项）、《警礼服系列技术标准》（17 项）、《辅警服装系列技术标准》（19 项）、《公安特警系列技术标准》（23 项）、装备类技术标准（12 项）等 80 余项国家、行业标准的征求意见稿。

二、完成了行业标准申报工作

向公安部科技信息化局申报及归口到警标委的 2021 年度标准制修订计划共计 26 项，其中装备类标准 9 项，被装类警礼服系列标准 17 项。这些标准项目已全部列入部科技信息化局下达的 2021 年度公共安全行业标准制修订计划。

三、完成国标委下达的标委会评估工作

2021 年，警标委按国家标准化管理委员会《国家标准化管理委员会关于开展 2021 年全国专业标准化技术委员会考核评估工作的通知》的要求，组织完成了本标委会涉及的全部初核评审后续补充材料提交及意见反馈工作。

四、顺利完成 2021 年度标准复审工作

按照部科技信息化局《关于开展 2021 年度公共安全行业标准复审工作的通知》的要求，警标委组织业内专家和相关委员对涉及警标委归口的 25 项公共安全行业标准逐项进行了认真的梳理和复审，逐项提出了复审建议及意见。其中继续有效的技术标准 14 项，计划修订的技术标准 1 项，申请废止的技术标准 10 项，已上报部科技信息化局。

五、完成主管部门急需的技术标准编写和相关技术服务工作

一是完成《国家移民管理队伍旗帜》等两项技术标准制定专项工作；二是完成 2022 冬奥会警用防寒服装系列技术标准制定专项工作；三是参与警用被装改进调研工作；四是参与赴贵州省对扶贫企业开展技术帮扶工作；五是完成特警服装系列、辅警服装系列技术标准及相关专项工作；六是完成科研项目工作，包括《防护装备舒适度评价方法与研究》项目、《警察人体分析与号型体系分析研究》项目、NQI 公安专项“极寒环境下警用防寒装备与防弹装备的防护性能评价体系及应用示范”项目。

地　　址：北京市海淀区首都体育馆南路 1 号
联 系 人：孙　非
电　　话：010-68773422　68773412

公安部社会公共安全应用基础标准化技术委员会

公安部社会公共安全应用基础标准化技术委员会（以下简称“基础标委会”）于 2008 年 1 月 23 日在京正式成立。基础标委会由公安部机关业务局、部属研究所、院校、标准化技术委员会、质量检验机构、质量认证机构、行业协会以及生产、使用、经销等方面的企业代表组成。基础标委会秘书处挂靠单位为公安部第一研究所。

基础标委会受公安部科技信息化局的委托，负责制修订社会公共安全行业内新技术、新标准领域及跨技术领域、跨部门、跨警种的公用性国家标准和公安行业标准及其宣传培训和监督检查工作。

具体任务有：遵循国家有关方针政策，向公安部科技信息化局提出社会公共安全应用基础标准化工作的方针、政策、管理和技术措施的建议；按照国家制修订标准的原则以及采用国际标准和国外先进标准的方针，负责制定社会公共安全应用基础标准体系，提出社会公共安全应用基础国家标准和公安行业标准的规划和年度计划的建议；根据公安部科技信息化局批准的计划或下达的任务，组织开展社会公共安全应用基础国家标准和公安行业标准的制修订工作及相关的科研工作；组织社会公共安全应用基础国家标准和公安行业标准送审稿的审查工作，对标准中的技术内容负责，提出审定结论意见，提出强制性标准或推荐性标准的建议。定期复审已发布的社会公共安全应用基础国家标准和公安行业标准，提出修订、补充、废止或继续执行的意见；负责组织社会公共安全应用基础国家标准和公安行业标准的宣讲、解释工作。对已颁布标准的实施情况进行调查和研究，作出书面报告。向公安部科技信息化局提出社会公共安全应用基础标准化成果奖励项目和对标准化工作先进个人、先进集体进行奖励的建议；负责与相关国际标准化组织的联系，组织参加有关国际标准化活动，做好与相关标准化国际组织的技术交流工作；在产品质量监督检验、认证等工作中，承担社会公共安全应用基础标准化范围内产品质量标准水平评价工作，并向项目主管部门提出标准化水平分析报告；在完成上述任务前提下，基础标委会面向社会开展社会公共安全应用基础标准化工作，指导社会公共安全应用基础地方标准、企业标准的制定、审查和宣讲、咨询等技术服务工作。

基础标委会成立几年来，组织制定了几十项有重要影响且是当前急需的国家标准和公安行业标准，社会效益显著。基础标委会现有委员 40 名，通讯委员 20 名。基础标委会秘书处办公地点设在公安部第一研究所。

2021 年，基础标委会主要完成以下几项工作：

一、完成多项标准申报立项工作

2021 年基础标委会组织公安部相关业务部门、部直属单位、各地公安机关开展标准制修订计划项目申报工作，共收到归口申报行业标准计划项目 44 项。经基础标委会委员和专家会议研究讨论并报部科信局审核批准，最终下达 20 项。其中包括“国家网上身份认证基础设施”系列标准、“互联网+公安政务服务”系列标准等。此外，基础标委会还收到公安部第一研究所申报的 2 项推荐性国家标准计划项目《智慧城市服务体验感知评价通则　公共安全信息应用》和《智慧城市指数及认证指标体系　公共安全信息应用》立项申请，目前均在评审中。

二、完成多项标准起草及其管理工作

2021 年共有 16 项标准处于起草过程中。《保安安全检查通用规范》已报批待发布；《执法办案管理场所信息应用技术要求》《人员基础信息采集设备通用技术规范》2 项标准正在征求业务主管部门报批意见；《社会治安预警等级评估规范》已召开送审稿审查会，正在按照专家意见修改草案；《移民和出入境

管理标准体系表》正在征求意见阶段；《单警执法视音频记录系统　第1部分：基本要求》等4项标准已召开多次起草工作组会议，各起草单位正积极承担各部分标准起草及试验论证工作；《居民身份网络认证软件测试　第1部分：网络身份凭证应用系统软件测试要求》《微剂量X射线安全检查设备测试体校准规范》《公安部属标准化技术委员会考核评估指标体系》和“智慧城市”的3项系列标准处于起草组讨论阶段；国家标准《信息安全技术　居民身份网络认证服务接口要求》刚批准发布。

三、开展行业标准复审工作

基础标委会组织召开2021年度行业标准复审会议。会议对于14项归口需复审行业标准进行审查，经与会委员和专家集体表决，6项标准复审结论为继续有效，6项标准复审结论为修订，2项标准复审结论为废止。另建议将现有复审结论中的继续有效细分为无被代替和有被代替两种情况，以便识别是否存在新版本。

地　　址：北京市海淀区首都体育馆南路1号
联 系 人：杨童权
电　　话：010-68773878

2021年颁布的安防及安防相关的地方标准、团体标准目录

（截至2021年12月31日）

一、地方标准

序号	标准编号	标准名称	发布机构	发布日期	实施日期
1	DB 34/T 3816-2021	《公共安全视频图像信息系统动态评价规范》	安徽省市场监督管理局	2021-01-25	2021-02-25
2	DB 34/T 3817-2021	《视频图像信息系统运维机构能力通用要求》	安徽省市场监督管理局	2021-01-25	2021-02-25
3	DB 34/T 3818-2021	《公共安全视频图像信息系统工程监理服务规范》	安徽省市场监督管理局	2021-01-25	2021-02-25
4	DB 34/T 579-2021	《住宅区智能化系统工程设计、验收标准》	安徽省市场监督管理局	2021-06-08	2021-12-08
5	DB 34/T 1923-2021	《医疗建筑智能化系统技术标准》	安徽省市场监督管理局	2021-06-08	2021-12-08
6	DB 34/T 1470-2021	《金融建筑智能化系统技术标准》	安徽省市场监督管理局	2021-06-08	2021-12-08
7	DB 34/T 3962-2021	《“明厨亮灶”视频厨房建设规范》	安徽省市场监督管理局	2021-09-03	2021-10-03
8	DB 34/T 3963-2021	《公共安全视频图像信息系统社会视频资源接入技术规范》	安徽省市场监督管理局	2021-09-03	2021-10-03
9	DB 3202/T 1014-2021	《智慧电梯物联网技术规范》	无锡市市场监督管理局	2021-02-10	2021-02-20
10	DB 5301/T 59-2021	《智慧停车联网技术要求及管理规范》	昆明市市场监督管理局	2021-03-20	2021-04-20
11	DB J04/T410-2021	《城市停车场（库）设施配置标准》	山西省住房和城乡建设厅	2021-05-01	2021-05-01
12	DB 23/T 2813-2021	《智慧城管信息系统建设规范》	黑龙江省市场监督管理局	2021-04-13	2021-05-12
13	DB 23/T 2847-2021	《公共视频监控系统安全防护规范》	黑龙江省市场监督管理局	2021-04-13	2021-05-12
14	DB 23/T 2850-2021	《公共视频监控系统建设规范》	黑龙江省市场监督管理局	2021-04-13	2021-05-12

续表

序号	标准编号	标准名称	发布机构	发布日期	实施日期
15	DB 23/T 2851-2021	《公共视频监控系统运维服务规范》	黑龙江省市场监督管理局	2021-04-13	2021-05-12
16	DB 3201/T 1040-2021	《政务数据安全管理指南》	南京市市场监督管理局	2021-05-20	2021-05-25
17	DB 1304/T 353-2021	《智慧平安社区　建设体系评价标准》	邯郸市市场监督管理局	2021-05-01	2021-06-01
18	DB 15/T 2200-2021	《智慧城市　数据及服务管理安全要求》	内蒙古自治区市场监督管理局	2021-05-25	2021-06-25
19	DB 4403/T 165-2021	《人脸特征比对检索距离函数技术规范》	深圳市市场监督管理局	2021-05-27	2021-07-01
20	DB 52/T 1600-2021	《公共区域视频图像数据采集要求》	贵州省市场监督管理局	2021-06-24	2021-10-01
21	DB 21/T 3441-2021	《云计算平台安全测评技术规范》	辽宁省市场监督管理局	2021-06-30	2021-07-30
22	DB 2101/T0030-2021	《网络安全管理评估规范》	沈阳市市场监督管理局	2021-07-01	2021-08-01
23	DB 4403/T180-2021	《智慧停车智慧标志设置规范》	深圳市市场监督管理局	2021-08-18	2021-09-01
24	DB 4403/T181-2021	《智慧停车大数据信息标准化处理与应用规范》	深圳市市场监督管理局	2021-08-18	2021-09-01
25	DB 37/T 4391-2021	《视频监控资源　共享交换技术规范》	山东省市场监督管理局	2021-08-16	2021-09-16
26	DB 32/T 4072-2021	《智慧家居工程设计标准》	江苏省市场监督管理局、江苏省住房和城乡建设厅	2021-08-03	2022-02-01
27	DB 36/T 1475-2021	《高速公路监控系统施工技术指南》	江西省市场监督管理局	2021-09-03	2022-03-01
28	DB 4113/T 002-2021	《文物建筑类博物馆安全管理规范》	南阳市市场监督管理局	2021-09-30	2021-10-01
29	DB 34/T 3963-2021	《公共安全视频图像信息系统社会视频资源接入技术规范》	安徽省市场监督管理局	2021-09-03	2021-10-03
30	DB 34/T 4023-2021	《公共安全视频图像信息系统建设项目竣工资料规范》	安徽省市场监督管理局	2021-09-30	2021-10-30
31	DB 50/T 10001. 1-2021、DB 51/T 10001. 1-2021	《智慧高速公路　第 1 部分：总体技术要求》	重庆市市场监督管理局、四川省市场监督管理局	2021-11-25	2022-02-25
32	DB 50/T 10001. 2-2021、DB 51/T 10001. 2-2021	《智慧高速公路　第 2 部分：智慧化分级》	重庆市市场监督管理局、四川省市场监督管理局	2021-11-25	2022-02-25
33	DB 50/T 10001. 3-2021、DB 51/T 10001. 3-2021	《智慧高速公路　第 3 部分：路侧设施设置规范》	重庆市市场监督管理局、四川省市场监督管理局	2021-11-25	2022-02-25
34	DB 50/T 10001. 4-2021、DB 51/T 10001. 4-2021	《智慧高速公路　第 4 部分：车路协同系统数据交换》	重庆市市场监督管理局、四川省市场监督管理局	2021-11-25	2022-02-25

二、团体标准

序号	标准编号	标准名称	发布机构	发布日期	实施日期
1	T/ITS 0152-2020	《道路视频摄像机智能分析功能及分级要求》	中关村中交国通智能交通产业联盟	2020-12-30	2021-03-31
2	T/ITS 0143-2020	《智能交通信号灯控制系统　性能要求与测试规程》	中关村中交国通智能交通产业联盟	2020-12-30	2021-03-31

续表

序号	标准编号	标准名称	发布机构	发布日期	实施日期
3	T/ITS 0140-2020	《智慧高速公路车路协同系统框架及要求》	中国通智能交通产业联盟	2020-12-31	2021-03-01
4	T/ITS 0140-2020	《智慧高速公路建设总体技术要求》	中国智能交通产业联盟	2020-12-31	2021-03-01
5	T/SETEA 00004-2021	《智能家居产品安全　智能摄像机安全技术要求》	上海市电子电器技术协会	2021-03-16	2021-06-16
6	T/BAX 0001.1-2021	《安防监控中心值机工作与服务要求　第1部分：值机工作要求》	北京安全防范行业协会	2021-03-29	2021-03-30
7	T/BAX 0001.2-2021	《安防监控中心值机工作与服务要求　第2部分：值机服务要求》	北京安全防范行业协会	2021-03-29	2021-03-30
8	T/NIFA 9-2021	《移动金融客户端应用软件安全检测规范》	中国通智能交通产业联盟	2021-04-22	2021-04-22
9	T/ISC-0011-2021	《数据安全治理能力评估方法》	中国互联网协会	2021-04-27	2021-07-01
10	T/CQCBDS 0039-2021	《基于大数据的商业渠道人脸识别管理系统规范》	重庆市云计算和大数据产业协会	2021-04-30	2021-08-01
11	T/CABEE 002-2021	《智慧建筑评价标准》	中国建筑节能协会	2021-05-01	2021-05-01
12	T/SDJSXH 01-2021	《智慧工地建设评价标准》	山东省建筑安全与设备管理协会	2021-05-31	2021-06-01
13	T/LNPSA 0002-2021	《老旧小区安全防范系统通用技术要求》	辽宁省社会公共安全产品行业协会	2021-05-31	2021-06-30
14	T/VSTR 008-2021	《铁路监控摄像机智能化等级要求》	中关村轨道交通视频与安全产业技术联盟	2021-06-30	2021-07-10
15	T/CITSA 15-2021	《智能交通摄像机安全技术要求》	中国智能交通协会	2021-07-26	2021-07-26
16	T/CITSA 09-2021	《车路协同系统　应用层数据标准》等七项团体标准	中国智能交通协会	2021-07-26	2021-07-26
17	T/DZJN 28-2021	《以太网供电（PoE）系统工程技术标准》	中国电子节能技术协会	2021-08-01	2021-08-01
18	T/SAITA 001-2020	《人工智能　计算机视觉系统测评规范》	上海人工智能技术协会	2021-08-10	2021-09-01
19	T/CESA 1171-2021	《信息技术　安防视频存储应用的固态硬盘技术规范》	中国电子工业标准化技术协会	2021-08-30	2021-09-01
20	T/SIA 028-2021	《联盟区块链安全技术要求》	中国软件行业协会	2021-09-01	2021-09-01
21	T/ZZB 2438-2021	《指静脉防盗锁》	浙江省品牌建设联合会	2021-09-03	2021-10-03
22	T/ZZB 2476-2021	《电子智能指纹挂锁》	浙江省品牌建设联合会	2021-09-07	2021-10-07
23	T/CESA 1172-2021	《信息技术服务　智能运维通用要求》	中国电子工业标准化技术协会	2021-09-30	2021-10-30
24	T/SZSSIA 007-2021	《多传感器数据融合的追踪系统技术要求》	深圳市智慧安防行业协会	2021-09-27	2021-09-27
25	T/CES 077-2021	《移动储能远程监控安全数据采集及应用技术要求》	中国电工技术学会	2021-09-28	2021-09-30
26	T/SHUAV 1-2021	《无人机编队表演安全运营通用要求》	上海市无人机安全管理协会	2021-10-03	2021-10-03
27	T/DZJN 47-2021	《数据中心数字孪生技术规范》	中国电子节能技术协会	2021-10-20	2021-11-20

续表

序号	标准编号	标准名称	发布机构	发布日期	实施日期
28	T/AI 113-2021	《生物特征识别服务中的隐私保护技术指南》	中关村视听产业技术创新联盟	2021-10-21	2021-10-21
29	T/SZUAVIA 001-2021	《低慢小无人机探测反制系统通用要求》	深圳市无人机行业协会	2021-10-28	2022-01-01
30	T/SZITS 002.6-2021	《低速无人车城市商业运营安全管理规范 第6部分：安防巡逻低速无人车》	深圳市智能交通行业协会	2021-10-28	2022-01-01
31	T/SZUIA 002-2021	《无人机编队飞行表演安全规范》	深圳市无人机行业协会	2021-10-28	2022-01-01
32	T/CITSA 16-2021	《智慧高速公路路侧设备共杆共享技术要求》	中国智能交通协会	2021-11-01	2021-11-01
33	T/AII 001-2021	《人脸识别安全技术规范》	深圳市人工智能行业协会	2021-11-02	2021-11-05
34	T/CAB 0116-2021	《智能家电个人信息保护技术要求》	中国产学研合作促进会	2021-11-15	2021-11-15
35	T/TAF 099-2021	《政企网关设备安全技术要求》	电信终端产业协会	2021-11-17	2021-11-17
36	T/GDAF 001-2021	《安全技术防范系统智能设备箱通用技术要求》	广东省公共安全技术防范协会	2021-11-18	2021-11-28
37	T/KJDL 018-2021	《物联位置网应用智能驾驶地图技术规范》	广州市空间地理信息与物联网促进会	2020-12-01	2022-01-01
38	T/CQCBDS 0041-2021	《安检闸机用人脸识别测温系统规范》	重庆市云计算和大数据产业协会	2021-12-03	2021-12-27
39	T/CQCBDS 0044-2021	《旅游景区智能电子巡更系统建设规范》	重庆市云计算和大数据产业协会	2021-12-03	2021-12-27
40	T/CSPIA 005-2021	《公共安全视频图像分析多算法应用技术要求》	中国安全防范产品行业协会	2021-12-25	2021-12-25
41	T/CSPIA 006-2021	《用于人脸识别的安防摄像机图像质量评测方法》	中国安全防范产品行业协会	2021-12-25	2021-12-25
42	T/CSPIA 007-2021	《头戴式安防视频采集显示设备通用技术要求》	中国安全防范产品行业协会	2021-12-25	2021-12-25

第二节　产品认证

中国安全技术防范认证中心

中国安全技术防范认证中心（以下简称“安防认证中心”或“CSP”）是依据《中华人民共和国认证认可条例》等相关法律、法规，由中国国家认证认可监督管理委员会和中华人民共和国公安部于2001年7月批准成立，实施合格评定的认证机构，隶属于公安部第一研究所。

安防认证中心在公安部领导和国家认监委的指导下，依据国际通行导则和产品认证机构规范要求建立了完整的认证质量管理体系，紧紧围绕服务社会公共安全和公安工作宗旨，规范运营，开展安全技术防范、道路交通安全、刑事技术等产品的社会公共安全产品认证工作。

安防认证中心具备开展国家授权的认证业务的资质。员工由基础理论知识扎实、实践经验丰富、长期从事社会公共安全产品质量、标准、检验等工作的中高级技术专家组成，具备制定相关认证技术规范文件和实施产品认证受理、检验、检查、决定等工作的资质和能力，拥有一批经培训合格并取得相应职业资格的注册工厂检查员。主要分包实验室已通过国家认可，能满足认证检测分包的要求。

目前，安防认证中心承担了2种强制性认证、14种行业GA自愿性认证及11种机构CSP自愿性认证的产品。其中，强制性认证产品涉及安全技术防范1类；自愿性产品（GA和CSP）涉及安全技术防范、道路交通安全、刑事技术、警用通讯、居民身份证阅读机具等25种公共安全产品。

2021年，安防认证中心按照年度整体工作计划，积极推进了各项工作落实，主要工作内容如下：

一、基本情况

一是安防认证中心完成了2021年度内审、管理评审，加强各类认证人员的评价管理。接受了国家认监委年度强制性认证专项监督检查，得分排名靠前。通过了国家认可委年度认可评审，保持了机构资质和认可证书有效。二是认证业务基本平稳。经过全体员工的共同努力，全年工作取得了成效：保持强制性产品认证（CCC认证）有效证书253张，获证境内外企业87家。保持自愿性产品认证（GA认证、CSP认证）有效证书845张，获证境内外企业335家。三是针对持续严峻的疫情形势，安防认证中心继续调整认证评价模式，区分轻重缓急，结合国家政策，充分考虑市场和企业的具体情况，研究制定了一系列措施。推行了送样测、网上查、文件审等评价方法，推动了疫情期间认证业务的开展和认证企业生产恢复，受到认监委、认可委的肯定和企业的认同；在科学研判疫情形势，严格执行研究所疫情防控措施的前提下，合理安排，克服困难，按时保质保量完成了上级交办的验收评估等任务。

二、积极创建认证评价业务新平台，认证拓展工作实现新发展

一是多次派员深入石家庄、西安等地实地考察，积极开展“报警运营服务”认证工作，申请认证中心服务认证资质扩项；二是积极与国家邮政局法制司、市场司、安全中心等部门和单位沟通、协调，提出的工作方案已得到国家邮政局相关部门认可，用于前期试点的《邮政行业安全检查设备自愿性认证实施规则邮件快件智能X射线安全检查设备》已通过有公安部治安局、国家邮政局市场司等主管部门人员参加的专家会议评审，即将启动；三是研究并制定《汽车行驶记录仪用防护存储器安全性认证检测技术规范》，建立了具备国际先进水平的检测平台，是目前国内唯一通过国家认可委能力认可的实验设施，组织完成了相应认证实施规则的制定并开展了认证业务；四是安防认证中心协同视频图像国家工程实验室等部门，有步骤继续推进公共安全视频图像信息系统自主可控认证评测工作。

三、扎实开展科研，拓展认证领域

2021年，作为国家重点研发计划“智慧城市评价”项目具体牵头实施单位，安防认证中心扎实推进了项目课题组织协调和研究工作。根据项目研究实际情况，争取了科技部和21世纪议程管理中心的大力支持，调整了项目研究时间和相关课题参与单位，全部改进了对项目课题的管理。积极争取公安部科信局和国家标准委的支持，完成了2项国家标准、3项行业标准的立项工作。组织编写完成了2021年度执行情况报告。安防认证中心参与的其他NQI课题等国家科研项目今年完成了结题验收，取得积极进展；同时安防认证中心还组织参加了2个国家项目的申报工作。

地　　址：北京市海淀区首都体育馆南路一号
联 系 人：李　萌
电　　话：010-88513436
网　　址：www.cspga.com

公安部第三研究所认证中心

公安部第三研究所认证中心（以下简称“认证中心”或“TRIMPS”）成立于2015年5月，是依据《中华人民共和国产品质量法》《中华人民共和国认证认可条例》等相关法律、法规，由中国国家认证认可监督管理委员会（简称CNCA）和中华人民共和国公安部批准成立，由公安部科技信息化局直接领导，开展防盗报警、实体防护、通信安全、网络安全、道路交通安全、安全监控、安全识别、安全检查、警用装备等社会公共安全产品认证的专业机构，是依法成立并独立承担法律责任实施合格评定的认证运作实体。

TRIMPS目前由20余名基础理论扎实、实践经验丰富、长期从事社会公共安全产品认证、检测、标准研究工作的专职人员组成，拥有注册工厂检查员54名，办公场地约400平方米，综合受理大厅700平方米。

TRIMPS主要依托于公安部第三研究所属下七个国家和省部级检测中心，拥有自有实验室——国家安全防范报警系统产品质量监督检验中心（上海）、国家网络与信息系统安全产品质量监督检验中心，为客户提供高效、优质、全面的“检测认证一站式”服务。

产品认证业务范围涵盖了如下产品：

入侵探测器	
防盗报警产品	
汽车行驶记录仪	
车身反光标识	

图6-1　强制性认证的产品

防盗安全门	
防盗锁	
公安350兆模拟无线通信设备	
身份证阅读机具	
公共安全视频监控产品	

图6-2　公安部属自愿性认证的产品

智能安全联网（网络安全）产品	
防盗保险柜（箱）	
汽车防盗报警系统	
汽车行驶记录仪	
车身反光标识	
工业控制系统专用防火墙	
微剂量X射线安全检查设备	

图6-3　开展的机构TRIMPS自愿性认证的产品

一、认证完成情况

截至2021年年底，认证中心保持有效的产品认证证书681张，有效的服务认证证书224张。其中有效的强制性产品认证证书474张，包括入侵探测器产品认证证书385张、防盗报警控制器产品认证证书89张。境内外获证的强制性产品认证（CCC）企业共92家，按照产品类别统计，入侵探测器获证企业75家、防盗报警控制器获证企业38家。

截至2021年年底，境内外获证的自愿性产品认证企业79家，有效的自愿性认证证书207张。

2021年，认证中心共实施对境内企业工厂检查160家/次，其中强制性99家/次，自愿性61家/次。实施境内初始工厂检查27家，监督工厂检查33家。受新冠疫情的影响，境外企业的工厂检查全部采用远程评审的方式完成，初始工厂检查1家，监督工厂检查5家。

二、顺应CCC目录缩减调整现状，积极拓展新型业务

面对CCC业务缩减的认证大环境，认证中心的认证业务转型和发展成为当前最迫切的任务，2021年度，认证中心全体干部和职工发挥主观能动性，积极促进业务的发展，和各个检测业务部门配合，完成了新型热门产品的实施规则编制工作，为拓展新的认证业务提供了技术依据。一是开发完成“人证核验产品认证实施规则”和“单警执法视音频记录系统（执法记录仪）认证实施规则”的编制工作。二是“智能联网认证”目前持有有效的认证证书22张，正在申请的3个单元。三是由CCC认证转换的自愿认证项目在本年度达到一个稳定的水平，目前有效的认证证书持有量共计176张，其中防盗门认证证书37张，防盗锁认证证书23张，防盗保险柜（箱）认证证书84张，汽车防盗报警系统认证证书28张，汽车行驶记录仪认证证书4张。四是其他认证项目认证证书8张，其中视频监控产品认证证书3张，工业控制防火墙产品认证证书3张，微剂量X射线安检设备认证证书2张。

三、积极参与科研项目和各项技术活动

一是认证中心配合项目组实施了NQI重点专项课题的结题工作，子课题名称：智能联网产品互认评价关键技术研究与示范，课题所外编号：2018YFF0215601-3。二是认证中心积极参与公安部“十四五”规划中关于“无人机”的管理需求调研工作，并参与编制“公安部应如何对无人机实施管控”的调研报告。三是主导完成国家标准GB 12663-2019《入侵和紧急报警系统控制指示设备》换版工作。

四、发挥检测认证“一体化”综合优势，提供标志发放“一站式”服务

2021年认证中心共完成强制性产品认证监督抽样检测37批次、初次认证型式试验6批次；完成自愿性产品认证监督抽样检测27批次、初次认证型式试验5批次。同时，认证中心指派专人负责3C标志的购买发放工作，2021年度发放CCC标志268.85万枚，通过利用认证中心官网、检查员宣传等多项措施确保国家认监委第10号公告的要求得到落实。

五、发挥专业特长，为公安部及市场监管部门提供技术支撑

2021年，认证中心派员参加上海市强制性认证活动“双随机，一公开”监管检查工作，上海市市场监管局组织的市级政府监督抽查方案和实施细则评审工作，上海徐汇区的市场监督工作，上海市体系认证机构监督工作，上海市市场监管局组织的《认证人员管理办法》征求意见稿的研讨工作，《强制性产品认证目录鉴定指南》编撰修订工作。

六、积极推进新业务开展

2021年6月25日认证中心获得服务认证资质的授权，在获得授权的同时开始进行人员资质的储备，

2021 年组织两批人员参加了国家认证认可协会（CCAA）的人员注册考试。

2021 年 11 月认证中心在做好资质建设准备的前提下，获得开展网络安全等级测评项目，到 12 月底为止，共颁发 224 张证书。

地　　址：上海市岳阳路 76 号
联 系 人：徐　君
电　　话：021-64337098
网　　址：www. trimps. net. cn

第三节　产品检测

国家安全防范报警系统产品质量检验检测中心（北京）

公安部安全与警用电子产品质量检测中心成立于 1986 年，在此基础上先后成立了公安部特种警用装备质量监督检验中心、国家安全防范报警系统产品质量检验检测中心（北京）（以下简称“北京检测中心”）、神盾计量校准中心和国家测速仪型式评价实验室（公安）。

北京检测中心是经公安部政治部批准，通过中国国家认证认可监督管理委员会授权、资质认定合格、中国合格评定国家认可委员会认可的多学科、多专业具有第三方公证地位的技术服务机构，是国内公安行业唯一集检验、检测、校准于一身的综合型国家级实验室。

目前，北京检测中心经资质认定和实验室认可的检验检测能力有 1000 余项，计量校准能力有 50 余项。现建有电磁兼容（EMC）5 米法电波暗室、视频图像（暗室）、防弹/防暴/防刺性能、警用车辆、警用无人机、警用机器人、警用服装服饰、锁具测试、信息安全、软件测评、视频智能分析、UL 目击测试、CE 认证检测等 50 余个专业实验室，并在北京秦城设有大型综合试验基地，建有专业靶场和环境实验室。中心检验检测类别涵盖国家、行业质量监督抽查检验、仲裁检验、质量鉴定、司法鉴定、委托检验、型式检验、计量校准检定、信息安全检验、科技成果鉴定检验等。中心是中国质量认证中心、中国安全技术防范认证中心和中国网络安全审查技术与认证中心签约实验室，承担安全防范产品强制性认证、自愿性认证、移动互联网应用产品自愿性认证、物联网产品安全自愿性认证等检测工作，同时，中心落实国家网络安全产品销售许可制度，还承担了计算机信息系统专用产品销售许可的检验工作。

2021 年，在公安部科技信息化局、装备财务局、治安管理局等相关业务局的关怀指导下，在公安部第一研究所党委的坚强领导下，北京检测中心坚持以习近平新时代中国特色社会主义思想为指导，结合党史学习教育和公安队伍教育整顿，紧密围绕中心工作，立足职责服务大局，主动作为奋力拼搏，在拓展检测业务、完善资质能力、增强科研实力、加强合作交流等方面取得了显著成绩，实现了“十四五”良好开局。

一、检测业务基本情况

北京检测中心业务范围包括社会公共安全防范、软件与信息化、信息安全、警用装备、警用服饰、军民融合防化、食药环等领域内系统及产品的质量检验检测、测评，各类安全防范工程的检验，计量器具的检定校准。2021 年出具检测报告 5 万余份，涉及企业 7000 余家。

二、加强能力建设，夯实服务基础

北京检测中心积极承担国家级、部级实验室建设任务，通过不断完善基础设施，大力开展实验室能力建设，提高公共安全行业质检服务水平，为促进行业发展添砖加瓦。一是顺利通过检验检测能力扩项评审。截至 2021 年 12 月底，中心检验检测能力范围覆盖安防电子、软件、实体防护、警用装备、服装服饰、信息安全、防化等领域 1000 余项，同比增加 22%。顺利通过国家认证认可监督管理委员会 CCC 专项监督及中国合格评定国家认可委员会对中心开展的扩项评审工作，涉及安防电子和实体防护等领域的 5 个项目。二是完成更名及资质认定工作。依据国家市场监督管理总局下发的《市场监管总局关于进一步加强国家质检中心管理的意见》（国市监检测发〔2021〕16 号）等通知要求，北京检测中心全称变更为国家安全防范报警系统产品质量检验检测中心（北京），并完成中心法人单位“一家一证”的换证申请工作。三是积极开展实验室建设工作。中心联合建设的高机动防暴车辆国家工程实验室筹备升级为国家工程中心；警用装备技术公安部重点实验室开展了大量警用特种车辆、无人机、机器人、软件评测、警服服饰等产品的质量监督与检测工作，为推进新产品的研发定型和促进公安装备质量管理提供了技术保障；证件防伪公安部重点实验室不断提升防伪产品检测能力，研究形成指纹识别应用等相关领域标准草案；开展化学实验室、单警防化装备实验室等实验室建设，新增仪器设备 500 余台（套），不断提升面向公共安全行业的多层次多领域服务能力。

作为北京检测中心落地华东地区的异地实验室，滨江实验室于 2021 年 4 月正式挂牌受理业务。目前，实验室经资质认定和实验室认可的检验检测能力有百余项，具备按照相应的国际标准、国家标准、行业标准等开展测试服务工作的能力。实验室将在智慧安防领域提供全方位多领域检测认证服务，联合周边地区企业、技术机构、行业团体等开展关键技术攻关、标准制修订等工作，竭力发挥中心在技术、人才等方面资源优势，为更好地服务区域经济社会发展贡献力量。

三、挖掘技术潜能，推进科技创新

全面贯彻新发展理念，坚持以科技创新为引领，通过科研能力提升不断提高质检服务能力，是北京检测中心一以贯之的战略方针。2021 年，北京检测中心不断探索新兴技术领域，夯实质检工作基础。一是积极承担科研项目。二是开展标准制修订工作。承担或参与完成 GB/T 21741-2021《住宅小区安全防范系统通用技术要求》、GA 38-2021《银行安全防范要求》、GA 420-2021《警用防暴服》等国家标准、行业标准和团体标准 48 项，进入报批阶段标准 19 项。三是科研成绩硕果累累。承担或参与的项目获国家科学技术进步奖二等奖 1 项、公安部科学技术奖二等奖 1 项、公安部第一研究所科技成果奖三等奖 1 项、公安部第一研究所合理化建议和技术革新奖二等奖 1 项，在全国专业科技期刊发表论文 30 余篇，获得授权专利 6 项、申请专利 3 项，获得计算机软件著作权 14 项。

四、开拓服务市场，实现产业融合

2021 年，北京检测中心聚焦主业，在稳步发展现有业务的基础上围绕金融安防、信息安全等领域积极寻求新的业务增长点，持续推进国内外交流合作，并通过广泛参与社会活动扩大行业影响力。一是拓展国内多领域检测业务合作。在金融领域探索业务合作，为工行、建行、光大银行等各大银行总行提供智能视频监控、出入口、门禁控制等设备的选型检测评估服务；中标中国铁塔股份有限公司摄像机终端类产品检测任务；推进系统安全渗透性测试业务，中标国家体彩中心信息系统第三方安全测试服务项目；成功入围国家管网集团西部管道公司网络安全工控产品选型比测项目支撑单位，顺利切入工控产品检测市场；积极拓展 APP 个人信息安全评估，移动互联网应用软件开发工具包（SDK）安全测评工作。二是大力开展国际合作。在与 UL、TÜV Rheinland 合作的基础上，与 SGS 实验室签署合作备忘录，进一步提升一站式国际认证检测服务能力，联动推进外文版报告、国家标准外文版计划和

"一带一路"NQI 贸易便利化课题研究，国际服务水平再上新台阶。三是广泛开展调研交流、标准培训、技术论坛等社会活动。赴中国安全防范产品行业协会、北京安全防范行业协会等单位开展业务交流；全力支持举办"2021 安防（警用）无人机技术应用论坛""无人机反制技术论坛""2021 智慧警务暨装备创新应用论坛"等行业论坛并派员进行主题演讲；同南京森林警察学院联合举办 2021 年环境损害案件执法技术培训班，在全国多地举办金融安防标准宣贯培训系列活动，中心的行业影响力和知名度持续提升。四是充分发挥联盟作用。由北京检测中心牵头成立并担任理事长单位的中关村安防工程检测技术联盟，凭借共同参与重大项目检验验收的联动合作模式高质量推进 GB 35114-2017《公共安全视频监控联网信息安全技术要求》、GB/T 28181-2016《公共安全视频监控联网系统信息传输、交换、控制技术要求》、GA/T 1400《公安视频图像信息应用系统》、GA/T 1399《公安视频图像分析系统》等公安系列标准的普及应用；顺利完成由北京检测中心牵头成立的中关村中安公共安全视频智能应用技术联盟的注册登记手续，联盟正式进入运行阶段并于年内召开第一届理事会第二次会议，为联盟后续业务工作的开展奠定坚实基础。

地　　址：北京市海淀区首都体育馆南路 1 号
联 系 人：李　笃
电　　话：010-68773780　68773781
网　　址：www. tcspbj. com

国家安全防范报警系统产品质量检验检测中心（上海）

国家安全防范报警系统产品质量监督检验中心（上海）于 2021 年 9 月 14 日，依据国家市场监督管理总局下发的《市场监管总局关于进一步加强国家质检中心管理的意见》（国市监检测发〔2021〕16 号）和《市场监管总局办公厅关于国家产品质量检验检测中心及其所在法人单位资质认定等有关事项的通知》（市监检测发〔2021〕55 号）的相关规定，更名为"国家安全防范报警系统产品质量检验检测中心（上海）"（以下简称"上海检测中心"）。

上海检测中心成立于 2005 年 3 月，是依托公安部第三研究所建立的第三方检验检测机构，业务上受国家认监委、公安部科信局和上海市市场监管局的领导和指导，是经过国家认证认可监督管理委员会授权的、资质认定合格的、通过中国合格评定国家认可委员会认可的、具有第三方公证地位的、面向社会的开放性机构。

上海检测中心现有视频图像处理、无线图传、音频测试、电磁兼容（EMC）、安全性、实体防护、锁具检测、环境试验、防爆安检、警用装备、警用服装服饰、毒品检测等试验室。主要从事安全防范产品及系统检验检测工作，检验检测能力涵盖了红外、微波、超声、视频、声光、机械、机电、光电、压敏、防弹材料、防爆材料、防刺材料、有线和无线通讯、高压电网等各类安全产品及系统。

上海检测中心着力打造学习型研究型检验机构，从事具有重大应用目标的安全防范领域专业项目、课题的研究，围绕国家应急通信保障、信息安全建设、国家安全的重大问题，积极进行原理、机理、技术的探索与创新，并以此作为中心的科研发展战略。

上海检测中心主持或参与完成了上百项安全防范领域的国际标准、国家标准、行业标准的制、修订工作，今后也将继续致力于推动安全防范产品及系统的标准化进程。

2021 年，上海检测中心积极应对疫情导致市场发展放缓的不利形势，勇于面对一切困难，凝心聚力、奋力拼搏、求真务实、开拓创新，立足服务公安实战，拓展业务领域，创新服务模式，扩大检验范围，建设实验室资质，开展科研标准研究，提升检测能力和技术水平，圆满完成了全年各项工作任务。

一、立足公安，加强技术服务支持

上海检测中心积极配合公安部装财局工作。一是配合公安部警用装备采购中心，积极开展警用服装、单警装备招标检测、交收检工作。二是配合各省区市公安部门，积极完成应急储备物资验收检测工作。三是想方设法，积极谋划，满足公安部警采中心的协议供货遴选项目需要。

此外，上海检测中心还主动联系上海市公安局、上海安防协会，结合新发布的上海地标、技术规范等要求为企业开展安防培训工作，已先后召开了 2 次安防产品检测要求培训会。

二、完善信息化建设，提升服务质量

上海检测中心克服疫情常态化，主动提供优质服务，改进完善信息管理系统。新网站 8 月正式运行以来，为客户查询报告、了解检验检测流程、下载相关表单文件等提供方便，提升了中心的服务质量，提高了客户的满意度。

同时，上海检测中心充分发挥主观能动性，“让群众少跑腿，让数据多跑路，让平台满运转”，提供云检测、线上交流、远程测评、视频认证服务，减少送检单位的往返成本和人员流动，指导企业网上办理业务，主动联系鼓励厂商通过微信、邮件、视讯等线上方式咨询；为客户提供检验检测报告扫描等增值服务。

三、夯实实验室建设，提升综合实力

上海检测中心 1 月顺利开展实验室、检验机构和资质认定的复评审现场审核，使获批的能力范围扩大到 1160 项；7 月开展 CNAS 扩项与 CCC 指定实验室的监督联合评审工作；12 月 11—12 日，上海检测中心开展了实验室、检验机构 CNAS 扩项工作，现场开具了实验室 1 个不符合、检验机构 1 个不符合，目前仍在整改中，预计能力范围将扩大至 1335 项。通过各类外审检查，不断提升中心技术服务质量，使检验检测能力不断迈上新台阶。

上海检测中心在 2021 年完成照明设备检测实验室扩建，增配光源频闪测量仪、光谱闪烁照度计、色彩照度计、分光照度计，满足爆闪脉冲光源在内的多种照明设备测试，可完成安防电子、机械等领域照明产品的跨部门协检任务。同时，开展光辐射安全实验室扩建，根据 GB/T 37958-2019 等光辐射安全标准要求，拟订“光辐射安全测试系”“照明眩光测量系统”两套系统。前期积极开展与浙大三色、远方光电、德国 IS、英国伯明翰等公司的技术交流，完成设备技术参数的拟定和相关配置的订制，目前已通过审计部门核查，并上报采购部门统一进行采购，正有序开展后续建设工作。完善了光学镜头检测实验室、红外热成像检测实验室的维保工作，协同德国全欧厂商远程视频诊断、计量院现场计量等方式维护、校准检测设备，确保检测设备运行的准确性与可靠性。

同时，上海检测中心参加 CLF-PT-202102 鞋类防滑性能的测定、APICT-PT-202119 纺织品中游离水解甲醛的测定、SHSCJG-2021-08 电源端子传导骚扰测试、CNCA-21-1450W 水平火焰试验、SHSCJG-2021-18 金属材料中性盐雾试验、CNCA-21-17 电气强度试验 6 项能力验证，均获得“满意”。

四、科研与检测业务相互促进，技术竞争力不断提高

上海检测中心不断加大科研力度，围绕检测业务，积极争取检测方法、检测工具、检测标准有关研究项目。2021 年有 14 项课题已结题，7 项课题准备结题，在研项目 26 项；此外，成功立项 2 项。其中，由上海检测中心牵头的国家重点研发计划——国家质量基础的共性技术研究与应用（NQI）专项“智能语音产品符合性测试技术研究”项目，以 95 分的高分通过科技部组织的项目综合绩效评价评审，已获评“优秀”。

在2021年6月、7月，由上海检测中心主持分别召开了国际电工委员会报警与电子安防系统技术委员会（IEC/TC79）WG13 Building intercom system 工作组会议，9个国家23位委员出席会议，投票表决通过戎玲担任工作组联合召集人全面负责工作组工作，并启动IEC 62820-1-1、IEC 62820-1-2 修订工作。已完成新工作提案IEC 62820-1-3、IEC 62820-1-4的国内申报流程。

上海检测中心2021年主导发布标准10项，其中国家标准3项，行业标准5项，团体标准2项；参与发布国家标准1项，行业标准3项；已报批21项，其中国家标准5项，行业标准16项；新立项国家标准1项，行业标准12项。

2021年，上海检测中心共发表录用论文20篇，其中EI检索6篇，核心3篇；有3项发明专利、14项实用新型、3项外观、17项软件著作权获得授权获批。

五、加强人员队伍建设，增强团队凝聚力

上海检测中心注重人员队伍建设，充分发挥党员干部、技术骨干的带头表率作用，影响带动全体人员营造勤政廉洁、奋发向上的良好氛围，提高核心竞争力和整体战斗力。

地　　址：上海市岳阳路76号
联 系 人：陆曙蓉
电　　话：021-64336810 转 1707
网　　址：www. mstl. org. cn

第七章　行业管理与服务

第一节　行业协会

各地方安防行业协会 2021 年工作概述

2021 年是“十四五”开局之年，是中国共产党成立 100 周年，也是我国现代化建设进程中具有特殊重要性的一年。随着国家政府职能持续转变，数字化建设政策不断出台，带动了我国安防行业蓬勃发展。以习近平新时代中国特色社会主义思想为指导，深入贯彻落实党的十九大和历次全会精神，进一步增强责任感和使命感。在推动行业发展、提高工作能力和服务水平等方面展示了新气象，实现了新作为，并不断创造新的佳绩，为促进安防行业持续、健康、和谐发展作出了贡献。

一、夯实党建工作基础，强化自身建设，凝聚发展正能量，发挥示范引领作用

进一步深入学习贯彻党的十九大以来历次全会精神，深刻领会“两个确立”的重大意义，坚定不移向党中央看齐，向党的理论和路线、方针、政策看齐，把准政治方向，认真对标对表，自觉在思想上、政治上、行动上同以习近平同志为核心的党中央保持高度一致。结合实际工作，切实把中央经济工作会议精神和党中央重大决策部署落到实处。要增强使命担当，紧扣主题主线，从严从实从细做好防风险、保安全、护稳定、促发展各项工作，助力经济社会发展，推动实现高水平安全和高质量发展良性互动，全力以赴做好二十大安保工作，以优异成绩迎接党的二十大胜利召开。

中国安全防范行业协会与公安部科信局和部直属机构联合举办党史学习教育专题辅导讲座。组织地方协会到嘉兴南湖实地感悟伟大建党精神，以“三会一课”和“主题党日”活动为主要内容夯实党建基础。组织行业企业在北京举行庆祝中国共产党成立 100 周年活动。组织学习和讨论六中全会精神，联系安防行业实际抓好全会精神贯彻落实，从党的百年奋斗历程中汲取智慧和力量，建功新时代，开辟安防行业新征程。

北京安全防范行业协会举办庆祝建党 100 周年文艺汇演、主题征文、党史知识竞赛活动等庆祝建党百年系列活动。贯彻学习十九届六中全会精神，开展党建主题教育活动，持续开展党建工作经验交流会，推动行业党建覆盖，带动会员企业党建，把党建工作融入企业文化建设、经营管理之中。

内蒙古自治区公共安全技术防范行业协会 5A 社会组织为疫情防控募捐 40200 元。开展“感恩党　送温暖”主题慰问活动。

辽宁省社会公共安全产品行业协会开展党史学习教育活动，完善决策议事、协调共建等工作机制，坚持学习制度，增设党建展板和学习园地。举办建党百年庆祝活动，在抗美援朝烈士陵园开展“牢记英雄事迹　坚定不移跟党走”庆七一党建活动，以实际行动缅怀先烈，迎接建党一百周年。

黑龙江省安全防范产品行业协会组织开展参观红色教育基地主题党日活动。组织会员企业党员 40 余人参观学习。疫情期间开展志愿服务活动，助力全员核酸检测。

苏州市安全技术防范行业协会开展以“不忘初心　牢记使命　精准扶贫”为主题的一系列党建活动。正式成立功能型党支部，纳入社会组织功能型党支部试点单位。开展“学习党史不忘初心　牢记使命——纪念中国共产党建党 100 周年主题教育活动”。理事会在嘉兴召开，参观南湖纪念馆、举行入党宣誓等。组织参观苏州革命博物馆，召开学习贯彻党的十九届六中全会精神座谈会，邀请苏州大学马克思主义学院郑芸教授作《勿忘昨天　无愧今天　不负明天——学习贯彻党的十九届六中全会精神》专题讲座。与四川成都郫都区政府和甘孜藏族自治州道孚县政府签订三年帮扶协议。举办“传递爱心汇聚温情”捐赠活动，获得了“善行义举送温情　大爱无疆传美德”的锦旗。为河南灾区筹集 70 余万元物资。安排近 500 公里的光缆以及调配数百台光缆接头盒发往灾区抢救通信设施，捐赠物资 60 余万元。向河南灾区捐赠现金共计人民币 124268 元，捐赠物资共计 130 多万元。

浙江省安全技术防范行业协会搭建党建学习室。组织“不忘初心　牢记使命”主题党日活动。组织“初心铭记在心　使命履职践行”微党课。组织观看建党 100 周年庆典活动，以及发起党史学习教育倡议书等。

宁波大榭开发区保险箱（柜）行业协会参加街道党工委组织的两新党务工作分享交流会，学习党建工作台账整理，听取党费审计情况通报及整改落实。组织党员观看红色电影。献爱心认领困境儿童的“微心愿”。组织党员在七顶山学习“渡海第一仗”革命精神，学习解放大榭岛的红色故事，重温入党誓词。组织党员参加助力核酸检测志愿活动。

安徽省安全技术防范行业协会在安徽省社会组织“智慧党建”信息平台“党建活跃度”排名中名列第三。拍摄安徽安防人唱支山歌给党听短视频。会员企业捐款捐物驰援河南洪涝灾害，众多会员企业和个人纷纷慷慨解囊共捐款捐物数百万元，郑州市安防协会专门给协会发来感谢信。赴新疆皮山县开展对口支援工作，定向帮扶皮山县 10 万元用于援疆建设。

福建省公共安全防范行业协会联合福建省民政厅、公安厅，组织会员单位召开党建工作交流会，邀请 11 家会员单位党组织代表作主题发言，分享新时期党建工作心得体会。组织会员单位、友好单位党组织代表近 40 人，前往长汀、瑞金开展“不忘初心、传承红色精神，牢记使命、谱写时代新篇章”红色主题党建活动。应邀参加中国安防行业协会组织部分省区市安防协会召开的庆祝建党 100 周年座谈会；向中国安防行业协会主办的“庆祝建党 100 周年线上文艺晚会”推荐会员单位优秀节目与微党课视频。

阳泉市保安和安防行业协会举办“全国安防行业友好协会党组织庆祝建党 100 周年学党史传承红色基因教育活动”。开展“学党史　知党恩　跟党走”主题党日及党史专题学习活动。发起成立各地安防协会党组织“党建联学互助单位”。

江西省安全技术防范行业协会举办中国（中部地区）新基建和数字安防创新应用高峰论坛，联合江西省红十字基金会开展“博爱送万家春风行动”活动，共为 38 家春节期间留守一线的会员企业送去了抗疫急救包。

南昌市安全技术防范协会成立南昌市英雄基金会安防联盟。参加南昌驰援河南水灾捐赠活动。参加南昌市公安局科信支队的党建工作会。参观八一起义纪念馆和方志敏烈士纪念堂，进行党史教育。为 15 位困难学生捐赠书包和学习用品。

济南市社会公共安全防范协会参观孟良崮战役纪念馆、孟良崮战役遗址纪念碑、沂蒙红嫂纪念馆。组织观看庆祝中国共产党成立一百周年大会视频。联合民生银行组织会员单位代表共同开展党建观影、党史学习等活动。

青岛市社会公共安全防范协会执行“党建指导员”政策，筹备成立联合党支部。

郑州市公共安全防范行业协会联合其他省协会为郑州捐赠抗洪物资，组织会员参加“百城会”“中原安防工程商大会”等活动。开展“保护母亲河”的公益植树活动。参加党工委组织的党员志愿者到社区慰问困难群众活动。助力郑州慈善事业，响应郑州市民政局组织开展的“社会组织参与的精准扶贫”系列活动。

湖北省安全技术防范行业协会赴麻城开展了“传承红色基因　凝聚安防力量”红色之旅活动。组织开展《党史微课》领读活动，为全体湖北安防人普及党史知识，活动阅读点击量达4000余人次。对接天门市九真镇组织会员企业援建该镇智慧交通建设项目，参与全省乡村振兴技能帮扶，为黄陂区130余名参加“智能楼宇管理员”职业技能等级认定人员减免全部费用，引导乡镇劳动群众务工能力向数字化转型。

湖南省安全技术防范协会组织党员、会员参观王震故居、观看（长津湖）爱国主义电影等党性教育活动。

广东省公共安全技术防范协会开展专项集中学习活动，制作党史分享视频缅怀革命先烈的光辉事迹。

广州市安全防范行业协会支部全面推进党员“双报到”工作，推动协会支部党员下沉社区服务基层。

深圳市安全防范行业协会党委成立10周年，开展联学联建活动。

深圳市智慧安防行业协会带领会员参观全国乡村治理示范村清远市连樟村。参加“信仰的力量”理论课。参观拓荒牛时代馆。组织观看《1921》《革命者》《长津湖》等优秀历史题材电影。组织到深圳党史馆、方志馆、大鹏所城、东江纵队北撤纪念公园参观学习，身临其境接受思想洗礼。

东莞市公共安全技术防范协会支部委员会成立。承办《东莞市社会组织国家安全教育》专题讲座。开展“微心愿”爱心慈善助残活动；企业捐款共计4万余元，帮扶残疾低保户共30户。

珠海市公共安全技术防范协会荣获“社会组织基层党建示范点”称号。参加党组织书记培训示范班。开展第三党总支部委员会第一届第三次全体党员会议。组织观看《长津湖》、组织参观珠海博物馆。组织学习党的十九届六中全会精神和“中共中央关于党的百年奋斗重大成就和历史经验的决议”、“百年扬帆”党史学习、支部工作总结等。

海南省智慧城市安防技术行业协会成立支部委员会。

贵州省安全技术防范行业协会成立党支部。获评“5A级”社会组织。

陕西省安全防范产品行业协会组织观看庆祝中国共产党成立100周年大会现场直播。组织观看《长津湖》。参加乡村振兴线上培训班等活动，并支援商洛民生保障服务领域灾后重建，向商洛市慈善协会捐赠3000元。向抗疫一线捐款捐物累计约2.56万元善款，入陕西妇女儿童发展基金会专用账户用于助力疫情防控工作。

甘肃省安全技术防范协会鼓励会员通过捐款捐物，提供安防技术支持等形式开展志愿服务，有序参与疫情防控。

青海省公共安全技术防范协会编建西区民兵应急分队和兵员储备组织，参加了民兵队列训练、政治教育、拉动演练，并赴湟中县“抗震救灾物资贮存基地”执行物资抢运任务。党支部书记宋艳、党支部组织委员高驰被聘请为城西区古城台街道党工委“党课讲师团”讲师。为大通县黄家寨黄东村、城西区“两癌”妇女、昆仑路小学患病儿童等地贫困学生及贫困群众捐款捐物共计5万余元。为郑州等灾区捐款捐物共计58320元。设立环卫工人爱心饮水站，还为昆东社区热心人、好楼长、低保户、残疾人和创城志愿者、抗疫志愿者免费订阅400余份《西海都市报》《西宁晚报》等刊物，青海伟安等24家会员企业还被表彰为精准扶贫“爱心企业”。组织会员单位及协会工作人员组成50多名的志愿队伍，冲向抗疫战场。

新疆维吾尔自治区安全技术防范行业协会荣获沙依巴克区委颁发的先进基层党支部荣誉称号。开展党建活动“致敬清明祭英烈”祭扫活动、“民族团结一家亲　同心共筑中国梦”观影活动、党史知识竞赛、参观新疆警史馆、党建工作交流座谈会。开展“我为群众办实事”活动。开展“贫困大学生资助项目”，帮助和田地区墨玉县扎瓦镇乔坎吉勒尕村、喀什博依村、敦巴格等12个村的贫困大学生，捐赠金额3万元整。帮助因公伤亡民警家庭向新疆公安英烈基金会捐款10万元人民币。

二、发挥行业力量参与安防标准化工作，树立行业标杆

“十四五”时期是我国安防行业数字化转型、产业链提升、关键技术赶超和向着新时代“中国制造”

高质量发展阶段迈进的重大机遇期。对凝聚全行业共识、突出新发展理念、贯彻落实党和国家政策要求具有十分重要的意义，具有科学性、前瞻性和可行性，是引领全行业发展的纲领性文件。规范、技术要求等发布后，通过多种形式组织开展了宣贯工作，在业内引起了强烈反响。

中国安全防范产品行业协会积极主动响应产业发展对标准的需求，在行业管理部门的领导和相关机构的支持下，于2018年开始启动团体标准制修订相关工作，特别是在新一届理事会的领导下，行业团标工作迈出新步伐，取得新成效。2021年协会发布实施了3项团体标准，分别是《公共安全视频图像分析多算法应用技术要求》《用于人脸识别的安防摄像机图像质量评测方法》《头戴式安防视频采集显示设备通用技术要求》。

北京安全防范行业协会组织、编写、发布团体标准（《安防监控中心值机工作与服务要求》《医院禁限带物品安全检查工作管理规范》《涉核与危化品反恐体系综合效能评估规范》）以标准化推动行业规范化发展。

辽宁省社会公共安全产品行业协会发布《老旧小区安全防范系统通用技术要求》（T/LNPSA 0002-2021）。

上海安全防范报警协会参与上海市地方标准的制修订和本市安防行业技术规范起草工作。发布执行的有“枪支弹药生产、经销、存放、射击场所”等地方标准。审定“金融机构”等地方标准。编制待审“寄递企业”等地方标准。制修订《上海安全防范报警协会专家管理委员会工作规则》等规章制度。

南京安全技术防范行业协会发布《高空抛物智能视频监控系统建设规范》。

苏州市安全技术防范行业协会编制地方标准《基层社会治理大数据平台建设规范》。与上海无人机安全管理协会商讨成立长三角低空安全战略联盟，研讨“长三角区域安防产业一体化发展合作备忘录”（讨论稿）“长三角区域推进安防产业一体化联盟协定”（讨论稿）。

张家港市安全技术防范协会成立消防分会。

浙江省安全技术防范行业协会发布4项团体标准。制定T/ZJAF 4-2021《安全防范产品分类》、T/ZJAF 7-2021《联动互锁控制系统通用技术要求》、T/ZJAF 8-2021《电动自行车智能监测记录系统技术要求》、T/ZJAF 9-2021《电子防范产品绿色包装技术规范》；编制《省安防标技委（筹）2021—2023年标准项目意向表》；成立“我国智能安防产业链供应链安全与优化问题课题”的课题组；参加组织鸿鹄飞行代表队测试活动；支持浙江公安特警无人机反制攻防实测对抗活动；协办公安机关警用无人机红蓝对抗实战演练活动；筹划无人机县域政务服务体系建设项目；筹备长三角低空安全战略联盟工作；获批浙江省应急产业产教融合联盟。

安徽省安全技术防范行业协会参加中国安防协会组织的安防行业职业标准修订、中国安防行业“十四五”发展规划建议讨论等工作，并提出相关建议意见。

福建省公共安全防范行业协会发布团标准T/FJAF 002-2021《公共安全防范企业信用评价规范》、T/FJAF 003-2021《安全防范工程视频监控系统维护服务规范》、T/FJAF 004-2021《远程视频监测系统技术规范》。

广东省公共安全技术防范协会开展实施《互联网+停车场建设技术规范》。立项《医院安全防范工程技术规范》。发布团体标准《安全技术防范系统智能设备箱通用技术要求》《智能家居网关安全技术要求》《掌纹图像数据交换格式规范》。

深圳市安全防范行业协会制定《多用途轻型水下作业机器人》《多用途轻型水中助推器》标准。协助制定《智能交通升降桩（柱）技术规范》《低速无人车城市商业运营安全管理规范》两项标准，协助无人机协会制定《低慢小无人机探测反制系统通用要求》《无人机编队表演运营通用规范》标准。

深圳市智慧安防行业协会制定《行人闯红灯智能取证系统技术要求》《人脸特征比对检索距离函数技术规范》《智慧停车　智慧标志设置规范》《智慧停车　大数据信息标准化处理与应用规范》标准。发布《保安企业服务资质分级评定规范》《保安企业承接大型活动安保任务资质评定与管理规范》《算法仓管理系统通用技术要求》《多传感器数据融合的追踪系统技术要求》《基于端边云协同场景的算法模型　部署技术要求》《轻型多维感知智能视频监控系统技术要求　第 1 部分：摄像机》《轻型多维感知智能视频监控系统技术要求　第 2 部分：数据传输协议》《轻型多维感知智能视频监控系统技术要求　第 3 部分：选点与施工》《低轨通信卫星等多模通信方式数据传输协议》等标准。

贵州省安全技术防范行业协会发布团体标准《视频图像质量诊断数据库表结构及标识符设计规范》和《视频图像维保数据库表结构及标识符设计规范》。

三、发挥专家作用，强化协会服务职能

为贯彻落实国家关于加强中国特色新型智库建设有关精神，充分发挥业界高端专家的智力资源，促进我国安防行业实现数字化转型与高质量发展，专家咨询委的成立必将对安防行业的高质量发展起到积极和重要的支撑保障作用。

中国安全防范产品行业协会成立专家咨询委员会。聘请清华大学公共安全研究院范维澄院士任专家咨询委主任委员。撰写发布《中国安防行业 2020 年度统计数据摘要》。启动行业人才培训，向人社部报送“安全防范设计评估工程技术人员”和“安全防范系统安装维护员”两个职业的修订建议。将值机员内容补充进安全防范系统安装维护员的修订意见。进行了“安全防范系统安装维护员国家职业技能标准”修订工作，组织编写《安防行业职业培训工作行动计划》。

北京安全防范行业协会成立医疗机构安保专业委员会、低空安全专业委员会及人工智能专业委员会。协助政府相关部门开展北京各区“雪亮工程”督导检查、验收咨询等工作。开展内保单位（金融）安防设备值机员培训、提供安全防范安装维修员和设备值机员的职业培训。开展线上直播课。举办市级二类赛事第二届安防值机员职业技能竞赛。搭建行业诚信评价平台，2021 年全年诚信评价获证企业 113 家。

石家庄市安全技术防范协会对本市安全技术防范从业技术人员进行免费专业技术培训。

内蒙古自治区公共安全技术防范行业协会开展安防行业 15 年评优活动。内蒙古智慧安防信息一体化平台上线试运行。

辽宁省社会公共安全产品行业协会采用线上等方式，举办培训活动。申请设置安防工程技术职称，承办信息与通信技术信息网络布线及网络系统管理职工技能大赛。

吉林省社会公共安全产品行业协会继续推进资信等级评定工作，办理持证企业年审共计 620 家，办理新申请资质共 22 家。

黑龙江省安全防范产品行业协会开展能力评价，600 余家企业获得能力评价证书。举办国家标准《安全防范工程技术标准》（GB 50348-2018）线上宣贯培训班，288 人通过考试，并取得《标准培训合格证书》。

上海安全防范报警协会组织中高级职称的评审工作。

南京安全技术防范行业协会组织评审专家召开培训宣贯会。

常州市安全技术防范协会和苏州安防协会专家交流活动在常州召开。

苏州市安全技术防范行业协会联合开展“无人机驾驶员”“无人机装调检修工”的技能培训，获得政府补贴工种，开创全国先例。开展星级诚信企业评定，五星级诚信企业 61 家，四星级诚信企业 22 家，三星级诚信企业 7 家。

镇江市安全技术防范行业协会开展“2021 年度镇江市安全技术防范行业协会优秀安防工程、优秀安防项目经理”“2021 年度镇江市安全技术防范行业协会优质安防供应商”的评选工作。

张家港市安全技术防范协会组织参加“2021 年江苏省安防工程企业高级管理人员培训班”。

浙江省安全技术防范行业协会充分发挥专家智库功能，为 3 家企业申报“省专精特新中小企业”项目提供智库推荐意见。为政府相关部门推荐专家、推进落实安防职称评审工作、资信等级年审与评定工作。开展在线学习平台，开发“浙江省安防行业专业技术人员继续教育学时登记管理系统”，实现继续教育线上学习、学时登记和学时证明导出等功能，目前共 428 人在学时平台注册学习。启动第一期领军班，

联合高端资源举办“安防·应急产业数字化领军班”。申报安防行业职业技能评定中心点，建立行业职业技能评价组织机构和建立相关评价管理制度，相关工作已得到省人社厅的阶段性认可，已通过人社专家现场评审、路演评审。

杭州市安全技术防范行业协会开办“2021 浙江省安防工程企业高级管理人员培训班”“浙江省安防·应急行业‘贯彻新发展理念、推进高质量发展’企业负责人专题研学班”。

宁波大榭开发区保险箱（柜）行业协会组织参加由区市场监管分局举办的浙江省 AA、AAA 级守合同重信用企业申报培训、知识产权扶持政策和贯标建设培训、宏观经济形势与企业应对策略讲座等。

安徽省安全技术防范行业协会面向全省行业系统内会员单位开展职业技能等级认定试点工作正式启动。

福建省公共安全防范行业协会启动团体标准 T/FJAF 002-2021《公共安全防范企业信用评价规范》，企业信用等级评价工作，59 家会员单位获评公共安全防范企业信用评价 AAA 级。

厦门市安全技术防范协会评选本年度厦门市优秀安防产品、优秀项目经理、优秀解决方案。加大中安协安防工程企业设计施工维护能力评价证书的宣传和办理等保障工作，两家企业获得一级能评证书。举办四期全省安防工程技术人员培训班，二百多家安防企业 800 多人参加了培训。

南昌市安全技术防范协会成立南昌安协能评中心，5 位评审员取得评审员资格，办理能力认证考试，137 人取得了考试合格证书。19 家企业获得了中安协颁发的一、二、三级能力认定证书。主办标准宣贯培训班，经考试学员获得了全国安全防范报警系统标准化技术委员会和公安部检测中心联合颁发的《标准培训合格证书》。

济南市社会公共安全防范协会以“线上培训平台”为依托，对安防行业的 860 余名从业人员进行了培训。

青岛市社会公共安全防范协会组织山东省安防工程企业技术人员考试工作。完成了 35 家企业的年度审核和 13 家新参评企业的审核与发证工作。

湖北省安全技术防范行业协会推进安防工程企业设计施工维护能力评价工作，共有 1203 家企业在评价信息网上注册，794 家企业获证。开展职业技能认定、考核工作，其中 288 人取得了视频监控系统安装和运行专项职业能力证书，319 人取得了智能楼宇管理员职业技能等级证书。

肇庆市公共安全技术防范协会定期组织展开广东省从业人员继续教育培训。

湖南省安全技术防范协会协助中国展览网举办 2021 全国安防工程商百强评选的活动。

广东省公共安全技术防范协会开展广东省安防从业人员继续教育培训。开展“公共安全视频监看员”培训。开发论证了“公共安全视频监看员”培训课程体系。开展广东省第二届职业技能大赛——“平安城市　智慧守护”智能安防职业技能竞赛。

深圳市智慧安防行业协会主办了“新基建　新挑战——安防创新技术应用研讨会暨第三届第二期深圳技防专家培训”。联合开展广东省安防从业人员继续教育培训。开展社会化职业技能等级评价工作，申报“安全防范系统安装维护员”“智能楼宇管理员”及“信息通信网络线务员”三个工种培训评价工作。

佛山市公共安全技术防范协会举办安防从业人员继续教育培训。组织参加“国家级软考——信息系统项目管理师、系统集成项目管理工程师”培训。

东莞市公共安全技术防范协会举办广东省安防从业人员继续教育培训。开展广东省第二届职业技能大赛——广东省“平安城市　智慧守护”智能安防职业技能竞赛暨“广东技工”羊城行动安全防范技能竞赛。

珠海市公共安全技术防范协会举办继续教育培训班。

广西安全技术防范行业协会组织安防工程企业技术人员综合能力验证考核。

海南省智慧城市安防技术行业协会组织安防工程企业技术人员能力验证考试工作，评审员再培训学习。

重庆市公共安全技术防范协会打造并实施资质在线评审系统。举办大型技术交流与培训活动。

成都安全防范协会开展企业能力评价。

贵州省安全技术防范行业协会开展一堂以信息为主题的科普讲座。编制了《2021 年工程系列职称申报指南》。组织能力评价申报培训，共有 192 家企业通过能力评价获得证书，其中一级 25 家、二级 65 家、三级 102 家。开展智能楼宇管理员认定工作。组织“大华工匠杯”智能楼宇管理员职业技能竞赛。

甘肃省安全技术防范协会举办安防职业技能培训和安防标准培训班。

新疆维吾尔自治区安全技术防范行业协会组织 2021 新疆安防百强工程商评比，组织安防工程技术员在线学习。

四、搭建交流平台，促进合作

守初心、担使命，坚持以习近平新时代中国特色社会主义思想为指引，以维护社会稳定，为人民群众提升安全感为宗旨，以行业发展为导向，以提升能力建设为目标，积极适应全面深化改革对行业协会提出的新任务、新要求，顺应新形势、转变新思路、找准新定位、力求新突破，充分认识、准确把握党和政府关于推进社会组织改革、促进行业协会发展的有利形势和历史机遇。

中国安全防范产品行业协会完成 2022 年安博会的展商调研、立项报批、场馆预定、策划、前期宣传等各项筹备工作。在展区规划和展品布局上将有四大改进亮点。设立“前沿技术馆”，设立“无人系统/网络安全专馆”，将原“智慧警务展馆”提升为“智慧警务+应急救援馆”，其中新设立“防爆安检专区和防伪技术专区”“智能芯片展区”。

北京安全防范行业协会承办的首届“人民安防”八达岭低空安全峰会在北京延庆顺利举办，以科技力量助力北京冬奥。对接卡塔尔自由区管理局，召开线上国际交流座谈会。

石家庄市安全技术防范协会举办第二十届华北社会公共安全产品博览会，举行河北智慧安防高峰论坛。

内蒙古自治区公共安全技术防范行业协会举办“数智北疆　厚基博发”——第四届内蒙古“创新+智慧”安防品牌学术论坛。

辽宁省社会公共安全产品行业协会举办第二十三届东北国际公共安全防范产品博览会，承办了由中国安防协会组织召开的全国地方协会负责人座谈会。

浙江省安全技术防范行业协会举办 2021 浙江省安防·应急数字科技分享会，组织举办数字安防人才赋能推进大会。

福建省公共安全防范行业协会举办中国（福建）数字安防产业博览会。

南昌市安全技术防范协会策划、组织 2021 中国智能家居产业博览会，举办安防论坛。

郑州市公共安全防范行业协会开展社会治理创新发展论坛。

湖南省安全技术防范协会举办了 2021 第二十一届湖南智慧安防产品与技术博览会。

广东省公共安全技术防范协会举办 2021 世界安防博览会。

深圳市智慧安防行业协会主办 2021 第三届深圳国际智慧停车博览会。

成都安全防范协会主办 2021 第二十一届成都国际社会公共安全产品与技术博览会，主办成都市智慧安防社（小）区建设规划论坛。与中社社会工作发展基金会联合举办了成都“未成年人安全守望者”战略合作及推广发布会。

五、加强媒体宣传，服务会员，广泛推广新产品、新技术

在习近平新时代中国特色社会主义思想指引下，在政府有关部门、全体会员单位和社会各界的支持下，不断创新服务理念。

中国安全防范产品行业协会启动中国安防大数据服务平台规划建设工作。完成了 13 个现有数据库。

提升《中国安防》杂志品质和影响力，针对行业关注的热点问题组织了近百个专题进行研究和报道。对中国安防行业网站进行了改革、改版、升级工作。调整《中国安全防范行业年鉴》内容，大量增加统计数据、分析报告及企业信息。

内蒙古自治区公共安全技术防范行业协会上线内蒙古智慧安防信息一体化平台。该平台是内蒙古自治区安防行业的“互联网+”综合服务平台，便捷高效地为全区安防企业提供服务。开展内蒙古安防行业新产品、新技术推广（2021 年）征集工作，并通过微信公众号、网站、刊登《内蒙古安防》（2021 年刊）进行宣传。

黑龙江省安全防范产品行业协会完成 2021《龙江安防》年刊编辑工作。

上海安全防范报警协会将《上海内保与技防》改为双月刊。拓展网站和微信公众号等新媒体，扩大资讯覆盖面。

苏州市安全技术防范行业协会多条原创性文稿被腾讯、今日头条和无线苏州入选。“文史安防”“安防小说”“境外安防”“抗疫专题”“协会党建”栏目呈现《苏州安防》杂志。撰写、出版“安防文史”书刊。

浙江省安全技术防范行业协会搭建数智能力中心，筹建小安智链。宁波大榭开发区保险箱（柜）行业协会筹建网站建设。

江西省安全技术防范行业协会新版网站及能力评价管理系统正式上线，增设“会员动态”。编印“江西安防简讯”。

南昌市安全技术防范协会推出金融信贷“商会通”。

陕西省安全防范产品行业协会出版首期《陕西安防会刊》。

中国安全防范产品行业协会

中国安全防范产品行业协会（以下简称“中安协”）于 1992 年 12 月 8 日在北京成立，会员企业 2000 余家。中安协加强宏观引导，组织发展本行业的公益事业，承担政府管理部门委托的其他任务。

中安协日常办事机构秘书处，内设综合服务部、会员服务部、展览服务部、调研培训部、能力评价中心、杂志编辑部等业务部门。下设中国安全防范产品行业协会专家委员会和中国防伪技术分会两个分支机构。专家委员会是安全防范行业的专业技术服务组织；中国防伪技术分会负责防伪技术推广，防伪企业产品评审等服务。

中安协公开出版发行《中国安防》杂志，向会员单位和相关部门赠阅；正式出版发行《中国安全防范行业年鉴》，为各界人士提供翔实的行业信息；中安协相关信息同时公布在内部刊物《安防通讯》及“中国安防行业网”（www. 21csp. com. cn）上。

中安协将努力加强自身建设，抓住机遇，开拓创新，为中国安防行业作出应有的贡献。

地　　址：北京市海淀区西三环北路 87 号国际财经中心 C 座 1401
联 系 人：王　颖
电　　话：010-68730760
网　　址：www. 21csp. com. cn

北京安全防范行业协会

北京安全防范行业协会（以下简称“北京安防协会”）成立于 2005 年 8 月，是北京市民政局社团办核准登记的非营利性社会团体组织，北京市公安局是协会上级业务监管单位。2019 年成立了中国共产党北京安全防范行业协会支部，并被北京市民政局评为 5A 级中国社会组织。在政府部门指导下，在会员企业支持下，利用专家委员会的智库资源，充分发挥桥梁纽带作用，提供高效优质服务，持续引领行业规范健康发展。

协会宗旨：为会员服务，为行业服务，为政府服务，为社会服务。

服务理念：客观公正、服务至上。

北京安防协会设立秘书处负责日常事务及协调开展各项工作，其下设党建工作办公室及六个职能部门：运营管理中心、综合服务中心、人才发展中心、会员服务中心、企业评价中心、委托服务中心；三个分支机构：专家委员会，机关、企事业单位内部安全保卫分会，安防系统维修维护运营中心，专家委员会下设秘书处；一所全资培训学校：北京安全防范职业技能培训学校。

地　　址：北京市西城区德胜门外东滨河路 3 号北京白孔雀艺术世界 A 座四层
联 系 人：张　莹
电　　话：010-62072458
网　　址：www. bspia. com

石家庄市安全技术防范协会

石家庄市安全技术防范协会（以下简称“石家庄安防协会”）于 2001 年 10 月 31 日在石家庄成立，是经石家庄市公安局批准，在市民政局登记注册的行业性、非营利性社会团体。

凡是在石家庄市区域内从事安全技术防范产品的研制、开发、生产、销售，安全防范系统工程设计、施工、监理，报警运营服务，报警器材销售，智慧平安社区系统建设，通信技术服务，安防智能化服务，信息咨询服务，安防技术培训等企事业单位，只要遵守协会章程均可申请加入，协会现有会员单位 200 余家，其中副理事长单位 7 家、常务理事单位 10 家。

石家庄安防协会严格遵守国家的法律、法规和政策，在政府有关部门的指导下，发挥政府部门技防管理的助手作用，加强行业自律，依靠安防行业的集体力量，促进安全技术防范事业的发展，开展与国内外相关组织的经济技术交流，促进安防企业技术、管理水平和经济效益的不断提高，坚持服务于政府、服务于行业、服务于广大用户，发挥政府与安防企业之间的桥梁和纽带作用，以推动安全技术防范行业的健康发展。

石家庄安防协会充分发挥行业信息平台作用，以服务会员企业为核心，适时开展形式多样、内容丰富的活动，组织社会公共安全产品展览和技术交流、开设业务培训班、开展咨询和信息服务，推动石家庄市安防行业标准化、规范化建设，竭诚为会员单位和行业发展服务，为平安省会建设作出应有的贡献。

地　　址：石家庄市桥西区槐安东路 28 号仁和嘉园商务楼 2407 室
联 系 人：刘红伟
电　　话：18631195223
网　　址：www. sjzafw. com

内蒙古自治区公共安全技术防范行业协会

内蒙古自治区公共安全技术防范行业协会（以下简称“内蒙古安防协会”）成立于2006年12月，是在“自愿发起，自筹经费，自聘人员，自主会务”的原则基础上，经内蒙古自治区民政厅登记，由内蒙古自治区公安厅业务指导的社团组织。2019年4月被评为中国社会组织评估最高等级“5A级社会组织”。凡在内蒙古自治区内从事防入侵、防抢劫、防盗窃、防破坏、防爆炸、防伪等活动的产品开发、生产、销售；技术防范系统工程、施工、维修、使用等；相关的管理、教育培训、信息服务等企事业单位，遵守并履行协会章程，均可以申请加入。

内蒙古安防协会的宗旨是：团结和组织会员单位，遵守宪法、法律、法规和国家政策，遵守社会道德风尚，在内蒙古自治区公安厅的指导下，依靠本行业和集体的力量，积极推进全区公共安全技术防范行业的发展，为会员单位的共同利益服务，维护全行业与会员单位的合法权益。积极开展与全区内外有关行业和单位经济技术往来，不断提高全行业的质量技术、管理水平、社会效益和经济效益。为维护社会稳定安定和全社会的公共安全事业作出贡献。

目前，内蒙古安防协会随着工作的全面开展，在安防行业影响力逐步扩大，会员队伍不断壮大并初具规模，范围覆盖全区。作为社会中介组织，内蒙古安防协会严格遵守国家法规、法令，担负着承上启下、协调和监督的重任，为政府服务，为会员服务，为全行业服务，为广大用户服务，在政府与会员及广大用户之间搭建了畅通的桥梁，维系起紧密的纽带，推动了安全防范产品行业的健康发展。

内蒙古安防协会将始终本着团结、服务、求实的精神，竭诚为会员单位及全行业服务，为维护社会公共安全和社会稳定贡献力量。

地　　址：内蒙古自治区呼和浩特市赛罕区大学东街95号金固大厦三层
联 系 人：乔　丹
电　　话：15847191107
网　　址：www. nmgafxh. com

辽宁省社会公共安全产品行业协会

辽宁省社会公共安全产品行业协会（以下简称“辽宁安防协会”），是经辽宁省民政厅核准登记，由辽宁省从事安全技术防范行业的企事业单位、社会团体自愿组成的全省行业性、非营利性社会组织。成立于1999年5月，2018年5月通过辽宁省民政厅4A级社会组织评审。

辽宁安防协会目前拥有在辽宁省内从事防入侵、防盗窃、防抢劫、防破坏、防爆炸等安防领域的会员企业1500多家，涵盖视频监控、防爆安检、防盗报警、出入口控制、实体防护与人体生物特征识别应用技术等安防产品的研发、生产、经营；安防系统工程设计施工、报警运营服务以及从事技术培训、咨询服务、检测评价服务等活动的相关单位和团体。

协会宣传贯彻安防工作的法律、法规，参与相关标准、规范的制修订工作；开展本行业调查研究，进行经济、技术信息的统计与分析；制定行规行约，规范行业自我管理行为；针对本行业特点，有计划、有步骤地组织专业技术培训；在会员自愿申请的前提下，对企业进行客观、公正的资信等级评定；举办本行业相关的先进技术和产品的展览会，开展技术交流及产品推广活动；接受行业用户、企业及有关机构、部门的申请或委托，推荐专家参与研发、评价、咨询、工程验收等方面的专业技术服务；开办协会网站、微信公众号和手机APP，出版协会期刊，加强媒体宣传，做好行业和企业信息交流工作；承担政府有关部门和企事业单位及会员委托的其他有关事项。

协会日常办事机构是秘书处，内设会员服务部、资信管理部、展览服务部、培训部等业务部门。

协会下设专家委员会、团体标准委员会和LED技术委员会三个分支机构。专家委员会是安防行业的专业技术服务组织；团体标准委员会负责协会团体标准的制修订、推广宣贯等工作；LED技术委员会主要开展大屏显示行业的技术研究、安装维护和品牌推广等工作。

协会一贯坚持团结、服务、求实、创新的精神，不断提高自律能力，提升管理、服务水平，为维护辽宁地区社会稳定和行业的发展贡献力量。

地　　址：辽宁省沈阳市沈河区文艺路18号17-1-502室
联 系 人：赵　宇
电　　话：024-24205566　15698831100
网　　址：www. lnafxh. cn

吉林省社会公共安全产品行业协会

吉林省社会公共安全产品行业协会成立于2003年12月，是由全省从事消防、道路交通管理、刑事技术、警用装具、防伪技术、安全防范及其系统工程等领域中有关产品研制、开发、生产、经营、技术咨询以及系统工程设计、施工的企业单位自愿结成的行业性、非营利性社会组织。

协会的宗旨是：在政府有关部门的指导下为本行业企业、科研单位、大专院校服务，促进企业发展，维护企业权益。在政府和企业之间发挥桥梁和纽带作用，反映企业愿望和要求，传达贯彻政府方针、政策和法令，协助政府做好行业管理工作，推进科技进步，提高综合经济效益，积极开展与国内外同行业相关的各项交往活动，推动全行业的发展。

协会的业务范围是：开展社会公共安全技术方面的业务研究，信息、技术、学术交流，咨询服务，培训业内人员，制定行业标准。

协会自成立以来严格遵守国家各项相关法律和协会章程，定期召开理事会，提高协会民主化、科学化决策水平，促进协会各项工作顺利开展。广泛吸纳会员，截至2021年年底，会员单位已近700家。

地　　址：吉林省长春市人民大街7457号金士百大厦403室
联 系 人：孙　颖
电　　话：0431-85829531
网　　址：www. jlafw. com

黑龙江省安全防范产品行业协会

黑龙江省安全防范产品行业协会成立于1999年，是经黑龙江省民政厅核准登记，以安全技术防范行业为主要内容的自律性组织，是具有独立承担民事责任的社会团体，于2021年被黑龙江省民政厅评定为5A级社会组织。

凡是在黑龙江省内从事防爆安全检查设备，安全报警器材，车辆防盗联网系统，社区安全防范系统，出入口控制系统，防盗门、锁、柜，人体防护装备，运钞车等生产经营、设计施工的企事业单位，只要遵守协会章程均可申请加入。协会现有会员单位 600 余家，其中副理事长单位 40 余家、常务理事单位 20 余家、理事单位 80 余家。

黑龙江省安全防范产品行业协会严格遵守国家法规、法令，认真履行承上启下、协调、监督的职责，努力为政府服务，为会员服务，为全行业服务，为广大用户服务，在政府与会员及广大用户之间搭建起畅通的桥梁，维系起紧密的纽带，不断推动安全防范产品行业的健康发展。

安防行业的发展任重道远，黑龙江省安全防范产品行业协会愿在广大会员单位的共同努力和支持下，共创龙江安防行业的美好明天。

地　　址：黑龙江省哈尔滨市南岗区文庙街 8 号 A2 栋 2 单元 7 层
联 系 人：杨雪倩
电　　话：0451-82820110
网　　址：www. hljps. com

上海安全防范报警协会

上海安全防范报警协会（以下简称“上海安防协会”）成立于 1992 年，是经上海市民政管理局核准登记的专业社会团体。业务主管部门是上海市公安局治安总队。

上海安防协会主要从事行业统计、调查、协调、决策论证听证、标准制定、考察、会展、交流、合作、四技服务等业务。在主管部门的领导下，作为行业自律的服务和管理社团，协会认真发挥桥梁和纽带作用。目前，协会拥有团体会员 900 余家，会员均由从事安全防范行业的企事业单位组成。协会业务范围是：行业培训、咨询、交流、合作、考察、会展招商、产品推介；行业政策决策论证、听证；参与行业标准制定；行业统计、调查、协调、资质审核；方案论证、工程评估等。

上海安防协会是跨部门、跨不同经济成分的全行业组织，是行业代表，其主要职责是：依靠行业集体的力量加速上海市安全防范产品的发展，为会员单位的共同利益服务，维护全行业与会员单位的合法权益；发挥政府部门实施行业管理的助手作用；发展与国内相关的经济技术往来，以促进全行业经济技术管理水平和经济效益的不断提高；推进上海市安全防范产品的发展，为维护上海市稳定、社会安定和全社会的公共安全事业做出努力。

上海安防协会充分发挥行业管理优势，拥有内部杂志《上海内保与技防》和协会网站“上海安防网”，并成功举办了十九届上海国际公共安全产品博览会，同时每年举办多场新产品新技术交流会，在行业内享有较高声誉。

作为政企之间的桥梁和企事业间的纽带，上海安防协会担负着强烈的责任感、使命感，在促进政企双向沟通中彰显活力，帮助企事业拓展更广阔的发展空间和市场领域，提高行业抗风险能力，引领行业跨越式发展，走向高科技化、规范化和国际化。

地　　址：上海市徐汇区华山路 2018 号 2702 室
联 系 人：施赛琴
电　　话：13512125217
网　　址：www. sh-anfang. org

南京安全技术防范行业协会

南京安全技术防范行业协会（以下简称“南京安防协会”）成立于2012年3月15日，是由从事安全技术防范产品研制、开发、生产、销售；安全技术防范工程设计、安装、维修、监理；报警运营服务；安全技术防范领域的科学研究、政策研究、教育培训、技术服务、信息服务、咨询服务；安全技术防范系统的使用和管理等单位自愿联合发起，经南京市民政局核准登记的非营利性社会团体，具有独立法人资格，业务上接受南京市公安局的指导和监督管理。

南京安防协会的宗旨是：团结和组织协会会员，遵守法律、法规和国家政策，遵守社会公共道德，遵守行业规范和相关技术标准；通过政策研究、行业自律、知识产权保护等工作，维护行业与会员的合法权益；在政府主管部门的指导下，依靠行业集体力量，通过开展安防知识普及、成果推广应用、国内外交流合作，提高南京市安全技术防范工作的整体水平；积极发挥会员单位与政府管理部门之间的桥梁与纽带作用；发挥协会的社会公正性、中介协调性、联系广泛性和专业权威性作用，为“平安南京”“和谐南京”建设和维护社会治安稳定作出贡献。

地　　址：南京市秦淮区白下路175号辅楼611
联 系 人：项　康
电　　话：13951787902
网　　址：www. njafxh. com

常州市安全技术防范行业协会

常州市安全技术防范行业协会（以下简称“常州安防协会”）成立于2003年11月，是经常州市民政局核准登记的非营利性社会团体组织，具备独立法人资格。目前拥有会员单位140家，其中副会长单位9家，理事单位20家，会员单位111家。

常州安防协会的宗旨：组织和协调的会员单位遵守宪法、法律、法规和国家政策，践行社会主义核心价值观，遵守社会道德风尚，遵守行业规范和技术标准，通过相关的政策法律咨询服务、行业自律、知识产权保护等工作，维护会员及行业的合法权益；在政府主管部门的指导下，协助政府实施行业管理，进行行业调查研究，为政府决策提供依据，开展安全技术防范产品的知识普及、成果推广与应用、行业会员的交流与合作，提升常州市安全技术防范工作的整体水平；发挥团体的公平公正、中介协调、专业权威作用，开展行业服务、行业自律、行业代表、行业协调，在政府与行业会员之间构建桥梁和纽带，为促进常州市社会稳定、和谐平安作出贡献。它是企业与政府沟通的桥梁和纽带、企业间互相交流探讨的平台以及全面展示常州安防事业发展的窗口。

地　　址：江苏省常州市新北区府翰苑7栋408室
联 系 人：刘　军
电　　话：13809070936
网　　址：www. czspia. com

苏州市安全技术防范行业协会

苏州市安全技术防范行业协会（以下简称“苏州安防协会”）成立于 2010 年，目前协会共有会员单位 332 家。会员单位包括从事安全防范产品研制、开发、生产、销售；安全防范工程设计、安装、维修、监理；报警运营服务；安全防范领域的科学研究、政策研究、教育培训、技术服务、信息服务、咨询服务；安全防范系统的使用和管理等。协会设理事长单位 1 家，副理事长单位 27 家，理事单位 54 家。2013 年 2 月，苏州安防协会被民政部门评定为 4A 级社会组织。

苏州安防协会的业务范围是：开展安防行业建设和发展状况的调查研究；制定行业规范，实行行业自律，协调企业纠纷；建立企业信用体系；参与标准的制定与推广；开展安防系统工程的论证、评估、审核、验收等活动；开展国内、国际交流与合作，咨询服务、会展以及产品推介等活动；组织行业培训；出版行业内部刊物，运行行业网站和微信公众平台；承担法律法规授权、政府部门委托的其他工作等。

地　　址：苏州新区永和路 6 号狮山横塘街道市民服务中心
联 系 人：朱　琳
电　　话：0512-65211111　13776032403
网　　址：www. szafxh. cn

南通安全防范协会

南通安全防范协会（以下简称“南通安防协会”）成立于 2016 年 8 月 12 日，经南通市民政局核准登记的非营利性社会团体组织，现有会员单位近 150 家。南通安防协会是中国安全防范产品行业协会成员，全国安防协会合作互助联盟理事、江苏省安防协会联盟理事和长三角安防联盟发起单位。

南通安防协会通过《南通安防》季刊、“南通安防”网站、“南通安防”微信公众号，一刊、一站、一号，与国内外同行进行宣传与交流。下设党支部、秘书处、专家委员会、《南通安防》编辑部，秘书处承担日常具体事务。

南通安防协会在主管部门领导下，真心实意地为会员服务，积极发展会员，坚持以服务为本，紧紧围绕“五服务、三提升”的宗旨，维护会员单位的合法权益，在政府与企业之间发挥桥梁与纽带作用，为会员提供高效优质务实的服务，为维护社会稳定、为平安南通、为安防行业的发展不懈努力。

地　　址：南通市通甲路 6 号中江国际广场 3 号楼 1601 室
联 系 人：樊丽娟
电　　话：0513-81183539
网　　址：www. jsntspa. com

镇江市安全技术防范行业协会

镇江市安全技术防范行业协会（以下简称“镇江安防协会”）成立于 2006 年 8 月 6 日，是以从事安全防范产品科研、开发、生产、经营、推广应用、技术培训、信息服务，安防、弱电系统及防伪工程设计、施工、维修、使用等技术服务等经济组织、企事业单位、社会团体自愿组成的行业性、非营利性行业社会组织。镇江安防协会是3A级社会组织，全国安防协会合作互助联盟理事单位。

镇江安防协会是为从事安全技术防范系统工程设计、施工、维护，从事安防报警运营服务，以及相关的企事业单位提供服务的机构。

地　　址：镇江市润州区万科锦程A座11楼1106-1107
联 系 人：胡青青
电　　话：18605115963
网　　址：www.zjspia.com

张家港市安全技术防范协会

张家港市安全技术防范协会是由张家港广电信息网络有限公司、中国电信张家港分公司、中国移动张家港分公司、中国联通张家港分公司、张家港市金盾安防系统工程有限公司、张家港市保安服务公司安防技术工程分公司、江苏国泰新点软件有限公司等单位自愿组成的行业性、非营利性社会组织。协会成立于2014年6月，目前有31家会员单位和24名专家成员。协会围绕服务“平安张家港”建设总目标，组织和动员会员单位和广大安防企业，积极参与安防领域的政策研究、行业培训、技术咨询服务和安防系统建设，在创建平安港城、保障民生安全等方面做了大量卓有成效的工作，为张家港市经济社会发展起到了很好的助推保障作用。

协会遵守宪法、法律、法规和国家政策，遵守社会道德风尚，践行“富强、民主、文明、和谐，自由、平等、公正、法治，爱国、敬业、诚信、友善”的社会主义核心价值观。

地　　址：张家港市杨舍镇中兴路62号希尔发驾校三楼
联 系 人：陶　莉
电　　话：13915698827
网　　址：www.zjgsta.cn

昆山市安全防范行业协会

昆山市安全防范行业协会（以下简称“昆山安防协会”）成立于2008年6月25日，在昆山市公安局与昆山市民政局的业务指导和监督下开展工作。协会是由从事安全防范产品研制、开发、生产、销售，安全防范工程设计、安装、维修、监理，报警运营服务，安全防范领域的科学研究、政策研究、技术服务、信息服务、咨询服务，安全防范系统的使用和管理等单位及自然人，自愿联合发起成立，经昆山市民政局核准登记的非营利性社会团体组织。

昆山安防协会的宗旨是：团结和组织协会会员，遵守宪法、法律、法规和国家政策，遵守社会公共道德，遵守行业规范和相关技术标准；通过政策研究、行业自律，知识产权保护等工作，维护会员及行业的合法权益；在政府主管部门的指导下，依靠行业集体力量，通过开展安防知识普及，成果推广与应用，国内外交流与合作，提高昆山市安全防范工作的整体水平；积极发挥行业协会与政府管理部门之间的桥梁与纽带作用；发挥协会的社会公正性、中介协调性、联系广泛性和专业权威性作用，为平安昆山的创建和行业的稳定有序发展作出贡献。协会目前共有会员单位110家。

昆山安防协会在第三届理事会带领下，继续推进“昆山市安防行业诚信评价工作”，巩固本地诚信评定结果应用；大力开展第十期昆山安防技术人员培训班，夯实本地安防企业基本功；协助在昆注册公司办理“安防工程企业能力评价”，提升本地安防企业硬实力；积极配合本地技防管理部门展开评审、验收工作，总结行业经验；多次组织会员单位参观安博会，提升视野，拓宽思路；开展各种形式的会员团体活动，提供会员单位之间的交流平台；通过出版行业刊物、运作行业网站、微信平台等媒介，深化昆山安防影响力。协会不断加强服务意识、提升自身水平，从而促进行业自律、引导行业健康发展。

地　　址：昆山市城北路 707 号保安大楼 5 楼
联 系 人：王　琨
电　　话：15962619320
网　　址：www. zjaf. net

浙江省安全技术防范行业协会

浙江省安全技术防范行业协会（以下简称“浙江安防协会”）成立于 2003 年 2 月 28 日，是由从事安全技术防范行业的企事业单位、社会团体及个人自愿参加的地方性、行业性、非营利性社会团体组织。登记管理部门是浙江省民政厅，业务指导部门是浙江省公安厅。现为中国社会组织 4A 级协会，现有会员单位 1503 家。浙江安防协会依托浙江省安防产业优势及国内外资源，先后发起成立了“全国安防职业教育联盟”“长三角智能安防协同创新中心”“浙江省无人机产业技术联盟”“浙江省应急产业技术联盟”以及“数字安防与非传统安全研究院”。

浙江安防协会严格遵守宪法和法律、法规，在政府部门指导下，努力发挥政府与安防行业企事业单位之间的桥梁纽带作用，积极调研，向行业传达政府政策意图，向政府反映行业诉求和建设性意见；组织企业制定行规行约，建立健全协调与约束机制，实行自律自治；强化职业道德，爱国守法，公平竞争，互辅互济，多元合作，共同促进浙江安防行业高水平、健康持续发展。

浙江安防协会坚持“科技引领、创新服务”理念，积极推进安全防范技术规范标准建设、行业资信等级考评机制、行业技术培训教育和专家委员会建设；响应国家行业评审职称改革，启动全省安全技术防范专业工程师、高级工程师职务任职资格评审工作；开发“学习图强”安防产业在线学习平台，提升安防行业人才职业技能，努力打造全国安防产业线上学习型大学；贯彻落实国家加强新型智库建设要求，创办“数字安防与非传统安全研究院”，设立“非传统安全与和平发展研究中心”硕博实践基地；举办“中国（杭州）数字安防生态大会暨安防·应急展”和“非传统安全国际论坛”等合作交流活动，不断强盛数字生态圈，壮大安防产业链。为推动浙江省安防行业标准化、规范化、数字化引领，加快职称改革和平台学习、推进技术人才队伍建设，发挥智库创新作用、展会影响作用，打造浙江安防高质量发展高地和“重要示范窗口”贡献力量。

地　　址：杭州市西湖区西溪路小龙驹坞 79 号
联 系 人：后学娟
电　　话：13656696719
网　　址：www. zjaf. net

杭州市安全技术防范行业协会

杭州市安全技术防范行业协会（以下简称“杭州安防协会”）于 1995 年 11 月 18 日在杭州市成立。

是经杭州市民政局登记注册的地方性行业组织，是非营利性社会团体、社会法人。杭州安防协会在业务上受杭州市公安局领导，目前共有会员单位519家，其中理事单位77家。凡是在杭州市境内从事安全技术防范产品的研制、开发、生产、经营、维修、技术培训、信息服务、安全防范系统工程设计、施工、监理、监测、运营、保险的单位和广大用户单位、个人，遵守协会章程的，均可申请加入。

杭州安防协会的宗旨是：遵守国家的法律、法规和政策，在政府有关部门的指导下，发挥政府部门实施管理的助手作用，加强行业自律；依靠技防行业的集体力量，促进安全技术防范事业的发展；发展与国内外相关组织的经济技术交流，促进技防企业技术、管理水平和经济效益的不断提高；坚持服务于政府、服务于行业、服务于广大用户，在政府、企业用户之间搭建起桥梁和纽带，以推动杭州市安全技术防范行业的健康发展，为社会安定和社会公共安全事业作出应有的贡献。

杭州安防协会坚持"树立杭州安防行业品牌、塑造杭州安防产业形象、提升杭州安防企业实力"的工作目标，充分发挥协会作为企业与政府之间沟通桥梁与行业信息平台的作用，以服务会员企业为核心，适时开展形式多样、内容丰富的活动：组织社会公共安全产品展览和技术交流、开设业务培训班、开展咨询和信息服务；引进先进技术，建立安防技术高端智库，打造杭州安防品牌；大力推广杭州平安城市建设，树立杭州安防产业形象，扬"品质安防，杭州创造"之势。

杭州安防协会将不断扩大同行间交流与合作，竭诚为会员单位及全行业服务，为促进社会公共安全事业的发展贡献力量。

地　　址：浙江省杭州市滨江区滨盛路1505号银丰大厦1515室
联 系 人：夏　蝶
电　　话：13867455190
网　　址：www. hzaf. net

宁波大榭开发区保险箱（柜）行业协会

宁波大榭开发区保险箱（柜）行业协会（以下简称"宁波大榭保险箱协会"）是由宁波大榭开发区及周边保险箱（柜）生产企业和行业相关企业组成，依法注册成立的具有社团法人地位的非营利性社会团体。

宁波大榭保险箱协会成立于2006年6月，现有会员企业37家，主要研发、生产、销售保险箱、保管箱、防盗电子锁、指纹锁等安防产品。目前各会员企业研发的产品涉及防盗防火保险箱（柜）、各类枪柜、多媒体、指纹、刷卡、组合式等上百个系列，近千个规格品种，涵盖家用、商用、政府、企业、金融系统、酒店、宾馆等领域，在全国设立有数百家办事处，上万个销售网点等，在200多个大型商场、超市设立有专卖柜、形象店，形成了"基地在大榭，销售遍全国"的营销网络。已成为地方的一大特色产业，是全国保险箱柜产品主要、集中的生产基地。另有多家会员企业的产品已打入国际市场，远销东南亚、中东、欧美等地。

地　　址：浙江省宁波市北仑区大榭街道滨海南路101号
联 系 人：赵雪芬
电　　话：0574-86748028

安徽省安全技术防范行业协会

安徽省安全技术防范行业协会于2002年6月26日经安徽省民政厅批准正式登记成立，是由安徽省内从事安全技术防范产品研制、开发、生产、经营和承接安全技术防范工程的企事业单位，以及安全技术防范工程使用、管理单位等自愿组成的全省性非营利性社会组织。协会的行业管理部门是安徽省公安厅，登记管理部门是安徽省民政厅。2019 年 6 月，成立中共安徽省安全技术防范行业协会支部，同年 12 月，被安徽省民政厅评定为 5A 级省级社会组织。

协会设立专家委员会、秘书处、职业技能等级认定中心；日常办事机构为秘书处，内设会员部、资信部、综合部和财务部。主要从事行业调研统计、人才培训、行业交流、咨询服务、制定行业标准、加强行业自律、订立行规行约、承担政府主管部门委托的其他任务等。目前，协会拥有会员企业 1368 家，其中团体会员 1136 家，理事单位 165 家，常务理事单位 39 家，副理事长单位 28 家。

近年来，协会强化党建政治引领，以党建促会建，促进党建与会建融合发展。以“自律、维权、服务”为宗旨，不断拓宽服务平台，坚持服务政府、服务社会、服务行业、服务会员，团结和组织全体会员单位及全行业同人，为建设规范的安防市场、推动安徽省安防行业高质量发展建功立业。

地　　址：合肥市潜山路与皖河支路交口新华国际广场 A 座 805、806 室
联 系 人：于利莉
电　　话：0551-62818875
网　　址：www. aspia. cn

福建省公共安全防范行业协会

福建省公共安全防范行业协会（以下简称“福建省安防协会”）正式成立于 2008 年 2 月 28 日，接受福建省民政厅、福建省公安厅的监督管理。由 500 多家从事公共安全防范产品研发、生产、销售，公共安全防范工程、电子智能化工程的设计、施工、维护、监理、检测，报警运营服务，公共安全领域相关管理、科学研究、政策研究、技术服务、信息服务、咨询服务，无人机生产、销售、运营服务等会员单位，依据《社会团体管理条例》自愿组成。

福建省安防协会忠实履行“服务政府、服务社会、服务行业、服务会员”宗旨，不断提高服务工作水平，充分发挥参谋助手、桥梁纽带作用；积极推动行业标准化建设；推动实施安防企业品牌战略；强化行业人才建设；建立诚信体系，开展企业信用评价工作，引领行业积极向上；维护会员单位的合法权益；搭建交流沟通平台，为促进地方经济、实现行业高质量发展，推动“平安福建”“数字福建”“雪亮工程”建设作出了积极贡献。

展望未来，福建省安防协会将继续秉承创新、协调、绿色、开放、共享的新发展理念，积极推动行业转型升级，鼓励创新，赋能应用，构建行业新发展格局，走高质量发展之路。

地　　址：福建省福州市鼓楼区软件大道 89 号 A 区 16 座二层
联 系 人：林小娇
电　　话：0591-87881123
网　　址：www. fjsafxh. com

厦门市安全技术防范协会

厦门市安全技术防范协会（以下简称“厦门安防协会”）成立于 2006 年 9 月，是经厦门市民政局批

准，自愿接受厦门市公安局业务指导和监管的社会民间团体。目前有会员单位101家，其中理事单位以上有33家，成员包括公共安全的产品研发、生产、销售单位，系统集成及智能化工程商、报警运营单位、行业维护单位、公共安全巡查出勤单位、行业监理单位、行业检测单位，以及行业政策制定、规范、研究及提供服务等单位、个人。

厦门安防协会成立至今，在相关主管部门的领导下，积极开展各项工作，进行行业调查研究、技术咨询服务和技术交流合作，规范行业秩序，加强安全技术防范系统的推广运用。近年来，根据厦门市政府有关创建平安厦门、雪亮工程的建设规划，厦门安防协会的专家组广泛参与安防项目的方案论证和工程验收，配合厦门市公安局技防办审核安防方案，验收工程。各会员单位积极参与厦门安防项目的建设，为厦门市的社会治安综合治理提供了有力的技术保障。

厦门安防协会主要服务内容：为会员企业提供信息服务；搭建行业内技术交流和互相支援的平台；促进行业自律，规范管理；建立安防行业与政府有关部门的统一工作接口；为厦门市企事业单位提供安防工程项目的咨询、论证、验收等技术服务；塑造安防行业在社会的公信力，成为社会治安强有力的技术支持力量。

地　　址：厦门市集美区软件园三期B02幢6楼
联 系 人：刘　斐
电　　话：13306034599

阳泉市保安和安防行业协会

阳泉市保安和安防行业协会成立于2016年10月21日，是经阳泉市公安局批准并受其主管、依法在阳泉市民政局注册的由从事保安、安全技术防范等相关行业的企事业单位、社会团体及个人自愿组成的行业性、非营利性社会组织。目前拥有在山西省范围内从事保安和安防及相关行业的会员单位70余家。

协会的宗旨是：遵守宪法、法律、法规和国家政策，遵守社会道德风尚；团结和组织会员开展调查研究，协助政府部门推进保安及安全技术防范行业改革，探讨发展保安及安全技术防范行业的对策；为全市保安及安全技术防范行业提供指导与服务，加强行业自律，规范服务行为；发挥桥梁纽带作用，促进保安及安全技术防范行业健康发展，为构建和谐社会作出应有的贡献。

协会的业务范围包括，宣传、贯彻、执行党和国家有关保安及安全技术防范行业的法律、法规、方针、政策，反映会员的正当要求，维护会员的合法权益；开展调查研究，协助政府及主管部门推进行业改革，探讨行业发展的对策；协助政府部门制定行业规范标准，提出立法建议，加强行业自律，开展行业认证工作，指导会员建立和完善现代企业制度；开展保安及安全技术防范行业从业人员的培训，指导从业人员的教育培训工作；协调会员间的联系协作，组织协调行业技术、新产品的研制开发和推广运用，组织开展行业技术、产品展览展销活动；受政府主管部门委托，开展行业企业资质认证和行业职业认证，建立行业诚信体系；开展同外省市相关行业组织的交流与合作；组织开展行业理论与技术研讨，开展行业监督、检查、评比、竞赛等相关工作；建设和管理协会网站及其他信息载体；制订行规行约，规范行业行为，并监督遵守。提倡行业诚信，推进企业诚信建设，协调企业间的纠纷，创建公平竞争的良好氛围；承办政府和有关部门委托的其他事项。

协会下设秘书处、专家委、安防事务处、保安事务处、能评阳泉分中心等部门，为会员单位提供相应的服务。

阳泉市保安和安防行业协会将坚持规范行业服务标准、提升行业服务水平、深挖行业发展潜力，为阳泉市保安和安防行业的健康有序发展、为提升阳泉市的安保综合治理水平、为“奋力谱写全方位推进高质量发展阳泉篇章”贡献力量。

地　　址：阳泉市南大街 452 号（体育场西看台二层）
联 系 人：胡继忠
电　　话：13393536744

江西省安全技术防范行业协会

江西省安全技术防范行业协会（以下简称“江西安防协会”）是经江西省民政厅注册登记的省级社团法人单位，党建领导机关是省市场监督管理局行业综合党委。江西安防协会接受登记管理机关、党建领导机关、公安机关及有关行业管理部门的业务指导和监督管理，是由在江西省区域内从事安全技术防范产品的研发、生产、经营和承接安全技术防范工程设计、施工、运营及维修的企业单位及个人自愿组成的全省性、行业性、非营利性社会团体，遵循“服务会员、服务行业、服务政府、服务社会”的宗旨，充分发挥政府与企业间的桥梁、纽带作用，积极发挥安全防范技术在打击、预防违法犯罪和维护社会稳定中的作用。

江西安防协会成立于 1994 年，经过近 30 年的发展，目前会员单位已遍及全省 11 个地市，拥有单位和个人会员近 600 个；协会有理事单位 78 个，其中理事长 1 人、秘书长 1 人，副理事长单位 13 个，常务理事单位 19 个，理事单位 46 个；另外，协会还聘请总顾问、顾问 2 人；协会下辖有办公室、专家委员会、质量监督委员会和慈善公益委员会及在赣州、九江、宜春设有联络处等机构。

地　　址：江西省南昌市红谷滩新区丰和南大道 2111 号世茂水城 3-3 栋 201 室
联 系 人：梅小艳
电　　话：0791-86809351
网　　址：www. jxafw. org

南昌市安全技术防范协会

南昌市安全技术防范协会（以下简称“南昌安防协会”）于 2007 年 8 月由南昌市安防行业企业自主发起，经市公安局党委会研究同意于 2007 年 9 月 18 日在市民政局登记成立的行业性社会团体、非营利性社会组织；业务主管部门是南昌市公安局安全技术防范管理办公室；党建主管部门是南昌市中共东湖区彭家桥街道工作委员会。

南昌安防协会的宗旨：服务企业、服务社会、服务政府。南昌安防协会内设党支部、秘书处、能评中心、专家委、法工委。业务范畴：视频监控、防爆安检、安全报警、出入口控制、实体防护、防伪技术与人体生物特征识别应用技术等安防产品的研发、生产、经营；安全技术防范系统工程设计施工、报警运营服务；安防培训、咨询服务、检测与评价、中介技术服务等。目前有会员单位 130 余家。

南昌安防协会主要职责：加强行业管理和服务，制定和落实行业标准、技术规范和服务准则；规范行业市场经营秩序，促进行业健康发展；开展行业调研、信息收集与发布；提供行业培训、服务咨询，开展合作交流、招商推介；协调与行业会员相关的事务及相互关系；加强与各兄弟协会及社会组织的相互学习、交流沟通；发挥新经济发展时期产业融合与跨界发展的纽带作用；协助政府制定产业政策和行业规划；履行章程载明的其他职责。

地　　址：南昌市富大有路9号赣昌大厦11楼
联 系 人：刘　军（秘书长）
电　　话：15907086666
网　　址：www.ncafxh.cn

济南市社会公共安全防范协会

济南市社会公共安全防范行业协会（以下简称“济南安防协会”）于2007年12月5日由济南市公安局公安支队主导成立，是由从事安全防范产品研制、开发、生产、销售；安全防范工程设计、安装、维修、监理；报警运营服务；安全防范领域的科学研究、政策研究、技术服务、信息服务、咨询服务；安全防范系统的使用和管理等单位及自然人，自愿联合发起成立，经济南市社会团体登记管理机关核准登记的非营利性社会团体组织。本届理事会于2017年12月7日经法定程序换届选举产生，于2018年8月28日正式完成脱钩手续。截至目前，协会共有会员单位305家，其中理事长1名，副理事长12名，常务理事单位25家，理事单位61家。协会的宗旨是服务于会员单位、服务于行业发展、服务于政府、服务于社会。团结和组织本协会会员，遵守宪法、法律、法规和国家政策，遵守社会公共道德，遵守行业规范和相关技术标准；通过政策研究、行业自律、知识产权保护等工作，维护会员及行业的合法权益；在政府主管部门的指导下，依靠行业集体力量，通过开展安防知识普及，成果推广与应用，国内外交流与合作，提高济南市安全防范工作的整体水平；积极发挥协会与政府管理部门之间的桥梁与纽带作用；发挥协会的社会公正性、中介协调性、联系广泛性和专业权威性作用，为“平安济南”建设和社会治安稳定作出贡献。

济南安防协会的成立不仅得到了中国安全防范产品行业协会、山东省公安厅、济南市公安局、济南市民政局的大力支持，更得到了安防行业的广大企业的认可，顺应了全市广大安防企业希望成立一个全市行业协会的要求，搭建起了企业与政府、企业与企业之间的信息桥梁，促进了济南市安防行业的健康、有序发展。

地　　址：中国·济南·高新区龙奥北路909号海信龙奥九号4-1207室
联 系 人：王　哲
电　　话：18953109110
网　　址：www.jnafxh.cn

青岛市社会公共安全防范协会

青岛市社会公共安全防范协会（以下简称“青岛安防协会”）是2006年2月5日经青岛市民政局核准登记的行业性组织、非营利性社会团体、社会法人。在青岛市公安局的指导下积极发挥政府和企业间的桥梁和纽带作用，传达贯彻政府的方针、政策和法令，协助政府做好行业管理工作。同时，协会秉承为会员企业服务的宗旨，为本行业企业、科研单位、大专院校和金融机构服务，反映企业诉求，维护企业利益，促进企业发展，积极发展与相关行业组织和机构的友好关系，共同推动安防行业的繁荣。目前拥有会员单位400余家，行业覆盖公安、金融、交通、能源、通信、军工、水利、电力、城建、教育、运输、公共安全、视频监控、互联网报警、安保、电子、生活综合服务等各大关键领域。

青岛安防协会是中国安全防范产品行业协会（以下简称“中安协”）的理事单位。于 2018 年 6 月由中安协授权认定获批“安防工程企业设计施工维护能力评价青岛分中心”，是在山东省内开展安防工程企业能力评价的唯一机构，面向省内办理国家级能力评价的企业免费提供全方位服务。同时，协会也是山东省内“安全技术防范工程设计施工等级确认登记证书”官方审核与发证单位，在配合公安管理部门做好安防行业管理的同时，也为企业发展提供评审与登记服务，推动行业规范发展和共同进步。

青岛安防协会积极参与全国各地安防协会的交流合作，为会员企业“走出去”发展牵线搭桥，与各地安防协会建立了良好的互助合作友好关系。协会深入参与行业发展，大力推动企业合作，为促进安防行业健康、有序、快速发展不遗余力。

地　　址：山东省青岛市崂山区银川东路 3 号国信体育中心创新空间
联 系 人：孙　建
电　　话：18954272826
网　　址：www. qdcps. com

郑州市公共安全防范行业协会

郑州市公共安全防范行业协会（以下简称“郑州安防协会”）于 1995 年 8 月 2 日在郑州市民政局正式注册成立，是由从事防爆、防盗、防劫、防破坏、防非法入侵、防灾害性事故，防伪制作，以安全检查为目的采取探测、报警、识别、处理、传输等形式的报警系统、防范传输指挥系统、安全检查系统，出入口控制系统，火灾、环境、危及人身安全社会报警系统，防范软件技术，防范周界，防范屏障，防范识别等产品的研制开发，生产经营、维修、技术咨询以及承接设计、安装安全防范系统工程的企事业单位和个人自愿参加的全市性、行业性、非营利性行业社会团体组织。业务指导单位是郑州市公安局，主管单位是郑州市民政局。2021 年 12 月被郑州市民政局评为 4A 级协会，连续 7 年被郑州市民政局评选为“郑州市社会组织工作先进单位”，是河南省安防行业的主要代表，在全省及全国安防领域享有盛誉。“郑州安防网（www. zzaf. com. cn）”是协会唯一官方网站，同时拥有新浪、腾讯两个官网认证微博、微信公众号“zzsafxh”（郑州市安防协会），筹备并发行了河南安防行业首本杂志内刊《郑州安防》。

郑州安防协会的业务范围：开展河南省安防工程企业设计施工维护能力评价管理工作；开展行业情况调查；推广新产品、新技术、新工艺、新材料和科技成果的应用；组织国内外与本行业有关的先进产品和先进技术的展览（销）会，并组织技术交流；组织企业订立行规行约，并监督遵守、保护会员单位的合法权益，组织发展本行业的公益事业，开展有益于本行业的其他活动；编辑出版协会会刊及快讯等。

地　　址：郑州市南阳路 13 号汇商大厦 608
联 系 人：孟丹凤
电　　话：0371-66223119　18538188662
网　　址：www. zzaf. com. cn

天津市安全防范服务行业协会

天津市安全防范服务行业协会（以下简称“天津安防协会”）于 2019 年 10 月 17 日经天津市民政局

批准成立，是由天津市从事安全防范产品管理、开发、科研、生产、经营、推广应用、技术培训、信息服务、工程设计、施工维修等企事业单位组成的行业性、非营利性社会组织。协会主要从事咨询服务、行业调研、学术交流、举办展览、出版发行，新技术、新产品和新标准的推广应用。协会始终以“团结、服务、求实、创新”的宗旨，竭诚为会员单位、为社会服务，为维护社会公共安全和社会稳定贡献力量。

天津安防协会现有会员单位186家，内设党支部、秘书处、专家委员会等机构。协会严格遵守宪法、法律、法规和国家政策，在政府有关部门的指导下，依靠行业的集体力量，促进天津市安全技术防范事业的发展，维护行业与会员单位的合法权益，加强行业自律，发挥政府部门的助手作用；发展与国内外相关组织的经济技术交流，以促进全行业技术、管理水平和经济效益的不断提高；推进安全防范工作的发展。

天津安防协会作为政府主管部门与企事业单位之间的桥梁和纽带，向政府部门积极建言献策反映企业愿望与诉求，同时向会员单位宣传国家政策和相关规定要求；组织企业制定行规行约，建立健全协调与约束机制，实行自律自治；强调职业道德，爱国守法，公平竞争，共同发展，促进天津市安防行业健康有序快速发展。

地　　址：天津市河西区梅江道8号2号楼
联 系 人：裴　兵
电　　话：13302001133
网　　址：www. tjafxh. com

湖北省安全技术防范行业协会

湖北省安全技术防范行业协会（以下简称“湖北安防协会”）经湖北省公安厅批准，湖北省民政厅登记注册，于2003年12月6日成立。2019年6月5日成立了湖北省安全技术防范行业协会无人机分会。湖北安防协会具有独立法人资格，是由湖北省内从事安全技术防范及相关联产品研发、生产、销售和承接安全技术防范工程项目设计、施工、运维及运营等企业、学校、事业单位、相关经济组织和有关单位等自愿组成的全省性、行业性、非营利性社会团体。协会现有会员单位近1000家。

协会严格遵守国家法律、法规，始终秉承“服务、保护、协调、进步”的办会理念，在政府有关部门的指导下，反映企业诉求，传达政府部门政策要求，努力发挥政府与企业之间桥梁纽带作用；加强自身建设与发展，组织制定行规行约，建立行业诚信体系；维护行业与会员合法权益，建立健全协调约束机制，实行行业自律自治；组织开展职业技能水平考核认定、企业能力评价等工作；制定行业标准，加强行业标准化建设；搭建与国内外相关组织的经济、产品、技术等交流平台，促进行业技术、管理水平和经济效益的不断提高；开展其他依据法律、法规及协会章程可以开展的工作；强调职业道德、爱国守法、公平竞争，努力推动湖北省安全技术防范行业健康有序发展。

地　　址：湖北省武汉市武昌区积玉桥前进路四清村51号
联 系 人：李　燕
电　　话：13886711155
网　　址：www. hbafxh. org

肇庆市公共安全技术防范协会

肇庆市公共安全防范行业协会成立于 2019 年，是非营利性行业组织，针对一些会员企业在人工智能、大数据、5G 等新技术变革背景下面临的企业经营、发展方向、技术创新、业务创新、业务拓展、转型升级等战略问题，为会员企业提供专业咨询服务。协会目前拥有 55 家会员单位，凡肇庆市内从事防入侵、防抢劫、防盗窃、防破坏、防爆炸、防伪等活动的产品开发、生产、销售，技防系统工程、防伪工程设计、施工、维修、使用等；以及相关的管理、教育培训、咨询服务、信息服务等企事业单位，只要遵守协会章程，均可申请加入。

业务范围：开展调查研究，掌握行业情况，向政府提出行业规划和制定有关经济政策、经济法规的建议；提出本行业中长期发展规划的建议；根据政府指导部门的授权，参与质量监督工作；配合政府有关部门开展资质的前期审核、协助发证、方案论证、工程评估验收等活动；利用多种形式，做好行业信息交流及宣传工作。

协会宗旨：遵守宪法、法律、法规和国家政策，遵守社会道德风尚，自觉践行社会主义核心价值观；加强安防行业自律管理，维护安防行业合法权益；协调会员之间的关系，规范会员行为，促进安防技术发展；为政府服务，为会员服务，为全行业服务，为广大用户服务；在政府与会员及广大用户之间搭建起畅通的桥梁，维系起紧密的纽带；维护公平竞争，沟通会员与政府相关部门之间的关系，促进同行业经济发展。

地　　址：广东省肇庆市新元北路 5 号城投汇金大厦 A 楼 1304 室
联 系 人：任晓莉
电　　话：13760077665

湖南省安全技术防范协会

湖南省安全技术防范协会（以下简称“湖南安防协会”）是 1996 年 9 月 26 日经湖南省民政厅批准成立的非营利性社会团体。湖南安防协会是由从事防爆安全检查、防盗报警、出入口控制、电子防范监控及防伪等产品的研制开发、生产、经营、维修、技术咨询以及承接设计安装安全防范系统工程的企事业单位自愿参加的全省性行业组织。目前现有会员单位 600 家，业务范围主要包括制定并组织实施本行业的行业规划、质量规范和服务标准；开展行业调查研究；组织行业培训、技术咨询、信息交流、会展招商、新技术及新产品推介等活动；协助开展产品质量认证工作，组织对会员单位进行等级考核；开展行业统计、发布行业信息；组织会员开展国内外技术交流与合作等。

地　　址：长沙市芙蓉区五一大道 158 号人瑞潇湘国际 14 楼 1426 室
联 系 人：袁　幸
电　　话：0731-84221599
网　　址：www. hnafxh. com

广东省公共安全技术防范协会

广东省公共安全技术防范协会（以下简称“广东安防协会”）是在广东省公安厅科技信息化总队的支持和指导下，于2006年9月经广东省民政厅核准正式成立的行业民间组织，并于2020年12月荣获由广东省民政厅授予的“5A级全省性社会团体”称号。广东安防协会是在“自愿发起，自选会长，自筹经费，自聘人员，自主会务”的原则基础上组建的真正实现民间化和自治化的省一级非营利性社团法人组织。会长、常务副会长组成核心领导班子，并全部由企业领导人担任，秘书处负责协会日常工作开展，接受协会理事会和省公安厅业务指导的双重监督，是一家坚持以市场化为主导，适合承接政府有关行政服务职能的极具广东创新特色的行业组织。协会现有会员单位1200多家，遵循“服务会员、服务政府、服务行业”的办会宗旨，是“智能化、数字化、网络化、智慧城市”建设的重要参与单位，是会员与政府之间的重要桥梁和纽带。

地　　址：广州市天河区天河软件园智慧城核心区软件路11号孵化二期D栋401
联 系 人：李　萍
电　　话：020-87322101
网　　址：gdafxh. org. cn

广州市安全防范行业协会

广州市安全防范行业协会（以下简称“广州安防协会”）成立于2012年，是以从事安全防范产品科研、开发、生产、经营、推广应用、技术培训、信息服务，安防、弱电系统及防伪工程设计、施工、维修、使用等技术服务和安防行业教育培训、咨询服务、出版、印刷等经济组织、企事业单位、社会团体自愿组成的行业性、非营利性社会组织。广东安防协会是广州市4A级社会组织、广州市社会组织标准化建设示范单位、全国安防协会合作互助联盟常务理事单位、粤港澳大湾区智能安防产业与技术创新联盟理事长单位。

业务范围：行业统计、调查、协调、决策、论证、听证、标准制定、考察、会展、交流、合作，以及技术开发、技术转让、技术咨询、技术培训和技术中介服务等。针对一些会员企业在人工智能、大数据、5G等新技术变革背景下面临的企业经营、发展方向、技术创新、业务创新、业务拓展、转型升级等战略问题，协会为会员企业提供专业咨询服务。

为推动会员企业和从业人员的发展，协会创建了“粤港澳大湾区专家高峰论坛”，并与深圳、珠海、东莞兄弟协会联合创建了“粤港澳大湾区智能安防产业与技术创新联盟”。将其建设成为广东安防协会会员企业与各类专家、与各兄弟协会会员企业推动产学研协同、科创项目落地、企业转型升级和交流合作的价值平台。

地　　址：广州市黄埔区香雪八路98号F栋4层407-1房
联 系 人：赵　亮
电　　话：18928858258

深圳市安全防范行业协会

深圳市安全防范行业协会（以下简称“深圳安防协会”）是经深圳市民政局核准登记的行业性组织，是非营利性社会团体、社会法人。成立于 1995 年 9 月，2017 年获评为 5A 级社会组织，2020 年被全国工商联评为“全国四好商会”。

主要职责：在深圳市政府有关部门的指导下，依靠行业集体的力量加速深圳乃至全国安全防范产品的发展，维护全行业与会员单位的合法权益；发挥政府部门实施行业管理的助手作用；发展与国内相关的经济技术往来，以促进全行业经济技术管理水平和经济效益的不断提高；推进全市安全防范产品的发展。

截至 2021 年，深圳安防协会有来自全国的近 2500 个会员成员，另外还有行业专家 560 余人，会员均由从事安全防范行业的企事业单位和安防专家、学者等团体组成。协会由党委、中国公共安全杂志社、CPS 中安网、会展部、会员部、秘书处、专家委员会、标准化委员会、职业培训中心、研究院、中安服务机构等机构组成，其中《CPS 公共安全》杂志、CPS 中安网是行业内知名媒体，CPSE 安博会是全球第一大安防展“安博会”。

地　　址：深圳市福田区深南大道 6025 号英龙大厦 4 楼
联 系 人：张　霞
电　　话：18664966067
网　　址：www. szspia. org

深圳市智慧安防行业协会

深圳市智慧安防行业协会是 2012 年 12 月 27 日经深圳市公安局和政府相关职能部门的指导在市民政局注册登记，具有法人资格的社会团体。2017 年获得深圳市民政局授予的“深圳 5A 级社会组织”称号，也是第一批具有承接政府职能转移资格的行业协会。协会成立以来已拥有会员近千家。本着服务于企业、服务于政府，全面促进安防产业发展的宗旨，在标准制定、政府服务、产品检测服务、工程检测服务、职业技能培训评价、人才服务、金融服务、市场开拓等方面提供专业化、综合性的系列配套服务，努力发挥政府和企业间的桥梁和纽带作用，赢得了相关部门及广大会员企业的尊重和信任。

地　　址：深圳市福田保税区桃花路鑫瑞科科技大厦西座 3 楼
联 系 人：陈在杰
电　　话：18820902032
网　　址：www. vasia. org. cn

佛山市公共安全技术防范协会

佛山市公共安全技术防范协会成立于 2020 年 7 月 7 日，是经佛山市民政局批准成立、佛山市公安局主管、佛山市公共安全技术防范领域从业单位和个人自愿组成的专业性、非营利性社会团体组织。现有会员单位124家。

协会宗旨：促进佛山市安防技术发展，增进安防企业间的交流与合作，提升安防企业的市场竞争力，维护会员单位合法权益，搭建会员与政府之间的沟通桥梁，实现行业的健康发展。

业务范围：维护会员合法权益；举办展览、讲座，组织考察，开展技术交流和研讨；推广会员单位新产品、新技术、新工艺、新材料和科技成果的应用；通过协会网站、微信公众号等电子媒体，做好会员单位的信息交流及宣传工作；接受相关政府职能部门委托或授权的其他事项。

地　　址：佛山市禅城区华宝南路13号国家火炬园D座15层11室
联 系 人：徐利坤
电　　话：0757-82130556

东莞市公共安全技术防范协会

东莞市公共安全技术防范协会（以下简称“东莞安防协会”）成立于2013年8月13日，是经东莞市民政局核准登记，由东莞市从事防入侵、防抢劫、防盗窃、防破坏、防爆炸、防伪等活动的产品开发、生产、销售；技防系统工程设计、防伪工程设计、施工、维修、使用等单位以及相关的管理、教育培训、咨询服务、信息服务等单位自愿结成的专业性、非营利性社会组织。现有会员单位200余家。

东莞安防协会职责：在政府有关部门的指导下，依靠行业集体的力量加速全市安全防范产品的发展，为会员单位的共同利益服务，维护全行业与会员单位的合法权益。发挥政府部门实施行业管理的助手作用；发展与国内相关的经济技术往来，以促进全行业经济技术管理水平和经济效益的不断提高；推进全市安全防范产品的发展；为平安社会和发展东莞的公共安全事业做出努力。

业务范围：开展一系列活动，建立安防专家库，扩大国内、国际安防产品技术交流；统计、收集、分析、发布信息；参与质量监督；协调会员关系，维护会员合法权益；参与制定标准、规划；行业相关业务培训；编制协会期刊，建立协会网站；开展安防创优评优活动，表彰和奖励优质工程项目、优秀企业、优秀人才；制定行规行约。

地　　址：广东省东莞市东城街道莞樟路东段236号4栋201—205室
联 系 人：郑国珍
电　　话：13712286677
网　　址：www.dgafxh.com

珠海市公共安全技术防范协会

珠海市公共安全技术防范协会（以下简称“珠海安防协会”）由珠海市公安局批准筹备，2010年11月1日经珠海市民政局核准成立，为自发性的非营利性社会组织。取得社会团体免税资质；成立党支部、专家库、专家委员会、开通珠海安防协会官网和微官网；创办协会安防人的电子期刊；制定专家库管理办法、专家考评制度及项目申报模板；出台全国首部《珠海经济特区公共安全技术防范条例》地方性法规；承担安防工程项目的论证服务专项工作，是广东省首个通过专家完成安防工程论证和验收项目事项的地区。2020年协会党支部荣获“先进基层党组织”，2021年协会分别取得5A级社会组织，基层党建示范点，全市代表性、示范性社会组织三个全市性荣誉。目前有会员单位175家。

协会职责：加强安全技术防范从业单位自律管理，规范会员行为；协调会员之间关系，为会员提供服务；维护安防企业合法权益，维护公平竞争，促进安防产业发展；沟通会员与政府相关部门之间的关系，促进经济发展。

管理架构：全体会员大会，会员大会每年召开一次。理事会是会员大会的执行机构，在闭会期间领导本团体开展日常工作，对会员大会负责，理事会每年至少召开二次会议。秘书处是协会常设办事机构，在会员大会、理事会闭会期间，代表协会履行职责。

地　　址：珠海市香洲区人民西路663号泰盈汇盈中心23楼2301室
联 系 人：吴晓岚
电　　话：0756-2663718　0756-2288501
网　　址：www. zhafxh. cn

广西安全技术防范行业协会

广西安全技术防范行业协会是于2013年在广西民政厅登记成立的行业协会，是具有承接政府职能转移、接受政府购买服务资质的非营利性社会组织，于2018年被广西民政厅评为4A级协会，于2018年5月成立党支部。

协会是从事防入侵、防抢劫、防盗窃、防破坏、防爆炸、防伪等活动的产品研制、开发、生产、销售；技防系统工程设计、防伪工程设计、施工、维修、监理、使用等单位以及相关的政策法规、管理、咨询服务、信息服务、报警运营服务，以及相关的企事业单位自愿参加的地方性、行业性、非营利性社会团体组织。

协会始终秉承“为人民服务”的宗旨，以团结、求实、创新的精神，竭诚为会员单位、为社会服务，为维护社会公共安全和社会稳定贡献力量，并努力发挥政府部门与安防企事业单位之间桥梁纽带作用；组织企业制定行规行约，建立健全协调与约束机制，实行自律自治；开展安防工程企业设计施工维护能力评价工作，组织安防工程企业技术人员考核，推动能评工作发展；服务企业、宣传行业、促进交流，强调职业道德，爱国守法、公平竞争、互补互济、共同发展，促进广西安防行业健康有序快速发展。

地　　址：广西壮族自治区南宁市青秀区东葛路7号（广西军区住宅小区）2栋11层2110号
联 系 人：温金兰
电　　话：13627881434
网　　址：www. gxafr. com

海南省智慧城市安防技术行业协会

海南省智慧城市安防技术行业协会（以下简称“海南智慧安防协会”）于2018年1月12日成立，是由从事安全防范产品等相关行业的企事业单位、社会团体及个人自愿组成的地方性、行业性、非营利性社会组织，是具有法人资格的全省性社会团体。协会接受社团登记管理机关海南省民政厅的业务指导、监督管理，同时接受中国安全防范产品行业协会的指导，且授权设立安防工程企业设计施工维护能力评价海南分中心，是中国安全防范产品行业协会常务理事单位，是全国安防协会合作互助联盟理事单位。

海南智慧安防协会吸纳在海南省及其他地区从事智慧安防、人工智能等领域中产品的研制、开发、生产、经营、维修、技术培训、信息服务、旅游服务、安全防范系统工程设计、施工、监理、咨询、运营、保险等广大从业单位、团体。协会设立支部委员会、综合服务部、会员管理部、资源开发服部、技术劳务咨询部、区域工作站。目前协会共有会员单位108家，其中理事及以上单位23家。

业务范围：行业调研；行业统计；参与质量管理与监督；承担行业新技术推广服务、技术培训、信息服务，引导企业科技创新，引进吸收国外先进技术；开展安防企业技术培训、行业资质评审认证及发证；对工程企业能力评价、评级及发证；开展对安防工程项目的设计、论证、评审、技术咨询、项目验收、监理服务；开展职业培训，开展保安员培训及考核发证；对外业务开拓、技术交流、宣传、会务等服务工作，承担政府部门委托的其他任务。

地　　址：海口市海秀路111号海纳商务大厦605号
联 系 人：张若娴
电　　话：18907667911
网　　址：www. hnzhaf. com

重庆市公共安全技术防范协会

重庆市公共安全技术防范协会（以下简称“重庆安防协会”）于2009年3月经重庆市民政局批准正式成立，业务主管单位是重庆市公安局。2019年3月25日完成换届，现有会员单位863家。

重庆安防协会是由在重庆市从事安全防范产品研制、开发、生产、销售，安全防范工程设计、安装、维护、监理，报警运营服务，安全防范领域的科学研究、政策研究、技术服务、信息服务、咨询服务，以及安全防范系统的使用、管理等单位，自愿联合发起成立的具有独立法人地位的地方性、非营利性的专业性社会团体。日常办事机构秘书处，内设综合部、会员部、宣传部、培训部、党建部等业务部门。

重庆安防协会在政府主管部门的指导下，团结和组织协会会员，遵守宪法、法律、法规和国家政策，遵守社会公共道德，践行社会主义核心价值观，遵守相关行业规范和技术标准，协助政府主管部门对本领域进行有效的指导、管理、服务，为重庆市的“治安防控、科技创安”和社会稳定作出贡献。

地　　址：重庆市渝北区紫园路116号鼎泰公寓4单元5-2
联 系 人：何　宇
电　　话：13883277114
网　　址：www. cqafxh. com

成都安全防范协会

成都安全防范协会于2006年11月19日成立，是经成都市民政局核准登记注册的社团法人，业务上受成都市公安局的指导、监督和管理，是由安全防范行业单位自愿组成的跨部门、跨不同经济成分的地区性、非营利性社会组织。

协会宗旨：团结和组织本会会员，遵守宪法、法律、法规和国家政策，践行社会主义核心价值观，遵守社会公共道德，遵守行业规范和相关技术标准，遵守社会道德风尚，自觉加强诚信自律建设。通过政策研究、行业自律，知识产权保护等工作，维护会员及行业的合法权益；在政府主管部门的指导下，依靠行业集体力量，通过开展安防知识普及，成果推广与应用，国内外交流与合作，提高成都市安全防范工作的整体水平；积极发挥行业协会与政府管理部门之间的桥梁与纽带作用；发挥协会的社会公正性、中介协调性、联系广泛性和专业权威性作用，为全市社会治安稳定及行业发展作出贡献。

业务范围：行业调查研究，为政府提供政策咨询、政策研究；加强安全文化普及和教育培训；行业相关标准的制定与推广；协调会员关系，维护会员合法权益；开展国内、国际交流与合作，咨询服务、会展以及产品推介等活动；开展行业评优，提供整体评估、工程验收、标准政策咨询、技术指导、行业培训等各项服务；宣传政策法规、行业标准、行业动态以及安防企业的新产品新技术；安防风险评估、安防工程建设论证、招投标工作、应用技术；组织会员开展文化活动和业务交流活动等工作以及在法律法规允许的范围内，开展社会服务工作。

成都安全防范协会在 2020 年年底进行了机构改革，强化协会的服务职能，服务于公安工作、政府智慧化、会员企业的发展。加强行业规范和管理，制定相关的地方标准，为企业提供能力评价、职业培训和职业技能评定。

地　　址：成都市武侯区桐梓林北路 2 号（凯莱帝景花园 C 栋 1004 室）
联 系 人：王永宁
电　　话：13808022158
网　　址：http：//sccdafxhcom. vh. mtnets. net

贵州省安全技术防范行业协会

贵州省安全技术防范行业协会（以下简称“贵州安防协会”）成立于 2007 年 3 月 15 日，是经贵州省民政厅登记注册的省一级社团法人，是贵州省境内跨部门、跨地区的地方性行业组织，2021 年被评为 5A 级社会组织。

协会宗旨：“在服务中引导，在引导中自律”，凡是在贵州省境内从事安全技术防范产品研制、开发、生产、承接安全技术防范系统工程设计、施工，以及相关的企事业单位和个人，都可以自愿参加该协会。

贵州安防协会业务范围包括行业调研、内部自律、内外协调、论证评估、交流合作、咨询服务、行业培训。协会为政府职能部门的管理提供积极服务，推动会员之间的协调自律，规范从业行为，维护市场秩序，促进贵州省安全技术防范行业的健康进步，依法维护会员的合法权益，反映企业情况，为增进政府职能部门与企业之间的联系发挥好桥梁纽带作用。截至 2021 年年末，协会会员 163 家。

地　　址：贵阳市蟠桃大厦 20 楼 1 号
联 系 人：齐　媛
电　　话：13765132831
网　　址：www. gzsaf. com

陕西省安全防范产品行业协会

陕西省安全防范产品行业协会（以下简称“陕西安防协会”）于 2003 年 11 月 3 日在西安成立，是经陕西省民政厅核准登记的非营利性社会团体组织。2021 年 1 月，成立中共陕西省安全防范产品行业协会支部。2021 年 4 月被陕西省民政部门评为“3A 级社会组织”。凡是在陕西省境内从事安全技术防范产品的研制、开发、经营、维修、技术培训、信息服务，安全防范报警系统工程设计、施工、监理、检测、运营、保险的单位和广大用户单位，只要遵守协会《章程》均可自愿申请加入。截至2021年已有副理事长单位16家，理事单位28家，会员单位600多家。

陕西安防协会遵循党的基本路线，坚持党的领导，发挥党组织的先锋作用。遵守宪法、法律、法规和国家政策，践行社会主义核心价值观，弘扬爱国主义精神，遵守社会道德风尚，自觉加强诚信自律建设。秉承“服务国家、服务政府、服务行业、服务群众”宗旨，依照协会《章程》组织开展各项工作，为政府、企业、用户之间搭建桥梁，认真履行各项职能，反映行业诉求，维护会员合法权益，开展行业诚信建设，编辑出版本协会会刊，团结依靠全体会员及全行业同人，为促进陕西省安防行业健康发展，为陕西省社会治安稳定作出积极贡献。

地　　址：西安市莲湖区未央路1—3号（北关）宫园美寓11617室
联 系 人：任　展
电　　话：15891442708　029-68811561
网　　址：www. sxafwz. com

甘肃省安全技术防范协会

甘肃省安全技术防范协会（以下简称“甘肃安防协会”）于2011年3月30日在兰州成立，是由甘肃省从事安全技术防范行业设计、施工、维修、咨询以及开发、生产、销售的相关企业自愿组成的非营利性、自律性的社会组织。2018年被甘肃省民政厅评为“甘肃省5A级社会组织”。拥有1146家在甘肃省从事安全技术防范系统工程设计、施工、维修、咨询的企业；安全技术防范产品的研究开发、生产、销售企业；防盗报警系统的运营企业以及安全技术防范教育培训、检测与评估等团体。

协会宗旨：遵守宪法、法律、法规和国家政策及政府主管部门的有关规定，遵守社会道德风尚，遵循自律、规范、服务的准则，在核定的业务范围认真履行各项职能，维护会员利益，发挥政府部门与企业间的桥梁和纽带作用。

目前甘肃安防协会下设秘书处和专家委员会，秘书处是日常办事机构，专家委员会是安全防范行业的专业技术服务组织。

地　　址：甘肃省兰州市城关区民主西路7号民百家园1202
联 系 人：王志鹏
电　　话：13919166191
网　　址：www. gssafxh. com

青海省公共安全技术防范协会

青海省公共安全技术防范协会（以下简称“青海安防协会”）成立于2009年6月16日，是经青海省民政厅登记注册的省级社团法人和青海省境内跨部门、跨地区的地方性行业组织，受青海省公安厅的业务指导和青海省民政厅的监督管理。以“提供服务、反映诉求、规范行为”为宗旨。内设秘书处、会员服务管理中心、专家委员会、财务室，目前拥有会员企业近300家。业务范围主要包括开展青海省公共安全技术防范行业调查，向政府提供安防行业的政策建议，组织青海省安防行业的人才、技术、职业培训等。受政府委托制定并监督执行青海省安防行业的行规行约，促进行业自律，同时负有党的建设、扶贫帮困、社会公益等任务。

青海安防协会以会员单位和人民行业需求为导向，内强素质、外树形象、求真务实、开拓创新、规范行业行为做强安防业务，为建设富裕、文明、和谐、美丽新青海作贡献！

地　　址：青海省西宁市城西区香格里拉路 2 号
联 系 人：蔡　静
电　　话：18897059961
网　　址：www. qhsafxh. com

新疆维吾尔自治区安全技术防范行业协会

新疆维吾尔自治区安全技术防范行业协会（以下简称“新疆安防协会”）于 2011 年 9 月 26 日在乌鲁木齐市成立，是经新疆维吾尔自治区民政厅登记注册的社团法人，行业管理部门是新疆维吾尔自治区公安厅。新疆安防协会于 2016 年通过民政厅 4A 级全区性社会组织评估，现有会员单位 884 家，是从事安全技术防范产品开发、生产、销售，技术培训、信息服务，承接安全技术防范系统工程设计、施工，运行维护以及相关企事业单位自愿参加的地方性行业组织。

新疆安防协会秉承服务于政府、服务于会员、服务于行业、服务于广大用户的宗旨，严格遵守宪法、法律、法规和国家政策，遵守社会道德风尚；在政府有关部门的指导下，依靠行业的集体力量，加速自治区安全技术防范事业的发展；为会员单位的共同利益服务，维护全行业与会员单位的合法权益，加强行业自律，维护用户的利益；发挥政府部门的助手作用，发展与国内外相关组织的经济技术交流，以促进全行业技术管理水平和经济效益的不断提高；推进自治区安全防范工作的发展。

地　　址：乌鲁木齐市沙依巴克区黄河路七一酱园高层 B 座 1303 室
联 系 人：吴　蒙
电　　话：13999891550　0991-5821076
网　　址：www. xjafxh. org

第二节　安防实验室

本节主要收录了以下 3 家安防相关实验室的机构介绍、联系方式以及 2021 年的工作情况：

1. 视频图像智能分析与应用技术公安部重点实验室
2. 中国人民公安大学安全防范技术与风险评估实验室
3. 智能语音技术公安部重点实验室

视频图像智能分析与应用技术公安部重点实验室

视频图像智能分析与应用技术公安部重点实验室（以下简称“视频实验室”）是 2012 年 11 月 27 日经公安部批准成立，由广东省公安厅和中山大学共建的公安部重点实验室。视频实验室以公安业务需求为导向，紧密结合基层实战，适应人工智能、大数据、物联网等技术的飞速发展，围绕视频图像智能分析与应用技术的核心目标，有“视频图像智能编目与检索技术”“视频监控系统联网与信息共享技术”“目标特征提取、识别与行为智能分析技术”“基于公安业务的视频图像应用技术”四个重点研究方向，涵盖了安全防范、计算机视觉、信息处理、通信工程、网络技术、智能交通、光电一体化等多项技术，应用于科信、治安、交管、刑侦、经侦、禁毒等多个公安业务领域。

2021 年，视频实验室认真贯彻科技兴警和大数据智能化建设战略，紧盯视频图像技术发展前沿，紧贴公安实战业务需求，开展了运行管理、技术研发、人才培养、学术交流、实战应用等工作。一是完成实验室换届工作。二是加强科技研发。2021 年，视频实验室积极参与申报省部级科技计划，共获得科技立项 17 项，到账资助经费 5548 万元；组织完成 14 个科研项目验收，发表 131 篇论文，SCI 共 68 篇，其中 25 篇为 JCR 一区论文，获授权专利 25 项，获受理专利 44 项，获软件著作权授权 3 项。三是在以“联接 & 智能构建更安全的世界”为主题的 2021 世界安防博览会期间举办了 5 场高水平学术交流活动，吸引了来自全省各地的公安、司法、教育等各界代表超过 1000 人次参与。四是积极向广东省人社厅申报设立博士工作站。五是参与制定了《广东公安视频图像智能化建设应用指南（试行）》，指导全省有序开展视频图像建设和应用；按照广东省委政法委，省政数局推进视频联网共享工作的有关要求，将广东省“雪亮工程”公安分平台一类视频资源共享至省政数局；组织广东省深圳市公安局参与公安部科信局举办的全国视频图像智能化应用比武竞赛，最终荣获全国二等奖。

地　　址：广东省广州市越秀区黄华路 97 号
联 系 人：洪小龙
电　　话：020-83111198

中国人民公安大学安全防范技术与风险评估实验室

中国人民公安大学安全防范技术与风险评估实验室（以下简称“公安大学实验室”）是依托中国人民公安大学建立的综合性、开放性研究平台。

公安大学实验室以安全防范系统工程、智能视频分析与侦查技术、社会安全风险评估与预测预警技术三个研究方向为核心，重点研究各种社会安全风险的形成规律，创新虚实空间风险监测、研判、预警和防范机制与能力，提升风险综合预测预警预防能力，并以此为总体目标，建设多种核心技术的研发环境，建立面向实战应用的软硬件系统及成果转化平台，参与相关国家与行业标准的制定，建立对外联络与服务平台，推进技术输出、咨询服务与国内外学术交流合作，大力培养公共安全学术精英，安全防范与风险评估技术骨干，安全防范、公安视听和网络安全专业人才，从学科发展和服务公安实战的角度进一步明确实验室科技研究、实战支撑及人才培养的综合定位。

实验室下设七个研究中心：

（1）安全防范技术与应用研究中心

（2）风险评估与预测预警研究中心

（3）警务大数据智能分析研究中心

（4）视频警务信息综合应用研究中心

（5）网络空间安全技术研究中心

（6）视频网络安全监测预警技术研究中心

（7）低空安全防范研究中心

2021 年，公安大学实验室聚焦研究方向（重点围绕风险评估与预测预警、视频侦查技术和安全防范工程三个研究方向），以重大项目攻关为载体，进一步加强科研基础条件建设，充分发挥人才资源优势，努力增强科技创新能力。

在风险评估与预测预警领域，系统总结了前人在社会安全风险评估基础理论与方法领域的研究尝试，全面梳理并提出了社会安全风险评估的四大类方法，撰写了专著《社会安全风险分析方法概论》；研究并重点突破了社区人员异常行为监测预警、大型活动社会安全风险预测预警等关键技术；研究了群体性突发事件演变机理，并研发了预警关键技术与装备。

在视频侦查技术研究方向，重点开展了基于语言先验的关注行人检测与跟踪、基于警务知识的跨时空目标关联、基于语言引导的关注行人轨迹线索分析等关键技术研究，构建用于上述模型训练的专用数据集，实现关注行人快速检测、跨时空目标关联和行人轨迹线索挖掘等功能，提升警务视频应用智能化水平，为突发事件处置、侦查破案、治安防控等警务实战提供理论及应用基础。

在安全防范工程领域，开展了安防基础理论探索，研究了安全防范应涵盖的内容，探讨了安全防范基础理论与大数据、人工智能的结合方式等内容，通过多维尺度分析建立安全防范各个知识领域之间的关联度；开展了反恐重点目标风险评估与综合防范处置技术研究，构建了反恐重点目标的安全防范风险评估指标体系、评估方法和风险评估软件，建立了从封闭区域固定点位防范到开放区域机动防范的反恐重点目标安全防护模型，构建了风险—防范—效能—控制的安防体系；围绕基于系统评估理论和视频监控效能指标体系的系列化效能评估技术及应用软件，为公共安全领域视频监控系统科学建设和客观评价问题提供了解决方案。

2021 年，公安大学实验室共在研和承担省部级以上课题 19 项，其中国家重点研发计划项目 6 项，国家自然科学基金 4 项，省部级和地厅级课题 9 项。目前实验室到账科研经费达 1480 万元，其中，国家级计划经费 1253 万元，省部级计划经费 90 万元，依托单位投入 110 万元，实验室自筹 15 万元及其他经费 12 万元。科研成果方面，实验室在国内外学术刊物发表高水平 SSCI/SCI 学术论文 6 篇，出版著作 3 部，申请和授权发明专利 6 项，参与制修订行业标准 3 项，申请软件著作权 9 项。实验室为北京市公安局朝阳分局、大兴分局、西城分局，武汉市公安局等多个地市级公安机关提供社会安全风险评估、犯罪预测预警、视频监控系统点位规划及智能度评估等相关技术支持和服务，获得良好实战应用效果。

地　　址：北京市大兴区中国人民公安大学安全防范技术与风险评估公安部重点实验室
联 系 人：李　欣
电　　话：010-83905971

智能语音技术公安部重点实验室

智能语音技术公安部重点实验室（以下简称“智能语音实验室”）于 2012 年 5 月经公安部批准，是由安徽省公安厅、公安部物证鉴定中心及科大讯飞股份有限公司三方联合建立的第一个“警企联建”的部级实验室。

智能语音实验室以“围绕实战、服务实战、实战检验、实战引领”为导向，坚持“实用、管用、好用、爱用”的标准，积极开展公共安全领域智能语音与人工智能等技术应用的探索性、创新性和实用性研究，打造促进科技成果应用转化的重要平台和基地。

2021 年，智能语音实验室在公安部的统筹推进下，聚焦“十四五”国家公共安全发展战略，围绕《公安部重点实验室建设与管理暂行办法》要求，发力战略性、前瞻性技术研究。同时有效落实 2020 年实验室评估中公安部科信局及评估专家提出的工作要求，积极发挥职能作用和自身优势，时刻跟踪前沿技术进展，推进智能语音技术与公安工作深度融合创新，助力新时代公安工作不断发展进步。一是积极开展各类人才引进、培养与合作活动。2021 年共培训专业技术人员 6000 余人次；吸纳和聚集了一批在语音及语言技术领域有真才实学的创新型人才；选派专家出席“世界人工智能大会”等 4 场行业活动，并面向约 4000 名受众发表主题演讲。二是持续加大对外合作交流力度，推动创新性技术研究，开展深层次的科研合作，提升实验室的影响力。参加 ICME2021、第一届中国情感计算大会、第三届中国 AI+创新创业大赛、2021 年东北地区计算机科学科研特色工作论坛，共参与 20 人次，建立了良好的学术沟通交流渠道；参加“2021 世界安防博览会”“2021 全球智博会”等 5 场行业展会，就智能语音技术最新技术成果和研究成果进行了推介和展示。三是立足根本，有效保障运行管理。按照《公安部重点实验室建设与管理暂行办法》的有关规定和年度工作计划，实验室不断加强运行管理，在依托单位的指导下，积极开展业务交流，促进实验室规范化建设。

地　　址：安徽省合肥市安庆路 282 号
联 系 人：谢雨声
电　　话：0551-62801097

第三节　行业联盟

本节主要收录了以下 2 家安防行业联盟的机构介绍、联系方式以及 2021 年的工作情况：

1. 中关村安防工程检测技术联盟
2. 中关村中安公共安全视频智能应用技术联盟

中关村安防工程检测技术联盟

中关村安防工程检测技术联盟（以下简称“安防工程检测技术联盟”）是经北京市民政局批准成立的社会团体，2017 年由公安部安全与警用电子产品质量检测中心和来自河北、湖南、广西、内蒙古、陕西、新疆等地的工程检测机构共同发起成立，以检测机构为主体，市场为导向，检测与研究相结合的行业组织。

安防工程检测技术联盟主要业务范围为：开展安防工程检测技术的学术研究、学术交流、技术研发、咨询培训、会议会展、承办委托、国际交流等。联盟现有成员单位 42 家，涵盖了全国各省区市，其中理事长单位 1 家、副理事长单位 2 家、理事单位 6 家、监事单位 3 家、会员单位 26 家、观察期会员单位 4 家。

2021 年，针对安防工程检测技术联盟的运行管理，以及市场需求和创新，主要做了如下工作：一是“不忘初心、牢记使命”，以党建促业务发展。二是做规范联盟、务实联盟。联盟始终以合理、合法、合规为原则规范自身发展。三是取长补短，积极开展内部交流与合作活动，联盟实现各成员单位的相互支撑与合作。尤其在 GB 35114、GB/T 28181、GA 1400、GA 1399 等标准的普及应用，大数据、智能应用的时代背景下，联盟内部的合作机制逐步确立，共同为市场服务，共同为质量把关。四是加强培训，提升联盟整体竞争力。安防工程检测技术联盟积极组织 GB 50348、GA 38 相关标准培训，有上百位联盟学员代表通过考试取得证书。利用网络 APP，为各成员单位提供培训，培训人次达 500 余人次，疫情期间，持续创新培训模式，开展网上教学，开设超过 16 项课程，数百名联盟学员参加培训并通过考试取得合格证书，培训通过率达到 100%。五是加强组织建设，共商共建同发展。六是加强宣传、交流，提升品牌影响力。与中国安全防范产品行业协会、北京安全防范行业协会、中国城市轨道交通协会等建立良好的合作关系。七是全力支撑政府抗击疫情，助力企业复工复产。八是认真落实政府部门指导的各项工作。九是发挥桥梁作用，热情为会员单位提供各项服务。安防工程检测技术联盟充分利用《中国安全防范技术与应用》《中国安防》《警察技术》等官方出版媒体，合理利用宣传栏、流动展板等载体进行宣传，设置专版为联盟成员宣传，定期向各成员单位约稿和专访。十是注重组织机构建设，助力联盟高质量发展。

地　　址：北京市海淀区首体南路 1 号 7 号楼 20 门 4 层 2012 号
联 系 人：张凡忠
电　　话：010-68775143　010-88513146

中关村中安公共安全视频智能应用技术联盟

中关村中安公共安全视频智能应用技术联盟（以下简称“公共安全视频技术联盟”）是经北京市民政局进行正式注册登记，在公安部科技信息化局倡议下，由公安部第一研究所、北京旷视科技有限公司、北京华为数字技术有限公司、紫光集团有限公司、北京中盾安全技术开发公司等 30 多家人工智能和安防产业相关企事业单位及科研院所共同参与，以公共安全行业视频智能分析领域产、学、研、用各方为主体，市场为导向，研究与交流相结合的社会团体。

公共安全视频技术联盟业务范围为在公安部科技信息化局的领导下，开展公共安全视频智能应用技术领域内的政策调研、技术研究、成果转化、标准制定、专业咨询、会议培训、对外交流、承办委托。公共安全视频技术联盟现有成员单位 31 家，涵盖了全国各省区市。

2021 年 5 月，公共安全视频技术联盟取得社会团体法人登记证书以及核准后的章程，标志着联盟的注册登记工作已经全部完成，联盟正式进入运行阶段。2021 年 6 月 10 日，公共安全视频技术联盟第一届理事会第二次会议在北京顺利召开。会议对入盟、联盟工作规则和工作计划等相关议题进行了审议，并举行了联盟理事、监事单位授牌仪式。2021 年 12 月，联盟根据成员单位报名情况，汇总审核后下发了《中关村中安公共安全视频智能应用技术联盟专业技术工作组人员信息》，明确了技术创新组、开放测评组、标准工作组、产业推进组四个工作组的人员组成和负责单位，为联盟后续各项业务工作的开展奠定了坚实基础。

为了保证联盟的正常运转，公共安全视频技术联盟下发了《中关村中安公共安全视频智能应用技术联盟工作规则》《2021 年度中关村中安公共安全视频智能应用技术联盟工作计划》等文件。同时，为了确保公共安全视频技术联盟的技术引领作用，联盟还下发了《中关村中安公共安全视频智能应用技术联盟标准工作管理办法（试行）》《中关村中安公共安全视频智能应用技术联盟项目管理办法（试行）》等文件，加强了联盟内部管理，建立健全了联盟各项制度，使联盟工作有章可循，保证了联盟健康发展。

地　　址：北京市海淀区首体南路一号 7 号楼 20 门 2010 号、2011 号
联 系 人：张　翔
电　　话：010-68773191

行业发展篇

第八章 新产品、新方案

第一节 新产品

伴随着大数据、人工智能等新技术的融合，安防行业智能化场景应用不断延伸，基于技术变革与市场需求，2021 年行业内涌现出众多新产品。本节收录了 29 款 2021 年安防企业发布的新产品，涵盖视频监控类产品（8 款）、入侵报警类产品（2 款）、出入口控制类产品（5 款）、楼宇对讲类产品（4 款）、软件平台类产品（4 款）、警用装备类产品及其他类产品（6 款）。

视频监控类产品

产品名称	AI 双摄深度智能摄像机
产品图片	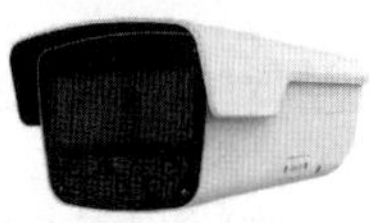
产品特点	该产品采用仿生人眼造型、横置双目一体化设计，搭配 F1.0 恒定超大光圈镜头以及双 1/1.8 大靶面、高感光性 CMOS 传感器，通过双镜头的组合联动，兼顾同一场景下大视角的全局态势感知和细节目标的结构化信息提取，在人车混行的道路、出入口等复杂场景，能够更好地服务于城市管理的实战需求。在补光方面，设备采用特殊排列方式安装 7 颗补光灯，采用红外+暖白光双灯芯一体化封装技术，温和补光无刺激，在夜间也能实现全彩成像和智能抓拍。AI 双摄深度智能摄像机还内置了双路拾音器，通过创新结构设计，使 mic 间距达到 100mm，结合智能降噪算法，可以在嘈杂环境中拥有更清晰的拾音效果。同时内置独立音腔的大功率扬声器，配合深度智能周界算法，可以实现自闭环警戒业务。

产品名称	雷达视频数字道路一体机
产品图片	
产品特点	该产品满足数字化道路全息感知多传感器全覆盖的需求，既突破雷达、视频的技术瓶颈，又突破单雷达、单视频检测范围受限的问题，可广泛应用于重点道路全息感知、道路事件检测、交通测序、数字路口建设等功能场景。其高度发挥雷达和视频的多维感知能力，一方面利用雷达高精度、远距离探测、不受天气及恶劣环境影响、体积小的能力，另一方面利用视频可视化、全结构化分析的能力。在解决智慧交通痛点方面发挥了很大作用，可以高效助力路段、路口的道路信息感知、道路事件检测和交通探测，助力智慧交通数字路口建设。无论是在助力智慧交通、绿色交通、安全交通方面，还是在助力城市道路美化方面，都发挥了很大的作用。

产品名称	5G 智能布控球
产品图片	
产品特点	该产品是一款集高清摄像机、高精度云台、高性能锂电池、高效红外阵列、视频编码、无线传输、本地存储、定位等功能模块于一体的高清布控球，支持 4G/5G 公网、LTE 专网及公专网切换，可满足临时布控、车载监控、应急指挥等需求，具有功能全面、携带方便、布控快捷等特点。终端可置于三脚架上或使用绑带快捷安装，能够迅速完成对指定区域的侦查和布控；车载使用时无须改装车辆及额外供电，可直接吸附于车顶。产品广泛应用于公安、电力、消防、武警、应急、法院、监狱、城管、民爆等行业的应急处突、移动布控领域。

产品名称	视频数据中心一体机
产品图片	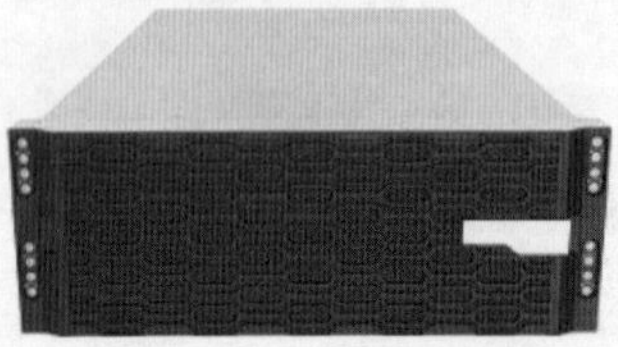
产品特点	该产品具有高性能、高融合和高可靠的竞争优势。首先，它实现了智能识别、数据计算、数据处理和业务实战的软硬件深度融合，构建一体化的智能业务产品体系。与此同时，产品具有强大的硬件资源支撑，且采用业界首创的芯片级集群管理方案。它能够基于同一软件操作界面实现不同设备板卡间业务调度及高并发管理，从而有力支撑多样化应用场景的智能算法需求及综合业务研判，最大化发挥 AI 的应用价值，推动 AI 项目的规模化落地应用。凭借优异的性能和全方位的业务加持能力，该产品可广泛应用于公共安全、公共交通、司法及企事业等领域。

产品名称	分布式通用云存储
产品图片	
产品特点	该产品采用国产 X86 架构 CPU，安全可控，是全新一代可以大规模横向扩展的分布式云存储产品，通过分布式技术实现多存储设备的资源池化，可以提供 PB 级单一存储空间，并为资源提供统一管理分配使用。产品集块存储、文件存储、对象存储服务于一体，支持 iSCSI、NFS、CIFS（SMB）、FTP、S3、OSS 等标准访问协议和客户端 API 访问，兼容 HDFS API，支持 Hadoop 应用，充分满足多元化业务需求。支持海量数据的安全存储，满足各种关键应用如关键业务数据库、邮件服务、文件共享、非结构化数据存储等不同的存储需求。广泛适用于云计算、虚拟化、数据库、大数据、文件共享、票据影像、HPC、视频监控、归档备份等场景，面向政府、金融、企业、运营商、广电、教育、医疗、交通、能源等各行业用户提供海量存储资源池。

产品名称	八通道智能高清防水车载硬盘录像机一体机
产品图片	
产品特点	该产品采用 H. 264/H. 265 压缩技术，支持实时远程监控，可实现更智能、更全面的车辆管理。同时，该智能 MDVR 采用多核处理器和性能强大的神经网络推理引擎，集成 ADAS、DMS、BSD、360 全景等算法，一台 MDVR 可搭配出多种功能强大的一体机系统，实现车载录像机集合 ADAS 和 DMS、360 全景驾驶辅助系统或是盲区检测系统，无须额外安装即可进一步保障安全驾驶，大大节省了成本和安装时间。该产品专为各种车辆管理设计专业可靠的车辆管理方案，广泛应用于公交车、旅游车、押运车、校车、物流车、消防车、急救车、客运车等。

产品名称	智慧社区微脑一体机
产品图片	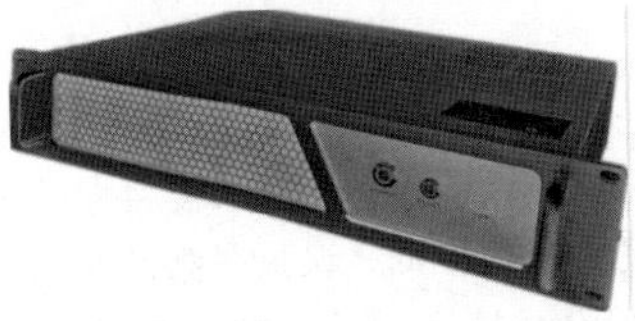
产品特点	该产品是智慧平安社区环节中各种设备资源接入及数据汇聚处理的一体化服务器，主要提供社区设备接入、设备数据汇聚、数据处理及对接上级平台。智慧社区微脑一体机可实时检测所有接入设备的在线工作运行情况，并将设备运行数据上传至智慧社区平台，实现整个智慧平安小区的所有前端设备在线情况实时感知，故障设备实时预警，运维人员及时维护。其目标在于智慧平安社区前端各种品牌型号的设备接入管理能力、可靠的跨网传输能力、轻便的社区数据管理能力。

产品名称	射频与视频一体化车辆识别设备
产品图片	
产品特点	该产品基于汽车电子标识及射频通信技术，同时支持国际、国家标准协议，支持 4G/5G 通信，具有高速感知、传输数据量小、低延迟、高并发、组网便捷、数据安全性高等特点，实现机动车精准定位识别及动态监控，在汽车电子标识读写设备的密集部署抗干扰能力和车辆定位技术实现关键突破。专为室外应用环境设计的用于电动自行车道路行驶交通信息采集的高性能射频、视频双基识别一体机，产品遵循机动车电子标识相关国家标准，算法先进，各类号牌及违法行为识别检测能力强，可进一步提升电动自行车交通管理水平。

入侵报警类产品

产品名称	微波雷达预警振动入侵探测系统
产品图片	

续表

产品名称	微波雷达预警振动入侵探测系统
产品特点	该产品由微波雷达振动入侵探测器和微波雷达振动入侵探测主机组成。微波雷达振动入侵探测器通过 RS-485 总线与微波雷达振动入侵探测主机通信，实时上传围栏的微波雷达数据和振动数据，并由探测主机进行多个探测器数据的融合分析处理，最终实现报警事件的判断及上报。产品在一个节点内部还集成了微波雷达和 MEMS 振动两种入侵探测技术，设备采用总线型布设方式，大大降低了系统施工难度和施工成本。微波雷达振动入侵探测器内置多项异常检测功能，可针对传感器异常、电压异常等情况进行检测。

产品名称	周界雷视声光警戒柱
产品图片	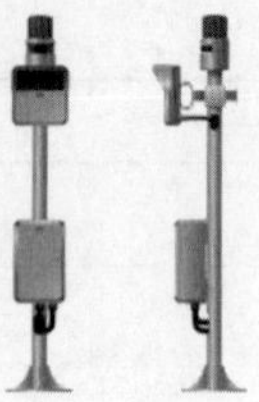
产品特点	该产品是一款周界安防产品，通过融合毫米波雷达探测技术和视频图像分析技术，可在发现入侵目标的第一时间产生告警并声光驱离，高效准确地识别并记录入侵事件。产品不仅解决了周界防护检出率低、误报率高的问题，还有一体化设计、支持手拉手组网、低温启动等优势，功能强大的同时还极大降低了使用的门槛及成本。并且有配套的周界管理软件，可对警戒柱设备进行统一管理，形成完整的解决方案。该产品被广泛应用于监狱、机场、铁路沿线、景区、学校等各种场所。

出入口控制类产品

产品名称	防疫安全通行立柱
产品图片	
产品特点	该产品是一款应用于零售行业的人数统计产品，为智慧零售和出入口人数统计提供了新的产品选择。此外该产品在人数统计产品的基础上，还提供了人员位置坐标、人员轨迹、人员速度，基于这些数据，在多雷达的拼接应用上可以还原人员完整轨迹，创建人的全息化场景。技术上采用了多传感器融合技术、AI 深度学习算法技术及端侧智能等技术。多传感器融合技术是通过雷达与视频图像联动识别、对运动目标跟踪监视、坐标方位地图标定、信息融合，在提供探测准确性的同时，还极大地提升了环境适应性，避免单一探测器技术容易被某种特殊环境干扰影响的情况。该设备能够在雨雪风雾等恶劣天气状况下稳定运行，对于目标的检出率高达 99%，领先国内外水平。

产品名称	智能钥匙柜
产品图片	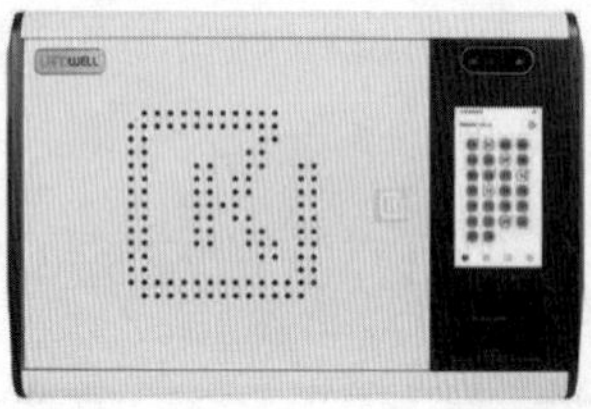

续表

产品名称	智能钥匙柜
产品特点	该产品是一种新兴的、基于云的、模块化的智能钥匙柜管理系统。它最大容纳 26 个钥匙位，每 6/7 个钥匙位作为一个模块化组，可以通过 Web 操作进行分配。钥匙可以通过人脸识别、生物指纹、密码和 RFID 卡认证通过后进行取还。通过钥匙智能识别模组锁控智能钥匙栓对钥匙进行智能化管理，RFID 智能识别钥匙电子身份信息，实时监测钥匙在位/离位状态信息。该产品更多偏向于中小企业与零售商日常办公使用，其新技术的广泛应用得到广大用户的认可，现已经扩展到 70 多个国家及地区。

产品名称	人体检测雷达
产品图片	
产品特点	该产品是一款毫米波人数统计设备。该设备基于毫米波技术，通过电磁波的发射和反射主动跟踪人体运动轨迹和速度，能够有效屏蔽光照、温度、个体差异引起的人数统计设备准确率不佳的问题，在不同场景下保持稳定的检出率。此外该产品在人数统计产品的基础上，还提供了人员位置坐标、人员轨迹、人员速度，基于这些数据，在多雷达的拼接应用上可以还原人员完整轨迹，创建人的全息化场景。技术上采用了多传感器融合技术、AI 深度学习算法技术及端侧智能等技术。该产品完全符合 2020 年国家正式发布的个人信息保护法，其不采集图像，非常适用于在隐私需求比较高的场所，例如试衣间、卫生间等区域。

产品名称	门、窗磁传感器
产品图片	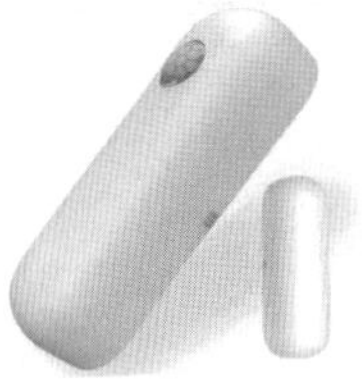
产品特点	该产品通常用于在银行网点中检测员工通道、设备间、加钞间等区域的门开关状态以及办公区、卫生间的窗开关状态。进而实现银行网点的门、窗状态检测以及红外人体检测。该门磁传感器的出现，不但有效解决了在需要临时关闭却不能封锁的楼梯门、窗户等区域管控问题，还能对居家隔离人员进出管理场所进行实时监测。该款门磁传感器，是由感应器和磁铁两部分组成的，即贴即用、免打孔、免布线，具备开/关门提醒、防拆报警、一键布防/撤防等功能。

产品名称	测量光幕
产品图片	
产品特点	该产品适用于高精度的检测和测量，包括自助通道检测、闸机检测、防尾随检测、在线检测及以上类似的检测和测量。采用集中控制，所有单元直接连接到控制器统一信号处理、统一输出；采用单元式，可以根据通道实际应用灵活拼接，光幕光束可无限级扩展（理论）。每套系统包括一对高分辨率光幕和一条控制器。该产品采用红外传感技术，具有反应速度快、电路简单、接线方便等特点，目前已广泛应用于海关、边检边防等场景。

楼宇对讲类产品

产品名称	AI 人脸识别楼宇对讲主机
产品图片	
产品特点	该产品采用 10.1 寸彩色显示屏和双目摄像头，搭载高性能 AI CPU 芯片，实现屏下刷卡、人脸识别、二维码、蓝牙开锁和对讲呼叫功能。首创屏幕下刷卡，非接触刷卡区域隐藏于屏幕之下，科技、设计、易用的结合体，搭载高性能 AI 芯片和行业领先人脸识别算法，具有识别准确和速度快等特点。且用户可以在室内分机上预约呼梯，也能在门口主机上开锁联动控制电梯自动到达指定楼层。

产品名称	室内智控屏
产品图片	
产品特点	该产品采用 7 英寸屏幕和工业级芯片，成熟稳定，性能可靠。支持访客呼叫，户户通，信息，呼梯，监视，安防报警，智能家居控制；可拓展多协议智能家居，包含 RS485、SCS、KNX、ZigBee 在内的智能家居系统；POE 供电方式，减轻工程商布线成本，方便线缆管理；支持拓展 Wi-Fi 模块，可直连外网，接入更多第三方设备。

产品名称	无人值守机器人
产品图片	
产品特点	该产品是基于社区出入口及重要卡口“无人化”管理的深度探索，通过智能功能与应用，具有降低人力成本、提升物管效率的特点。该设备集门禁管理、紧急求救、广播喊话、视频监控等多种功能于一身，可以24小时不间断服务，在真正大幅度降低物业企业人工成本、提供服务效率的同时，避免由于工作人员疏忽造成的安全隐患。可广泛应用于社区出入口及重要卡口、住宅楼出口、停车场、垃圾分类亭等，形成全覆盖、无死角、全时空立体防控体系。

产品名称	可移动门禁室内机
产品图片	
产品特点	该产品作为高性能智能化信息终端，除了具备楼宇对讲功能外，还可以作为智能家居中控屏、家庭通信终端、社区运营管理终端，成为家庭智慧生活的入口。产品采用四核处理器，计算性能大幅度提升，告别了传统的Linux系统，使用安全稳定的Android操作系统。其全新的设计理念，将传统的楼宇对讲升级成为操作度更高的智能设备，使之兼顾稳定的楼宇对讲功能的同时，也具备了社区运营管理能力。因为它可以统管社区事务，所以这款新产品被我们形象地叫作“慧管家”。

软件平台类产品

产品名称	视频联网系统平台
产品图片	
产品特点	该产品通过核心技术的创新与突破，打造了稳定、安全、高效、先进的视频联网系统。支持百万级视频大联网、数千个视频并发、上百个下级平台级联，同时支持40多个品牌上千种型号视频设备的接入，具备百万级接入和多维接入能力，现已应用于公安、交通、执法、监管、电力、能源等行业，特别为“平安城市”“雪亮工程”等领域提供深度的视频融合汇聚及应用赋能。

产品名称	综合智能数据采集系统平台
产品图片	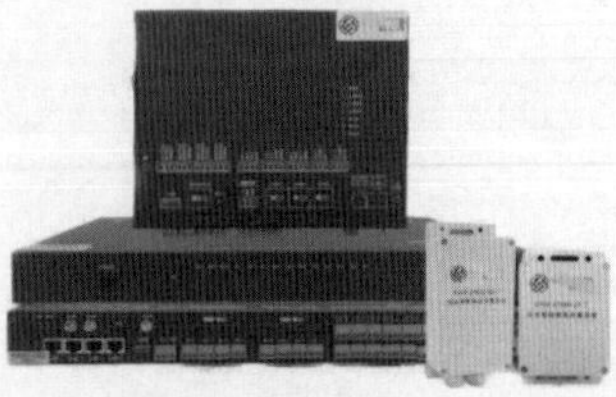
产品特点	该产品对分布在各机房的电源柜、UPS、空调、蓄电池等多种动力设备及门磁、红外、窗破、水浸、温湿度、烟感等机房环境的各种参数进行遥测、遥信、遥调和遥控，实时监测其运行参数，诊断和处理故障，记录和分析相关数据。一旦出现异常，及时通知相关运维人员解决处理，确保机房稳定运行。产品具备高性能、高集成化、高可扩展性等特点，可满足各种组网环境下的动环监控需求，为局房的管理自动化、运行智能化和决策科学化提供有力的技术支持。

产品名称	智慧社区综合服务平台
产品图片	
产品特点	该产品是社区管理的一种新理念，是新形势下社会管理创新的一种新模式。智慧社区，是指充分利用物联网、大数据、云计算、移动互联网等新一代信息技术的集成应用，为社区居民提供一个安全、舒适、便利的现代化、智慧化生活环境，从而形成基于信息化、智能化社会管理与服务的一种新的管理形态的社区。该产品广泛适用于居民小区、学校、医院、企业园区、机关事业单位等现代化信息服务建设，当前主要用于老旧小区改造。

产品名称	视频结构化分析及应用平台
产品图片	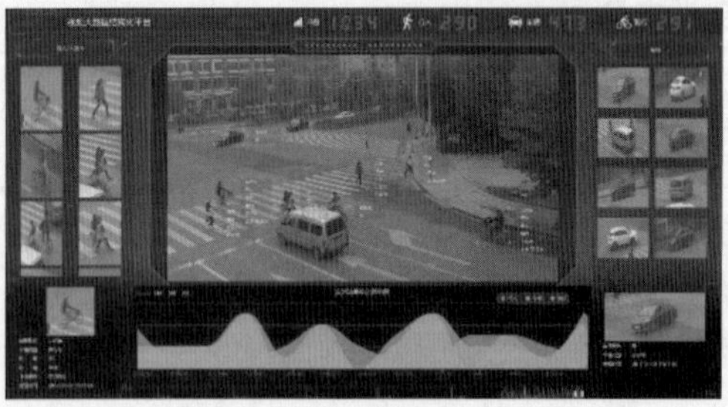
产品特点	该产品利用 CPU+GPU 协同计算能力，有效实现了资源的动态分配，自动提取实时的历史/文件视频图像中的价值信息，如人体、人脸和车辆的细节特征信息，对目标类型、颜色等形成结构化的描述，为事前、事中、事后的事件布控、综合布控、研判分析提供数据基础，保证信息查找检索的高效性，提高公安视频的应用效率。经过多年的技术攻关和系统建设，该产品逐步实现了监控视频信息的情报化和监控网络的智慧化，强化警务视频应用的普适性，即实现以机器自动处理为主的视频信息处理和分析，并且通过技术手段转化为公安工作可用的情报；实现监控网络之间、终端之间、警种之间的信息共享和主动互操作，实现主动监控、自动联网分析等网络功能。

警用装备类产品

产品名称	5G 智能执法记录仪
产品图片	
产品特点	该产品是一款旗舰型 5G 智能执法记录仪，集视音频数据采集记录、5G 超高清实时回传、集群指挥调度和智能视觉分析等功能于一体，做工精良、性能强劲。产品采用自主研发的实时流媒体传输算法和深度优化的音视频编码技术，最高能够实现 4K 分辨率视频的本地存储和实时回传，实现清晰、流畅、低延时的视频传输效果。在接入 RJI 可视化集群指挥调度系统后，能够实现集群通话、可视对讲、语音对讲（终端到终端/终端到平台/平台到终端）、轨迹跟踪、一键求援等业务功能。产品还内置了人脸比对、车牌识别、安全帽检测等多种 AI 算法，为各类智能化、数字化行业应用赋能。

产品名称	4G 智能执法记录仪
产品图片	
产品特点	该产品是一款集视音频数据采集、存储和实时回传、集群指挥调度、本地人脸/车牌识别等功能于一体的 4G 智能执法记录仪，小巧轻薄，操作便捷，性价比高。产品采用了自主研发的实时流媒体传输算法和深度优化的音视频编码技术，能够实现 1080P 分辨率视频的本地存储和实时回传，实现清晰、流畅、低延时的视频传输效果。在接入 RJI 可视化集群指挥调度系统后，能够实现集群通话、可视对讲、语音对讲（终端到终端/终端到平台/平台到终端）、轨迹跟踪、一键求援等业务功能。产品还内置了人脸比对、车牌识别、安全帽检测等多种智能分析算法，为各类智能化、数字化行业应用赋能。

产品名称	5G 执法记录仪
产品图片	
产品特点	该产品采用三防 IP68 设计、Android10. 0 操作系统、极速 8 核处理器、专用按键搭配及盲视操作设计，支持双卡双待，配合 3. 1 寸高清硬屏，体型小巧易携带，可实现数据上传、红外夜视、执法取证、智能识别、语音通话、视频会议等功能，通过搭配专业扩展配件，能够对执法过程中动态、静态的现场情况进行数字化记录，便于公安民警在各种环境中执法使用。

其他类产品

产品名称	智能芯片
产品图片	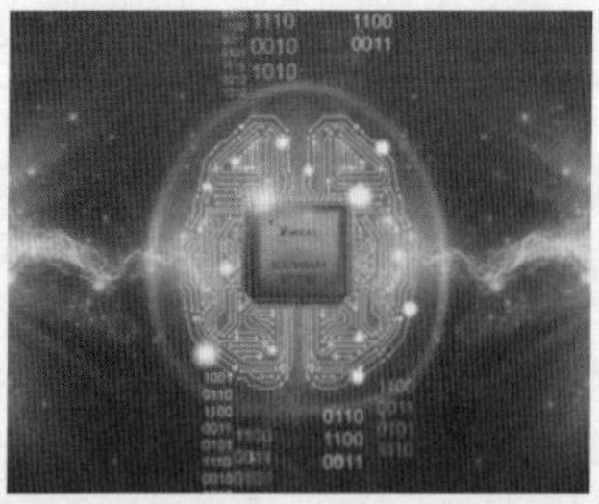
产品特点	该产品采用国产自主技术，是一款具有低功耗、超高清、NPU、加密等独特优势的新一代高算力双模SVAC+H.265芯片（GB/T 25724-2017《公共安全视频监控数字视音频编解码技术要求》，简称“SVAC”标准）。产品包含多个亿级晶体管的处理内核，拥有丰富的外围接口，不仅满足安防应用的要求，也广泛应用于工业物联网、安防监控、AIoT等领域的各类机器视觉边缘计算，有助于进一步推动国产芯片替代，填补市场空白，且在“多模融合”智能计算架构和“多核异构”处理器微架构创新的基础上，为人工智能边缘计算开辟了一条新思路。

产品名称	智能交通信号控制机
产品图片	
产品特点	该产品采用了NTCIP通信协议，提供符合标准的协议接口，既可单点独立运行，也可与网络完美集成，组成区域交通控制网络；可与视频检测器和雷达车辆检测器无缝集成，实现自适应控制，提高系统控制水平，减少系统维护工作；信号机控制特征参数可以通过中心客户端、现场用的信号机维护工具进行配置，方便用户的应用；信号机算法丰富，可提供单点优化控制算法、单点感应控制算法和单点方案选择控制算法等。上述技术及关键技术指标的运用，使智能交通信号控制机达到了省内领先和国内先进的高科技水平。该产品外观新颖，技术先进，广泛适用于智能交通、平安城市工程、智慧城市建设工程等交通信息化建设工程。

产品名称	应急水情监测仪
产品图片	
产品特点	该产品包含一台水位监测仪、一台流速监测仪，基于视觉AI影像法分析技术，实现河流水位、流速和流量监测，设备集高清图像采集、激光测距、云台于一体，20分钟内可快速建立应急水文监测点，实现汛情实时监测预警。设备部署在岸边垂直流向，不设水尺，完全非接触测量，通过AI视频分析获取水位和流速数据，实时自动对接水文数据库，在快速部署和降低安全风险的基础上提供稳定可靠的数据源，主要用于水文测验、应急防汛等方面，市面上目前暂无其他同类型产品。

第二节　新方案

近年来，在“智慧城市”建设活动的带动下，许多安防企业积极研发物联网、云计算、大数据、人工智能、移动互联网、空间信息等尖端技术，在不断满足各级政府“平安建设”需要的同时，努力拓展在智慧城市建设项目中的应用，极大地促进了安防技术产品的快速发展和行业的转型升级。为扩大对安防企业各类“智慧城市”解决方案的宣传，帮助优秀企业树立品牌形象，同时也为各级政府和行业用户选择技术产品及解决方案提供决策依据，中国安全防范产品行业协会于 2022 年 2 月至 8 月在全国范围内组织开展了为“智慧城市”建设优秀解决方案及创新技术评价推荐工作。该活动本着企业自愿申请及公开、公正、公平、客观的原则进行组织，经过对申报企业资料的审查、核实、计算、专家评审以及评审结果公示等环节，最终推荐以下企业的解决方案：

“平安城市”领域

序号	企业名称	方案名称
1	中星微技术股份有限公司	中星微技术数字边境解决方案
2	苏州科达科技股份有限公司	平安城市融合通信调度平台技术方案
3	安徽创世科技股份有限公司	创世科技平安城市智能勤务综合解决方案
4	北京小鸟科技股份有限公司	平安城市解决方案
5	杭州中奥科技有限公司	情指勤舆一体化解决方案
6	安徽清新互联信息科技有限公司	“移动天眼”智慧警务综合解决方案
7	中移建设有限公司	高清治安视频系统
8	北京东华合创科技有限公司	平安城市解决方案
9	金鹏电子信息机器有限公司	金鹏智慧警务情指勤舆系统解决方案
10	青岛海信网络科技股份有限公司	智慧公安解决方案
11	杰创智能科技股份有限公司	平安城市解决方案
12	广州市高科通信技术股份有限公司	信创生态下“1+2+N”智慧新监管全要素全流程解决方案
13	中电云科信息技术有限公司	平安东区视频监控系统建设项目解决方案
14	浙江大开信息技术有限公司	基于时空大数据的 AI 溯源引擎
15	合肥未来计算机技术开发有限公司	智慧公安业务技术用房及执法办案场所建设项目设计方案

“雪亮工程”领域

序号	企业名称	方案名称
1	慧盾信息安全科技（苏州）股份有限公司	雪亮工程视频安全解决方案
2	深信服科技股份有限公司	视频网安全解决方案
3	四创电子股份有限公司	雪亮工程解决方案

续表

序号	企业名称	方案名称
4	安徽超清科技股份有限公司	基于 5G 与人工智能技术的公安视频监控联网应用云平台
5	航天科工广信智能技术有限公司	雪亮工程解决方案
6	高新兴科技集团股份有限公司	高新兴视频云解决方案
7	富盛科技股份有限公司	雪亮工程视频监控安全防护解决方案
8	湖北泰跃卫星技术发展股份有限公司	××市雪亮工程解决方案
9	广东兆邦智能科技股份有限公司	智能情绪识别预警系统解决方案
10	安徽云森物联网科技有限公司	雪亮工程解决方案
11	青岛海信网络科技股份有限公司	全息动态感知体系解决方案

“智慧政务”领域

序号	企业名称	方案名称
1	广州市保伦电子有限公司	itc-智慧政务解决方案
2	国泰新点软件股份有限公司	智慧城市一网统管解决方案
3	熵基科技股份有限公司	熵基科技人证核验解决方案
4	慧盾信息安全科技（苏州）股份有限公司	智慧政务数据安全解决方案
5	罗克佳华科技集团股份有限公司	智慧政务解决方案

“智慧司法”领域

序号	企业名称	方案名称
1	天地伟业技术有限公司	智慧法制执法办案管理中心解决方案
2	北京数字政通科技股份有限公司	行政执法监督信息化应用系统解决方案
3	世邦通信股份有限公司	“智慧司法”会见管理系统解决方案
4	四创电子股份有限公司	智慧司法解决方案
5	北京蓝色星际科技股份有限公司	司法行业解决方案
6	杰创智能科技股份有限公司	智慧司法解决方案
7	海南科澜科技有限公司	司法系统解决方案

“智慧海关”领域

序号	企业名称	方案名称
1	浙江宇视科技有限公司	智慧机场解决方案
2	智慧眼科技股份有限公司	智慧眼智慧海关解决方案
3	高新兴科技集团股份有限公司	智慧海关解决方案

"智慧交通"领域

序号	企业名称	方案名称
1	浙江宇视科技有限公司	智慧交通解决方案
2	中星微技术股份有限公司	城乡道路交通安全管控预警系统解决方案
3	天地伟业技术有限公司	智慧交通综合解决方案
4	安徽创世科技股份有限公司	智慧交通行业创新技术方案
5	武汉微创光电股份有限公司	物联网+交通信号灯预警方案
6	广州市保伦电子有限公司	itc-交通指挥中心解决方案
7	深圳方位通讯科技有限公司	高速公路 IP 广播对讲融合解决方案
8	世邦通信股份有限公司	"智慧交通"鸣笛抓拍技术及解决方案
9	浙江红苹果电子有限公司	智慧交通视频监控解决方案
10	四创电子股份有限公司	智慧交通解决方案
11	佳都科技集团股份有限公司	城市交通大脑集成解决方案
12	松立控股集团股份有限公司	城市级智慧停车综合解决方案
13	高新兴科技集团股份有限公司	智慧交通系统解决方案
14	北京商海文天科技发展有限公司	世纪图神——重点车辆视图大数据平台

"智慧应急"领域

序号	企业名称	方案名称
1	苏州科达科技股份有限公司	科达智慧应急融合通信调度平台技术方案
2	北京小鸟科技股份有限公司	政府应急解决方案
3	广东魅视科技股份有限公司	智慧应急指挥中心分布式智能显控一体化解决方案
4	东方通信股份有限公司	PDT+现场应急指挥通信解决方案
5	山东胜软科技股份有限公司	应急管理与指挥系统
6	杭州灵伴科技有限公司	智慧应急 AR 监管解决方案
7	南京恩博科技有限公司	基于 AI 的智慧消防解决方案

"智慧金融"领域

序号	企业名称	方案名称
1	天地伟业技术有限公司	金融解决方案
2	智慧眼科技股份有限公司	智慧眼智慧金融解决方案
3	深圳市丛文安全电子有限公司	新时期金融安防解决方案
4	浩云科技股份有限公司	智慧金融行业解决方案
5	高新兴科技集团股份有限公司	高新兴智慧金融解决方案
6	北京蓝色星际科技股份有限公司	智慧金融安消一体化解决方案
7	上海天跃科技股份有限公司	智慧考拉云金融安防移动管理解决方案

“智慧医疗”领域

序号	企业名称	方案名称
1	同方威视技术股份有限公司	智慧医疗安全解决方案
2	北京快鱼电子股份公司	智慧医疗管理平台技术方案
3	智慧眼科技股份有限公司	智慧眼智慧医疗解决方案
4	狄耐克智能科技股份有限公司	狄耐克 IP 医护对讲系统解决方案
5	福建环宇通信息科技股份公司	美一智慧病房医护解决方案
6	山东华软金盾软件股份有限公司	智慧平安医院物联网安全建设方案
7	精华隆智慧感知科技（深圳）股份有限公司	智慧医疗 ED713 生命体征探测解决方案
8	厦门万安智能有限公司	“智慧医疗”综合解决方案
9	北京声迅电子股份有限公司	医院智慧安防综合解决方案
10	上海天跃科技股份有限公司	智慧考拉云医疗安防移动管理解决方案

“智慧教育”领域

序号	企业名称	方案名称
1	天地伟业技术有限公司	智慧教育系统解决方案
2	浙江宇视科技有限公司	智慧教育——校园综合解决方案
3	广州市保伦电子有限公司	itc-智慧教育解决方案
4	慧盾信息安全科技（苏州）股份有限公司	智慧教育视频安全解决方案
5	深圳市铠硕达科技有限公司	铠硕达科技智慧物联教育解决方案
6	熵基科技股份有限公司	熵基科技智慧校园解决方案
7	讯飞智元信息科技有限公司	智慧校园（K12）整体解决方案
8	浙江正元智慧科技股份有限公司	智能融合服务平台
9	武汉爱迪科技股份有限公司	智慧校园人脸识别测温解决方案
10	北京蓝色星际科技股份有限公司	蓝色星际高校行业解决方案
11	上海天跃科技股份有限公司	智慧考拉云高校安防移动管理解决方案

“智慧文旅”领域

序号	企业名称	方案名称
1	中移建设有限公司	“智慧文博”综合管理平台解决方案
2	深圳市捷顺科技实业股份有限公司	智慧景区信息化建设解决方案
3	联通（广东）产业互联网有限公司	天影视频平台——景区数字视频云方案

“智慧社区”领域

序号	企业名称	方案名称
1	浙江宇视科技有限公司	智慧社区解决方案
2	杭州迪普科技股份有限公司	“智慧社区”安全联网解决方案
3	杭州联汇科技股份有限公司	联汇科技智慧社区解决方案
4	广东安居宝数码科技股份有限公司	智慧社区解决方案
5	厦门立林科技有限公司	保障性住房管理解决方案
6	南通京希信息技术有限公司	智慧社区综合管理运营解决方案
7	珠海太川云社区技术股份有限公司	智慧社区解决方案
8	新疆北斗同创信息科技有限公司	智慧社区技术方案
9	中徽建技术有限公司	智慧社区安全防范综合应用解决方案
10	河南华安保全智能发展有限公司	智慧社区解决方案
11	厦门柏事特信息科技有限公司	面向智慧城市的视觉目标感知解决方案
12	北京市光环电信股份有限公司	光环智慧社区解决方案
13	山东中苑电子技术有限公司	智慧社区改造建设方案

“智慧建筑”领域

序号	企业名称	方案名称
1	安徽创世科技股份有限公司	智慧建筑解决方案
2	北京易华录信息技术股份有限公司	智能工场可视化管理系统
3	上海天诚通信技术股份有限公司	智能建筑解决方案
4	狄耐克智能科技股份有限公司	楼宇对讲智能化系统解决方案
5	深圳达实物联网技术有限公司	智慧建筑物联网身份认证整体解决方案
6	广州市瑞立德信息系统有限公司	门禁管理系统（S系列）解决方案
7	厦门万安智能有限公司	智慧园区（智慧建筑）综合解决方案
8	杰创智能科技股份有限公司	智慧建筑解决方案
9	中核华纬工程设计研究有限公司	标准化智慧工程管理平台
10	太原罗克佳华工业有限公司	智能建筑解决方案
11	上海国际技贸联合有限公司	某边检总站机关办公楼信息化建设方案
12	四川君逸数码科技股份有限公司	城市地下综合管廊智能安防解决方案

“智慧能源”领域

序号	企业名称	方案名称
1	安徽创世科技股份有限公司	智慧能源行业五位一体综合解决方案
2	浙江大立科技股份有限公司	红外热成像技术智慧能源中的解决方案
3	北京汉王智远科技有限公司	视频智能分析平台解决方案

“智慧农林”领域

序号	企业名称	方案名称
1	北京声迅电子股份有限公司	智慧农业畜禽养殖综合管理——智慧养猪解决方案
2	内蒙古网讯信息工程有限公司	盟牧区“智慧广电”乡村振兴项目物联网平台方案
3	中移建设有限公司	“智慧林业”信息化平台解决方案
4	南京恩博科技有限公司	AI+全空间尺度融合林火监测预警解决方案

第九章　行业领域

2021 年受国家政策的不断推进、行业数字化转型等诸多因素影响，安防整体市场保持稳定向上的态势。据不完全统计，2021 年安防行业上市企业整体业绩稳中有升，行业内以视频监控、出入口控制等为代表的相关领域企业业绩持续保持正向增长。

《中国安防》景气调查显示：第一季度我国安防经济景气度平稳提升，低基数推动同比增长强劲反弹；第二季度安防经济景气度强力回升，多项指标回归“较强景气区间”；第三季度安防行业经济总体平稳；第四季度安防行业保持恢复态势，景气水平平稳回升。由于前三季度行业景气度提升较快，在此高位的基础上，第四季度主要景气指标出现了不同程度回调，但部分主要指标改善或与去年同期持平。从我国安防行业发展形势看，2021 年全年继续保持了企稳回升的态势。

而在这一进程中，人工智能、云计算、物联网、数字孪生等与安防进行诸多的融合，成为安防行业持续高质量发展的一个个支撑点，这一年，视频的全结构化算法、低照度下的图像质量保障、算力提升、AI 应用场景、分析准确率、AI 与 5G 的融合等方面有较大突破；这一年，安防信息采集面更宽、准确、清晰，信息处理更加迅速、真实、有效；这一年，安防智能化应用改变了以往单一依靠视频智能分析的情况，实现了视频数据与物联网数据、业务数据的进一步融合等。

由此可见，在人工智能、大数据等新技术加持下安防行业不断破圈扩维，由点向线再向面持续拓展，2021 年安防行业市场应用进一步加深与拓宽，应用范围也不断增多。在本章节，我们摘取了《中国安防》杂志一年来发表的关于行业应用上的精彩观点，以飨读者。

第一节　视频监控领域

探析机器视觉的低照成像技术

随着“夜生活”成为人们生活的重要部分，摄像机在夜间也能有全彩的图像逐渐成为市场需求，突破夜间成像也成为业界的研究课题。

传统摄像机在夜间低照度下图像质量较差，尤其在拍摄运动目标时，具有噪声大、细节缺失等问题，从而导致识别率急剧下降，无法达到智能可用。为了让摄像机在夜晚也能显示高清图像，通常需要给摄像机补很亮的白光。但是这样做带来的问题是刺眼的光干扰与光污染。而如何让摄像机能够在夜间实现高清成像的同时，也避免补光对人们的干扰，就成为行业迫切的诉求。

另一种夜间成像方案是使用红外补光。红外补光没有光污染，补光亮度也足够目标检测识别，但红外图像有一个缺陷是缺乏色彩，成像效果和人眼视觉不符合，无法支持衣服特征比对，人眼主观查看也容易困扰。

为了解决当前摄像机在夜间无法兼顾色彩、光污染、清晰度的难题，行业企业推出了超星光全彩技术。超星光全彩技术采用和传统摄像机几乎相同的硬件结构：单传感器（传统传感器）、单镜头（普通镜头）、单主控（传统主控），通过软件和算法升级，将一台普通摄像机转换成一台夜间高清真彩摄像机，在去除光污染的同时，又具备红外图像清晰度和彩色摄像机的色彩。超星光全彩技术是滤光、补光、曝光、降噪、配准、融合等一系列专利技术组合。

——摘自：《中国安防》杂志 2021 年 1—2 月合刊

探析机器视觉实现公共安全业务全视图智能化

尽管视频分析和视图数据的应用已有多年，但其在安防领域的落地尚未触及天花板。按照城市公共安全视频监控体系的划分进行分析，当前人工智能在人脸卡口、车辆卡口的应用相对比较充分，已经能够做到实时解析，但还存在人脸、脸车不完全关联等痛点，对于异常与违法违规事件的及时发现与后续处理造成一定阻碍。

在覆盖面最广的城市治安监控网络方面，由于针对弱特征、不同姿势的算法难度更大，且按需对视频流进行小规模解析的利用成本较高，目前治安摄像机大多只具备单纯的记录功能，仅有少量人体、车体、车牌、人脸等信息被查看解析，海量沉睡数据产生，对于视频分析和视图数据的应用需求较大。

整体上来看，公共安全领域的视图应用面临着点线面“割裂”的难点：传统视频监控体系采用烟囱式模式建设，彼此间互不相通，即使各模块均达到一定水平的智能化，对于实战指挥的辅助作用仍然有限。此外，视频点位规划不科学、视频管理不智能、视频要素与已部署的智能化手段利用不充分、侦查破案所需人工查看的视频量仍然较大等，也是安防视图智能化应用现有的问题，机器视觉技术作为人工智能的重要分支可施展拳脚的空间巨大。

——摘自：《中国安防》杂志 2021 年 1—2 月合刊

安防存储市场 2020 年发展及未来趋势展望

随着人工智能、5G、AIoT 等新兴技术的来袭，安防监控技术更加智慧化。一方面安防监控系统涉及的领域非常广泛，包含智慧交通、智慧政务、教育、零售、智慧社区、智慧家庭等；另一方面兼容 4K 及高分辨率网络摄像机的增长将对监控级存储提出更高的要求。

1. 大容量存储的需求越发迫切。视频监控系统一般具有监控点多、视频数据流大、存储时间长等特点，动辄几 G 到几十 G 的图像文件对存储的容量提出了更高要求。

2. 存储设备能长期稳定工作。由于摄像头一般都是 7×24 小时工作，即使流媒体文件采用分段保存方式，写入操作的持续时间也有可能长达 2~6 个小时，后期回放时也需要相同的时间，因而要求存储设备具有长时间工作、高效稳定的特性。

3. 存储设备具有高带宽且恒定。多路并发读写时对存储设备性能要求非常高，存储扩展性要好，可在线更换故障设备或进行扩容。

在数字经济时代，数据是经济发展的生产要素。物联网、车联网、工业互联网的推广应用带来数据指数级的增长，海量的异构数据都将进入数据中心进行集中存储和处理，这对计算设备和数据中心存储都提出了更高的要求。当前安防行业的视频监控系统中，90%以上的数据是非结构化数据，包括视频、图片、文本、语音等，解决这些海量数据的存取、高密度价值数据可靠性、格式标准化、开放共享等问题都对存储系统的可靠性、性能、扩展能力、开放性等提出了新的要求和挑战。因此对存储行业来说，产品不只是做简单的记录、存储等工作，还需提供从终端到核心的安防监控存储产品组合，持续完善存储解决方案，满足安防监控市场的多样化需求。

传统监控不具有数据存储和处理能力，需要借助 DVR 或者 NVR 进行数据存储，然后通过视频分析服务器进行数据分析。但随着 4K 等高清摄像监控设备普及应用，有数据表明 4K 高清视频 5 年复合增长率已经达到 106%，数据量高度膨胀，传统模式在网络带宽、数据存储、分析能力上难以为继。在大数据的趋势下，边缘智能作为更快、更好地提供智能服务的一种服务模式，已逐渐渗入各行各业。

边缘硬盘的存储量很大，需求居高不下，当然边缘存储也面临着对其稳定性、可擦写次数等要求更高的巨大挑战。在未来几年内，兼容 4K 及高分辨率网络摄像机的增长将对监控级存储提出更高要求，因此大容量存储的需求越发迫切，厂家需不断寻求突破。另外，随着当前智慧安防和 5G 时代的到来，视频数据的容量已经形成井喷式的发展，传统储存方式无论是从存储容量还是读写速度方面都将面临着巨大挑战。

智能安防对硬盘提出的要求主要围绕效率、容量、功耗三个方面展开，这对硬盘厂商提出了新的要求。面对安防行业越来越大的存储需求，需针对定制化、大容量、高效能不断深入。5G 技术的高速发展，云存储技术越来越成为安防厂商青睐的存储方式，虽然云存储目前还有着成本高、数据存储时间有限、传输效率不稳定等缺点，但这种集中存储的方式更便于平台式的管控，这也是目前安防行业存储市场发展的一大趋势。随着数据传输技术的发展，未来云存储在安防行业具有广泛的发展前景。

——摘自：《中国安防》杂志 2021 年 1—2 月合刊

大数据时代背景下的一体化警务防控体系建设

视频结构化是一种视频内容信息提取技术，是视频内容按照语义关系采用时空分割、特征提取、对象识别等处理手段，组织成可供计算机和人理解的文本信息技术。视频结构化描述技术能够将监控视频转化为人和机器可理解的信息，经云计算、数据挖掘分析等技术的应用，实现以机器自动处理为主的视频信息处理和分析，并且通过技术手段转化为社会治安防控工作提供可用的“人、车、地、物、事、时间”实战信息，能够为大数据挖掘提供快速准确的有效线索，辅助人、车、物管控，协助破案，从而充分发挥视频资源的作用。视频结构化通过提取人员、车辆、行为等特征信息可极大降低视频数据存储容量，提高视频数据的使用效能。

——摘自：《中国安防》杂志 2021 年 1—2 月合刊

基于 5G 技术构建视频云生态服务体系

公安机关信息化执法能力的建设与视频技术的发展密不可分，将视频监控技术应用到社会治安综合治理之中，是近年来各地政府数字基础设施建设的重点，由此搭建的视频网络已经基本覆盖全国各级城市，并向农村地区延伸，为公安机关提供了大量的证据及线索，对违法犯罪活动的威慑力度显著提升。

伴随着视频云技术的发展，从系统架构的变化来看，视频监控系统建设已经进入 3.0 时代。1.0 时代是传统的烟囱式架构，软件、硬件、算法、数据的深度耦合，使得系统在时间和空间两个维度上形成天然隔离的状态，难以实现资源共享及综合应用。2.0 时代构筑了视频云的雏形，实现了算法与硬件解耦、数据与应用解耦，但服务及应用层依然以独立软件的模式运行，大量基础性、同质性工作没有完成模式和机制优化，挤占了宝贵的算力资源。3.0 时代对视频云架构进行了深度优化，依托微服务的架构理念，将数据、算法、算力等资源置入视频云综合应用平台进行统一管理和调配，并以 API 的方式提供对外服务，实现了技战法模型的自由定制，充分满足不同警种、不同场景对视频云的应用需求。

——摘自：《中国安防》杂志 2021 年 3 月刊

2021 年智能视频安防发展新趋势

视频监控业务是一个典型的数据依赖型业务，依靠数据说话。可以说，大数据与视频监控业务有着天然的结合。典型的网络视频监控数据存储模型是一个由小溪汇聚河流再汇聚到水库的蓄水方式。

小溪数量增多、水量增大是水库蓄水量的保证，然而传统方式下蓄水量增大将提高水库建造成本和蓄水安全的要求。而采用分布式蓄水模式，在河流中游建立多个中间蓄水池，不仅可以减少主水库蓄水压力和成本，化整为零也提高了就近用水效率。在大数据技术支撑下，网络视频监控数据存储模型可转向分布式的数据存储体系，提供高效、安全、廉价的存储方式。在视频监控业务中，错看漏看、来不及看等是常见的困扰点，大数据监控图像的回溯给许多安防监控管理人员带来了生理与心理的双重挑战。在大量人力投入的案件追溯中都常常耳闻“看到吐”“看到晕”等无奈和感叹。可想而知一般零售行业、金融行业等对于视频监控图像的回溯就更为困难了。

在视频监控大数据趋势已经来临之际，依靠人眼去检索、查看所有视频图像数据已经不太现实，通过大数据技术实现视频图像模糊查询、快速检索、精准定位，让看变得简单迫在眉睫。视频监控业务中，看只是信息采集的方式之一，用才是业务应用的根本，视频监控业务的效率问题已经成为阻碍产业发展的关键瓶颈。随着视频监控摄像机覆盖广度、密度增大，视频图像数据量呈指数级上升，而视频监控数据的使用效率却在下降。智能交通应用、消费者行为分析应用等综合视频监控和图像智能分析的业务出现，正努力突破视频监控效率值及商业价值低下的瓶颈。通过大数据技术，进一步挖掘海量视频监控数据背后的价值信息，快速反馈内涵知识辅助决策判断是将视频监控用好、用善的金钥匙。

大数据视频架构是革命性的技术，特别在实时智能分析和数据挖掘方面，让视频监控从人工抽检，进步到高效事前预警、事后分析，实现智能化的信息分析、预测，为视频监控领域业务带来深刻变革。在平安城市领域，实时汇总并综合分析各种公共安全数据和资料，为执法人员快速准确应对提供科学依据：如实时调阅现场视频录像、犯罪嫌疑人记录、同一地区的相似案件资料；进行地理、时间和空间的比较分析，揭示其犯罪模式和行为模式；追踪嫌疑人与其车辆的位置等。指挥人员也可以参照各种数据对不同来源的资料进行综合分析，制作指挥图。在智能交通行业，可以轻松监控摄像头覆盖范围内的所有车辆的行驶状态、运行轨迹，快速分析出其是否违章，通过对海量交通数据的比对、分析和研判，实现指定车辆行驶路径、道路拥堵研判等功能；公有云服务领域，实现基于大数据的视频监控云服务，让摄像机仅通过互联网就能连接云端的视频监控托管服务，通过快速、智能的分析部署在云端的大数据，为小型企业、零售商店、餐馆酒店等提供实时监控视频和潜在风险管理，甚至能提供收费的基于视频内容的分析报告，如日常的客户数、平均队列长度等，创造新的商业模式。

——摘自：《中国安防》杂志 2021 年 3 月刊

5G 技术与移动视频监控技术在城市执法中的联合应用

目前，视频网络监控在城市执法工作中正在慢慢成为重要的基建设施，视频图像传输的方式从有线互联网传输到如今的无线网络传输，视频传输技术已经取得突飞猛进的发展，为安防行业在视频监控的智能化、便携化以及网络化发展方面指明了方向并提供了扎实的基础。

在城市执法工作中，视频监控系统不仅需要数据传输稳定、数据存储方便可靠和远程控制操作简易，同时还需要实现无线视频传输及移动视频的在线观看和操作等要求，因此移动视频监控应用在城市执法工作中实现普及变得更为迫切。

传统的城市监控方式主要是通过前端固定式摄像机摄取的视频图像传递至监控中心，传输距离比较短，在事件的实时监测和报告的便利性等方面就会差很多。同时，在事件发生后现场处理时，如果没有很方便的语音交互和视频图像传输就无法做到实时沟通，会直接影响事件处理的速度与直观性。移动视频监控正是当今及未来城市执法工作中最需要重视的技术应用。当城市执法移动视频监控系统得到5G技术的加持时，系统将充分发挥出各项功能的优势，在维护社会稳定和预防打击犯罪等方面发挥重要作用。

——摘自：《中国安防》杂志2021年3月刊

谈谈公安视频结构化的应用

视频是平安城市系统中最丰富的感知资源，城市中数以万计的摄像头每天采集的数据庞大、信息丰富，对社会治安防控以及城市运行管理具有很大价值。安防监控人员关注的核心是图像中的人、车、物、事件等基础情报信息，但图像资源中包含大量冗余信息，通过人工查找回溯，不仅占用了大量人力和时间，而且因为个人能力的差异和时空交叉数据研判比对的复杂性，会导致对目标认知的偏差，更不用说结合多种时空交叉数据进行研判比对。因此，将视频转化为数据的关键途径是视频解析，通过深度学习和模式识别等AI技术，从图像中自动检测目标、提取特征并对内容进行结构化描述，实现对活动目标和异常事件的实时分析和线索追踪，从而启动预案和精准处置，让监控从事后被动回溯向事前主动防范转变。建设能够匹配公安工作各类应用场景的图像大数据系统已经成为科技强警战略的重要组成部分。

——摘自：《中国安防》杂志2021年4月刊

树立安全发展理念和“全周期管理”意识推进城市公共安全治理现代化

城市“雪亮工程”建设应用与公共设施监控手段向社会治理层面的拓展和升级亟待提升。近年来，国家和地方投入巨资的“雪亮工程”建设取得了突破性进展和巨大成就，但“雪亮工程”海量视频大数据应用向社会治理层面的拓展和升级仍面临一些问题与挑战，比如在数据标准、数据共享方面；在分级有效整合各类视频图像资源、对接各级综治中心、网格化服务管理中心、应急管理指挥中心、市域社会治理服务中心、“城市大脑”与城乡公共安全监管和综合治理一体化的基础上；在视频监控大数据、云计算、人工智能技术的风险预警模式的领先应用等方面还存在关键技术攻关难题。此外，在公共设施监控视频数据采集、数据处理、数据表达、数据分析、一体化服务突发事件应急处置机制、应急处置预案、应急实战综合演练，提高快速反应和应急处置能力等方面，缺乏强有力的技术支持和算法支持；将“雪亮工程”视频数据接入群众家中或手机软件上与城市公共安全治理信息化系统平台深度融合的探索，面临数据隐私保护制度、技术标准、运营指挥模式等重大问题。

——摘自：《中国安防》杂志2021年5月刊

乡村振兴新形势下，乡村安防市场需求探析

在安防系统中，视频监控是技术防范系统的重要组成部分，是完善安防系统过程的首位要素。当前阶段，在乡村、县际以及城际视频监控覆盖度处于较低水平，尚未形成网格化系统布点格局，距离立体化防控体系建成还有漫长的路要走的情况下，需进一步织密防控网络，为乡村安全防护补盲去重，提质增效。

伴随物联网、云计算、大数据、人工智能、AR等技术在安防行业应用的不断深入，在扩大乡村监控覆盖面的基础上，破除“单机”各自为战状态，提升设备智能化水平，为更多基于视频深度应用提供基础信息，不仅满足乡村用户看家护院、守护财产等基本需求，还要符合政府综合治理、安防守护等工作要求，充分利用新技术全面感知、分析和应用，维护乡村稳定发展，推进乡村社会管理创新。

——摘自：《中国安防》杂志2021年5月刊

AIoT赋能乡村振兴助力农村教育及医疗迈向新发展

目前农村对于安防建设，尤其是智能安防建设的需求正前所未有地涌现，这让农村安防市场的发展迎来新的机遇。

1. 安防技术在乡村教育中的作用

在乡村校园安防中，首先安防系统实现对学校公共场合、重要道路、主要出入口、学校周边围墙、重点部位、人群集聚场所的视频监控全域覆盖，打造平安校园。另外，在数字教育信息化建设方面，在每个教室设置监控点，利用监控平台建设电化教育评估系统透过现场视频，实现电子考场、教学评估、辅助教学、远程教学等目的。各部门领导、学校教务部门、学生家长都可以随时通过网络查看任何一个老师的上课场景、听到上课的声音。通过监控系统查看远程实时图像，准确、及时地了解校园安全、老师教学、学生学习生活等情况。即实现无干扰听课、教学素材采集、自习课堂管理、教学质量评估、优秀课程推广等多种应用，不断促进并加强上级教委领导、校长、教师、学生、家长之间的教学管理互动，从而有效地提高教学管理和教学质量。

2. 安防技术在乡村医疗中的作用

具体而言，安防技术赋能乡村医疗能够在以下几个方面发挥作用：

一是远程医疗会诊。例如，在边远地区，医疗条件较为落后，危重疑难病人往往需要去上级医院进行专家会诊，路途奔波十分不便，借助视频监控系统可以实现远程音视频信息的传输、存储及共享，使病人也能享受到先进的医疗资源。

二是远程医护。远程医疗系统可以通过视频编码器与病房中血压仪、监护仪等设备相连接，实现自动报警等功能。

三是远程教学。在安防视频监控设备的帮助下，可以实现远程教学与现场教学的结合，不受时间与空间的限制，有利于培养后备医护人员。以智能视频分析为代表的新型智能化安防技术在未来同样功不可没。通过智能分析视频监控摄像头传回的照片，可以为医院流程优化等提供依据和各种分析管理。

——摘自：《中国安防》杂志2021年5月刊

用科技创新重构视频监控“智能前哨”

传统视频监控难以满足现代化城市治理要求，高投入的视频监控建设模式使精细化城市管控难以为继。需要用智能化重构视频监控建设模式，以“高智能、低成本、高可用”的方式对传统海量视频监控进行智能化升级；以“高智能、低成本、高覆盖、广适应”的方式对新增智能视频监控进行大规模建设。

1. 传统视频监控智能化升级改造针对现存的传统视频监控，在不改变当前架构的前提下，利用边缘计算引擎对视频流进行解码、侦听、识别、抽图，将含有目标对象的图片送到人工智能引擎进行二次目标识别、捕获、提取、解析，生成可应用的视图大数据，并可与公安现有的业务系统对接，提供信息化支撑。

2. 新一代智能视频监控实现高智能、低成本、大覆盖。从2020年开始，包头市公安局视频监控前端建设全部采用集“视频存储、人脸人形采集、车辆号牌提取、手机探针、有线或4G传输、太阳能或交流电供电”多功能于一体的智能摄像机，实现成本低、功能强、安装灵活、性价比高，实现视频实时浏览、历史调阅和图片数据回传等功能。

这种“高智能、低成本、密覆盖”的方式重构了城市级视频监控建设模式，对社区、村居、园区、学校、郊野、公园、银行、车站、网吧、医院、机场、旅店、商铺、公交车站、河道等城乡基础网格视图数据都可进行围合式采集。

——摘自：《中国安防》杂志2021年6月刊

智能视频图像分析系统在城市轨道交通中的应用探索

随着城市轨道交通的快速发展和客流量的激增，对轨道交通的压力也逐步增加，尤其是对运营管理和公共安全保障等方面的压力与日俱增。随着视频监控系统各上层单位管理的车站数量越来越多，现有的传统视频监控系统面临着很大的挑战，主要体现在：

1. 地铁空间有限，信息显示不全面

各管理单位监控室的空间有限，只能通过轮换画面来监视所有的场景，不能同时获知全部视频图像的监控信息。

2. 人流量大而杂，无法及时发现安全隐患

单车站的空间大、设备多、客流复杂，存在较多安全隐患，如旅客的异常行为（打架斗殴）、客流的拥挤踩踏、禁入区域的擅自闯入、自动化设备的突发故障等，通过传统视频轮播或者工作人员查看视频的方式已无法及时应对这些突发事件，同时对地铁安全管理人员造成的压力巨大，易产生不良社会影响。

3. 大客流对地铁运营效率的要求更严格

随着地铁车站自动化、智能化的不断建设，如何提升乘坐体验多元性、信息获取便利多样性、乘客导向及时准确性、车站环境舒适性、广告投放整洁性、非常态旅客（老弱病残）便利性也成为地铁运营管理人员需要考虑的重要问题，针对一些恶劣行为（如乘客逃票、尾随、插队等）急需提出解决办法。

4. 视频数据利用率低，业务系统联动性差

虽然视频监控系统包含的信息量巨大，但现在对信息的利用率极小，因此有必要研究在地铁环境中，如何利用智能视频分析来自动获得相关信息，并挖掘数据，为地铁运营管理、应急处置、安全防范等提供支撑和依据。

由此可见，需要基于已有的视频图像进行深入研究和分析，并结合各类技术应用有效缓解或解决上述问题，保障在轨道交通快速发展的趋势下仍能对车站进行合理管控，以免发生安全责任事故等情况。

——摘自：《中国安防》杂志2021年6月刊

智慧交通中的安防应用技术浅析

智能安防发展至今，视频监控在安防中是不可或缺的技术。在安防行业各类系统中70%以上的应用都需要监控设备来采集图像，追溯案（事）件发生的过程。而在智慧交通领域中，越来越多的安防监控设备被广泛应用到大街小巷，对交通秩序提升和交通事件管理起到了关键作用。

由于城市道路环境复杂多变，为适应不同的应用场景，产生了丰富的交通执法设备形态：护罩形态的固定式摄像机，架设在路段中央，稳固可靠，用于全天候记录过往车辆的号牌和图像；内置球形云台

的摄像机，安装在路侧可兼顾多种角度和场景，对违停车辆进行抓拍；一种新型融合雷达和视频为一体的摄像机，可实现多种交通事件和道路信息的采集；另外还有带射频信号采集的多维感知摄像机，可将手机信息与车辆信息相结合，实现多种数据和信息的关联。

——摘自：《中国安防》杂志 2021 年 6 月刊

安防行业新趋势下的存储系统

随着安防行业高清化的持续发展，监控点位的持续增加，联网规模的日益庞大，产生了海量的视频流存储需求，而视频云存储则是当前满足海量视频存储需求的主要产品。安防云存储通过虚拟化技术全面整合磁盘阵列的存储容量，可按需分配空间且能够灵活调整空间大小。而前端摄像机则可通过视频流协议或者存储接口协议直写云存储，缩短了前端到存储的距离，充分发挥了存储产品的业务特性，避免大量流媒体服务器的使用，有效降低了投资成本。这些大量的并发实时视频流通过云存储设备集群实现负载均衡调度，以集群响应的方式提供视频数据的高并发存储能力以及回放下载能力。在存储底层则采用纠删码、副本或者各种 RAID 技术均衡数据存储并提供可靠的数据保护，即使节点出现故障也不会造成数据丢失。此外，为了方便视频的回放定位，一些云存储还采用了专业的视频数据索引技术，可根据视频存储的业务特点，按照存储时间及点位信息提供高性能的视频查询检索速率，达到秒级响应。在视频回放的同时还可支持通过时间滑块拖拉定位、视频快进、慢放以及系统事件点定点回放等多种策略。

——摘自：《中国安防》杂志 2021 年 6 月刊

固态硬盘存储技术在安防行业的应用

到目前为止，我国安防监控系统主要经历了模拟化、数字化、网络化以及智能化四个阶段。这四个阶段都分别出现了不同形态的监控数据存储系统，从早先的 VCR 到 DVR、混合 DVR 到 NVR 和 SAN 存储网络。现阶段开始大规模部署高清和网络化视频监控系统以后，智能存储服务器出现，以呈现更高品质的视频图像以及精准的智能数据分析和挖掘。在监控视频方面，从原先的“看得见”到“看得清、看得远”，再到现在的“看明白、看得懂”，从人工图像监控和数据分析到使用智能分析技术实现智能化的实时视频分析和智能监控，通过对海量视频监控数据的计算和处理，能够实现高清视频画质的细节分析，智能挖掘出类似特征和行为数据，为事件决策和业务分析提供精准的数据依据。

在大规模的高清视频监控系统应用中，海量高清的视频数据存储，如 720P、1080P、5MP、8MP 等高分辨率 IPC 的接入，大路数并发大码流的实时数据读写对存储的性能挑战很大。同时由于越来越多的监控应用趋向视频图像的高清显示、海量数据存储、多元信息融合、信息智能挖掘以及大规模数据的智能分析及决策等，在平安城市、智慧城市以及跨地域的大规模行业应用当中，对于海量高清视频数据存储系统的需求意味着数据存储能力和计算性能的提升，存储产品应具备高性能、高容量、高可靠性以及可扩展性，同时实现与监控系统应用的深度结合，满足视频监控系统对视频数据管理的特殊业务应用。

硬盘作为安防监控系统内至关重要的设备之一，承载着数据存储和保护数据安全的作用。传统机械硬盘并不适用于安防监控领域的发展需求，首先在海量数据存储、云存储、人工智能以及智能分析等应用下要求顺序和随机读写的速度越来越高，远超出传统机械硬盘的性能；其次长时间的工作需求和恶劣的工作环境对普通硬盘来说是一个巨大的考验。更高性能、持久可靠、稳定、低耗以及低噪音的专业性固态硬盘将更适用于安防监控领域的特殊要求。

——摘自：《中国安防》杂志 2021 年 6 月刊

视图大数据技术浅析

在视图大数据平台中需要建立信息安全体系，保证基础设施安全、数据安全、访问控制安全、身份认证和鉴权、数据传输安全，尤其是涉及个人信息的数据，必要时需要进行去标识化处理和匿名化处理。在平台中的数据传输、数据存储、身份认证等各环节的加解密算法，宜使用自主知识产权的国密算法。端设备、边设备、中心设备应防止非法授权登录，应进行漏洞扫描和防攻击设计。

视图大数据平台中的每个系统都需要注册到运维保障体系中，实现对系统运行状态进行实时监测，同时运维保障体系还需要对平台内的所有基础设施设备的运行状态进行实时监测，还需对平台内的各运算单元的运行状态、资源占用情况进行实时监测，对平台的网络运行情况进行实时监测。运维保障体系主要按照即将发布的国家标准“视频图像信息联网应用运维管理平台技术要求”规定的功能定义、接口协议实施。该体系需要保证整个平台内的所有设备、系统、功能单元、网络连接稳定可靠运行，对各种运行异常进行实时监测并及时发出告警。

视图大数据属于大数据平台的一个部分，从建设情况来看，根据不同部门/行业的现状或者特点，有的是和普通的大数据平台融为一体进行建设，有的是保持相对独立进行建设。但不管哪种建设形式，视图大数据都是围绕视频资源和图像资源作为基础进行展开，同时视频图像数据在整个大数据平台中由于数据量占比较大，且含有巨量的非结构化的视频流、视频片段、图片和半结构化的特征值向量，故视图大数据显示出它的特殊性。目前来看，各部门/行业视图大数据建设还处于初期阶段，在顶层设计、技术架构、标准体系、信息安全、运维保障等各方面都在不断发展和完善。

——摘自：《中国安防》杂志2021年7月刊

基于“一动力三循环”管理模式的“两改一合”方法在医院安防监控系统中的运用

随着医疗事业的快速发展，医院安防监控系统走向前所未有的新型改革之路。唯有创新智能化、信息化医院安防监控系统的建设，才能够进一步完善医院安全防范功能，提高医院运行的便捷性和有序性，加快对医院异常事件处理的速度，提升医院的综合管理水平。因此，在未来的医院安防系统建设方面，需针对医院的特点，结合“一动力三循环”管理模式，在系统的设计、建设上必须要选择先进性及人性化的产品，打造技防与人防、物防相结合，以医院内部精细化管理业务为核心，融合视频监控、智能分析、物联感知等先进技术，实现安全、智能、高效、多系统的智慧医院安防综合管理体系。

——摘自：《中国安防》杂志2021年7月刊

医疗行业网络安全防护+运维市场发展浅析

随着医院部署摄像头数量的增多，医疗行业视频网安全防护及运维需求应运而生，从视频网前端接入防护到视频数据泄密防护以及视频网安全运维需求等，都为医疗行业网络安全及运维市场带来了新的机会和增长点。

在网络边界安全切入的基础上，深挖医疗行业在视频网安全接入、视频数据防泄密以及视频网运维实战等方面的需求，借助公安行业针对视频网安全防护的经验和相关措施，拓展医疗行业视频网安全及运维市场。

——摘自：《中国安防》杂志2021年7月刊

深度神经网络的图像目标分析技术及应用探讨

当今 AIoT 技术往高清化、数据化的方向不断发展，相关的数据量急剧增长，每年产生数万 PB 的视频数据，价值密度越来越低，如何从海量数据中提取有效的信息并进行合理应用是 AIoT 行业新的难题。与此伴随而来的是深度神经网络算法、云计算、数据技术等大量基于图像、数据维度的高新技术来实现对海量视频图像的解析处理以及数据应用问题。

随着图像智能以及数据智能的不断发展，通过相关应用体系的建设，不仅提升了城市视频应用的服务，而且将营造全方位的智慧城市发展环境，是助推城市治理体系、治理能力现代化以及机构探索信息化转型升级的必经之路。

——摘自：《中国安防》杂志 2021 年 7 月刊

加快筑牢网络安全屏障助力监控业务持续健康发展

随着安防行业大联网、大集成趋势的日益明显，视频监控等领域产生的数据也越来越多，安防大数据得到不断提升。而随着安防产品在公安及民用等领域应用的扩展，其所涉及的信息，如视频图像、生物特征、位置信息等数据信息的安全性也成为人们关注的焦点。当这些重要数据通过终端在物联网中应用时，保障网络数据安全将成为未来安防企业发展的重要方向。

随着人工智能、大数据、云计算等新技术的不断演进，也进一步催生了网络安全行业的重新洗牌。网络安全市场、安防行业也迎来快速发展及格局重塑的双重发展机遇。在安防 IT 化的大背景下，视频监控的网络安全形势变得相当严峻起来。视频监控网络安全威胁所呈现的攻击来源更加多样，攻击手法更加复杂，攻击方式更加隐蔽。另外，传统互联网威胁也在向安防系统扩散，监控数据窃取事件高发，可以说当前视频监控网络安全问题正在侵入个人隐私，甚至威胁国家安全及权益。

——摘自：《中国安防》杂志 2021 年 8 月刊

“1+3+N”视频专网安全保障体系建设浅析

随着《中华人民共和国网络安全法》和《信息安全技术——网络安全等级保护基本要求》（GB/T 22239-2019）等国家法律政策的相继发布，以及公安部《关于加强公安视频监控安全管理工作的通知》（公科信传发〔2017〕222 号）和《关于规范推进公安视频图像智能化应用建设的通知》（公科信〔2019〕36 号）的部署要求，相关部门需要依据相关法律法规以及各类标准文件等对依托视频专网的业务系统进行网络安全建设。

视频专用网建设要能够做到：视频业务安全风险及时感知，全局威胁实时展示，资产自识别，设备集中管理，一键联动处置，从外到内形成一个基于视频业务的纵深防御体系。在错综复杂的网络安全环境下，网络安全防御需要从传统的静态安全防御能力转变为动态的安全运营能力，具备可覆盖所有信息资产的全面实时安全监测，持续检验整体纵深安全防御机制的有效性，并可动态分析安全威胁，及时处置相关安全风险。

应从安全体系、安全边界、主动监测、安全漏洞以及安全审计等角度设计，与公安、交通等客户及视频监控设备厂商深入交流研究后进行开发，功能贴近用户需求、产品使用贴合用户习惯，部署的系统从可视化监测、资产管理、运行监测、安全控制、病毒防护以及补丁管理等多方面入手，全面解决视频网资产管理、设备故障及非法入侵等问题，帮助用户全方位解决视频网安全运行问题，实现视频网可知、可控、可管理，全面满足监管单位以及国家的安全合规要求。

——摘自：《中国安防》杂志2021年8月刊

基于旁路镜像的GA/T 1400 交互消息校验系统设计与实现

基于旁路镜像的GA/T 1400 交互消息检测系统借助网络抓包技术，完整实现了从抓包到网络协议还原再到数据分析的过程，基于交换机的镜像流量分析则进一步确保了所分析的数据对于对接双方之间的中立性，准确地还原了基于1400的数据传输请求，实现了对请求体进行校验和结果展示的目标。结果表明，本文设计实现的方案，能够高效、准确地识别并记录交互过程中不符合标准的请求，帮助使用者快速定位问题设备和接口，提高系统对接效率。这一实现方案既可用作快速检测和故障排查的即插即用型辅助工具，也可部署在服务器中持续运行以作为运维平台获取数据的重要来源之一，具有较强的适应性。在不侵入原有系统和网络的情况下，基于网络抓包的检测工具在及时追踪相关设备达标情况、提高平台与软硬件设备达标程度具有一定的意义。

——摘自：《中国安防》杂志2021年8月刊

全面提升安防网络信息安全能力 扎实推进行业健康发展
——安防企业关于视频安全建设发展的探讨

目前安防视频监控网络已经成为我国社会治安防控体系的重要基础设施，安防视频监控网络安全一定会越来越受重视，公安、交通、能源等关键行业也都会陆续发布相关标准和指引，有关单位对这方面的重视程度一定会大大提升，安防行业的网络安全市场未来的增长会非常快，空间会非常大。同时，这个市场的竞争会加剧，用户对于安全厂商也会提出更高的要求，厂商需要提供更加贴近用户业务场景、更有针对性的产品、方案和服务。

视频安全的发展仅仅靠一两家企业，很难推进整个产业的进步。需要相关各方各司其职、各尽其责。其中管理部门要加快行业标准和规范制定，指导视频网络安全建设有据可依；安全厂家要加强视频安全研究和成本投入；视频设备生产厂家要建立视频设备安全基线，解决主要安全风险问题；视频监控网络运营单位要加强安全意识教育、安全技能培训、建立安全检查机制、应急处理能力。只有各方共同努力才能更好地促进视频安全体系的建设与发展。

——摘自：《中国安防》杂志2021年9月刊

基于边缘云的安防视频网络关键技术探讨

基于边缘云的安防视频网络总体架构共分为四个层次，包括负责安防视频数据采集的前端安防探头、从原来集中式中心云下沉到网络边缘的边缘云，以及位于网络中心的中心云。基于边缘云的安防视频网络主要包含面向安防的边缘云设计、面向安防的网络传输加速技术设计、面向安防的SRv6动态路由优化技术设计这三个关键技术。

随着边缘云、传输加速以及SRv6等技术的发展，克服了传统的制约因素，如网络传输瓶颈和智能处理瓶颈，智能安防技术达到了新的高度和广度。作为正在蓬勃发展的一项新兴技术，基于边缘云的安防视频网络技术将会在云边端的资源联合调度与协作、视频数据的高效卸载、高带宽低延迟的网络传输加速、灵活快速的路由组网等方面进一步完善和发展。

——摘自：《中国安防》杂志2021年9月刊

AI重新定义智慧安防　机器视觉开启全新应用场景

随着AI技术、算力和数据量的快速发展，使得大量视频数据的“受众”已不再是人，而是机器和算法。图像从“给人看”转变成“给机器看”为主。“给机器看”可以实现海量视频的快速分析，大幅提升效率及发现更多目标细节。对于摄像机拍摄的海量数据，机器处理将是后续发展更好的选择，因为单纯依靠人力识别需要海量的人力投入且效率低下，而机器算法可以7×24小时全天不间断地分析，大幅减少操作人员浏览视频数据的时间，快速自动定位感兴趣信息并进行结构化存储，减少疲劳等原因造成的审查疏忽，从而极大地提升效率。同时依靠算法模型的优化和海量数据训练的优势，智能算法已经表现出超越人眼的性能，在目标检测和目标识别等方面都达到新的高度，因此利用机器可以发现更多人眼忽略的细节。

——摘自：《中国安防》杂志2021年9月刊

机器视觉技术下的智慧城市新发展

现阶段，机器视觉技术落地于视频领域，在厂家的积极推进中已进入产业化，感知智能时代已来临。车辆识别技术突破后，视频领域又迎来了人脸识别技术的突破，通过应用于实际场景，引领平安城市视频监控建设与发展的新趋势。从平安城市视频监控体系来看，国标联网互联互通的视频专网建设阶段已进入了智能视频网的建设阶段，基于新技术、新规划、新标准，平安城市正式开启4.0时代——智能应用阶段。

随着大数据、人工智能等技术的成熟和发展，公安大数据成为当前公安信息化工作的趋势和重点。智慧城市领域，大数据是平安城市建设的主要方向，视频联网监控已经转变为视频图像信息综合应用。随着最近几年机器视觉视频监控在智能交通领域的落地应用，机器视觉智能交通场景应用已成为机器视觉应用的一个重要分支。

——摘自：《中国安防》杂志2021年9月刊

AR全息化感知打造立体防控云防系统新时代
——专访高新兴科技集团股份有限公司智能安防首席专家陈刚

对于安防行业视频监控领域而言，AR本身以视频作为载体，视频相关技术将成为AR未来发展的重要媒介。比如，当前4K、8K超高清视频、多目全景视频等进行融合拼接的发展趋势也会与AR相关技术的发展相辅相成，视频相关技术的发展也会推动AR技术进一步升级。

视频监控领域是安防行业的重要业务，在行业总产值中，视频监控约占55%。视频监控经过这些年的发展也形成了从模拟时代到数字时代再到网络时代，之后又经历了高清智能化发展，到如今也提出了视频全息化发展的整体脉络。每一次技术的换代都意味着有新的商机出现，AR技术看重的就是视频监控从智能化向全息化发展的趋势。通过智能化我们对于这个世界就会有更丰富的感知能力，AR技术可以灵活运用多媒体、三维建模、实时跟踪、智能交互、物联感知等多种技术手段，将计算机生成的文字、图像、三维模型等信息模拟仿真后应用到真实世界中，AR技术可以以更友好、更直观的方式让用户接收信息，从机器的感知延展到人的感知。

——摘自：《中国安防》杂志2021年10月刊

AR现实增强技术在公安指挥调度中的应用探讨

AR实景融合指挥调度平台以AR智能眼镜为基础，整合固定摄像头、无人机、移动摄像头等前端感知设备，同时在平台测打通公安现有的业务平台，如视图库、大数据平台、人车智能分析平台、警综平台等，在整合各类数据的基础上，利用图像空间定位技术、AR空间标注技术等实现多源数据的有机整合展现，增强指挥中心对现场的感知能力。

平台整体采用“端云结合”的设计理念，端即“AR智能眼镜”，云即“AR实景融合指挥调度平台”借助AR实景融合指挥调度平台，可以将一线执法人员采集的视音频数据实时传输到指挥中心，同时一线执法人员也可以收到来自指挥中心的指令、AR作战态势数据和各类人脸、车辆数据。

——摘自：《中国安防》杂志2021年10月刊

可穿戴单警装备前瞻——超表面技术的探讨

增强现实（Augmented Reality，AR）智能警务眼镜作为一线执法人员的可穿戴式前端智能交互装备，通过视觉交互与听觉交互，颠覆性地提高了一线执法人员与公安大数据平台的交互效率，并通过前端视频结构化的人工智能处理能力成为移动的动态感知信息入口。其紧密融合应用了5G网络技术与人工智能、物联网、云计算、大数据、端计算等新一代信息技术，让每一个佩戴的执法人员都成为大数据平台信息采集的延伸入口，并为执法人员提供实时的决策信息以进行现场快速处置。以AR智能警务眼镜为载体的AR智慧警务系统将成为平安中国建设落地执法一线的抓手，极大推动了移动警务场景中各应用系统的发展，突破移动警务应用的时空限制。逐步成为政府机构、军警领域、企业重要的科技智能应用的方向和选择，被应用于身份核验、融合指挥调度、执勤执法记录、大型活动安保等场景。

——摘自：《中国安防》杂志2021年10月刊

新技术赋能下智能安防与体育碰撞出别样火花

在AI技术赋能下，无论是在体育赛事活动中，还是在体育场馆安防系统建设中，视频监控都已经无处不在。以体育场馆中的应用为例，AI+视频监控通过图像识别技术实现静态、动态、轨迹的识别，可以实现人群统计、个体追踪、禁区管控、异常行为分析等，形成重点场所及区域的安全布防。

与出入口身份识别及安全检查不同的是，在AI赋能下，视频监控系统正突破原有的“安全防范”概念与体育赛事活动深度融合，在满足体育赛事活动管理的同时，实现技术应用与场景落地的不断溢出，诸如助力裁判打分，保证比赛的公平、公正；通过感知球员肢体运动信息、赛场战术演练信息等，实现数据信息汇聚与分析，以提高教练、运动员对体育赛事的认知，辅助赛事进行或体育训练等。

——摘自：《中国安防》杂志2021年10月刊

浅谈智能视频质量诊断技术未来的发展趋势

视频图像是视频监控系统提供的最重要的输出结果，是人们获得所需信息的主要来源。视频图像的质量直接决定了获取信息的可能性、准确性和完整性，高质量的视频图像能够准确地反映指定时间和地点发生的具体状况，是获取信息、作出判断、提供证据的重要支撑。视频图像质量优劣直接影响了视频监控系统的实际应用效果，是视频监控系统建设有效性的重要指标之一。为了及时发现视频图像存在的质量问题，保证视频监控系统的正常稳定运维，同时降低维护工作的人力成本，智能视频质量诊断技术应运而生。

智能视频质量诊断系统是智能视频质量诊断技术实现的载体，是将图像质量评价模型借助计算机算法实现，通过对前端设备传回的视频图像质量进行智能分析和评估，发现其中存在的质量问题进行判断并预警。

目前智能视频质量诊断系统可判断的视频图像质量问题已基本覆盖日常视频监控系统常见的异常状况，并在此基础上进行了适当延展。在安防行业视频质量诊断系统大多以独立诊断工具和平台模块两种方式存在，其中平台类多用于较为大型的视频监控系统，工具类则偏向小型视频监控系统的补充。

视频质量诊断技术通过多年的发展已经能够基本满足现今视频监控系统输出的视频质量诊断的基本需求。但面对规模较大的视频监控系统，以及对视频图像全时可用和质量要求的进一步提高，视频质量诊断技术仍存在以下主要问题：1. 天气变化下视频质量诊断准确度提升问题；2. 视频监控系统不断扩大下的降本增效问题；3. 视频质量诊断故障原因的精准定位问题；4. 视频质量诊断应用场景扩展的问题。

未来的发展将集中在提升诊断效率和准确率、完善故障处理闭环和扩展应用场景等方面：1. 深化计算机视觉和关联分析技术的融合应用；2. 深化大数据和机器学习技术的融合应用；3. 应用根本原因分析思维构建大运维体系；4. 视频质量诊断与业务融合提升诊断效益；5. 持续深化产学研结合，促进评价方法和算法提升。

视频质量诊断技术作为及时发现视频质量问题的智能化手段，在为视频监控系统效用提供保障的同时，也大大降低了管理人员的工作量，是大型视频监控系统必备的辅助工具。与大运维平台的充分有机结合，将实现视频质量问题根本原因的有效分析，提高视频图像质量问题的故障排除效率。产学研相互结合，大数据分析和机器学习等技术的深度应用和业务端的融合是未来提升视频质量诊断效率和准确率的有效方法。

——摘自：《中国安防》杂志 2021 年 10 月刊

以视频数据资产化驱动城市运行“一网统管”体系建设

在城市运行“一网统管”背景下，视频监测数据叠加大数据和人工智能将发挥越来越大的作用。首先，基于视频物联、5G 等技术能够随时随地感知、测量城市运行参数，实现城市运行体征的动态实时感知；同时，基于大数据、云计算、人工智能技术对跨时间和空间的城市运行数据进行整合、存储、挖掘、分析，有助于更好地发现城市运行规律，打造“城市之眼”，让城市管理更加精细。其次，当“城市之眼”感知到异常事件后，通过融合无人机现场喊话、短信自动提醒、智能终端双向语音、后台积分制管理等非现场执法方式让城市综合执法更有温度。最后，基于城市运行数据，结合业务诉求，构建场景化计算模型，深度挖掘视频数据背后潜藏的价值；同时通过正负反馈机制，不断迭代算法模型，通过业务智能不断牵引技术智能，让城市治理更加科学。

——摘自：《中国安防》杂志 2021 年 11 月刊

2021 年智慧教育建设与路径

从平安校园到智慧校园的建设历程中，平安城市建设时期通过智慧公安视频资源模块建设，结合已完成建设的“村村控”“天网”工程一期的基础，有效覆盖拉通了各类视频资源的一、二、三类监控点，实现了视频监控城乡一体、全域覆盖。并使得校园本级县市区范围内“纵向垂直”贯通了社会治安、交通、市政城管等多个市镇村多级视频联网的视频采集与数据感知，“横向水平”拉通了社会安全立体化的多维度视频数据。以校园安全为例，传统平安城市视频监控虽解决了校园安全的局部条块覆盖，但安全死角和安全监管信息无法达到多源多网多库的综合感知，无法发挥视频结构化视频大数据的精准预测预警预判能力，造成安全隐患多发。当前新型平台校园的建设要解决校园安全不但包括了教育局视频监控能够处理的校园内的三大视频安全（标准化考场视频监控、教育网校园网视频采集、校内治安维护视频监控周界防护），而且围绕社会治安立体化防控体系建设，作了智慧校园的平安扩展。

——摘自：《中国安防》杂志 2021 年 12 月刊

第二节 人工智能领域

人工智能深度赋能智慧安防迈向新征程

安防行业是人工智能最早落地应用的行业之一，“十三五”期间是人工智能在安防领域实现生根落地、开花结果的五年。“十四五”期间，人工智能技术仍将是推动安防行业发展的主要力量，发展空间和市场广度将进一步扩大，基于人工智能技术而开发的各类垂直应用将源源不断地出现，人工智能将进入普惠时代。AI 技术发展必将从工程化走向普惠化，其中 AI 工程化是 AI 普慧化的基础，AI 普惠化是 AI 工程化的必然结果。

近几年人工智能等新技术激活了以公安、交警、大交通、金融、电力、环保、司法、监所、教育、医疗、商业零售、社区/园区等垂直行业的各种新应用，出现了基于视频图像的各种安防或非安防性质的 AI、大数据等跨界应用，这些创新响应了用户在新环境、新场景下的应用需求。人工智能安防产业的发展，需要以建设 AI 新基建为契机，进一步推进人工智能与安防需求深度融合，逐步构建涵盖核心技术关键系统、支撑平台和智能应用的完备产业链和高端产业群，推进安防产业迈向高质量发展阶段，持续提高维护公共安全水平和提升社会治理的能力。

——摘自：《中国安防》杂志 2021 年 1—2 月合刊

AI 赋能技术革新推动安防迈向智能化时代

安防产业在人工智能的驱动下由“看得见”“看得清”向“看得懂”转变。随着大量人工智能产品的不断推出，客户对人工智能技术已经提出更为细致、专业的要求，进一步推动技术升级以及在行业应用中的深化。

人工智能行业市场空间足够大，竞争或相互制衡不是主基调，共赢和增长才是当下的主旋律。整体来看，即便是在疫情叠加、美国制裁等因素下，绝大多数人工智能企业都实现了 30%～50%的增长，这就是行业现状。技术和需求的不停迭代会继续促使整个行业螺旋式上升。人工智能领域也有竞争，但竞争是局部的。从行业角度来看，各类人工智能企业的基因和运营模式不尽相同，所以很少在市场上有面对面的 PK，也就是说，硬碰硬的竞争其实很少，没有商业模式上的竞争，市场仍然是蓝海。政府的高度重视会带来更大的市场空间，总的来说，人工智能就是以技术为核心，以产品为支撑，为社会提供更好的解决方案，让人民群众从科技与智能的迭代发展应用中有更多、更直接、更实在的安全感、幸福感、获得感。

——摘自：《中国安防》杂志 2021 年 1—2 月合刊

探析机器视觉实现公共安全业务全视图智能化

随着城市化进程加快，城市人口规模与日俱增，运行系统愈加复杂，城市安防面临严峻考验。近年来，响应党的十九大报告以及中共中央、国务院、国家发展和改革委员会、工业和信息化部等部门发布的系列政策，人工智能与安防企业开始围绕公共安全、交通、楼宇、金融等安防场景，打造以人工智能技术为核心的创新应用，与政府协同实现“AI+安防”的落地，满足了民众对安全管控的需要。社会公共安全治理体系迈向信息化与智能化，作为人工智能一大分支的视觉识别技术在安防行业尤其是城市公共安全视频监控中快速发展。一众企业纷纷入局，而要想做好智能安防，企业既要深懂 AI，也要深懂安防，才能将场景化算法和业务深度融合实现极致成效。在实战中发现，现有公共视频监控体系的每一个环节都存在巨大的 AI 赋能提升空间，未来将在机器视觉应用中实现“全视图智能化”。

——摘自：《中国安防》杂志 2021 年 1—2 月合刊

应用场景日渐繁荣发展前景更为广阔
——2021 年人脸识别市场发展现状与趋势解析

人脸识别技术是基于人的脸部特征信息进行身份识别的一种生物识别技术。相比于指纹、虹膜、步态等其他生物识别技术，人脸识别技术具备非接触、非侵扰、快速、直观、便捷、可扩展性好、可跟踪性好等优势。人脸识别技术自身的特点和技术不断发展演进，结合宏观政策的强力驱动，以及安防行业中智慧城市建设的不断加速推动，促使越来越多的领域对人脸生物特征识别产生了应用需求。

1. 政策驱动为人脸识别发展夯实基础

回溯近几年在人脸识别领域频频颁布的各项政策，着实是为人脸识别在各个领域的场景落地“保驾护航”。2015 年中共中央办公厅、国务院办公厅印发的《关于加强社会治安防控体系建设的意见》提出，充分运用新技术创新社会治安防控手段，提升公共安全管理数字化、网络化、智能化水平。随后《安全防范视频监控人脸识别系统技术要求》《信息安全技术网络人脸识别认证系统安全技术要求》等技术标准的出台，进一步推动了人脸识别技术落地应用，为人脸识别技术的发展奠定坚实的基础，扫清了政策障碍。

2. 技术持续演进发展为市场开拓提供原动力

市场规模的开拓与技术的可持续进化发展是不可分割的。纵观人脸识别技术的发展历程可分为早期研究阶段、蓬勃发展阶段和实际应用阶段。人脸识别技术早期研究阶段起于 20 世纪五六十年代，主要基于人脸图像视觉特征之间的几何关系，建立人脸灰度图像模型，人脸识别过程不能实现自动化，依赖于研究人员手动操作，处于理论研究阶段。20 世纪 90 年代“特征脸”识别方法的提出，使人脸识别技术取得了实质上的重大突破，采用人脸识别算法的识别系统成功搭建和投入实际应用，此阶段丰硕的人脸识别研究成果极大推动了人脸识别技术的实用化进程。进入 21 世纪以来，人脸识别技术在图像建模方法、识别精准性、识别速度以及人脸特征提取方法等方面取得了飞跃进展，使得很多细分行业和领域开始有了较为广泛的实际应用，为我们的日常工作和生活提供了极大的便利。

3. 人脸识别在千行百业落地生根百花齐放

在国务院、工信部、发改委、科技部等相关部门推出的人脸识别相关政策支持下，人脸识别应用市场扩张和技术发展呈现螺旋式上升。人脸识别已形成了硬件与软件相互结合的产品服务，并逐步向不同行业场景的软硬件一体化方向发展，逐渐在千行百业落地应用。

随着智慧城市建设的步伐加快，人脸识别新技术突破，智能化人脸识别的发展趋势逐渐被各个行业青睐。在公共安全领域应用于重点人员管控、案件侦查、人口管理、走失人员寻迹等业务和便民服务；在交通行业利用人脸识别技术实现交通场站人证核验、支付通行，以及交通管理中失驾、酒驾、毒驾人员甄别预警；在金融业务办理中利用人脸识别进行客户身份确认，不用带卡就可以从 ATM 上刷脸取款。随着国内平安城市、智慧城市项目的深入发展，城市监控的高清化进一步得到普及，摄像机数量大规模增长，使得人脸识别在数据采集上的阻碍大大减小，提升了人脸识别的质量与应用领域。

伴随“新基建”在人工智能、物联网、5G 等方面的持续投入，可以预见，未来将加速步入“视觉物联网时代”，人脸识别作为计算机视觉领域的主要技术方向，在“视觉物联网时代”必将获得爆发性增长。

城市物联感知体系建设是提升城市治理水平的重要手段，视频图像作为使用难度最低、应用成效最高、建设面最广的物联感知手段之一，已成为城市物联感知体系的基础部件。安防市场保持稳定增长，即得益于近年平安城市和智慧城市等项目建设推动，雪亮工程促进了安防产业中视频监控领域市场规模的爆发式增长，极大刺激了高清监控、人脸识别摄像机等视频监控产品的需求。随着雪亮工程的逐步完成，政府在视频监控领域的投入会有所放缓，但与此同时，随着中国城镇化率的持续增长，中国城市安保的投入将成为视频监控领域市场增长的主要驱动，带动人脸识别安防市场规模持续稳定增长。

在 2021 年疫情反复的当下，人脸识别技术为疫情防控有序护航。对于火车站、机场、医院、学校、商场等公共场所，以及办公楼宇、食堂等人流密集区域，引入以人脸识别为代表的“非接触”技术作为出入门禁管理、快速支付以及体温监测手段，对于减少交叉感染风险、提高防疫工作效率而言意义重大。面对新冠疫情人脸识别的特殊需求，进一步推动了人脸识别技术进步，需由以往整张人脸的识别向口罩遮挡面部的人脸识别系统发展，利用眼睛等局部细微特征进行人脸识别比对，最终实现不用摘除口罩识别身份。

——摘自：《中国安防》杂志 2021 年 3 月刊

“十四五”安防运营服务发展展望

随着人工智能技术的发展，安防服务的技术变革从“能报警”向“能预警”，从“看得见”向“看得懂”发展。智能监控技术变革围绕着“看得懂”，实现了对图像和视频的价值挖掘。智能化使得图像和视频的价值大幅提高，改变了安防行业，同时也改变了安防运营服务，大大拓展安防监控的应用场景。摄像头不再仅仅是实现安防的手段，更是物联网时代获取图像和视频最重要的信息入口，将成为信息化社会的战略性基础设施。

随着人工智能算法和智能系统等促进终端软硬件不断解耦合，不同类型的终端设备协作能力加强，边缘计算为终端设备之间的协作提供了重要支撑。人工智能赋能安防服务行业，智慧社区、智慧医院、智慧学校及智慧网点等新型业务和新型服务模式将不断创新，同时诞生了新型的安防服务业务。人脸识别将进一步应用，VIP 业务办理、人脸黑名单识别预警及无感体验等服务将规模化应用。视频行为分析应用进一步成熟，算法可识别率达到商业应用程度。动力环境的感知设备将成为标配，安全用电智能管控、用水智能管理以及房间温湿度智能感知等，通过 5G 等先进传输技术实现了智能预警，进一步提高了客户体验。

人工智能赋能安防服务企业，通过人工智能实现平台的智能应用，使智能客服、智能外呼、服务营销等变为可能。同时人工智能也应用于安防服务企业的管理，通过人工智能巡查值机人员在岗情况、质检客服人员对讲情况以及巡检维护人员工作情况等日常功能，使安防服务企业的服务质量进一步得到提升。

——摘自：《中国安防》杂志 2021 年 3 月刊

AI 赋能视频监控释放安防行业发展新动能

安防行业作为人工智能的第一着陆场，作为智慧城市发展的中坚力量，在未来的发展中机遇与挑战并存，安防行业的持续发展需要在更多的技术上攻坚克难，主要体现在以下几个方面：一是大数据的充分利用和信息挖掘是安防行业一直需要解决的问题，智慧社会的建设离不开安防行业的支撑，安防行业的发展离不开数据的利用，当前算法的发展仍然满足不了一些场景的需求，在准确性和可靠性方面还有很大的进步空间。二是当前的视频信息多基于二维平面，将现实世界进行二维映射，丢失了三维空间信息。基于双目和结构光技术的 3D 相机着力于解决监控系统中空间维度的缺失，目前对三维信息的利用和处理技术的开发仍处于初级水平。三是 5G 技术和云计算的发展为安防技术的应用提供了新基础，与此匹配的安防技术需要及时更新优化，高速、高效的信息传输将为安防用户带来全新的体验。四是安防行业有待建设一套完整的，包括编解码、传输、协议、算法、安全以及人工智能方面在内的安防视频监控行业标准，提高安防监控行业的规范化和制度化，促进安防行业健康有序发展。

人工智能、云计算、物联网、大数据等先进技术的快速发展，覆盖了智慧交通、智慧校园、智慧社区、智慧城管等诸多领域，实现了大量的场景应用落地。许多传统安防企业、互联网企业和运营商服务商都参与到数据资源、技术能力以及产品研发的竞争合作环节，共同促进数字经济和智慧城市的建设。人工智能可以对基础设施和社会安全运行的态势进行准确感知预测，提高社会治理能力和水平。通过人工智能技术将图像解析为结构化的目标特征和行为信息，与具体的业务信息汇聚贯通，使得安防系统平台焕发出更具价值的生命力。基于图像智能分析构建智慧城市数据底座的系统架构成为规划建设的主要方向，目的是打造城市的“视觉中枢”并赋能社会基层治理。需要前端图像采集和后端数据分析，通过智能终端或边缘智能提升基础设施，只有将城市每个区域的视频进行智能化分析才能支撑数据中心进行数据治理和知识推理等工作。安防企业需要结合行业优势，综合运用大数据、人工智能、云计算等技术手段，聚焦技术创新、模式创新与资源创新，专注社会治理工作常态化、治理覆盖全域化、治理中心可视化、决策决议数字化以及服务调度精准化等诸多层面的高质量升级，要实现资源整合、打破壁垒、多网联合，提高全息感知精度、综合服务能力以及事件处置效率，提升人民群众的满意度和城市生活的平安幸福指数。

——摘自：《中国安防》杂志 2021 年 4 月刊

“十四五”期间人工智能在安防市场发展将更加深入广泛

在人工智能、物联网、大数据等技术的加持下，安防行业正从过去简单的报警系统、安全防范系统向综合智能体演进。

一是“泛在化”——人工智能作为一种能力，会由图像的采集与分类，逐步延伸覆盖至安防行业的每个角落与场景，从接入、解析、治理、融合到应用。

二是“全境化”——安防市场已经不满足于单点的智能，需要从前端摄像机、边缘计算、传输与中心存储分析的全覆盖，只有实现了全境智能，才能全域协同。

三是“长尾化”——安防行业对人工智能的需求，已逐步从单纯的人脸识别、车辆识别，迈向各种场景的二分类、多分类问题、各个环节的智能监测预警、各种业务的综合应用，长尾智能需求旺盛。

安防行业是智慧城市布局的切入点，随着“十四五”各地政府大力推进市域治理现代化，建设智慧城市、智慧交通、城市大脑建设的需求不断增长，在“互联网+”“智能制造”“人工智能”等国家政策的支持下，未来智慧安防应用前景广阔，人工智能落地应用的前景也会越来越广泛。

——摘自：《中国安防》杂志 2021 年 4 月刊

“十四五”期间人脸识别市场发展前景及趋势分析

“十四五”期间，智能、大数据未来会逐渐发展成为公共安防新技术业态的一种重要典型，人工智能+安防将来也会逐渐实现变被动安全防范预警为主动监控预警。在我国公共安全监控领域可以逐步实现公共安防安全信息的实时可视化、网络化、智能化和高效管理。

第一，目前智能人脸识别已经完全具备能够有效适应基本的网络布控系统业务。但目前我国由于公安机关在现有实际办案工作和其他办理业务中都涉及的办案视频文件内容很多，种类相对复杂，各个城市、酒店、网吧、机场等多个办案业务的各个方面都需要配备办案视频，而对于这些办案线索进行分类搜集和综合整理，往往需要对多种形式的案例进行综合梳理。因此通过深入研究复杂工作环境下的各种人工智能识别图像视频采集系统和各种人工智能识别视频属性的综合分析，提高了对人工识别节点的精度和准确。结合 GIS、GIS 智能地图，自动将所有部门中需要进行实时搜集和检索的各种人工智能识别视频信息都进行实时地关联、归类以及采集数据的综合可视化，通过对复杂环境信息的数据进行综合分析可视、精准跟踪和调用，提高了各个部门业务管理系统的各种人工智能识别和视频信息采集使用的管理效率，这将被普遍认为是未来几年关于人脸识别 AI 的一个重点技术研究目标。

此外，全新的智能人脸图像科技发展策略和技术战法在国内的技术应用也将得到扩大和不断深化。将基于传统的智能人脸图像数据处理信息的实时采集、预警、检索，做基于智能人脸的图像情报和信息预警系统，对道路布控重点区域一定范围内的每一个过路人都同时进行人脸图像信息分析、出行交通计划和生活规律的综合分析。全新的智能人脸处理技术不仅必须同时涵盖所有传统的人脸图像和人工智能人脸 AI，更必须同时涵盖一些更为核心的技术应用以及场景。

第二，人脸识别实现了多维度的数据碰撞。利用新一代大数据技术，结合了人脸识别、人体认知、车辆认知等，找到了有价值的信息和数据，挖掘出各种信息和数据之间潜在的相互关联性和密切的关系，从而更好地服务于行业，“十四五”期间，这也将成为未来人工智能技术发展的一个重要趋势。

第三，人脸识别及相关技术将在我国全面推行和普及。目前我国的人脸识别以政府事业单位、金融机构、机场、高铁等领域的实际应用和市场场景研究为主，“十四五”期间我国的各种人脸识别及相关技术市场将有可能进一步扩展到民用市场，大众将有可能在日常生活中广泛体验到人脸的认证、人脸交易和支付，全面深入地涉及普通百姓日常生活的每一个环节。

——摘自：《中国安防》杂志 2021 年 4 月刊

浅谈国际人脸识别技术研究及标准化工作进展

人脸识别技术是目前主流的人工智能算法落地应用之一。人脸识别算法按识别流程主要包括人脸图像捕获、预处理、特征提取、人脸比对、活体检测以及人脸对抗检测等方面。获取的人脸图像经过模型训练实现人脸识别的过程称为人脸视图解析过程。人脸根据任务需求包括 1∶1 人脸验证、1∶N 人脸库对比匹配和多张相同人脸进行人脸聚类。活体检测是判断当前视图内人脸是否采用物理面具或者其他非真实人脸模具进行人脸识别。人脸对抗检测是采用生成对抗样本越过活体鉴别对人脸识别技术进行破防检测。在国际主流人脸识别技术研究中，除人脸识别算法外，前端人脸数据增强、人脸数据加密存储、行业内人脸识别管理技术也是国内外研究重点之一。

——摘自：《中国安防》杂志 2021 年 4 月刊

探析无人机低空遥感技术与人工智能技术融合发展

无人驾驶飞机简称“无人机”（UAV），是利用无线电遥控设备和自备的程序控制装置操纵的不载人飞行器。与载人飞机相比，它具有体积小、造价低、使用方便、对作战环境要求低、战场生存能力较强等优点，因此在低空遥感领域的应用愈加广泛。然而，无人机遥感也存在诸多痛点，如操作风险高、续航能力差、作业效率低、数据分析慢等缺点严重影响着应用效果。尤其是其智能化水平不高，只能作为飞行器存在，而无法达到“机器人”的水平。

近年来，人工智能领域的飞速发展，让我们看到了解决这一系列问题的新机遇。人工智能是计算机科学的一个分支，它企图了解智能的实质，并生产出一种新的与人类智能相似的方式做出反应的智能机器，该领域的研究包括机器人、语言识别、图像识别、自然语言处理和专家系统等。未来，随着人工智能、5G 通信等前沿技术的大力发展以及无人机技术自身突破，相信无人机技术在安防行业的发展也有无限可能。

——摘自：《中国安防》杂志 2021 年 4 月刊

树立安全发展理念和“全周期管理”意识推进城市公共安全治理现代化

大数据分析决策的方式为面向城市治理现代化带来巨大机遇，通过推进大数据技术与城市公共安全体系建设的深度融合，通过物联网架构下的感知体系让城市的每一个元素都协调一致，相互关联。感知体系可以对城市的公共设施安全进行全方位实时监控，开展城市公共安全的应用示范，形成相对完善的公共安全监测预警与治理模式。从城市公共设施安全监控平台下多模态物理量感知体系的数据智能，到构建城市公共安全“物理层+网络层+应用层”的全新架构，搭建城市公共设施安全管控平台，从顶层设计到终端进行系统布局，为市政建设、运营、管理提供系统性的解决方案。不断将城市风险关口前移，构建城市风险评估、安全生产管理、安全社区建设等事前风险预防体系，通过多视角、多维度方式融合多源异构数据，实现对城市参与者的全面多维感知。

——摘自：《中国安防》杂志 2021 年 5 月刊

大数据助力公安警务向“智慧公安”大迈进

大数据在“智慧公安”领域中的应用优势主要体现在以下几个方面：

一是对大量结构化和非结构化数据进行智能化分析处理。公安机关在履行社会管理职责过程中，已经掌握、管理、储存了各类数据信息，包括人口管理、接处警信息、出入境登记、旅店宾馆住宿信息、机动车驾驶员信息、视频等结构化和非结构化数据，这促成了公安机关掌握的数据储存海量化和类型多样化。针对这些互联网信息、生物特征信息、行为轨迹、图片影像等海量数据进行智能化处理分析，是公安机关应用大数据的优势，也是当前公安信息化建设的重点。

二是构建起以大数据智能应用为核心的“智慧公安”新模式。公安机关在长年的案件侦破过程中，技术人员通过从海量的案例信息、社会资源信息中提取有效数据，结合时间、空间、人文地理等要素进行加工分析，找出暴力犯罪、恐怖袭击、恶性群体性事件等各自的发生要件，总结出各类案件发生的要素特征，形成了各种各样行之有效的技战法，积累了丰富的实战经验。通过大数据技术可以很好地将这些老民警经验和技战法进行模型化，结合各类要素特征数据建立起相应的模型，实现智能分析研判、自动预测预警、精准防范打击、便捷管理服务等应用，构建起以大数据智能应用为核心的“智慧公安”新模式，真正向科技要警力。

三是随着大数据在“智慧公安领域”的深度应用，各类方法和工具正不断完善和创新。用于大数据分析的关键技术包括 A/B 测试、关联规则挖掘、分类、数据聚类、众包、数据融合和集成、数据挖掘、集成学习、遗传算法、机器学习、自然语言处理、神经网络、神经分析、优化、模式识别、预测模型、回归、情绪分析、信号处理、空间分析、统计、监督式学习、无监督式学习、模拟、时间序列分析、时间序列预测模型、可视化技术等。用于整合、处理、管理和分析大数据方面的关键技术有 BigTable、商业智能、云计算、Cassandra、数据仓库、数据集市、分布式系统、Dynamo、GFS、Hadoop、HBase、Map Reduce、Mashup 等。

——摘自：《中国安防》杂志 2021 年 5 月刊

5G+AI 在“智慧政务”中的创新应用

从应用优势来看，5G+AI 在“智慧政务”中主要具备三点优势：

第一，泛在连接是实现城市级政务智慧化的数据基础。城市级政务智慧化的前提就是业务数字化、资产数据化。此处不仅是将线下运行的业务流程变为网上办理，更多的是需要通过将业务过程数字化运作，从而源源不断产生业务数据流，最终形成智慧政务的数字资产。而 5G 带来的泛在连接能力正好可以为这一过程打下坚实的基础。不仅如此，城市治理不但包括流程性业务，同时也呼唤对于整个城市每天发生的各类事件以及城市中各种部件感知与信息的采集能力，5G 恰恰为此提供了相对低的成本与更加便捷的手段，随之而来的就是城市基础数据的极大丰富。

第二，人工智能是实现城市级政务智慧化的技术保障。在 5G 的加持下，海量的城市运行数据得以不断被感知与采集，而如何更好地解析、研判、分发与处置这些海量数据，将数据流变为价值信息流甚至执行指令流，是摆在城市管理者面前的新课题。而人工智能正是解决这一问题的有效路径，通过 AI 的参与可以智能化地从海量数据中去芜存菁，并形成更高效、更精准的智慧化处置体系。

第三，两者结合会驱动生产关系与生产力质的变化。在智慧政务的应用场景中，5G 负责对数据进行高效传输，人工智能负责对数据进行更好地挖掘与分析。两者结合，在数据产生、传输、存储、计算、分析和应用的全生命周期中，第一次形成了市域治理场景中云、边、端的一体化生产工具，从而加速提升了智慧政务时代的生产力。

——摘自：《中国安防》杂志2021年5月刊

用科技创新重构视频监控“智能前哨”

近年来，随着社会经济的快速发展，动态化、信息化已成为当前社会的主要特征，人流、车流、物流、信息流、资金流等空前加大，公安机关在新形势下面临的社会治安管控问题正在成为新的课题。

以人工智能、大数据、物联边缘等信息技术为代表的新一轮科技革命兴起，不仅开启了人们认识世界的新方法，也给立体化、信息化社会治安防控体系的建设提供了新途径、新手段。其中人工智能视频技术就包含了对视频图像中人、车、物、行为、事件、场景异常等目标进行智能化分析与识别。视频智能化的新时代已经到来，它将对公安业务应用的开展产生重构性的影响，辅助公安将管控重点人员和城市治安要素的技术手段从人脸识别、人体识别逐渐拓展到网格建档、网格智能管控的领域，其正在逐步改变公安机关的传统工作模式并深度推进市域社会治理现代化。

——摘自：《中国安防》杂志2021年6月刊

AI赋能产业升级　引领安防智能化变革

行业内对于人工智能在安防领域中的能力和应用边界的认知正在逐渐清晰，对技术的应用效果也有了一定的预期，但是在应用规模化拓展、体系标准和规范的确立以及制度建设等层面还处于快速发展的初期阶段，需要我们不断务实地推动行业的进步。

与此同时，安防行业对AI技术的应用也提出了更高要求：首先，数据规模和数据种类的扩大对算法精度的要求更高了，甚至是指数级的变化；其次，更多应用场景的出现，提出了更丰富的需求，比如交通、城管等场景存在很多长尾需求，这对算法生产提出了新的挑战。而且随着人们对人工智能技术带来改变的期待不断增强，算法定制化和多样化的需求一直在快速增长。

在行业快速发展的同时，行业体系、标准规范的建设和完善越发重要。目前各项行业相关的制度正在持续完善中，旷视科技也积极参与到相应行业标准的制定中，为安防行业的健康和快速发展贡献自己的专业力量。

——摘自：《中国安防》杂志2021年6月刊

大规模人脸聚类技术应用初探

近年来，深度卷积神经网络的出现极大地提升了人脸识别算法的精度，促使人脸识别技术在公共安全行业广泛落地应用，各地公安部门陆续兴建大量人脸抓拍系统，每天产生海量人脸抓拍数据。以国内某一线城市为例，单日人脸抓拍数据规模可达到千万级别。这些人脸抓拍数据目前主要被用于人脸布控、轨迹还原等业务应用，满足案件发生后的人员追逃、稽查布控等常见公安业务场景需求。海量人脸抓拍数据背后蕴藏着更深层次、高价值的信息，如人员出行规律、同行关系等尚未得到有效挖掘。如何利用新的技术手段提升人脸数据价值是深化人脸识别技术在公共安全行业落地应用新的研究方向。

目前行业内常见的技术手段是通过人脸聚类技术将同一个人在不同时间、地点采集到的人脸抓拍数据汇聚起来形成匿名人员档案，再将匿名人员档案与公安部门登记有身份信息的常住人口库、重点人员库等人员信息库碰撞，完成身份落地形成实名人员档案，最后通过频次分析、频繁过人、时空碰撞、同行分析等公安常用技战法对实名档案进行大数据分析，从而挖掘出海量人脸抓拍数据背后蕴藏的人员出行规律、同行关系等深层次高价值信息。这些信息将有助于公安部门提早发现涉毒人员聚集、前科人员异常活动等可能引发恶性犯罪的治安防控隐患，及时调配警力，将犯罪风险扼杀在摇篮中，降低城市犯案率，提升居民安全感。

人脸聚类技术虽能有效提升人脸抓拍数据价值密度，但城市每天产生海量人脸抓拍数据，由于摄像机架设条件、数据采集时间不同等原因，采集到的人脸抓拍数据普遍存在姿态、光照、表情、清晰度等差异，部分抓拍数据还存在人脸被部分遮挡的情况，这些客观因素对实战中保障人脸聚类精度提出了巨大的挑战。公安业务关系人民生命财产安全，业务实战中分秒必争，因此人脸聚类方案必须在保障聚类精度的同时，尽可能提升人脸聚类的实时性。如何使人脸聚类方案更好地满足公安实战业务场景是一个需要持续探索研究的课题。

——摘自：《中国安防》杂志 2021 年 6 月刊

AI 开放平台简析

国内智算中心主要有两种建设形态，第一种由企业自主建设，如 BAT、海大宇、四小龙企业内部的人工智能数据中心，其智算中心的核心目的是持续训练提升自己的算法。企业级的智算中心对人工智能算法的发展起到了关键的作用，但企业自建智算中心非常类似国家之间的军备竞争，市场竞争需要企业始终保持领先，否则将面临持续的高投入和高维护成本的困境。除个别头部企业，大部分企业难以长期维系。第二种由政府牵头，仿照传统超算中心建设的智算中心，初衷是建设一个开放、共享的资源池。但由于当前人工智能的客户群和应用场景并不十分明确，导致其具有使用量不足、资源闲置、缺乏持续的建设和发展动力等缺点。

人工智能训练框架在国内外处于两个不同的发展阶段。国际上知名的开源框架包括 TensorFlow、Caffe、CNTK、Theano、Deeplearning4j、Torch、Chainer 等，背后由谷歌、微软、脸书、IBM 等软件巨头或者基金会提供支撑，一度成为百家争鸣的局面。然而从 2019 年开始，开源框架开始整合和淘汰，逐渐集中到少数几个框架。国内的开源框架正在走向繁荣，几年前只有百度的 PaddlePaddle 比较知名，而现在华为的 MindSpore、阿里的 X-Deep Learning、商汤的 SenseParrots 以及很多其他厂商都宣称，开始准备开源自主知识产权的训练框架。

——摘自：《中国安防》杂志 2021 年 6 月刊

智慧新警务——公安可视化指挥调度系统浅谈

智能技术在公安防控、指挥、侦查、情报、勤务等方面的场景化应用是当今安防智能化应用最为成功的领域。为公安智慧新警务建设而研制开发的公安可视化指挥调度系统针对公安重大警情处置、重大活动保障、应急维稳处突、综合应急响应等应用场景，采用大数据、云计算、智能视频技术，帮助公安在指挥过程中实现了精准情报获取、科学指挥调度、高效协同行动。

公安信息化与科技强警是提升公检法机关核心战斗力的有力武器，尤其在重大突发事件面前，公安可视化指挥调度系统不仅实现了警情处置的可视化联动、视频会商、扁平化指挥，同时实现了传统警务向智慧警务的转变。公安可视化指挥调度系统通过对接公安内部和外部的各类业务系统和服务平台，与公安内外部数据进行数据交换和信息互通，并为其业务实现提供系统支撑。

——摘自：《中国安防》杂志 2021 年 7 月刊

大数据技术在公安业务中的发展

公安大数据总体建设目标可以概括为：公安大数据将有效整合社会和公安部门数据，通过对数据的应用，获取公共安全管理知识，提高公安部门的能力建设。借助数据和知识支撑，对危害社会秩序行为进行辨识和预判，安全有效打击危害公共安全行为，提高服务社会和公民的能力。

公安的具体实务均由五大基础业务，即情报、指挥、作战、后保、战训演化而来，大数据与五大基础业务的关系反映了大数据在公安实务中应用的基本方法，对公安大数据的建设和应用具有指导意义。大数据技术在公安业务中的发展具有广阔的前景。在公安大数据建设中，尚有很多值得深入研究的内容，如数据大建设规范、大数据系统架构、大数据支撑公安作战的技战术研究、大数据支撑公安信息化能力方法研究等。

——摘自：《中国安防》杂志 2021 年 7 月刊

医疗安防迈进智慧化时代迎来发展新机遇

近年来，随着大数据、云计算、物联网、移动互联等技术的快速发展，各行各业对于网络化、高清化和智能化安防需求的呼声越来越高。放眼未来，个性化、智能化以及集约化对于医疗安防行业来说是大势所趋。随着“智慧医疗”的兴起，病患者能够借助医疗大数据平台便捷接受医疗诊断甚至足不出户。随着应用的深入，远程临床教育、远程护理、远程手术、远程会诊、远程探视等医疗业务的延伸将会日益普及并逐渐成为常规手段。这些在推动医疗水平提升与共享的同时，也让更多的患者受惠于高科技带来的好处。以人脸识别、RFID、智能分析等为代表的新智能化技术将会进一步提升医疗整体信息化水平，医疗安防行业也迎来了新一轮的发展机遇。

——摘自：《中国安防》杂志 2021 年 7 月刊

数智通行在智慧校园应用浅析

面部、指纹、人体等丰富的生物识别手段和先进的人工智能以及大数据技术的集合，给校园带来了前所未有的场景应用，而数智通行场景正是这个技术革新下应用最广、最频繁的一个场景。数智通行按照字面的理解就是通过智能和数据化的科技手段加持，让生物识别技术赋能通行场景的科技革命。用一个数学公式就是：数智通行=智能化+数字化+场景化，也就是让智能和数字化技术手段在各场景落地。

人工智能和数据技术在校园通行场景已经遍地开花，AI 普惠化的时代已经到来，而大量通行数据的积累，把智慧校园的应用从感知层面上升到认知层面，运用数据技术分析，相信未来会有更多的场景产生，也会有更多的应用孵化出来。

——摘自：《中国安防》杂志 2021 年 7 月刊

人工智能在电子数据取证中的应用研究

为了应对电子数据取证分析过程中遇到的难题，结合电子数据分析的类型和应用需求，我们将人工智能技术在电子数据取证中的应用分为文本分析、语音识别、影像分析和综合应用四个方向。

在大数据、云计算带来的信息爆炸时代，越来越需要借助人工智能来辅助人类的工作。在人工智能技术逐步走向成熟的过程中，人工智能也可能被犯罪分子所使用，这时候就需要利用人工智能技术来治理人工智能犯罪。当前人工智能机器人通过对虚拟数字空间的文本、图片、视频及语音等数据的分析来学习分析犯罪分子的行为特点，逐步学会从案件数据中挖掘涉案线索。未来随着人工智能不断地训练学习提升，将逐步替代和超越人类的研判分析能力。

——摘自：《中国安防》杂志 2021 年 7 月刊

全息路网在城市交通综合治理中的应用

全息路网计划通过将路网设施+车辆路线还原数字化，精确刻画路网的机、非、人的精准路线，支撑乱点、隐患点等安全治理，以及精准地向车辆数量统计和路口根因分析等支撑精细治理，实现路口的全方向、全天候、全要素的路网数字化，为交管信息互联提供数据源头，为更高级别的深度应用提供精准数据支撑，也为隐患排查、交通组织优化等深度治理奠定数据基础。

全息路网基于对交通标识、高精地理信息数据以及交管设施设备进行计算机语言化、结构化构建的数字化路网，以前端智能感知采集数据、边侧融合计算数据为基础，输出全时、全域、全量、全要素的交通业务数据，通过搭建业务所需的交通算法模型，形成宏观、中观、微观、个体的全方位交通认知，为交管业务提供精细化路网数字底座，为交管智能体的持续演进提供新思路。

——摘自：《中国安防》杂志 2021 年 7 月刊

智慧消防建设助推城市安全能级提升

在国家政策的大力鼓励下，智慧消防迅速发展，安防企业纷纷进军消防市场，消防与安防的融合成为行业发展的必然趋势。智慧消防以及智能安防相互融合、共同发展，各具特点。通过前端传感器结合安消统一平台与火灾安防数据联动，提升了消防维保运营效率，拓宽了安防数据应用价值。作为消防整体解决方案提供商，可以在安防领域寻找新的业务增长点，通过在消防行业引入人工智能、热成像等先进技术可有效解决一些长期困扰用户的痛点。安消一体化平台将融合不同的子系统实现统一界面、统一管理。安防和消防同属安全领域，都强调设备联网化和数据分析等应用。安防企业进军消防领域也将为消防注入新的活力。

——摘自：《中国安防》杂志 2021 年 8 月刊

“智”守文物，“物”连未来暨 AIoT 在文博领域的应用分析

在整个社会数智化转型的浪潮中，文博单位也需要结合新技术、新应用来实现安全管理的全新智能

化升级。通过 AIoT 设备的加载，充分发挥物联感知能力，通过感知展馆游客分布自动控制照明和空调等设备的开关状态，做到“人来灯开，人走灯灭”，减少人工操作，达到节能降耗的目的。同时还能对博物馆用电量分时统计，对能耗大数据进行统计分析，结合报警数据统计，时间环比、场景环比等多维度分析评判，输出风险评估报告，为节能提供数据策略。AIoT 技术的应用，不仅能实现万物互联、数据互通，实现多维业务系统的统一融合管理，实现一体化安全管理平台，还能通过 AI 智慧大脑强化安全预警能力，提高安全管理效率，全面提升应对各种情况的协同作战能力。

AIoT 不仅为博物馆、文保单位等行业主体提供强大的物联感知能力和 AI 分析能力，还是贯穿上下级平台数据资源池的重要管道。AIoT 既是人工智能与物联网的有机结合，也是实现文博行业全面数智化专项的必要手段，是行业发展的必然选择。

——摘自：《中国安防》杂志 2021 年 8 月刊

面向智慧社区的无线安全接入网关设计与实现

随着信息技术的快速发展，数字世界与物理世界正在加速融合。人们与智能设备之间连接与通信的需求激增，促使人们全面进入万物互联时代。

目前国内已建或正在建设的智慧社区大多都是在小区侧安装智慧门禁、车辆识别设备、人脸识别设备、摄像头及其他物联网感知设备，利用这些设备采集数据，然后将数据汇聚到政府或企业侧的中心平台再运用大数据、云计算等科技为居民提供更加安全、便捷、智能的生活。

针对当前智慧社区建设过程中存在的问题，急需一款能支持无线通信的安全接入网关。智能终端设备所采集的信息通过有线或无线通信协议传输给无线安全接入网关，无线安全接入网关将收到的数据进行加密之后转发给政府侧的中心平台。无线安全接入网关采用 IPsec 通信协议，SM4 作为通信的加密算法来保障数据传输过程中的安全，并使用设备的 ID 生产合格的 SM4 密钥来对离线存储的文件进行加密，保证离线数据存储的安全。无线安全接入网关既解决了有线网络连接成本高的问题，又解决了无线通信中存在的数据安全问题，对智慧社区的建设起到了良好的推动作用。

——摘自：《中国安防》杂志 2021 年 8 月刊

关于智慧社区系统建设的思考

当前，数据已被定义为新兴基础性战略资源，大数据也上升为国家战略，以数据驱动社区治理智能化的手段革新将作为智慧社区信息化建设的重要使命，以数据主线来引领智慧社区系统建设，也为大家提供了一个建设思路。主要从“一条主线、三个层次”着手。所谓“一条主线”，就是以数据感知、数据传输、数据汇聚、数据分析与数据应用这条数据流为主线，“三个层次”主要对智慧社区系统进行层次划分，包括基础设施层、平台层以及应用层。以一条主线来贯穿智慧社区系统的三个层次，是智慧社区系统建设的总体思路。

——摘自：《中国安防》杂志 2021 年 8 月刊

社会面智慧新巡控警务模式的探索

面对当前公共安全风险增多、公共安全事件多发等治安形势，为将零散在多个警种的防控资源集成发力，治安部门因时顺势，创新发展，按照公安新型智慧新警务战略部署，积极融入智慧新警务建设，率先探索治安防控工作的实践之路，打造“资源整合、科技支撑、警民联动”的新型智慧巡逻查控大格局。

为解决公安社会面巡逻查控存在的问题，通过利旧或新建物联感知设施、设备，推进智能感知、智能采集等信息化科技手段应用，建设社会治安防控业务应用系统，实现重点领域、重点区域信息化管理、智能化应用，推动警务模式和警务机制转型升级。通过建设智慧新巡控系统，将创新“街面巡防+检查站+派出所+警务站+群防群治”的大巡防机制，通过社会力量的协作配合，在全社会面形成重点部位联动防控、重大风险联动管控，全面提升社会治安联动联控能力。以巡区划分为基础，以公安检查站、派出所、街面警务站和智慧安防小区建设为依托，以智慧巡逻防控系统和前端感知设备智能化为应用支撑。同时结合城乡治理新模式，整合社会力量群防群治等资源，实现“1、3、5 分钟”快速反应机制，最大限度提升街面控制、应急处突和打击震慑能力，维护社会稳定。

智慧新巡控是公安机关探索社会面防控智慧化应用的实践之路，是未来警务形态演进的必由之路，是提升公安战斗力的破题之路，是提升警务精细管理水平的改革之路。以智慧巡逻查控和科学研判为抓手，着力将警务模式创新与现代科技“深度融合”，推动警务模式从“人力型”“被动型”向“智能型”“主动型”转变，不断提高社会面的见警率、管事率，从而进一步提升人民群众的获得感、幸福感和安全感。

——摘自：《中国安防》杂志 2021 年 9 月刊

智能安防在“智慧应急”领域中的融合应用

2021 年，智能安防技术在应急管理中实现了更多的落地应用，相关智能安防技术已经被明确写入了应急部信息化建设任务书的指引文件中。应急管理要满足“统一指挥、上下联动、反应灵敏、专常兼备、平战结合”的要求，就需要向智能安防技术要效率，向数字化、智能化发展。相信在未来的 2~3 年能够看到更大范围的落地技术和应用场景来满足城市精细化治理下的各类“天灾人祸”精准施策要求。智能安防将通过数据驱动使应急工作由被动变主动、由事后处置变事前预防、由局部变整体、由短期变长期等转变，切实满足统一指挥、反应灵敏、上下联动、专常兼备、平战结合的应急工作要求。

——摘自：《中国安防》杂志 2021 年 9 月刊

AFC 系统跨越“智慧城轨”新道路

随着城轨交通的快速发展，城轨支付场景高通过率和高安全性的需求也随之大幅增长，尤其在常住人口众多、人流量大的城市尤为明显。城市轨道交通自动售检票系统（AFC 系统）是由计算机集中控制的自动售票（包括半自动售票）、自动检票以及自动收费和统计的封闭式自动化网络系统。为适应社会需求正朝着更多元化和智慧化的方向发展，AFC 系统的支付手段也逐步多样化。

城轨交通高速发展下，人流量日渐庞大，AFC 系统智能化势在必行。尤其是在当下新冠疫情全球流行的情况下，“无感通行”无须任何接触，高效率的优势日渐凸显，因此刷脸支付无感通行已成为 AFC 的必要通行手段。

未来 AFC 系统中刷脸支付无感通行将成为“标配”的发展趋势，其市场空间也不言而喻，让我们的出行更加便捷、安全、高效、节能。

——摘自：《中国安防》杂志 2021 年 9 月刊

“十四五”期间安防无人机将迎来新一轮发展机遇

无人机在安防行业主要应用于以下几个方面：一是抢险救灾：进入复杂或难以进入的区域，全面勘察事故区域地形及人员伤亡情况，将现场画面及相关信息实时传回指挥调度中心，以便决策。同时可携带一定的救援物资，协助救援。二是安全监控：可对指定目标进行跟踪、监控，协助公安部门进行精确抓捕；也可对大型集会、活动现场进行实时监控，协助指挥中心了解情况，应对突发事件。三是交通管控：实时监控城市道路交通流量情况，实现针对性管控。同时也可在监控盲区进行定点悬停拍摄，对随意变道、闯红灯等交通违法行为进行航拍取证。四是巡检巡查：对输电线路、石油天然气管道、铁路、公路、桥梁进行巡检，排查安全隐患；对矿区进行日常巡查，监控矿区安全，监督违章开采，等等。从这几年的发展来看，安防无人机在公安警务中的应用表现最亮眼。作为新型警用装备，警用无人机近年来发展势头良好，规模数量快速增长。

中国安防行业“十四五”规划设置了专栏对无人机及反制提出了明确的发展目标，即研究基于5G通信的无人机集群、自动无人机机场、低空城市网络安全防护技术；研究无人机交叉定位、音视频算法防御等技术；研制无人机低空防御系统，实现高水平的无人机反制。

——摘自：《中国安防》杂志2021年10月刊

新技术赋能下智能安防与体育碰撞出别样火花

智能体育不但涵盖原有体育场馆的智慧化升级，提升体育参与者自助式的智慧化体验；更包括场馆借助智能化软硬件，实现数字化转型，达到降本增效的目的。例如，即将来临的冬奥会，组委会正构建基于5G的能源管理、设备检测预警、安防管理、交通调度等，实现智慧场馆的可控、可视。同时，体育场馆运营方或者体育赛事活动组织方还可通过基于AI+视觉技术实现体育参与者的各种运动信息的搜集、整理、分析，比如肢体动作、运动频率、运动状态等，从而提供更加有针对性的运动指导、体育营销等增值性服务。

——摘自：《中国安防》杂志2021年10月刊

AI+安防在智慧物流中的深度应用

AI时代已经来临，如何有效利用安防大数据并使其产生价值是安防行业企业与客户、合作伙伴不断探索的方向。智能一体化云—边一端的大平台、小系统、轻终端、微服务成为了主要产品形式。智能一体化建设就要打通多系统壁垒，统一系统入口，将具体数据清洗、分析、建模，为管理者提供决策建议。通过视频技术、大数据、人工智能等技术沉淀，打造出全新物流运营管理中心，为物流企业网络的联通性和可视性提供高质量服务。信息交互共享，快速分配、推送任务，多区域信号精准接收，并实现双向感知控制。以开放包容的AI能力中枢平台整合本地、集团、第三方等系统与数据，实现套件化融化，不同层级共享。面向不同部门、不同岗位的不同要求与不同工作机制，建立专属权限、界面及决策模型。为中转集散中心及其物流运营总部打造一支视频+情报分析+决策研判的精兵队伍，系统建设与人才培养融合为一。系统是工具，落实才是目的。围绕中心的实际情况，建立一套完整的行动工作机制，让每项业务实现闭环。打通多个系统，对数据进行汇聚、清洗、碰撞、分析、建模等实现场地业务数据，车辆、货物、KPI 以仪表盘形式展示，并连接调度系统提供决策意见，整体提升运营效率。三级可视化地图，将实时物流数据、场地作业、安全保障进行融合管理，以实际的业务流程进行梳理，以具体的业务实体进行承接，实现线上智能线下执行的闭环管理。同时，将视频、智能化、自动化进行有机结合，实现进一步应用，如可视化快速追溯、可视波动人员调度等，实现以视频为核心的智慧能力加载。可以预见，未来新型基础设施建设中的各种 AI 场景，安防智能化设备、出入口控制、视频监控、视频解析算法等各种技术都会与 5G 大数据等应用进行深度融合，提升物流智慧化水平。

——摘自：《中国安防》杂志 2021 年 10 月刊

安防专用关键芯片日渐丰富“芯芯之火”可以燎原

当前，我国对于芯片半导体产业的发展高度重视。去年 8 月国务院公开发布了《新时期促进集成电路产业和软件产业高质量发展的若干政策》，宣布了包括减免企业所得税在内的一系列优化政策。《中华人民共和国国民经济和社会发展第十四个五年规划和 2035 年远景目标纲要》针对芯片相关领域明确提出，聚焦高端芯片、操作系统、人工智能关键算法、传感器等关键领域，加快推进基础理论、基础算法、装备材料等研发突破与迭代应用；加强通用处理器、云计算系统和软件核心技术一体化研发；加快布局量子计算、量子通信、神经芯片、DNA 存储等前沿技术，加强信息科学与生命科学、材料等基础学科的交叉创新，支持数字技术开源社区等创新联合体发展，完善开源知识产权和法律体系，鼓励企业开放软件源代码、硬件设计和应用服务。就安防行业而言，《中国安防行业“十四五”发展规划》把“研发安防专用关键芯片，提升芯片国产化率”相关内容提升到了安防行业核心技术专栏的首位，对 AI 处理器芯片、图像信号处理（ISP）芯片和高速存储控制器芯片都提出具体要求。

——摘自：《中国安防》杂志 2021 年 11 月刊

无人机深度赋能立体防范未来新市场机遇应运而生

在 2015 年国家制造强国战略引领下，各级政府部门相应出台了许多支持性政策，促进了无人机产业发展，加强了无人机管理。作为快速发展的创新型行业，无人机逐渐赋能安防行业，广泛应用在许多领域中，与其深度融合。无人机作为一种新型警用装备，在执法执勤、巡逻搜索、交通管理、大型活动安保、社会救援救助、疫情防控等任务中辅助一线公安民警发挥出积极的作用，逐渐成为重要的科技警力，无疑拓宽了安防市场规模。

低空经济发展呼唤“低空新基建”。近几年，在国内外发生的多起由无人机引发的公共安全事故警示我们：一定要高度重视来自低空的威胁。各地方政府都在积极推进低空空域改革及智能化的低空新型基础设施建设，在低空新基建的发展过程中，安防行业也将迎来新的发展机遇。

未来无人机乃至无人系统的安全防范或将成为安防行业的“重头戏”，随之而来的安防新市场机遇或将应运而生，让我们拭目以待！

——摘自：《中国安防》杂志 2021 年 11 月刊

生物特征识别技术促进安防行业智能化升级

近年来，生物特征识别产业发展迅速，产业链基本形成，市场规模快速增长。尤其 2020 年，随着疫情的暴发，非接触式生物识别市场的需求不断增加。随着生物识别市场新技术不断涌现落地，生物识别场景趋于多样化，产品服务趋于定制化发展，多模态生物识别技术将得以大量应用。5G、人工智能、大数据、云计算等技术与生物特征识别技术结合将引领产业升级，使得安防行业进一步向数字化、智能化发展。

——摘自：《中国安防》杂志2021年11月刊

万物互联趋势下“十四五”智能家居将迎新发展

进入“十四五”，智能家居行业在技术、市场、产业变革中，将迎接新的挑战和机遇。为推动智能家居产业发展，国家“十四五”规划纲要首次将“智慧家居”纳入其中，全国16个省区市“十四五”规划纲要提及智能家居相关内容。中国安防行业“十四五”规划也提出了着力培育智安小区、智能家居等安防消费市场，研发健康管理、居家养老、智能家居等产品，逐步建立完善家庭与小区一体的安防服务管理平台。

智能家居在国内的发展历经了互联网时代、移动互联网时代、物联网时代的发展演进，已被大众熟知并逐步走进了千家万户。特别是近年来，AI、IOT技术的深度应用，促使智能音箱、智能门锁、扫地机器人、智能摄像机等爆款智能单品向市场快速渗透、普及，行业迈向更智能的用户体验阶段。

近年来房地产市场逐渐从增量开发向深度的存量服务转变，大量商品房尤其是精装商品房竣工，叠加旧房改造需求，为智能家居的成长提供强大动力。同时大数据、人工智能等新技术的兴起使大量的智能家居业务得以承载和优化，用户个性化的选择得到最大限度的呈现。在此背景下的智能家居市场，目前已经处于一个快速发展的阶段。据相关数据统计，全球智能家居市场将继续以15%左右的复合年增长率增长，到2025年有望达到880亿美元。随着5G+AIoT时代的到来，智能家居正逐步从碎片化单品朝全屋智能、空间智能的方向迈进。

从智能家居过去的发展路线来看，技术的突破创新始终是驱动行业发展的引擎。当前，伴随着物联网、人工智能技术的广泛应用，智能家居发展迈上了新台阶，尤其是利用云端架构在线语音语义识别技术，让智能家居的场景交互更加灵活多样，给市场带来了新活力。不过从用户体验而言，智能家居仍然缺少真正的智能，目前除了配合传感器和预定程序实现个别场景自动执行之外，其他功能仍需要用户主动发起和控制，因此智能家居当前所处的阶段也仅是浅人工智能阶段。但可以预见，随着人工智能算法与技术、云端与本地硬件运算能力的不断突破，其在智能家居局部中的应用将拓展到全屋智能，尤其是往全屋大脑的方向发展，将让智能家居真正具有灵魂，走向自主服务的时代。

智能家居涉及照明、门窗、暖通、家电、影音、安防、传感器、开关面板、低压配电等多个行业，产品的互联互通、标准规范一直是行业关注的焦点。近年来，国家相关部委、行业协会、各智能家居企业共同推动了智能家居的标准建设，陆续发布了若干智能家居相关国家标准。智能家居本质上是一个家庭物联网系统，用户不仅是智能家居的使用者，也是家庭数据乃至互联网内容的生产者。海量的智能家居应用与用户，产生了大数据和云服务价值，也造就了智能家居千亿级的大市场。AI赋能将推动家居智能化升级。一方面人工智能为楼宇安防的事前预警、事中响应和事后处理提供了充分的技术保障，另一方面人工智能让智能家居实现人机交互、自主学习和自动感知功能。人工智能与智能家居的结合将是行业发展的大趋势。

——摘自：《中国安防》杂志2021年12月刊

解码“大数据”点燃行业应用新引擎
——专访杭州中奥科技有限公司首席数据官李冰

大数据和人工智能技术在安防数字产业化发展中分别扮演了“定海神针”和“如虎添翼”的角色。安防前端采集设备包含大量的摄像头和传感器，无时无刻不在产生数据，如果没有大数据技术，这些数据就无法高速存储、查看和计算，失去了利用大量数据学习规律进行事前预防和事后分析的可能性。而人工智能技术让计算机具备人类的感知、认知和思考能力，能够大规模快速地从安防数据中分析出对象、对象属性和对象行为，解决过去主要靠人工监控和事后追查导致的高成本及低效率问题。我们的数据中台和智能中台作为安防大数据和人工智能基座，一方面提供可靠、高效、集成的数据采集、存储、处理、共享及服务能力；另一方面提供人工智能算法，通过分析各类传感器采集到的数据，提取关键信息，分析异常行为模式，为精准决策提供支持。

未来大数据技术将不断强化4V特征，数据量从PB时代进入EB、ZB时代，图片、视频、音频、文本等比重大幅上升，对实时处理速度提出了更高要求，流批一体的处理方式将成为主流，探索如何对数据价值进行便捷、高效、有效地挖掘，实现数据驱动的决策是下一阶段的重要方向。现阶段，大数据治理体系是不完善的，要研究如何在确保数据安全的前提下实现数据质量的提升、数据资源的共享以及数据资产的流通。人工智能技术的发展有相当一部分是由大数据技术的发展推动的，以现有的人工智能理论技术水平，要提升人工智能在行业中的应用，依然离不开大量的数据。通过大量数据学习出特定领域的通用模型，再结合行业自有数据微调模型是未来很长一段时间探索实现通用人工智能并落地应用的重要方法。另外，随着不断出现的人脸检测攻击、无人驾驶事故等事件，人工智能安全和伦理方向的理论和技术研究也呈现爆发式增长，这也是人工智能技术领域的重要方向。

——摘自：《中国安防》杂志2021年12月刊

数智赋能蓄力前行

数智发展历程在探索初期，主要侧重智能边端产品，实现了数智技术小规模应用，在公共安全和智能交通领域取得了一定的成效。发展至今，数智技术结合大数据应用正在进入深水区，包括公共安全、智能交通、应急管理、社会治理等各个领域都从国家层面自顶向下提出越来越明确的规划和要求。城市作为海量信息和需求的集合体，逐步智能化和网联化是其发展的必由之路。所谓智慧城市，旨在通过构建一个物理城市和数字城市的全维度映射，并借助数据的力量实现智能化的信息挖掘和处理，从而让城市生活更高效、更友好、更智能。在智慧城市这一理念部署实施时，如何处理海量数据与复杂且相互关联的因果系统之间的关系，设计出高效、广泛、机动的系统，一直是业内研究的一大重点。

——摘自：《中国安防》杂志2021年12月刊

智慧城市的大脑——场景感知决策系统

智能城市这一复杂的大型系统涵盖了多种系统，主要包括：为了提升出行效率的路口红绿灯的自动控制系统、为了兼顾建筑居住体验与节能减排的智能灯光/温度/湿度控制系统、为了实现“碳中和”的工业群排放动态检测回收体系、为了提升社区安全的犯罪行为预警防护追踪系统等复杂子系统。它们交错缠绕在一起，形成了智慧城市的一张巨大的信息网。我们需要一个统一的完整系统使数据与系统、系统与系统之间能够有机结合。

场景化感知决策系统是对数字化城市中各类场景进行实时感知、识别、分类、判断、行动的系统。目的是通过智能终端、智能路网、城市云/服务云连接的分布式网络在数据层实现统一采集、统一处理；在模型层实现多元输入、场景化激活、多模输出的完整分析链路，实现针对复杂系统"信息收集—需求判断—服务提供/指令输出"的机动过程，动态兼容不断发展完善中的各类场景化子系统，以信息与决策中枢的形态存在于智慧城市设计中，综合提升整座城市的智能化程度。

感知技术是智能感知决策系统的基础。感知技术由元账户体系、可动态扩展的全域传感层、数据预处理层三大模块组成，主要解决海量数据实时采集和高效预处理的问题。为每一个人/实体/对象/服务编码创造一个可用数字化描述精确定位一个唯一对象及其属性的元账户体系，这是万物数字化、互通互联的第一步，也是很多新兴技术发展（如当下非常火爆的元宇宙）绕不开的一步。

场景识别技术是智能感知决策系统的核心。场景识别技术由信息全连接层及可动态配置的多元场景模型层组成。其核心技术思想在于，为不同的场景模型定义不同的信号触发组合模式并通过算法模型对信息及响应进行深度加工与处理。

决策技术是智能感知决策系统的出口。决策技术由指令调度仲裁层和子系统执行层组成。面对海量数据可能导致的海量指令及服务请求的并发，如果不加以二次过滤，对于整套系统而言会是一场灾难。因此，指令仲裁层的加入是必要的、不可或缺的。指令仲裁层的使命是针对存在潜在冲突、时效过期或者优先级过低的指令，放弃调度执行或者延缓执行。

——摘自：《中国安防》杂志 2021 年 12 月刊

"数据智能、孪生城市"
——2021 年智慧城管年度印象

随着新型智慧城市建设的不断进步与发展，城管业务的科学迭代和科技赋能也产生了巨大的变化，各地城管综合管理服务平台、城管大脑等统建类的需求日臻明晰，各地的城管业务从条块管理精细化到了要素管理、从单点多面到了全域感知、从数据多源接入到了全量汇聚、从被动采集到了主动感知、从事后处置事件驱动到了事前预警预测，降本增效成为各地城管业务开发的共识。

通过智能化升级加强了城管全域感知能力，旨在通过新型基础设施建设赋能，充分利用好各种事件感知、物联感知的传感器数据，通过智慧城管建立感知数据的连接与管理平台，形成智慧城管的物联感知、事件感知、资源感知、位置感知能力。有效解决城管管理中的事件、状态、位置、资源的四大要素的闭环一体化感知能力，避免了传统方式的数据不一致、数据不完整、元数据引用分发延时、多场景无法合成研判指挥等问题。

——摘自：《中国安防》杂志 2021 年 12 月刊

智慧文博建设的现状、发展趋势与应用

随着市场经济的不断深入，在数字科技进步的因素推动下文博的展示愈加多元化，新科技与文博智慧结合也正改变着文博行业。传统的文物展示已不足以让博物馆吸引更多的流量，同时博物馆内所收藏和保护的都是具有不可再生特性的文物，其历史文化价值不可估量，所以博物馆文物的安全保护工作也显得尤为重要，建立起一个集展览与安防为一体的智慧博物馆渐成大势。

针对博物馆的日常安防，随着物联网、多地图集成模型渲染、人脸识别等技术的不断发展，可将传统的二维作战地图升级为三维时空地图，大大提升了系统可视化和业务应用体验。通过三维地图中叠加视频监控、人脸卡口、车辆卡口、警力资源等安保资源，以图层的方式感知数据上图，同时以三维地图作为数据地图，可将不同位置、碎片化分镜头的视频监控融合叠加到三维地图上，实现馆内、馆外整体情况的全景态势，解决视频监控视角独立太分散、位置单一有盲区的问题，从而实现全馆态势一图统览和综合利用。通过在平台上叠加人脸识别、人流量、人群密度等感知数据，现场管理人员可以以“上帝视角”查看馆内外的人、地、事、物。

通过对接视频监控的智能分析算法，当馆内外重点区域发生预警时通过系统可快速定位查询预警事件发生的位置并将周围的视频进行轮询查看，利用系统的路网导航功能，可在三维地图上绘制出周围警力资源到达该位置最近的行进路线，警力资源利用融合通信手段将现场画面实时回传指挥中心现场指挥，从而做到指挥业务的闭环。实现对全馆场景的资源关联、综合调度和宏观指挥，不断提升安全防范管理工作全局把握的实时性、指挥决策的精准性和应急处置的高效性。

——摘自：《中国安防》杂志 2021 年 12 月刊

第三节　入侵报警与运营服务领域

安防行业发展需求旺盛　服务运营市场焕发新生机

5G、人工智能等新技术的发展给国内报警运营企业带来了机遇和变化。5G 技术改变了传统的数据传输结构，数据的实时性和报警产品的交互性得到提升，使用户体验得到优化，有利于提升客户对企业的运营服务感受。在报警领域中，人工智能算法能够为报警产品的海量视频数据提供更多训练样本，从而使报警产品对视频数据进行更加深入的挖掘，使视频数据价值显著提高。

人工智能与大数据的兴起，为报警运营企业的技术变革和发展注入了新动力，使报警技术实现了从被动到主动的质的飞跃，其依托大数据的强大分析技术，有针对性地结合用户需求提供贴心服务，确保产品的报警模式有效应用于具体的市场环境。集 5G、人工智能、大数据、物联网等技术于一体的报警产品，在多领域的应用场景下不仅能实现更优秀的智能化检物，还能使多种探测方式融合，改变了传统依靠视频分析和传感器报警的视频分析格局。

行业的发展离不开党和政府的积极推动。“十三五”以来，一系列政策文件的落地实施为安防行业在“十四五”发展打下坚实基础。展望未来，安防行业仍将保持强劲的发展势头，在国家大力倡导“建设更高水平的平安中国”的背景下，随着平安建设活动的持续深入推进，将会带动新一轮系统产品升级换代和行业深化应用，安防运营服务将成为安防行业越来越重要的发展方向，同时，安防运营服务市场将出现本土的行业领军企业并推动市场不断发展繁荣。

人工智能技术在“十三五”期间蓬勃发展，已出现传统产业需求和人工智能的初步融合，后续伴随着技术的不断成熟，将加快催生智能技术在传统行业进入实战应用。5G、AI、大数据、IT 融合技术的应用，将明显推动安防运营服务发展，安防运营服务的外延将进一步得到拓展并促进服务水平的提升，呈现出信息化服务、个性化服务以及精细化服务等多种特点。

展望“十四五”，随着新技术的发展和安防运营服务在新兴行业的应用，安防运营服务正体现出细分市场行业特色和智能化特征，相应会带来标准制修订方面的新需求。而新标准会使运营服务规范得到拓展和细化，为安防运营服务行业健康和快速发展奠定基础。我们相信，“十四五”期间安防运营服务在一定程度上将改变安防行业的产业结构，为保护人们生命财产安全、维护社会稳定和安全起到更加重要的作用。

——摘自：《中国安防》杂志 2021 年 3 月刊

传统报警市场萎缩，综合报警服务将进一步发展
——2021 年报警服务市场发展趋势探析

纵观几十年来报警服务市场发展历程，报警联网系统的通信方式从过去的电话线到 2G 网络，再到近几年开始的 2G 逐步升级为 4G 网络，可谓迈上了一个大台阶。2021 年报警服务市场走向体现在以下几方面：

1. 广义的报警服务市场进一步扩大，而传统的报警服务市场则将进一步萎缩。传统报警服务主要是为客户提供针对财产防盗的报警系统产品、安装维护服务、24 小时中心人工值守服务、接警后的对应处置或转警服务、保险理赔服务等系列配套服务。广义的报警服务主要为客户提供产品销售和云平台转警（到用户手机）服务，包括安装维护服务、24 小时中心人工值守服务、接警后对应处置或转警（到公安及有关部门）服务、保险理赔服务等。

2. AI 视频报警出现更快速度的发展。摄像机的 AI 人形检测技术已比较成熟，而且成本低、误报率低，用户体验好，报警服务公司的风险低。报警服务公司可以使用 AI 人形检测摄像机低成本拿下大量的小商店报警服务市场。同时，报警服务公司也可以使用 AI 人形检测摄像机拿下很多原来无法拿下的农村养殖业、种植业等报警服务业务。

3. 综合报警服务将进一步发展。2021 年，除传统的以财产防盗为主的报警服务业务外，报警公司可以为客户提供更多的综合报警服务。一是应急报警和求助服务，包括学校、医院、公园等公共场所的应急报警和老人、小孩等的求助服务；二是消防预警服务，除常见的烟雾预警外，可能还有高温预警等；三是健康异常提示服务，如老人活动异常提示服务、老人摔倒提示服务、血压心率异常提示服务、体温过高提示服务等；四是供电异常提示服务，如电压异常提示、电力负荷过载提示、电线发热超温提示等。以上这些仅仅是综合报警服务的部分内容，还有环境预警、水质预警、设备工作状态异常预警等，综合报警服务的市场空间非常广阔。

4. 视频复核、视频人形检测、LORA 远距离无线、NB-IOT、全网通 4G-CAT1 等技术引入报警服务，对报警服务市场的发展起到了较大的促进作用。视频复核在报警服务中的运用对报警服务公司减少非真实警情的对应处置起到了非常重要的作用。尤其是随着视频产品成本的降低和网络带宽的加大，使报警公司可以较低成本实现较好的视频复核效果，特别是《报警运营服务规范》中要求的视频预录功能，非常有利于快速判断警情。AI 视频的人形检测技术可以比较可靠地对进入画面的人体进行判断并输出报警信息，可以在很大程度上减少红外探测器因老鼠等小动物或冷暖气流引起的误报。同时又有视频复核功能，大大降低误报率，减少对应处置次数，降低运营成本。LORA 远距离无线防区技术只需很小的功耗就可以将原来较短的无线传输距离扩展到 300 米、500 米甚至更远，使报警公司能轻松搞定大商场、大楼、工厂、别墅等大范围的联网报警服务，对报警公司拓展业务起到非常重要的作用。LORA 远距离无线防区技术不仅距离远，而且还是小功率、微功耗、抗同频干扰。

——摘自：《中国安防》杂志 2021 年 3 月刊

周界入侵报警系统漏泄电缆技术探讨

随着国民经济的快速发展和科学技术的日益进步，各个国家对边境线、高铁沿线、机场、军事基地、

监狱、博物馆等区域的安全问题越来越重视。高铁运营里程的快速增长对周界安防的需求越来越大，但现有的安防设备难以满足需求，部分高铁沿线存在较大隐患，非法入侵和穿越时有发生，对高铁的稳定安全运行造成严重威胁，为此铁路部门也在积极采取措施，解决高铁沿线的周界安防问题。

目前应用于这些区域的周界入侵报警系统主要有：红外探测报警、电子围栏报警、微波雷达报警、视频监控、光纤振动探测等。这些周界安防报警系统普遍存在着隐蔽性差，易受雨雪天气、地形及地质环境的影响，漏报率和误报率高的缺陷。近年来，随着漏泄电缆技术在各个领域的广泛应用，基于漏泄电缆的周界入侵报警定位技术也很好地解决了周界安防报警技术存在的问题。

基于漏泄电缆的周界入侵报警定位技术是主要随着军事、高铁沿线安防的迫切需求而逐步发展起来的一种新型的周界入侵报警探测技术。它通过间距1~1.5米的两根平行埋地敷设的漏泄电缆进行电磁波信号的发射与接收，在埋地漏泄电缆的周围产生一个无形的雷达探测场，一旦入侵者进入探测场该系统就会发出警报，并指示出入侵者的精确位置。

——摘自：《中国安防》杂志2021年4月刊

浅谈民用报警产品的发展与应用

报警产品结合自身特点，通过添加家电控制模块、生物识别模块、网络模块、视频模块、空开控制模块、消防设备、井盖、天然气以及煤气等设备控制模块，融家庭安全、语音通信、家庭自动化及居住环境监测等多种功能为一体，成为一个新的智能终端入口，实现电力、消防、家居等智能控制，使家庭、店铺、微小企业可远程操控一切，从科技化、智能化、安全化以及节省成本化方面打造十足感体验应用。

1. 在社区中的应用

社区内部通过对“两门两界”立体防护，保障社区安全。其中两门包括社区大门和楼房单元门；两界包括社区围墙周界、社区公共区域。社区大门通过抓拍进出人员的人脸照片，实现布控人员出入社区提醒、社区黑名单进入提醒以及社区VIP到访提醒等，并通过抓拍进出社区的车辆、车牌等信息进行解析，可以实现车辆黑名单的配置以及车辆出入记录的统计等。在社区单元门安装智能门禁和人脸摄像机可将所有进出单位的人员信息及人脸信息采集记录，实现了人员推电动车（或自行车）进入单元门的报警，避免单元楼道位置占用、堵塞以及室内充电等安全隐患的产生。

同时通过安装智能摄像机，将社区周界及社区警戒区域进行布控，实现重点区域徘徊检测、特殊区域火灾检测、消防通道占用报警以及翻越围墙报警等。通过各类报警产品的布控，实现了整个社区的安全防控。可以预测，未来社区将是民用报警产品的主要应用场景，将物联网、人工智能以及大数据等技术结合适应社区的不同场景，形成不同的报警产品形式以及服务方式，从而改变民众的日常生活，让民众更加关注监控报警，更加关注民用安防市场。

2. 在家居安防中的应用

随着中国老龄化速度越来越严重，居家养老和空巢老人问题已经凸显。目前仅北京市60岁及以上户籍老年人口约329.2万人，占户籍总人口的24.1%，户籍人口老龄化程度较高。如何通过技术手段解决照看老人的问题已成为社会密切关注的重点。通过前端探测器、智能家庭控制器和各类远程终端组成一个智能家庭安防系统。智能家居安防系统就像一个家庭管家，能听懂主人说的话（智能语音技术），能理解主人的想法（人工智能技术），能精准地判断执行主人的命令（各种高精传感器、家用电器智能化）。

同时在传统的监控报警基础上，关爱监控模块的应用得到了大家的青睐，如通过血压、血糖、心率、定位、轨迹追踪、异常跌倒以及保姆动态等实时监测传输报警形成的关爱监护报警模块应用于社区行业，可以随时掌握家中老幼情况，发现隐患及时处置，避免风险的发生。

随着宠物在民众日常生活中的参与感不断上升，如何在主人离家的情况下保障宠物的安全是未来智能家居关切的问题。基于物联网平台的一站式智能化解决方案是通过结合摄像机、对讲语音以及投食互动等功能进行视频分析、语音互动以及报警通知，形成外出家中宠物的专属保姆报警模块。通过此报警模块在社区行业的应用，从家中不可一日无人变为可远程操控，以后外出不用再担心家中宠物，让宠主能够更加科学、快乐、轻松地养宠，也让宠物能更健康地成长。

3. 在中小学校、幼儿园中的应用

近年来，社会上不断出现幼儿园虐童等伤人事件，让家长们的心再也放不下。为避免此类事件发生，基于报警产品的智慧幼儿园解决方案无疑是为孩子保驾护航的重要手段之一。通过“互联网+”在幼儿园安装视频智能监控报警和语音对讲报警等智能安防报警产品，形成集园所管理、家园互动、安全监管及实时视频为一体的应用系统，可实时与老师一对一交流，随时掌握孩子在园情况，实时掌握老师教学的状态，轻松实现报警的实时监管。

同时在中小学校及幼儿园场景中，通过改造或加装视频智能分析报警产品可实现校园内的侵害预警、踩踏预警以及可疑人员预警等手段，极大地加强了校园安全。通常该系统与公安接警系统关联，当发生报警后会立即推送到公安机关的接警平台。有些产品还提供 APP 应用端，将学校、公安及家长多方连接，从而给孩子的安全防护加上一层坚固的保护锁，解决家长对孩子安全的关切。

4. 在店铺中的应用

报警产品在针对店铺的赋能上引入了智能分析模块，通过利用先进的视频分析技术，准确定位进店顾客的行走轨迹以及商品的热度区域分析，这些作为对顾客的精准分析，对商铺经营者如何定位客户群，如何调整产品定位和陈设都将提供有价值的数据和分析。

5. 在微小企业中的应用

在大众创业、万众创新的时代，越来越多的微小企业涌现出来，但如何解决其财产及重要资料遗失损坏风险、员工考勤管理困难以及消防用电安全等关键问题是民用报警产品在微小企业应用的首要问题。

通过报警产品与视频设备的结合，覆盖大门出入口、前台、会议室以及办公区（走廊/过道），满足昼夜高清可视化管理和手机远程预览回放等应用，有效地解决了财产安全。通过报警产品与人脸门禁考勤结合，有效地提升了考勤效率。通过保障微小企业安全的同时，也提升了微小企业的运营效率。

通过报警产品与物联网用电设备的结合，有效地解决了无人看护下的用电安全。可以预测，未来报警产品在微小企业的综合应用会更加贴近各个企业，量身定做，逐渐形成有特色的解决方案。

6. 其他通用应用

在安全意识不断提升的背景下，民众对用电、消防及燃气等使用安全关注日渐迫切。随着电力、消防以及动力环境等安全智能化报警产品逐渐进入社会和家庭，使得安全、方便、快捷以及智能化等特点成为现代社会和家庭的新时尚，并且也有越来越多的社区、微小企业以及店铺在积极推动安全智能化报警产品的应用。通过前端报警产品与云计算、物联网以及大数据信息处理等技术的结合，形成智能化管理平台。通过数据采集模块实时采集火灾、用电、煤气、燃气泄漏以及井盖丢失等智能报警产品信号数据上传，当发生隐患风险时客户可以随时随地通过手机进行实时远程操控，达到“防患于未然”的效果，提高客户的灾害预防能力，最大限度地保障客户的生命和财产安全。

——摘自：《中国安防》杂志 2021 年 5 月刊

安全托管服务新模式为客户安全保驾护航

安全托管服务就是购买服务，是货币交换的一种商业模式，是现代生活和社会环境的需要，也是社会发展的必经之路，是一种全新的社会服务模式。可广泛应用于医疗卫生、文教、金融、企事业单位、社区以及行业监管等领域，对提高服务质量、加强行业自律、缓解供需矛盾、推进社会和谐文明、打击犯罪、遏制社会陋习等方面有着积极有效的推进作用。

安全托管服务的服务方必须以技术为依托，用标准化进行服务，用数据来科学地平衡服务与费用的等值，确保服务质量只高不低，实现服务超值，和谐共赢。安全托管服务内容分为以下几种：

1. 环境安全。利用技术手段确保及时处置危及环境安全的各类因素，确保环境安全，降低发案率，提高破案成功率，最大限度地减少或避免损失。

2. 次生灾害预警防控。通过能源供给系统、运行中的公共设备以及消防系统的动态监测预警，及时发现供水、供电、供暖、供气、运行设备、消防系统隐患以及重要场所跑冒滴漏现象，处置在萌芽之中。

3. 综合治理。利用技术手段高效治理高空抛物、乱倒垃圾、小广告以及不良行为等综合治理顽疾。

4. 便民服务。提供全方位力所能及的各类服务。

5. 行业监管。提供“监”“管”分离的执法信息依据或企业内的管理信息，供执法部门进行执法或企业进行高效管理。

——摘自：《中国安防》杂志 2021 年 6 月刊

医疗行业网络安全防护+运维市场发展浅析

近几年随着“平安医院”项目在医疗体系的开展以及医院对于突发性医疗事件应急处置需求和应急指挥、远程教学、远程探视等需求的增多，医院内部部署的各类网络设备正在向体量大、种类多两个趋势发展，这些设施在有效满足医院业务需求的同时也将医院网络的边界变得越来越模糊。

数量庞大、种类繁多的设备在接入医院的同时也给医院网络边界安全带来了较大的风险和管理难题，在这种趋势下，如何对各种设施有效实施准入机制以及部署管理措施是管理者面临的主要问题之一。

传统的网络边界防护措施早已不能满足现代医疗体系的安全防护需求，医疗体系的网络边界已经被重新定义，其安全防护措施和手段也必须同步更新和提升。

以网络边界安全防护为切入点，针对近几年医疗行业部署的设备量大、种类多的特点，首先辅助管理者梳理和明确医疗行业网络的边界，从准入机制及设备安全管理方面入手，有效提升管理者针对现代医疗体系网络边界防护的安全意识，转变管理者传统的安全防护思维。

——摘自：《中国安防》杂志 2021 年 7 月刊

人工智能在“智慧校园”落地应用难点探析

安防的本质是事前预警，是能够在警情发生前发出警告进行驱逐，将视频监控的作用逐渐由事后向事前推进是目前安防发展的大势所趋。警戒系统能够在全天候、全方位监控的基础上，进行智能化检测、驱逐和预警。通过对人、车及其他物体的检测、分析，可自动化防范非法人员翻墙进入和学生翻墙出校，并实现对学校周界区域的全天候监控，提升校园安防的无人化值守水平。

——摘自：《中国安防》杂志 2021 年 7 月刊

“智能+”时代服务运营市场的创新之路

“平安城市”“雪亮工程”的建设，使得城市监控市场规模快速增长，随之而来的是设备的日常管理和维护成为保障项目能否正常运行的关键。由于城市公共区域监控项目多采取政府购买服务，项目前期，服务商根据中标项目提供相应设备管理，但合同期满后的运维服务由谁来承担是各地都要面临的一个现实问题，需要管理部门及第三方服务商共同商讨并拿出可行性方案。

2015 年，李克强在政府工作报告中首次提出“互联网+”行动计划，经过多年发展，5G、云计算、大数据等技术发展迅猛，为智能化视频运维服务创造了极佳的发展条件，为安防运维服务企业承接智能化项目提供了技术支撑，智能化视频运维服务前景仍值得期待。

近二三十年，报警产品经历了从传统单一功能联网报警到可视化联网报警，再到智能化系统应用几个阶段。特别是 2018 年人工智能迎来落地元年，一些报警厂商开始将智能视频复核、生物感应等 AI 理念融入报警产品，推出智能视频分析联网报警产品，这些新型产品虽尚未普及，但作为一种技术创新，备受业内关注。对于安防服务运营企业而言，新产品和新技术的出现将为服务功能升级提供技术支持。

2021 年是“十四五”开局之年，当前和今后一段时期我国经济社会发展仍然处于重要战略机遇期。随着我国经济社会发展和智慧城市建设步伐的加快，新基建工程项目等内生需求旺盛，与此紧密相关的智慧政务、智慧交通、智慧医疗、智慧制造、智慧能源、智慧环保、智慧社区、智安小区等将成为新的市场热点，安防运营服务的市场潜力是巨大的。广大服务运营企业要主动拥抱新时代、新变化、新需求，适应平台化、智能化、网络化的新趋势，积极参与智慧城市建设与各行业深度融合发展，深化各领域安防服务应用，拓展市场新空间，解锁更多行业和应用场景。

——摘自：《中国安防》杂志 2021 年 7 月刊

AI 智能技术在大型体育赛事中的应用

场馆周界采用基于警戒技术的周界防范系统保障景区周界入侵安全，通过高清视频监控和声光警戒功能的结合对周界入侵行为进行预警防范，实现景区周界防范的智能化、自主化。通过视频分析技术，用户可以根据视频内容分析功能，通过在不同摄像机的场景中预设不同的报警规则，一旦目标在场景中出现了违反预定义规则的行为，系统会自动发出报警；监控工作站则自动弹出报警信息并发出警示音，用户可以通过点击报警信息，实现报警的场景重组并采取相关措施。

客流量分析系统依靠客流分析摄像机和硬盘录像机即可组成最小系统，可实现区域人流统计和超限报警，便于场馆对人员过于密集区域及时进行人流疏导，避免踩踏、拥挤、打架斗殴等危险事件的发生。平台为客户提供图形化可视化的客流量分析数据和界面，并支持报表导出数据分析。

——摘自：《中国安防》杂志 2021 年 10 月刊

“智慧养老”方兴未艾　服务运营市场前景可期

随着我国人口老龄化程度持续加深，相较于传统养老模式，智慧养老对实现个人、家庭、社区、机构与养老资源的有效对接和优化配置，缓解人口老龄化压力，推动养老服务升级具有重要意义。在兼顾公益化与商业化的前提下，如何对接和服务智慧养老，进一步挖掘释放市场潜力，成为安防服务运营下一步布局的关键。

相比智慧养老产品，智慧养老运营服务仍处于缓慢发展期，主要有以下几点原因：（1）从业者对智慧养老的关注度较低；（2）资金来源、服务运营模式不清晰；（3）智慧养老生态格局尚未形成。

近年来，互联网、科技巨头和 AI 安防龙头企业纷纷布局智慧养老市场，通过与养老机构签订战略合作协议，共建“智慧养老”联合实验室，与保险公司携手共同打造智慧养老云平台等多种模式推动大数据与智慧化养老服务的深度融合，构建面向未来的智慧养老服务体系，以期抢占市场先机。伴随智慧养老服务体系的日渐成熟，未来将为下游企业带来巨大的市场份额，服务运营企业需尽快调整步伐，做好承接准备。

1. 市场层面要跟进智慧养老试点建设工作，并逐步向三四线及农村地区推广。2017 年，为推动智慧健康养老产业发展和应用推广，工业和信息化部等部门联合下发《智慧健康养老产业发展行动计划（2017—2020 年）》（工信厅联电子〔2017〕75 号），支持建设一批智慧健康养老示范企业、示范街道（乡镇）以及示范基地。截至 2020 年 7 月，国家已先后组织开展了四批次智慧健康养老应用试点示范工作。安防服务运营企业应重点关注本地区试点单位建设情况，包括与智慧健康养老示范企业开展沟通寻求合作商机，与示范街道（乡镇）以及示范基地进行对接，有针对性地拓展智慧养老市场。此外，在政策支持下，逐步向更多城市及农村地区进行阶段性推广。

2. 应用层面要结合国内老年人消费习惯和购买能力推行多层次和差异化服务。服务初期以一键报警、对讲系统、语音求助系统等传统安全产品推广和应用为主，这些产品具有一定的市场基础，更容易被消费者所接受；服务中期将视频监控系统、便携式可穿戴设备以及子女守护 APP 等安防服务提供给消费者，对于有资金和技术实力的企业可以考虑先公益后效益，以“租赁+运营”的模式实现市场开发，通过降低消费者使用成本率先占领市场；在此基础上，服务后期将进一步实现 AI 技术升级应用（也是智慧养老服务最具科技含量的核心业务），将智能看护床位、AI 行为识别分析、异常徘徊智能识别、超时滞留智能识别、聚集围观智能识别以及夜间离床智能识别等 AI 技术真正应用在养老服务中。当然这些 AI 技术的应用不是一朝一夕的事情，需要很长的市场周期去探索和实践。

此外，进一步深化医疗机构和保险机构合作势在必行。第七次人口普查数据显示，从 2019 年养老金结余来看，包括黑龙江、内蒙古、浙江等多个省份当年结余为负数，养老金账户承压明显。为此国家推出了三胎政策、延迟退休政策、长期护理保险制度、大力推广养老保险等政策以应对人口老龄化问题及缓解社保基金支出压力。危机中育先机，对于服务运营企业而言，适时抓住这一时代发展机遇势在必行，通过与医疗机构和保险机构开展多边合作，进一步打通“健康+保险+安全”一条龙服务，即用户不再需要为办理业务前往多个机构跑前跑后，只需通过安防服务运营商就可以获得综合性、全链条的服务体验，为开拓智慧养老市场提供更大优势。

——摘自：《中国安防》杂志 2021 年 11 月刊

安防企业“智慧养老”的机遇与作为

安防企业具备养老服务需要的专业安全体系、体系化信息技术和场景化用户服务经验，如果企业能在养老生态构建、产品场景设定、服务能力夯实以及业务内容精准等方面思考经营，将大有作为。

一、企业智慧养老契机

1. 产业链需求

智慧养老产业正步入春天，无论从技术、场景、对象、服务等方面来说产业链都非常宽广。智慧养老产业链涉及智能设备、综合看护、医疗服务、家政服务、文化生活以及金融保险等不同板块。那些能够聚焦自身优势、融合养老资源、降低服务成本以及提高服务质量的企业将大有作为。

2. 智慧安防企业

智慧养老的本质是打通养老和医疗相关资源，针对家庭、社区、机构等不同场景提供专业的安全体系、体系化信息技术和场景化的用户服务以满足老人差异性服务需求，这对安防企业来说有着与生俱来的经验能力。

二、智慧养老能力建设

1. 事业生态构建。包括：（1）生态战略；（2）服务模式。

2. 产品场景设定。智慧养老信息技术产品主要包括智能设备、服务平台和业务系统三部分，其中很多产品与老人实际需求有较大差距，有必要针对产品应用场景进行设定，实现基于服务场景的产品化。包括：（1）智能设备；（2）信息平台；（3）业务系统。

3. 服务能力夯实。包括：（1）服务理念；（2）业务规范。

4. 业务内容精准。如何从老人角度出发，抓住老人需求，把握方向持续完善养老服务体系，有效满足居家式、社区式、机构式等老人的多样化、多层次养老服务需求是根本。企业应基于优势资源能力和不同服务对象开展业务内容精准设计，如健康管理、紧急救助、远程医疗、智慧病房以及网络医院等相关业务服务。

——摘自：《中国安防》杂志 2021 年 11 月刊

2021 安防视频监控运维市场回顾和展望
——专访广州弘度信息科技有限公司产品总监李焕佳

视频监控系统已经成为城市治安管理的重要组成部分，随着国家新基建的发展，智慧城市的不断建设，视频监控系统朝着高清化、智能化、规模化、密集化发展，城市安防监控规模呈指数化增长。据机构预测，到 2022 年中国的探头总数可能会达到 6.26 亿个。视频监控逐渐形成了规模不断扩大、设备种类庞杂、联网结构越来越复杂、参与维护的人员众多、产品升级换代节奏加快、系统建设升级改造活动越来越频繁的趋势。

很多视频监控系统在设计时虽然十分注重前端设备质量，但对其运营维护却缺乏管理，因此出现故障常常不能及时发现、及时解决，导致系统不能正常运行甚至处于半失效状态。目前视频监控运维普遍存在以下问题：

国家及地方政府对视频运维的要求在逐年提高，视频运维保障成本也在飞速上涨。视频监控系统如果采用传统的人工运维方式，其被动运维效率低下，经常出现漏检问题，数据统计不全、考核无法下手，无法适应城市视频规模高速增长和相关业务应用不断增加的管理需求，运维管理只会越来越被动。从人力成本上涨、技术复杂性和专业性等因素综合衡量，未来以智能化技术工具为主导的专业运维必是行业的发展方向。

随着视频诊断 AI 算法的深入研究以及 AI 技术和大数据融合，将实现智能运维（AIOPS），未来视频运维产品的价值增长点——AI 技术和大数据的融合实现智能运维（AIOPS）。

未来，通过 AI 和大数据技术的快速融合，通过全局搜索、关联分析、机器学习、数据建模等，视频运维的故障精准定位应可自动分析各种故障因素进行排查并最终确定故障原因且可自动给出维护的指导意见来辅助运维，视频运维工具终将成为易用工具。

——摘自：《中国安防》杂志 2021 年 12 月刊

服务运营企业对智慧养老市场的布局和思考

纵观这些年的发展，智慧养老服务已从“智能”向“智慧”转变，最初的智慧养老可能是基于一些智能产品的简单组合，实现最基本的智能操作，而随着信息量的几何级增长以及需求和环境的日益复杂化，需要更加强大的系统来完成信息的接收、处理和转换。2020年工信部的重要指示也说明，智慧养老急需互联网行业最新技术的融合投入。

作为服务运营企业应在推广智慧养老方面做到以下几点：

1. 智慧养老概念的宣导。服务运营企业首先需要加强智慧养老概念的宣导，向社会各界，尤其是养老群体及其家属或即将进入养老的群体宣传智慧养老的重要性和必然趋势。

2. 抓住国家相关部门的开放资源。国家政策一直是引领行业发展的风向标，服务运营行业需要仔细研读相关文件，紧随党和国家的指示和发展脚步，不能走偏路、走错路。

3. 研发智慧养老的配套产品。服务运营企业要积极调研社会需求，通过反馈信息定制出适用于智慧养老的智能产品。

4. 积极推广智慧养老一体化方案。服务运营行业最终的目的是要将解决方案推向市场，因此需要花更多的时间和精力在协助建设智慧社区和推广智慧养老一体化方案上，同时需要不断收集市场反馈的数据，继而完成解决方案的迭代升级。

智慧养老市场的布局应从以下两个方面着手：

1. 专有资源投入。智慧养老市场的布局需要有针对性的资源，主要包括收集市场需求信息、概念宣导、产品推广及维护。

2. 复合资源投入。结合当前已有业务，在当前产品上改制和升级即可复用为智慧养老领域产品，可以大大缩减资源投入和开发成本。

智慧养老之所以发展缓慢，一部分原因正是因为市场布局不合理，很多企业不敢也不愿意花太多的资源进行投入，认为这是一项高风险的投资。实际上企业可以换个思维模式，通过合理分配资源进行市场试探，探索市场生态，计算出合理的营销模式，在推动智慧养老的进步时也能获得较高的回报。

智慧养老的市场需要社会各界在政府的号召下倾注资源，也需要养老群体可以自发地提出智慧养老的需求。我国养老群体对智慧养老的概念普及度还不够高，还需要社区和老人子女积极宣导，让养老人群接受这个新概念。与此同时，研发型企业需要投入资源研发，推出适用于智慧养老的复合型智能设备，协助服务运营企业构件智慧养老平台。物联网、云计算和边缘计算将成为智慧养老平台解决方案的核心技术支撑，需要加快技术和智慧养老方案的结合。

——摘自：《中国安防》杂志2021年12月刊

第四节　出入口控制领域

出入口控制市场发展回顾及“十四五”展望

出入口控制系统发展呈跨界、竞争与集中趋势。有别于传统的出入口控制厂商仅提供单一的优势产品，不少传统安防厂商如海康、大华等厂家进入出入口门禁市场并推出完整的解决方案，此外传统厂家如狄耐克上市等都会给整个门禁、智慧社区市场带来更大的竞争和变数。未来厂家的竞争将直接上升到营销、渠道、品牌、产品力、资金、生产等全方位的竞争，小厂家很难获得生存和发展空间。整个安防将面临重新洗牌、行业规则重新定义的局面。资源将更多地向头部厂家集中，整个行业的毛利率会越来越低。如何适应这种新环境下的竞争，厦门立林科技提出传统出入口控制系统同智慧社区平台联动，集成社区物业服务和视频监控、梯控系统、停车场系统等配套硬件设施。出入口门禁控制方案将会在应用上更加凸显技术形态的多样性，其解决方案是将传统的解决方案与人工智能、生物识别、物联网、视频结构化、热成像感知等技术产品结合在一起，形成多态性的技术方案。

加速融合，提供整体解决方案。从企业层面来讲，激烈的市场竞争将打破原先企业格局，单一产品的竞争优势不再明显，只有整体化的解决方案才将被市场所选择；从系统层面来讲，为满足不同场景的应用需求，出入口管理系统功能的发展趋势必将多元化。设备厂商绑定互联网平台厂商提供整体解决方案，帮助地产商构建社区空间运营平台，在大数据平台上抓手大数据库，通过服务将居民的喜好画像做得更清楚、更仔细，使服务更加精准。

——摘自：《中国安防》杂志2021年1—2月合刊

高安全出入口控制系统在设计与应用时的问题与解决方法

目前市场上提供出入口控制系统的产品制造商很多，但由于面对的市场客户群体不同，系统产品设计的安全性与管理要求也存在较大差异。一些制造商在推荐其产品时，往往热衷于介绍其个别“亮点”的高安全性指标功能，并以此“推导”出其系统和产品是高安全系统和产品，最为常见的“亮点推导”如：“拥有国密卡的系统=高安全系统”等，若应用集成单位和最终用户鉴别能力不高，则很容易误入歧途。在核工业行业应用的出入口控制系统对安全性要求很高，如何选择高安全的系统和产品是摆在应用集成单位和最终用户面前的重要问题。

首先要考虑“均衡性”问题，避免木桶效应。在GB/T 37078中，出入口控制系统的安全等级是通过对出入口的控制要求，指示与通告要求，识别要求，胁迫、优先控制功能要求，通信要求，系统自我保护要求，电源要求以及防雷接地要求等九大部分，共200多条指标，综合提出的从安全等级1到4级的要求，用户使用的系统要达到某个安全等级，必须要达到该级别所有指标的最低要求，而不是某一项或某几项指标。据悉，与该系统标准配套的控制器及读卡器的设备标准已在2020年发布。目前正在起草的一些安防应用类的标准（包括核电行业的安防应用标准）已包含了系统必须达到GB/T 37078相关安全等级的规定。应用集成单位和最终用户在选择产品时，对安全的均衡性选择终于有了依据。

其次，因为已发布的标准主要是设置“底线”与“篱笆”，这是基本要求，相关应用场景的其他需求还需制造商、集成商及用户在满足安全均衡性的基础上，根据安全管理与智能化等其他需求，定制与完善系统局部的更高安全及相关“智能化”应用的个性化指标来满足实际应用需要。

——摘自：《中国安防》杂志2021年5月刊

AI加持下的出入口控制技术的发展与应用

1. 在园区场景中的应用

园区内出入口控制系统可充分利用人脸识别、车辆识别以及ReID跨境追踪技术对园区内的人、车、事、物进行管控，实现入园自动身份识别、权限识别、入园无感通行、园区人员异常行为/事件的及时预警以及对重点人员进行园区内的轨迹追踪，在提升外来访客的来访体验的同时，又能够有效知晓园区总体态势，进而大大提高园区安全的防控水平。

2. 在智慧社区场景中的应用

党的十九大报告中指出，加快推进市域社会治理现代化，推动社会治理和服务重心向基层下移，把更多资源下沉到基层，更好地提供精准化和精细化服务。作为国家智慧城市战略的重要组成部分，智慧平安社区是便民、利民及惠民服务落地的重中之重，如何将智能出入口控制技术赋能智慧社区应用场景是当前智慧城市发展应用的热点方向。当前社区管理主要面临两个问题：一是人员、房屋、车辆、企业等底数信息不清、变化情况难以及时掌握，社区人员流动性大，要做到信息及时录入和及时更新困难；二是重点人员情况与动向难以准确掌握，异常事件难以及时预警。目前一些社区对重点人员的管理日常多依靠社区民警定期走访和相关人员提供线索等手段。

出入口控制系统可基于防控场景的特点构建智能感知分层防控圈，汇聚出入口和重点区域的人脸抓拍、车辆抓拍、视频结构化、视频门禁以及“四标四实”“一标三实”“一标六实”等数据，在此基础上利用大数据、人工智能等先进技术，建立多维信息关联“一人一档”，紧贴人口管理底数不清、情况不明以及异常行为事件难以实时预警等治安防控的核心问题快速生成大数据分析模型，通过大数据及模型分析实现有针对性的人口分层分类精细化管理，各类重点人员的实时监测，及时发现影响社区治安的异常情况。

3. 在大型活动安保场景中的应用

一方面，大型活动在一定空间和时间内聚集了大量人员、车辆和物品，管理工作复杂，突发事件多变；另一方面，严峻的反恐形势和日益复杂的社会治安环境也给安保工作带来前所未有的挑战和空前的压力。对于售票类活动，从安全管理的角度来看，需要对每次活动的购票人员、入场人数以及入座情况等信息进行精确掌握，以防患于未然。对于非售票类活动，从安全的角度更加需要掌握参与活动的人数、密度、流量以及身份等相关信息。同时，现场保障的安保力量位置及状态等信息也需要实时掌握，从而对异常事件和突发状况进行控制处置。

出入口控制系统可以通过整合出入口区域的前端人脸、车辆等识别和控制设备，在活动前期通过对进入活动场地的所有人员身份信息进行采集，基于人脸和票务等信息实现活动参与人员的身份识别与存档。同时打通重点关注人员预警库，实现人脸图像信息的比对和预警，对系统采集的人员信息资源库的增量、变量即时比对，并及时将比对结果以短信或系统提醒的方式接收系统发出的比对报警信息，辅助现场公安民警进行预警处置。

4. 其他场景与特色应用

出入口控制系统除了可以应用在园区、社区以及场馆活动安保等场景中，常见的应用场景还有地铁、停车场、商场以及大型展馆等场景，均需要实现对“哪些人在什么时间有权限去进入或者离开哪个区域”的管理。如只有购买了地铁车票的人才能够进站乘车、只有事先预约或小区内居民登记车辆才能进场停车、只有购票且填写疫情行程信息调研表的人才能凭借购票二维码进入展馆参展，其本质都是通过控制人员、物品、车辆的进出及停留权限来对出入口进行控制。

随着技术的发展与成熟，当前传统出入口控制技术与新技术相结合不断为原有的方案和应用场景增添色彩，赋能特色应用。如在商场场景中，通过出入口感知技术识别到商场人员身份信息后（获得用户许可下），利用基于 LBS 的地理围栏技术可对进入特定区域的用户推送商家优惠券信息；利用视觉定位技术可根据用户手机位置和视角信息来定位其当前所处的厘米级精度的位置信息，为用户提供寻找商户位置的 AR 导航及导航过程中的优惠信息展示等；同时信息展示又可以利用大数据技术结合用户的年龄、性别、地域及历史消费记录等基本信息来对展示信息进行智能推荐，如购物推荐和美食推荐，提升流量的精细化运营。

在地铁场景中同样可以打造类似的应用解决方案。通过出入口控制技术识别入站人员的身份信息后，利用智能分析技术可获取当前站点的人流量和人群密度信息，可以分析出当前站点的运营情况和风险态势；利用人脸识别技术和大数据技术可实现当前站点的用户特征分析，如当前站点女性用户比例超过 80%，地铁站内的广告内容可提升目标消费群体为女性的品类比例。

而在我们熟知的停车场场景中，传统出入口控制技术与新技术的结合也能够给用户带来新奇的体验。如大型复杂的商场停车场如果想要解决出入口车辆进出控制的问题，提升用户的停车体验，停车场管理人员可以利用车辆识别技术来获取车辆信息及统计车辆进出状态来获取停车场当前的容量状态，在此基础上，可基于视觉定位技术为车主提供AR导航服务来解决需告知车主空车位所在的精确位置和用户购买商品后找车的问题。

——摘自：《中国安防》杂志2021年5月刊

数智通行在智慧校园应用浅析

通过AIoT技术赋能，智能速通门、智能门禁和指纹锁等设备的使用让传统通行更加智能、快速、便捷，让普通群众也体会到AI普惠、数智通行的价值。

系统统一录入面部信息，特征码下发到前端智能门禁、速通门等设备，可以实现在校园各个场所快速、无障碍通行，如门口、图书馆、实验室、教学楼、体育场等。同时可以实现考勤、消费、访客、轨迹、梯控等应用，打造真正的校园智慧通行，提升校园管理水平和智能化应用。

结合学校实际需求，综合运用智能门禁、速通门及AIoT设备实现宿舍楼的出入管理，并结合教务学工系统实现学生的晚归、未归、不上课等行为分析。通过智能化、信息化的手段，解决人工管理方式的弊端，实现信息化和智能化管理，提高宿舍管理的效率。

对一些安全要求高的场所，如重点实验楼，可以通过智能门禁设备与电梯控制器对接，人员进出时对名单库内的人员进行相应权限判定，实现电梯楼层的权限控制，对不在名单库内的人员则无电梯控制权限。

——摘自：《中国安防》杂志2021年7月刊

人工智能在“智慧校园”落地应用难点探析

学校出入口作为校园安全重要防线，在学校大门对进出人员和车辆进行有效的进出监管和信息记录是进行安全防范的关键。系统包括人员管控和车辆管控两个部分，人员管控包括人脸闸机系统和访客管理系统，实现学校内部和外部人员的统一管理，并可以结合微信小程序推送至家长，让家长了解学生出入情况，提升校园管理的集中化、安全化和电子化。人员管控系统的成功运用，可以方便学校管理、提升学校形象、为员工提供便捷的服务。车辆管控可通过智能车闸系统对出入车辆进行摄录，自动识别车牌并自动放行或阻拦，并可以实现校外车辆的收费计时功能。

人工智能技术的应用可以提升校园食堂的智能化程度，通过人脸识别技术，实现仅在后厨工作的固定人员才可进出，确保后厨的安全。

通过厨师帽检测、老鼠检测、抽烟等检测，规范化食堂工作情况，让师生吃得放心。

通过部署在各宿舍楼进出口的人脸识别闸机或人脸抓拍摄像机，实现对进出宿舍楼的人员记录和人脸识别处理，实现对前端人脸数据的汇总处理和统计分析，保证学生宿舍安全，并及时检测发现未归、晚归等安全隐患。

——摘自：《中国安防》杂志2021年7月刊

抓机遇促发展智慧停车行业扬帆起航

提升停车场管理智能化水平，提高停车场车位利用率，成为城市管理极为重要的一环。对此，国家发展改革委、住房和城乡建设部、公安部、自然资源部共同出台《关于推动城市停车设施发展的意见》

（以下简称《意见》），再次彰显出政府解决停车难的决心。《意见》提出，到2025年，全国大中小城市基本建成以配建停车设施为主、路外公共停车设施为辅、路内停车为补充的城市停车系统。到2035年，布局合理、供给充足、智能高效、便捷可及的城市停车系统全面建成，为现代城市发展提供有力支撑。

政策导向往往能带出一个行业、带旺一个行业。《意见》对智慧停车行业来说，无疑是一个重大利好，将成为我国停车产业技术创新和升级发展的巨大驱动引擎，各种新技术的融合发展将为停车管理行业带来一轮技术革命和创新浪潮。在这一政策的驱动下，智慧停车市场或将迎来井喷，安防企业和停车设备企业无疑将成为最大受益者。

——摘自：《中国安防》杂志2021年8月刊

政策力挺 市场急需智慧停车市场迎来黄金发展期

近几年智慧停车市场发展很快，从2014年开始出现的“车牌识别加+移动支付”，到后来的平台化面向企业实现无人化管理，再到目前面向城市化的智慧停车平台管理、运营迈进。停车行业已从单一的企业内部管理和服务上升到可以帮助政府解决一些社会化的民生问题，这是一个很大的进步。

目前来看，整个行业近几年技术和服务模式变化也很大，停车市场从原来线下的买卖服务，发展到现在同时面向线上线下SaaS化开放服务，再到面向整体的城市治理提供服务，产业进步巨大。同时它还在动态发展中，将来会有更大的服务和技术变革空间。此外，这个行业的竞争格局也在发生很大变化，大家分工协作越来越精细，产业化协作也更紧密。原来多数停车企业都在硬件产品赛道上竞争，现在整个发展方向都在围绕产业链运作，有人做算法、硬件，有人做软件、平台，有人做聚合支付，有人做停车运营服务，有人做停车产业投资等，这些都有助于停车产业面向未来更大的发展空间。

随着新技术的不断深入应用，给智慧停车市场带来了明显的变化。在智能硬件方面，行业近两年发展很快，也出现一些新的技术趋势。第一，面向停车智慧化。停车全场景的数据采集技术通过车牌识别、高低位视频、地磁/雷达、5G等前端融合感知设备，对园区出入口、边角地带、景区等分散式的停车位，都能实现精准的数据采集。第二，对车场管控的全维度感知化。对比当前利用车牌识别实现的车辆出入管控，未来将走向全维度感知的“车道级管控”及增值服务化的“车位级管控”。

——摘自：《中国安防》杂志2021年8月刊

借来东风高扬帆 智慧停车市场迎来重大发展契机

停车系统将结合手机移动端的停车智能支付、道路高位视频收费、ETC等智能化手段，大大提高停车运营管理效率，节省用户进出停车场时间。同时大数据、物联网、5G等新技术新模式在停车场服务的应用，将实现停车资源的共享与快速匹配。

随着基础停车设施建设的增加，城市智慧停车运营平台的建设，大数据、物联网、5G等新技术新模式在停车场服务的应用是市场发展的重要机遇。金融赋能停车领域的扩展，电子支付、无感支付、ETC等技术应用，新兴互联网和IT巨头纷纷跨界进入智慧停车行业将为行业竞争和发展带来巨大挑战和影响。

随着科技驱动，智慧停车市场将会出现四个方面的新变化：一是运用5G、AI、大数据等系统将更加智能化，进一步提升交通管理效率及用户个性化需求。二是智慧交通建设推动城市级停车系统加速落地，通过开放数据接口停车数据交换、停车资源共享，实现线上线下全场景闭环，城市交通设施更智能，管理效率更高。三是城市级停车解决方案诱导金融创新模式加快，优势企业增长快速。行业内具有规模的企业加速智慧停车运营业务的发展，市场份额持续增长。不具备产品、技术、市场能力的设备厂商，市场生产空间会被进一步挤压。四是城市级智慧交通管网，依托于标准化、开放化的理念，形成开放、共享、互联互通、多品牌共存、多渠道共营的智慧停车新生态，有效缓解城市停车难问题。

城市停车是智慧城市建设中的重要一环，可以高水平实现和满足人民对美好生活的向往，提高社会治理水平，高质量赋能经济发展，增强城市吸引力、创造力、竞争力，以及应付突发事件防控力。

城市智慧停车会促进互联网、全视频、智能化、强管理，并纳入车主的信用体系，形成开放、共享、互联互通、多品牌共存、多渠道共营的智慧停车新业态。

在国家四部委《意见》支持指导下，加之各级党委政府及全社会的共同努力，城市停车难问题将会逐步扭转直至彻底解决。城市好停车、易停车、有序停车的新局面将呈现在两个百年交汇之间。

——摘自：《中国安防》杂志2021年8月刊

停车管理系统平台的创新应用与发展趋势

智慧停车管理系统平台随着新基建赋能，开始了智能化的飞速跨越，步入了崭新的发展路途。平台通过多年的积累建设，实现了集合车辆识别、车牌智能分析、智能道闸、车位感知、反向寻车、无感支付等新型科技技术的平台化应用。它广泛应用在封闭式停车场、人防停车设施、立体化停车车架、路边划线停车、城市交通枢纽停车等多种停车区域和场所。

车辆从入库开始到辗转多层停车区域，再到泊位泊车完毕，然后到反向寻车、自动导引出库、无感支付、无人道闸出库完成，整个停车生命周期产生了多种新型安防技术的应用场景。

从智慧停车行业角度看，智慧停车行业已经聚集不少玩家：在车位信息共享预定、车位共享、停车全流程优化、代客泊车都有表现较为突出的企业。有的由设备供应商转型而来，在优良硬件设备上打造上“云”能力；有的走互联网创新道路，看中未来数据和信息产生的价值服务。从发展阶段看，智慧停车系统平台是否能够打通各大停车场之间的“数据孤岛”状态，并能否顺利实现与停车系统以外的生态系统衔接，如自动驾驶、车联网、5G技术等，将决定未来平台的发展走势。

——摘自：《中国安防》杂志2021年8月刊

新技术赋能下智能安防与体育碰撞出别样火花

赛事举办场所一般要求封闭或者半封闭状态，因此对入场人员进行身份核验是非常必要和严格的。

以往赛事活动中，安保人员大多通过目视检查，效率低且准确性不高。如今，基于人脸识别精度的提高，在体育场馆出入口利用人脸识别技术与门禁系统融合，通过抓拍人脸与预先录入的人脸身份库比对，在实现人员身份核验的同时，实现出入口门禁系统的开启。同时，系统还可以在人脸的基础上搭配IC卡、指纹、指静脉、掌纹、虹膜等多种方式做组合验证，进一步提高安全性。

在本届东京奥运会的多个比赛场馆出入口就应用了人脸识别身份验证装置，达到实现自动验证进入场馆人员身份的目的，即使多人快速通过，识别系统也能非常顺利地完成认证并打开出入门禁。

——摘自：《中国安防》杂志2021年10月刊

AI智能技术在大型体育赛事中的应用

人脸识别技术结合健康码技术应用于出入口场所，提升入门的防范等级。现阶段，疫情仍未彻底消灭，举国人民仍需高度重视，当观众通过安检时，刷门票进入场馆，在这个过程中引进人脸识别技术，不仅可以快速完成运动员和工作人员的身份认证登记等，还能限制未经授权的人员进入。抓拍的人脸照片与人脸底库做对比，如果是列入公安系统的违法在逃分子，人脸识别技术就可以有效地记录危险分子的行动轨迹并触发报警。健康码是以实际真实数据为基础，由市民通过自行网上申报，经后台审核后生成专属个人的二维码并记录行踪。健康码执行统一政策、统一标准、全国互认、一码通行原则，当有异常健康码出现时，同样能立即触发报警，并进行快速隔离预案，让技术应用更好地为疫情防控“加码”护航。

——摘自：《中国安防》杂志2021年10月刊

大型体育赛事中的安防市场发展机遇

出入口控制智能应用区分。体育场馆作为重要的公共建筑设施，在赛事和各种活动期间人员出入非常大，出入口控制系统成为一道安全屏障。一般来说，作为一个独立的体育场馆，对出入口控制系统的设置需求主要在办公区域的办公室、通道、设备库房；举办体育赛事时，裁判员、工作人员、参赛队、转播媒体等相关人员使用的临时用房；另外是配合检票系统的通道控制。在办公区域，如区域隔离通道、财务、档案、数据中心及机房、控制中心等，会要求安装带密码键盘的读卡器以增加通道的安全等级，必要时可选用生物识别技术，如指纹读卡器。重要通道和区域隔离通道采用双向认证的方式以保证进出记录的完整匹配和设置防跟随功能。选择断电开门的电控锁具，以符合消防要求，根据门的形式可选择磁力锁或电插锁、电锁口等。按照使用功能划分场馆的应用区域，区域之间连接的通道均需要设置门禁设备，并且要采用双向认证的方式，这样可以保证各区域之间不会互相干扰。具有权限的人可以双向出入这些区域，如保安人员等。在重要的临时用房及内部需控制的区域设置门禁设备，如VIP房、临时设备用房（临时转播设备、裁判设备）等，这样就可以防止无关人员随意进入该区域，其他一般通道则按照常规设置。

北京冬奥会将为安检设备和门禁出入口管理带来商机。奥运会作为国际性体育赛事，汇集全国各国参赛者和观众，人员组成相当复杂，因此在出入口进行严密筛选成为整个安防工作中的关键环节，将初步排除危险物及非法人员等不安全因素。所以安防检验设备及出入口管理系统的需求与要求都将进一步提高。此外在机场、火车站、地铁等城市交通卡口也将大量增设安检设备，在不同出入口为了维护安全与秩序，将通过门禁系统来管理人员，使得观众、运动员、工作人员等各走各的通道，以免发生意外事件。

——摘自：《中国安防》杂志2021年10月刊

第五节 安检防爆领域

CT安检探测技术的特点及优势

CT安检探测技术是基于CT扫描（X-Ray Computed Tomography，X-CT或称计算机断层扫描），利用X射线束对被检物一定厚度的层面进行扫描，由探测器接收透过该层面的X射线，转变为可见光后，由光信号转变为电信号，再经 A/D 转为数字信号输入计算机进行处理成像。CT 扫描技术是建立在不同材料的物质对射线衰减不一样的性质基础之上，同时以 Radon 变换和 Radon 反变换作为基本理论支撑，利用从不同方向对物体进行扫描透射得到投影数据重建出物体的图像，任意方向得到的数据即为沿着该路径物体对射线衰减的积分，通过计算和变换得到该截面的衰减系数信息，从而重建出该截面的图像。

近年来，随着人工智能技术的兴起，以卷积神经网络（CNN）为代表的深度学习方法开始广泛应用于计算机视觉和自然语言处理等领域。深度学习是对传统神经网络的延伸，增加了神经网络的层数以获得更加强大的特征提取和信息表达能力。相比于传统方法，深度学习技术无须人工设计特征提取器，通过非线性函数近似模型把原始数据转变成更加抽象的表达，自动提取特征，并且算法性能会随着训练数据量的扩大而提升。

与深度学习技术的融合将是 CT 安检探测技术未来发展的一个重要趋势。深度学习方法在处理图像时能够利用大量邻域信息充分提取图像特征，可得到检测精度更高、抗噪性能更好的图像。深度学习技术与 CT 安检探测技术的融合主要体现在两个方面：第一，深度学习技术可有助于 CT 重建图像质量的提升；第二，基于深度学习技术的目标检测和识别可实现 CT 重建图像中危险品的自动识别。

深度学习算法在 CT 图像重建中主要有两方面的应用。首先，深度学习技术可融入 CT 重建算法中，对于解析重建算法，利用神经网络实现重建算法中的加权、滤波以及反投影等步骤，可获得低剂量 CT 情况下更好的图像效果。对于迭代重建算法，神经网络可替代传统算法中的正则项，从而避免手动设计正则化项。其次，深度学习技术可用于 CT 重建图像后的处理中，在传统方法重建图像后，利用深度学习技术对 CT 重建图像进行后期优化处理以提高图像质量。

——摘自：《中国安防》杂志 2021 年 4 月刊

安检助力医院提升安全防范能力

由于医院的进院入口非常多，有些医院只对部分主要入口设置了安检通道，一些人流量较小的入口未设置安检通道，这样仍然无法保证所有能够进入医院并接触医护人员的人员全部都是经过安检的，所以仍然会有较大的安全隐患。

针对这些隐患，医院应在医护人员专用入口设置门禁系统，在医院其他所有入口（包括人行入口、停车场入口、电梯入口等）设置安检通道或者进行封闭合并，在人流量大的通道实行人、物同检，达到封口式安检的目的。检人主要是利用智能安检门和手持金属探测器来实现，医院使用的智能金属探测门金属检测能力至少应达到可探测不锈钢匕首、铝制刀具、螺丝刀并报警的效果，手检员站立于安检门之后，对金属报警进行复核。智能金属探测门除了具备金属检测功能外，还应具备人脸识别功能，对黑名单人员可以及时报警提醒，这类人员入院应该格外关注，可以采用安保人员跟随就诊等方法，避免伤医事件的发生。同时智能金属探测门应对人体内的心脏起搏器，孕妇、磁性软盘、磁带及人体无害，应符合当前所采用的国际安全标准。检物设备主要是利用 X 光机投射成像技术检测患者随身携带的各种包裹，检查其包裹内是否夹带各种刀具、枪支等可造成伤医的器械，另外医院用 X 光机检查设备与地铁、火车站以及机场等场景不同，它应具备周围剂量当量率小、设备噪声低等一系列特点。

每个医院应根据实际情况，在安检点规范就诊人员入院流程、规范各类人员检查流程，建立合理的安检通道、绿色免检通道以及医护人员专用通道，并设置引导员，明确不同人员的不同安检流程。

——摘自：《中国安防》杂志 2021 年 4 月刊

浅谈防爆机器人的发展之路

防爆机器人是一个复杂的人工智能系统，机器人可以划分为机器人本体机械与结构、电控系统、电源管理系统、智能硬件系统、感知系统、认知系统、导航系统、机器人操作系统、音视频结构化系统、边缘计算系统、云计算系统、大数据分析系统以及各类应用系统等。此外还包括各类人工智能算法，如红外热成像检测、气体泄漏检测、火焰检测、噪音检测、表计识别、各类物体检测与识别等上百种算法等。

防爆机器人有自主巡逻、一键到达以及手动控制等多种工作模式，广泛应用于电力电厂、核电站以及化工油田等领域的易燃易爆、有毒化工及辐射等危险工作场所、危险品生产、仓储等场景。防爆机器人借助多种传感器及智能识别算法，每天按计划执行巡逻值守任务，按时赶往值守点，值守过程实时巡视周边环境，实时采集周边视频数据和环境数据，保存到本地并同时传输至后台系统，当发现异常情况时可实时报警到机器人管理后台和用户的移动终端，报警信息可根据级别上报至后台监控中心不同的管理人员进行应急处理。机器人可以完成自动巡逻、值守站岗、表计识别、危险源识别、温度测量、震动测量、异常报警以及事件处理等工作任务。借助防爆机器人管理平台的自主巡逻和智能识别功能，提高了电力电厂、核电站以及化工油田的信息化和智能化管理水平。

——摘自：《中国安防》杂志 2021 年 4 月刊

新技术赋能产业升级　防爆安检发展前景可期
——专访公安部第一研究所安检技术事业部主任陈力

防爆安检作为保障人们生命财产安全的“最后一道防线”，是人们生活工作中一项极为重要的安全措施。作为整体防控思路下的一项专业工作方法，防爆安检虽然是一种相对被动的措施，但因其可以最大限度地将危险拒之于门外，所以也是一种最有效的措施。防爆安检作为公安机关有针对性地预防各种恐怖袭击、维持正常序、有效保护人民生命财产安全的重要手段，得到了党和政府的高度关注，其有关方案的实施和手段的应用也逐渐得到社会和民众的认可。

关于防爆安检，以前这个领域的名称是“防爆安检”，最早主要是防止爆炸袭击案件。防爆安检包含防爆和安检两个主要方向。防爆又分为搜爆、排爆和防护；安检又分为人身、物品、场地和车辆安检。这时候的安检主要针对爆炸装置，如邮件炸弹和行包炸弹。随着国内外暴恐袭击的形势日益严峻，“防爆安检”才转变为“防爆安检”，纳入了防范非爆炸暴力袭击的内容。另外，“防爆安检”是个业务领域，不是技术领域，也就是适用于防爆安检的技术都可以用于防爆安检领域。以安检技术为例，目前主要的技术包括基于电磁场的金属探测技术、基于 X 射线成像的 X 射线探测技术、基于计算机断层重建技术的 X 射线 CT 技术、基于离子迁移谱技术和荧光淬灭技术的痕量爆炸物探测技术、基于介电常数探测的液体探测技术、基于毫米波/太赫兹成像的人体安检技术等。

我国对于安全问题是高度重视的，安检重点涉及方方面面，经过几十年的发展，尤其是进入 21 世纪后，随着国内制造业的快速发展，国内也已经形成了较为庞大的安检产业，国内安检产品的技术差距和国外比并不大，在国内市场上基本是国内的安检产品，总体占比应该超过 90%。部分国内品牌已经先后打入国际市场，取得了不俗的业绩。

随着我国对反恐力度的加大，维护社会安定的需求不断升级，防爆安检相关技术的应用场景也在不断拓展，除了以往对机场和火车站实施防爆安检外，目前地铁站、轻轨站等人流密集的公共场所以及法院、医院等各级各类重点场所、重要部门的防爆安检应用也已经进入实际部署和普遍应用阶段，防爆安检技术需要根据不同的应用场景做出相应的创新，其未来具有无限可能。同时，不法分子不断更新的犯罪手段使防爆安检技术的更新面临挑战。在人员极为密集的防爆安检场景中，针对这些不断更新换代的违禁品和犯罪手段进行防爆安检工作不但要做到严谨、精准，还要保证快速、高效。防爆安检技术面临很大的挑战，但这也意味着防爆安检技术还有很大的发展空间。

安检技术都是探测技术，而人工智能、大数据、5G 等技术在防爆安检领域的应用是结合传统探测技术进行的。人工智能、大数据能够在一定程度上进行传统的需要业务专家才能判断的违禁品探测。5G 技术提升了现场设备的通信能力，使得业务管理方对现场安检态势的把控能力和快速反应能力得到加强。当人工智能、大数据以及 5G 等新技术越来越成熟，这些新技术的融入都会推动防爆安检技术的发展进步，防爆安检的模式或许也会随之改变。比如，当人脸识别技术和大数据被应用到防爆安检产品中，以往在机场等应用场景的无差别检测方式或许会改变，通过对进出人员进行大数据分析筛查进行风险评估来判断人员个体的犯罪风险，让低风险人员实现快速通行，但这些技术都需要大量的时间去研发和完善，防爆安检技术发展充满各种可能。

——摘自：《中国安防》杂志 2021 年 7 月刊

轨道交通安保防控体系与警务模式研究

随着国内外反恐防恐形势日益严峻，首都公共交通的快速发展和轨道安检的过负荷压力，现有警务模式已无法完全满足新形势下首都公共交通安全需要，哪怕人防、物防手段做到极致也无法满足公共交通安保工作要求，科技支撑才是唯一的出路。同时，科技支撑体系建设必须要随着业务体系的转变而转变，“反恐防恐”是公共交通安全保卫工作中的重中之重，因此务必要构建以反恐防恐为中心的科技支撑体系，那就是构建一道隐形的技术防线，实现从“拦截”到“预警”的转变。

1. 大客流快速安检系统

轨道交通大客流快速安检系统包括“智能检物”“快速检人”和“安检信息化管理系统”三个部分。

（1）“智能检物”广泛采集地铁安检常见的禁限带物品，形成一个 X 光图片样片库，通过双源双视角技术，从上下、侧面不同角度获取被检物品的透视影像，同时依托人工智能系统自动对被检物品进行比对，实现了液体、刀具和枪支等禁限带物品的智能识别与自动报警。

（2）“快速检人”技术通过接收人体发射的太赫兹波、毫米波并成像的技术，对乘客进行非接触式安检，快速识别人体携带的中、大尺寸违禁物品，辅助安检员快速发现禁带物品。具体功能特点：一是探测种类多。二是安全无辐射。三是检测速度快。

（3）“安检信息化管理系统”运用科技信息化手段，通过对安检设备、安检人员、被检物品信息的多级联网，建立统一的平台，实现了后台远程监控、警企联动处置、安检大数据分析的集成管理。

自 2014 年以来，北京市公安局、北京市交通委积极组织本市轨道交通运营公司及相关技术单位，充分调研国内外前沿安检技术、先进管理理念，于 2016 年 5 月开始，在北京地铁 7 条线路 22 个安检点位开展试点工作，对相关技术方案、设备性能进行验证。从试点、应用情况来看：“智能检物”设备，实现对禁带物品的智能识别与自动报警，有效缓解安检员单凭经验识别违禁品，减少了安检员劳动强度，提高了对违禁品的查禁效率，同时提升物检速度。“安检信息化管理”设备和系统，通过试点运营，大客流快速安检系统提升安检效率、管理效率，实现了警企联动、现场处置等功能。“快速检人”设备，目前成像清晰度、设备体积和环境适应性等关键技术指标仍需进一步研究开发。

轨道交通安检信息作为公交行业的特有数据资源，有力支撑了安检工作监督管理报警系统的建设，系统整合接入轨道交通线路安检平台的各类数据，可以实现实时调看安检点视频资源，监测安检设备状态、客流数量、过包数量、值机员状态等情况。目前该系统已在地铁燕房线、新机场线投入使用。

2. 多维度感知安检门

多维度感知安检门通过非接触式采集的方式，以身份证卡信息的快速无感感知采集为主，兼顾人脸图像多角度采集、金属物品探测、手机信息采集以及红外热成像测温等功能，实现对乘客身份证信息和人脸信息进行实时采集、识别、预警和分析，同时多维人员感知门也是及时发现重点关注人员并将其拦截在地铁站口之外的有效手段。通过安装在感知门两侧的多组射频天线和专用快速远距离射频读卡器，实现多角度全覆盖的身份证卡信息感知采集功能；在感知门两侧同时装有金属探测用的专用线圈，通过改进电源同步整流电路、缓冲电路和滤波设计等方法，减少电磁干扰，解决金属探测天线与证件读取天线之间的兼容问题，实现身份证卡和金属探测的同步采集；通过两侧的高清数字相机，实现对通行人员人脸图像的快速同步抓取，同时可通过红外热成像相机，即时获取通行人员的实时体温信息，并解决多摄像机之间图形图像的逻辑关系。

公安轨道交通多维立体防控物联网系统的软件信息系统可以将前端感知采集设备采集到的各类数据通过数据中心汇聚匹配后，显示在前端界面，可综合显示身份证卡信息、人脸图像信息等报警信息。

3. 核化系统

天安门东站 A 口和 D 口通道各架设一套门式核物质探测设备，在 B、C 口架设 3 台区域式核物质探测器。通过对放射剂量检测，实现对放射性物质的探测及核素分析识别，避免医疗核素对探测结果的影响。同时联动摄像机，实现在发现放射性物质时对可疑人员的图像抓拍。

在站台两侧分别布置一台有毒有害气体及化学战剂探测器，实现对站台内有毒有害气体及化学战剂的探测。通过设备采样分析，识别危险物质种类、浓度，并提示处置方式。有毒有害气体及化学战剂探测器所配套气象设备，实时探测轨道车站内气流、温湿度等环境数值，为判断有毒有害气体及化学战剂的扩散方向、速度、影响程度提供初步参考。

——摘自：《中国安防》杂志 2021 年 9 月刊

以科技强警为牵引　智领警用装备向多元化迈进
——专访公安部第一研究所警用装备技术事业部中天锋公司副总经理王怀颖

所谓“工欲善其事，必先利其器”，公安民警有了防护装备就可以在反恐处突等极端事件中起到保护生命安全、增强战斗力及信心的重要作用。

当前我国警用防护装备的分类和功能主要分为以下几类：

1. 防弹装备。主要吸收和耗散弹头能量，起到阻止穿透、减轻钝伤、有效保护人体防护部位作用的装备。主要包括防弹衣、防弹头盔、防弹盾牌、防弹防刺服等。

2. 防刺装备。能有效防护匕首等常见锐器从各种刺入角度对人体的攻击，减少人体防护部位受到刺伤威胁的防护服。主要包括防刺服、防弹防刺服等。

3. 防割装备。能有效抵御各种刀具割、划等伤害。主要包括防割手套、防割服、防割护颈、防割头套等。

4. 防暴装备。能有效抵御锐器、利器、棍棒及非爆炸性投掷物的攻击，具有一定阻燃性的防护装备。主要包括防暴服、防暴头盔、防暴盾牌等。

5. 防爆装备。能在一定程度上防护爆炸所产生的冲击波和高速破片对人体的杀伤效应。主要包括搜爆服、搜爆头盔、排爆服、排爆头盔、防爆靴等。

6. 防核生化装备。核生化威胁包括大规模使用核生化武器的直接威胁和非固定战场的突发性威胁。主要包括防核服、防化服、生物防护服、核生化防护服、防毒面具等。

7. 其他装备。包括眼睛、面部、手、脚、膝盖、肘等部位的防护。如防激光护目镜、防风沙防紫外线风镜、阻燃防割头套、防寒保暖手套、防刺靴、防砸靴、护膝护肘等。

近几年我国警用防护装备技术发展迅猛，材料和技术都有较大的提升。但我国在警用防护装备领域的行业标准制定方法与国外尚存在一定的差距，需要进一步提升。

为深入贯彻创新驱动发展和科技强警战略，未来我国警用防护装备的发展将出现新的变革，在人工智能、大数据及云计算等技术融合的驱动下，“智慧警务”将成为警务智能化的一种重要形态，智能头盔、眼镜、智能温控防护服等新型智能单警装备形成单警可穿戴装备体系。新材料的应用在提升防护性能的同时也做到轻量化，配合智能感知系统将有力提升复杂情形下单警综合实战能力，推动警务模式的转型升级。

未来警用防护装备将向着智能化、实战化、人性化以及多功能的方向发展，材料技术的突破将大幅提升防护装备的性能。同时也将更加重视防护装备的穿着率和实战性，以人为本，结合一线不同警种的实战需求，防护装备将更加细分，更具警种特色，与作战单元的契合度更高。

——摘自：《中国安防》杂志 2021 年 10 月刊

新技术赋能下智能安防与体育碰撞出别样火花

为防止危险物品被带入场馆，防爆安检技术的应用已成为大型体育赛事活动中保障安全的一个关键环节。

目前来看，大型体育赛事活动中安全检查设备主要包括金属探测安检门、X 光安检仪以及手持式金属探测器，另外还有车辆安检设备——自动车底检查系统等。

随着 AI 技术融合应用，安检过程中的智能分析已经落地应用，通过深度学习算法，将安检图片结构化，从而智能识别图像中的违禁物品，提升安检准确率。同时，安检系统通过软件平台实现安检数据实时上传，打破传统安检系统信息孤岛，实现安检系统与视频监控等其他业务系统的信息融合，构建人物匹配、视频联动等综合安保体系。

——摘自：《中国安防》杂志 2021 年 10 月刊

多维信息感知系统在大型赛事安保领域的应用研究

目前，国内对于大型赛事的安检工作仍采取“人物同检”的安检模式，虽引入安检机（X 光机）、金属探测门等安检设备进行物检，但无法全时段对进场人员的身份信息进行采集并核查。人检不同于机检，受安检人员培训质量、工作经验、责任意识等多方面主观因素影响，安检质量难以满足大型赛事对信息筛查统一性、稳定性的高标准需求。此外，由于人检采集信息方式过于直接，易引起观众隐私泄露担忧，并产生抵触情绪。

多维信息感知系统借助前端采集模块无感获取多维人员信息，利用算法精准匹配人员、物品信息，通过数据服务接口与智能安检系统进行数据交换和人员身份核检。搭载多维信息感知系统的智能安检设备，将不需过多人工参与，大大提高通行效率，增加观众满意度。

多维信息感知系统融合射频识别、人脸识别、手机信息侦测、多信息关联等技术，借助前端采集模块获取多维人员信息，利用算法精准匹配人员、物品信息，通过数据服务接口与智能安检系统进行数据交换和人员身份核检。

多维信息感知系统在大型活动安保领域有着广泛的应用。传统安检模式下，入场人员可划分为带包人员和无包人员，在传统安检机的基础上，多维信息感知装置已衍生出两类产品形态：一是与现有安检机的有机结合，将其升级成“智能安检机”；二是作为一种独立产品形态，如安检门、安检通道等，依据安保等级要求，部署于场馆入口。

随着社会生产水平和科学技术的不断提升，多维信息感知系统未来将朝着快速识别、精准识别、智能识别“三步走”的核心目标继续发展，不断完善应用功能和拓宽应用场景。

此类设备选取场馆入口为应用场景，综合运用多学科技术，快速无感采集多维人员信息，达到了人员身份核录和安全检查的目的。目前，全国大型赛事开展热火朝天，各类赛事筹备工作紧锣密鼓，保障大型赛事平稳进行，重点是严把入口关，此类设备满足场馆安检的需求，市场应用场景广阔。

——摘自：《中国安防》杂志 2021 年 10 月刊

大型体育赛事中的安防市场发展机遇

体育场馆安检设置及新型安检技术发展。防爆安检设备主要探测（人、物、车辆、场所）携带或存在的爆炸物威胁、枪支武器威胁、易燃、易爆化学危险品威胁、放射性物质威胁、有害生物制剂和毒气威胁。防爆安检设备被广泛应用在机场、铁路、港口、大型体育赛事和重要固定场所等领域，它是以防止爆炸和暴力犯罪为目的，实施对人身、携带物品、车辆和活动场所的安全检查。在新形势下，防爆安检又增加了对放射性物质及有害生物制剂等大规模杀伤性侵害的安全防范。体育场馆安检工作，与车站、机场有着相似之处，需要对行李物品和人体进行安检。通常所用设备包含便携式安检门、X 光机行李安检仪、手持式金属探测仪。人身安检器材的最小配备单元为“一机两门”，即一台 X 光机、两台金属探测安全门。车辆安检器材的最小配备单元为一部自动车底检查系统、一条安检车道。其中人身安检分为初检、复检和重点检查三个阶段；车辆安检采取人、器材相结合进行初检、复检，重点车辆还使用搜爆犬强化检查；另外，为老弱病残孕等有特殊需求的受检人员设置了专门通道；残疾人士乘坐具备场馆准入权限的车辆接受安检时可不下车，由安检员上车检查。

大型体育赛事中将会涌现出越来越多的新型安防技术。例如，安检技术方面，新型安检技术得到快速发展和应用，如毫米波成像、太赫兹成像等。毫米波成像，是指利用位于毫米波段的电磁波作为介质，对物体进行检测和物质鉴别。毫米波技术的优点是能够进行远距离探测，实时成像，可探测衣服下隐藏的可疑物，检测效果直观；能量低，对人体无害，适合人群的快速成像检测。当然，由于毫米波穿透能力有限，相对于 X 射线，其只能够实现表面或很薄覆盖下的物质监测。同时，目前国内还出现了安检智能分析仪，基于 AI 技术，通过深度学习算法，将安检图片结构化，智能识别图像中的违禁物品。并通过声音、图像标记放大方式，提醒安检员有可疑物品出现。另外，安检数据实时上传平台，打破传统信息孤岛，实现安检联网；结合视频、人脸识别等其他业务系统，实现信息融合，比如：人物匹配、人脸比对、视频联动等。目前阶段，国际安全需求不断提高，越来越要求快速、精确化、自动化、多目标检查。无论哪种单一技术，都有其局限性，难以满足这些综合性需求。因此集成了两种或两种以上安检技术的融合设备和综合解决方案是未来安检技术应用发展的趋势。除了以上几种经常用到的安检设备外，在特别重要的大型体育赛事中还会用到以下几种防爆探测设备：排爆机器人、排爆服以及危险液体探测仪。

——摘自：《中国安防》杂志 2021 年 10 月刊

重点站区预警防控系统的设计与建设

随着我国城镇化的加快和社会经济的发展，轨道交通在我国现代化建设中占据着越来越重要的地位，综合交通枢纽也成为了城市的重要基础设施。综合交通枢纽及其周边结构空间复杂，道路节点常现拥堵，流动人员众多，极易发生公共安全事件，因此统筹规划城市内大型综合交通枢纽的重点站区预警防控系统，助力于改善站区的服务与管理，提高整个城市空间的安全性与舒适性。

随着城市现代化进程的加快，轨道交通迅速发展，城市内车站、地铁站、客运站等交通枢纽日益增多，各个场站的预警防控、场站间的联络沟通亟须快捷有效的方式进行统筹，遂提出重点站区的管理模式。重点站区包括机场、火车、汽车站、地铁站、公交场站等人群密集的交通枢纽，标准化的预警防控系统有利于对重点站区进行统筹管理。

重点站区内流动的人员复杂，安检压力大且较难管理，因此急需科学化的预警防控系统通盘整理防控涉及的各要素，梳理完整的工作流程确定各流程对应的系统，并明确系统间的接口关系，为流程的无缝衔接与协作定义高适用性、高可扩展性的数据融合和交换标准化接口。

重点站区预警防控系统以顶层设计的体系结构原则为前提，明确站区整体预警防控系统的目的和意义，围绕站区的业务需求和存在的薄弱环节，结合先进的技术，分析系统需要表达的内容，勾画出系统的愿景。按照系统愿景的指引，进行业务系统、信息系统、应用系统的设计，以形成完整的重点站区预警防控的系统。

设计者从梳理各大交通枢纽及重点区域的业务要素和信息流出发，明确各业务要素间的信息流转关系，从而明确出各个要素所处的应用层级以及应用总体系统，结合在系统中关键技术方法的应用研究，跳出局部环境的束缚和影响，站在全局互联和全网通用的整体高度，解决系统中各个要素的协同问题，使系统中的各个信息系统的效益最大化，最终规划出重点站区预警防控系统。

重点站区预警防控系统为达成“智能感知、精准识别、触圈预警”的目标，将立足于重点站区的实战应用，通过深化大数据、人工智能、物联网等前沿科技应用，构建以重点站区安全管控决策引擎为核心的安全预警防控平台，建成集指挥调度、情报研判、立体防控、警务管理等为一体的安全管理闭环，实现“情—指—勤”一体化融合，致力于让重点站区更安全。

该预警系统立足于服务重点站区实战应用，并将协调各警种，调集社会各方资源，打通企业私网、互联网、视频专网、公安网、政务网等多张网络，实现数据信息实时同步，为数据融合和大数据分析打下基础，这也是智慧警务的一部分。其中，警务机制以站站联动、地上地下联动、警企协同为核心，充分调度资源，有效提高处置效率。重点站区的预警防控建设以“城市安全门户”“重点管控区域”“特大交通枢纽”三大定位为载体，以“人、车、物、事、境”五大要素为抓手全面推进，重点站区的定位与防控要素。

重点站区预警防控系统的设计目的是借助科技信息化手段，建立情指勤一体化的作战指挥平台，推动各部门资源整合，确保指挥处置标准及时、规范有效。

结合重点站区各个场景需求，其预警防控系统参照了“四层两支撑”的总体架构进行建设。重点站区预警防控系统由感知层、网络层、服务层、应用层协同服务，安全保障与运维管理提供支撑的治理框架，以实现对从前端到后端协同的全流程管控。人、车、物、事、境的信息通过前端感知设备在感知层进行采集，数据在网络层中进行传输，服务层将数据整合、分析，站区工作人员、警员在用户端通过应用层完成治安防控、指挥调度、情报研判、警务管理等工作。

重点站区预警防控系统能够完成以下任务：积极预防和处置重点人员；完成大型活动客流安保；支持线网、车站客流量，站台、通道、安检区、楼扶梯的客流量和客流密度，线网客流拥挤指数实时测算、短期预测；实现多维数据融合碰撞，让相关信息全面深入地服务于公安实战工作；对接前端多类感知设备，为快速调取一线数据提供便捷的途径，为及时掌握一线情况和指挥决策提供重要参考；大数据驱动，基于深度学习的模型设计与优化，建立先进时空计算引擎，实现公交业务数据秒级查询，考虑将平台对接市局骨干平台，提供给市局使用，达成智能防控、联勤联动、可视指挥的效果。

——摘自：《中国安防》杂志 2021 年 11 月刊

针对抢劫威胁的银行安全防范对策研究

在公共安全领域，银行面临的实体安全威胁也不容忽视，其中抢劫犯罪是威胁银行实体安全的主要犯罪形式，极大地危害公民人身安全、财产安全，对银行造成严重的经济损失，给社会带来不稳定因素。

如何增强识别犯罪的预防能力，提升银行安全防范效能，如何有效应对突发抢劫事件，减少财产损失和人员伤亡，是银行业亟待解决的公共安全问题。在银行安全防范方向的研究上，国内学者尝试从“物防、技防、人防”三个角度对银行安全防范要点进行分析，在设施和技术的整体安全上提出了改进策略，但较少涉及对银行特定犯罪风险提出针对性措施。在银行抢劫的现状与对策研究方面，公安领域专家有着指导性的建议，在实战方面和管理方面提出了对策，但缺少在安全防范系统建设上的具体建议。本文针对银行的抢劫威胁，以安全防范对策的角度进行研究，通过收集和筛选近年来的国内外银行抢劫的具体案例，分析银行抢劫威胁方式，得出银行抢劫威胁清单，提出了适用于银行抢劫案件的防范改进策略。

为了有针对性地提升安全防范系统的防护能力，本文进一步对国内外银行抢劫案件中的防护漏洞进行分析，从物理防护漏洞、技术防护漏洞、人力防护漏洞和造成的后果四个方面进行总结。

对于所有抢劫方式，技术防范的完善很重要，首先是报警系统安装的完备性，为了让报警系统及时响应，需要在细节上完善系统的性能。然后是视频监控系统的效能和应急保障能力需要完善。另外，案件中技术防范的漏洞还体现在声音复核对讲方面，若声音复核对讲系统能够及时记录并还原犯罪人的相貌和作案细节，就能将损失及时挽回。在人力防范方面，需要提高银行工作人员应急演练和预案能力，同时对于警卫安保人员而言，要开展专业技能培训，提高其防卫与控制能力。在其他方面，对于抢劫的作案人员可能会提前得知情报等，所以依然要注意人员管理，加强保密意识，防止内外勾结。

根据防范要素的分析结果和我国相应标准规定，本文从物理防范、技术防范、人力防范上提出针对抢劫威胁的银行安全防护策略和改进建议。

（1）物理防范

对于物理防范而言，要提高针对抢劫威胁安防系统防护能力可以从现金业务区和营业场所入手，在防护板、窗户和设备配置上进行改进。

（2）技术防范

对于技术防范而言，可以分为3个方面进行改进，包括报警系统、安防视频监控系统、声音复核对讲系统。

（3）人力防范

在人力防范方面，要加强员工培训，增加防范意识和应急能力。对于警卫而言，要保持警惕，时刻对可疑人员进行观察，特别是银行现金业务区的客户；对于出纳员而言，要掌握各种应对突发事件的应急能力，锻炼心理素质；对于银行其他工作人员，要有及时报警的意识，做好应急联动。在这个方向上银行人力防范上要做到五点：

①健全管理体系，落实学习任务；②积累案例知识，增强防范意识；③学习应急能力，加强专业培训；④切实开展演练，提高防卫技能；⑤强化责任担当，严加内部管理。

——摘自：《中国安防》杂志2021年12月刊

无人机在油气管道巡检中的应用

利用无人机航测的管道航路图像数据结合 AI 图像识别技术赋能安防的应用价值日益凸显出来，相关技术正在逐渐走向成熟，并在未来替代传统人工安防巡检方面具有广阔的发展空间。

值得关注的是，安防巡检领域占比提高至 18.76%跃升为三甲之一。2021 年我国无人机安防巡检应用规模达 43.35 亿元。无人机巡检应用需求开始向产品技术创新以及应用方面的智能化、系统化转变，工业无人机执行的巡检任务呈多样化趋势，仅搭载普通小型摄像头等任务载荷无法满足其任务执行能力。

现阶段应用中，无人机巡检应用尚作为备用手段来弥补人工巡检的不足，但以下几方面在不远的将来完全有替代人工的可行性。

1. 复杂地形巡检

对于管道经过的山地、河流等复杂区域或人力无法直接到达的区域来说，人工巡检难度较大，相关数据采集困难。利用无人机巡检能够完全克服地形所带来的障碍，对各类数据进行实时采集并及时发现各类安全隐患，以达到提前预警的目的。此外，通过长期的图片、影像 AI 对比分析能够主动掌握管道周边区域地理信息。

2. 管道夜间巡检

在管道的夜间巡查方面，人工巡检的效率一直较低，精准度无法得到保证且存在一定的安全隐患。而对于无人机巡检来说，夜间巡检所能够采集的数据与白天差别不大，可以十分精确地反映管道周边实时状况。此外，利用红外监测、面部识别等手段对管道周围的夜间施工、偷油现象等问题有着很好的预防作用。

3. 灾害地段数据采集

当部分区域管道发生油气泄漏或其他安全事故时，无人机能够凭借自身优势迅速到达指定区域，对周边情况进行全面了解，收集所需的各项数据，方便研究制定应急措施和方案，避免了人工巡查所带来的安全隐患，保证了数据的准确性、及时性。

事实证明无人机安防作业的远程控制、多端分发、GIS 融合、AI 处理可以深度解决传统安防的痛点。用全自主、可视化、智能化的巡检系统方案极大提高作业效率，实现险情预警、情报融合、增强宏观局势掌控，所有这些复杂的联动过程都会通过中心控制室内的一台显示终端非常简洁地呈现给管理人员，使管理人员在千里之外即可了解整条管道所发生的一切事件。现阶段在依托智能管道的管网安防战略背景下，无人机已经应用在油气管道安全防范巡检工作中，由无人机赋能的油气管道巡检安防市场或将迎来新机遇和突变！

——摘自：《中国安防》杂志 2021 年 12 月刊

附录

附　录

附录一　现行法律、法规、规章和其他规范性文件目录

一、现行有效的法律、法规、规章及规范性文件目录

序号	法规名称	颁布机构	实施日期
1	中华人民共和国产品质量法（2018 年修正）	全国人大常委会	2018 年 12 月 9 日
2	中华人民共和国标准化法	全国人大常委会	2018 年 1 月 1 日
3	中华人民共和国招标投标法（2017 年修正）	全国人大常委会	2017 年 12 月 28 日
4	中华人民共和国文物保护法（2017 年修正）	全国人大常委会	2017 年 11 月 28 日
5	中华人民共和国反恐怖主义法（2018 年修正）	全国人大常委会	2016 年 1 月 1 日
6	中华人民共和国国家安全法	全国人大常委会	2015 年 7 月 1 日
7	中华人民共和国就业促进法	全国人大常委会	2008 年 1 月 1 日
8	生产安全事故应急条例	国务院	2019 年 2 月 17 日
9	快递暂行条例	国务院	2018 年 5 月 1 日
10	关于加强质量认证体系建设促进全面质量管理的意见	国务院	2018 年 1 月 17 日
11	关于推动国防科技工业军民融合深度发展的意见	国务院	2017 年 11 月 23 日
12	关于进一步加强文物安全工作的实施意见	国务院	2017 年 9 月 9 日
13	关于印发新一代人工智能发展规划的通知	国务院	2017 年 7 月 8 日
14	加强中小学幼儿园安全风险防控体系建设意见	国务院	2017 年 4 月 25 日
15	国家突发事件应急体系建设“十三五”规划	国务院	2017 年 1 月 12 日
16	关于国家重大科研基础设施和大型科研仪器向社会开放的意见	国务院	2014 年 12 月 31 日
17	国务院关于扶持小型微型企业健康发展的意见	国务院	2014 年 10 月 31 日
18	关于加快科技服务业发展的若干意见	国务院	2014 年 10 月 9 日
19	企业信息公示暂行条例	国务院	2014 年 10 月 1 日
20	物流业发展中长期规划（2014—2020 年）	国务院	2014 年 9 月 12 日
21	国家新型城镇化规划（2014—2020 年）（节选）	国务院	2014 年 3 月 16 日
22	突发事件应急预案管理办法	国务院	2013 年 10 月 25 日

续表

序号	法规名称	颁布机构	实施日期
23	长江三峡水利枢纽安全保卫条例	国务院	2013 年 10 月 1 日
24	关于推进物联网建设有序健康发展的指导意见	国务院	2013 年 2 月 5 日
25	关于印发“十二五”国家自主创新能力建设规划的通知	国务院	2013 年 1 月 15 日
26	校车安全管理条例	国务院	2012 年 4 月 5 日
27	中华人民共和国招标投标法实施条例（2019 年修正）	国务院	2012 年 2 月 1 日
28	关于第六批取消和调整行政审批项目的决定	国务院	2012 年 9 月 23 日
29	关于促进企业技术改造的指导意见	国务院	2012 年 9 月 1 日
30	关于加强道路交通安全工作的意见	国务院	2012 年 7 月 22 日
31	危险化学品安全管理条例	国务院	2011 年 12 月 1 日
32	保安服务管理条例	国务院	2010 年 1 月 1 日
33	民用爆炸物品安全管理条例（2014 年修正）	国务院	2006 年 9 月 1 日
34	娱乐场所管理条例（2016 年修正）	国务院	2006 年 3 月 1 日
35	国家突发公共事件总体应急预案	国务院	2006 年 1 月 8 日
36	企业事业单位内部治安保卫条例	国务院	2004 年 12 月 1 日
37	对确需保留的行政审批项目设定行政许可的决定	国务院	2004 年 7 月 1 日
38	中华人民共和国认证认可条例	国务院	2003 年 11 月 1 日
39	关于加强和改进乡村治理的指导意见	中共中央办公厅、国务院办公厅	2019 年 6 月 23 日
40	关于推进城市安全发展的意见	中共中央办公厅、国务院办公厅	2018 年 1 月 7 日
41	关于加强社会治安防控体系建设的意见	中共中央办公厅、国务院办公厅	2015 年 4 月 13 日
42	国务院办公厅关于全面推进城镇老旧小区改造工作的指导意见	国务院办公厅	2020 年 7 月 10 日
43	关于开展工程建设项目审批制度改革试点的通知	国务院办公厅	2018 年 5 月 14 日
44	关于保障城市轨道交通安全运行的意见	国务院办公厅	2018 年 3 月 7 日
45	国家突发环境事件应急预案	国务院办公厅	2014 年 12 月 29 日
46	推进长江危险化学品运输安全保障体系建设工作方案	国务院办公厅	2014 年 6 月 9 日
47	关于加强公交车行驶安全和桥梁防护工作的意见	国务院安全生产委员会	2018 年 12 月 10 日
48	公共安全人脸识别应用　图像技术要求	国家质量监督检验检疫总局、国家标准化管理委员会	2018 年 7 月 1 日
49	关于印发《国家新一代人工智能标准体系建设指南》的通知	国家标准化管理委员会、中央网信办、国家发展改革委、科技部、工业和信息化部	2020 年 7 月 27 日
50	关于印发《网络音视频信息服务管理规定》的通知	国家互联网信息办公室、文化和旅游部、国家广播电视总局	2019 年 11 月 18 日
51	关于印发《加快推动全国中小学幼儿园安全防范建设三年行动计划》的通知	公安部、教育部	2019 年 9 月 16 日

续表

序号	法规名称	颁布机构	实施日期
52	关于印发《超高清视频产业发展行动计划（2019—2022 年）》的通知	工业和信息化部、国家广播电视总局、中央广播电视总	2019 年 2 月 28 日
53	关于加快安全产业发展的指导意见	工业和信息化部、应急管理部、财政部、科技部	2018 年 6 月 19 日
54	科技型中小企业评价办法	科学技术部、财政部、国家税务总局	2017 年 5 月 3 日
55	关于加快构建全国一体化大数据中心协同创新体系的指导意见	国家发展改革委、中央网信办、工业和信息化部、国家能源局	2020 年 12 月 23 日
56	关于加强公共安全视频监控建设联网应用工作的若干意见	国家发展改革委、中央综治办、科技部、工业和信息化部、公安部、财政部、人力资源和社会保障部、住房和城乡建设部、交通运输部	2015 年 5 月 6 日
57	《深入实施国家知识产权战略行动计划（2014—2020 年）》的通知	知识产权局、中央宣传部、外交部、发展改革委、教育部、科技部等部委	2014 年 12 月 10 日
58	关于印发维护医疗秩序打击涉医违法犯罪专项行动方案的通知	国家卫生健康委员会、中央综治办、中宣部、最高人民法院、最高人民检察院、公安部、民政部、司法部、工商总局、中国银保监会、国家中医药局	2013 年 12 月 20 日
59	关于印发《道路旅客运输企业安全管理规范（试行）》的通知	交通运输部、公安部、国家安全监管总局	2012 年 1 月 19 日
60	关于做好县城城镇化公共停车场和公路客运站补短板强弱项工作的通知	国家发展改革委办公厅	2020 年 7 月 7 日
61	关于印发《促进智慧城市健康发展的指导意见》的通知	国家发展改革委、工业和信息化部、科学技术部、公安部、财政部、国土资源部、住房和城乡建设部、交通运输部	2014 年 8 月 27 日
62	关于组织开展新型智慧城市评价工作务实推动新型智慧城市健康快速发展的通知	国家发展改革委、网信办、国家标准委员会	2016 年 11 月 22 日
63	关于进一步加强学校幼儿园安全防范工作建立健全长效工作机制的意见	中央综治办、教育部、公安部	2010 年 8 月 23 日
64	安全技术防范产品管理办法	国家质量技术监督局、公安部	2000 年 9 月 1 日
65	邮电局（所）安全防范规定	邮电部、公安部	1997 年 9 月 24 日
66	关于促进安全产业发展的指导意见	工业和信息化部、国家安全监管总局	2012 年 8 月 7 日
67	电力监控系统安全防护规定	国家发展和改革委员会	2014 年 9 月 1 日
68	关于印发《智慧城市时空大数据平台建设技术大纲（2019 版）》的通知	自然资源部	2019 年 1 月 24 日

续表

序号	法规名称	颁布机构	实施日期
69	关于印发《2019 年教育信息化和网络安全工作要点》的通知	教育部	2019 年 2 月 27 日
70	关于印发《高等学校人工智能创新行动计划》的通知	教育部	2018 年 4 月 2 日
71	关于印发《国家新一代人工智能创新发展试验区建设工作指引》的通知	科学技术部	2019 年 8 月 29 日
72	科技部关于发布国家重点研发计划“智能机器人”等重点专项 2018 年度项目申报指南的通知	科学技术部	2018 年 8 月 3 日
73	“十三五”公共安全科技创新专项规划	科学技术部	2017 年 4 月 24 日
74	“十三五”先进制造技术领域科技创新专项规划	科学技术部	2017 年 4 月 14 日
75	关于开展民爆行业安全生产集中整治行动的通知	工业和信息化部	2019 年 11 月 29 日
76	关于印发《电信和互联网行业提升网络数据安全保护能力专项行动方案》的通知	工业和信息化部	2019 年 6 月 28 日
77	关于加快推进虚拟现实产业发展的指导意见	工业和信息化部	2018 年 12 月 21 日
78	推进互联网协议第六版（IPv6）规模部署行动计划	工业和信息化部	2018 年 4 月 25 日
79	促进新一代人工智能产业发展三年行动计划（2018—2020 年）	工业和信息化部	2017 年 12 月 14 日
80	关于加强民用爆炸物品生产销售全过程安全管控的通知	工业和信息化部	2014 年 7 月 1 日
81	国家集成电路产业发展推进纲要	工业和信息化部	2014 年 6 月 24 日
82	信息化发展规划	工业和信息化部	2013 年 9 月 29 日
83	民用爆炸物品生产企业门禁式定员监控系统安全技术条件	工业和信息化部	2013 年 9 月 5 日
84	关于印送《贯彻落实网络安全等级保护制度和关键信息基础设施安全保护制度的指导意见》的函	公安部	2020 年 7 月 22 日
85	公安机关互联网安全监督检查规定	公安部	2018 年 11 月 1 日
86	关于印发《关于深入开展城市报警与监控系统应用工作的意见》的通知	公安部	2010 年 4 月 6 日
87	娱乐场所治安管理办法	公安部	2008 年 10 月 1 日
88	金融机构营业场所和金库安全防范设施建设许可实施办法	公安部	2006 年 2 月 1 日
89	关于加强对列入强制性产品认证目录内的安全技术防范产品质量监督管理的通知	公安部	2005 年 7 月 20 日
90	中华人民共和国公安部关于规范安全技术防范行业管理工作几个问题的通知	公安部	2004 年 8 月 3 日
91	关于严格执行《国务院关于取消第二批行政审批项目和改变一批行政审批项目管理方式的决定》的通知	公安部	2003 年 3 月 20 日
92	关于印发绿色社区创建行动方案的通知	住房和城乡建设部、国家发展和改革委员会、民政部、公安部、生态环境部、国家市场监督管理总局	2020 年 7 月 22 日

续表

序号	法规名称	颁布机构	实施日期
93	关于开展城市居住社区建设补短板行动的意见	住房和城乡建设部、教育部、工业和信息化部、公安部、商务部、文化和旅游部、国家卫生健康委员会、国家税务总局、国家市场监督管理总局、国家体育总局、国家能源局、国家邮政局、中国残疾人联合会	2020 年 8 月 18 日
94	住房和城乡建设部等部门关于加强和改进住宅物业管理工作的通知	住房和城乡建设部、中央政法委、中央文明办、发展改革委、公安部、财政部、人力资源社会保障部、应急部、市场监管总局、银保监会	2020 年 12 月 25 日
95	关于开展国家智慧城市试点工作的通知	住房和城乡建设部	2012 年 11 月 22 日
96	关于加强城市轨道交通安防设施建设工作的指导意见	住房和城乡建设部	2010 年 6 月 28 日
97	关于印发《城市轨道交通工程安全质量管理暂行办法》的通知	住房和城乡建设部	2010 年 1 月 8 日
98	工程造价咨询企业管理办法	住房和城乡建设部	2006 年 7 月 1 日
99	建设工程勘察质量管理办法	住房和城乡建设部	2003 年 2 月 1 日
100	建筑智能化系统工程设计管理暂行规定	住房和城乡建设部	1998 年 3 月 10 日
101	高速铁路安全防护管理办法	交通运输部、公安部、自然资源部、生态环境部、住房和城乡建设部、水利部、应急管理部	2020 年 5 月 6 日
102	交通运输部关于推动交通运输领域新型基础设施建设的指导意见	交通运输部	2020 年 8 月 3 日
103	交通运输部关于印发《推进综合交通运输大数据发展行动纲要（2020—2025 年）》的通知	交通运输部	2019 年 12 月 9 日
104	危险货物道路运输安全管理办法	交通运输部	2019 年 11 月 10 日
105	交通运输部关于印发《数字交通发展规划纲要》的通知	交通运输部	2019 年 7 月 25 日
106	城市轨道交通运营管理规定	交通运输部	2018 年 7 月 1 日
107	民用航空安全管理规定	交通运输部	2018 年 2 月 13 日
108	铁路旅客运输安全检查管理办法	交通运输部	2015 年 1 月 1 日
109	关于加强城市轨道交通运营安全管理的意见	交通运输部	2014 年 9 月 30 日
110	关于加强安全生产科技创新工作的决定	国家安全生产监督管理总局	2012 年 9 月 17 日
111	关于进一步加强安全生产应急平台体系建设的意见	国家安全生产监督管理总局	2012 年 9 月 6 日
112	居家安防智能管理系统技术要求	国家市场监督管理总局	2020 年 3 月 1 日
113	认证机构管理办法	国家质量监督检验检疫总局	2018 年 1 月 1 日
114	关于进一步加强公共交通领域电梯安全工作的指导意见	国家质量监督检验检疫总局	2012 年 1 月 19 日
115	强制性产品认证管理规定	国家质量监督检验检疫总局	2009 年 9 月 1 日

续表

序号	法规名称	颁布机构	实施日期
116	关于切实加强博物馆公共安全工作的紧急通知	国家文物局	2010年5月13日
117	关于增设涉密信息系统集成“保密安防监控”单项资质的通知	国家保密局	2006年10月11日
118	涉及国家秘密的计算机信息系统集成资质管理办法（试行）	国家保密局	2001年10月15日
119	关于进一步加强监督管理规范使用认证标志有关问题的通知	国家认证认可监督管理委员会	2007年3月5日
120	关于协助做好强制性产品认证行政执法工作有关问题的通知	国家认证认可监督管理委员会	2006年5月23日
121	认证技术规范管理办法	国家认证认可监督管理委员会	2006年3月1日
122	强制性产品认证标志管理办法	国家认证认可监督管理委员会	2002年5月1日
123	关于请组织申报社会治安防控领域创新能力建设专项的通知	国家发展改革委办公厅、公安部办公厅	2016年2月17日
124	关于印发超高清视频标准体系建设指南（2020版）的通知	工业和信息化部、国家广播电视总局	2020年5月6日
125	关于深入推进移动物联网全面发展的通知	工业和信息化部办公厅	2020年4月30日
126	关于开展智慧健康养老应用试点示范的通知	工业和信息化部办公厅、民政部办公厅、国家卫生和计划生育委员会办公厅	2017年7月27日
127	关于印发《道路运输安全生产工作计划（2018—2020年）》的通知	交通运输部办公厅、公安部办公厅、应急管理部办公厅	2018年6月13日
128	关于印发严密防控涉医违法犯罪维护正常医疗秩序意见的通知	国家卫生计生委办公厅、公安部办公厅、国家中医药管理局办公室	2017年6月26日
129	关于加强医院安全防范系统建设的指导意见	国家卫生计生委办公厅、公安部办公厅	2013年10月12日
130	国家地理信息产业发展规划（2014—2020年）	国家发展改革委测绘地信局	2014年7月18日
131	中国人民解放军军用安全技术防范产品安全认证管理办法	中国人民解放军总政治部保卫部	2008年5月1日

二、现行有效的地方法规、规章及规范性文件目录

序号	法规名称	颁布机构	实施日期
1	北京市轨道交通运营安全条例	北京市人民代表大会常务委员会	2015年5月1日
2	北京市中小学校幼儿园安全管理规定（试行）	北京市人民政府	2019年9月1日
3	北京市公共安全图像信息系统管理办法	北京市人民政府	2007年4月1日
4	关于加强图像信息管理系统建设工作的意见	北京市人民政府	2006年4月28日
5	北京市住宅区及住宅安全防范设施建设和使用管理办法	北京市人民政府	2003年10月1日
6	关于《北京市公共安全图像信息系统管理办法实施意见（试行）》的通知	北京市公安局	2013年9月10日

续表

序号	法规名称	颁布机构	实施日期
7	北京市写字楼内部治安保卫工作规定	北京市公安局、北京市住房和城乡建设委员会、北京市社会建设工作办公室、北京市工商行政管理局	2011 年 9 月 1 日
8	北京市金银珠宝经营场所治安保卫工作规范	北京市公安局、北京市商务委员会、北京市工商行政管理局	2012 年 12 月 1 日
9	关于进一步加强本市公共租赁住房人脸识别技术应用管理的通知	北京市住房和城乡建设委员会	2020 年 6 月 30 日
10	北京住建委关于进一步加强本市公共租赁住房人脸识别技术应用管理的通知	北京市住房和城乡建设委员会	2020 年 6 月 30 日
11	关于在建设工程施工现场推广使用远程视频监控系统的通知	北京市住房和城乡建设委员会	2013 年 10 月 30 日
12	北京市突发事件信息管理办法	北京市突发事件应急委员会	2014 年 1 月 16 日
13	天津市安全技术防范管理条例	天津市人民代表大会常务委员会	2006 年 9 月 7 日
14	关于进一步加强我市视频监控图像信息系统建设资源共享工作的通知	天津市公安局技防办	2010 年 7 月 27 日
15	天津市电梯安全监督管理办法	天津市人民政府	2012 年 4 月 1 日
16	《关于加强我市技术防范网络体系建设实施意见》的通知	天津市人民政府办公厅	2012 年 9 月 29 日
17	关于实施《天津市视频监控摄像机技术规范》的通知	天津市公安局技防办	2013 年 5 月 22 日
18	关于印发《天津市技防网电子卡口技术规范》的通知	天津市公安局技防监管总队	2013 年 12 月 5 日
19	河北省突发事件应对条例	河北省人民代表大会常务委员会	2013 年 7 月 1 日
20	河北省公共安全技术防范管理规定修正案	河北省人民政府	2010 年 11 月 30 日
21	河北省公共安全技术防范管理规定	河北省人民政府	2004 年 4 月 1 日
22	山西省安全技术防范条例	山西省人民代表大会常务委员会	2012 年 10 月 1 日
23	内蒙古自治区公共安全视频监控图像信息系统管理办法	内蒙古自治区人民政府	2014 年 11 月 1 日
24	内蒙古自治区公共安全技术防范管理条例	内蒙古自治区人民代表大会常务委员会	2020 年 7 月 23 日
25	辽宁省治安特业服务管理办法	辽宁省人民政府	2020 年 1 月 1 日
26	辽宁省公共安全视频图像信息系统管理办法	辽宁省人民政府	2008 年 1 月 1 日
27	辽宁省公共安全技术防范条例	辽宁省人民代表大会常务委员会	2015 年 2 月 1 日
28	《辽宁省公共安全技术防范条例》实施细则（试行）	辽宁省公安厅	2015 年 6 月 5 日
29	吉林省公共安全视频图像信息系统管理办法	吉林省人民政府	2013 年 1 月 1 日
30	黑龙江省公共安全技术防范条例	黑龙江省人民代表大会常务委员会	2012 年 11 月 11 日
31	《黑龙江省公共安全技术防范条例》行政处罚裁量权基准	黑龙江省公安厅	2018 年 8 月 31 日
32	关于印发黑龙江省道路运输企业安全生产管理办法（试行）的通知	黑龙江省交通运输厅、黑龙江省安全生产监督管理局、黑龙江省公安厅	2012 年 9 月 1 日

续表

序号	法规名称	颁布机构	实施日期
33	关于切实加强水利行业反恐工作的通知	黑龙江省水利厅	2011 年 7 月 8 日
34	上海市地方标准《航空货运代理企业仓储场所安全技术防范系统要求》	上海市市场监督管理局	2011 年 3 月 15 日
35	关于印发《本市安全防范涉及人脸识别应用产品及相关数据传输技术要求（试行）》的通知	上海市公安局技防办	2021 年 12 月 13 日
36	关于加强视频监控网络安全的通知	上海市公安局技防办	2021 年 11 月 12 日
37	关于印发《紧急报警装置管理使用规范》的通知	上海市公安局技防办	2021 年 7 月 15 日
38	关于印发《上海市第二批智能安全技术防范系统产品检测技术要求（试行）》的通知	上海市公安局技防办	2018 年 11 月 27 日
39	关于印发《关于上海市地方标准〈住宅小区智能安全技术防范系统要求〉的补充要求》的通知	上海市公安局技防办	2018 年 8 月 28 日
40	关于印发《智能集成服务设备对接服务接口要求》的通知	上海市公安局技防办	2018 年 6 月 28 日
41	关于印发《上海市第一批智能安全技术防范系统产品检测技术要求（试行）》的通知	上海市公安局技防办	2018 年 6 月 25 日
42	关于印发《上海市寄递业安检设备技术规范》的通知	上海市公安局技防办	2018 年 6 月 15 日
43	关于进一步规范安全技术防范产品管理的通知	上海市公安局技防办	2018 年 4 月 26 日
44	关于废止《本市车辆阻挡装置基本技术要求（暂行）》的通知	上海市公安局技防办	2017 年 11 月 20 日
45	关于废止若干技防产品技术规范的通知	上海市公安局技防办	2017 年 5 月 24 日
46	上海市社会公共安全技术防范管理办法	上海市人民政府	2001 年 1 月 9 日
47	关于加快智慧城市和数字政府建设的若干意见	深圳市人民政府	2020 年 12 月 29 日
48	江苏省人民政府办公厅关于加强铁路安全管理的意见	江苏省人民政府办公厅	2017 年 4 月 12 日
49	江苏省收费营业场所安全防范工作规定（试行）	江苏省公安厅	2013 年 3 月 1 日
50	江苏省超高清视频产业发展行动计划	江苏省工业和信息化厅、江苏省广播电视局、江苏省广播电视总台	2020 年 2 月 24 日
51	住宅小区安全技术防范系统建设技术规范	浙江省公安厅	2020 年 7 月 6 日
52	浙江省无人驾驶航空器公共安全管理规定	浙江省人民代表大会常务委员会	2019 年 3 月 28 日
53	浙江省社会治安综合治理条例	浙江省第九届人民代表大会	2018 年 1 月 1 日
54	浙江省人民政府关于印发浙江省新一代人工智能发展规划的通知	浙江省人民政府	2017 年 12 月 4 日
55	关于加强全省社会治安动态视频监控系统建设的意见	浙江省委办公厅、省政府办公厅	2008 年 8 月 27 日
56	关于印发《浙江省国家信息经济示范区建设实施方案》的通知	浙江省委办公厅、省政府办公厅	2017 年 4 月 27 日
57	浙江省公安视频专网安全管理工作规范	浙江省公安厅	2015 年 12 月 31 日
58	浙江省安全技术防范系统日常安全检查工作规范	浙江省公安厅	2007 年 12 月 12 日
59	全省社会治安动态视频监控系统“白昼工程”建设实施方案	浙江省公安厅	2007 年 8 月 1 日
60	基于公共运营商的社会治安动态视频监控系统建设工作规范	浙江省公安厅	2006 年 9 月 4 日
61	浙江省社会治安动态视频监控系统建设指导意见	浙江省公安厅	2004 年 8 月 20 日

续表

序号	法规名称	颁布机构	实施日期
62	关于加强社会治安动态视频监控系统共享平台建设的通知	浙江省公安厅技防办	2008 年 2 月 26 日
63	关于加强安全技术防范体系建设的实施意见	浙江省社会管理综合治理委员会	2013 年 1 月 6 日
64	关于开展安全技术防范体系建设试点工作的通知	浙江省社会管理综合治理委员会	2013 年 7 月 31 日
65	关于在全省重大水利建设工程中试行视频监控系统建设的通知	浙江省水利厅	2017 年 12 月 5 日
66	关于支持人工智能产业创新发展若干政策的通知	安徽省人民政府	2020 年 3 月 7 日
67	安徽省公共安全视频图像信息系统管理办法	安徽省人民政府	2016 年 11 月 2 日
68	安徽省公共安全技术防范管理规定实施细则	安徽省公安厅	2002 年 12 月 4 日
69	安徽省公共安全技术防范管理规定	安徽省人民政府	2002 年 2 月 1 日
70	福建省公共安全技术防范管理办法	福建省人民政府	2015 年 7 月 1 日
71	关于印发《福建省公安机关公共安全技术防范监督管理实施细则》的通知	福建省公安厅	2015 年 7 月 23 日
72	山东省公共安全技术防范管理办法	山东省人民政府	2004 年 12 月 1 日
73	山东省人民政府办公厅关于加快推进新型智慧城市建设的指导意见	山东省人民政府办公厅	2020 年 10 月 11 日
74	山西省大数据发展应用促进条例	山西省人民代表大会常务委员会	2020 年 7 月 1 日
75	江西省公共安全技术防范管理规定（2004 年修正）	江西省人民政府	2004 年 7 月 1 日
76	江西省突发事件应对条例	江西省人民代表大会常务委员会	2013 年 9 月 1 日
77	江西省公安行政处罚自由裁量权细化标准（公共安全技术防范管理类　消防管理类　交通管理类）	江西省公安厅	2015 年 9 月 1 日
78	河南省公共安全技术防范管理条例	河南省人民代表大会常务委员会	2016 年 3 月 29 日
79	河南省人民政府办公厅关于加快推进新型智慧城市建设的指导意见	河南省人民政府办公厅	2020 年 7 月 10 日
80	关于加快推进新型智慧城市建设的指导意见	郑州市人民政府	2020 年 12 月 21 日
81	湖北省学校安全条例	湖北省人民代表大会常务委员会	2020 年 8 月 1 日
82	湖北省国家安全技术保卫办法	湖北省人民政府	2017 年 4 月 15 日
83	关于进一步加强单位内部治安保卫工作的意见	湖北省人民政府	2014 年 7 月 25 日
84	湖北省突发事件应对办法	湖北省人民政府	2014 年 3 月 1 日
85	湖北省公共安全视频图像信息系统管理办法	湖北省人民政府	2013 年 9 月 1 日
86	湖北省公共安全技术防范管理规定	湖北省人民政府	2008 年 1 月 1 日
87	湖北省文物保护单位及博物馆纪念馆安全技术防范工程建设管理办法	湖北省文化厅、湖北省公安厅、湖北省监察厅湖北省财政厅	2011 年 8 月 31 日
88	湖南省商场（超市）金银珠宝饰品店治安防范管理规范	湖南省社会治安综合治理委员会办公室、湖南省公安厅、湖南省商务厅	2011 年 8 月 29 日
89	广东省安全技术防范管理条例	广东省第九届人民代表大会常务委员会	2002 年 8 月 1 日

续表

序号	法规名称	颁布机构	实施日期
90	广东省建设国家数字经济创新发展试验区工作方案	广东省人民政府	2020 年 11 月 3 日
91	广东省城市轨道交通运营安全管理办法	广东省人民政府	2020 年 9 月 1 日
92	广东省安全技术防范管理实施办法	广东省人民政府	2017 年 8 月 1 日
93	广东省公共安全视频图像信息系统管理办法	广东省人民政府	2009 年 4 月 1 日
94	关于《广东省安全技术防范管理实施办法》的操作细则	广东省公安厅	2018 年 4 月 1 日
95	广西壮族自治区安全技术防范管理暂行规定（2004 年修正）	广西壮族自治区人民政府	2000 年 2 月 1 日
96	广西公安机关社会管理视频监控系统联网技术指导性意见（试行）	广西壮族自治区公安厅	2011 年 6 月 1 日
97	重庆市公共安全视频图像信息系统管理办法	重庆市人民政府	2016 年 8 月 1 日
98	四川省公共安全技术防范专家管理办法（试行）	四川省公安厅	2010 年 3 月 26 日
99	四川省深化制造业与互联网融合发展实施方案	四川省人民政府	2017 年 6 月 27 日
100	四川省“十二五”安全生产规划 2014 年度实施计划	四川省人民政府	2014 年 3 月 19 日
101	贵州省安全技术防范管理条例（2017 年修正）	贵州省人民代表大会常务委员会	2018 年 1 月 1 日
102	贵州省公共安全视频信息系统管理办法	贵州省人民政府	2010 年 12 月 1 日
103	云南省公共安全视频图像信息系统管理规定	云南省人民政府	2016 年 10 月 1 日
104	陕西省安全技术防范条例	陕西省人民代表大会常务委员会	2006 年 10 月 1 日
105	陕西省公共安全图像信息系统管理办法	陕西省人民政府	2011 年 8 月 1 日
106	陕西省“雪亮工程”建设技术指南	陕西省“雪亮工程”省级协调工作领导小组办公室	2019 年 1 月
107	甘肃省道路交通安全条例（2020 年修订）	甘肃省人民代表大会常务委员会	2020 年 5 月 1 日
108	甘肃省公共安全视频信息系统管理办法	甘肃省人民政府	2011 年 5 月 1 日
109	甘肃省公共安全视频监控联网应用实施方案	甘肃省公安厅	2017 年 3 月 27 日
110	甘肃省加快推进“雪亮工程”建设的指导意见	甘肃省委办公厅、省政府办公厅	2018 年 4 月 13 日
111	甘肃省“雪亮工程”建设规范	甘肃省综治办、省发改委、省公安厅	2018 年
112	甘肃省级共享平台与市州综治平台对接技术方案	甘肃省政法委	2019 年 8 月 7 日
113	雪亮工程省级示范平台网络安全技术防护措施与突发事件应急预案	甘肃省政法委	2019 年 8 月 7 日
114	宁夏回族自治区人民政府办公厅关于加快新型智慧城市建设的实施意见	宁夏回族自治区人民政府办公厅	2017 年 5 月 24 日
115	关于印发《关于进一步开展全区公安机关视频图像信息整合与共享深化视频应用工作的意见》的通知	宁夏回族自治区公安厅	2012 年 8 月 15 日
116	新疆维吾尔自治区民用无人驾驶航空器安全管理规定	新疆维吾尔自治区人民政府	2018 年 7 月 1 日
117	新疆维吾尔自治区公共安全视频信息系统管理办法	新疆维吾尔自治区人民政府	2014 年 7 月 1 日
118	新疆维吾尔自治区社会公共安全技术防范管理暂行规定	新疆维吾尔自治区人民政府	2004 年 10 月 11 日

附录二　安全技术防范行业标准体系表

一、范围

本体系表提出了安全技术防范领域的标准体系结构和基本内容以及发布的、在编的国家标准、行业标准的具体名称，不包括安全技术防范行业涉密标准。

本体系表用于公共安全行业的安全技术防范领域的标准制定和修订。

二、指导思想

1. 编制标准体系表是我国安全技术防范标准化工作的一项重要基础性工作。

2. 安全技术防范标准体系表是我国安全技术防范现有、应有和预计制定标准的蓝图，是编制安全技术防范标准制、修订规划和计划的基本依据，是促进我国安全技术防范标准组成达到科学合理化的重要基础，是开展安全技术防范领域科学技术研究的重要参考资料。

3. 安全技术防范标准体系表将随着科学技术的发展而不断更新和充实。

三、编制原则

1. 目标明确

编制我国安全技术防范标准体系表的目的是为我国安全技术防范标准化工作提供基本依据，保障我国安全技术防范标准化工作科学、高效地开展，从而促进我国安全技术防范产业健康、有序和快速发展。

2. 全面成套

本体系表编制遵从了全面成套的原则，内容涵盖了我国安全技术防范行业的通用标准、行业所涉及的各专业（子系统）通用标准、构成各专业（子系统）的产品标准等。

3. 层次适当

本体系表的层次结构是根据 GB/T 13016 的相关要求划分的，第一层为安全技术防范行业通用标准；第二层为各专业（各子系统）通用标准等；第三层为产品标准等。

4. 划分清楚

本体系表中的标准元素和标准集合按照基础、技术、工程、管理、服务等标准化活动性质的同一性进行划分，基本做到了体系表内的子体系或类别划分清楚。

5. 国际接轨

在本标准体系表的编制过程中，参考了相关的国际、区域和国外标准体系。重点研究了与我国安全技术防范标准化工作对口的国际电工委员会（IEC）和欧洲电工委员会（CLC）的相关标准，并基本将其标准纳入了体系表中。

6. 适合国情

在参考相关的国际、区域和国外标准体系的同时，本体系表的编制更注重适合我国国情，并没有照搬国际、区域和国外的标准体系结构和标准名称，而是根据我国安全技术防范标准化工作的实际需要，将这些标准元素合理纳入不同层次和子体系中，同时对标准名称也进行了适当调整。

四、相关术语和定义

1. 安全技术防范 security

利用各种电子信息设备组成系统和/或网络，用于防入侵、防盗窃、防抢劫、防破坏、防爆安全检查等，以实现维护社会公共安全的目的。

2. 标准体系 standard system

一定范围内的标准按其内在联系形成的科学的有机整体。

[GB/T 13016-2009，3.3]

3. 标准体系表 diagram of standard system

一定范围的标准体系内的标准按其内在联系排列起来的图表。

[GB/T 13016-2009，3.4]

4. 基础标准 basic standard

具有广泛的适用范围或包含一个特定领域的通用条款的标准。

[GB/T 20000.1-2002，2.5.1]

5. 产品标准 product standard

规定产品应满足的要求以确保其适用性的标准。

[GB/T 20000.1-2002，2.5.4]

6. 服务标准 service standard

规定服务应满足的要求以确保其适用性的标准。

[GB/T 20000.1-2002，2.5.6]

7. 技术标准 technical standard

规定技术应满足的要求以确保其适用性的标准。

8. 工程标准 engineering standard

规定工程应满足的要求以确保其适用性的标准。

9. 公共管理标准 public administration standard

规定公共管理应满足的要求以确保其适用性的标准。

10. 行业通用标准 industry general standard

规定行业领域内应满足的通用要求以确保其适用性的标准。

11. 专业通用标准 specialty general standard

规定行业中某一专业领域内应满足的通用要求以确保其适用性的标准。

五、体系结构

1. 体系结构框图

我国安全技术防范标准体系结构框图（见图1）。

2. 体系结构说明

（1）横向层次。本标准体系横向主要分为三层结构，第一层为安全技术防范通用标准，包括基础标准、技术标准、工程标准、公共管理标准和服务标准等。第二层为专业通用标准，包括安全技术防范各专业（各子系统）的术语、技术和工程标准等；将作为安全技术防范工作基础的风险评估、安全防护和效能评估等列入该层；同时将公共管理标准和服务标准的细分类别列入该层。第三层为产品标准和产品应用标准。在第二层和第三层的有些部分，根据实际需要，按分类或门类增加了扩展层。

（2）纵向层次。本标准体系纵向划分了基础标准、技术标准、工程标准、公共管理标准和服务标准五个子体系。鉴于支撑安全技术防范工作的重要性，将术语、风险评估、安全防护和效能评估标准纳入基础标准子体系中；将安全防范系统和入侵/反劫/社会报警系统、视频监控系统、出入口控制系统、防爆安全检查系统、实体防护系统、人体生物特征识别应用系统、防伪技术等子系统以及各类产品标准纳入技术标准子体系中；将安全防范工程设计、施工、检测、验收和产品应用等纳入工程标准子体系；将执法标准、工作标准和管理标准纳入公共管理标准子体系；将安防系统运营服务、行业组织和中介服务纳入服务标准子体系。

六、标准明细表

1. 本标准体系表给出了《我国安全技术防范标准明细表》，由 31 个表格组成，目前共列入了 378 个标准元素。随着科学技术的进步和新产品的生产以及新的安全需求带来的新的应用，标准体系表和标准明细表都有一个不断完善的过程。

2. 《我国安全技术防范标准明细表》各表格的编号原则是：标准体系第一层的表格编号为 101～105；第二层的表格编号为 201～218；第三层的表格编号为 301～308。

3. 《我国安全技术防范标准明细表》的具体内容，见附录 A。

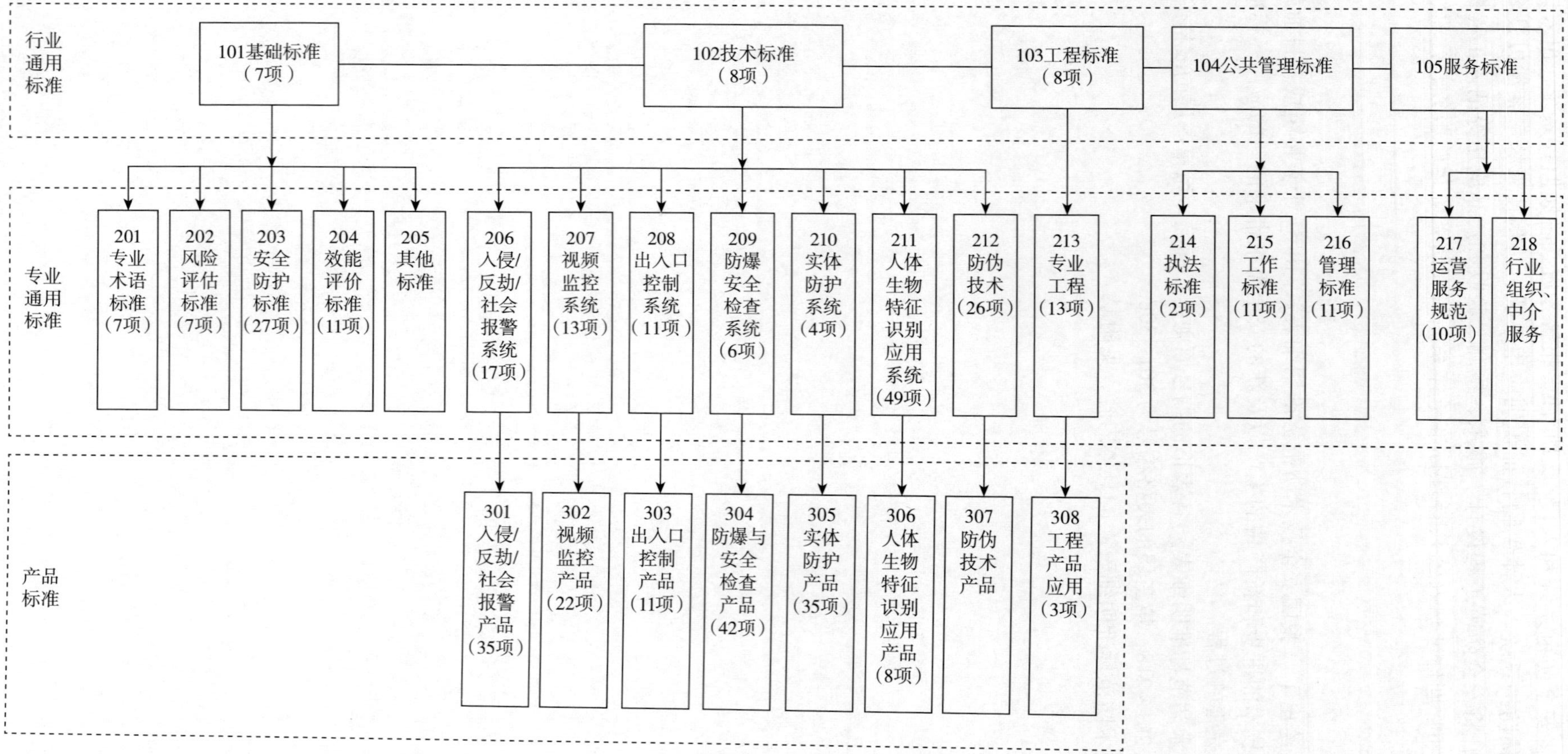

图 1　我国安全技术防范标准体系结构框图*

*本表内项目数与后文表格内项目非一一对应。

附录 A

我国安全技术防范标准明细表

101 基础标准

编号	级别和属性	标准名称	现行标准	国际国外相关标准	优先级
101-1	GA/T	安全防范报警系统术语			
101-2	GA	安全防范报警视觉听觉信号规范			
101-3	GA/Z	防护目标安全风险评估导则			
101-4	GA/T	安全防范系统效能评估导则			
101-5	GA/T	安全技术防范产品分类与代码	GA/T 405-2002 安全技术防范产品分类与代码		
101-6	GA/T	安全技术防范管理信息代码	GA/T 550-2005 安全技术防范管理信息代码（归口信标委）		
101-7	GA/T	安全技术防范管理信息基本数据结构	GA/T 551-2005 安全技术防范管理信息基本数据结构（归口信标委）		

102 技术标准

编号	级别和属性	标准名称	现行标准	国际国外相关标准	优先级
102-1	GB/T	安全防范系统管理平台技术要求与测试方法			
102-2	GB	安全防范系统信息安全技术要求（采集信息的原始完整性、物理防护、访问控制）			
102-3	GB	安全防范报警设备　安全要求和试验方法	GB 16796-2009 安全防范报警设备　安全要求和试验方法		
102-4	GB	安全防范报警设备环境适应性要求和测试方法	GB/T 15211-2013（代替 GB/T 15211-1994）安全防范报警设备　环境适应性要求和试验方法	IEC 62599-1 ED. 1	
102-5	GB	安全防范报警设备电磁兼容抗扰性要求	GB/T 30148-2013 安全防范报警设备　电磁兼容抗扰度要求和试验方法	IEC 62599-2 ED. 1	
102-6	GB/T	安全防范系统供电技术要求	GB/T 15408 - 2011（GB/T 15408 - 1994）安全防范系统供电技术要求		
102-7	GB/T	安全防范系统雷电浪涌防护技术要求	GA/T 670-2006 安全防范系统雷电浪涌防护技术要求		

续表

编号	级别和属性	标准名称	现行标准	国际国外相关标准	优先级
102-8	GB	安全防范系统设备效能检验方法（使用、防范效果测试、同类功能参照原则——安防目的与评价方法、信息的原始完整性）			

103 工程标准

编号	级别和属性	标准名称	现行标准	国际国外相关标准	优先级
103-1	GA/T	安全防范工程程序与要求	GA/T 75-1994 安全防范工程程序与要求		
103-2	GB	安全防范工程技术规范	GB 50348 - 2018（代替 GB 50348 - 2004）安全防范工程技术标准		
103-3	GA/T	安全防范系统通用图形符号	GA/T 74-2017（代替 GA/T 74-2000）安全防范系统通用图形符号		
103-4	GA/T	安全防范工程费用预算编制办法	GA/T 70-2014（代替 GA/T 70-2004）安全防范工程费用预算编制办法		
103-5	GA	安全防范工程监理规范			
103-6	GA	安全防范系统检验规范（初次检验和运行中的测试取样方法、测试方法、运行检验、性能下降评价）			
103-7	GA	安全防范系统验收规则	GA 308-2001 安全防范系统验收规则		
103-8	GA	安全防范系统维护规范（设备的寿命问题、设备性能下降评估）	GA/T 1081 - 2020（代替 GA 1081 - 2013）安全防范系统维护保养规范		

201 专业术语标准

编号	级别和属性	标准名称	现行标准	国际国外相关标准	优先级
201-1	GA/T	入侵/反劫/社会报警系统术语			
201-2	GA/T	安防视频监控系统术语			
201-3	GA/T	出入口控制系统术语			
201-4	GA/T	防爆安全检查系统术语			
201-5	GA/T	实体防护系统术语			
201-6	GA/T	安防生物特征识别应用术语	GA/T 893-2010 安防生物特征识别应用术语		
201-7	GA/T	安全防伪技术术语			

202 风险评估标准

编号	级别和属性	标准名称	现行标准	国际国外相关标准	优先级
202-1	GA	安全防范风险评估导则			
202-2	GA	文物保护单位和博物馆风险等级划分原则	GA 27-2002 文物系统博物馆风险等级和安全防护级别的规定		
202-3	GA	冶金钢铁企业治安保卫重要部位风险等级和安全防护要求	GA 873-2010 冶金钢铁企业治安保卫重要部位风险等级和安全防护要求		
202-4	GA	放射性物品库风险等级和安全防范要求			

203 安全防护标准

编号	级别和属性	标准名称	现行标准	国际国外相关标准	优先级
203-1	GB/T	文物保护单位和博物馆安全防范系统技术要求	GB/T 16571-2012（代替 GB/T 16571-1996）博物馆和文物保护单位安全防范系统要求		
203-2	GB/T	银行安全防范报警联网系统技术要求	GB/T 16676-2010（代替 GB/T 16676-1996）银行安全防范报警监控联网系统技术要求		
203-3	GB/T	住宅小区安全防范系统通用技术要求	GB/T 21741-2021 住宅小区安全防范系统通用技术要求		
203-4	GB/T	中小学、幼儿园安全技术防范系统要求	GB/T 29315-2012 中小学、幼儿园安全技术防范系统要求		
203-5	GB/T	高等院校安全技术防范系统要求	GB/T 31068-2014 普通高等学校安全技术防范系统要求		
203-6	GB/T	医疗卫生机构安全技术防范系统要求	GB/T 31458-2015 医院安全技术防范系统要求		
203-7	GA	石油石化系统治安反恐防范要求	GA 1551.1-2019 石油石化系统治安反恐防范要求 第 1 部分：油气田企业 GA 1551.2-2019 石油石化系统治安反恐防范要求 第 2 部分：炼油与化工企业 GA 1551.3-2019 石油石化系统治安反恐防范要求 第 3 部分：成品油和天然气销售企业 GA 1551.4-2019 石油石化系统治安反恐防范要求 第 4 部分：工程技术服务企业 GA 1551.5-2019 石油石化系统治安反恐防范要求 第 5 部分：运输企业		

续表

编号	级别和属性	标准名称	现行标准	国际国外相关标准	优先级
203-8	GA	电力系统治安反恐防范要求	GA 1800. 1-2021 电力系统治安反恐防范要求　第 1 部分：电网企业 GA 1800. 2-2021 电力系统治安反恐防范要求　第 2 部分：火力发电企业 GA 1800. 3-2021 电力系统治安反恐防范要求　第 3 部分：水力发电企业 GA 1800. 4-2021 电力系统治安反恐防范要求　第 4 部分：风力发电企业 GA 1800. 5-2021 电力系统治安反恐防范要求　第 5 部分：太阳能发电企业 GA 1800. 6-2021 电力系统治安反恐防范要求　第 6 部分：核能发电企业		
203-9	GA	银行营业场所风险等级和安全防护级别的规定	GA 38-2015（代替 GA 38-2004）银行营业场所安全防范要求		
203-10	GA	广播电影电视系统重点单位重要部位的风险等级和安全防护级别	GA 586-2020（代替 GA 586-2005）广播电视重点单位重要部位安全防范要求		
203-11	GA	银行自助设备　自助银行安全防范的规定	GA 745-2017（代替 GA 745-2008）银行自助设备、自助银行安全防范要求		
203-12	GA	银行业务库安全防范的要求	GA 858-2010 银行业务库安全防范的要求		
203-13	GA	民用爆炸物品储存库治安防范要求	GA 837-2009 民用爆炸物品储存库治安防范要求		
203-14	GA	小型民用爆炸物品储存库安全规范	GA 838-2009 小型民用爆炸物品储存库安全规范		
203-15	GA	民用爆炸物品警示标识、登记标识通则	GA 921-2011 民用爆炸物品警示标识、登记标识通则		
203-16	GA	剧毒化学品库房安全防范规定	GA 1002-2012 剧毒化学品、放射源存放场所治安防范要求		
203-17	GA	枪支弹药保管（储存）设施安全规范	GA 1016-2012 枪支（弹药）库室风险等级划分与安全防范要求		
203-18	GA	南水北调工程安全规范	GA/T 1710-2020 南水北调工程安全防范要求		
203-19	GA	射击场所设置安全规范	GA 1798-2021 营业性射击场设置与安全防范要求		
203-20	GA	娱乐场所治安管理信息系统视频监控技术规范			
203-21	GA	证券经营机构安全技术防范系统要求			
203-22	GA	展陈枪支失效处理与安全防范要求	GA 1015-2012 枪支去功能处理与展览枪支安全防范要求		

204 效能评价标准

编号	级别和属性	标准名称	现行标准	国际国外相关标准	优先级
204-1	GA	安防视频监控图像信息原始完整性技术要求与测试方法			
204-2	GA/T	爆破作业单位民用爆炸物品储存库安全评价导则	GA/T 848-2009 爆破作业单位民用爆炸物品储存库安全评价导则		
204-3	GA	文物保护单位和博物馆安全防范系统验收规范			
204-4	GA	银行安全防范系统验收规范			
204-5	GA/T	住宅小区安全防范系统安全等级评价导则			
204-6	GA/T	中小学、幼儿园安全防范系统安全等级评价导则			
204-7	GA/T	高等院校安全防范系统安全等级评价导则			
204-8	GA/T	医疗卫生机构安全防范系统安全等级评价导则			

206 入侵/反劫/社会报警系统

编号	级别和属性	标准名称	现行标准	国际国外相关标准	优先级
206-1	GB/T	入侵报警系统技术要求	GB/T 32581-2016 入侵和紧急报警系统技术要求		
206-2	GA/T	民用车辆反劫防盗联网报警系统通用技术要求	GA/T 553-2005 车辆反劫防盗联网报警系统通用技术要求		
206-3	GA	特种车辆反劫防盗联网报警系统通用技术要求（运钞车等）	GA 164-2018（代替 GA 164-2005）专用运钞车防护技术要求		
206-4	产品检测通用技术要求				
206-4-1	GB	报警设备检测通用技术要求［测试样品（信息源）、探测响应时间、误报率、漏报率、信号的传输延迟、评价方法等］			
206-5	报警传输系统的要求				
206-5-1	GA/T	报警传输系统的要求　第 1 部分：系统的一般要求	GA/T 600.1-2006 报警传输系统的要求　第 1 部分：系统的一般要求		
206-5-2	GA/T	报警传输系统的要求　第 2 部分：设备的一般要求	GA/T 600.2-2006 报警传输系统的要求　第 2 部分：设备的一般要求		

续表

编号	级别和属性	标准名称	现行标准	国际国外相关标准	优先级
206-5-3	GA/T	报警传输系统的要求　第 3 部分：利用专用报警传输通路的报警传输系统	GA/T 600.3-2006 报警传输系统的要求　第 3 部分：利用专用报警传输通路的报警传输系统		
206-5-4	GA/T	报警传输系统的要求　第 4 部分：利用公共电话交换网络的数字通信机系统的要求	GA/T 600.4-2006 报警传输系统的要求　第 4 部分：利用公共电话交换网络的数字通信机系统的要求		
206-5-5	GA/T	报警传输系统的要求　第 5 部分：利用公共电话交换网络的话音通信机系统的要求	GA/T 600.5-2006 报警传输系统的要求　第 5 部分：利用公共电话交换网络的话音通信机系统的要求		
206-5-6	GA/T	报警传输系统的要求　第 6 部分：基于 IP 网络的报警传输系统			
206-6	报警传输系统串行数据接口的信息格式和协议				
206-6-1	GB/T	报警传输系统串行数据接口的信息格式和协议　第 1 部分：总则	GB/T 21564.1-2008 报警传输系统串行数据接口的信息格式和协议　第 1 部分：总则		
206-6-2	GB/T	报警传输系统串行数据接口的信息格式和协议　第 2 部分：公用应用层协议	GB/T 21564.2-2008 报警传输系统串行数据接口的信息格式和协议　第 2 部分：公用应用层协议		
206-6-3	GB/T	报警传输系统串行数据接口的信息格式和协议　第 3 部分：公用数据链路层协议	GB/T 21564.3-2008 报警传输系统串行数据接口的信息格式和协议　第 3 部分：公用数据链路层协议		
206-6-4	GB/T	报警传输系统串行数据接口的信息格式和协议　第 4 部分：公用传输层协议	GB/T 21564.4-2008 报警传输系统串行数据接口的信息格式和协议　第 4 部分：公用传输层协议		
206-6-5	GB/T	报警传输系统串行数据接口的信息格式和协议　第 5 部分：数据接口	GB/T 21564.5-2008 报警传输系统串行数据接口的信息格式和协议　第 5 部分：数据接口		
206-7	GB	无线（射频）报警设备互联要求	入侵报警系统　无线（射频）设备互联技术要求	IEC 60642-5-3 Ed1.0：2010	
206-8	GB/T	报警系统联网技术要求			

207 视频监控系统

编号	级别和属性	标准名称	现行标准	国际国外相关标准	优先级
207-1	系统技术要求				
207-1-1	GB/T	视频监控系统技术要求（包含前端信息采集技术要求）	GA/T 367-2001 视频安防监控系统技术要求		
207-1-2	GB/T	视频监控系统设备控制协议	GA/T 647-2006 视频安防监控系统前端设备控制协议 V1.0		

续表

编号	级别和属性	标准名称	现行标准	国际国外相关标准	优先级
207-1-3	GA	城市监控报警联网系统　合格评定　第1部分：系统功能性能检验规范	GA 793.1-2008 城市监控报警联网系统　合格评定　第1部分：系统功能性能检验规范		
207-1-4	GA	城市监控报警联网系统　合格评定　第2部分：管理平台软件测试规范	GA 793.2-2008 城市监控报警联网系统　合格评定　第2部分：管理平台软件测试规范		
207-1-5	GA	城市监控报警联网系统　合格评定　第3部分：系统验收规范	GA 793.3-2008 城市监控报警联网系统　合格评定　第3部分：系统验收规范		
207-1-6	GA	城市监控报警联网系统　技术标准　第1部分：通用技术要求	GA/T 669.1-2008 城市监控报警联网系统　技术标准　第1部分：通用技术要求		
207-1-7	GA	城市监控报警联网系统　技术标准　第2部分：安全技术要求	GA/T 669.2-2008 城市监控报警联网系统　技术标准　第2部分：安全技术要求（拟升级为102.2）		
207-1-8	GA	城市监控报警联网系统　技术标准　第3部分：前端信息采集技术要求	GA/T 669.3-2008 城市监控报警联网系统　技术标准　第3部分：前端信息采集技术要求（拟转换到202-1-2）		
207-1-9	GA	城市监控报警联网系统　技术标准　第4部分：视音频编、解码技术要求	GA/T 669.4-2008 城市监控报警联网系统　技术标准　第4部分：视音频编、解码技术要求（拟转换到202-1-3）		
207-1-10	GA	城市监控报警联网系统　技术标准　第5部分：信息传输、交换、控制技术要求	GA/T 669.5-2008 城市监控报警联网系统　技术标准　第5部分：信息传输、交换、控制技术要求（拟转换到202-2-2）		
207-1-11	GA	城市监控报警联网系统　技术标准　第6部分：视音频显示、存储、播放技术要求	GA/T 669.6-2008 城市监控报警联网系统　技术标准　第6部分：视音频显示、存储、播放技术要求（拟转换到202-1-4、202-1-5）		
207-1-12	GA	城市监控报警联网系统　技术标准　第7部分：管理平台技术要求	GA/T 669.7-2008 城市监控报警联网系统　技术标准　第7部分：管理平台技术要求		
207-1-13	GA	城市监控报警联网系统　技术标准　第8部分：传输网络技术要求	GA/T 669.8-2009 城市监控报警联网系统　技术标准　第8部分：传输网络技术要求（拟转换到202-2-3）		
207-1-14	GA	城市监控报警联网系统　技术标准　第9部分：卡口信息识别、比对、监测系统技术要求	GA/T 669.9-2008 城市监控报警联网系统　技术标准　第9部分：卡口信息识别、比对、监测系统技术要求		

续表

编号	级别和属性	标准名称	现行标准	国际国外相关标准	优先级
207-1-15	GA	城市监控报警联网系统　技术标准　第10部分：无线视音频监控系统技术要求	GA/T 669.10-2009 城市监控报警联网系统　技术标准　第10部分：无线视音频监控系统技术要求（拟转换到202-1-6）		
207-2	公共安全视频图像信息联网共享应用标准体系（见附件：公共安全视频图像信息联网共享应用标准体系）				
207-3	公安视频图像信息联网与应用标准体系（见附件：公共安全视频图像信息联网共享应用标准体系）				

208 出入口控制系统

编号	级别和属性	标准名称	现行标准	国际国外相关标准	优先级
208-1	系统要求				
208-1-1	GB/T	出入口控制系统　技术要求	GB/T 37078-2018 出入口控制系统技术要求		
208-1-2	GB/T	出入口控制系统　门禁控制系统技术要求	GA/T 1739-2020 出入口控制系统控制器		
208-1-3	GB/T	出入口控制系统　访客对讲系统技术要求	GB/T 31070.1-2014 楼寓对讲系统　第1部分：通用技术要求 GB/T 31070.2-2018 楼寓对讲系统　第2部分：全数字系统技术要求 GB/T 31070.3-2021 楼寓对讲系统　第3部分：特定应用技术要求 GB/T 31070.4-2018 楼寓对讲系统　第4部分：应用指南		
208-1-4	GB/T	出入口控制系统　停车场（库）安全管理系统技术要求	GA/T 761-2008 停车场（库）安全管理系统技术要求		
208-1-5	GB/T	出入口控制系统　大型场馆电子检票系统技术要求			
208-1-6	GB/T	出入口控制系统　物品标签安全防盗系统技术要求			
208-1-7	GB/T	出入口控制系统　电子巡查系统技术要求	GA/T 644-2006 电子巡查系统技术要求		
208-2	GB/T	安全防范用一卡通系统安全性要求			
208-3	GB/T	出入口控制系统联网集成技术要求			
208-4	人员定位报警管理系统技术要求				
208-4-1	GA	拘押场所人员定位管理系统			
208-5	产品检测通用技术要求				
208-5-1	GB/T	出入口控制的设备检测通用技术要求（容量、误识率、拒认率、通行率、识读反应速度、控制的及时性、信号的传输延迟、评价方法等）			

209 防爆安全检查系统

编号	级别和属性	标准名称	现行标准	国际国外相关标准	优先级
209-1	试验用标准样品要求				
209-1-1	GB	防爆安全检查产品试验用标准样品要求　通用要求（真实样品和模拟物样品）（涵盖采样、制备）			
209-1-2	GB	防爆安全检查产品试验用标准样品要求　固体类样品要求			
209-1-3	GB	防爆安全检查产品试验用标准样品要求　液体类样品要求			
209-1-4	GB	防爆安全检查产品试验用标准样品要求　乳胶类样品要求			
209-2	产品检测通用技术要求				
209-2-1	GB	防爆安全检查的设备检测通用技术要求（误识率、拒认率、通行率、识读反应速度、控制的及时性、信号的传输延迟、评价方法等）			
209-3	GB	防爆安全检查系统联网技术要求			

210 实体防护系统

编号	级别和属性	标准名称	现行标准	国际国外相关标准	优先级
210-1	GB	实体防护系统安全等级划分（包括安全分类、分级、标识与型号命名方法）			
210-2	GA	产品检测规程（人员要求、检测设备、检测方法、样品条件等）（产品检测通用技术要求）			
210-3	GB/T	实体防护设备检测通用技术要求（测试样品、系统级指标——防破坏时间、净工作时间、分级、破坏方法手段、风险等级、设备的分级要求、安全级别、评价方法等）			
210-4	GB	实体防护设备防弹性能（和）测试方法	GA/T 1709-2019 实体防护产品防弹性能分类及测试方法		

211 人体生物特征识别应用系统

编号	级别和属性	标准名称	现行标准	国际国外相关标准	优先级
211-1			指纹识别		
211-1-1	GA/T	安防指纹识别应用系统 通用技术要求			
211-1-2	GA/T	安防指纹识别应用系统 数据交换格式	GA/T 1285-2015 安防指/掌纹识别应用 图像数据交换格式		
211-1-3	GA/T	安防指纹识别应用系统 指纹图像数据	GA/T 894.2-2010 安防指纹识别应用系统 第2部分：指纹图像记录格式		
211-1-4	GA/T	安防指纹识别应用系统 指纹图像质量	GB/T 35736-2017 公共安全 指纹识别应用 图像技术要求		
211-1-5	GA/T	安防指纹识别应用系统 指纹模板数据			
211-1-6	GA/T	安防指纹识别应用系统 程序接口规范			
211-1-7	GA/T	安防指纹识别应用系统 算法评测方法	GB/T 35676-2017 公共安全 指静脉识别应用 算法识别性能评测方法		
211-1-8	GA/T	安防指纹识别应用系统 指纹活体鉴别			
211-2			人脸识别		
211-2-1	GB/T	安防人脸识别应用系统 通用技术要求	GB/T 31488-2015 安全防范视频监控人脸识别系统技术要求		
211-2-2	GA/T	安防人脸识别应用系统人脸图像采集	GA/T 1324-2017 安全防范人脸识别应用 静态人脸图像采集规范 GA/T 1325-2017 安全防范人脸识别应用 视频图像采集规范		
211-2-3	GA/T	安防人脸识别应用系统 数据交换格式			
211-2-4	GB/T	安防人脸识别应用系统人脸图像数据			
211-2-5	GA/T	安防人脸识别应用系统人脸图像质量	GB/T 35678-2017 公共安全人脸识别应用 图像技术要求		
211-2-6	GA/T	安防人脸识别应用系统人脸模板数据			
211-2-7	GA/T	安防人脸识别应用系统 算法评测方法			
211-2-8	GA/T	安防人脸识别应用系统人脸活体鉴别			
211-3			指静脉识别		
211-3-1	GA/T	安防指静脉识别应用系统 通用技术要求			

续表

编号	级别和属性	标准名称	现行标准	国际国外相关标准	优先级
211-3-2	GA/T	安防指静脉识别应用系统　指静脉图像	GB/T 35742-2017 公共安全　指静脉识别应用　图像技术要求	安防指静脉识别应用系统图像技术要求	
211-3-3	GA/T	安防指静脉识别应用系统　指静脉模板数据			
211-3-4	GA/T	安防指静脉识别应用系统　程序接口规范			
211-3-5	GA/T	安防指静脉识别应用系统　算法评测方法	GB/T 38122-2019 公共安全指纹识别应用　验证算法性能评测方法	安防指静脉识别应用系统算法评测方法	
211-3-6	GA/T	安防指静脉识别应用系统　指静脉活体鉴别			
211-4	声纹识别				
211-4-1	GA/T	安防声纹识别应用系统　通用技术要求			
211-4-2	GA/T	安防声纹识别应用系统　声纹数据			
211-4-3	GA/T	安防声纹识别应用系统　声纹质量			
211-4-4	GA/T	安防声纹识别应用系统　数据交换格式			
211-4-5	GA/T	安防声纹识别应用系统　程序接口规范			
211-4-6	GA/T	安防声纹识别应用系统　算法评测方法	GA/T 1179-2014 安防声纹确认应用算法技术要求和测试方法		
211-4-7	GA/T	安防声纹识别应用系统　声纹活体鉴别			
211-5	虹膜识别				
211-5-1	GA/T	安防虹膜识别应用系统　通用技术要求			
211-5-2	GA/T	安防虹膜识别应用系统　虹膜数据			
211-5-3	GA/T	安防虹膜识别应用系统　虹膜质量			
211-5-4	GA/T	安防虹膜识别应用系统　数据交换格式	GA/T 1286-2015 安防虹膜识别应用图像数据交换格式		
211-5-5	GA/T	安防虹膜识别应用系统　程序接口规范			
211-5-6	GA/T	安防虹膜识别应用系统　算法评测方法	GA/T 1208-2014 安防虹膜识别应用算法评测方法		
211-5-7	GA/T	安防虹膜识别应用系统　虹膜活体鉴别			

续表

编号	级别和属性	标准名称	现行标准	国际国外相关标准	优先级
211-6		掌纹（形）识别			
211-6-1	GA/T	安防掌纹（形）识别应用系统通用技术要求			
211-6-2	GA/T	安防掌纹（形）识别应用系统掌纹（形）数据			
211-6-3	GA/T	安防掌纹（形）识别应用系统掌纹（形）质量			
211-6-4	GA/T	安防掌纹（形）识别应用系统数据交换格式	GA/T 1285-2015 安防指/掌纹识别应用 图像数据交换格式		
211-6-5	GA/T	安防掌纹（形）识别应用系统程序接口规范			
211-6-6	GA/T	安防掌纹（形）识别应用系统算法评测方法			
211-7		签字识别			
211-7-1	GA/T	安防签字识别应用系统　第 1 部分：通用技术要求			
211-7-2	GA/T	安防签字识别应用系统　第 2 部分：签字数据			
211-7-3	GA/T	安防签字识别应用系统　第 3 部分：签字质量			
211-7-4	GA/T	安防签字识别应用系统　第 4 部分：数据交换格式			
211-7-5	GA/T	安防签字识别应用系统　第 5 部分：程序接口规范			
211-7-6	GA/T	安防签字识别应用系统　第 6 部分：算法评测方法			
211-8		其他生物特征识别			

213 专业工程标准

编号	级别和属性	标准名称	现行标准	国际国外相关标准	优先级
213-1		入侵报警系统工程			
213-1-1	GB	入侵报警系统工程设计规范	GB 50394-2007 入侵报警系统工程设计规范		
213-1-2	GB	入侵报警系统工程施工规范			
213-2		安防视频监控系统工程			
213-2-1	GB	安防视频监控系统工程设计规范	GB 50395-2007 视频安防监控系统工程设计规范		

续表

编号	级别和属性	标准名称	现行标准	国际国外相关标准	优先级
213-2-2	GB	安防视频监控系统工程施工规范			
213-3	出入口控制系统工程				
213-3-1	GB	出入口控制系统工程设计规范	GB 50396-2007 出入口控制系统工程设计规范		
213-3-2	GB	出入口控制系统工程施工规范			
213-3-3	GB	访客对讲系统工程设计规范（包括控制门的选型、防护效果）			
213-3-4	GB	访客对讲系统工程施工规范			
213-3-5	GB	停车场（库）安全管理系统工程设计规范	GA/T 1742-2020 封闭式停车场安全防范要求		
213-3-6	GB	停车场（库）安全管理系统工程施工规范			
213-3-7	GB	电子巡查系统工程设计规范			
213-3-8	GB	电子巡查系统工程施工规范			
213-4	GB	防爆安全检查系统工程技术规范［设计（交通运输场所、大型活动场所）、安装、检验/检查、验收］			

214 执法标准

编号	级别和属性	标准名称	现行标准	国际国外相关标准	优先级
214-1	GA	安全技术防范设施监督检查工作规范			

215 工作标准

编号	级别和属性	标准名称	现行标准	国际国外相关标准	优先级
215-1	GA	城市报警与监控系统安全使用工作规范			
215-2	GA/T	城市报警与监控系统建设安全风险与防护工作指南			
215-3	GA	城市报警与监控系统运行规范			
215-4	GA	城市报警与监控系统维护规范			
215-5	GA/T	城市报警与监控系统实战应用指南			
215-6	GA	基层公安机关城市报警与监控系统应用管理工作规范			
215-7	GA	基层公安机关城市报警与监控系统监控中心警情处置规范	GA/T 1072-2013 基层公安机关社会治安视频监控中心（室）工作规范		

续表

编号	级别和属性	标准名称	现行标准	国际国外相关标准	优先级
215-8	GA	安全防范报警企业资质信用评定工作规范			
215-9	GA	安全防范报警系统/产品检测工作规范			
215-10	GA	安全防范报警系统/产品认证工作规范			
215-11	GA/T	安全防范报警系统标准化工作导则			

216 管理标准

编号	级别和属性	标准名称	现行标准	国际国外相关标准	优先级
216-1	GA	安全防范报警工程从业企业资质标准			
216-2	GA	安全防范报警运营服务从业企业资质标准			
216-3	GA	安全防范报警咨询评估从业企业资质标准			
216-4	GA/T	安全防范报警企业信用评价导则			
216-5	GA	安全防范从业人员资格要求			
216-6	GA/Z	防爆安全检查系统技术培训指南			
216-7	GA	市公安局城市报警与监控系统建设、管理和应用工作绩效考核办法			
216-8	GA	基层公安机关城市报警与监控系统管理工作考核办法			
216-9	GA/T	城市报警与监控系统建设模式分类指南			
216-10	GA	城市报警与监控系统建设中前端摄像机设置规则			
216-11	GA	安防视频监控图像信息采集、接入、使用管理要求	GA/T 792.1-2008 城市监控报警联网系统　管理标准　第1部分：图像信息采集、接入、使用管理要求		

217 运营服务规范

编号	级别和属性	标准名称	现行标准	国际国外相关标准	优先级
217-1	报警运营服务				
217-1-1	GA/T	运维服务体系架构	包括：运维服务的框架、服务（模式）的分类、服务的指标、服务监测与评估以及服务改进等		

续表

编号	级别和属性	标准名称	现行标准	国际国外相关标准	优先级
217-1-2	GA/T	运维设备分类和编码要求	包括：运维系统设备分类、编码规则和编码管理要求		
217-1-3	GA/T	系统运行维护要求	包括：系统运行维护、故障处置、报警响应及报警处置预案编制等管理要求（参照 GA/T 792.2）		
217-1-4	GA/T	巡防服务要求	包括：巡防机制与执勤工作流程、警情处置流程、巡防队技能训练与会操要求等		
217-1-5	GA	报警服务中心运维服务规范	GA 1383-2017 报警运营服务规范		
217-1-6	GA/T	文件管理要求	包括：电子文档、纸质文档分类，存档、调用、保密要求及控制管理要求		
217-1-7	GA/T	服务质量要求	包括：服务岗位分类、岗位工作标准、工作质量要求		
217-1-8	GA/T	运营服务收费标准	包括：联网设备巡检、故障检测、故障维修收费、接处警服务、巡逻服务收费标准		
217-2	防爆安全检查系统运维服务				
217-2-1	GA	防爆安全检查系统运行保障服务规范			
217-2-2	GA	防爆安全检查系统操作规程			

301 入侵/反劫/社会报警产品

编号	级别和属性	标准名称	现行标准	国际国外相关标准	优先级
301-1	入侵探测器				
301-1-1	GB	入侵探测器　通用要求	GB 10408.1-2000 入侵探测器　第 1 部分：通用要求		
301-1-2	GB	入侵探测器　超声波多普勒探测器	GB 10408.2-2000 入侵探测器　第 2 部分：室内用超声波多普勒探测器		
301-1-3	GB	入侵探测器　微波多普勒探测器	GB 10408.3-2000 入侵探测器　第 3 部分：室内用微波多普勒探测器		
301-1-4	GB	入侵探测器　对射式主动红外入侵探测器	GB 10408.4-2000 入侵探测器　第 4 部分：对射式主动红外入侵探测器		
301-1-5	GB	入侵探测器　被动红外探测器	GB 10408.5-2000 入侵探测器　第 5 部分：室内用被动红外探测器		
301-1-6	GB	入侵探测器　微波和被动红外复合入侵探测器	GB 10408.6-2009 微波和被动红外复合入侵探测器		
301-1-7	GB	入侵探测器　超声驻波入侵探测器	GB 10408.7-1996 超声波和被动红外复合探测器（已废止）		

续表

编号	级别和属性	标准名称	现行标准	国际国外相关标准	优先级
301-1-8	GB	入侵探测器　振动入侵探测器	GB/T 10408. 8 振动入侵探测器		
301-1-9	GB	入侵探测器　被动式玻璃破碎探测器	GB 10408. 9-2001 入侵探测器　第9部分：室内用被动式玻璃破碎探测器		
301-1-10	GB	入侵探测器　反射式主动红外入侵探测器			
301-1-11	GB	遮挡式微波入侵探测器	GB 15407 - 2010（代替 GB 15407 - 1994）遮挡式微波入侵探测器技术要求		
301-1-12	GB	磁开关入侵探测器	GB 15209-2006 磁开关入侵探测器		
301-1-13	GA	激光入侵探测器	GA/T 1158-2014 激光对射入侵探测器技术要求		
301-1-14	GB	受力式开关报警装置			
301-1-15	GA	紧急报警装置（手动、脚动、遥控等）			
301-1-16	GB	异常声音探测报警装置（对声音探测分析之后报警）			
301-1-17	GB	特殊环境用入侵探测器（防爆、防腐、防尘等环境）			
301-1-18	GB	新型智能传感器包括化学传感器（气味、气体探测等）、生物传感器（细菌、病毒探测等）			
301-2	报警控制管理设备				
301-2-1	GB	报警系统告警装置	GB/T 36546-2018 入侵和紧急报警系统　告警装置技术要求		
301-2-2	GB	报警控制指示设备	GB 12663-2019（代替 GB 12663-2001）入侵和紧急报警系统　控制指示设备		
301-2-3	GB	智能家居报警控制器	GB/T 37845-2019 居家安防智能管理系统技术要求		
301-2-4	GB	报警中心管理平台技术要求			
301-3	GB	报警声音复核装置（音频探测器、切换、功放、记录、喇叭）			
301-4	GB	安全喷雾装置		（EN 50131-8：2009）	
301-5	周界探测报警装置				
301-5-1	GA	光缆振动探测报警装置	GA/T 1217-2015 光纤振动入侵探测器技术要求		
301-5-2	GA	电缆探测报警装置	GA/T 1372-2017 甚低频感应入侵探测器技术要求		

续表

编号	级别和属性	标准名称	现行标准	国际国外相关标准	优先级
301-5-3	GA	泄漏电缆探测报警装置	GA/T 1031-2012 泄露电缆入侵探测装置通用技术条件（制定中）		
301-5-4	GA	地音探测报警装置			
301-5-5	GA	张力式围栏	GA/T 1032-2013 张力式电子围栏通用技术要求		
301-5-6	GB	脉冲式电子围栏（由 SAC/TC××归口）			
301-5-7	GB	周界防护高压电网装置	GB 25287－2010 周界防范高压电网装置		
301-6	车辆反劫防盗报警装置				
301-6-1	GB 20816	车辆防盗报警系统　乘用车	GB 20816-2006 车辆防盗报警系统 乘用车		
301-6-2	GA 366	车辆防盗报警器材安装规范	GA 366-2001 车辆防盗报警器材安装规范		
301-6-3	GA/T 440	车辆反劫防盗联网报警系统中车载防盗报警设备与车载无线通信终接设备之间的接口	GA/T 440-2003 车辆反劫防盗联网报警系统中车载防盗报警设备与车载无线通信终接设备之间的接口		

302 视频监控产品

编号	级别和属性	标准名称	现行标准	国际国外相关标准	优先级
302-1	前端设备				
302-1-1	GA/T	视频监控摄像机通用技术要求（含模拟数字、IP 摄像机、一体化辅助光源、抓拍用）	GA/T 1127-2013 安全防范视频监控摄像机通用技术要求		
302-1-2	GB/T	视频监控系统　变速球型摄像机	GA/T 645-2006 视频监控系统变速球型摄像机		
302-1-3	GB/T	视频监控高清摄像机测量方法	GA/T 1128-2013 安全防范视频监控高清晰度摄像机测量方法		
302-1-4	GB/T	视频监控热红外摄像机			
302-1-5	GA/T	云台（承载质量、控制精度、变动速度）			
302-1-6	GA/T	防护罩（防尘、遮阳、防爆、防暴、防水）			
302-1-7	GA/T	视频监控镜头（空间分辨率、光谱范围、光强动态范围）			
302-1-8	GA/T	摄像机辅助光源（红外、红外激光、闪光灯、可见光照明灯）			
302-2	GB/T	视频音频编解码器（视频服务器）			

续表

编号	级别和属性	标准名称	现行标准	国际国外相关标准	优先级
302-3		传输设备			
302-3-1	GA/T	视频监控视音频光端机技术要求（含用于视音频传输用的光纤收发器）	GA/T 1178-2014 安全防范系统光端机技术要求		
302-3-2	GA/T	EPON			
302-3-3	GA/T	光汇聚设备			
302-4		矩阵切换控制设备			
302-4-1	GA/T	视频监控系统　视音频矩阵切换设备通用技术要求	GA/T 646-2016（代替 GA/T 646-2006）安全防范视频监控矩阵设备通用技术要求		
302-5		视频存储设备			
302-5-1	GB	视频监控数字录像设备	GB 20815-2006 视频监控数字录像设备		
302-5-2	GA/T	视频监控网络存储设备	GA/T 1357-2018 公共安全视频监控硬盘分类及试验方法		
302-5-3	GA/T	视频监控车载数字录像设备	GA/T 1354-2018 安防视频监控车载数字录像设备技术要求		
302-6	GA/T	视频显示设备（专业监视器、CRT/LCD/DLP/LED、显示比例、显示像素、刷新率、亮度、对比度、色彩还原性、灰度级、响应时间、组合关系、寿命）			
302-7		系统配套设备			
302-7-1	GA/T	视频分配器			
302-7-2	GA/T	字符叠加器（标识字符发生器、时间日期字符发生器、楼层字符叠加器）			
302-8	GB/T	视频监控智能分析设备	GB/T 30147-2013 安防监控视频实时智能分析设备技术要求		
302-9	GA/T	音频设备（音频采集、双向对讲、广播）			

303 出入口控制产品

编号	级别和属性	标准名称	现行标准	国际国外相关标准	优先级
303-1		识读设备			
303-1-1	GA/T	自定义符识读装置			
303-1-2	GA/T	模式识别装置			
303-1-3	GA/T	电子巡查信息采集装置			

续表

编号	级别和属性	标准名称	现行标准	国际国外相关标准	优先级
303-2	控制设备	视频监控热红外摄像机			
303-2-1	GA/T	门禁控制器			
303-2-2	GA/T	停车库（场）出入口控制设备	GA/T 992-2012 停车库（场）出入口控制设备技术要求		
303-3	执行设备				
303-3-1	GA/T	出入口控制电动栏杆机（涵盖探测装置）	GA/T 992-2012 车辆出入口电动栏杆机技术要求		
303-3-2	GA/T	出入口控制路障（涵盖探测装置）			
303-3-3	GA	电控锁（SC1）	电控锁技术要求（制定中）		
303-4	GA/T	访客对讲设备	GA/T 269-2001 黑白可视对讲系统；GA/T 72 涵盖黑白、彩色		
303-5	GA/T	出入口控制快速通道装置	GA/T 1260-2016 人行出入口电控通道闸通用技术要求		
303-6	出入口控制一体化设备（采集、识别、判断、控制/处理）				
303-6-1	GA	电子防盗锁（指纹、声纹、虹膜等采集识别符合相应的技术标准）	GA 374-2001 电子防盗锁		

304 防爆与安全检查产品

编号	级别和属性	标准名称	现行标准	国际国外相关标准	优先级
304-1	X 射线安全检查设备				
304-1-1	透射 X 射线技术的安全检查设备				
304-1-1-1	GB	通用技术要求	GB 15208.1-2018 微剂量 X 射线　安全检查设备　第 1 部分：通用技术要求		
304-1-1-2	GB	透射式行包安全检查设备	GB 15208.2-2018 微剂量 X 射线　安全检查设备　第 2 部分：透射式行包安全检查设备		
304-1-1-3	GB	透射式货物安全检查设备	GB 15208.3-2018 微剂量 X 射线　安全检查设备　第 3 部分：透射式货物安全检查设备		
304-1-1-4	GB	人体安全检查设备	GB 15208.4-2018 微剂量 X 射线　安全检查设备　第 4 部分：人体安全检查设备		
304-1-1-5	GB	背散射物品安全检查设备	GB 15208.5-2018 微剂量 X 射线　安全检查设备　第 5 部分：背散射物品安全检查设备		

续表

编号	级别和属性	标准名称	现行标准	国际国外相关标准	优先级
304-1-1-6	GB	便携式 X 射线安全检查设备	GB 12664-2003 便携式 X 射线　安全检查设备通用规范		
304-1-1-7	GA	乘用车辆安全检查设备	GA/T 1731-2020 乘用车辆 X 射线安全检查系统技术要求		
304-1-2	计算机图像重建（CT）技术的安全检查设备				
304-1-2-1	GB	基于计算机图像重建（CT）技术的安全检查设备　第 1 部分：行包检查	GB/T 37128-2018 X 射线计算机断层成像安全检查系统技术要求		
304-1-2-2	GB	基于计算机图像重建（CT）技术的安全检查设备　第 2 部分：液体检查			
304-1-3	GB	衍射 X 射线安全检查设备			
304-1-4	GB	X 射线安全检查设备安全等级标准（保密标准）			
304-2	GB	基于中子分析技术的探测设备			
304-3	GB	基于离子迁移谱技术的痕量毒品/炸药探测仪	GA/T 841-2009 基于离子迁移谱技术的痕量毒品/炸药探测仪通用技术要求		
304-4	GB	采用拉普光谱分析的液体安全检查设备	GA/T 1067-2013 20184823-T-312 基于拉曼光谱技术的危险化学品安全检查设备通用技术要求		
304-5	GB	基于核四极共振技术的安全检查设备			
304-6	GB	基于荧光透视技术的安全检查设备			
304-7	GB	基于太赫兹光谱技术的安全检查设备	太赫兹人体安全检查设备通用技术要求（行标制订中）		
304-8	GB	基于介电常数测量技术的安全检查设备	20184822-T-312 基于介电常数技术的液态危险品安全检查仪通用技术要求		
304-9	GB	基于热氧化还原技术的炸药安全检查设备			
304-10	GB	基于声表面波技术的炸药安全检查设备			
304-11	GB	基于荧光淬灭技术的炸药安全检查设备	GA/T 1323-2016 基于荧光聚合物传感技术的痕量炸药探测仪通用技术要求		
304-12	GB	基于质谱技术的炸药安全检查设备			
304-13	GB	基于 γ 射线透射成像技术的安全检查设备			
304-14	GB	基于毫米波（亚毫米波）技术的安全检查设备	20184821-T-312 毫米波全息成像人体安全检查仪		
304-15	基于化学技术的炸药安全检查设备				
304-15-1	GB	基于化学比色法技术的炸药安全检查设备			

续表

编号	级别和属性	标准名称	现行标准	国际国外相关标准	优先级
304-15-2	GB	基于化学发光技术的炸药安全检查设备			
304-15-3	GB	便携式炸药检测箱	GA 60-1993 便携式炸药检测箱技术条件		
304-16	便携式放射性物质探测与识别设备				
304-16-1	GB	便携式放射性物质探测与识别设备通用技术要求　第 1 部分：探测设备	GA/T 1060.1-2013 便携式放射性物质探测与识别设备通用技术要求　第 1 部分：探测设备		
304-16-2	GB	便携式放射性物质探测与识别设备通用技术要求　第 2 部分：识别设备	GA/T 1060.2-2013 便携式放射性物质探测与识别设备通用技术要求　第 2 部分：识别设备		
304-17	金属探测设备				
304-17-1	GB	手持式金属探测器	GB 12899-2018 手持式金属探测器通用技术规范		
304-17-2	GB	通过式金属探测门	GB 15210-2018 通过式金属探测门通用技术规范		
304-17-3	GB	基于金属探测的探雷器			
304-17-4	GB	信件炸弹探测设备			
304-18	基于视频技术的安全检查设备				
304-18-1	GA/T	手持式视频检查仪	GA/T 1152-2014 安全防范　手持式视频检查仪通用技术要求		
304-18-2	GA/T	车底安全视频检查设备	GA/T 1336-2016 车底成像安全检查系统通用技术要求		
304-19	光学检查设备				
304-19-1	GA/T	车底安全检查镜			
304-19-2	GA/T	安全检查软管窥镜			
304-20	GA/T	机械钟控定时引爆装置探测器	GA/T 71-1994 机械钟控定时引爆装置探测器		
304-21	基于化学传感技术的安全检查设备				
304-21-1	GB	易燃易爆危险气体探测装置			
304-21-2	GB	有毒气体探测设备			

305 实体防护产品

编号	级别和属性	标准名称	现行标准	国际国外相关标准	优先级
305-1			门（窗、栅栏）		
305-1-1			防盗安全门		
305-1-1-1	GB	防盗安全门　第 1 部分：通用技术要求	GB 17565-2007 防盗安全门通用技术条件		
305-1-1-2	GB	防盗安全门　第 2 部分：钢质门			
305-1-1-3	GB	防盗安全门　第 3 部分：钢木复合门			
305-1-1-4	GB	防盗安全门　第 4 部分：防盗防火门			
305-1-2	GB	防盗安全门安装规范			
305-1-3	GA/T	楼寓对讲电控防盗门	GA/T 72 楼寓对讲及电控防盗门通用技术要求		
305-1-4	GB	金库门	GB 37481-2019 金库门通用技术要求		
305-1-5	GA	防尾随联动互锁安全门	GA 576-2005 防尾随联动互锁安全门通用技术条件		
305-1-6	GA	防弹、防爆门	GA/T 1707-2019 防爆安全门		
305-1-7	GA	防护窗			
305-1-8	GA	防护栅栏			
305-1-9	GA	监室门			
305-1-10	GA	其他防护门（伸缩门、感应门、车库门、卷帘门、旋转门等）	GA/T 1499-2018 卷帘门安全性要求		
305-2			柜（箱）		
305-2-1	GB	防盗保险柜（箱）	GB 10409-2019（代替 GB 10409-2001）防盗保险柜（箱）		
305-2-2	GA 746	提款箱	GA 746-2008 提款箱		
305-2-3	GA 501	银行用保管箱	GA 501-2004 银行用保管箱通用技术条件		
305-2-4	GA	枪械专用保险柜	GA 1051-2013 枪支弹药专用保险柜		
305-2-5	GA	保管箱（最低标准、要求明示：该保管箱不是防盗保险箱，使用时请注意风险。考虑宾馆应用）			
305-2-6	GA	ATM 用保险柜			
305-2-7	GA	投入式保险柜			
305-2-8	GA	组合式金库			
305-3			锁具		
305-3-1	GA/T 73	机械防盗锁	GA/T 73-1994 机械防盗锁		

续表

编号	级别和属性	标准名称	现行标准	国际国外相关标准	优先级
305-3-2	GA 374	电子防盗锁	GA 374-2019（代替 GA 374-2001）电子防盗锁		
305-3-3	GA	电控防盗锁（涵盖磁力锁、电插锁、电锁扣、远程控制等）			
305-3-4	GA	机电一体化防盗锁			
305-3-5	GA	生物特征识别锁具（是否单独制定锁体、锁头标准）	包括：GA 701-2007 指纹防盗锁通用技术条件		
305-4	防护材料				
305-4-1	GA	防弹复合玻璃	GA 165-2016（GA 165-1997）防弹透明材料		
305-4-2	GA	防爆炸复合玻璃	GA 667-2020（代替 GA 667-2006）防爆炸透明材料		
305-4-3	GA	防砸复合玻璃	GA 844-2018（代替 GA 844-2009）防砸透明材料		
305-4-4	GA	银行营业场所透明防护屏障安装规范	GA 518-2004 银行营业场所透明防护屏障安装规范		
305-4-5		其他高性能防护材料			
305-5	其他防护产品（机电一体化防护装置）				
305-5-1	GA 164	专用运钞车防护技术要求	GA 164-2005 专用运钞车防护技术要求		
305-5-2	GA	银行自助服务亭（包括防护罩）	GA/T 1337-2016 银行自助设备防护舱安全性要求		
305-5-3	GA	金融营业场所用组合柜台（包括柜台传递槽）			
305-5-4	GA	银行营业场所安全柜员系统			

306 人体生物特征识别应用产品

编号	级别和属性	标准名称	现行标准	国际国外相关标准	优先级
306-1	GB/T	安防指纹识别应用系统　采集设备	GB/T 35735-2017 公共安全　指纹识别应用　采集设备通用技术要求		
306-2	人脸识别				
306-2-1	GA/T	安防人脸识别应用系统　受控人脸图像采集模块/设备技术要求			
306-2-2	GA/T	安防人脸识别应用系统视频监控嵌入式人脸图像采集设备技术要求			

续表

编号	级别和属性	标准名称	现行标准	国际国外相关标准	优先级
306-2-3	GA/T	安防人脸识别应用系统　设备接口技术要求			
306-3	GA/T	安防指静脉识别应用系统　指静脉采集/验证设备			
306-4	GA/T	安防声纹识别应用系统　声纹采集/验证设备			
306-5	GA/T	安防虹膜识别应用系统　虹膜采集/验证设备			
306-6	GA/T	多生物特征识别采集/验证设备			

307 防伪技术产品

编号	级别和属性	标准名称	现行标准	国际国外相关标准	优先级
307-1	GB/Z	安全防范系统产品应用指南　第 1 部分　入侵报警产品（各类产品的选型与安装要求，包括优缺点、适用场所等）			
307-2	GB/Z	安全防范系统产品应用指南　第 2 部分　视频监控产品			
307-3	GB/Z	安全防范系统产品应用指南　第 3 部分　出入口控制产品			

308 工程产品应用

编号	级别和属性	标准名称	现行标准	国际国外相关标准	优先级
308-1	GB/Z	安全防范系统产品应用指南　第 1 部分　入侵报警产品（各类产品的选型与安装要求，包括优缺点、适用场所等）			
308-2	GB/Z	安全防范系统产品应用指南　第 2 部分　视频监控产品			
308-3	GB/Z	安全防范系统产品应用指南　第 3 部分　出入口控制产品			

七、公共安全视频图像信息联网共享应用标准体系

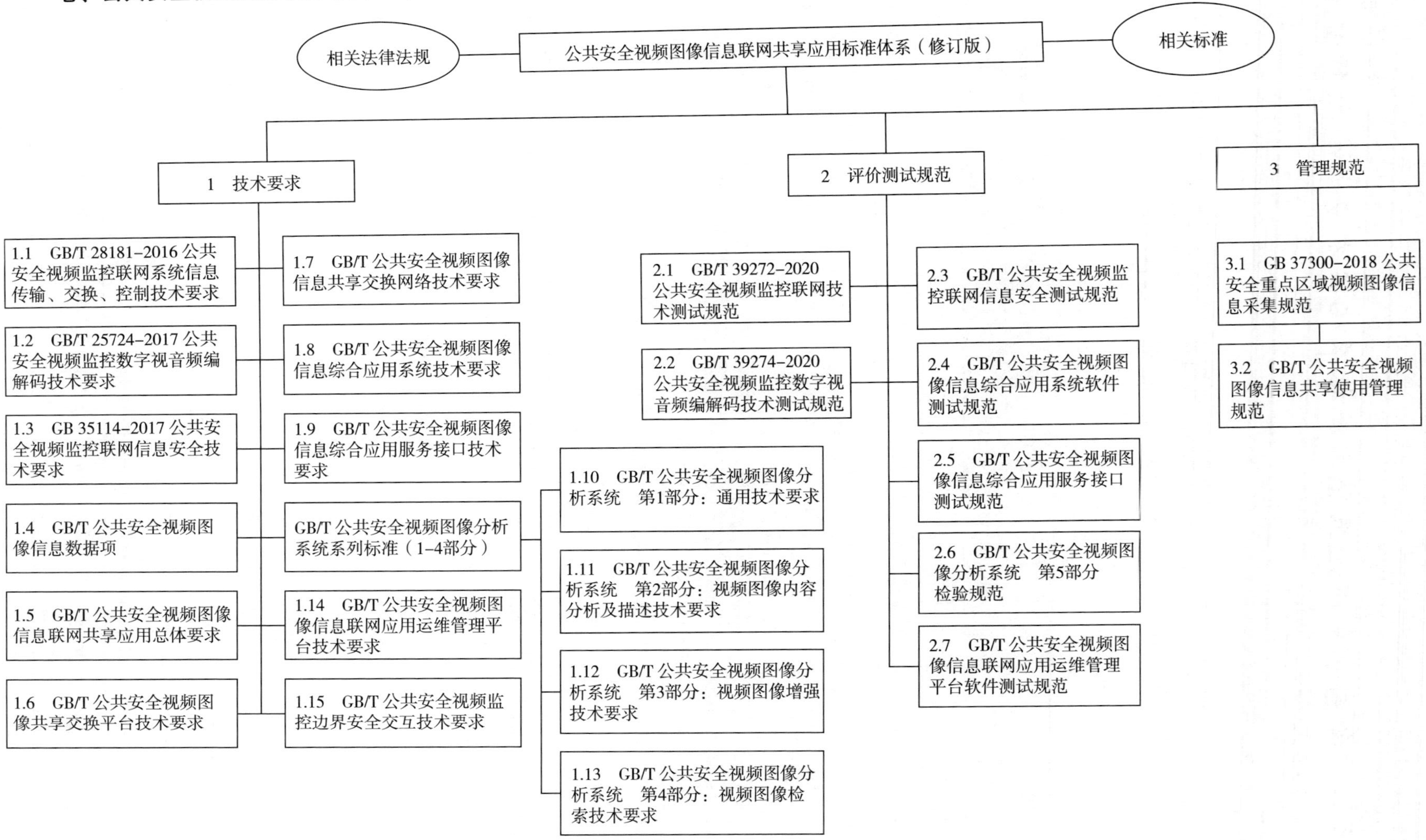

附录三　全国安全防范报警系统标准化技术委员会现行标准目录

现行标准目录

（共 254 项，其中：国标 69 项，行标 185 项）
截至 2021 年 12 月 31 日

序号	标准编号	名　　称	发布日期	实施日期
（一）基础通用标准（共 5 项，其中：国标 1 项，行标 4 项）				
1	GB/T 15408-2011	安全防范系统供电技术要求	2011-04-25	2011-12-01
2	GA/T 405-2002	安全技术防范产品分类与代码	2002-12-11	2003-01-01
3	GA/T 550-2005	安全技术防范管理信息代码	2005-09-08	2005-10-01
4	GA/T 551-2005	安全技术防范管理信息基本数据结构	2005-09-08	2005-10-01
5	GA/T 1730-2020	公共安全产品合格评定标志	2020-05-20	2020-11-01
（二）入侵和紧急报警系统（共 39 项，其中：国标 24 项，行标 15 项）				
1	GB 15407-2010	遮挡式微波入侵探测器技术要求	2010-11-10	2011-09-01
2	GB/T 15211-2013	安全防范报警设备　环境适应性要求和试验方法	2013-12-31	2015-03-01
3	GB 10408. 1-2000	入侵探测器　第 1 部分：通用要求	2000-10-17	2001-06-01
4	GB 10408. 2-2000	入侵探测器　第 2 部分：室内用超声波多普勒探测器	2000-10-17	2001-06-01
5	GB 10408. 3-2000	入侵探测器　第 3 部分：室内用微波多普勒探测器	2000-10-17	2001-06-01
6	GB 10408. 4-2000	入侵探测器　第 4 部分：主动红外入侵探测器	2000-10-17	2001-06-01
7	GB 10408. 5-2000	入侵探测器　第 5 部分：室内用被动红外探测器	2000-10-17	2001-06-01
8	GB 10408. 9-2001	入侵探测器　第 9 部分：室内用被动式玻璃破碎探测器	2001-11-16	2002-08-01
9	GB 12663-2019	入侵和紧急报警系统　控制指示设备	2019-10-14	2020-11-01
10	GB 15209-2006	磁开关入侵探测器	2006-04-30	2007-01-01
11	GB 20816-2006	车辆防盗报警系统　乘用车	2006-12-19	2008-01-01
12	GB/T 10408. 8-2008	振动入侵探测器	2008-09-24	2009-08-01
13	GB 10408. 6-2009	微波和被动红外复合入侵探测器	2009-04-16	2010-01-01
14	GB/T 21564. 1-2008	报警传输系统串行数据接口的信息格式和协议　第 1 部分：总则	2008-03-24	2008-11-01
15	GB/T 21564. 2-2008	报警传输系统串行数据接口的信息格式和协议　第 2 部分：公用应用层协议	2008-03-24	2008-09-01

续表

序号	标准编号	名　　称	发布日期	实施日期
16	GB/T 21564.3-2008	报警传输系统串行数据接口的信息格式和协议　第3部分：公用数据链路层协议	2008-03-24	2008-09-01
17	GB/T 21564.4-2008	报警传输系统串行数据接口的信息格式和协议　第4部分：公用传输层协议	2008-03-24	2008-09-01
18	GB/T 21564.5-2008	报警传输系统串行数据接口的信息格式和协议　第5部分：数据接口	2008-03-24	2008-09-01
19	GB 16796-2009	安全防范报警设备　安全要求和试验方法	2009-09-30	2010-06-01
20	GB 25287-2010	周界防范高压电网装置	2010-11-10	2011-09-01
21	GB/T 30148-2013	安全防范报警设备　电磁兼容抗扰度要求和试验方法	2013-12-17	2014-08-01
22	GB/T 31132-2014	入侵报警系统　无线（射频）设备互联技术要求	2014-09-03	2015-02-01
23	GB/T 32581-2016	入侵和紧急报警系统技术要求	2016-04-25	2016-11-01
24	GB/T 36546-2018	入侵和紧急报警系统　告警装置技术要求	2018-07-13	2019-02-01
25	GA/T 553-2005	车辆反劫防盗联网报警系统通用技术要求	2005-09-07	2005-11-01
26	GA/T 600.1-2006	报警传输系统的要求　第1部分：系统的一般要求	2006-02-10	2006-05-01
27	GA/T 600.2-2006	报警传输系统的要求　第2部分：设备的一般要求	2006-02-10	2006-05-01
28	GA/T 600.3-2006	报警传输系统的要求　第3部分：利用专用报警传输通路的报警传输系统	2006-02-10	2006-05-01
29	GA/T 600.4-2006	报警传输系统的要求　第4部分：利用公共电话交换网络的数字通信机系统的要求	2006-02-10	2006-05-01
30	GA/T 600.5-2006	报警传输系统的要求　第5部分：利用公共电话交换网络的话音通信机系统的要求	2006-02-10	2006-05-01
31	GA/T 1031-2012	泄漏电缆入侵探测装置通用技术要求	2012-12-24	2013-03-01
32	GA/T 1032-2013	张力式电子围栏通用技术要求	2013-01-09	2013-03-01
33	GA/T 1158-2014	激光对射入侵探测器技术要求	2014-05-03	2014-10-01
34	GA/T 1217-2015	光纤振动入侵探测器技术要求	2015-06-26	2015-10-01
35	GA/T 1372-2017	甚低频感应入侵探测器技术要求	2017-01-16	2017-03-01
36	GA/T 1589-2019	展示物品防盗装置通用技术要求	2019-09-20	2019-12-01
37	GA/T 1757-2020	入侵和紧急报警系统　紧急报警装置	2020-11-27	2021-05-01
38	GA/T 1758-2020	安防拾音器通用技术要求	2020-11-27	2021-05-01
39	GA/T 1782-2021	入侵和紧急报警系统接警中心机	2021-06-28	2021-10-01
（三）视频监控系统（共55项，其中：国标8项，行标47项）				
1	GB 20815-2006	视频安防监控数字录像设备	2006-12-19	2008-01-01
2	GB/T 25724-2017	公共安全视频监控数字视音频编解码技术要求	2017-03-09	2017-06-01
3	GB/T 28181-2016	公共安全视频监控联网系统信息传输、交换、控制技术要求	2016-07-12	2017-08-01

续表

序号	标准编号	名　　称	发布日期	实施日期
4	GB/T 30147-2013	安防监控视频实时智能分析设备技术要求	2013-12-17	2014-08-01
5	GB 35114-2017	公共安全视频监控联网信息安全技术要求	2017-11-01	2018-11-01
6	GB 37300-2018	公共安全重点区域视频图像信息采集规范	2018-12-28	2020-01-01
7	GB/T 39272-2020	公共安全视频监控联网技术测试规范	2020-11-19	2021-06-01
8	GB/T 39274-2020	公共安全视频监控数字视音频编解码技术测试规范	2020-11-19	2021-06-01
9	GA/T 367-2001	视频安防监控系统技术要求	2001-12-10	2002-06-01
10	GA/T 645-2014	安全防范监控变速球型摄像机	2014-09-09	2014-12-01
11	GA/T 646-2016	安全防范视频监控矩阵设备通用技术要求	2016-06-07	2016-06-07
12	GA/T 669. 1-2008	城市监控报警联网系统　技术标准　第 1 部分：通用技术要求	2008-08-04	2008-08-04
13	GA/T 669. 2-2008	城市监控报警联网系统　技术标准　第 2 部分：安全技术要求	2008-08-04	2008-08-04
14	GA/T 669. 3-2008	城市监控报警联网系统　技术标准　第 3 部分：前端信息采集技术要求	2008-08-04	2008-08-04
15	GA/T 669. 6-2008	城市监控报警联网系统　技术标准　第 6 部分：视音频显示、存储、播放技术要求	2008-08-04	2008-08-04
16	GA/T 669. 7-2008	城市监控报警联网系统　技术标准　第 7 部分：管理平台技术要求	2008-08-04	2008-08-04
17	GA/T 669. 9-2008	城市监控报警联网系统　技术标准　第 9 部分：卡口信息识别、比对、监测系统技术要求	2008-08-04	2008-08-04
18	GA/T 792. 1-2008	城市监控报警联网系统　管理标准　第 1 部分：图像信息采集、接入、使用管理要求	2008-08-04	2008-08-04
19	GA 793. 1-2008	城市监控报警联网系统　合格评定　第 1 部分：系统功能性能检验规范	2008-08-04	2008-08-04
20	GA 793. 2-2008	城市监控报警联网系统　合格评定　第 2 部分：管理平台软件测试规范	2008-08-04	2008-08-04
21	GA/T 669. 8-2009	城市监控报警联网系统　技术标准　第 8 部分：传输网络技术要求	2009-08-11	2009-09-01
22	GA/T 669. 10-2009	城市监控报警联网系统　技术标准　第 10 部分：无线视音频监控系统技术要求	2009-08-11	2009-09-01
23	GA/T 1072-2013	基层公安机关社会治安视频监控中心（室）工作规范	2013-07-26	2013-10-01
24	GA/T 1127-2013	安全防范视频监控摄像机通用技术要求	2013-12-20	2014-01-01
25	GA/T 1128-2013	安全防范视频监控高清晰度摄像机测量方法	2013-12-20	2014-01-01
26	GA/Z 1164-2014	公安视频图像信息联网与应用标准体系表	2014-05-23	2014-05-23
27	GA/T 1178-2014	安全防范系统光端机技术要求	2014-08-12	2014-08-12
28	GA/T 1211-2014	安全防范高清视频监控系统技术要求	2014-12-16	2015-04-01
29	GA/T 1216-2015	安全防范监控网络视音频编解码设备	2015-01-29	2015-03-01
30	GA/T 1353-2018	视频监控摄像机防护罩通用技术要求	2018-02-23	2018-02-23
31	GA/T 1354-2018	安防视频监控车载数字录像设备技术要求	2018-02-23	2018-02-23
32	GA/T 1355-2018	国家标准 GB/T 28181-2016 符合性测试规范	2018-02-23	2018-02-23

续表

序号	标准编号	名　　称	发布日期	实施日期
33	GA/T 1356-2018	国家标准 GB/T 25724-2017 符合性测试规范	2018-02-22	2018-02-22
34	GA/T 1357-2018	公共安全视频监控硬盘分类及试验方法	2018-05-07	2018-05-07
35	GA/T 1399. 1-2017	公安视频图像分析系统　第 1 部分：通用技术要求	2017-05-31	2017-05-31
36	GA/T 1399. 2-2017	公安视频图像分析系统　第 2 部分：视频图像内容分析及描述技术要求	2017-05-31	2017-05-31
37	GA/T 1400. 1-2017	公安视频图像信息应用系统　第 1 部分：通用技术要求	2017-05-31	2017-05-31
38	GA/T 1400. 2-2017	公安视频图像信息应用系统　第 2 部分：应用平台技术要求	2017-05-31	2017-05-31
39	GA/T 1400. 3-2017	公安视频图像信息应用系统　第 3 部分：数据库技术要求	2017-05-31	2017-05-31
40	GA/T 1400. 4-2017	公安视频图像信息应用系统　第 4 部分：接口协议要求	2017-05-31	2017-05-31
41	GA/T 1352-2018	视频监控镜头	2018-08-06	2018-08-06
42	GA/T 1708-2020	安全防范视频监控红外热成像设备	2020-02-03	2020-05=01
43	GA/T 1711-2020	安防监控中心电磁环境控制限值和测量方法	2020-02-11	2020-08-01
44	GA/Z 1736-2020	基于目标位置映射的主从摄像机协同系统技术要求	2020-08-07	2021-01-01
45	GA/T 1741-2020	公安视频图像信息应用系统检验规范	2020-09-09	2021-02-01
46	GA/T 1756-2020	公安视频监控人像/人脸识别应用技术要求	2020-11-06	2021-05-01
47	GA/T 1764-2021	公安视频图像信息应用系统接口协议测试规范	2021-02-04	2021-07-01
48	GA/T 1765-2021	公安视频图像信息应用平台软件测试规范	2021-02-05	2021-07-01
49	GA 1766-2021	公安视频图像信息系统验收规范（代替 GA 793. 3-2008）	2021-02-05	2021-07-01
50	GA 1781-2021	公共安全社会视频资源安全联网设备技术要求	2021-06-07	2021-10-01
51	GA/T 1783-2021	公安视频图像信息数据库测试规范	2021-06-28	2021-10-01
52	GA/T 1788. 1-2021	公安视频图像信息系统安全技术要求　第 1 部分　通用要求	2021-08-10	2021-12-01
53	GA/T 1788. 2-2021	公安视频图像信息系统安全技术要求　第 2 部分　前端设备	2021-07-20	2021-12-01
54	GA/T 1788. 3-2021	公安视频图像信息系统安全技术要求　第 3 部分　安全交互	2021-08-10	2021-12-01
55	GA/T 1788. 4-2021	公安视频图像信息系统安全技术要求　第 4 部分　安全管理平台	2021-08-10	2021-12-01
（四）出入口控制系统（共 18 项，其中：国标 5 项，行标 13 项）				
1	GB/T 31070. 1-2014	楼寓对讲系统　第 1 部分：通用技术要求	2014-12-22	2015-06-01
2	GB/T 31070. 2-2018	楼寓对讲系统　第 2 部分：全数字系统技术要求	2018-12-28	2019-07-01
3	GB/T 31070. 3-2021	楼寓对讲系统　第 3 部分：特定应用技术要求	2021-05-21	2021-12-01
4	GB/T 31070. 4-2018	楼寓对讲系统　第 4 部分：应用指南	2018-12-28	2018-12-28
5	GB/T 37078-2018	出入口控制系统技术要求	2018-12-28	2019-07-01
6	GA 374-2019	电子防盗锁	2019-03-01	2019-04-01
7	GA/T 394-2002	出入口控制系统技术要求	2002-09-25	2002-12-31

续表

序号	标准编号	名　　称	发布日期	实施日期
8	GA/T 1738-2020	出入口控制系统　编码识读设备	2020-09-09	2021-02-01
9	GA/T 1739-2020	出入口控制系统　控制器	2020-09-09	2021-02-01
10	GA/T 644-2006	电子巡查系统技术要求	2006-09-22	2006-11-01
11	GA 701-2007	指纹防盗锁通用技术条件	2007-05-17	2007-10-01
12	GA/T 678-2007	联网型可视对讲系统技术要求	2007-01-23	2007-03-01
13	GA/T 761-2008	停车库（场）安全管理系统技术要求	2008-04-07	2008-06-01
14	GA/T 992-2012	停车库（场）出入口控制设备技术要求	2012-07-19	2012-07-19
15	GA/T 1132-2014	车辆出入口电动栏杆机技术要求	2014-01-20	2014-04-01
16	GA 1210-2014	楼寓对讲系统安全技术要求	2014-12-23	2015-01-01
17	GA/T 1260-2016	人行出入口电控通道闸通用技术要求	2016-05-30	2016-07-01
18	GA/T 1742-2020	封闭式停车场安全防范要求	2020-09-28	2021-04-01
（五）防爆安全检查系统（共23项，其中：国标10项，行标13项）				
1	GB 12664-2003	便携式X射线安全检查设备通用规范	2003-06-24	2004-02-01
2	GB 12899-2018	手持式金属探测器通用技术规范（代替GB 12899-2003）	2018-11-19	2019-12-01
3	GB 15208.1-2018	微剂量X射线安全检查设备　第1部分：通用技术要求	2018-11-19	2019-12-01
4	GB 15208.2-2018	微剂量X射线安全检查设备　第2部分：透射式行包安全检查设备	2018-11-19	2019-12-01
5	GB 15208.3-2018	微剂量X射线安全检查设备　第3部分：透射式货物安全检查设备	2018-11-19	2019-12-01
6	GB 15208.4-2018	微剂量X射线安全检查设备　第4部分：人体安全检查设备	2018-11-19	2019-12-01
7	GB 15208.5-2018	微剂量X射线安全检查设备　第5部分：背散射物品安全检查设备	2018-11-19	2019-12-01
8	GB 15210-2018	通过式金属探测门通用技术规范（代替GB 15210-2003）	2018-11-19	2019-12-01
9	GB/T 37128-2018	X射线计算机断层成像安全检查系统技术要求	2018-12-28	2019-07-01
10	GB/T 41086-2021	基于拉曼光谱技术的危险化学品安全检查设备通用技术要求	2021-12-31	2022-07-01
11	GA/T 71-1994	机械钟控定时引爆装置探测器	1994-03-11	1994-07-01
12	GA/T 841-2021	基于离子迁移谱技术的痕量毒品/炸药探测仪通用技术要求（代替GA/T 841-2009）	2021-09-17	2021-12-01
13	GA 921-2011	民用爆炸物品警示标识、登记标识通则	2011-01-13	2011-05-01
14	GA 926-2011	微剂量透射式X射线人体安全检查设备通用技术要求	2011-03-25	2011-07-01
15	GA/T 1060.1-2013	便携式放射性物质探测与核素识别设备通用技术要求　第1部分：γ探测设备	2013-04-11	2013-08-01
16	GA/T 1060.2-2013	便携式放射性物质探测与核素识别设备通用技术要求　第2部分：识别设备	2013-04-11	2013-08-01
17	GA/T 1067-2013	基于拉曼光谱技术的液态物品安全检查设备通用技术要求	2013-05-22	2013-10-01

续表

序号	标准编号	名　称	发布日期	实施日期
18	GA/T 1152-2014	安全防范手持式视频检查仪通用技术要求	2014-04-28	2014-10-01
19	GA/T 1323-2016	基于荧光聚合物传感技术的痕量炸药探测仪通用技术要求	2016-08-15	2016-08-15
20	GA/T 1336-2016	车底成像安全检查系统通用技术要求	2016-11-07	2016-11-07
21	GA/T 1563-2019	鞋内安全检查仪技术要求	2019-05-05	2019-05-05
22	GA/T 1731-2020	乘用车辆 X 射线安全检查系统技术要求	2020-5-26	2020-11-01
23	GA/T 1779-2021	被动式太赫兹成像人体安全检查设备通用技术要求	2021-5-28	2021-10-1
（六）安全防范系统工程（共 62 项，其中：国标 11 项，行标 51 项）				
1	GB/T 16571-2012	博物馆和文物保护单位安全防范系统要求	2012-11-05	2013-02-01
2	GB/T 16676-2010	银行安全防范报警监控联网系统技术要求	2010-11-10	2011-05-01
3	GB 50348-2018	安全防范工程技术标准	2018-05-14	2018-12-01
4	GB 50394-2007	入侵报警系统工程设计规范	2007-03-21	2007-08-01
5	GB 50395-2007	视频安防监控系统工程设计规范	2007-03-21	2007-08-01
6	GB 50396-2007	出入口控制系统工程设计规范	2007-03-21	2007-08-01
7	GB/T 29315-2012	中小学、幼儿园安全技术防范系统要求	2012-12-31	2013-06-01
8	GB/T 31068-2014	普通高等学校安全技术防范系统要求	2014-12-22	2015-06-01
9	GB/T 31458-2015	医院安全技术防范系统要求	2015-05-15	2015-12-01
10	GB/T 37845-2019	居家安防智能管理系统技术要求	2019-08-30	2019-03-01
11	GB/T 21741-2021	住宅小区安全防范系统通用技术要求（代替 GB/T 21741-2008）	2021-12-31	2021-12-31
12	GA/T 75-1994	安全防范工程程序与要求	1994-03-11	1994-07-01
13	GA/T 74-2017	安全防范系统通用图形符号	2016-06-23	2016-06-23
14	GA 308-2001	安全防范系统验收规则	2001-10-17	2001-12-01
15	GA 27-2002	文物系统博物馆风险等级和安全防护级别的规定	2002-03-25	2002-06-01
16	GA 38-2021	银行安全防范要求（代替 GA 38-2015、GA 745-2017、GA 858-2010，部分代替 GA 1003-2012、GA 1280-2015）	2021-03-24	2021-09-01
17	GA/T 70-2014	安全防范工程建设与维护保养费用预算编制办法	2014-08-05	2014-10-01
18	GA 586-2020	广播电视重点单位重要部位安全防范要求	2020-06-23	2020-09-01
19	GA/T 670-2006	安全防范系统雷电浪涌防护技术要求	2006-12-14	2007-06-01
20	GA 837-2009	民用爆炸物品储存库治安防范要求	2009-06-29	2009-08-01
21	GA 838-2009	小型民用爆炸物品储存库安全规范	2009-06-29	2009-08-01
22	GA/T 848-2009	爆破作业单位民用爆炸物品储存库安全评价导则	2009-09-17	2009-12-01
23	GA 873-2010	冶金钢铁企业治安保卫重要部位风险等级和安全防护要求	2010-06-07	2010-09-01
24	GA 1002-2012	剧毒化学品、放射源存放场所治安防范要求	2012-06-29	2012-09-01

续表

序号	标准编号	名　称	发布日期	实施日期
25	GA 1003-2012	银行自助服务亭技术要求	2012-07-01	2012-09-01
26	GA 1015-2012	枪支去功能处理与展览枪支安全防范要求	2012-12-26	2012-12-26
27	GA 1016-2012	枪支（弹药）库室风险等级划分与安全防范要求	2012-12-26	2012-12-26
28	GA/T 1081-2020	安全防范系统维护保养规范	2020-05-26	2020-11-01
29	GA 1089-2013	电力设施治安风险等级和安全防护要求	2013-09-30	2013-11-01
30	GA 1166-2014	石油天然气管道系统治安风险等级和安全防范要求	2014-12-31	2015-02-01
31	GA/T 1185-2014	安全防范工程技术文件编制深度要求	2014-09-28	2014-10-01
32	GA 1257-2015	民用枪弹编号及包装标识要求	2015-04-30	2015-06-01
33	GA 1258-2015	民用枪支编号及包装标识要求	2015-04-30	2015-06-01
34	GA 1280-2015	自动柜员机安全性要求	2015-10-28	2016-01-01
35	GA/T 1297-2021	安防线缆	2021-06-07	2021-12-01
36	GA 1383-2017	报警运营服务规范	2017-02-22	2017-05-01
37	GA/T 1406-2017	安防线缆应用技术要求	2017-08-21	2017-08-21
38	GA/T 1351-2018	安防线缆接插件	2018-02-25	2018-02-25
39	GA 1467-2018	城市轨道交通安全防范要求	2018-03-26	2018-03-26
40	GA/T 1468-2018	寄递企业安全防范要求	2018-03-09	2018-03-09
41	GA/T 1469-2018	光纤振动入侵探测系统工程技术规范	2018-03-22	2018-03-22
42	GA 1511-2018	易制爆危险化学品储存场所治安防范要求	2018-08-13	2018-11-01
43	GA 1517-2018	金银珠宝营业场所安全防范要求	2018-09-10	2019-01-01
44	GA 1524-2018	射钉器公共安全要求	2018-10-22	2019-05-01
45	GA 1525-2018	射钉弹公共安全要求	2018-10-22	2019-05-01
46	GA 1531-2018	工业电子雷管信息管理通则	2018-10-22	2019-02-01
47	GA 1551. 1-2019	石油石化系统治安反恐防范要求　第 1 部分：油气田企业	2019-03-28	2019-07-01
48	GA 1551. 2-2019	石油石化系统治安反恐防范要求　第 2 部分：炼油与化工企业	2019-03-28	2019-07-01
49	GA 1551. 3-2019	石油石化系统治安反恐防范要求　第 3 部分：成品油和天然气销售企业	2019-03-28	2019-07-01
50	GA 1551. 4-2019	石油石化系统治安反恐防范要求　第 4 部分：工程技术服务企业	2019-03-28	2019-07-01
51	GA 1551. 5-2019	石油石化系统治安反恐防范要求　第 5 部分：运输企业	2019-03-28	2019-07-01
52	GA 1551. 6-2021	石油石化系统治安反恐防范要求　第 6 部分：石油天然气管道企业	2021-12-28	2022-07-01
53	GA/T 1710-2020	南水北调工程安全防范要求	2020-02-11	2020-05-01
54	GA/T 1740. 1-2020	旅游景区安全防范要求　第 1 部分：山岳型	2020-09-09	2021-02-01
55	GA 1744-2020	城市公共汽电车及场站安全防范要求	2020-10-09	2021-04-01

续表

序号	标准编号	名 称	发布日期	实施日期
56	GA 1800.1-2021	电力系统治安反恐防范要求　第 1 部分：电网企业	2021-04-25	2021-08-01
57	GA 1800.2-2021	电力系统治安反恐防范要求　第 2 部分：火力发电企业	2021-04-25	2021-08-01
58	GA 1800.3-2021	电力系统治安反恐防范要求　第 3 部分：水力发电企业	2021-04-25	2021-08-01
59	GA 1800.4-2021	电力系统治安反恐防范要求　第 4 部分：风力发电企业	2021-04-25	2021-08-01
60	GA 1800.5-2021	电力系统治安反恐防范要求　第 5 部分：太阳能发电企业	2021-04-25	2021-08-01
61	GA 1800.6-2021	电力系统治安反恐防范要求　第 6 部分：核能发电企业	2021-04-25	2021-08-01
62	GA 1798-2021	营业性射击场设置与安全防范要求	2021-11-30	2022-06-01
（七）实体防护系统（共 20 项，其中：国标 3 项，行标 17 项）				
1	GB 17565-2007	防盗安全门通用技术条件	2007-09-15	2008-04-01
2	GB 10409-2019	防盗保险柜（箱）（代替 GB 10409-2001）	2019-04-04	2020-05-01
3	GB 37481-2019	金库门通用技术要求	2019-04-04	2020-05-01
4	GA/T 72-2013	楼寓对讲电控安全门通用技术条件	2013-11-22	2014-01-01
5	GA/T 73-2015	机械防盗锁	2015-01-29	2015-03-01
6	GA/T 143-1996	金库门通用技术条件	1996-07-18	1996-10-01
7	GA 164-2018	专用运钞车防护技术要求（代替 GA 164-2005）	2018-09-03	2018-12-01
8	GA 165-2016	防弹透明材料	2016-10-08	2016-11-01
9	GA 166-2006	防盗保险箱	2006-02-10	2006-05-01
10	GA/T 501-2020	银行保管箱（代替 GA 501-2004）	2020-02-03	2020-08-01
11	GA 576-2018	防尾随联动互锁安全门通用技术条件（代替 GA 576-2005）	2018-09-10	2019-01-01
12	GA 667-2020	防爆炸透明材料（代替 GA 667-2006）	2020-1-19	2020-08-01
13	GA/T 746-2020	提款箱（代替 GA 746-2008）	2020-11-09	2021-05-01
14	GA 844-2018	防砸透明材料（代替 GA 844-2009）	2018-08-06	2019-01-01
15	GA 1051-2013	枪支弹药专用保险柜	2013-03-11	2013-05-01
16	GA/T 1337-2016	银行自助设备防护舱安全性要求	2016-09-08	2016-10-01
17	GA/T 1499-2018	卷帘门安全性要求	2018-08-06	2019-01-01
18	GA/T 1707-2020	防爆安全门	2020-02-03	2020-08-01
19	GA/T 1709-2020	实体防护产品防弹性能分类及测试方法	2020-02-11	2020-08-01
20	GA/T 1797-2021	钢丝焊接网安全围栏	2021-09-27	2021-09-27
（八）人体生物特征识别应用（共 32 项，其中：国标 7 项，行标 25 项）				
1	GB/T 31488-2015	安全防范视频监控人脸识别系统技术要求	2015-05-15	2015-12-01
2	GB/T 35676-2017	公共安全　指静脉识别应用　算法识别性能评测方法	2017-12-29	2018-07-01

续表

序号	标准编号	名　　称	发布日期	实施日期
3	GB/T 35678-2017	公共安全人脸识别应用　图像技术要求	2017-12-29	2018-07-01
4	GB/T 35735-2017	公共安全　指纹识别应用　采集设备通用技术要求	2017-12-29	2018-07-01
5	GB/T 35736-2017	公共安全　指纹识别应用　图像技术要求	2017-12-29	2018-07-01
6	GB/T 35742-2017	公共安全　指静脉识别应用　图像技术要求	2017-12-29	2018-07-01
7	GB/T 38122-2019	公共安全指纹识别应用　验证算法性能评测方法	2019-10-18	2020-05-01
8	GA/T 893-2010	安防生物特征识别应用术语	2010-12-02	2010-12-01
9	GA/T 894. 3-2010	安防指纹识别应用系统　第 3 部分：指纹图像质量	2010-12-02	2010-12-01
10	GA/T 894. 6-2010	安防指纹识别应用系统　第 6 部分：指纹识别算法评测方法	2010-12-02	2010-12-01
11	GA/T 922. 2-2011	安防人脸识别应用系统　第 2 部分：人脸图像数据	2011-01-13	2011-05-01
12	GA/T 894. 7-2012	安防指纹识别应用系统　第 7 部分：指纹采集设备	2012-07-18	2012-07-18
13	GA/T 938-2011	安防指静脉识别应用系统设备通用技术要求	2012-12-26	2013-03-01
14	GA/T 939-2011	安防指静脉识别应用系统算法评测方法	2012-12-26	2013-03-01
15	GA/T 940-2011	安防指静脉识别应用系统图像技术要求	2012-12-26	2013-03-01
16	GA/T 1093-2013	出入口控制人脸识别系统技术要求	2013-12-16	2014-01-01
17	GA/T 1126-2013	近红外人脸识别设备技术要求	2013-12-17	2014-01-01
18	GA/T 1179-2014	安防声纹确认应用算法技术要求和测试方法	2014-08-18	2014-10-01
19	GA/T 1181-2014	安防指静脉识别应用　程序接口规范	2014-09-01	2014-10-01
20	GA/T 1208-2014	安防虹膜识别应用　算法评测方法	2014-12-22	2015-10-01
21	GA/T 1212-2014	安防人脸识别应用　防假体攻击测试方法	2014-12-12	2015-01-01
22	GA/T 1213-2014	安防指静脉识别应用 3D　数据技术要求	2014-12-12	2015-01-01
23	GA/T 1284-2015	安防指/掌纹识别应用　图像数据交换格式一致性测试方法	2015-12-22	2015-12-22
24	GA/T 1285-2015	安防指/掌纹识别应用　图像数据交换格式	2015-12-30	2015-12-30
25	GA/T 1286-2015	安防虹膜识别应用　图像数据交换格式	2015-12-30	2015-12-30
26	GA/T 1324-2017	安全防范人脸识别应用　静态人脸图像采集规范	2017-10-08	2017-12-01
27	GA/T 1325-2017	安全防范人脸识别应用　视频图像采集规范	2017-10-08	2017-12-01
28	GA/T 1326-2017	安全防范人脸识别应用　程序接口规范	2017-10-08	2017-12-01
29	GA/T 1429-2017	安防虹膜识别应用　图像技术要求	2017-09-07	2017-11-01
30	GA/T 1470-2018	安全防范人脸识别应用　分类	2018-03-12	2018-03-12
31	GA/T 1486-2018	安全防范　虹膜识别应用　程序接口规范	2018-05-07	2018-05-07
32	GA/T 1755-2020	安全防范人脸识别应用人证核验设备通用技术要求	2020-11-06	2021-05-01

安全技术防范实体防护设备标准明细表

（57项）

全国安全防范报警系统标准化技术委员会实体防护设备分技术委员会（SAC/TC100/SC1）体系表

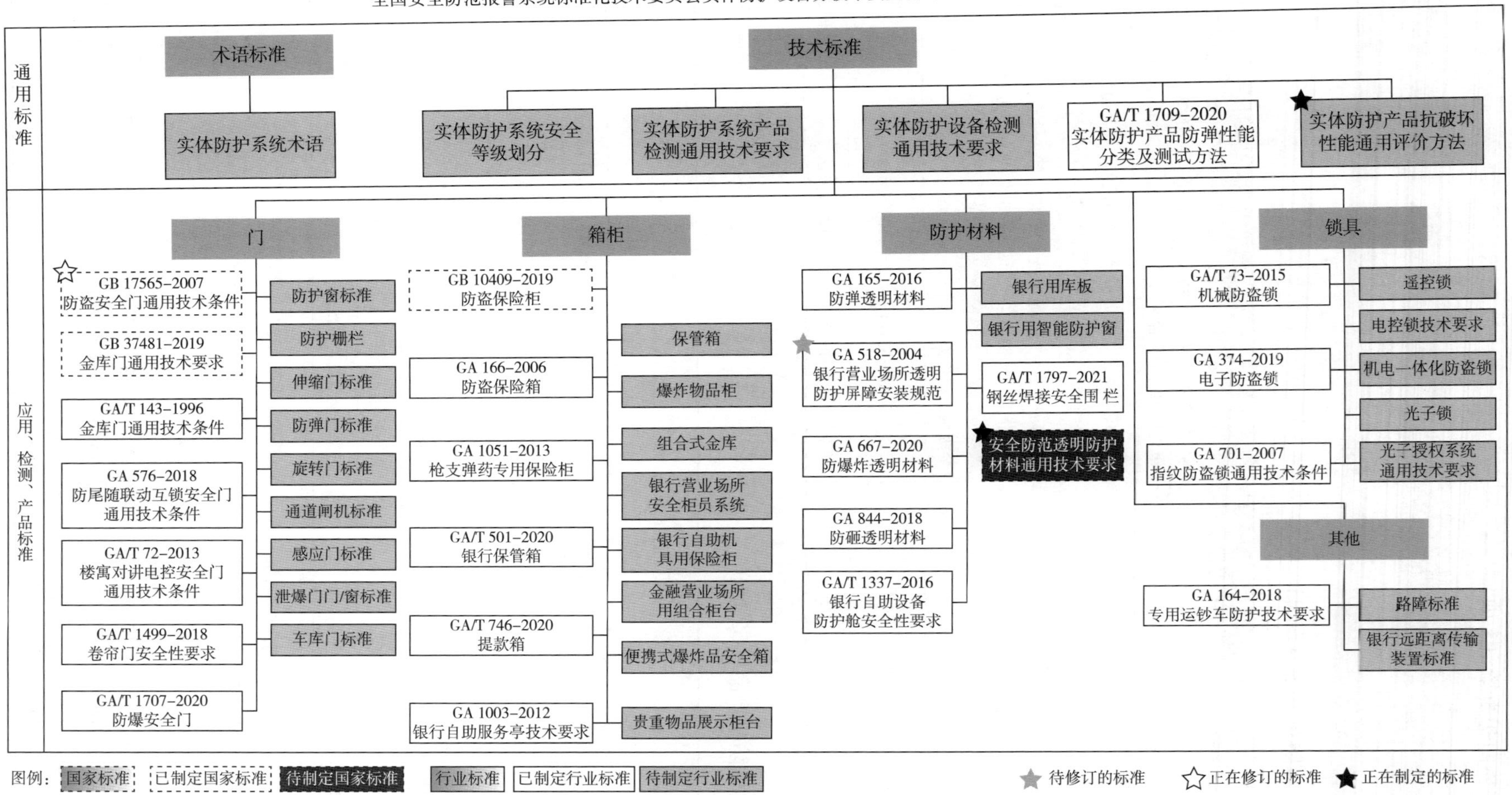

201 实体防护系统（1 项）

编号	级别和属性	标准名称	现行标准
201	GA/T	实体防护系统术语	

210 实体防护系统（5 项）

编号	级别和属性	标准名称	现行标准
210-1	GB	实体防护系统安全等级划分（包括安全分类、分级、标识与型号命名方法）	
210-2	GA	产品检测规程（人员要求、检测设备、检测方法、样品条件等）（产品检测通用技术要求）	
210-3	GB/T	实体防护设备检测通用技术要求（测试样品、系统级指标——防破坏时间、净工作时间、分级、破坏方法手段、风险等级、设备的分级要求、安全级别、评价方法等）	
210-4	GA/T 1709	实体防护产品防弹性能分类及测试方法	GA/T 1709-2020 实体防护产品防弹性能分类及测试方法
210-5	GA	实体防护产品抗破坏性能通用评价方法	（制定中）

305 实体防护产品（52 项）

编号	级别和属性	标准名称	现行标准
305-1	门（窗、栅栏）		
305-1-1	防盗安全门		
305-1-1-1	GB 17565. 1	防盗安全门　第 1 部分：通用技术要求	GB 17565-2007 防盗安全门通用技术条件
305-1-1-2	GB 17565. 2	防盗安全门　第 2 部分：钢质门	
305-1-1-3	GB 17565. 3	防盗安全门　第 3 部分：钢木复合门	
305-1-1-4	GB 17565. 4	防盗安全门　第 4 部分：防盗防火门	
305-1-2	GB	防盗安全门安装规范	
305-1-3	GA/T 72	楼宇对讲系统及电控防盗门技术条件	GA/T 72-2005 楼宇对讲系统及电控防盗门技术条件
305-1-4	GB 37481	金库门	GB 37481-2019，合并 GA/T 143-1996 金库门通用技术条件
305-1-5	GA 576	防尾随联动互锁安全门	GA 576-2018 防尾随联动互锁安全门通用技术条件
305-1-6	GA	防弹门	

续表

编号	级别和属性	标准名称	现行标准
305-1-7	GA	防护窗	
305-1-8	GA	防护栅栏	
305-1-9	GA	监室门	（现归口警标委）
305-1-10	GA/T 1707	防爆安全门	GA/T 1707-2020 防爆安全门
305-1-11	GA/T 1499	银行专用卷帘门	GA/T 1499-2018 卷帘门安全性要求
305-1-12	GA	其他防护门（伸缩门、感应门、车库门、旋转门、移动金库门、防弹门、通道闸机等）	
305-2	柜（箱）		
305-2-1	GB 10409	防盗保险柜（箱）	GB 10409-2019 防盗保险柜（箱），合并 GB 10409-2001 防盗保险柜（修订中）、GA 166-2006 防盗保险箱（修订中）；参照国外标准细化分类
305-2-2	GA 746	提款箱	GA 746-2020 提款箱
305-2-3	GA 501	银行保管箱	GA/T 501-2020 银行保管箱
305-2-4	GA	枪械专用保险柜	
305-2-5	GA	保管箱（最低标准、要求明示：该保管箱不是防盗保险箱，使用时请注意风险。考虑宾馆应用）	
305-2-6	GB 10409	ATM 用保险柜	并入 GB 10409-2019 防盗保险柜（箱）
305-2-7	GB 10409	投入式保险柜	并入 GB 10409-2019 防盗保险柜（箱）
305-2-8	GB 10409	组合式金库	并入 GB 10409-2019 防盗保险柜（箱）
305-2-9	GA/T 3	便携式防盗安全箱	GA/T 3-1991 便携式防盗安全箱
305-2-10	GA 1003	银行自助服务亭技术要求	GA 1003-2012 银行自助服务亭技术要求
305-2-11	GA	防盗防火保险箱	
305-2-12	GA	爆炸物品柜	
305-2-13	GA	银行整体柜台	
305-2-14	GA	银行自助机具用保险柜	
305-2-15	GA	银行营业场所安全柜员系统	
305-2-16	GA	金融营业场所用组合柜台	
305-2-17	GA	便携式爆炸品安全箱	

续表

编号	级别和属性	标准名称	现行标准
305-3		锁具	
305-3-1	GA/T 73	机械防盗锁	GA/T 73-2015 机械防盗锁
305-3-2	GA 374	电子防盗锁	GA 374-2019 电子防盗锁
305-3-3	GA	电控防盗锁（涵盖磁力锁、电插锁、电锁扣、远程控制等）	
305-3-4	GA	机电一体化防盗锁	
305-3-5	GA	生物特征识别锁具（是否单独制定锁体、锁头标准）	包括：GA 701-2007 指纹防盗锁通用技术条件
305-3-6	GA	光子锁	
305-3-7	GA	光子授权系统通用技术要求	
305-4		防护材料	
305-4-1	GA 165	防弹复合玻璃	GA 165-2016 防弹透明材料
305-4-2	GA 667	防爆炸复合玻璃	GA 667-2020 防爆炸透明材料
305-4-3	GA 844	防砸复合玻璃	GA 844-2018 防砸透明材料
305-4-4	GA 518	银行营业场所透明防护屏障安装规范	GA 518-2004 银行营业场所透明防护屏障安装规范（待修订）
305-4-5	GA	其他高性能防护材料	
305-4-6	GA	银行用库板	
305-4-7	GA	银行用智能防护窗	
305-4-8	GA/T 1797	周界防护安全围栏	GA/T 1797－202 钢丝焊接安全围栏
305-4-9	GB	安全防范透明防护材料通用技术要求	
305-5		其他防护产品（机电一体化防护装置）	
305-5-1	GA 164	专用运钞车防护技术要求	GA 164-2018 专用运钞车防护技术要求
305-5-2	GA	路障标准	
305-5-3	GA	银行远距离传输装置标准	

附录四 IEC/TC79现行国际标准目录

（截至2019年12月）

序号	标准号	英文名称	中文名称	发布日期
1	IEC 60839-5-1：2014	Alarm and electronic security systems-Part 5-1：Alarm transmission systems-General requirements	报警与电子安防系统　第5-1部分：报警传输系统　通用要求	2014-07-28
2	IEC 60839-5-2：2016	Alarm and electronic security systems-Part 5-2：Alarm transmission systems-Requirements for supervised premises transceiver（SPT）	报警与电子安防系统　第5-2部分：报警传输系统　受控区域收发器（SPT）要求	2016-02-03
3	IEC 60839-5-5：2016	Alarm and electronic security systems-Part 5-3：Alarm transmission systems-Requirements for receiving centre trans-ceiver（RCT）	报警与电子安防系统　第5-3部分：报警传输系统　接收中心收发器（RCT）要求	2016-02-03
4	IEC 60839-7-1：2001	Alarm systems-Part 7-1：Message formats and protocols for serial data interfaces in alarm transmission systems-General	报警系统　第7-1部分：报警传输系统串行数据接口的信息格式和协议总则	2001-03-09
5	IEC 60839-7-2：2001	Alarm systems-Part 7-2：Message for-mats and protocols for serial data interfaces in alarm transmission systems-Common application layer protocol	报警系统　第7-2部分：报警传输系统串行数据接口的信息格式和协议公用应用层协议	2001-03-09
6	IEC 60839-7-3：2001	Alarm systems-Part 7-3：Message formats and protocols for serial data interfaces in alarm transmission systems-Common data link layer protocol	报警系统　第7-3部分：报警传输系统串行数据接口的信息格式和协议公用数据链路层协议	2001-03-09
7	IEC 60839-7-4：2001	Alarm systems-Part 7-4：Message for-mats and protocols for serial data interfaces in alarm transmission systems-Common transport layer protocol	报警系统　第7-4部分：报警传输系统串行数据接口的信息格式和协议公用传输层协议	2001-03-09
8	IEC 60839-7-5：2001	Alarm systems-Part 7-5：Message formats and protocols for serial data interfaces in alarm transmission systems-Alarm system interfaces employing a two-wire configura-tion in accordance with ISO/IEC 8482	报警系统　第7-5部分：报警传输系统串行数据接口的信息格式和协议按照ISO/IEC 8482采用双线配置的报警系统接口	2001-03-09
9	IEC 60839-7-6：2001	Alarm systems-Part 7-6：Message formats and protocols for serial data interfaces in alarm transmission systems-Alarm system interfaces employing ITU-T Recommen-dation V. 24/V. 28 signalling	报警系统　第7-6部分：报警传输系统串行数据接口的信息格式和协议采用ITU-T建议V. 24/V. 28信令的报警系统接口	2001-03-09
10	IEC 60839-7-7：2001	Alarm systems-Part 7-7：Message formats and protocols for serial data interfaces in alarm transmission systems-Alarm system interfaces for plug-in alarm system trans-ceivers	报警系统　第7-7部分：报警传输系统串行数据接口的信息格式和协议插入式报警系统收发器的报警系统接口	2001-03-09

续表

序号	标准号	英文名称	中文名称	发布日期
11	IEC TS 60839-7-8：2019	Alarm systems-Part 7-8：Message formats and protocols for serial data interfaces in alarm transmission systems-Requirements for common protocol for alarm transmission using the Internet protocol	报警系统　第7-8部分：报警传输系统串行数据接口的信息格式和协议　使用互联网协议的报警传输通用协议要求	2019-05-24
12	IEC 60839-7-11：2001	Alarm systems-Part 7-11：Message for-mats and protocols for serial data interfaces in alarm transmission systems-Serial pro-tocol for use by digital communicator sys-tems using ITU-T Recommandation V. 23 signalling at interfaces with the PSTN	报警系统　第7-11部分：报警传输系统串行数据接口的信息格式和协议　与PSTN接口处采用ITU-T建议V. 23信令的数字通信系统中的串行协议	2001-03-09
13	IEC 60839-7-12：2001	Alarm systems-Part 7-12：Message for-mats and protocols for serial data interfaces in alarm transmission systems-PTT inter-faces for dedicated communications chan-nels using ITU-T Recommendation V. 23 signalling	报警系统　第7-12部分：报警传输系统串行数据接口的信息格式和协议　采用ITU-T建议V. 23信令的专用信道的PTT接口	2001-03-09
14	IEC 60839-7-20：2001	Alarm systems-Part 7-20：Message for-mats and protocols for serial data interfaces in alarm transmission systems-Terminal interfaces employing ITU-T Recommen-dation V. 24/V. 28 signalling	报警系统　第7-20部分：报警传输系统串行数据接口的信息格式和协议　采用ITU-T建议V. 24/V. 28信令的终端接口	2001-03-09
15	IEC 60839-10-1：1995	Alarm systems-Part 10：Alarm systems for road vehicles-Section 1：Passenger cars	报警系统　第10部分：道路车辆报警系统　第1节：客车	1995-12-22
16	IEC 60839-11-1：2013	Alarm and electronic security systems-Part 11-1：Electronic access control systems-System and components require-ments	报警与电子安防系统　第11-1部分：电子出入口控制系统　系统和部件要求	2013-05-07
17	IEC 60839-11-2：2014	Alarm and electronic security systems-Part 11-2：Electronic access control sys-tems Applicants guidelines	报警与电子安防系统　第11-2部分：电子出入口控制系统应用指南	2014-07-24
18	IEC 60839-11-31：2016	Alarm and electronic security systems-Part 11-31：Electronic access control sys-tems-Core interoperability protocol based on Web services	报警与电子安防系统　第11-31部分：电子出入口控制系统　基于网络服务的核心互联互通协议	2016-11-24
19	IEC 60839-11-32：2016	Alarm and electronic security systems-Part 11-32：Electronic access control sys-tems-Access control monitoring based on Web services	报警与电子安防系统　第11-32部分：电子出入口控制系统　基于网络服务的出入口控制监控标准	2016-11-24
20	IEC 62599-1：2010	Alarm systems-Part 1：Environmental test methods	报警系统　第1部分：环境试验方法	2010-05-19
21	IEC 62599-2：2010	Alarm systems-Part 2：Electromagnetic compatibility-Immunity requirements for components of fire and security alarm sys-tems	报警系统　第2部分：电磁兼容性　火灾和安全报警系统元件的抗扰度要求	2010-05-19
22	IEC 62642-1：2010	Alarm systems-Intrusion and hold-up systems-Part 1：System requirements	报警系统　入侵和反劫系统　第1部分：系统要求	2010-06-16
23	IEC 62642-2-2：2010	Alarm systems-Intrusion and hold-up systems-Part 2-2：Intrusion detectors-Passive infrared detectors	报警系统　入侵和反劫系统　第2-2部分：入侵探测器　被动红外探测器	2010-10-07
24	IEC 62642-2-3：2011	Alarm systems-Intrusion and hold-up systems-Part 2-3：Intrusion detectors-Microwave detectors	报警系统　入侵和反劫系统　第2-3部分：入侵探测器　微波探测器	2011-01-16

续表

序号	标准号	英文名称	中文名称	发布日期
25	IEC 62642-2-4：2011	Alarm systems-Intrusion and hold-up systems-Part 2-4：Intrusion detectors-Combined passive infrared/Microwave detectors	报警系统　入侵和反劫系统　第2-4部分：入侵探测器　组合被动红外/微波探测器	2011-01-16
26	IEC 62642-2-5：2011	Alarm systems-Intrusion and hold-up systems-Part 2-5：Intrusion detectors-Combined passive infrared/Ultrasonic detectors	报警系统　入侵和反劫系统　第2-5部分：入侵探测器　组合被动红外/超声波探测器	2011-01-16
27	IEC 62642-2-6：2011	Alarm systems-Intrusion and hold-up systems-Part 2-6：Intrusion detectors-Opening contacts（magnetic）	报警系统　入侵和反劫系统　第2-6部分：入侵探测器　磁开关	2011-01-16
28	IEC 62642-2-71：2015	Alarm systems-Intrusion and hold-up systems-Part 2-71：Intrusion detectors-Glass break detectors（acoustic）	报警系统　入侵和反劫系统　第2-71部分：入侵探测器　玻璃破碎探测器（有声）	2015-10-07
29	IEC 62642-2-72：2015	Alarm systems-Intrusion and hold-up systems-Part 2-72：Intrusion detectors-Glass break detectors（passive）	报警系统　入侵和反劫系统　第2-72部分：入侵探测器　玻璃破碎探测器（被动）	2015-10-07
30	IEC 62642-2-73：2015	Alarm systems-Intrusion and hold-up systems-Part 2-73：Intrusion detectors-Glass break detectors（active）	报警系统　入侵和反劫系统　第2-73部分：入侵探测器　玻璃破碎探测器（主动）	2015-10-07
31	IEC 62642-3：2010	Alarm systems-Intrusion and hold-up systems-Part 3：Control and indicating equipment	报警系统　入侵和反劫系统　第3部分：控制和指示设备	2010-10-05
32	IEC 62642-4：2010	Alarm systems-Intrusion and hold-up systems-Part 4：Warning devices	报警系统　入侵和反劫系统　第4部分：告警装置	2010-10-07
33	IEC 62642-5-3：2010	Alarm systems-Intrusion and hold-up systems-Part 5-3：Interconnections-Requirements for equipment using radio frequency techniques	报警系统　入侵和反劫系统　第5-3部分：使用无线射频技术的互联设备要求	2010-10-07
34	IEC 62642-6：2011	Alarm systems-Intrusion and hold-up systems-Part 6：Power supplies	报警系统　入侵和反劫系统　第6部分：电源	2011-02-10
35	IEC/TS 62642-7：2011	Alarm systems-Intrusion and hold-up systems-Part 7：Application guidelines	报警系统　入侵和反劫系统　第7部分：应用指南	2011-02-10
36	IEC 62642-8：2011	Alarm systems-Intrusion and hold-up sys-tems-Part 8：Security fog device/systems	报警系统　入侵和反劫系统　第8部分：安防喷雾设备/系统	2011-02-10
37	IEC 62676-1-1：2013	Video surveillance systems for use in se-curity applications-Part 1-1：System re-quirements-General	安防视频监控系统　第1-1部分：系统要求　通用要求	2013-10-28
38	IEC 62676-1-2：2013	Video surveillance systems for use in secu-rity applications-Part 1-2：General video transmission-performance requirements	安防视频监控系统　第1-2部分：通用视频传输　性能要求	2013-10-28
39	IEC 62676-2-1：2013	Video surveillance systems for use in se-curity applications - Part 2 - 1：Video trans - mission protocols-General requirements	安防视频监控系统　第2-1部分：视频传输协议　通用要求	2013-11-07

续表

序号	标准号	英文名称	中文名称	发布日期
40	IEC 62676-2-2：2013	Video surveillance systems for use in security applications-Part 2-2：Video transmission protocols-IP interoperability implementation based on HTTP and REST services	安防视频监控系统　第 2-2 部分：视频传输协议　基于 HTTP 和 REST 服务的 IP 互联互通实现方式	2013-11-07
41	IEC 62676-2-31：2019	Video surveillance systems for use in secu-rity applications-Part 2-31：Live stream-ing and control based on web services	安防视频监控系统　第 2-31 部分：基于 Web 服务的实时流和控制	2019-06-26
42	IEC 62676-2-32：2019	Video surveillance systems for use in se-curity applications - Part 2 - 32：Recording control and replay based on web services	安防视频监控系统　第 2-32 部分：基于 Web 服务的记录控制和重放	2019-06-26
43	IEC 62676-3：2013	Video surveillance systems for use in secu-rity applications-Part 3：Analog and digital video interfaces	安防视频监控系统　第 3 部分：模拟数字视频接口	2013-07-22
44	IEC 62676-4：2014	Video surveillance systems for use in se-curity applications-Part 4：Application guidelines	安防视频监控系统　第 4 部分：应用指南	2014-04-29
45	IEC 62676-5：2018	Video surveillance systems for use in se-curity applications-Part 5：Data specifi-cations and image quality performance for camera devices	安防视频监控系统　第 5 部分：摄像机数据规范和图像质量性能	2018-06-05
46	IEC 62820-1-1：2016	Building intercom systems-Part 1-1：System requirements-General	楼寓对讲系统　第 1-1 部分：系统通用要求	2016-09-22
47	IEC 62820-1-2：2017	Building intercom systems-Part 1-2：System requirements-Building intercom systems using the internet protocol（IP）	楼寓对讲系统　第 1-2 部分：系统要求　数字楼寓对讲系统（IP）	2017-07-26
48	IEC 62820-2：2017	Building intercom systems-Part 2：Re-quirements for advanced security building intercom systems（ASBIS）	楼寓对讲系统　第 2 部分：高安全楼寓对讲系统要求（ASBIS）	2017-09-15
49	IEC 62820-3-1：2017	Building intercom systems-Part 3-1：Ap-plication guidelines-General	楼寓对讲系统　第 3-1 部分：通用系统应用指南	2017-12-13
50	IEC 62820-3-2：2018	Building intercom systems-Part 3-2：Ap-plication guidelines - Advanced security building intercom systems（ASBIS）	楼寓对讲系统　第 3-2 部分：高安全楼寓对讲系统应用指南（ASBIS）	2018-02-06
51	IEC 62851-1：2014	Alarm and electronic security systems-Social alarm systems-Part 1：System re-quirements	报警与电子安防系统　社会报警系统　第 1 部分：系统要求	2014-04-10
52	IEC 62851-2：2014	Alarm and electronic security systems - So - cial alarm systems-Part 2：Trigger devices	报警与电子安防系统　社会报警系统　第 2 部分：触发设备	2014-04-10
53	IEC 62851-3：2014	Alarm and electronic security systems-Social alarm systems-Part 3：Local unit and controller	报警与电子安防系统　社会报警系统　第 3 部分：本地单元和控制器	2014-04-10
54	IEC 62851-5：2014	Alarm and electronic security systems - So - cial alarm systems - Part 5：Interconnection and communications	报警与电子安防系统　社会报警系统　第 5 部分：互联和通信	2014-04-10

附录五 安防产品认证业务范围和认证实施规则表

中国安全技术防范认证中心认证业务范围和实施规则表

一、安防产品认证业务范围

（一）开展的强制性认证的产品（CCC）目录

入侵探测器、防盗报警控制器。

（二）开展的行业自愿性认证的产品（GA）目录

防盗安全门、防盗锁、道路交通信号灯、呼出气体酒精含量探测仪、警用活体指/掌纹采集仪、警用DNA试剂、身份证识读机具、安防线缆及接插件、公共安全视频监控产品（摄像机、安全防范系统光端机、安全防范监控网络视音频编解码设备、安全防范视频监控矩阵设备、安全防范视频监控存储设备、公共安全视频监控安全管理平台）。

（三）开展的机构CSP自愿性认证的产品目录

汽车行驶记录仪、车身反光标识、汽车防盗报警系统、安防实体防护（柜箱）、重点区域视频监控产品、公共安全合格认证（电子防盗锁、入侵探测器、防盗报警控制器）、安全检查设备（X射线安全检查设备、邮件快件智能X射线安全检查设备）、安全数据存储器产品。

二、安防产品认证实施规则表

序号	认证类别		认证产品名称	认证实施规则
1	CCC	安全技术防范产品强制性认证	入侵探测器、防盗报警控制器	CNCA-C19-01《强制性产品认证实施规则　防盗报警产品》
2	GA	安全技术防范产品自愿性认证	公共安全视频监控产品	CSP-V01-006《社会公共安全产品自愿性认证实施规则　公共安全视频监控产品》
3	GA	安全技术防范产品自愿性认证	防盗安全门	CSP-V01-001《安全技术防范产品自愿性认证实施规则　防盗安全门产品》
4	GA	安全技术防范产品自愿性认证	防盗锁	CSP-V01-003《安全技术防范产品自愿性认证实施规则　防盗锁产品》
5	GA	道路交通安全产品自愿性认证	机动车测速仪	CSP-V02-001《道路交通安全产品自愿性认证实施规则　机动车测速仪产品》
6	GA	道路交通安全产品自愿性认证	呼出气体酒精含量探测器	CSP-V02-002《道路交通安全产品自愿性认证实施规则　呼出气体酒精含量探测器产品》
7	GA	道路交通安全产品自愿性认证	道路交通信号灯	CSP-V02-004《道路交通安全产品自愿性认证实施规则　道路交通信号灯产品》
8	GA	道路交通安全产品自愿性认证	车身反光标识产品	CSP-V02-005《道路交通安全产品自愿性认证实施规则　车身反光标识产品》

续表

序号	认证类别		认证产品名称	认证实施规则
9	GA	刑事技术产品自愿性认证	活体指纹/掌纹采集设备产品	CSP-V03-003《刑事技术产品自愿性认证实施规则 活体指纹/掌纹采集设备产品》
10	GA	法庭科学产品自愿性认证	DNA 检测试剂	CSP-V03-005《法庭科学产品自愿性认证实施规则 DNA 检测试剂产品》
11	GA	社会公共安全产品认证	身份证阅读机具产品	CSP-V05-001《社会公共安全产品认证实施规则 身份证阅读机具产品》
12	GA	安全技术防范产品自愿性认证	安防线缆及接插件产品	CSP-V06-001《安防线缆及接插件产品自愿性认证实施规则》
13	CSP	安全技术防范产品自愿性认证	安全检查设备-微剂量 X 射线安全检查设备	CSP-V07-001《安全技术防范产品自愿性认证实施规则 安全检查设备》
14	CSP	安全技术防范产品自愿性认证	邮件快件智能 X 射线安全检查设备	CSP-V07-002《邮政行业安全检查设备自愿性认证实施规则 邮件快件智能 X 射线安全检查设备》
15	CSP	社会公共安全产品	安全数据存储器产品	CSP-V08-001《社会公共安全产品自愿性认证实施规则 安全数据存储器产品》
16	CSP	社会公共安全服务	报警运营服务	CSP-S01-001《社会公共安全服务认证实施规则报警运营服务》
17	CSP	强制性产品	防盗报警产品	CSPXZ-C19-01《强制性产品认证实施细则 防盗报警产品》
18	CSP	安全技术防范产品自愿性认证	防盗保险柜（箱）	CSP-C19-02《安全技术防范产品自愿性认证实施规则 安防实体防护产品》
19	CSP	安全技术防范产品自愿性认证	汽车防盗报警系统产品	CSP-V01-005《安全技术防范产品自愿性认证实施规则 汽车防盗报警系统产品》
20	CSP	安全技术防范产品自愿性认证	公共安全重点区域视频图像信息采集设备产品	CSP-V01-007《安全技术防范产品自愿性认证实施规则 公共安全重点区域视频图像信息采集设备产品》
21	CSP	安全技术防范产品自愿性认证	公共安全产品	CSP-Q01-001《公共安全产品合格认证实施规则》
22	CSP	道路交通安全产品自愿性认证	汽车行驶记录仪	CSP-V02-003《道路交通安全产品自愿性认证实施规则 汽车行驶记录仪产品》
23	CSP	道路交通安全产品自愿性认证	车身反光标识	CSP-V02-005《道路交通安全产品自愿性认证实施规则 车身反光标识产品》

公安部第三研究所认证中心认证业务范围和实施规则表

一、安防产品认证业务范围

（一）开展的强制性认证的产品（CCC）目录

入侵探测器、防盗报警控制器、汽车行驶记录仪、车身反光标识。

（二）开展的行业自愿性认证的产品（GA）目录

防盗安全门、防盗锁、公共安全视频监控产品、公安 350 兆模拟无线通信设备、居民身份证阅读机具。

（三）开展的机构 TRIMPS 自愿性认证的产品目录

防盗保险柜（箱）、汽车防盗报警器、智能联网产品、汽车行驶记录仪、车身反光标识、工业控制系统专用防火墙、微剂量 X 射线安全检查设备。

二、安防产品认证实施规则表

序号	认证类别		认证产品名称	认证实施规则
1	CCC	安全技术防范产品强制性认证	入侵探测器、防盗报警控制器	CNCA-C19-01《强制性产品认证实施规则　防盗报警产品》
2	CCC	机动车辆及安全附件产品强制性认证	车身反光标识	CNCA-C11-13《强制性产品认证实施规则　车身反光标识》
3	CCC	机动车辆及安全附件产品强制性认证	汽车行驶记录仪	CNCA-C11-14《强制性产品认证实施规则　汽车行驶记录仪》
4	GA	安全技术防范产品自愿性认证	公共安全视频监控产品	TRIMPS-ZY06-001：2020《社会公共安全产品自愿性认证实施规则　公共安全视频监控产品》
5	GA	安全技术防范产品自愿性认证	防盗安全门	TRIMPS-ZY01-001：2020《社会公共安全产品自愿性认证实施规则　防盗安全门产品》
6	GA	安全技术防范产品自愿性认证	防盗锁	TRIMPS-ZY01-002：2020《社会公共安全产品自愿性认证实施规则　防盗锁产品》
7	GA	公安无线通信设备自愿性认证	公安 350 兆模拟无线通信设备	TRIMPS-ZY02-001：2020《公安无线通信设备自愿性认证实施规则　公安 350 兆模拟无线通信设备》
8	GA	社会公共安全产品认证	身份证阅读机具产品	TRIMPS-ZY03-001：2019《社会公共安全产品自愿性认证实施规则　身份证阅读机具产品》
9	TRIMPS	社会公共安全产品认证	防盗保险柜（箱）	TRIMPS-ZY01-003：2020《社会公共安全产品自愿性认证实施规则　防盗保险箱柜产品》
10	TRIMPS	社会公共安全产品认证	智能联网产品	TRIMPS-ZY04-001：2020《社会公共安全领域自愿性认证实施规则　智能联网产品（网络安全）》
11	TRIMPS	社会公共安全产品认证	汽车防盗报警系统产品	TRIMPS-ZY05-001：2020《社会公共安全产品自愿性认证实施规则　汽车防盗报警系统产品》
12	TRIMPS	社会公共安全产品认证	汽车行驶记录仪	TRIMPS-ZY05-002：2020《社会公共安全产品自愿性认证实施规则　汽车行驶记录仪》
13	TRIMPS	社会公共安全产品认证	车身反光标识	TRIMPS-ZY07-001：2020《社会公共安全产品自愿性认证实施规则　车身反光标识产品》
14	TRIMPS	社会公共安全产品认证	工业控制系统专用防火墙	TRIMPS-ZY04-002：2020《社会公共安全领域自愿性认证实施规则　工业控制系统专用防火墙》
15	TRIMPS	社会公共安全产品认证	微剂量 X 射线安全检查设备	TRIMPS-ZY08-001：2020《社会公共安全产品自愿性认证实施规则　微剂量 X 射线安全检查设备》

附录六 安防行业展会名录（2021年）

序号	展会名称	展会时间	展会地点
1	2021中国（武汉）社会公共安全产品展览会	2021年3月29—31日	武汉国际会展中心
2	2021（第20届）南京社会公共安全防范产品及技术展览会	2021年3月31日—4月1日	南京国际博览中心
3	2021吉林（长春）第十八届国际社会公共安全产品博览会	2021年4月8—10日	长春国际会展中心
4	2021第二十三届东北国际公共安全防范产品博览会	2021年4月22—24日	沈阳新世界博览馆
5	2021第二十一届湖南智慧安防产品与技术博览会	2021年4月15—17日	湖南国际会展中心
6	第二十届中国（济南）国际公共安全防范产品暨警用装备博览会	2021年5月7—9日	山东国际会展中心
7	2021第五届世界无人机大会	2021年5月21—23日	深圳会展中心
8	2021中国（西安）社会公共安全产品、人工智能、雪亮工程、智能交通、智慧城市暨5G技术应用博览会	2021年5月27—29日	西安国际会展中心
9	第三届东北亚（吉林）安全与应急产业博览会	2021年6月16—18日	长春国际会展中心
10	2021第21届中国成都国际社会公共安全产品与技术博览会	2021年6月17—19日	成都世纪城新国际会展中心
11	2021中国（南昌）智能家居产业博览会	2021年6月18—20日	南昌绿地国际博览中心
12	2021第二十届华北社会公共安全产品博览会	2021年6月25—27日	石家庄国际会展中心
13	2021政法智能化建设技术装备及成果展	2021年7月27—28日	北京国家会议中心
14	2021世界安防博览会	2021年7月29—31日	广州琶洲·广交会展馆A区
15	2021第十八届中国国际社会公共安全博览会	2021年12月26—29日	深圳会展中心

附录七　获得中国安全防范产品行业协会安防工程企业设计施工维护能力评价一级证书企业名录

（2021 年 12 月 31 日）

一、北京（共 302 家）

序号	公司名称	证书编号	获证时间
1	北京华宇信息技术有限公司	ZAX-NP01201611010002-01	2016-7-28
2	北京易华录信息技术股份有限公司	ZAX-NP01201611010001-01	2016-7-28
3	北京欣智恒科技股份有限公司	ZAX-NP01201611010004-01	2016-7-28
4	中国电子系统技术有限公司	ZAX-NP01201611010003-01	2016-7-28
5	北京浩普诚华科技有限公司	ZAX-NP01201611010005-01	2016-8-15
6	北京希安科电子系统工程有限责任公司	ZAX-NP01201611010015-01	2016-8-25
7	北京佳讯飞鸿电气股份有限公司	ZAX-NP01201611010008-01	2016-8-25
8	北京市警视达机电设备研究所有限公司	ZAX-NP01201611010010-01	2016-8-25
9	千方捷通科技股份有限公司	ZAX-NP01201611010011-01	2016-8-25
10	北京实创上地科技有限公司	ZAX-NP01201611010016-01	2016-8-25
11	中国通广电子有限公司	ZAX-NP01201611010012-01	2016-8-25
12	北京富林思博石油科技有限责任公司	ZAX-NP01201611010023-01	2016-8-31
13	华迪计算机集团有限公司	ZAX-NP01201611010026-01	2016-8-31
14	北京世纪瑞尔技术股份有限公司	ZAX-NP01201611010018-01	2016-8-31
15	北京市振隆科技股份有限公司	ZAX-NP01201611010017-01	2016-8-31
16	北京明星信达电子技术有限公司	ZAX-NP01201611010021-01	2016-8-31
17	北京华科鸿泰智能系统工程有限责任公司	ZAX-NP01201611010025-01	2016-8-31
18	富盛科技股份有限公司	ZAX-NP01201611010020-01	2016-8-31
19	北京联视神盾安防技术有限公司	ZAX-NP01201611010019-01	2016-8-31
20	北京长城电子工程技术有限公司	ZAX-NP01201611010031-01	2016-9-14
21	北京航天长峰科技工业集团有限公司	ZAX-NP01201611010032-01	2016-9-14
22	北京益泰电子集团有限责任公司	ZAX-NP01201611010037-01	2016-9-14
23	通号通信信息集团有限公司	ZAX-NP01201611010029-01	2016-9-14
24	北京众诚天合科技有限公司	ZAX-NP01201611010033-01	2016-9-14
25	北京中盾安全科技集团有限公司	ZAX-NP01201611010034-01	2016-9-14

续表

序号	公司名称	证书编号	获证时间
26	北京蓝色星际科技股份有限公司	ZAX-NP01201611010040-01	2016-9-14
27	北京公大永泰工程技术有限公司	ZAX-NP01201611010028-01	2016-9-14
28	北京公科飞达交通工程发展有限公司	ZAX-NP01201611010036-01	2016-9-14
29	北京数字智通科技有限公司	ZAX-NP01201611010043-01	2016-9-26
30	方正国际软件（北京）有限公司	ZAX-NP01201611010053-01	2016-9-26
31	同方股份有限公司	ZAX-NP01201611010047-01	2016-9-26
32	博康智能信息技术有限公司	ZAX-NP01201611010052-01	2016-9-26
33	北京通建泰利特智能系统工程技术有限公司	ZAX-NP01201611010049-01	2016-9-26
34	北京舜天龙兴信息技术有限公司	ZAX-NP01201611010050-01	2016-9-26
35	北京北电科林电子有限公司	ZAX-NP01201611010044-01	2016-9-26
36	北京神州同正科技有限公司	ZAX-NP01201611010056-01	2016-10-12
37	北京欣卓越技术开发有限责任公司	ZAX-NP01201611010069-01	2016-10-12
38	同方威视技术股份有限公司	ZAX-NP01201611010057-01	2016-10-12
39	龙浩通信公司	ZAX-NP01201611010062-01	2016-10-12
40	北京东方新一科技开发有限公司	ZAX-NP01201611010063-01	2016-10-12
41	北京国安信息科技有限公司	ZAX-NP01201611010064-01	2016-10-12
42	北京中电兴发科技有限公司	ZAX-NP01201611010059-01	2016-10-12
43	北京博维仕科技股份有限公司	ZAX-NP01201611010070-01	2016-10-12
44	北京韦驮安全工程有限责任公司	ZAX-NP01201611010060-01	2016-10-12
45	北京中盛国华工程技术有限公司	ZAX-NP01201611010067-01	2016-10-12
46	帜扬信通科技股份有限公司	ZAX-NP01201611010073-01	2016-10-19
47	太极计算机股份有限公司	ZAX-NP01201611010076-01	2016-10-19
48	北京真视通科技股份有限公司	ZAX-NP01201611010077-01	2016-10-19
49	北京金尼斯电子技术有限责任公司	ZAX-NP01201611010078-01	2016-10-19
50	北京方法科技发展有限公司	ZAX-NP01201611010080-01	2016-10-19
51	北京众和汇智科技有限公司	ZAX-NP01201611010081-01	2016-10-19
52	北京中消长城消防安全工程有限公司	ZAX-NP01201611010083-01	2016-10-19
53	捷通智慧科技股份有限公司	ZAX-NP01201611010084-01	2016-10-19
54	北京时代凌宇科技股份有限公司	ZAX-NP01201611010085-01	2016-10-19
55	北京竞业达数码科技股份有限公司	ZAX-NP01201611010087-01	2016-10-19
56	北京北大青鸟安全系统工程技术有限公司	ZAX-NP01201611010071-01	2016-10-19
57	北京伟通讯联科技股份有限公司	ZAX-NP01201611010075-01	2016-10-19

续表

序号	公司名称	证书编号	获证时间
58	北京凯凯通达科贸发展有限公司	ZAX-NP01201611010091-01	2016-10-21
59	北京数字政通科技股份有限公司	ZAX-NP01201611010089-01	2016-10-21
60	北京顺天裕技术有限公司	ZAX-NP01201611010093-01	2016-10-21
61	北京博雅英杰科技股份有限公司	ZAX-NP01201611010096-01	2016-11-1
62	北京海利丰技贸有限责任公司	ZAX-NP01201611010094-01	2016-11-1
63	北京航天康明电子技术开发有限公司	ZAX-NP01201611010097-01	2016-11-16
64	北京鼎安科技发展有限公司	ZAX-NP01201611010108-01	2016-11-16
65	北京思维实创科技有限公司	ZAX-NP01201611010106-01	2016-11-16
66	北京天川科技发展有限公司	ZAX-NP01201611010101-01	2016-11-16
67	北京国安电气有限责任公司	ZAX-NP01201611010107-01	2016-11-16
68	北京益泰牡丹电子工程有限责任公司	ZAX-NP01201611010115-01	2016-11-16
69	首都信息发展股份有限公司	ZAX-NP01201611010114-01	2016-11-16
70	北京市电信工程局有限公司	ZAX-NP01201611010100-01	2016-11-16
71	北京宏扬迅腾科技发展有限公司	ZAX-NP01201611010102-01	2016-11-16
72	北京市太极华青信息系统有限公司	ZAX-NP01201611010111-01	2016-11-16
73	北京华成时代科技有限公司	ZAX-NP01201611010105-01	2016-11-16
74	航天四创科技有限责任公司	ZAX-NP01201611010098-01	2016-11-16
75	天地阳光通信科技（北京）有限公司	ZAX-NP01201611010103-01	2016-11-16
76	北京世纪先锋科技有限公司	ZAX-NP01201611010117-01	2016-11-16
77	北京鑫台华科技有限公司	ZAX-NP01201611010099-01	2016-11-16
78	华安天网（北京）信息技术有限公司	ZAX-NP01201611010109-01	2016-11-16
79	北京殷图网联科技股份有限公司	ZAX-NP01201611010128-01	2016-11-24
80	北京东华合创科技有限公司	ZAX-NP01201611010125-01	2016-11-24
81	北京华夏电通科技股份有限公司	ZAX-NP01201611010120-01	2016-11-24
82	北京云星宇交通科技股份有限公司	ZAX-NP01201611010126-01	2016-11-24
83	北京中航弱电系统工程有限公司	ZAX-NP01201611010127-01	2016-11-24
84	北京飞利信电子技术有限公司	ZAX-NP01201611010119-01	2016-11-24
85	北京天海航天电子科技有限公司	ZAX-NP01201611010123-01	2016-11-24
86	北京海联捷讯科技股份有限公司	ZAX-NP01201611010124-01	2016-11-24
87	北京中电瑞达电子技术有限公司	ZAX-NP01201611010118-01	2016-11-24
88	金名正元（北京）科技有限公司	ZAX-NP01201611010130-01	2016-11-30
89	北京奥特维科技有限公司	ZAX-NP01201611010132-01	2016-11-30

续表

序号	公司名称	证书编号	获证时间
90	北京图景佳科技有限公司	ZAX-NP01201611010131-01	2016-11-30
91	北京住总建设安装工程有限责任公司	ZAX-NP01201611010135-01	2016-11-30
92	北京中强创业科技集团有限公司	ZAX-NP01201611010142-01	2016-11-30
93	北京亚洲卫星通信技术有限公司	ZAX-NP01201611010133-01	2016-11-30
94	中国自控系统工程有限公司	ZAX-NP01201611010136-01	2016-11-30
95	紫光软件系统有限公司	ZAX-NP01201611010146-01	2016-12-6
96	联通数字科技有限公司	ZAX-NP01201611010144-01	2016-12-6
97	北京铭尚天乐科技发展有限公司	ZAX-NP01201611010145-01	2016-12-6
98	北京玛斯特系统工程有限公司	ZAX-NP01201611010147-01	2016-12-16
99	北京神讯信息科技有限公司	ZAX-NP01201611010149-01	2016-12-16
100	北京航天易联科技发展有限公司	ZAX-NP01201611010151-01	2016-12-16
101	北京声迅电子股份有限公司	ZAX-NP01201611010162-01	2016-12-27
102	北京泰豪智能工程有限公司	ZAX-NP01201611010160-01	2016-12-27
103	北京华科建筑智能系统工程有限公司	ZAX-NP01201611010158-01	2016-12-27
104	北京金山顶尖科技股份有限公司	ZAX-NP01201611010157-01	2016-12-27
105	北京天奥银科科技发展有限公司	ZAX-NP01201611010156-01	2016-12-27
106	北京瑞拓电子技术发展有限公司	ZAX-NP01201611010165-01	2016-12-30
107	中国电信集团系统集成有限责任公司	ZAX-NP01201611010166-01	2016-12-30
108	中华通信系统有限责任公司	ZAX-NP01201611010168-01	2016-12-30
109	北京驷骑中天网络工程技术有限公司	ZAX-NP01201611010170-01	2016-12-30
110	北京国通创安报警网络技术有限公司	ZAX-NP01201611010164-01	2016-12-30
111	煤炭科学技术研究院有限公司	ZAX-NP01201611010169-01	2016-12-30
112	北京民安达安防技术有限责任公司	ZAX-NP01201611010163-01	2016-12-30
113	北京明望杰安智能系统工程有限公司	ZAX-NP01201611010167-01	2016-12-30
114	巨龙在线（北京）科技发展有限公司	ZAX-NP01201711010174-01	2017-1-4
115	北京世纪东方智汇科技股份有限公司	ZAX-NP01201711010180-01	2017-1-4
116	中核弘盛智能科技有限公司	ZAX-NP01201711010175-01	2017-1-4
117	北京创辉源科技发展有限公司	ZAX-NP01201711010176-01	2017-1-16
118	北京中科盈联科技有限公司	ZAX-NP01201711010189-01	2017-1-16
119	北京旭亚威科技发展有限公司	ZAX-NP01201711010184-01	2017-1-16
120	北京大唐高鸿数据网络技术有限公司	ZAX-NP01201711010183-01	2017-1-16
121	北京神州新桥科技有限公司	ZAX-NP01201711010178-01	2017-1-16

续表

序号	公司名称	证书编号	获证时间
122	北京天宇三鼎科技发展有限公司	ZAX-NP01201711010187-01	2017-1-16
123	北京华鼎新铭智能科技发展有限公司	ZAX-NP01201711010185-01	2017-1-16
124	北京国势通科技有限公司	ZAX-NP01201711010188-01	2017-1-16
125	北京北大千方科技有限公司	ZAX-NP01201711010195-01	2017-1-24
126	北京精英智通科技股份有限公司	ZAX-NP01201711010190-01	2017-1-24
127	北京外通电子技术有限公司	ZAX-NP01201711010197-01	2017-1-24
128	北京博雄电子工程有限公司	ZAX-NP01201711010205-01	2017-2-8
129	北京集宝保安系统工程有限公司	ZAX-NP01201711010210-01	2017-2-17
130	北京中科软科技有限公司	ZAX-NP01201711010211-01	2017-2-17
131	易慧创新（北京）智能科技有限公司	ZAX-NP01201711010208-01	2017-2-17
132	北京长信泰康通信技术有限公司	ZAX-NP01201711010215-01	2017-3-1
133	北京信达泰利科技有限公司	ZAX-NP01201711010224-01	2017-3-1
134	北京科海致能科技有限公司	ZAX-NP01201711010216-01	2017-3-1
135	北京市亚太安设备安装有限责任公司	ZAX-NP01201711010217-01	2017-3-1
136	北京时代恒安技术服务有限责任公司	ZAX-NP01201711010213-01	2017-3-1
137	北京忠业兴达科技有限公司	ZAX-NP01201711010227-01	2017-3-13
138	北京卓达视通科技有限公司	ZAX-NP01201711010225-01	2017-3-13
139	北京正地科技有限公司	ZAX-NP01201711010226-01	2017-3-13
140	北京杰讯系统集成有限公司	ZAX-NP01201711010231-01	2017-3-13
141	北京海湾威尔电子工程有限公司	ZAX-NP01201711010236-01	2017-4-1
142	北京安利杰安全防范科技有限公司	ZAX-NP01201711010241-01	2017-4-1
143	兴唐通信科技有限公司	ZAX-NP01201711010238-01	2017-4-1
144	北京京天威科技发展有限公司	ZAX-NP01201711010240-01	2017-4-1
145	保全世纪（北京）保安服务有限公司	ZAX-NP01201711010233-01	2017-4-1
146	北京艾颖利德科技发展有限公司	ZAX-NP01201711010252-01	2017-4-17
147	北京四方继保自动化股份有限公司	ZAX-NP01201711010243-01	2017-4-17
148	北京东青互联科技有限公司	ZAX-NP01201711010244-01	2017-4-17
149	北京科计通电子工程有限公司	ZAX-NP01201711010248-01	2017-4-28
150	北京宏大京电电子技术有限公司	ZAX-NP01201711010253-01	2017-4-28
151	北京安盾兰达科技有限公司	ZAX-NP01201711010258-01	2017-4-28
152	中智建设技术工程有限责任公司	ZAX-NP01201711010250-01	2017-4-28
153	北京国德建设有限公司	ZAX-NP01201711010249-01	2017-4-28

续表

序号	公司名称	证书编号	获证时间
154	北京市保安服务总公司	ZAX-NP01201711010256-01	2017-4-28
155	北京华星恒业电气设备有限公司	ZAX-NP01201711010262-01	2017-5-15
156	石化盈科信息技术有限责任公司	ZAX-NP01201711010265-01	2017-5-15
157	北京鼎顺通信工程有限公司	ZAX-NP01201711010260-01	2017-5-15
158	北京天河地塬安防技术服务有限公司	ZAX-NP01201711010261-01	2017-5-15
159	同辉佳视（北京）信息技术股份有限公司	ZAX-NP01201711010263-01	2017-5-15
160	北京万事利达建设发展有限公司	ZAX-NP01201711010271-01	2017-5-26
161	北京赛尔汇力安全科技有限公司	ZAX-NP01201711010269-01	2017-5-26
162	中国普天信息产业股份有限公司	ZAX-NP01201711010268-01	2017-5-26
163	北京同天科技有限公司	ZAX-NP01201711010274-01	2017-5-26
164	北京城建安装集团有限公司	ZAX-NP01201711010273-01	2017-5-26
165	北京瑞祺皓迪技术股份有限公司	ZAX-NP01201711010266-01	2017-5-26
166	华宇空港（北京）科技有限公司	ZAX-NP01201711010275-01	2017-6-1
167	北京瑞华赢科技发展股份有限公司	ZAX-NP01201711010276-01	2017-6-1
168	北京华之峰智能技术有限公司	ZAX-NP01201711010278-01	2017-6-1
169	铭基电子技术（北京）有限公司	ZAX-NP01201711010282-01	2017-6-19
170	北京万家安全系统有限公司	ZAX-NP01201711010283-01	2017-6-19
171	北京华恒通科技有限责任公司	ZAX-NP01201711010281-01	2017-6-19
172	国泰瑞安股份有限公司	ZAX-NP01201711010285-01	2017-6-19
173	北京万通兴业科技发展有限公司	ZAX-NP01201711010290-01	2017-7-13
174	北京盈想东方科技股份有限公司	ZAX-NP01201711010292-01	2017-7-13
175	北京市光环电信股份有限公司	ZAX-NP01201711010295-01	2017-7-28
176	北京华道兴科技有限公司	ZAX-NP01201711010297-01	2017-7-28
177	北京友邦佳通电子科技有限公司	ZAX-NP01201711010299-01	2017-8-4
178	北京兴华保安服务有限公司	ZAX-NP01201711010298-01	2017-8-4
179	中航机场设备有限公司	ZAX-NP01201711010303-01	2017-8-15
180	北京阳光金力科技发展有限公司	ZAX-NP01201711010307-01	2017-8-15
181	北京航天泰坦科技股份有限公司	ZAX-NP01201711010301-01	2017-8-15
182	北京锐易科技有限公司	ZAX-NP01201711010305-01	2017-8-15
183	北京康特尔联合信息技术有限公司	ZAX-NP01201711010312-01	2017-9-6
184	中国通信建设集团有限公司	ZAX-NP01201711010313-01	2017-9-6
185	航天科工智慧产业发展有限公司	ZAX-NP01201711010314-01	2017-9-6

续表

序号	公司名称	证书编号	获证时间
186	北京合众思壮时空物联科技有限公司	ZAX-NP01201711010315-01	2017-9-6
187	北京永安商业有限公司	ZAX-NP01201711010317-01	2017-9-18
188	北京中电中天电子工程有限公司	ZAX-NP01201711010316-01	2017-9-18
189	北京嘉铭创新科技有限公司	ZAX-NP01201711010318-01	2017-9-18
190	普天和平科技有限公司	ZAX-NP01201711010322-01	2017-9-29
191	北京世纪实拓科技有限公司	ZAX-NP01201711010319-01	2017-9-29
192	通号工程局集团信息技术有限公司	ZAX-NP01201711010320-01	2017-9-29
193	北京辰安科技股份有限公司	ZAX-NP01201711010323-01	2017-10-16
194	北京嘉瑞设备安装有限责任公司	ZAX-NP01201711010324-01	2017-10-26
195	北京坚盾保安服务有限公司	ZAX-NP01201711010330-01	2017-11-15
196	中通建设股份有限公司	ZAX-NP01201711010326-01	2017-11-15
197	北京江森自控有限公司	ZAX-NP01201711010331-01	2017-11-15
198	北京泰益丰技贸有限责任公司	ZAX-NP01201711010327-01	2017-11-15
199	北京神州泰岳软件股份有限公司	ZAX-NP01201711010329-01	2017-11-15
200	北京世安立天科技发展有限公司	ZAX-NP01201711010335-01	2017-12-1
201	优士创新商业集团有限公司	ZAX-NP01201711010333-01	2017-12-1
202	北京首钢自动化信息技术有限公司	ZAX-NP01201711010334-01	2017-12-1
203	北京京盾西科姆电子安全有限公司	ZAX-NP01201711010338-01	2017-12-1
204	北京德弘诚科技有限公司	ZAX-NP01201711010346-01	2017-12-15
205	航天信息股份有限公司	ZAX-NP01201711010345-01	2017-12-15
206	普天通信有限责任公司	ZAX-NP01201711010344-01	2017-12-15
207	三星信息技术服务（北京）有限公司	ZAX-NP01201711010343-01	2017-12-15
208	北京赛迪时代信息产业股份有限公司	ZAX-NP01201811010350-01	2018-1-2
209	北京中电万联科技股份有限公司	ZAX-NP01201811010349-01	2018-1-2
210	神州数码系统集成服务有限公司	ZAX-NP01201811010348-01	2018-1-2
211	北京银泰永辉智能科技有限公司	ZAX-NP01201811010356-01	2018-1-15
212	金交恒通有限公司	ZAX-NP01201811010351-01	2018-1-15
213	北京沃得沃机电安装有限公司	ZAX-NP01201811010362-01	2018-2-1
214	北京中科晟宇科技有限公司	ZAX-NP01201811010361-01	2018-2-1
215	北京安警技术工程有限公司	ZAX-NP01201811010369-01	2018-2-12
216	中安保实业集团有限公司	ZAX-NP01201811010368-01	2018-2-12
217	北京丰韵日泰科技有限公司	ZAX-NP01201811010367-01	2018-2-12

续表

序号	公司名称	证书编号	获证时间
218	北京市设备安装工程集团有限公司	ZAX-NP01201811010371-01	2018-3-1
219	北京斯迪克信息技术有限公司	ZAX-NP01201811010377-01	2018-3-1
220	北京东方国信科技股份有限公司	ZAX-NP01201811010378-01	2018-3-1
221	中天众达智慧城市科技有限公司	ZAX-NP01201811010379-01	2018-3-16
222	软通动力信息技术（集团）股份有限公司	ZAX-NP01201811010386-01	2018-4-16
223	北京现代开元科贸有限公司	ZAX-NP01201811010389-01	2018-5-15
224	金祺创（北京）技术有限公司	ZAX-NP01201811010393-01	2018-7-3
225	北京佰能智诚技术有限公司	ZAX-NP01201811010395-01	2018-7-16
226	中软信息系统工程有限公司	ZAX-NP01201811010402-01	2018-9-3
227	北京中盾安民分析技术有限公司	ZAX-NP01201811010406-01	2018-9-3
228	北京国信桥通信工程有限公司	ZAX-NP01201811010410-01	2018-9-30
229	北京华南设备安装公司	ZAX-NP01201811010409-01	2018-9-30
230	汇智华通信息技术（北京）有限公司	ZAX-NP01201811010416-01	2018-11-1
231	北京同聚达科技有限公司	ZAX-NP01201811010415-01	2018-11-1
232	中科汉鼎（北京）大数据科技有限公司	ZAX-NP01201811010417-01	2018-11-1
233	北京中科金财科技股份有限公司	ZAX-NP01201811010418-01	2018-11-15
234	奇点新源国际技术开发（北京）有限公司	ZAX-NP01201811010421-01	2018-11-30
235	中铁电气化局集团有限公司	ZAX-NP01201811010424-01	2018-12-28
236	北京中加集成智能系统工程有限公司	ZAX-NP01201911010429-01	2019-1-15
237	北京银信电子技术有限责任公司	ZAX-NP01201911010427-01	2019-1-15
238	北京昊普康科技股份有限公司	ZAX-NP01201911010430-01	2019-2-1
239	北京安讯宝建设工程有限公司	ZAX-NP01201911010431-01	2019-2-1
240	北京精英路通科技有限公司	ZAX-NP01201911010432-01	2019-2-15
241	北京万寿伟业技术发展有限公司	ZAX-NP01201911010437	2019-4-1
242	北京市速连科通信设备有限责任公司	ZAX-NP01201911010438-01	2019-4-1
243	北京禄特艾迪系统集成技术有限公司	ZAX-NP01201911010440	2019-4-15
244	正元地理信息集团股份有限公司	ZAX-NP01201911010441	2019-4-15
245	北京易华录国际技术有限公司	ZAX-NP01201911010445	2019-4-30
246	北京成国邦建设投资发展有限公司	ZAX-NP01201911010444	2019-4-30
247	荣联科技集团股份有限公司	ZAX-NP01201911010443	2019-4-30
248	中电系统建设工程有限公司	ZAX-NP01201911010448	2019-5-15
249	北京市鑫德安安全防范系统集成有限公司	ZAX-NP01201911010446	2019-5-15

续表

序号	公司名称	证书编号	获证时间
250	北京中科泰信科技有限公司	ZAX-NP01201911010447	2019-5-15
251	北京创达嘉业科技有限公司	ZAX-NP01201911010451	2019-6-17
252	中国建筑技术集团有限公司	ZAX-NP01201911010453	2019-7-1
253	北京航英科技有限公司	ZAX-NP01201911010454	2019-7-1
254	北京乐天兴业科技发展有限公司	ZAX-NP01201911010456	2019-7-15
255	中鼎安泰（北京）保安服务有限公司	ZAX-NP01201911010455	2019-7-15
256	北京慧图科技（集团）股份有限公司	ZAX-NP01201911010458	2019-8-15
257	北京启润智控科技发展有限公司	ZAX-NP01201911010460	2019-8-30
258	中移建设有限公司	ZAX-NP01201911010461	2019-11-1
259	北京知信致力电子工程有限责任公司	ZAX-NP01201911010462	2019-11-1
260	北京华埠特克科技发展有限公司	ZAX-NP01201911010463	2019-11-15
261	北京航天星桥科技股份有限公司	ZAX-NP01201911010465	2019-11-29
262	北京富恒建设工程有限公司	ZAX-NP01201911010466	2019-11-29
263	北京荣德行安全技术有限公司	ZAX-NP01201911010467	2019-11-29
264	北京品恩科技股份有限公司	ZAX-NP01201911010468	2019-12-16
265	北京智敏科技发展有限公司	ZAX-NP01201911010469	2019-12-16
266	易华录集成科技有限责任公司	ZAX-NP01201911010470	2019-12-30
267	昆仑数智科技有限责任公司	ZAX-NP01201911010471	2019-12-30
268	中安网脉（北京）技术股份有限公司	ZAX-NP01201911010472	2019-12-30
269	北京博大网信科技发展有限公司	ZAX-NP01202011010476	2020-1-15
270	宝狮视讯科技集团有限公司	ZAX-NP01202011010473	2020-1-15
271	北京开元浩海科技发展有限公司	ZAX-NP01202011010477	2020-1-15
272	北京鸿天伟业安全技术有限公司	ZAX-NP01202011010482	2020-3-16
273	北京国信晟通科技发展有限公司	ZAX-NP01202011010483	2020-4-1
274	北京中实兴业电子工程有限公司	ZAX-NP01202011010484	2020-4-1
275	北京希嘉万维科技有限公司	ZAX-NP01202011010485	2020-4-30
276	北京中电拓方科技股份有限公司	ZAX-NP01202011010486	2020-4-30
277	北京元泰恒昌科技有限公司	ZAX-NP01202011010487	2020-5-15
278	北京首邮实业有限公司	ZAX-NP01202011010489	2020-5-29
279	北京红燃阳建设工程有限公司	ZAX-NP01202011010488	2020-5-29
280	北京大恒软件技术有限公司	ZAX-NP01202011010490	2020-6-15
281	北京中科博时科技有限公司	ZAX-NP01202011010493	2020-6-30

续表

序号	公司名称	证书编号	获证时间
282	中科世安技术有限公司	ZAX-NP01202011010494	2020-7-16
283	北京圣世博泰科技股份有限公司	ZAX-NP01202011010495	2020-7-16
284	北京迈科电子系统工程有限公司	ZAX-NP01202011010496	2020-7-30
285	北京中科创新园高新技术有限公司	ZAX-NP01202011010497	2020-7-30
286	北京时代飞扬科技有限公司	ZAX-NP01202011010498	2020-8-17
287	北京易博讯科技有限公司	ZAX-NP01202011010499	2020-8-17
288	北京华新宏信科技有限公司	ZAX-NP01202011010500	2020-9-1
289	北京艾瑞信系统工程技术有限责任公司	ZAX-NP01202011010501	2020-9-16
290	北京冠宇信息科技股份有限公司	ZAX-NP01202011010502	2020-9-16
291	中咨泰克交通工程集团有限公司	ZAX-NP01202011010505	2020-9-28
292	北京腾蓝智能科技有限公司	ZAX-NP01202011010504	2020-9-28
293	北京网之线科技有限公司	ZAX-NP01202011010507	2020-10-15
294	北京智联弘盛科技发展有限公司	ZAX-NP01202011010506	2020-10-15
295	北京英泰智科技股份有限公司	ZAX-NP01202011010510	2020-10-30
296	北京双安天龙科技有限公司	ZAX-NP01202011010509	2020-10-30
297	北京电信规划设计院有限公司	ZAX-NP01202011010511	2020-11-16
298	北京明创开元信息技术有限公司	ZAX-NP01202011010514	2020-12-30
299	北京华澳再创通信工程有限公司	ZAX-NP01202011010517	2020-12-30
300	中北国泰建设集团有限公司	ZAX-NP01202011010515	2020-12-30
301	立安智通（北京）科技有限公司	ZAX-NP01202011010512	2020-12-30
302	中联兴安泰（北京）工程技术有限公司	ZAX-NP01202011010516	2020-12-30

二、天津（共 26 家）

序号	公司名称	证书编号	获证时间
1	中发建筑技术集团有限公司	ZAX-NP01201612000002-01	2016-9-14
2	天地伟业技术有限公司	ZAX-NP01201612000001-01	2016-9-14
3	天津凯发电气股份有限公司	ZAX-NP01201612000005-01	2016-9-26
4	天津市宾士电子科技有限公司	ZAX-NP01201612000006-01	2016-9-26
5	中星电子股份有限公司	ZAX-NP01201612000004-01	2016-9-26
6	天津市天房科技发展股份有限公司	ZAX-NP01201612000003-01	2016-9-26
7	天津鹏安数迅科技有限公司	ZAX-NP01201612000007-01	2016-10-12
8	软通智慧信息技术有限公司	ZAX-NP01201612000009-01	2016-12-16

续表

序号	公司名称	证书编号	获证时间
9	天津安装工程有限公司	ZAX-NP01201712000010-01	2017-1-4
10	天津荣尧智慧科技股份有限公司	ZAX-NP01201712000011-01	2017-1-16
11	天津普泰国信科技有限公司	ZAX-NP01201712000013-01	2017-2-8
12	天津市中环系统工程有限责任公司	ZAX-NP01201712000016-01	2017-4-1
13	鑫泰智慧（天津）科技有限公司	ZAX-NP01201712000014-01	2017-4-1
14	天津光电高斯通信工程技术股份有限公司	ZAX-NP01201712000017-01	2017-5-15
15	天津市建邦安防系统工程有限公司	ZAX-NP01201712000018-01	2017-5-15
16	天津市明科远景科技发展有限公司	ZAX-NP01201712000019-01	2017-5-26
17	天津市创安电子有限公司	ZAX-NP01201712000021-01	2017-6-29
18	天津市万德电子有限公司	ZAX-NP01201712000022-01	2017-7-28
19	天津市冠林智能系统集成有限公司	ZAX-NP01201712000023-01	2017-8-15
20	天津天网视通科技有限公司	ZAX-NP01201712000024-01	2017-10-16
21	天津天地伟业信息系统集成有限公司	ZAX-NP01201812000028-01	2018-5-31
22	霍尼韦尔（天津）有限公司	ZAX-NP01201812000029-01	2018-12-17
23	天津卓朗科技发展有限公司	ZAX-NP01201912000031	2019-7-15
24	天津蓝点科技发展有限公司	ZAX-NP01201912000032	2019-7-31
25	天津开发区恒通科技发展有限公司	ZAX-NP01201912000033	2019-9-16
26	天津天地伟业科技有限公司	ZAX-NP01202012000036	2020-6-15

三、河北（共5家）

序号	公司名称	证书编号	获证时间
1	河北荣视电子技术有限责任公司	ZAX-NP01201713000001-01	2017-5-4
2	河北华友文化遗产保护股份有限公司	ZAX-NP01201713000003-01	2017-7-28
3	河北安防报警网络有限公司	ZAX-NP01201813000004-01	2018-2-12
4	卓信通信股份有限公司	ZAX-NP01201913000005	2019-8-30
5	中移系统集成有限公司	ZAX-NP01201913000006	2019-11-1

四、山西（共1家）

序号	公司名称	证书编号	获证时间
1	山西紫光物联智能系统有限公司	ZAX-NP01201914010001	2019-11-1

五、辽宁（共 2 家）

序号	公司名称	证书编号	获证时间
1	耀程通信建设有限公司	ZAX-NP01201821000003-01	2018-6-15
2	葫芦岛奥维科技有限责任公司	ZAX-NP01202021000004	2020-1-15

六、吉林（共 1 家）

序号	公司名称	证书编号	获证时间
1	吉林省吉航智控通讯技术有限公司	ZAX-NP01202022000001	2020-5-29

七、黑龙江（共 2 家）

序号	公司名称	证书编号	获证时间
1	哈尔滨凌海高新技术应用有限公司	ZAX-NP01201723000001-01	2017-7-13
2	黑龙江禾川电子工程有限公司	ZAX-NP01201723000002-01	2017-7-28

八、上海（共 31 家）

序号	公司名称	证书编号	获证时间
1	中远海运科技股份有限公司	ZAX-NP01201631000002-01	2016-7-28
2	上海恒锐智能工程股份有限公司	ZAX-NP01201631000003-01	2016-7-28
3	华平信息技术股份有限公司	ZAX-NP01201631000001-01	2016-7-28
4	上海波汇科技有限公司	ZAX-NP01201631000004-01	2016-8-15
5	浩德科技股份有限公司	ZAX-NP01201631000005-01	2016-8-15
6	上海天跃科技股份有限公司	ZAX-NP01201631000008-01	2016-8-25
7	上海众慧科技实业有限公司	ZAX-NP01201631000007-01	2016-8-25
8	上海昕龙时安防科技有限公司	ZAX-NP01201631000006-01	2016-8-25
9	中国铁路通信信号上海工程局集团有限公司	ZAX-NP01201631000010-01	2016-9-26
10	上海邮电设计咨询研究院有限公司	ZAX-NP01201631000014-01	2016-11-1
11	上海夫雄智能科技有限公司	ZAX-NP01201631000012-01	2016-11-1
12	上海电气自动化设计研究所有限公司	ZAX-NP01201631000013-01	2016-11-1
13	樊商科技股份有限公司	ZAX-NP01201631000015-01	2016-12-16
14	上海电科智能系统股份有限公司	ZAX-NP01201631000016-01	2016-12-16
15	上海熙菱信息技术有限公司	ZAX-NP01201731000017-01	2017-1-16
16	上海云思智慧信息技术有限公司	ZAX-NP01201731000019-01	2017-4-28

续表

序号	公司名称	证书编号	获证时间
17	猎熊座安全技术（上海）有限公司	ZAX-NP01201731000020-01	2017-5-26
18	上海威豪医疗科技有限公司	ZAX-NP01201731000021-01	2017-6-29
19	安达泰保安服务有限公司	ZAX-NP01201731000022-01	2017-12-1
20	上海鑫融网络科技股份有限公司	ZAX-NP01201831000023-01	2018-2-12
21	上海仪电楼宇科技有限公司	ZAX-NP01201831000025-01	2018-5-15
22	上海天齐智能建筑股份有限公司	ZAX-NP01201831000026-01	2018-7-16
23	上海银江智慧智能化技术有限公司	ZAX-NP01201831000028-01	2018-11-1
24	上海祥通石化科技有限公司	ZAX-NP01201931000035	2019-10-15
25	上海英迈吉东影图像设备有限公司	ZAX-NP01201931000037	2019-12-30
26	上海彩祥实业发展有限公司	ZAX-NP01202031000038	2020-2-3
27	上海悌驰智能科技有限公司	ZAX-NP01202031000039	2020-6-15
28	上海富赛交通设施工程有限公司	ZAX-NP01202031000041	2020-8-17
29	上海中思信息系统工程有限公司	ZAX-NP01202031000042	2020-12-8
30	上海驰展信息科技有限公司	ZAX-NP01202031000043	2020-12-8
31	上海安宸信息科技有限公司	ZAX-NP01202031000044	2020-12-30

九、江苏（共 224 家）

序号	公司名称	证书编号	获证时间
1	中博信息技术研究院有限公司	ZAX-NP01201632010004-01	2016-10-12
2	江苏网进科技股份有限公司	ZAX-NP01201632010002-01	2016-10-12
3	中兴智能交通股份有限公司	ZAX-NP01201632010003-01	2016-10-12
4	江苏巨楷科技发展有限公司	ZAX-NP01201632010008-01	2016-10-19
5	江苏亚奥科技股份有限公司	ZAX-NP01201632010009-01	2016-10-19
6	尚高科技有限公司	ZAX-NP01201632010010-01	2016-10-19
7	蓝深远望科技股份有限公司	ZAX-NP01201632010005-01	2016-10-19
8	江苏智运科技发展有限公司	ZAX-NP01201632010006-01	2016-10-19
9	南京深业智能化系统工程有限公司	ZAX-NP01201632010011-01	2016-10-19
10	国泰新点软件股份有限公司	ZAX-NP01201632010014-01	2016-10-21
11	南京安通杰科技实业有限公司	ZAX-NP01201632010013-01	2016-10-21
12	江苏金伦明智智能科技有限公司	ZAX-NP01201632010012-01	2016-10-21
13	江苏东方数码系统集成有限公司	ZAX-NP01201632010015-01	2016-11-1
14	江苏科安电子科技发展有限公司	ZAX-NP01201632010016-01	2016-11-1

续表

序号	公司名称	证书编号	获证时间
15	江苏征途电气科技有限公司	ZAX-NP01201632010017-01	2016-11-16
16	江苏达海智能系统股份有限公司	ZAX-NP01201632010018-01	2016-11-16
17	江苏东大金智信息系统有限公司	ZAX-NP01201632010020-01	2016-11-24
18	南京新索奇科技有限公司	ZAX-NP01201632010027-01	2016-11-30
19	同心智能科技有限公司	ZAX-NP01201632010024-01	2016-11-30
20	江苏长天智远交通科技有限公司	ZAX-NP01201632010025-01	2016-11-30
21	连云港杰瑞电子有限公司	ZAX-NP01201632010030-01	2016-11-30
22	江苏南工科技集团有限公司	ZAX-NP01201632010021-01	2016-11-30
23	南京南大智慧城市规划设计股份有限公司	ZAX-NP01201632010022-01	2016-11-30
24	南京安银斯智能科技有限公司	ZAX-NP01201632010023-01	2016-11-30
25	多伦科技股份有限公司	ZAX-NP01201632010029-01	2016-11-30
26	江苏安防科技有限公司	ZAX-NP01201632010026-01	2016-11-30
27	南京新世电科技开发有限公司	ZAX-NP01201632010031-01	2016-12-6
28	江苏尤特斯新技术有限公司	ZAX-NP01201632010032-01	2016-12-6
29	江苏开拓信息与系统有限公司	ZAX-NP01201632010033-01	2016-12-6
30	南京恩博科技有限公司	ZAX-NP01201632010042-01	2016-12-16
31	江苏苏源高科技有限公司	ZAX-NP01201632010036-01	2016-12-16
32	南京市消防工程有限公司	ZAX-NP01201632010041-01	2016-12-16
33	昆山市纵横智能科技有限公司	ZAX-NP01201632010039-01	2016-12-16
34	扬州顺泰建设工程有限公司	ZAX-NP01201632010037-01	2016-12-16
35	中电鸿信信息科技有限公司	ZAX-NP01201632010038-01	2016-12-16
36	江苏奥都智能科技有限公司	ZAX-NP01201632010040-01	2016-12-16
37	江苏中铭慧业科技有限公司	ZAX-NP01201632010043-01	2016-12-27
38	南京天禹安信息技术有限公司	ZAX-NP01201632010044-01	2016-12-27
39	江苏泰宁建设工程科技股份有限公司	ZAX-NP01201632010046-01	2016-12-27
40	江苏瀚天智能科技股份有限公司	ZAX-NP01201632010052-01	2016-12-27
41	江苏航天大为科技股份有限公司	ZAX-NP01201632010048-01	2016-12-27
42	江苏三棱智慧物联发展股份有限公司	ZAX-NP01201632010050-01	2016-12-27
43	南京北路智控科技股份有限公司	ZAX-NP01201632010047-01	2016-12-27
44	中通服咨询设计研究院有限公司	ZAX-NP01201632010053-01	2016-12-30
45	江苏信捷智能科技有限公司	ZAX-NP01201632010056-01	2016-12-30
46	南京东大智能化系统有限公司	ZAX-NP01201632010057-01	2016-12-30

续表

序号	公司名称	证书编号	获证时间
47	江苏金陵科技集团有限公司	ZAX-NP01201632010054-01	2016-12-30
48	昆山市慧谷信息工程有限公司	ZAX-NP01201632010058-01	2016-12-30
49	江苏仁安高新技术有限公司	ZAX NP01201632010061-01	2016-12-30
50	苏州市东亚电脑监控工程有限公司	ZAX-NP01201632010064-01	2016-12-30
51	苏州市世跃智能科技有限公司	ZAX-NP01201632010062-01	2016-12-30
52	远江信息技术有限公司	ZAX-NP01201632010063-01	2016-12-30
53	南京恒天伟智能技术有限公司	ZAX-NP01201632010055-01	2016-12-30
54	江苏豪纬交通集团有限公司	ZAX-NP01201732010066-01	2017-1-4
55	江苏晓山信息产业股份有限公司	ZAX-NP01201732010065-01	2017-1-4
56	南京科安电子有限公司	ZAX-NP01201732010073-01	2017-1-16
57	南京莱斯信息技术股份有限公司	ZAX-NP01201732010069-01	2017-1-16
58	南京聚立科技股份有限公司	ZAX-NP01201732010070-01	2017-1-16
59	南京南大四维科技发展有限公司	ZAX-NP01201732010071-01	2017-1-16
60	南京熊猫信息产业有限公司	ZAX-NP01201732010072-01	2017-1-16
61	江苏友信智能科技有限公司	ZAX-NP01201732010075-01	2017-1-24
62	南京天溯自动化控制系统有限公司	ZAX-NP01201732010078-01	2017-1-24
63	江苏景雄科技有限公司	ZAX-NP01201732010076-01	2017-1-24
64	江苏凯成智能科技有限公司	ZAX-NP01201732010077-01	2017-1-24
65	神州交通工程集团有限公司	ZAX-NP01201732010082-01	2017-2-8
66	江苏国贸酝领智能科技股份有限公司	ZAX-NP01201732010084-01	2017-2-8
67	江苏网信科技集团有限公司	ZAX-NP01201732010083-01	2017-2-8
68	江苏中科智能系统有限公司	ZAX-NP01201732010085-01	2017-2-8
69	扬州市鑫通交通器材集团有限公司	ZAX-NP01201732010081-01	2017-2-8
70	江苏万全科技有限公司	ZAX-NP01201732010086-01	2017-2-17
71	江苏国瑞信安科技有限公司	ZAX-NP01201732010088-01	2017-3-1
72	江苏鑫瑞德系统集成工程有限公司	ZAX-NP01201732010091-01	2017-3-13
73	中邮建技术有限公司	ZAX-NP01201732010094-01	2017-3-20
74	苏州朗捷通智能科技有限公司	ZAX-NP01201732010096-01	2017-3-20
75	江苏兴安建设集团有限公司	ZAX-NP01201732010095-01	2017-3-20
76	南京理工科技园股份有限公司	ZAX-NP01201732010093-01	2017-3-20
77	朗高科技有限公司	ZAX-NP01201732010099-01	2017-4-1
78	南京洛普股份有限公司	ZAX-NP01201732010097-01	2017-4-1

续表

序号	公司名称	证书编号	获证时间
79	苏州市创美信息工程有限公司	ZAX-NP01201732010104-01	2017-4-17
80	江苏联峰金盾智能科技有限公司	ZAX-NP01201732010105-01	2017-4-17
81	江苏中盈高科智能信息股份有限公司	ZAX-NP01201732010106-01	2017-4-17
82	江苏新和网络科技发展有限公司	ZAX-NP01201732010102-01	2017-4-17
83	南京银创电子有限责任公司	ZAX-NP01201732010103-01	2017-4-17
84	南京川航智能系统有限公司	ZAX-NP01201732010100-01	2017-4-17
85	苏州朝阳智能科技股份有限公司	ZAX-NP01201732010107-01	2017-4-28
86	国电南瑞科技股份有限公司	ZAX-NP01201732010108-01	2017-5-4
87	南京蓝泰交通设施有限责任公司	ZAX-NP01201732010109-01	2017-5-26
88	南京科融数据系统股份有限公司	ZAX-NP01201732010113-01	2017-5-26
89	苏州金螳螂怡和科技有限公司	ZAX-NP01201732010112-01	2017-5-26
90	徐州正通人工环境工程有限公司	ZAX-NP01201732010110-01	2017-5-26
91	江苏中科新瑞科技股份有限公司	ZAX-NP01201732010111-01	2017-5-26
92	南京泽利建设工程有限公司	ZAX-NP01201732010117-01	2017-6-19
93	江苏中智系统集成工程有限公司	ZAX-NP01201732010120-01	2017-6-19
94	江苏云航信智能科技有限公司	ZAX-NP01201732010116-01	2017-6-19
95	南京协成楼宇系统工程有限公司	ZAX-NP01201732010119-01	2017-6-19
96	南京创鸿景智能科技研究有限公司	ZAX-NP01201732010118-01	2017-6-19
97	浩鲸云计算科技股份有限公司	ZAX-NP01201732010123-01	2017-6-19
98	江苏省淮安市保安服务总公司	ZAX-NP01201732010115-01	2017-6-19
99	南京乐蝠智能系统集成有限公司	ZAX-NP01201732010122-01	2017-6-19
100	国电南京自动化股份有限公司	ZAX-NP01201732010124-01	2017-6-29
101	江苏瀚远科技股份有限公司	ZAX-NP01201732010126-01	2017-7-13
102	江苏百瑞信息工程有限公司	ZAX-NP01201732010127-01	2017-7-13
103	江苏卓茂智能科技有限公司	ZAX-NP01201732010129-01	2017-7-13
104	苏州市太平洋智能化工程有限公司	ZAX-NP01201732010130	2017-7-13
105	江苏博思维光电集团有限公司	ZAX-NP01201732010128-01	2017-7-13
106	江苏亚太伟业智能科技有限公司	ZAX-NP01201732010131-01	2017-7-28
107	苏州金迪智能科技有限公司	ZAX-NP01201732010133-01	2017-7-28
108	中云智盟信息科技江苏有限公司	ZAX-NP01201732010134-01	2017-7-28
109	南京恒特科技有限公司	ZAX-NP01201732010135-01	2017-8-15
110	江苏环亚医用科技集团股份有限公司	ZAX-NP01201732010136-01	2017-8-15

续表

序号	公司名称	证书编号	获证时间
111	苏州金沃智能技术有限公司	ZAX-NP01201732010138-01	2017-9-1
112	江苏中天科技工程有限公司	ZAX-NP01201732010137-01	2017-9-1
113	南京和电科技有限公司	ZAX-NP01201732010139-01	2017-9-6
114	江苏跨世纪智能科技有限公司	ZAX-NP01201732010141-01	2017-9-18
115	江苏天泽智能科技有限公司	ZAX-NP01201732010145-01	2017-9-29
116	中安建设安装集团有限公司	ZAX-NP01201732010142-01	2017-9-29
117	苏州嘉璟智能科技有限公司	ZAX-NP01201732010147-01	2017-9-29
118	江苏永诚交通集团有限公司	ZAX-NP01201732010143-01	2017-9-29
119	苏州信颐系统集成有限公司	ZAX-NP01201732010146-01	2017-9-29
120	江苏大美天第文化产业有限公司	ZAX-NP01201732010148-01	2017-9-29
121	江苏现代照明集团有限公司	ZAX-NP01201732010144-01	2017-9-29
122	宜兴市天际交通科技有限公司	ZAX-NP01201732010149-01	2017-9-29
123	江苏华邦智慧城市信息技术有限公司	ZAX-NP01201732010152-01	2017-10-16
124	南京卫视电子科技有限公司	ZAX-NP01201732010150-01	2017-10-16
125	宝典电气集团有限公司	ZAX-NP01201732010151-01	2017-10-16
126	南通阿尔法机电有限公司	ZAX-NP01201732010156-01	2017-10-26
127	江苏华亿信息技术股份有限公司	ZAX-NP01201732010158-01	2017-10-26
128	江苏泽天智能科技有限公司	ZAX-NP01201732010159-01	2017-12-1
129	安盾智慧建设昆山有限公司	ZAX-NP01201732010161-01	2017-12-15
130	南京广播电视系统集成有限公司	ZAX-NP01201732010160-01	2017-12-15
131	南京第五十五所技术开发有限公司	ZAX-NP01201832010163-01	2018-1-2
132	江苏方德信息技术有限公司	ZAX-NP01201832010165-01	2018-1-15
133	苏州华启智能科技有限公司	ZAX-NP01201832010164-01	2018-1-15
134	华纳智能科技（江苏）有限公司	ZAX-NP01201832010169-01	2018-2-1
135	江苏新亿迪智能科技有限公司	ZAX-NP01201832010167-01	2018-2-1
136	靖江市旭飞安防工程有限公司	ZAX-NP01201832010171-01	2018-2-1
137	中国核工业华兴建设有限公司	ZAX-NP01201832010170-01	2018-2-1
138	江苏菲利特照明集团有限公司	ZAX-NP01201832010176	2018-2-12
139	江苏恒越智能系统集成有限公司	ZAX-NP01201832010175-01	2018-2-12
140	江苏鼎驰电子科技有限公司	ZAX-NP01201832010177-01	2018-3-1
141	隆创信息有限公司	ZAX-NP01201832010178-01	2018-3-1
142	江苏天创科技有限公司	ZAX-NP01201832010181-01	2018-3-16

续表

序号	公司名称	证书编号	获证时间
143	江苏三意楼宇科技股份有限公司	ZAX-NP01201832010182-01	2018-3-16
144	星科电气集团有限公司	ZAX-NP01201832010185-01	2018-4-28
145	齐丰科技股份有限公司	ZAX-NP01201832010186-01	2018-5-15
146	江苏三泰电子科技有限公司	ZAX-NP01201832010187-01	2018-5-15
147	南京感知信息技术有限公司	ZAX-NP01201832010189-01	2018-5-31
148	宝德照明集团有限公司	ZAX-NP01201832010188	2018-5-31
149	江苏迦南智控技术有限公司	ZAX-NP01201832010194-01	2018-6-15
150	南京华埠科技系统工程有限公司	ZAX-NP01201832010190-01	2018-6-15
151	江苏赛鸥电气集团有限公司	ZAX-NP01201832010191-01	2018-6-15
152	江苏南科迪智能化系统有限公司	ZAX-NP01201832010199-01	2018-7-3
153	江苏南大尚诚高科技实业有限公司	ZAX-NP01201832010200-01	2018-7-3
154	江苏盛泰科技集团有限公司	ZAX-NP01201832010196-01	2018-7-3
155	南京圣能达信息科技有限公司	ZAX-NP01201832010204-01	2018-7-3
156	江苏杰诚信息科技有限公司	ZAX-NP01201832010202-01	2018-7-3
157	南通市中南建工设备安装有限公司	ZAX-NP01201832010198-01	2018-7-3
158	江苏通广智慧建设集团有限公司	ZAX-NP01201832010201	2018-7-3
159	苏州科达科技股份有限公司	ZAX-NP01201832010197-01	2018-7-3
160	江苏建铁信息技术有限公司	ZAX-NP01201832010203-01	2018-7-3
161	无锡路通视信网络股份有限公司	ZAX-NP01201832010205-01	2018-7-16
162	兴泰照明集团有限公司	ZAX-NP01201832010206-01	2018-8-1
163	江苏亿通高科技股份有限公司	ZAX-NP01201832010209-01	2018-8-20
164	江苏泰极信息工程有限公司	ZAX-NP01201832010211-01	2018-9-3
165	江苏海通交通集团有限公司	ZAX-NP01201832010213	2018-9-17
166	苏州金脑袋智能系统工程有限公司	ZAX-NP01201832010215-01	2018-9-30
167	国电南瑞南京控制系统有限公司	ZAX-NP01201832010214-01	2018-9-30
168	中国石化集团江苏石油勘探局有限公司	ZAX-NP01201832010218	2018-11-1
169	苏州中亿丰科技有限公司	ZAX-NP01201832010221-01	2018-11-30
170	江苏中软智能系统有限公司	ZAX-NP01201832010220-01	2018-11-30
171	瑞澜光电集团有限公司	ZAX-NP01201832010219-01	2018-11-30
172	南京百恩特自动化科技有限公司	ZAX-NP01201932010223	2019-2-15
173	江苏达科信息科技有限公司	ZAX-NP01201932010225-01	2019-3-15
174	南京普天通信股份有限公司	ZAX-NP01201932010226	2019-4-1

续表

序号	公司名称	证书编号	获证时间
175	南京南瑞继保工程技术有限公司	ZAX-NP01201932010229	2019-4-30
176	无锡简成道工程技术有限公司	ZAX-NP01201932010227-01	2019-4-30
177	中核华纬工程设计研究有限公司	ZAX-NP01201932010228-01	2019-4-30
178	江苏北天科技有限公司	ZAX-NP01201932010230	2019-5-15
179	南京鸿兴达科技信息有限公司	ZAX-NP01201932010231	2019-6-17
180	南京凯迪智能工程有限公司	ZAX-NP01201932010232	2019-6-17
181	江苏中建智能工程有限公司	ZAX-NP01201932010234	2019-7-11
182	南京三宝科技股份有限公司	ZAX-NP01201932010233	2019-7-15
183	南京欣网通信科技股份有限公司	ZAX-NP01201932010235	2019-7-31
184	南京城市交通科技开发有限公司	ZAX-NP01201932010237	2019-7-31
185	江苏联盟信息工程有限公司	ZAX-NP01201932010236	2019-7-31
186	江苏联合交通技术股份有限公司	ZAX-NP01201932010238	2019-8-15
187	柯利达信息技术有限公司	ZAX-NP01201932010240	2019-8-30
188	苏州市豪仕科技有限公司	ZAX-NP01201932010239	2019-8-30
189	中通服网盈科技有限公司	ZAX-NP01201932010241	2019-9-16
190	普瑞达科技集团有限公司	ZAX-NP01201932010242	2019-9-16
191	江苏创威电子有限公司	ZAX-NP01201932010243	2019-9-29
192	澳邦建设集团有限公司	ZAX-NP01201932010246	2019-11-1
193	嘉环科技股份有限公司	ZAX-NP01201932010245	2019-11-1
194	天威虎建设股份有限公司	ZAX-NP01201932010248	2019-11-12
195	国信紫晶科技（江苏）有限公司	ZAX-NP01201932010249	2019-11-15
196	江苏移动信息系统集成有限公司	ZAX-NP01201932010247	2019-11-15
197	南京鸿鸣建设工程有限公司	ZAX-NP01201932010250	2019-12-16
198	南京补天科技实业有限公司	ZAX-NP01201932010251	2019-12-30
199	苏州常安保安服务有限公司	ZAX-NP01201932010252	2019-12-30
200	南京国创机电工程有限公司	ZAX-NP01202032010253	2020-2-17
201	江苏海健智城科技有限公司	ZAX-NP01202032010255	2020-4-15
202	江苏中路交通发展有限公司	ZAX-NP01202032010256	2020-4-15
203	江苏鑫智诚科技有限公司	ZAX-NP01202032010257	2020-4-30
204	江苏荣达信息科技产业有限公司	ZAX-NP01202032010259	2020-5-15
205	江苏尔讯智能科技股份有限公司	ZAX-NP01202032010258	2020-5-15
206	香江系统工程有限公司	ZAX-NP01202032010260	2020-5-19

续表

序号	公司名称	证书编号	获证时间
207	盐城市睿通科技有限公司	ZAX-NP01202032010262	2020-6-30
208	中国电子系统工程第二建设有限公司	ZAX-NP01202032010261	2020-6-30
209	南京捷途科技发展有限公司	ZAX-NP01202032010263	2020-7-16
210	江苏东奇信息科技有限公司	ZAX-NP01202032010265	2020-7-30
211	新立讯科技股份有限公司	ZAX-NP01202032010264	2020-7-30
212	江苏十方通信股份有限公司	ZAX-NP01202032010269	2020-8-17
213	南京云创大数据科技股份有限公司	ZAX-NP01202032010266	2020-8-17
214	南京业祥科技发展有限公司	ZAX-NP01202032010267	2020-8-17
215	江苏昆杰科技有限公司	ZAX-NP01202032010268	2020-8-17
216	江苏有线数据网络有限责任公司	ZAX-NP01202032010270	2020-8-17
217	江苏星瀚智慧信息科技有限公司	ZAX-NP01202032010271	2020-9-1
218	江苏岳洲工程建设有限公司	ZAX-NP01202032010272	2020-9-16
219	南京凌云科技发展有限公司	ZAX-NP01202032010273	2020-9-28
220	江苏若鸿智能科技有限公司	ZAX-NP01202032010275	2020-10-15
221	徐州通创智慧信息科技有限公司	ZAX-NP01202032010276	2020-10-30
222	金卯新能源集团有限公司	ZAX-NP01202032010277	2020-11-16
223	南京正驰科技发展有限公司	ZAX-NP01202032010278	2020-12-30
224	江苏德高智能系统工程有限公司	ZAX-NP01202032010279	2020-12-30

十、浙江（共34家）

序号	公司名称	证书编号	获证时间
1	银江技术股份有限公司	ZAX-NP01201633000002-01	2016-8-15
2	杭州海康威视系统技术有限公司	ZAX-NP01201633000003-01	2016-8-31
3	浙大网新系统工程有限公司	ZAX-NP01201633000004-01	2016-11-1
4	苏柏科技有限公司	ZAX-NP01201633000007-01	2016-12-30
5	杭州友华通信工程设计有限公司	ZAX-NP01201733000009-01	2017-2-8
6	浙江中控信息产业股份有限公司	ZAX-NP01201733000012-01	2017-6-19
7	浙江大华系统工程有限公司	ZAX-NP01201733000013-01	2017-6-29
8	奥乐科技有限公司	ZAX-NP01201733000014-01	2017-7-13
9	英飞拓（杭州）信息系统技术有限公司	ZAX-NP01201733000016-01	2017-9-18
10	金程科技有限公司	ZAX-NP01201733000017-01	2017-9-29
11	浙江金卡实业有限公司	ZAX-NP01201733000018-01	2017-12-1

续表

序号	公司名称	证书编号	获证时间
12	杭州青鸟电子有限公司	ZAX-NP01201833000019-01	2018-1-2
13	浙江盈达科技发展有限公司	ZAX-NP01201833000022-01	2018-1-15
14	浙江省机电设计研究院有限公司	ZAX-NP01201833000025-01	2018-9-17
15	杭州智诺科技股份有限公司	ZAX-NP01201833000027-01	2018-11-30
16	浙江万邦智能科技股份有限公司	ZAX-NP01201933000030-01	2019-1-15
17	华信咨询设计研究院有限公司	ZAX-NP01201933000032-01	2019-4-15
18	浙江德盛工程技术有限公司	ZAX-NP01201933000034	2019-5-15
19	浙江鸿远科技有限公司	ZAX-NP01201933000035	2019-7-15
20	杭州昊恒科技有限公司	ZAX-NP01201933000036	2019-7-15
21	中杭建设有限公司	ZAX-NP01201933000037	2019-8-15
22	浙江纳特智能网络工程有限公司	ZAX-NP01201933000038	2019-8-30
23	浙江正元智慧科技股份有限公司	ZAX-NP01201933000039	2019-8-30
24	浙江力嘉电子科技有限公司	ZAX-NP01201933000040	2019-10-15
25	浙江中维信息科技有限公司	ZAX-NP01201933000041	2019-11-15
26	联通（浙江）产业互联网有限公司	ZAX-NP01202033000043	2020-4-15
27	杭州雄伟科技开发股份有限公司	ZAX-NP01202033000044	2020-4-30
28	浙江亿视电子技术有限公司	ZAX-NP01202033000046	2020-6-15
29	浙江浣江传媒集团有限公司	ZAX-NP01202033000045	2020-6-15
30	浙江大华安防联网运营服务有限公司	ZAX-NP01202033000047	2020-9-16
31	航天科工广信智能技术有限公司	ZAX-NP01202033000048	2020-9-28
32	中睿信数字技术有限公司	ZAX-NP01202033000049	2020-12-8
33	首鼎科技股份有限公司	ZAX-NP01202033000050	2020-12-15
34	杭州东南吉通网络有限公司	ZAX-NP01202033000051	2020-12-30

十一、安徽（共 9 家）

序号	公司名称	证书编号	获证时间
1	讯飞智元信息科技有限公司	ZAX-NP01201834000001-01	2018-11-30
2	安徽省安泰科技股份有限公司	ZAX-NP01201934000002	2019-7-31
3	安徽合宇天成建设工程有限公司	ZAX-NP01201934000003	2019-9-16
4	合肥天睦科技有限公司	ZAX-NP01201934000004	2019-9-16
5	合肥天正科技发展有限责任公司	ZAX-NP01201934000005	2019-11-1
6	中徽建技术有限公司	ZAX-NP01201934000006	2019-11-29

续表

序号	公司名称	证书编号	获证时间
7	四创电子股份有限公司	ZAX-NP01202034000007	2020-4-1
8	安徽京桥智能科技有限公司	ZAX-NP01202034000008	2020-5-29
9	安徽省六桂智能化科技有限公司	ZAX-NP01202034000010	2020-10-15

十二、福建（共 72 家）

序号	公司名称	证书编号	获证时间
1	厦门兴南洋信息技术有限公司	ZAX-NP01201635010002-01	2016-8-25
2	罗普特科技集团股份有限公司	ZAX-NP01201635010001-01	2016-8-25
3	南威软件股份有限公司	ZAX-NP01201635010004-01	2016-8-31
4	中智（福建）科技有限公司	ZAX-NP01201635010003-01	2016-8-31
5	福建人人共享安全服务有限公司	ZAX-NP01201635010006-01	2016-9-14
6	万维智能科技有限公司	ZAX-NP01201635010005-01	2016-9-14
7	冠林电子有限公司	ZAX-NP01201635010007-01	2016-9-14
8	厦门市展威科技有限公司	ZAX-NP01201635010009-01	2016-9-26
9	恒锋信息科技股份有限公司	ZAX-NP01201635010011-01	2016-9-26
10	福建奇新智能科技集团有限公司	ZAX-NP01201635010010-01	2016-9-26
11	福建榕基软件股份有限公司	ZAX-NP01201635010008-01	2016-9-26
12	中邮科通信技术股份有限公司	ZAX-NP01201635010013-01	2016-10-12
13	泽宇科技集团有限公司	ZAX-NP01201635010012-01	2016-10-12
14	中鸿达信息科技有限公司	ZAX-NP01201635010015-01	2016-11-1
15	福建省鸿官通信工程有限公司	ZAX-NP01201635010016-01	2016-11-1
16	福建吉丽安防设备实业有限公司	ZAX-NP01201635010014-01	2016-11-1
17	福建亿安智能技术股份有限公司	ZAX-NP01201635010017-01	2016-11-1
18	福建亚太工程有限公司	ZAX-NP01201635010020-01	2016-11-16
19	福建省晋江市创和保安服务有限公司	ZAX-NP01201635010022-01	2016-11-16
20	福建省智宇系统工程有限公司	ZAX-NP01201635010021-01	2016-11-16
21	福建长城电子技术有限公司	ZAX-NP01201635010019-01	2016-11-16
22	厦门兆翔智能科技有限公司	ZAX-NP01201635010024-01	2016-11-16
23	厦门住安智能科技有限公司	ZAX-NP01201635010018-01	2016-11-16
24	福建平安报警网络有限公司	ZAX-NP01201635010027-01	2016-11-24
25	福州银安技术工程有限公司	ZAX-NP01201635010028-01	2016-11-24
26	福建天马电子有限公司	ZAX-NP01201635010026-01	2016-11-24

续表

序号	公司名称	证书编号	获证时间
27	福建省华大数码科技有限公司	ZAX-NP01201635010025-01	2016-11-24
28	泉州市视达电子工程有限公司	ZAX-NP01201635010031-01	2016-11-30
29	福建奔特信息技术有限公司	ZAX-NP01201635010030-01	2016-11-30
30	厦门柏事特信息科技有限公司	ZAX-NP01201635010029-01	2016-11-30
31	厦门万安智能有限公司	ZAX-NP01201635010035-01	2016-12-16
32	福建省技防电子技术有限公司	ZAX-NP01201635010032-01	2016-12-16
33	福州开发区鸿发光电子技术有限公司	ZAX-NP01201635010033-01	2016-12-16
34	联誉信息股份有限公司	ZAX-NP01201635010034-01	2016-12-16
35	福建易华录信息技术有限公司	ZAX-NP01201635010038-01	2016-12-27
36	厦门纵横集团通信发展有限公司	ZAX-NP01201635010039-01	2016-12-27
37	中智海峡科技有限公司	ZAX-NP01201635010037-01	2016-12-27
38	厦门鑫科安集团股份有限公司	ZAX-NP01201735010043-01	2017-1-16
39	福建点景科技股份有限公司	ZAX-NP01201735010041-01	2017-1-16
40	福建国智计算机系统工程有限公司	ZAX-NP01201735010042-01	2017-1-16
41	福建国通信息科技有限公司	ZAX-NP01201735010040-01	2017-1-16
42	厦门凯迪空间电子有限公司	ZAX-NP01201735010044-01	2017-1-24
43	福州立国安电子有限公司	ZAX-NP01201735010045-01	2017-1-24
44	福建省广电智能系统集成工贸有限公司	ZAX-NP01201735010046-01	2017-2-8
45	福建福光天维电子科技有限公司	ZAX-NP01201735010047-01	2017-2-8
46	福建天傲信息科技有限公司	ZAX-NP01201735010048-01	2017-2-17
47	泉州华通科贸有限公司	ZAX-NP01201735010049-01	2017-2-17
48	福建东政智能科技有限公司	ZAX-NP01201735010051-01	2017-4-17
49	厦门路桥信息股份有限公司	ZAX-NP01201735010050-01	2017-4-17
50	福州冠林智能系统集成有限公司	ZAX-NP01201735010053-01	2017-7-28
51	中海建安建设有限公司	ZAX-NP01201735010054-01	2017-7-28
52	利亚德光电集团系统集成有限公司	ZAX-NP01201735010056-01	2017-8-4
53	福州石径信息技术有限公司	ZAX-NP01201735010057-01	2017-8-4
54	福建省东方四维科技有限公司	ZAX-NP01201735010059-01	2017-8-22
55	翼石电子股份有限公司	ZAX-NP01201735010061-01	2017-9-29
56	福州加百安电子有限公司	ZAX-NP01201735010062-01	2017-12-1
57	福建省新特建设工程有限公司	ZAX-NP01201835010064-01	2018-8-20
58	福建省凯特建设工程有限公司	ZAX-NP01201835010065-01	2018-9-3

续表

序号	公司名称	证书编号	获证时间
59	福建元博信息科技有限公司	ZAX-NP01201835010066-01	2018-9-17
60	福建新宇电子有限公司	ZAX-NP01201835010067-01	2018-10-15
61	福建省一线网络技术有限公司	ZAX-NP01201835010068-01	2018-11-30
62	厦门华炀智慧城市建设有限公司	ZAX-NP01201935010069-01	2019-3-1
63	福建天一网通信工程有限公司	ZAX-NP01201935010070-01	2019-3-1
64	福建省鑫通通信技术开发有限公司	ZAX-NP01201935010072	2019-4-30
65	泉州智伟科技有限公司	ZAX-NP01201935010071	2019-4-30
66	厦门升光信息科技有限公司	ZAX-NP01201935010073	2019-8-15
67	福建创安智能系统有限公司	ZAX-NP01202035010074	2020-4-15
68	漳州盈创信息科技有限公司	ZAX-NP01202035010076	2020-5-15
69	福建高能信息科技有限公司	ZAX-NP01202035010075	2020-5-15
70	福建元信泰智能科技有限公司	ZAX-NP01202035010077	2020-5-29
71	厦门天图信息科技有限公司	ZAX-NP01202035010078	2020-7-30
72	福建省三杰特电子工程有限公司	ZAX-NP01202035010079	2020-8-17

十三、江西（共 2 家）

序号	公司名称	证书编号	获证时间
1	思创数码科技股份有限公司	ZAX-NP01201836000001-01	2018-8-1
2	江西省华洪科技有限公司	ZAX-NP01201836000002-01	2018-11-30

十四、山东（共 17 家）

序号	公司名称	证书编号	获证时间
1	青岛海信网络科技股份有限公司	ZAX-NP01201637000001-01	2016-8-25
2	山东华网智能科技股份有限公司	ZAX-NP01201737000002-01	2017-1-16
3	山东弘阳集团有限公司	ZAX-NP01201737000003-01	2017-4-28
4	山东胜软科技股份有限公司	ZAX-NP01201737000005-01	2017-12-15
5	青岛浩海网络科技股份有限公司	ZAX-NP01201837010007-01	2018-9-17
6	山东海科信息技术有限公司	ZAX-NP01201837010008-01	2018-12-28
7	山东中苑电子技术有限公司	ZAX-NP01201937010009-01	2019-2-1
8	山东中移通信技术有限公司	ZAX-NP01201937010010-01	2019-2-15
9	山东冠勋电子科技有限公司	ZAX-NP01201937010011	2019-7-15

续表

序号	公司名称	证书编号	获证时间
10	青岛亿联信息科技股份有限公司	ZAX-NP01201937010012	2019-7-15
11	威海北洋光电信息技术股份公司	ZAX-NP01201937010013	2019-12-30
12	山东中亚建设集团有限公司	ZAX-NP01201937010014	2019-12-30
13	天博电子信息科技有限公司	ZAX-NP01202037010015	2020-5-29
14	华高数字科技有限公司	ZAX-NP01202037010016	2020-9-1
15	青岛文斯特网络科技有限公司	ZAX-NP01202037010017	2020-10-15
16	青岛正睿致霖电子工程有限公司	ZAX-NP01202037010018	2020-10-30
17	青岛和成实业有限公司	ZAX-NP01202037010019	2020-12-30

十五、河南（共56家）

序号	公司名称	证书编号	获证时间
1	许昌许继昌南通信设备有限公司	ZAX-NP01201841010030-01	2018-11-1
2	河南华安保全智能发展有限公司	ZAX-NP01201741000007-01	2017-10-26
3	河南中光学集团有限公司	ZAX-NP01202041010056	2020-9-1
4	河南东盛智控科技有限公司	ZAX-NP01201941010043	2019-7-1
5	大博金科技发展有限公司	ZAX-NP01201741000004-01	2017-5-26
6	中电云科信息技术有限公司	ZAX-NP01201741000008-01	2017-10-26
7	河南金鹏信息技术股份有限公司	ZAX-NP01201841010016-01	2018-3-16
8	濮阳中原信息技术有限公司	ZAX-NP01201741000006-01	2017-10-16
9	河南晟智科技有限公司	ZAX-NP01201741000002-01	2017-5-15
10	河南顺博建筑智能化工程有限公司	ZAX-NP01201741010011-01	2017-12-15
11	河南省联侨科技发展有限公司	ZAX-NP01201741010012-01	2017-12-15
12	河南继元智能科技股份有限公司	ZAX-NP01201841010023-01	2018-8-20
13	河南海泰天成电子有限公司	ZAX-NP01201741000003-01	2017-5-15
14	河南中裕广恒科技股份有限公司	ZAX-NP01201841010014-01	2018-3-16
15	河南长龙科技发展有限公司	ZAX-NP01201741000005-01	2017-10-16
16	新乡市数网安防工程科技有限公司	ZAX-NP01201841010015-01	2018-3-16
17	河南辉煌科技股份有限公司	ZAX-NP01202041010052	2020-5-29
18	郑州优美智能科技有限公司	ZAX-NP01201841010013-01	2018-1-2
19	中昶智能科技有限公司	ZAX-NP01201741010010-01	2017-12-1
20	河南宝汇实业有限公司	ZAX-NP01201841010018-01	2018-5-31
21	竹林松大科技股份有限公司	ZAX-NP01201841010017-01	2018-5-15

续表

序号	公司名称	证书编号	获证时间
22	天筑科技股份有限公司	ZAX-NP01201741010009-01	2017-11-15
23	中科广通科技集团有限公司	ZAX-NP01201841010020-01	2018-8-1
24	河南众诚信息科技股份有限公司	ZAX-NP01201941010048	2019-11-1
25	郑州兰盾电子有限公司	ZAX-NP01201841010028-01	2018-11-1
26	河南大立科技有限责任公司	ZAX-NP01202041010057	2020-9-16
27	河南万安智能科技有限公司	ZAX-NP01201941010047	2019-11-1
28	中国通信建设第四工程局有限公司	ZAX-NP01201941010045	2019-8-30
29	郑州正一实业有限公司	ZAX-NP01202041010059	2020-10-15
30	河南帅澎信息科技有限公司	ZAX-NP01201841010021-01	2018-8-1
31	郑州捷维智能科技有限公司	ZAX-NP01201941010036	2019-2-15
32	郑州银丰电子科技有限公司	ZAX-NP01201841010024-01	2018-8-20
33	河南省华科光电技术有限公司	ZAX-NP01201941010042	2019-5-31
34	郑州铁路装备制造有限公司	ZAX-NP01201841010031-01	2018-11-30
35	郑州顶泰科技有限公司	ZAX-NP01201841010025-01	2018-10-15
36	郑州日电华信息技术有限公司	ZAX-NP01201841010029-01	2018-11-1
37	河南华邦科技有限公司	ZAX-NP01201841010022-01	2018-8-20
38	河南大华安防科技股份有限公司	ZAX-NP01201941010039	2019-4-1
39	盈诚科技有限公司	ZAX-NP01201941010046	2019-11-1
40	郑州江宏电子有限公司	ZAX-NP01201941010040	2019-4-30
41	河南天域信息网络技术有限公司	ZAX-NP01201941010037	2019-3-1
42	和光海天信息技术股份有限公司	ZAX-NP01201841010026-01	2018-10-15
43	中电科信息产业有限公司	ZAX-NP01201941010041	2019-5-15
44	河南鑫隆智能科技有限公司	ZAX-NP01201941010032	2019-1-15
45	河南银融安防设备有限公司	ZAX-NP01202041010054	2020-6-15
46	河南汇捷科技股份有限公司	ZAX-NP01201941010038	2019-3-15
47	开封亚太电子工程有限公司	ZAX-NP01201941010035-01	2019-2-15
48	河南华脉通信技术有限公司	ZAX-NP01202041010053	2020-6-15
49	精卓科技股份有限公司	ZAX-NP01202041010055	2020-8-17
50	天汇志诚科技有限公司	ZAX-NP01201941010049	2019-11-15
51	航天鸿图科技有限公司	ZAX-NP01201941010050	2019-11-29
52	郑州丰嘉科技有限公司	ZAX-NP01202041010051	2020-4-15
53	河南嘉轩信息工程有限公司	ZAX-NP01202041010060	2020-10-30

续表

序号	公司名称	证书编号	获证时间
54	河南巴洛克网络科技有限公司	ZAX-NP01202041010062	2020-12-15
55	河南众联嘉德实业有限公司	ZAX-NP01202041010061	2020-11-16
56	河南银鑫电子科技有限公司	ZAX-NP01202041010058	2020-10-15

十六、湖北（共78家）

序号	公司名称	证书编号	获证时间
1	达明科技有限公司	ZAX-NP01201642010002-01	2016-11-1
2	安华智能股份公司	ZAX-NP01201642010003-01	2016-11-16
3	武汉众智数字技术有限公司	ZAX-NP01201642010006-01	2016-11-24
4	武汉中科通达高新技术股份有限公司	ZAX-NP01201642010004-01	2016-11-24
5	武汉市力飞科技发展有限公司	ZAX-NP01201642010008-01	2016-11-30
6	武汉海辰友邦科技发展有限公司	ZAX-NP01201642010007-01	2016-11-30
7	武汉中原之星智能科技有限责任公司	ZAX-NP01201642010009-01	2016-12-6
8	中建三局智能技术有限公司	ZAX-NP01201642010013-01	2016-12-16
9	武汉理工光科股份有限公司	ZAX-NP01201642010014-01	2016-12-16
10	武汉瑞科兴业科技有限公司	ZAX-NP01201642010015-01	2016-12-16
11	武汉烽火信息集成技术有限公司	ZAX-NP01201642010010-01	2016-12-16
12	光谷技术有限公司	ZAX-NP01201642010011-01	2016-12-16
13	中贝通信集团股份有限公司	ZAX-NP01201642010017-01	2016-12-27
14	湖北楚航电子科技有限公司	ZAX-NP01201742010021-01	2017-1-4
15	嘉杰科技有限公司	ZAX-NP01201742010023-01	2017-1-4
16	武汉华微科技有限责任公司	ZAX-NP01201742010026-01	2017-1-16
17	武汉网信安全技术股份有限公司	ZAX-NP01201742010028-01	2017-3-1
18	武汉腾创网络建设工程有限公司	ZAX-NP01201742010027-01	2017-3-1
19	武汉奥星智能系统有限公司	ZAX-NP01201742010032-01	2017-3-13
20	武汉烽火技术服务有限公司	ZAX-NP01201742010036-01	2017-4-1
21	湖北融汇信息科技有限公司	ZAX-NP01201742010037-01	2017-4-1
22	武汉市博海无线电有限公司	ZAX-NP01201742010039-01	2017-4-1
23	湖北泰跃卫星技术发展股份有限公司	ZAX-NP01201742010038-01	2017-4-1
24	湖北中科网络科技股份有限公司	ZAX-NP01201742010041-01	2017-4-28
25	武汉迈力特通信有限公司	ZAX-NP01201742010043-01	2017-4-28
26	武汉深捷科技股份有限公司	ZAX-NP01201742010044-01	2017-5-15

续表

序号	公司名称	证书编号	获证时间
27	中铁十一局集团电务工程有限公司	ZAX-NP01201742010046-01	2017-5-26
28	中船重工（武汉）凌久高科有限公司	ZAX-NP01201742010045-01	2017-5-26
29	湖北公众信息产业有限责任公司	ZAX-NP01201742010050-01	2017-6-29
30	景网技术有限公司	ZAX-NP01201742010052-01	2017-7-13
31	领航动力信息系统有限公司	ZAX-NP01201742010053-01	2017-7-13
32	武汉爱迪科技股份有限公司	ZAX-NP01201742010051-01	2017-7-13
33	中船重工纵横科技有限公司	ZAX-NP01201742010054-01	2017-7-13
34	武汉通联高新科技有限责任公司	ZAX-NP01201742010055-01	2017-8-22
35	武汉百捷集团系统集成有限公司	ZAX-NP01201742010057-01	2017-9-18
36	达昌技术发展有限公司	ZAX-NP01201742010058	2017-9-18
37	武汉虹信技术服务有限责任公司	ZAX-NP01201742010059-01	2017-10-16
38	武汉华风电子工程有限公司	ZAX-NP01201742010060-01	2017-10-16
39	湖北兆信信息工程有限公司	ZAX-NP01201742010061-01	2017-12-1
40	武汉博安联世科技服务有限公司	ZAX-NP01201842010062-01	2018-1-2
41	湖北金东建电子科技有限公司	ZAX-NP01201842010064-01	2018-4-1
42	湖北安视云科技有限公司	ZAX-NP01201842010065-01	2018-4-16
43	武汉菲旺软件技术有限责任公司	ZAX-NP01201842010066-01	2018-4-28
44	武汉微创光电股份有限公司	ZAX-NP01201842010070-01	2018-5-31
45	湖北华鹏智慧科技有限公司	ZAX-NP01201842010067-01	2018-5-31
46	湖北集防科技有限公司	ZAX-NP01201842010068-01	2018-5-31
47	武汉鑫丰易科技发展有限公司	ZAX-NP01201842010072	2018-7-3
48	湖北中恒健技术有限公司	ZAX-NP01201842010071-01	2018-7-3
49	湖北晨智系统工程有限公司	ZAX-NP01201842010074-01	2018-8-1
50	湖北周全智能化系统工程有限公司	ZAX-NP01201842010073-01	2018-8-1
51	十堰市创高科技有限公司	ZAX-NP01201842010077-01	2018-11-1
52	武汉安博弘润科技服务有限公司	ZAX-NP01201842010080-01	2018-12-17
53	武汉悠锋科技有限公司	ZAX-NP01201942010082-01	2019-1-15
54	中国通信建设第三工程局有限公司	ZAX-NP01201942010083-01	2019-2-1
55	武汉霓盛智能科技有限公司	ZAX-NP01201942010084-01	2019-2-1
56	武汉湖滨电器有限公司	ZAX-NP01201942010087	2019-4-30
57	湖北省广播电视信息网络股份有限公司	ZAX-NP01201942010086	2019-4-30
58	武汉瑞客特科技有限公司	ZAX-NP01201942010088	2019-5-31

续表

序号	公司名称	证书编号	获证时间
59	湖北佳狮盾智能技术有限公司	ZAX-NP01201942010089	2019-6-17
60	湖北科器信息技术有限公司	ZAX-NP01201942010091	2019-8-15
61	湖北龙澳系统工程有限公司	ZAX-NP01201942010090	2019-8-15
62	毕昇云（武汉）信息技术有限公司	ZAX-NP01201942010094	2019-8-30
63	武汉兴得科技有限公司	ZAX-NP01201942010092	2019-8-30
64	武汉广通系统工程有限公司	ZAX-NP01201942010095	2019-11-1
65	湖北盛世恒通通信集团有限公司	ZAX-NP01201942010096	2019-11-29
66	武汉三江航天网络通信有限公司	ZAX-NP01201942010097	2019-12-16
67	鸣飞伟业技术有限公司	ZAX-NP01201942010099	2019-12-30
68	武汉民大信息科技有限公司	ZAX-NP01202042010100	2020-5-15
69	十堰万佳安科技发展有限公司	ZAX-NP01202042010101	2020-5-29
70	武汉智网伟业科技有限公司	ZAX-NP01202042010102	2020-6-30
71	湖北鑫隆进电子有限公司	ZAX-NP01202042010103	2020-6-30
72	武汉凯亿达科技有限公司	ZAX-NP01202042010104	2020-7-16
73	武汉三泰金服安防工程有限公司	ZAX-NP01202042010105	2020-9-1
74	武汉万德智新科技股份有限公司	ZAX-NP01202042010106	2020-9-1
75	湖北锦程数字城市技术有限公司	ZAX-NP01202042010107	2020-9-28
76	湖北德源系统工程有限公司	ZAX-NP01202042010108	2020-10-30
77	武汉宏创兴恒技术工程有限公司	ZAX-NP01202042010109	2020-11-26
78	湖北金邦科技有限公司	ZAX-NP01202042010110	2020-12-15

十七、湖南（共 3 家）

序号	公司名称	证书编号	获证时间
1	湖南华南光电科技股份有限公司	ZAX-NP01201843000001-01	2018-8-1
2	长沙威尔达科技开发有限公司	ZAX-NP01201943000002	2019-5-31
3	智慧眼科技股份有限公司	ZAX-NP01202043000003	2020-4-30

十八、广东（共 36 家）

序号	公司名称	证书编号	获证时间
1	浩云科技股份有限公司	ZAX-NP01201644000001-01	2016-7-28
2	深圳市盾牌安保科技有限公司	ZAX-NP01201644000003-01	2016-11-1

续表

序号	公司名称	证书编号	获证时间
3	广东履安实业有限公司	ZAX-NP01201744000004-01	2017-1-16
4	高新兴科技集团股份有限公司	ZAX-NP01201744000007-01	2017-5-26
5	佳都科技集团股份有限公司	ZAX-NP01201744000006-01	2017-5-26
6	广东美电贝尔科技集团股份有限公司	ZAX-NP01201744000008-01	2017-6-19
7	长园共创电力安全技术股份有限公司	ZAX-NP01201744000010-01	2017-10-16
8	金鹏电子信息机器有限公司	ZAX-NP01201744000012-01	2017-10-26
9	深圳力维智联技术有限公司	ZAX-NP01201744000013-01	2017-10-26
10	深圳市麦驰物联股份有限公司	ZAX-NP01201844010014-01	2018-1-15
11	深圳市旗云智能科技有限公司	ZAX-NP01201844010016-01	2018-2-12
12	深圳新阳蓝光能源科技股份有限公司	ZAX-NP01201844010017-01	2018-4-16
13	盛视科技股份有限公司	ZAX-NP01201844010020-01	2018-5-31
14	中网道科技集团股份有限公司	ZAX-NP01201844010021-01	2018-6-15
15	深圳昌恩智能股份有限公司	ZAX-NP01201844010025-01	2018-9-3
16	深圳桑达电子设备有限公司	ZAX-NP01201844010024-01	2018-9-3
17	深圳市八方通达科技有限公司	ZAX-NP01201844010028-01	2018-10-15
18	广州市高科通信技术股份有限公司	ZAX-NP01201844010029-01	2018-11-15
19	深圳市天盈隆科技有限公司	ZAX-NP01201844010030-01	2018-11-27
20	深圳市天地互通科技有限公司	ZAX-NP01201844010032-01	2018-12-14
21	广东兆邦智能科技股份有限公司	ZAX-NP01201844010033-01	2018-12-17
22	深圳市万佳安物联科技股份有限公司	ZAX-NP01201944010034-01	2019-4-1
23	深圳市鑫源通电子有限公司	ZAX-NP01201944010035	2019-7-31
24	深圳市方度电子有限公司	ZAX-NP01201944010036	2019-8-15
25	深圳市天和时代电子设备有限公司	ZAX-NP01201944010037	2019-9-16
26	深圳市天彦通信股份有限公司	ZAX-NP01201944010039	2019-10-15
27	深圳市裕华盈峰科技有限公司	ZAX-NP01201944010042	2019-11-4
28	熵基科技股份有限公司	ZAX-NP01202044010044	2020-2-3
29	佛山市鼎垣工程有限公司	ZAX-NP01202044010045	2020-5-15
30	中保华卫集团有限公司	ZAX-NP01202044010046	2020-6-15
31	珠海优特电力科技股份有限公司	ZAX-NP01202044010047	2020-6-30
32	中筑天佑科技有限公司	ZAX-NP01202044010049	2020-7-30
33	深圳市乾力亨科技有限公司	ZAX-NP01202044010053	2020-11-16
34	深圳市瑞沃物联科技有限公司	ZAX-NP01202044010052	2020-11-16

续表

序号	公司名称	证书编号	获证时间
35	安盛信达科技股份公司	ZAX-NP01202044010054	2020-11-26
36	深圳市华付信息技术有限公司	ZAX-NP01202044010055	2020-12-8

十九、广西（共30家）

序号	公司名称	证书编号	获证时间
1	广西联怡科技有限责任公司	ZAX-NP01201645010002-01	2016-9-14
2	苏中达科智能工程有限公司	ZAX-NP01201645010001-01	2016-9-14
3	广西桂华网络安防工程有限公司	ZAX-NP01201645010003-01	2016-9-26
4	广西思创电子有限公司	ZAX-NP01201645010004-01	2016-9-26
5	广西桂荣电子科技有限公司	ZAX-NP01201645010006-01	2016-10-19
6	鹏耀科技有限公司	ZAX-NP01201645010007-01	2016-11-1
7	广西智宇科技有限公司	ZAX-NP01201645010009-01	2016-11-1
8	广西世纪立林科技有限公司	ZAX-NP01201645010008-01	2016-11-1
9	广西鑫闽网络科技工程有限公司	ZAX-NP01201645010011-01	2016-12-30
10	广西佳宁智能科技有限公司	ZAX-NP01201745010013-01	2017-3-1
11	广西网安科技有限公司	ZAX-NP01201745010015-01	2017-4-28
12	桂林长海发展有限责任公司	ZAX-NP01201745010017-01	2017-5-15
13	广西华业智能科技集团有限公司	ZAX-NP01201745010018-01	2017-5-26
14	南宁市博捷安防电子有限公司	ZAX-NP01201745010021-01	2017-6-19
15	广西交科集团有限公司	ZAX-NP01201745010023-01	2017-8-22
16	润建股份有限公司	ZAX-NP01201745010024-01	2017-9-1
17	广西海天电器有限责任公司	ZAX-NP01201745010026-01	2017-10-16
18	南宁市福安正邦科贸有限公司	ZAX-NP01201745010027-01	2017-11-15
19	广西天道信息技术有限公司	ZAX-NP01201745010028-01	2017-11-15
20	广西新未来信息产业股份有限公司	ZAX-NP01201845010029-01	2018-1-2
21	广西泰乐智能安防工程有限公司	ZAX-NP01201845010030-01	2018-1-15
22	广西壮族自治区通信产业服务有限公司	ZAX-NP01201845010032-01	2018-4-28
23	广西宏天威视科技有限公司	ZAX-NP01201845010033-01	2018-7-16
24	广西冠林科技有限公司	ZAX-NP01201845010034-01	2018-9-17
25	广西森安科技有限公司	ZAX-NP01201945010035	2019-5-31
26	广西卓康智能化工程有限公司	ZAX-NP01201945010036	2019-7-1
27	广西领视网络科技技术有限公司	ZAX-NP01202045010038	2020-4-30

续表

序号	公司名称	证书编号	获证时间
28	广西广播电视信息网络股份有限公司	ZAX-NP01202045010039	2020-7-30
29	广西崇高电子科技有限公司	ZAX-NP01202045010040	2020-10-30
30	广西通信规划设计咨询有限公司	ZAX-NP01202045010041	2020-12-30

二十、重庆（共 2 家）

序号	公司名称	证书编号	获证时间
1	重庆海康威视系统技术有限公司	ZAX-NP01201746000001-01	2017-6-29
2	高新兴讯美科技股份有限公司	ZAX-NP01201746000002-01	2017-6-29

二十一、四川（共 30 家）

序号	公司名称	证书编号	获证时间
1	成都西物信安智能系统有限公司	ZAX-NP01201651000001-01	2016-8-15
2	四川君逸数码科技股份有限公司	ZAX-NP01201651000002-01	2016-9-14
3	四川大宇信息系统股份有限公司	ZAX-NP01201751000006-01	2017-1-24
4	汉隆科技股份有限公司	ZAX-NP01201751000005-01	2017-1-24
5	成都华迈通信技术有限公司	ZAX-NP01201751000004-01	2017-1-24
6	四川爱克迅安防消防工程有限公司	ZAX-NP01201751000009-01	2017-3-13
7	四川西南交大铁路发展股份有限公司	ZAX-NP01201751000010-01	2017-4-1
8	成都理邦系统工程技术有限公司	ZAX-NP01201751000012-01	2017-10-26
9	佳缘科技股份有限公司	ZAX-NP01201851010013-01	2018-5-15
10	成都基业长青科技有限责任公司	ZAX-NP01201851010014-01	2018-5-31
11	四川新迎顺信息技术股份有限公司	ZAX-NP01201851010015-01	2018-11-1
12	中科院成都信息技术股份有限公司	ZAX-NP01201851010016-01	2018-11-15
13	四川格瑞特科技有限公司	ZAX-NP01201851010017-01	2018-11-30
14	四川浩特通信有限公司	ZAX-NP01201851010018-01	2018-12-17
15	四川天翼网络服务有限公司	ZAX-NP01201951010022-01	2019-2-1
16	四川珩睿智能科技有限公司	ZAX-NP01201951010023	2019-4-1
17	成都格理特电子技术有限公司	ZAX-NP01201951010024	2019-4-30
18	成都汉康信息产业有限公司	ZAX-NP01201951010026	2019-7-31
19	四川众智公路交通工程有限公司	ZAX-NP01201951010025	2019-7-31
20	四川中移通信技术工程有限公司	ZAX-NP01201951010027	2019-7-31

续表

序号	公司名称	证书编号	获证时间
21	四川智诚永信电子工程有限公司	ZAX-NP01201951010028	2019-8-30
22	成都东瑞家茂信息工程有限公司	ZAX-NP01201951010029	2019-9-29
23	中全通技术有限公司	ZAX-NP01202051010032	2020-4-1
24	四川德尔博睿科技股份有限公司	ZAX-NP01202051010031	2020-4-1
25	四川盛邦润达科技有限公司	ZAX-NP01202051010033	2020-4-1
26	华雁智能科技（集团）股份有限公司	ZAX-NP01202051010034	2020-5-29
27	成都市品立科技有限责任公司	ZAX-NP01202051010035	2020-8-17
28	民航成都电子技术有限责任公司	ZAX-NP01202051010036	2020-9-1
29	成都国恒信息安全技术有限责任公司	ZAX-NP01202051010037	2020-10-30
30	成都卫士通信息安全技术有限公司	ZAX-NP01202051010038	2020-12-8

二十二、贵州（共 24 家）

序号	公司名称	证书编号	获证时间
1	信通达智能科技有限公司	ZAX-NP01201652010001-01	2016-9-14
2	贵州华美达科技有限公司	ZAX-NP01201652010002-01	2016-10-12
3	贵州思索电子有限公司	ZAX-NP01201652010003-01	2016-11-16
4	贵州坤盾天成科技有限公司	ZAX-NP01201652010004-01	2016-12-16
5	贵阳方舟科技股份有限公司	ZAX-NP01201652010006-01	2016-12-27
6	贵州新泰安科技有限公司	ZAX-NP01201652010007-01	2016-12-30
7	贵州申瓯通信电子科技有限公司	ZAX-NP01201752010008-01	2017-2-8
8	贵州东冠科技有限公司	ZAX-NP01201752010009-01	2017-2-8
9	贵阳桑力电子实业有限公司	ZAX-NP01201752010010-01	2017-2-8
10	贵州华城楼宇科技有限公司	ZAX-NP01201752010011-01	2017-3-1
11	遵义汇峰智能系统有限责任公司	ZAX-NP01201752010012-01	2017-4-1
12	贵州正远达科技集团有限公司	ZAX-NP01201752010013-01	2017-4-17
13	贵阳金利沅科技有限公司	ZAX-NP01201752010017-01	2017-10-16
14	贵州建工集团第六建筑工程有限责任公司	ZAX-NP01201752010018-01	2017-10-26
15	贵州云达科技有限公司	ZAX-NP01201752010019-01	2017-11-15
16	贵州美视贝尔科技发展有限公司	ZAX-NP01201752010020-01	2017-11-15
17	贵州建工集团第十建筑工程有限公司	ZAX-NP01201752010021-01	2017-12-15
18	贵州盛泰隆科技有限公司	ZAX-NP01201852010022-01	2018-5-15
19	贵州天信仁和智能工程有限公司	ZAX-NP01201952010023	2019-5-23

续表

序号	公司名称	证书编号	获证时间
20	贵州迅达信息产业发展有限公司	ZAX-NP01201952010024	2019-8-30
21	贵州鑫垚智能技术有限公司	ZAX-NP01201952010025	2019-9-15
22	贵州江南航天信息网络通信有限公司	ZAX-NP01202052010026	2020-5-15
23	贵州永光盛安防科技有限公司	ZAX-NP01202052010027	2020-8-17
24	贵州长信天鹰信息系统有限公司	ZAX-NP01202052010028	2020-9-16

二十三、云南（共 3 家）

序号	公司名称	证书编号	获证时间
1	盛云科技有限公司	ZAX-NP01201653000001-01	2016-7-28
2	科海电子股份有限公司	ZAX-NP01201653000002-01	2016-9-14
3	云南金隆伟业科技有限公司	ZAX-NP01201653000003-01	2016-12-30

二十四、西藏（共 1 家）

序号	公司名称	证书编号	获证时间
1	西藏中胜四创科技有限公司	ZAX-NP01201954000001	2019-4-15

二十五、陕西（共 1 家）

序号	公司名称	证书编号	获证时间
1	中国通信建设第二工程局有限公司	ZAX-NP01201961000003	2019-10-30

二十六、甘肃（共 1 家）

序号	公司名称	证书编号	获证时间
1	兰州奥普信息技术有限公司	ZAX-NP01202062000001	2020-7-30

二十七、宁夏（共 1 家）

序号	公司名称	证书编号	获证时间
1	中科天际科技股份有限公司	ZAX-NP01201864000001-01	2018-8-20

二十八、新疆（共2家）

序号	公司名称	证书编号	获证时间
1	新疆万维网络工程有限公司	ZAX-NP01201865000001-01	2018-2-12
2	新疆远东科技有限公司	ZAX-NP01202065000002	2020-1-15

因篇幅所限，获得中国安全防范产品行业协会安防工程企业设计施工维护能力评价二、三级证书的企业名录，请查阅《中国安全防范行业年鉴》2021版网络版，或登录中国安全防范产品行业协会官网能评中心查询。

网络版网址：http://www.21csp.com.cn/njcd/2021/

中安协官网能评中心：http://122.112.2.213/QYZZCX/index.asp

后　记

《中国安全防范行业年鉴》（以下简称《年鉴》）是国内唯一一部由公安部科技信息化局指导、中国安全防范产品行业协会编制的安防行业权威出版物。

《年鉴》（2021 版）编写工作于 2021 年 12 月正式启动，经过信息采集、信息加工、版面设计、信息审核、排版校对等环节，2023 年 6 月正式出版发行。

为将《年鉴》的编辑工作开展得更好，2021 版编辑工作提早谋划，明确任务分工。在编辑工作之初组织召开了编委会会议，调整并确定本版的基本框架结构，使其总体编排更加合理、内容更加丰富。同时转变思路，完善工作机制。将编辑工作与协会各项工作相结合，形成多部门相互协同的编辑工作新机制，梳理并整合协会内部各部门工作数据，为《年鉴》（2021 版）的数据提供有效支撑。

信息采集阶段，编辑工作组主要通过公安部科技信息化局向各地公安机关技防管理部门采集政府管理部门相关信息；通过中国安全防范产品行业协会向标准、检测和认证等行业技术服务机构以及各地安防协会发函采集相关信息；向专家咨询委员会、各分支机构广泛征集本《年鉴》的资料和素材。

信息整理阶段，编辑工作组首先对所获得的全部资料进行了认真梳理和加工，并按照编辑方案进行编写，最终形成了《年鉴》（2021 版）初稿。在此基础上，向供稿部门、行业专家广泛征求修改意见和建议，并在采纳合理意见和建议的基础上，对稿件进行了修改和完善。

公安部科技信息化局、各省（区、市）公安技防管理部门、各地安防协会、全国安全防范报警系统标准化技术委员会等技术服务机构以及广大安防企业大力支持《年鉴》（2021 版）的编写工作，并积极提供稿件和相关资料。

为本书提供稿件的单位如下：

技防管理机构

公安部科技信息化局安全技术防范与视频应用管理处
北京市公安局指挥部视频警务和安技防通信保障处
天津市公安局图像侦查和技防监管总队
河北省公安厅安全技术防范管理办公室
山西省公安厅治安管理总队安全技术防范支队
内蒙古自治区公安厅公共安全技术防范管理办公室
辽宁省公安厅技术防范办公室
吉林省公安厅图像侦查总队
黑龙江省公安厅科技信息化总队
上海市公安局技术防范办公室
江苏省公安厅科技处
浙江省公安厅科技信息化局
安徽省公安厅科技信息化处（信息中心）
福建省公安厅科技通信处
江西省公安厅安全技术防范管理办公室
山东省公安厅信息通信处
河南省公安厅科技处
湖北省公安厅安全技术防范管理办公室
湖南省公安厅科信总队
广东省公安厅安全技术防范管理办公室
广西壮族自治区公安厅安全技术防范管理办公室
海南省公安厅安全技术防范管理办公室
重庆市公安局科技信息化处
贵州省公安厅安全技术防范管理办公室
云南省公安厅安全技术防范办公室
西藏自治区公安科技信息化总队
陕西省公安厅安全技术防范管理办公室
甘肃省公安厅安全技术防范管理办公室
青海省公安厅科技信息化总队安全技术防范办公室
宁夏回族自治区公安厅安全技术防范管理办公室

行业组织

中国安全防范产品行业协会
北京安全防范行业协会
石家庄市安全技术防范协会
内蒙古自治区公共安全技术防范行业协会
辽宁省社会公共安全产品行业协会
吉林省社会公共安全产品行业协会
黑龙江省安全防范产品行业协会
上海安全防范报警协会
南京安全技术防范行业协会
常州市安全技术防范行业协会
苏州市安全技术防范行业协会
南通安全防范协会
镇江市安全技术防范行业协会
张家港市安全技术防范协会
昆山市安全防范行业协会
浙江省安全技术防范行业协会
杭州市安全技术防范行业协会
宁波大榭开发区保险箱（柜）行业协会
安徽省安全技术防范行业协会
福建省公共安全防范行业协会
厦门市安全技术防范协会
阳泉市保安和安防行业协会
江西省安全技术防范行业协会
南昌市安全技术防范协会
济南市社会公共安全防范协会
青岛市社会公共安全防范协会
郑州市公共安全防范行业协会
天津市安防协会
平顶山市公共安全技术防范行业协会
湖北省安全技术防范行业协会
肇庆市公共安全技术防范协会
湖南省安全技术防范协会
广东省公共安全技术防范协会
广州市安全防范行业协会
深圳市安全防范行业协会
深圳市智慧安防行业协会
佛山市公共安全技术防范协会
东莞市公共安全技术防范协会
珠海市公共安全技术防范协会
广西安全技术防范行业协会
海南省智慧城市安防技术行业协会
重庆市公共安全技术防范协会
成都安全防范协会
贵州省安全技术防范行业协会
陕西省安全防范产品行业协会
甘肃省安全技术防范协会
青海省公共安全技术防范协会
新疆维吾尔自治区安全技术防范行业协会

技术服务机构

全国安全防范报警系统标准化技术委员会
全国安全防范报警系统标准化技术委员会实体防护设备分技术委员会
全国安全防范报警系统标准化技术委员会人体生物特征识别应用分技术委员会
全国警用装备标准化技术委员会
公安部社会公共安全应用基础标准化技术委员会
中国安全技术防范认证中心
公安部第三研究所认证中心
国家安全防范报警系统产品质量检验检测中心（北京）
国家安全防范报警系统产品质量检验检测中心（上海）
视频图像智能分析与应用技术公安部重点实验室
中国人民公安大学安全防范技术与风险评估实验室
智能语音技术公安部重点实验室
中关村安防工程检测技术联盟
中关村中安公共安全视频智能应用技术联盟

以上单位通力协作，在《年鉴》（2021 版）的编写过程中发挥了重要作用并作出了积极贡献。在《年鉴》（2021 版）付梓之际，谨向所有关心、支持编写工作的领导、专家、机构、协会、企业及编写人员表示衷心的感谢并致以崇高的敬意。

《中国安全防范行业年鉴》（2021 版）编辑工作组
2022 年 12 月